Der Einsatz von Schiedsgerichten im organisierten Sport

Schriften zum Verfahrensrecht

Herausgegeben von
Peter Gottwald und Ulrich Haas

Band 11

PETER LANG
Frankfurt am Main · Berlin · Bern · Bruxelles · New York · Oxford · Wien

Matthias Holla

Der Einsatz von Schiedsgerichten im organisierten Sport

PETER LANG
Europäischer Verlag der Wissenschaften

Bibliografische Information Der Deutschen Bibliothek
Die Deutsche Bibliothek verzeichnet diese Publikation in der Deutschen Nationalbibliografie; detaillierte bibliografische Daten sind im Internet über <http://dnb.ddb.de> abrufbar.

Zugl.: Mainz, Univ., Diss., 2005

D 77
ISSN 1619-344X
ISBN 3-631-54428-6

www.peterlang.de

Für Simone

Vorwort

Die vorliegende Arbeit wurde im Sommersemester 2005 vom Fachbereich Rechts- und Wirtschaftswissenschaften der Johannes Gutenberg-Universität in Mainz als Dissertation angenommen.

Es ist mein Doktorvater Prof. Dr. Ulrich Haas gewesen, der mich mit dem Thema dieser Arbeit auf Entdeckungsreise geschickt hat. Dafür und für die bei der Bearbeitung des Themas gewährte Unterstützung schulde ich ihm großen Dank. Er hat mir nicht wenige Male Wege aufgezeigt, wenn meine juristische Suche ins Stocken geriet, und mich dadurch meinem Ziel wieder ein Stückchen näher gebracht. Auch haben die Freiheiten, die ich als wissenschaftlicher Mitarbeiter an seinem Lehrstuhl erfahren durfte, wesentlich zum Gelingen dieser Arbeit beigetragen. Herrn Prof. Dr. Peter Huber danke ich für die zügige Erstellung des Zweitgutachtens.

Zu meinem Glück musste ich den hinter mir liegenden Weg nicht alleine gehen. Und dieser Umstand erscheint mir umso erstaunlicher, als die von mir ausgehenden Belastungen für meine Umwelt mit andauernder Wegstrecke und unklarem Ende gewiss eher zu- als abnahmen. Hierfür möchte ich allen danken.

Besonders erwähnt seien Andreas Ansel, Andreas Lieb und Oliver Strutz, die mir bei der Durchsicht des Manuskripts, bei der Formatierung des Textes, vor allem aber dabei geholfen haben, durch sportliche und sonstige Aktivitäten abseits der Juristerei mein körperliches und seelisches Wohlbefinden nicht gänzlich zu verlieren.

Nicht unerwähnt bleiben soll auch Familie Naumann: Hildegard, Beate und Thomas. Sie haben mich die ganze Zeit hindurch ebenso unterstützt wie meinen Alltag bereichert.

Danken möchte ich auch meiner Familie, insbesondere meiner Oma Irmgard Sattler, die nicht müde wurde, nach dem Stand der Arbeit zu fragen. Nicht zuletzt ihre Beharrlichkeit hat zur Fertigstellung der Arbeit wesentlich beigetragen.

Großen Dank schulde ich meiner Lebensgefährtin Simone Naumann. Sie hat die wohl undankbarste Aufgabe bewältigt. Als Lohn für den Verzicht auf gemeinsame Abende, Wochenenden und Urlaub hat sie Manuskriptseiten und meine Sorgen erhalten und mir dennoch stets ein offenes Ohr und tatkräftige Unterstützung geschenkt. Ihr möchte ich diese Arbeit widmen.

Rüsselsheim im August 2005 — Matthias Holla

INHALTSVERZEICHNIS

Erstes Kapitel: Einleitung und Grundlagen

A. Der Wunsch nach einer Sportschiedsgerichtsbarkeit

Sportstreitigkeiten finden im Sportteil unserer Tageszeitungen zunehmend mehr Beachtung. Fast täglich finden sich Berichte über Auseinandersetzungen zwischen den am Sportgeschehen Beteiligten. Sowohl im Rahmen von Sportveranstaltungen, Olympischen Spielen, Weltmeisterschaften, nationalen Meisterschaften etc. als auch außerhalb der Wettkämpfe treten die Beteiligten in vielfache rechtliche Beziehungen zueinander[1]. Dabei kommt es immer häufiger zu Streitigkeiten zwischen Sportverbänden, Sportvereinen[2] und Sportlern. Im Mittelpunkt dieser Auseinandersetzungen stehen meist die aufgrund der Sportregelwerke ergangenen Verbandsentscheidungen, insbesondere Verbandssanktionen[3]. Besondere Aufmerksamkeit ziehen immer wieder Doping-[4], Lizenzierungs-[5] und

---

[1] Vgl. die anschauliche Darstellung von *Schlindwein*, Rechte der Athleten, 77, 79 ff.

[2] Die Begriffe Verband und Verein haben eigentlich die gleiche Grundbedeutung. Sie beschreiben beide eine Vereinigung oder Verbindung von Personen zur Erreichung eines gemeinsamen Zwecks, vgl. *Reichert*, Rn. 12. Im Rahmen dieser Arbeit wird begrifflich zwischen Sportvereinen, in denen die eigentliche Sportausübung stattfindet, und den Sportverbänden, die einen Zusammenschluss von Sportvereinen oder Sportverbänden darstellen, unterschieden. Zum Vereinsverband siehe auch *Reichert*, Rn. 35; *Soergel/Hadding*, BGB, vor § 21 Rn. 54; *Vieweg*, Normsetzung und -anwendung, S. 23.

[3] Dazu zählen beispielsweise Verwarnungen, Verweise, Geldbußen, Platzverbote, Spielverbote; Lizenzentzug, Aberkennung von Punkten, Versetzung in eine niedrigere Spielklasse, Sperren auf Zeit oder auf Dauer etc., vgl. *Buchberger*, 66 f.; *Deutsch*, VersR 1990, 2, 3 f.; *Hilpert*, BayVBl. 1988, 198.

[4] Viel Aufmerksamkeit zogen die beiden griechischen Sprintstars der Leichtathletik Kostas Kenteris und Ekatarini Thanou bei den Olympischen Sommerspielen von Athen auf sich, vgl. FAZ vom 13.8.2004, S. 34; FAZ vom 14.8.2004, S. 30; FAZ vom 16.8.2004, S. 25; FAZ vom 17.8.2004, S. 31; FAZ vom 18.8.2004, S. 28; ebenso der Dopingfall des Olympiasiegers im Diskuswerfen Robert Fazekas, vgl. 25.8.2004, S. 27; der Olympiasiegerin im Kugelstoßen Irina Korschaneko, vgl. FAZ vom 23.8.2004, S. 25; des Weltrekordhalters im 100 m Sprint der Leichtathletik Tim Montgomery; vgl. FAZ vom 11.7.2004 S. 38; FAZ vom 24.6.2004, S. 34; der Doppel-Weltmeisterin im 100 und 200 m Sprint der Leichtathletik 2003 Kelli White, vgl. FAZ vom 21.5.2004, S. 30; der Weltmeisterschaftszweiten im 100 m Sprint der Leichtathletik 2003 Torri Edwards, vgl. FAZ vom 7.8.2004, S. 28; des Weltmeisters 2003 über 400 m der Leichtathletik Jerome Young, vgl. 25.2.2004, S. 32; des Europameisters im 100 m Sprint der Leichtathletik 2002 Dwain Chambers, vgl. FAZ vom 23.10.2003, S. 31; des Rad-Weltmeisters im Einzelzeitfahren David Millar, vgl. FAZ vom 26.6.2004, S. 31; FAZ vom 29.6.2004, S. 33; FAZ vom 3.7.2004, S. 36; der 11 Gewichtheber bei der WM 2003, vgl. FAZ vom 9.2.2004, S. 26. Das gesamte Jahr 2002 hindurch war beispielsweise der bei den Olympischen Winterspielen von Salt Lake City aufgetauchte Dopingfall des Skilangläufers Johann Mühlegg ständiger Begleiter in der Sportberichterstattung, vgl. beispielsweise FAZ vom 25.2. 2002, S. 35, 36; FAZ vom 26.2.2002, S. 41; FAZ vom 28.2.2002, S. 42; FAZ vom 2.3.2002, S. 40; FAZ vom 6.3.2002, S. 40; FAZ vom 14.3.2002, S. 42; FAZ vom 15.3.2002, S. 48; FAZ vom 19.3.2002, S. 44; FAZ vom 17.10.2002, S. 31; FAZ vom 30.11.2002, S. 31; FAZ vom

Nominierungsstreitigkeiten[6] auf sich. In diesem Zusammenhang wird seit einiger Zeit der Wunsch nach einer Sportschiedsgerichtsbarkeit zur Beilegung dieser Sportstreitigkeiten geäußert[7]. Dieser Wunsch findet in der Praxis zunehmend Gehör, so dass mehr und mehr Sportstreitigkeiten durch Schiedsgerichte beigelegt werden[8]. Eine besondere Stellung nimmt dabei der Court of Arbitration for

---

12.12.2002, S. 32. Ebenso füllten die während des Giro d'Italia und der Tour de France 2002 aufgetauchten Dopingfälle zahlreiche Zeitungsseiten, vgl. FAZ vom 19.5.2002, S. 20; FAZ vom 21.5.2002, S. 46; FAZ vom 22.5.2002, S. 42; FAZ vom 1.6.2002, S. 22; FAZ vom 19.7.2002, S. 36; FAZ vom 8.10.02, S. 34. Weitere prominente Dopingfälle 2002 waren beispielsweise die der Skilangläuferin Larissa Lazutina, vgl. FAZ vom 25.2.2002, S.36; FAZ vom 26.2.2002, S. 41; des Radrennfahrers Jan Ulrich, vgl. FAZ vom 04.07.2002, S. 35; FAZ vom 31.07.2002 S. 33; der Leichtathleten Brahim Boulami, vgl. FAZ vom 30.8.2002, S. 31; FAZ vom 19.12.2002, S. 32; Frank Balzer, vgl. FAZ vom 4.7.2002, S. 35; Amewu Mensah, vgl. FAZ vom 21.2.2002, S. 42; FAZ vom 24.10.2002, S. 32; des Skeletonpiloten Thomas Platzer, vgl. FAZ vom 25.11.2002, S. 34; FAZ vom 27.11.2002, S. 39; FAZ vom 28.11.2002, S. 31.

5 Prominente Beispiele für Lizenzierungsstreitigkeiten, die in der Öffentlichkeit großes Aufsehen erregten, waren 2002 die juristischen Auseinandersetzungen zwischen SpVg Unterhaching, Eintracht Frankfurt und der Deutschen Fußball Liga (DFL) um die Erteilung der Lizenz für Eintracht Frankfurt, vgl. FAZ vom 15.3.2002, S. 46; FAZ vom 20.6.2002, S. 44; FAZ vom 4.7.2002, S. 36; FAZ vom 6.7.2002, S. 34; FAZ vom 8.7.2002, S. 30; FAZ vom 9.7.2002, S. 33; FAZ vom 10.7.2002, S. 33; FAZ vom 12.7.2002, S. 38; FAZ vom 17.7.2002, S. 31; FAZ vom 18.7.2002, S. 33; FAZ vom 19.7.2002, S. 35. Ebenso sorgten die Lizenzierungsstreitigkeiten des Fußballvereins SSV Reutlingen, vgl. FAZ vom 22.4.2002, S. 35; FAZ vom 21.5.2002, S. 44; des Fußballvereins SV Meppen, vgl. FAZ vom 28.4.2002, S. 19; des HSG Nordholm im Handball, vgl. FAZ vom 18.4.2002, S. 41; FAZ vom 8.5.2002, S. 45; FAZ vom 10.5.2002, S. 45; FAZ vom 18.5.2002, S. 38; der Moskitos Essen und der Berlin Capitals im Eishockey, vgl. FAZ vom 19.3.2002, S. 44; FAZ vom 19.4.2002, S. 39; FAZ vom 17.5.2002, S. 40 und des Arrows-Team in der Formel 1, vgl. FAZ vom 3.12.2002, S. 32; FAZ vom 4.12.2002, S. 35; FAZ vom 13.12.2002, S. 36 für öffentliches Aufsehen.

6 Viel Aufmerksamkeit zog der Streit um die Nominierung der deutschen Bahnrad-Fahrer für die Olympischen Spiele von Athen auf sich, vgl. FAZ vom 13.1.2004, S. 32; FAZ vom 11.02.2004, S. 32; ebenso der Versuch der Reiterin Meredith Michaels-Beerbaum die eigene Nominierung für die Olympischen Spiele von Athen über eine einstweilige Verfügung zu erreichen, vgl. FAZ vom 20.7.2004, S. 29.

7 Vgl. *Bach*, SpuRt 1995, 142, 143; *Haas*, Rechte der Athleten, S. 57, 76; *Hantke*, SpuRt 1998, 186, 191; *Röhricht*, Sportgerichtsbarkeit, S. 41, 42; *Prokop*, 2. Internationaler Sport-Recht Kongress, S. 140, 151; Beschluss der Arbeitsgruppe Sportgerichtsbarkeit, a.a.O., S. 263; *Seitz*, NJW 2002, 2838, 2839.

8 Öffentlich bekannt wurden in der jüngeren Vergangenheit beispielsweise folgende Sportschiedsverfahren: vor dem Court of Arbitration for Sport (CAS) wurden schiedsrichterlich beigelegt die Klage des Alain Baxter gegen den Internationalen Ski Verband (FIS) zur Überprüfung einer Dopingsperre, vgl. FAZ vom 19.08.2002, S. 30 und vom 17.10.2002, S. 32; die Klagen der Larissa Lazutina und Olga Danilawa gegen das Internationale Olympische Komitee (IOC) und den Internationalen Ski Verband (FIS) zur Überprüfung ihrer Dopingsperren, vgl. FAZ vom 30.11.2002, S. 31; die Klage des Leichtathletik Verbandes der USA (USATF) gegen den Internationalen Leichtathletik Verband (IAAF) um die Veröffentlichung der Namen von 17 Dopingsündern, vgl. FAZ vom 11.1.2003, S. 31; 14.1.2003, S. 29; die Klage des

Sport (CAS)[9] – ein vom IOC im Jahre 1983 geschaffenes Sportschiedsgericht – ein[10]. Dies zeigt sich in der breiten Anerkennung durch die internationalen Sportverbände, die in ihren Regelwerken vielfach die Zuständigkeit des CAS für die Beilegung von Disziplinarstreitigkeiten vorsehen[11]. Neben der Nachprüfung von Dopingsanktionen internationaler Sportverbände[12] ist ein weiterer

---

Johann Mühlegg gegen das Internationale Olympische Komitee (IOC) und den Internationalen Ski Verband (FIS) zur Überprüfung seiner Dopingsperre, vgl. FAZ vom 25.1.2003, S. 30; die Klage des Marco Pantani gegen den Internationalen Radsport Verband (UCI) zur Überprüfung einer Dopingsperre, vgl. FAZ vom 14.3.2003, S. 36; die Klage des Schweizer Reitsport Verbandes gegen den Internationalen Reitsport Verband (FEI) zur Durchsetzung eines Startrechts, vgl. FAZ vom 16.5.2003, S. 31; die Klage des Stefan Steinweg gegen den Bund Deutscher Radfahrer (BDR) zur Überprüfung seiner Dopingsperre, vgl. FAZ vom 24.9.2003, S. 31; die Klage des Brahim Boulami gegen den Internationalen Leichtathletikverband (IAAF) zur Überprüfung seiner Dopingsperre, vgl. FAZ vom 20.11.2003, S. 33; die Klage von Florence Ekpo-Umoh gegen die Entscheidung des DSB-Schiedsgerichts zur Überprüfung ihrer Dopingsperre, vgl. FAZ vom 10.2.2004, S. 33; die Klage des Jerome Young gegen den Leichtathletikverband der Vereinigten Staaten (USATF) und den Internationalen Leichtathletikverband (IAAF) zur Überprüfung seiner Dopingsperre, vgl. FAZ vom 30.6.2004, S. 31; die Klage der Torri Edwards gegen die Entscheidung der Amerikamischen Anti-Doping-Agentur (Usada) zur Überprüfung ihrer Dopingsperre, vgl. FAZ vom 13.8.2004, S. 34; die Klage der Alexandra Korelowa gegen den Internationalen Reiterverband (FEI) auf Nominierung zu den Olympischen Spielen von Athen, vgl. FAZ vom 16.8.2004, S. 25; die Klage des suspendierten IOC-Mitglieds Iwan Slawkows gegen das IOC auf Rückgabe seiner Akkreditierung zu den Olympischen Spielen von Athen, vgl. FAZ vom 17.8.2004, S. 30; die Klage der NOC von Frankreich, Großbritannien und den Vereinigten Staaten gegen die Wertung in der Vielseitigkeitsreiterei bei den Olympischen Spielen von Athen durch den Internationalen Reitverband (FEI), vgl. FAZ vom 23.8.2004, S. 24. Vor einem Schiedsgericht des Deutschen Fußball Bundes (DFB) die Klage von Eintracht Frankfurt gegen die Deutsche Fußball Liga zur Überprüfung einer Lizenzierungsentscheidung; vgl. FAZ vom 4.7.2002, S. 36; vor dem Schiedsgericht der Deutschen Eishockey Liga (DEL) die Klage der Iserlohn Roosters gegen die DEL zur Überprüfung einer Spielwertung, vgl. FAZ vom 18.1.2003, S. 30; vor einem Schiedsgericht des Deutschen Sport Bundes (DSB) die Klage des Deutschen Leichtathletik Verbandes (DLV) gegen Amewu Mensah auf Verhängung einer Dopingsperre, vgl. FAZ vom 21.2.2002, S. 42; 24.10.2002, S. 32; die Klage des Deutschen Leichtathletik Verbandes (DLV) gegen Florence Ekpo-Umoh auf Verhängung einer Dopingsperre, vgl. FAZ vom 10.2.2004, S. 33.

[9] Französische Bezeichnung Tribunal Arbitral du Sport (TAS).

[10] Seit seiner Gründung wurden ca. 700 CAS-Verfahren durchgeführt, derzeit sind es zwischen 100 und 150 Verfahren pro Jahr, vgl. FAZ vom 10.8.2004, S. 30. Zum CAS siehe *Netzle*, Sportgerichtsbarkeit, S. 9 ff.; *ders.*, SpuRt 1995, 89 ff.; *Schlosser,* in FS Zeuner, S. 467 ff.; *Haas*, ZEuP 1999, 355 ff.; *Pfister*, SpuRt 2000, 133 ff.; *Martens/Oschütz*, SpuRt 2001, 54 ff.; *Kaufmann-Kohler,* Bull. ASA 1996, 433 ff.; *dies.* Bull. ASA 1998, 311 ff.; *Adolphsen*, Internationale Dopingstrafen, S. 489 ff.; *ders.*, SchiedsVZ 2004, 169, 172 f.; *Martens*, SchiedsVZ 2004, 202 ff.; *Oschütz*, S. 37 ff.; FAZ vom 10.8.2004, S. 30.

[11] Vgl. Adolphsen, SchiedsVZ 2004, 169, 172; *Haas*, Schiedsgerichtsbarkeit im Sport, S. 7; *Heß*, ZZPInt 3 (1998), 457, 459.

[12] Dopingfälle machen ca. 40 % aller Klagebegehren aus, den gleichen Anteil nehmen Vertragsstreitigkeiten (meist aus dem Fußball) ein, ca. 20 % bilden Nominierungsstreitigkeiten, vgl. FAZ vom 10.8.2004, S. 30; siehe auch *Netzle*, Doping, S. 198, 204 ff.

Tätigkeitsschwerpunkt die Entscheidung von während der Olympischen Spiele auftretenden Sportstreitigkeiten[13]. Die Bedeutung des CAS zur Nachprüfung von Dopingsanktionen wird in Zukunft noch weiter wachsen, da der Welt Antidoping Code (WADA[14]-Code[15]) den CAS als letzte Instanz in Dopingstreitigkeiten vorsieht[16]. Sowohl das IOC, die internationalen Sportfachverbände[17], die NOCs und die Nationalen Anti-Doping Organisationen haben den WADA-Code unterzeichnet und sich zu dessen Umsetzung verpflichtet[18]. Die Tätigkeit des CAS steht damit mehr und mehr als Synonym für die schiedsrichterliche Beilegung von internationalen Sportstreitigkeiten[19]. Der WADA-Code wird in Deutschland durch den Nationalen Antidoping Code (NADA-Code) umgesetzt[20]. Auch er soll eine Streitentscheidung durch Schiedsgerichte vorsehen[21]. In diesem Zusammenhang wird auch über die Gründung eines Sportschiedsgerichts in Deutschland nachgedacht[22]. Damit ist auch auf nationaler Ebene eine weitere Verbreitung der Sportschiedsgerichtsbarkeit vorgezeichnet.

Die zunehmende Bedeutung von Sportschiedsgerichten in der Praxis spiegelt sich auch in einer stark wachsenden Zahl rechtswissenschaftlicher Beiträge zur Sportschiedsgerichtsbarkeit wieder[23]. Nun könnte man sich fragen, was an einer

---

[13] Vgl. dazu *Martens/Oschütz*, SpuRt 2001, 4 ff.; *dies.*, SpuRt 2002, 89 ff.; *Kaufmann-Kohler*, Bull. ASA 1996, 433 ff.; *dies.* Bull. ASA 1998, 311 ff.; CAS/TAS (Hrsg.), CAS Awards – Sydney 2000; *Martens*, SchiedsVZ 2004, 202, 204 f.; *McLaren*, SchiedsVZ 2004, 187 ff.; vgl. FAZ vom 19.8.2002, S. 30.

[14] Insbesondere der Kampf gegen Doping führte zur Gründung der World Anti-Doping Agency (WADA) im Jahr 1999. Der von ihr entwickelte WADA-Code soll zu einer weltweiten Intensivierung und Harmonisierung im Kampf gegen Doping führen, vgl. *Haas* in *Haas/Haug/Reschke*, SportR, B 1. Kapitel Rn. 56. Der Hauptsitz der WADA ist Montreal. Die Gründung der WADA geht zurück auf ein vom IOC einberufenen Kongress zum Thema Anti-Doping im Februar 1999, vgl. *Niese*, Schiedsgerichtsbarkeit im Sport, S. 61, 62.

[15] Der Originaltext ist abrufbar unter www.wada-ama.org; eine deutsche Übersetzung ist abgedruckt in *Haas/Haug/Reschke*, SportR, C.IV.2.

[16] Vgl. Haas, Schiedsgerichtsbarkeit im Sport, S. 7; *Adolphsen*, SchiedsVZ 2004, 169, 172; *Weber*, SchiedsVZ 2004, 193, 196.

[17] Bis zur Mitte des Jahres 2004 haben dis auf den Internationalen Radsportverband (UCI) alle olympischen Sommer- und Wintersportverbände den WADA-Code unterzeichnet, vgl. FAZ vom 23.6.2004, S. 31.

[18] Vgl. *Weber*, SchiedsVZ 2004, 193, 194; FAZ vom 23.6.2004, S. 31.

[19] Nach Angaben des Generalsekretärs des CAS, Matthieu Reeb, haben sich die Verfahrenszahlen der vor dem CAS verhandelten Fälle im Jahr 2000 im Vergleich zum Vorjahr verdoppelt. Auch für die Zukunft erwartet er eine Steigerung der Verfahrenszahlen, vgl. *Hofmann*, SpuRt 2002, 7.

[20] Vgl. *Weber*, SchiedsVZ 2004, 193, 197; *Adolphsen*, SchiedsVZ 2004, 169, 173; zur NADA siehe ausführlich *Niese*, Schiedsgerichtsbarkeit im Sport, S. 61 ff.

[21] Vgl. *Adolphsen*, SchiedsVZ 2004, 169, 173; *Weber*, SchiedsVZ 2004, 193, 198.

[22] Vgl. Haas, Schiedsgerichtsbarkeit im Sport, S. 7.

[23] *Schlosser*, in FS Zeuner, S. 467 ff.; *Schauhoff*, SpuRt 1995, 24 f.; *Netzle*, SpuRt 1995, 89 ff.; *Bach*, SpuRt 1995, 142; *Reuter*, DZWiR 1996, 1, 8; *Haas/Prokop*, SpuRt 1996, 187 ff.;

Sportschiedsgerichtsbarkeit so neuartig sein soll, dass sie nach einer wissenschaftlichen Abhandlung verlangt, verfügen doch zahlreiche Sportverbände schon seit langem über sog. Verbandsschiedsgerichte, Schiedsstellen oder Schiedskommissionen[24], die in Ausübung der Verbandsgewalt Sanktionen gegen Sportler verhängen und teilweise auch ein Verfahren zu deren Überprüfung vorsehen[25]. Um gleich zu Beginn dieser begrifflich ausgelösten Verwirrung zu begegnen, sei klargestellt, dass es sich bei diesen Spruchkörpern oftmals gar nicht um „echte“ Schiedsgerichte handelt[26]. Letzteren, den „echten“ Schiedsgerichten i.S.d. 10. Buches der ZPO, und deren zunehmendem Einsatz im Sportbereich gilt die vorliegende Erörterung.

Die Schiedsgerichtsbarkeit stellt eine privatautonome Alternative zur staatlichen Gerichtsbarkeit dar[27] und dient, wie die staatliche Gerichtsbarkeit, der Beilegung von Rechtsstreitigkeiten[28]. Warum aber wird der Wunsch nach einer alternativen

---

Kaufmann-Kohler, Bull. ASA 1996, 433 ff.; *dies.*, Bull. ASA 1998, 311 ff.; *Haas*, Rechte der Athleten, 57 ff.; *Netzle*, Sportgerichtsbarkeit, S. 9 ff.; *Hilpert*, RdA 1997, 92, 95; *Hantke*, SpuRt 1998, 186 ff.; *Heß*, ZZPInt 3 (1998), 457 ff.; *Scherrer*, SJZ 94 (1998), 289, 293; *Haas*, ZEuP, 1999, 355 ff.; *Haas/Gedeon*, SpuRt 2000, 228 ff.; *Pfister*, SpuRt 2000, 133 ff.; *Adolphsen*, IPrax 2000, 81 ff.; *Schilling*, Schiedsgerichtsbarkeit von Sportverbänden in der Schweiz, 2000; *Engelbrecht*, AnwBl. 2001, 637 ff.; *Martens/Oschütz*, SpuRt 2001, 4 ff.; *dies.*, SpuRt 2002, 89 ff.; *Hofmann*, SpuRt 2002, 7 ff.; *Knöfel*, SpuRt 2002, 49 ff.; *Seitz*, NJW 2002, 2838 ff.; *Haas* (Hrsg.), Schiedsgerichtsbarkeit im Sport, 2003; *Adolphsen*, Internationale Dopingstrafen, S. 485 ff.; *ders.*, SchiedsVZ 2004, 169 ff.; *Haas/Hauptmann*, SchiedsVZ 2004, 175 ff.; *Haug*, SchiedsVZ 2004, 190 ff.; *Weber*, SchiedsVZ 2004, 193 ff.; *Oschütz*, Sportschiedsgerichtsbarkeit, 2005. Auch mehrere rechtswissenschaftliche Seminare oder Tagungen hatten die Sportschiedsgerichtsbarkeit teilweise oder ausschließlich zum Gegenstand, so etwa das Seminar „Streitbeilegung im Europäischen Sport“ der Europäischen Rechtsakademie (ERA) in Trier vom 28.11.2001; die Herbsttagung des Konstanzer Arbeitskreis für Sportrecht, 27. – 29. September 2002 in Feldberg (siehe dazu *Haas* (Hrsg.), Schiedsgerichtsbarkeit im Sport, 2003); der 2. Internationaler Sport-Recht Kongress, 22/23. November 2001 in Bonn (siehe dazu die gleichlautende Tagungszusammenfassung).

[24] Zu weiteren Bezeichnungen vgl. *Summerer*, PHB, S. 165.

[25] Die 800 Spitzen- und Landesverbände im DSB haben etwa 1000 Sportgerichte, vgl. *Summerer*, PHB, S. 166. Die Anzahl der dort verhandelten Verfahren ist beträchtlich, vgl. *Hilpert*, BayVBl. 1988, 161; *Deutsch*, VersR 1990, 2; siehe auch die umfangreiche Dokumentation verbandsinterner Entscheidungen in *Haas/Haug/Reschke*, SportR.

[26] Vgl. OLG Frankfurt, NJW 1970, 2250 ff.; OLG Köln, NVwZ 1991, 1116 f.; siehe auch *Westermann*, JZ 1972, 573 ff.; *Vollkommer*, in FS Nagel, S. 474 ff.; *Lachmann*, Rn. 18 f.; *Stein/Jonas/Schlosser*, ZPO, vor § 1025 Rn. 5; *Handke*, SpuRt 1998, 186, 187; *Röhricht*, Sportgerichtsbarkeit, S. 19; zur Abgrenzung von Vereinsgerichten zu echten Schiedsgerichten, vgl. *Haas/Gedeon*, SpuRt 2000, 228 ff.; *Adolphsen*, Internationale Dopingstrafen, S. 499 ff.; vgl. ausführlich Viertes Kapitel:C. .

[27] Zur Abgrenzung zu anderen Verfahren alternativer Streitbeilegung, vgl. *Lachmann*, Rn. 20 ff.

[28] Vgl. Schwab/*Walter*, Kap. 1 Rn. 1; *Lachmann*, Rn. 2. Gegen diese Art der nichtstaatlichen Streitentscheidung bestehen grundsätzlich keine verfassungsrechtlichen Bedenken, vgl.

Beilegung von Sportstreitigkeiten geäußert? Er kann in zwei Bestandteile zerlegt werden. Einerseits in das Anliegen nach einer Derogation der staatlichen Gerichtsbarkeit zur Beilegung von Sportstreitigkeiten und andererseits nach deren Ersetzung durch eine Sportschiedsgerichtsbarkeit. Ersteres deutet darauf hin, dass die Beilegung von Sportstreitigkeiten durch die staatliche Gerichtsbarkeit für einige der am Sportgeschehen Beteiligten Nachteile aufweist. Letzteres bringt hingegen die Erwartung zum Ausdruck, dass die schiedsrichterliche Beilegung von Sportstreitigkeiten eben diese Nachteile vermeiden kann und mithin Vorteile gegenüber der staatlichen Gerichtsbarkeit aufweist. Was aber sind die Nachteile, die mit der Beilegung von Sportstreitigkeiten durch die ordentlichen Gerichte für die Beteiligten entstehen und die man durch eine schiedsrichterliche Streitbeilegung zu vermeiden erhofft? Kann eine Sportschiedsgerichtsbarkeit überhaupt diese Hoffnungen erfüllen, ohne auf der anderen Seite mit ebenso schwerwiegenden Nachteilen für die Beteiligten verbunden zu sein? Oder stehen der Etablierung einer Sportschiedsgerichtsbarkeit etwa unüberwindbare tatsächliche und/oder rechtliche Hürden im Weg? Um diese Fragen beantworten zu können, ist es erforderlich in einem ersten Schritt zu untersuchen, ob es bestimmte Kriterien gibt, die sportrechtliche Streitigkeiten prägen. Nur dann nämlich lässt sich beurteilen, ob ein Verfahren besser oder schlechter geeignet ist, um Sportstreitigkeiten beizulegen.

B. Strukturmerkmale sportrechtlicher Streitigkeiten

Citius, altius, fortius heißt es im Olympischen Wortzeichen. Das Streben nach Leistung und Leistungssteigerung zeichnet einen typischen Leistungssportler aus. Die Leistungssteigerung ist jedoch nicht Selbstzweck[29]. Zweck der Leistungssteigerung ist vielmehr der Leistungsvergleich mit anderen Sportlern im Wettkampf[30]. Das Streben, sich mit anderen Sportlern zu messen, um den Besten zu ermitteln, stellt ein wesentliches Element der leistungsorientierten Sportausübung dar[31].

Distler, S. 43 ff.; MünchKommZPO/*Münch*, Vor § 1025 Rn. 3, 4; vgl. zum alten Recht BGHZ 65, 59, 61; *Sonnauer*, S. 21 ff.

[29] Hierin liegt ein wesentlicher Unterschied zwischen Leistungssport und reinem Gesundheitssport (z.B. Joggen), der häufig nur der Verbesserung der physischen und psychischen Konstitution des Sportlers dient.

[30] Vgl. *Pfister*, PHB, S. 3 f.

[31] Der Wunsch vieler millionenschwerer, professioneller Sportler nach einer Teilnahme an Olympischen Spielen verdeutlicht die herausragende Bedeutung des Leistungsvergleichs für den Leistungssportler. Beispiel hierfür ist die Teilnahme der kanadischen NHL-Profis am Olympischen Eishockeyturnier in Salt Lake City 2002.

I. Internationalität des Wettkampfsports

Das Streben der Sportler nach dem Leistungsvergleich ist räumlich unbeschränkt. Sportler suchen ihn im Wettkampf auf allen räumlichen Ebenen, von Vereins- und Kreismeisterschaften bis hin zu Weltmeisterschaften und Olympischen Spielen. Das Streben nach einem Leistungsvergleich über Ländergrenzen hinweg stellt somit ein ganz wesentliches gemeinsames Interesse aller am Leistungssport Beteiligten dar[32]. Die Internationalität der wettkampfmäßigen Sportausübung und die damit einhergehende Häufigkeit von Sachverhalten mit internationalen Bezügen stellt ein typisches Merkmal von sportrechtlichen Streitigkeiten dar.

II. Einheitlicher Geltungsanspruch der sportlichen Regelwerke

Ein gemeinsames Interesse aller am Leistungssport Beteiligten ist die Chancengleichheit unter den Sportlern im Wettkampf. Dies erscheint auf den ersten Blick befremdlich. Ist doch das Ziel des einzelnen Sportlers, der Sieg im Wettkampf, mit einem irgendwie gearteten Vorteil gegenüber seinen Konkurrenten leichter zu erreichen als ohne einen solchen Vorteil. Aus diesem Grund scheint doch das Interesse des einzelnen Sportlers gerade nicht auf die Chancengleichheit, sondern auf die Erlangung eines Vorteils gegenüber den Konkurrenten gerichtet zu sein, was in der Verbreitung von Doping im Leistungssport scheinbar seine Bestätigung findet[33]. Dabei handelt es sich jedoch um einen Trugschluss. Denn die Spannung für die Zuschauer und zugleich die Attraktivität einer Sportart hängen von der Ungewissheit des Ausgangs eines Wettkampfes und somit wesentlich von der Chancengleichheit unter den Sportlern ab. Ein Verlust letzterer würde zum Niedergang der betreffenden Sportart führen[34]. Daher liegt die Gewährleistung einer gleich großen Chance für jeden Sportler, den Sieg im Wettkampf davonzutragen, im wohlverstandenen Interesse aller am Leistungssport Beteiligten.

Zur Durchführung eines sportlichen von Chancengleichheit geprägten Wettkampfes ist zunächst die Aufstellung von Regeln erforderlich. Sie geben ein sportliches Ziel vor und setzen die Rahmenbedingungen der jeweiligen Sportart. Der Leistungsvergleich zwischen Sportlern im Wettkampf setzt einheitliche Rahmenbedingungen voraus. Ohne einheitliche Rahmenbedingungen sind die Leistungen der Sportler nicht vergleichbar[35]. Einheitliche Regeln dienen somit

---

[32] Vgl. zur Globalisierung des Sports *Adolphsen*, SchiedsVZ 2004, 169, 170.

[33] Zur Geschichte des Dopings vgl. *Prokop*, Geschichte des Dopings, S. 22 ff.

[34] Die als Reaktion auf die eindeutige Überlegenheit von Ferrari in der Rennsaison 2002 der Formel 1 geführte Diskussion, welche Regeländerungen zur Wiederherstellung der Chancengleichheit unter den Rennställen zu ergreifen seien, verdeutlicht die überragende Bedeutung der Chancengleichheit im Sport, vgl. FAZ vom 8.10.2002, S. 34; FAZ vom 11.10.2002, S. 31.

[35] Vgl. BGH NJW 1995, 583, 584 = *Haas/Haug/Reschke*, SportR, Dok. 10 31 1; *Pfister*, in FS Lorenz, S. 171, 172; *Heß*, Aktuelle Rechtsfragen des Sports, S. 6; *Haas* in

auch der Verwirklichung der Chancengleichheit unter den Sportlern. Die Chancengleichheit kann jedoch nur verwirklicht werden, wenn alle Sportler gleichermaßen an die Regeln gebunden werden. Ein Sportler unterwirft sich den einheitlich gesetzten Regeln aber nur in der Erwartung, dass eben alle anderen Sportler auch an dieselben Regeln gebunden sind[36]. Daher dient nicht nur die Regelsetzung, sondern auch deren Durchsetzung gegenüber allen Sportlern der gemeinsamen Interessenverfolgung, nämlich der Gewährleistung eines von der Chancengleichheit unter den Sportlern geprägten, sportlichen Wettkampfes[37]. Dieses gemeinsame Interesse nach einheitlicher Regelgeltung für alle Sportler erhellt eine ganz zentrale Anforderung an einen interessengerechten Mechanismus zur Beilegung von Sportstreitigkeiten. Er muss gewährleisten, dass die Sportregelwerke im Interesse der Chancengleichheit allen Sportlern gegenüber gleichermaßen durchgesetzt werden.

III. Pyramidaler Aufbau im organisierten Sport

Zur Durchführung von Wettkämpfen ist die Schaffung und Durchsetzung einheitlicher Regeln notwendig[38]. Wollen die Sportler die erforderlichen Regeln nicht für jeden Sportwettkampf einzeln aushandeln und für deren Durchsetzung sorgen, bedarf es hierfür einer festen Organisation[39]. Sie kann die Gewähr für eine gewisse Kontinuität in Bezug auf die Regelaufstellung und Regeldurchsetzung übernehmen. Da der Sport nach weltweitem Vergleich strebt, bedarf es dementsprechend einer weltweiten Organisation. Diese Anforderung findet ihre Entsprechung in den weltweit miteinander verflochtenen Sportorganisationen[40].

In Deutschland hat sich der Sport in der Neuzeit zunächst in privaten Vereinigungen, meist Sportvereinen, entwickelt[41]. Diese sind die eigentlichen Träger

---

Haas/Haug/Reschke, SportR, A Rn. 2; B 2. Kapitel Rn. 1; *Adolphsen*, Internationale Dopingstrafen, S. 1; *ders.*, SchiedsVZ 2004, 169, 171.

[36] Vgl. BGH NJW 1995, 583, 584 = *Haas/Haug/Reschke*, SportR, Dok. 10 31 1.

[37] *Pfister*, PHB, S. 4.

[38] Vgl. Erstes Kapitel:B. II.

[39] *Summerer*, PHB, S. 80. Die Bedeutung der Sportorganisationen verdeutlichen die Mitgliederzahlen des Deutschen Sport Bundes (DSB) in Deutschland. Der DSB hat als Mitglieder 16 Landessportbünde, 55 Spitzenverbände des Sports, 12 Sportverbände mit besonderer Aufgabenstellung, 6 Verbände für Wissenschaft und Bildung und 2 Förderverbände. Diese 91 Mitgliedsorganisationen umfassten im Jahr 2001 85.427 Turn- und Sportvereine mit 26.812.757 Mitgliedern, vgl. Jahrbuch des Sports, S. 76 ff.

[40] Zum Sportverbandswesen siehe auch *Haas* in *Haas/Haug/Reschke*, SportR, B 1. Kapitel Rn. 10 ff.; *Vieweg*, JuS 1993, 825, 826 f.

[41] Vgl. die Vereinsgründung vieler Fußballvereine vor etwa 100 Jahren (Hamburger SV 1887, Bayern München 1900, BVB Dortmund 1909); zu den historischen Wurzeln des Sportvereinswesens vgl. *Haas* in *Haas/Haug/Reschke*, SportR, B 1. Kapitel Rn. 13.

des organisierten Sports[42]. In den Sportvereinen erfolgt die eigentliche Sportausübung. Dies gilt insbesondere für den Spitzensport[43]. Die Sportvereine verfügen über die notwendigen organisatorischen Grundlagen zur Ausübung des Sports und geben so ihren Mitgliedern die Möglichkeit, die jeweilige Sportart zu betreiben. Da sich das Interesse an leistungsorientierter Sportausübung und damit verbunden auch der wettkampfmäßige Vergleich der Sportler nicht auf die Vereinsebene beschränkt, haben sich die Vereinigungen der betreffenden Sportart zur Austragung überörtlicher Wettkämpfe zunächst auf regionaler und später auf nationaler Ebene zusammengeschlossen[44]. Durch die nationalen Fachverbände wurden dann weltweite internationale Fachverbände gegründet[45]. Durch diese Entwicklung entstand der stufenförmige, pyramidale Aufbau im organisierten Sport. In ihm sind die Sportler in den Vereinen jeweils regionalen, nationalen und internationalen Fachverbänden untergeordnet[46].

Zuständig für den Erlass der Sportregelwerke sind nicht die Sportvereine auf der unteren Stufe der Verbandspyramide, sondern die an der Spitze stehenden Sportverbände, die aufgrund ihrer Stellung und ihrer sachlichen und personellen Ressourcen zur Bewältigung dieser Aufgabe in der Lage sind[47]. Wesentliche Aufgabe der nationalen und internationalen Fachverbände ist es somit, die Regeln ihrer Sportart möglichst weltweit einheitlich festzulegen. In Erfüllung dieser Aufgabe verpflichten fast alle internationalen Sportverbände in ihren Regelwerken – teilweise unter Androhung von Sanktionen für den Fall der Nichtbefolgung – die nachgeordneten nationalen Verbände, sowohl das Regelwerk als auch die Entscheidungen des Internationalen Verbandes anzuerkennen und umzusetzen[48]. Auf diese Weise besitzt fast jede Sportart ein weitgehend weltweit

---

[42] Vgl. *Haas* in *Haas/Haug/Reschke*, SportR, B 1. Kapitel Rn. 10; *Vieweg*, JuS 1983, S. 825, 826.

[43] *Summerer*, PHB, S. 80; zur Aufweichung der Vereinsstrukturen in einigen Teilbereichen durch die Ausgliederung und Betreibung des Profisports in anderen Gesellschaftsformen vgl. *Steinbeck/Menke*, NJW 1998, 2169; *Heermann*, ZIP 1998, 1249; *Wagner*, NZG 1999, 469; *Bäune*, Kapitalgesellschaften im bundesdeutschen Lizenzfußball, 2001; *Holzhäuser*, SpuRt 2004, 144 ff. Auch im Freizeit- und Breitensport ist eine Entwicklung weg von der Sportausübung in Vereinen hin zu privaten kommerziellen Sport- und Freizeitanbietern zu beobachten, vgl. *Summerer*, PHB, S. 80.

[44] Die regionalen und nationalen Sportverbände sind allesamt in der Rechtsform des eingetragenen Vereins i.S.d. § 21 BGB organisiert, vgl. *Vieweg*, Normsetzung und –anwendung, S. 197; *ders.*, JuS 1983, 825, 826.

[45] Zur Gründung Internationaler Fachverbände vgl. *Vieweg*, Normsetzung und -anwendung, S. 53.

[46] Vgl. *Haas* in *Haas/Haug/Reschke*, SportR, B 1. Kapitel Rn. 49; *Summerer*, PHB, S. 87, 91.

[47] Vgl. BGH NJW 1995, 583, 584 = *Haas/Haug/Reschke*, SportR, Dok. 10 31 1; *Haas* in *Haas/Haug/Reschke*, SportR, B 1. Kapitel Rn. 53; *Vieweg*, JuS 1983, 825, 826.

[48] Vgl. *Vieweg*, Normsetzung und –anwendung, S. 68 ff.

geltendes Sportregelwerk[49]. Diese Regelwerke werden daher teilweise auch als die erste Säule des Sportrechts bezeichnet[50]. Für den Sportler ist das Tätigwerden in Organisationen nach den dargestellten Grundsätzen zwingende Notwendigkeit, um sein Interesse am weltweiten Leistungsvergleich zu verfolgen. Aus dieser pyramidalen Organisationsstruktur folgt aber auch eine Mehrseitigkeit der Rechtsbeziehungen zwischen den Beteiligten. Daher muss ein Mechanismus zur Beilegung von Sportstreitigkeiten Möglichkeiten vorsehen, verschiedene Beteiligte, auf nationaler als auch internationaler Ebene, am Verfahren zur Beilegung von Sportstreitigkeiten angemessen zu beteiligen.

IV. Monopolistische Struktur der Sportverbände

Entgegen der historischen Entwicklung der Sportverbände von unten nach oben bedarf es zur Schaffung einheitlicher Regeln aus praktischen Gesichtspunkten der einheitlichen Festlegung durch eine Instanz von oben nach unten[51]. Dies erfordert zwangsläufig die monopolistische Struktur der Sportverbände. Das so genannte Ein-Platz-Prinzip schreibt den historisch entstandenen pyramidalen Aufbau von der Basis, den lokalen Vereinen, bis hin zum nationalen oder internationalen Dachverband verbindlich fest. Das Ein-Platz-Prinzip bedeutet[52], dass es für jede Sportart nur jeweils einen Weltfachverband gibt[53], der seinerseits nur jeweils einen regionalen und nationalen Fachverband als Mitglied aufnimmt und auch von diesen die Durchsetzung des Ein-Platz-Prinzips in seinem Bereich verlangt[54]. Auch das IOC fordert für olympische Sportarten das Ein-Platz-Prinzip[55]. Aufgrund der Bedeutung der Mitgliedschaft im internationalen Fachverband für die Teilnahme an den olympischen Spielen und internationalen Meisterschaften, besteht ein faktischer Zwang, das Ein-Platz-Prinzip auf nationaler

---

[49] Vgl. *Heß*, ZZPint, 1996, 371, 373; *Reuter*, DZWir 1996, 1 ff.; *Vieweg*, Normsetzung und -anwendung, S. 308 ff.; zu den Funktionen der Sportregelwerke vgl. *Vieweg*, SpuRt 1995, 97, 98; *ders.*, JuS 1983, 825, 826 f.

[50] Vgl. *Pfister*, PHB, S. 5 ff.; zum umstrittenen Rechtscharakter der Sportregelwerke siehe *Haas* in *Haas/Haug/Reschke*, SportR, B 2. Kapitel Rn. 5.

[51] Vgl. BGH NJW 1995, 583, 585 = *Haas/Haug/Reschke*, SportR, Dok. 10 31 1.

[52] Vgl. BGHZ 63, 282 ff.; *Haas* in *Haas/Haug/Reschke*, SportR, B 1. Kapitel Rn. 52; *Vieweg*, Normsetzung und -anwendung, S. 61.

[53] Eine Ausnahme besteht beispielsweise im professionellen Boxsport, wo es fünf internationale Spitzenverbände nebeneinander gibt (World Boxing Council, WBC; World Boxing Association, WBA; World Boxing Federation, WBF; International Boxing Federation, IBF; International Boxing Council, IBC).

[54] Nach § 5 Nr. 2 der DSB-Satzung gibt es für jedes Bundesland nur einen Landessportbund und für jede Sportart nur einen Spitzenverband.

[55] Regel 31 Ziff. 3, 32 Ziff. 1.2, 51 der Olympischen Charta.

Ebene umzusetzen. Das Ein-Platz-Prinzip findet sich daher sogar in einigen Gesetzen unserer europäischen Nachbarn wieder[56].

Grundsätzlich entspricht das Einplatz-Prinzip dem Interesse der Sportler nach weltweit einheitlichen Wettkampfbedingungen[57]. Darüber hinaus werden konkurrierende Meisterschaften auf regionaler, landes- oder nationaler Ebene vermieden, so dass es möglich ist, den Meister einer Sportart innerhalb eines räumlichen Gebietes festzustellen[58]. Bei diesem straff durchorganisierten, monopolistisch hierarchischen Aufbau im organisierten Leistungssport darf nicht übersehen werden, dass auf diese Art und Weise eine international abgesicherte Monopolstellung der Sportverbände entstanden ist, die mit einem großen Machtpotential der Verbände einhergeht, so dass eine leistungsorientierte und wettkampfmäßige Sportausübung außerhalb der dargestellten Strukturen praktisch unmöglich ist. Das damit einhergehende Ungleichgewicht zwischen den Sportverbänden und den Sportlern muss bei der Ausgestaltung eines interessengerechten Streitbeilegungsmechanismus berücksichtigt werden.

V. Spannungsverhältnis zwischen selbstgesetztem Recht der Sportverbände und staatlichem Recht

Aus dem Selbstbestimmungsrecht des Menschen aus Art. 2 Abs. 1 GG folgt, dass er sich selbst Regeln setzen kann, nach denen er sich sportlich betätigen möchte. Daraus ergibt sich weitergehend das in Art. 9 Abs. 1 GG gewährleistete Recht in Organisationen tätig zu werden und gruppenspezifische Zwecke zu verfolgen[59]. Dabei dient Art. 9 Abs. 1 GG nicht nur dem Schutz des Einzelnen, sondern auch als Bestandsschutz für die funktionsgerechte Betätigung der Vereinigung selbst[60]. Somit sind die Sportvereine und Sportverbände als selbständiger Grundrechtsträger durch Art. 9 Abs. 1 geschützt (kollektive Vereinigungsfreiheit)[61].

1. Verfassungsrechtlich gewährleiste Selbstregulierung

Sachlich umfasst der Schutzbereich des Art. 9 Abs. 1 GG die Entstehung der Vereinigung, ihre körperschaftliche Verfassung, ihre Selbstverwaltung und Selbstständigkeit, ihre Funktionsfähigkeit und ihre Betätigung nach außen.

---

[56] Vgl. Art. 14.3 des Sportgesetzes 13/1980 von Spanien oder Art. 17 des Sportgesetzes 610 von Frankreich.

[57] *Haas* in *Haas/Haug/Reschke*, SportR, B 1. Kapitel Rn. 53.

[58] Hingegen gibt es im Boxsport als Konsequenz mehrerer Weltverbände (WBC, WBA, WBF, IBF, IBC) mehrere Weltmeister nebeneinander.

[59] *Pfister*, PHB, S. 8; *Scholz* in Maunz/Dürig/Herzog/Scholz, Art. 9 Rn. 21.

[60] *Vieweg*, Normsetzung und -anwendung, S. 151.

[61] BVerfGE 13, 174, 175; BVerfGE 30, 227, 241; BGH NJW 1995, 583, 585 = *Haas/Haug/Reschke*, SportR, Dok. 10 31 1; *Steiner*, NJW 1991, 2729 ff..

Selbstverwaltung und Selbständigkeit bedeuten insbesondere die Selbstbestimmung über die eigene Organisation[62] und das Verfahren ihrer Willensbildung und die Führung ihrer Geschäfte[63]. Zum wesentlichen Kernbestandteil der Selbstbestimmung über die Organisation gehört auch die freie Gestaltung der Satzung[64]. Dazu zählt zunächst die Wahl eines Vereinszwecks[65]. Gemeinsamer Zweck aller Sportvereinigungen ist die Förderung des Sports, je nach Vereinigung in unterschiedlichen Facetten. Ein wesentlicher Teilbereich davon ist die Förderung des jeweiligen Wettkampfbereiches der betreffenden Sportart.

Zum geschützten Kernbereich gehört auch die Möglichkeit der Vereinigung, die von ihnen frei gewählten Aufgaben erfüllen zu können[66]. Zur Erfüllung der Aufgaben können Sportvereine und Sportverbände unter Umständen Denk- und Handlungssysteme ihrer Mitglieder entwickeln, die die Verhaltenserwartung in den durch staatliches Recht geordneten gesellschaftlichen Handlungssystemen übersteigen[67]. An der Einnahme eines leistungssteigernden Präparates beispielsweise lässt sich dies veranschaulichen. In unserer Gesellschaft würden sich wohl wenige an der Einnahme eines Medikamentes stören, das neben der Heilung auch die Leistungsfähigkeit des Körpers fördert. Ein Arbeitgeber würde einem Arbeitnehmer die Erbringung seiner Arbeitsleistung sicherlich nicht mit dem Hinweis auf die Einnahme eines leistungssteigernden Medikaments verbieten, sondern sich ganz im Gegenteil eher über die Leistungssteigerung freuen. Im Leistungsvergleich zwischen Sportlern hingegen führt die Einnahme eines leistungssteigernden Medikaments zu einer Benachteiligung derjenigen Sportler, die ohne Einnahme dieses Medikaments an den Start gehen. Zu den typischen Wesensmerkmalen eines sportlichen Wettkampfes zählt aber die grundsätzliche Chancengleichheit zwischen den Sportlern, die nach gleichen Rahmenbedingun-

---

62 Hierfür hat der Gesetzgeber eine hinreichende Vielfalt von Rechtsformen zur Verfügung zu stellen, die den verschiedenen Typen von Vereinigungen angemessen und deren Wahl deshalb zumutbar ist, vgl. BVerfG 50, 290, 355. Die Sporttreibenden organisieren sich überwiegend in der Rechtsform des eingetragenen nichtwirtschaftlichen Vereins nach §§ 21 ff. BGB. Zunehmend sind in Teilbereichen des Sports aber auch andere gesellschaftsrechtliche Organisationsformen zu beobachten. So bestehen die Deutsche Eishockey-Liga (DEL) und die Deutsche Fußball Liga (DFL) in der Form der GmbH; zur DEL vgl. *Hoffmann*, SpuRt 1994, 24; auch verschiedene Fußballvereine sind in Form einer AG oder KGaA organisiert, vgl. *Steinbeck/Menke*, NJW 1998, 2169; *Heermann*, ZIP 1998, 1249; *Wagner*, NZG 1999, 469; *Bäune*, Kapitalgesellschaften im bundesdeutschen Lizenzfußball.

63 Vgl. BVerfG NJW 1996, 1203.

64 Zur umstrittenen rechtlichen Qualifikation der Satzung vgl. *Soergel/Hadding*, § 25 BGB Rn. 17.

65 Vgl. *Reichert*, Rn. 403 ff.

66 BVerfGE 30, 227, 242.

67 BVerfGE 50, 290, 354; BGH DStR 2000, 289, 290; *Reuter*, ZHR 1980, 101, 103; *Hilpert*, BayVBl. 1988, 198, 199 f.; *Haas* in *Haas/Haug/Reschke*, SportR, B 2. Kapitel Rn. 3; zum Zusammenhang zwischen gesellschaftlichen und sportlichen Werten siehe *Weiß*, S. 31 ff.; *Pfister*, in FS Lorenz, S. 171 f.

gen für alle beteiligten Sportler verlangt[68]. Da die Einnahme eines leistungssteigernden Medikaments durch einen Sportler jedoch zu ungleichen Rahmenbedingungen für die einzelnen Sportler führt, darf derjenige Sportler nach der Einnahme eines leistungssteigernden Medikaments nicht mehr am Leistungsvergleich teilnehmen. Ein solches Verhalten wird im Sportbereich anders als im gesellschaftlichen Bereich als Doping geächtet. Dieses Beispiel verdeutlicht, dass Verhaltensweisen, die im Wertesystem des Staates legitim sind, im Sportbereich missbilligt werden, da sie den angestrebten Zweck gefährden[69]. Daher ist es allgemein anerkannt, dass Sportvereine und Sportverbände zur Zweckerreichung besondere Maßstäbe und Werte entwickeln können[70]. Dabei besteht keine Pflicht zur Anpassung an den ethischen Stand der Durchschnittsgesellschaft[71].

Zur Erfüllung der Aufgaben benötigt eine Organisation Regeln[72]. Die Vereinigungsfreiheit umfasst daher auch die Befugnis der Vereinigung sich selbst Regeln zu geben[73]. Darin finden auch die besonderen Maßstäbe und Werte der Vereinigung ihren Ausdruck. Die Aufstellung von Regeln macht für die Vereinigung dann aber keinen Sinn, wenn sie keine Möglichkeit besitzt ihre Regeln durchzusetzen[74]. Daher ist es notwendig auch Bestimmungen zu schaffen, die im Falle ihrer Nichtbeachtung Sanktionen vorsehen[75]. Die nahezu einhellige Ansicht in Rechtsprechung und Literatur geht von der Zulässigkeit einer Vereins- oder Verbandsstrafgerichtsbarkeit fast selbstverständlich aus[76]. Der Verein darf sich somit kraft des ihm gesetzlich zugestandenen Rechts auf Selbstverwaltung eine eigene Strafgewalt zulegen, die der Staat gelten lässt[77]. So sind in fast allen Sportregelwerken Spruchkörper für die Entscheidung von Streitigkeiten vorgesehen[78]. Diese Spruchkörper berücksichtigen in besonderer Weise die Eigenheiten der jeweiligen Sportart. Dieses System zur Durchsetzung der gemeinsamen Maßstäbe und Werte – von der Regelsetzung bis hin zur Regeldurchsetzung

---

[68] Vgl. Erstes Kapitel:B. II..

[69] *Haas* in *Haas/Haug/Reschke*, SportR, B 2. Kapitel Rn. 2.

[70] BVerfG NJW 1979, 699 ff.; *Fritzweiler*, PHB, S. 30; *Reuter*, ZHR 1980, 101; *Hilpert*, BayVBl. 1988, 198, 199 f.; *Steiner*, DÖV 1983, 175.

[71] *Steiner*, DÖV 1983, 175.

[72] *Reuter*, ZGR 1980, 101, 109.

[73] *Vieweg*, Normsetzung und -anwendung, S. 147; *Reichert*, Rn. 287.

[74] Vgl. *Haas* in *Haas/Haug/Reschke*, SportR, B 2. Kapitel Rn. 3.

[75] Vgl. BGH NJW 1995, 583, 584 = *Haas/Haug/Reschke*, SportR, Dok. 10 31 1; *Haas* in *Haas/Haug/Reschke*, SportR, B 2. Kapitel Rn. 2.

[76] Vgl. schon BGHZ 29, 355; BGH NJW 1995, 583, 584 f. = *Haas/Haug/Reschke*, SportR, Dok. 10 31 1; *Reichert*, Rn. 1586 ff., 1600 ff.; *Steiner*, DÖV 1983, 173, 174 f.; *Haas* in *Haas/Haug/Reschke*, SportR, B 2. Kapitel Rn. 3; MünchKommBGB/*Reuter*, § 25 Rn. 33 ff.

[77] Vgl. BGHZ 29, 355.

[78] Die 800 Spitzen- und Landesverbände im DSB haben etwa 1000 Sportgerichte, vgl. *Summerer*, PHB, S. 166; siehe auch die umfangreiche Dokumentation verbandsinterner Entscheidungen in *Haas/Haug/Reschke*, SportR.

durch Vereins- oder Verbandsgerichte – hat mithin einen verfassungsrechtlichen Kern[79]. Ein interessengerechter Konfliktlösungsmechanismus für den Sportbereich muss daher die Wesensmerkmale des Sports ausreichend berücksichtigen[80].

2. Begrenzung durch das staatliche Recht

Man könnte der Ansicht sein, dass der vorstehend dargestellte Selbstregulierungsmechanismus ausreicht, Sportstreitigkeiten für alle Beteiligten interessengerecht beizulegen. So sehen verschiedene Vereins- oder Verbandssatzungen den Ausschluss der gerichtlichen Überprüfung der Entscheidungen ihres Streitschlichtungsorgans vor[81]. Angesichts der von der Vereinigungsfreiheit gewährleisteten Befugnis, die selbstgesetzten Normen gegenüber ihren Mitgliedern durchzusetzen, liegt in der Tat der Gedanke an einen rechtsfreien Raum nahe[82]. Gegen diese Ansicht spricht jedoch, dass bei der Beilegung von Sportstreitigkeiten nicht nur gemeinsame Interessen, sondern im Zeichen zunehmender Kommerzialisierung und Professionalisierung im Sportbereich vermehrt auch Individualinteressen, in erster Linie wirtschaftlicher Art, zu berücksichtigen sind.

a) Zunahme von wirtschaftlichen Individualinteressen im Sport

Die gesellschaftliche und ökonomische Bedeutung des Sports hat sich in den letzten Jahrzehnten gewandelt. Der teilweise dargestellte Gegensatz, dass sich der Sport früher als Gegenwelt zu Beruf, Arbeit, Gelderwerb und rationalem Kalkül verstand[83] und von Amateuren aus reinem Idealismus ausgeübt wurde, heute hingegen überwiegend aus kommerziellen Interessen betrieben wird, ist wohl zu undifferenziert. Richtig ist aber, dass die Kommerzialisierung einen immer größeren Stellenwert im Sport einnimmt[84]. Während der DFB noch in den 70er Jahren Trikotwerbung für unzulässig erklärt und bestraft hat[85], stellt sich heute eher die Frage, wer und in welchem Umfang auf der Sportbekleidung

---

[79] *Haas* in *Haas/Haug/Reschke*, SportR, B 2. Kapitel Rn. 3. Auch das europäische Gemeinschaftsrecht gewährt den Vereinigungen das Recht, ihr Innenleben selbständig zu regeln, vgl. *Röthel/Vieweg*, ZHR 2002, 6, 14 f.; *Haas* in *Haas/Haug/Reschke*, SportR, B 2. Kapitel Rn. 4; die Autonomie des Sports wird auch durch die Verankerung des Sports in der EU-Verfassung unterstrichen, vgl. FAZ vom 22.6.2004, S. 35; FAZ vom 3.7.2004, S. 35.

[80] *Pfister*, PHB, S. 8.

[81] Vgl. etwa § 11 Nr. 10 der Satzung Bund Deutscher Radfahrer (BDR).

[82] Vgl. *Grunsky*, Sportrecht damals und heute, S. 7, 8 f.; *Schild*, Jura 1982, 585.

[83] *Heinemann*, S. 258.

[84] Vgl. *Haas* in *Haas/Haug/Reschke*, SportR, A Rn. 3; *Haas/Holla*, Schiedsgerichtsbarkeit im Sport, S. 9.

[85] Vgl. zum Fall Eintracht Braunschweig, FAZ vom 22.3.2003, S. 32; FAZ vom 23.3.2003, S. 18.

eines Sportlers werben darf[86]. Der Spitzensport ist in beträchtlichem Maße zu einem auf wirtschaftlichen Gewinn ausgerichteten Ereignis geworden[87]. Hervorgerufen und begünstigt wird diese Entwicklung durch das gestiegene Interesse in der Bevölkerung an sportlichen Großereignissen, dem zunehmenden Bedarf der Wirtschaft an attraktiven Werbeträgern[88] und die Etablierung der privaten, sich durch Werbung refinanzierenden Fernsehsender[89]. Die erzielte Einnahmen aus dem Verkauf von Fernsehrechten[90] an ausgetragenen Wettkämpfen[91] und die

---

[86] Beispielhaft sind die Streitigkeiten zwischen zwei deutschen Eisschnellläuferinnen und der Deutschen Eisschnelllaufgesellschaft (DESG) um die Nutzung von Werbeflächen auf ihren Rennanzügen, vgl. FAZ vom 12.3.2002, S. 44; FAZ vom 16.3.2002, S.36; FAZ vom 19.3.2002, S. 44; FAZ vom 13.6.2002, S. 44; FAZ vom 13.7.2002, S. 34; FAZ vom 3.11.2003, S. 32; siehe auch den Fall Christoph Langen, *Heß*, Aktuelle Rechtsfragen des Sports, S. 3 ff.

[87] Vgl. *Haas/Prokop*, SpuRt 1996, 109; *Heß*, Aktuelle Rechtsfragen des Sports, S. 8 f. Nach dem 9. Sportbericht der Bundesregierung arbeiten in Deutschland ca. 700.000 Personen (dies entspricht 2 % aller abhängig Beschäftigten) direkt oder indirekt in der Sportbranche. Der Anteil des Sports am inländischen Bruttosozialprodukt wird auf über 1,5 % (dies entspricht 53 Milliarden DM) mit stark steigender Tendenz (der Sportbrache wird bis 2010 ein durchschnittliches reales Wachstum von 4,1% vorausgesagt) geschätzt, vgl. Bundesministerium des Inneren (Hrsg.), 2000, S. 27 f.; *Prokop*, 2. Sport-Recht Kongress, S. 140; *Haas* in *Haas/Haug/Reschke*, SportR, A Rn. 3.

[88] Vgl. FAZ vom 21.12.2002, S. 31.

[89] *Niese*, SpuRt 1996, 126 f.; *Felten*, SpuRt 1997, 18, 19 ff.

[90] Über das Medium Fernsehen hinaus wird derzeit auch eine Vermarktung des Sportgeschehens über weitere Medien (z.B. Handy) diskutiert, vgl. FAZ vom 13.3.2002, S. 48. Zur Frage, ob es auch lizenzierbare Hörfunk-Übertragungsrechte eines Sportveranstalters gibt, vgl. *Wertenbruch*, SpuRt 2001, S. 185 ff. Inzwischen haben sich die Deutsche Fußball Liga (DFL) und die ARD auf einen Hörfunk-Vertrag über die Dauer von 3 Jahren geeinigt. Die ARD zahlt für eine pro Spieltag 70 Minuten dauernde Berichterstattung aus den Fußballstadien über fünf Millionen EUR, vgl. FAZ vom 23.3.2003, S. 18; 9.4.2003; S. 33.

[91] In den neunziger Jahren sind die Fernsehrechtepreise von anfänglich unter 50 Millionen EUR auf einen Höchststand von 380 Millionen EUR in der Saison 00/01 explodiert. Selbst im Jahr 2002 wurden trotz Kirch-Insolvenz bis zu 330 Millionen EUR pro Jahr für die Erstverwertungsrechte an den Spielen der Fußball-Bundesliga geboten, vgl. FAZ vom 14.5.2002, S. 44; derzeit sind der Deutschen Fußball Liga (DFL) Zahlungen in Höhe von 290 Millionen EUR von einer Schweizer Sportrechteagentur vertraglich zugesichert, vgl. zur Entwicklung der Bundesliga-Fernseheinnahmen seit den neunziger Jahren FAZ vom 17.5.2003, S. 18; bei einem Fünfjahresvertrag über die Senderechte der Heimspiele der deutschen Fußballnationalmannschaft, dem DFB-Pokal, den Regionalligen und dem Frauenfußball einigte man sich auf 390 Millionen EUR; vgl. FAZ vom 20.12.2002, S. 38; FAZ vom 21.12.2002, S. 31; in den USA wurden für Senderechte von Spielen der National Football League (NFL) zwei Milliarden US-Dollar gezahlt, vgl. FAZ vom 13.12.2002, S. 36; 1972 wurden 7,5 Millionen US-Dollar für die Übertragungsrechte an den Olympischen Sommerspielen an das Internationale Olympische Komitee gezahlt, vgl. *Buchberger*, S. 29 Fn. 12; mit den Olympischen Spielen von Salt Lake City und Athen erlöste das IOC aus Fernsehverträgen 2,2 Milliarden US-Dollar, vgl. FAZ vom 15.10.2002, S. 33.

Gewinne aus dem Bereich des Sportsponsorings[92] haben sich stark erhöht. Mit den wirtschaftlichen Möglichkeiten im Sport gehen gesteigerte wirtschaftliche Interessen der Beteiligten Hand in Hand.

aa) Wirtschaftliche Interessen der Vereine und Verbände

Viele Vereine und Verbände nehmen in großem Umfang am Wirtschaftsleben teil. Dies belegen die Umsatz- und Gewinnzahlen einiger Vereine und Verbände[93]. Die Verankerung des Amateurbereichs im Gesamtverein lässt zwar noch die ideellen Interessen der Vereine durchscheinen, wird jedoch stark von den wirtschaftlichen Interessen überlagert[94]. Die wirtschaftliche Interessenverfolgung der Vereine und Verbände hat vielfach den aufgrund des sog. Nebenzweck-Privilegs den Idealvereinen erlaubten Rahmen wirtschaftlicher Betätigung verlassen[95]. In dem Maße aber, in dem die wirtschaftliche Betätigung der Vereine steigt, erhöht sich gleichsam das unternehmerische Risiko, das im Falle eines wirtschaftlichen Scheiterns bis hin zur Insolvenz der Vereinigung führen kann[96], von der alle Mitglieder in ihrem gemeinsamen Interesse an

---

[92] Das Volumen des Sport-Sponsoring Marktes in der Bundesrepublik Deutschland wird insgesamt auf 2,5 bis 3 Milliarden Mark geschätzt, so *Küppers/Zilles*, SpuRt 1997, 108. Allein Bayern München hat im Jahr 2002 beispielsweise einen Sponsoringvertrag mit der Deutschen Telekom AG über 20 Millionen EUR jährlich abgeschlossen, vgl. FAZ vom 4.3.2002, S. 33; der erste Bundesligaverein (Eintracht Braunschweig), der 1973 erstmals mit Werbung auf dem Trikot auflief, erhielt dafür 160.000 DM, vgl. FAZ vom 23.3.2003, S. 18.

[93] Real Madrid setzte in der Saison 1999/2000 166,11 Millionen EUR um, vgl. FAZ vom 6.3.2002, S. 42; Bayern München verzeichnete in der Saison 1999/2000 283 Millionen DM, vgl. FAZ vom 27.11.2000, S. 43; Borussia Dormund hatte im Geschäftsjahr 2001 150 Millionen EUR Umsatz, vgl. FAZ vom 4.11.2002, S. 32; der FC Schalke 04 erwirtschaftete im Geschäftsjahr 2001 bei einem Umsatz von 61,7 Millionen EUR einen Gewinn von 8,6 Millionen EUR, vgl. FAZ vom 30.4.2002, S. 44; die Europäische Fußball-Union (UEFA) hat im Geschäftsjahr 2001/2002 ca. 121,8 Millionen Schweizer Franken eingenommen und einen Gewinn von 33 Millionen EUR erzielt, vgl. FAZ vom 28.3.2003, S. 36; in den Jahren 1999-2002 hat der Internationale Fußball Verband (FIFA) 1,936 Milliarden EUR umgesetzt und einen Überschuss von 83 Millionen EUR erzielt, vgl. FAZ vom 9.4.2003, S. 33; für die Fußball-WM 2002 in Asien hatte die FIFA 960 Millionen EUR als Fernsehgarantiesumme ausgehandelt, vgl. FAZ vom 15.6.2002, S. 42; für die Rechte an der Fußball-WM 2002 und 2006 wurden rund 1,5 Milliarden EUR gezahlt, vgl. FAZ vom 17.3.2003, S. 31; in der gegenwärtigen Periode 2001 bis 2004 wird der Umsatz des IOC auf 4,5 Milliarden US-Dollar geschätzt, vgl. FAZ vom 31.1.2003, S. 34.

[94] Vgl. zur Diskussion in der Schweiz, *Scherrer*, SpuRt 1995, 88.

[95] Vgl. *Wagner*, NZG 1999, 469, 472; *Haas* in *Haas/Haug/Reschke*, SportR, B 1. Kapitel Rn. 40.

[96] So waren im Jahr 2002 Berichte über drohende oder beantragte Insolvenzen von Sportvereinigungen ständiger Bestandteil der Sportberichterstattungen, vgl. FAZ vom 9.4.2002, S. 38; FAZ vom 19.4.2002, S. 40; FAZ vom 15.10.2002, S. 33; FAZ vom 18.11.2002, S. 30; FAZ vom 20.12.2002, S. 37; die Schulden der 36 Profiklubs der Ersten und Zweiten Fußballbundesliga betragen trotz eines Rekordumsatzes von 1,35 Milliarden EUR 700 Millionen EUR, vgl. FAZ vom 23.1.2004, S. 30.

sportlicher Betätigung betroffen sind[97]. Sie stellt die Kehrseite der wirtschaftlichen Interessenverfolgung dar und kann statt der Förderung der Sportvereinigung zu einer Gefährdung der gemeinsamen ideellen Interessen aller Sportler führen. Das Interesse an wirtschaftlicher Betätigung auf der einen Seite aber auch die Gefährdung der ideellen Ziele auf der anderen Seite hat zu einem Umbruch im Bereich der Sportvereinigungen geführt. Ausdruck dieses Umbruchs sind Bestrebungen, Vereine bzw. Vereinsteile oder auch nur die Verfolgung bestimmter Aufgaben der Vereinigung in anderen Gesellschaftsformen, hauptsächlich in Kapitalgesellschaften, zu organisieren[98]. Diese Form entspricht vielfach dem Erscheinungsbild der Vereine und Verbände als faktisches Wirtschaftsunternehmen[99]. Dies gilt in Deutschland, neben dem professionellen Fußball[100], für das professionelle Eishockey[101] und Basketball[102]. Ähnliche Entwicklungen zeichnen sich aber ebenso in anderen Bundesligen ab[103]. Die aus dem Interesse an wirtschaftlicher Betätigung heraus gegründeten Sportgesellschaften können wirtschaftliche Interessen vollumfänglich verfolgen, ohne den ideellen Vereinsbereich zu gefährden. Da sie jedoch meist unter dem maßgeblichem Einfluss der Verbände und Vereine stehen, ist eine scharfe Trennung der allgemeinen Interessen der Vereinigung und den wirtschaftlichen Interessen der in anderer gesellschaftlicher Form organisierten Vereins- oder Verbandsteilen nicht möglich. Sie ergänzen sich vielmehr gegenseitig[104].

bb) Wirtschaftliche Interessen der Sportler

Nicht nur die Sportvereinigungen verfolgen wirtschaftliche Interessen, sondern auch die Sportler selbst. Denn die Verdienstmöglichkeiten der Sportler haben

---

97 Zu den Folgen einer Vereinsinsolvenz, vgl. *Kreißig*, Der Sportverein in Krise und Insolvenz, 2004; *Summerer*, PHB, S. 112 ff.

98 Vgl. *Haas* in *Haas/Haug/Reschke*, SportR, B 1. Kapitel Rn. 59 f.; *Segna*, ZIP 1998, 1901 ff.; *Steinbeck/Menke*, NJW 1998, 2169 ff.; *Heermann*, ZIP 1998, 1249 ff.; *Habersack*, Sportkapitalgesellschaften, 1998; *Bäune*, Kapitalgesellschaften im bundesdeutschen Lizenzfußball, 2001; *Holzhäuser*, SpuRt 2004, 144 ff.

99 Zur FIFA, die ein Verein i.S.d. Art. 60 des schweizerischen Zivilgesetzbuches ist, vgl. *Summerer*, PHB, S. 85.

100 Vgl. FAZ vom 6.5.2002, S. 36; *Bäune*, Kapitalgesellschaften im bundesdeutschen Lizenzfußball, 2001.

101 Vgl. *Hoffmann*, SpuRt 1996, 4 ff.

102 Vgl. *Holzhäuser*, SpuRt 2004, 144 ff.

103 Der Großteil der Handballvereine der Handball-Bundesliga haben sich in eine GmbH oder GmbH & Co. KG umgewandelt (TV Großwallstadt Sport- und Marketing GmbH, TBV Lemgo GmbH & Co. KG, THW Kiel GmbH & Co. KG), zur Abspaltung des Profihandballs und Gründung einer Ligagesellschaft vgl. FAZ vom 7.10.2002, S. 32.

104 Vgl. *Pfister*, PHB, S. 17.

sich in vielen Sportarten enorm erhöht[105]. Dies ermöglicht vielen Sportlern ihre Sportart beruflich auszuüben[106]. Mit der Kommerzialisierung des Sports und den damit verbundenen großen Erwerbschancen geht somit auch die Professionalisierung der am Sport Beteiligten einher. Für den sportlichen und damit verbundenen wirtschaftlichen Erfolg des Sportlers ist jedoch dessen völlige Vereinnahmung in zeitlicher, gesundheitlicher und persönlicher Hinsicht verbunden. Daneben ist häufig eine professionelle sportwissenschaftliche und medizinische Betreuung des Sportlers unerlässlich, um das Maximum an Leistung aus seinem Körper herauszuholen[107]. Somit ist mit der Professionalisierung ein enormer zeitlicher, finanzieller, gesundheitlicher und persönlicher Einsatz des Sportlers verbunden. Dies erzeugt für den Sportler die gesteigerte Notwendigkeit aus dem Sportgeschehen Kapital zu erwirtschaften. Die kommerziellen Interessen der Sportler sind mithin von existentieller Bedeutung, da sie der Sicherung und Erhaltung ihrer Lebensgrundlage dienen.

cc) Partieller Gleichlauf der wirtschaftlichen Interessen von Sportler, Verein und Verband

Alle am Sportgeschehen Beteiligten, Sportler, Vereine und Verbände, verfolgen somit kommerzielle Interessen. Dies verleitet zu der Annahme, dass sie als Konkurrenten ein und desselben Marktes und ihre wirtschaftlichen Interessen somit entgegengesetzt aufeinander treffen. Zahlreiche Auseinandersetzungen zwischen Sportlern, Vereinen und Verbänden aus dem Bereich der Werbe- und Sponsoringverträge scheinen dafür zu sprechen[108]. Bei einem zweiten Blick auf

[105] Nach Schätzungen der Deutschen Presseagentur hat Formel 1-Fahrer Michael Schumacher im Jahr 2002 rund 50 Millionen EUR eingenommen, vgl. FAZ vom 7.12.2002, S. 29; der Boxkampf zwischen Mike Tyson und Lennox Lewis brachte den beiden Boxern jeweils 17,5 Millionen US-Dollar plus Einnahmen aus der Pay-per-view-Übertragung im Fernsehen, vgl. FAZ vom 2.6.2002, S. 24; der Basketballspieler Dirk Nowitzki verdient bei den Dallas Mavericks ca. 14,5 Millionen EUR im Jahr, vgl. FAZ vom 7.12.2002, S. 29; David Beckham soll 13,6 Millionen EUR pro Saison erhalten, vgl. FAZ vom 10.5.2002, S. 41; Haile Gebrselassie bekam für seine 10-Kilometer-Weltbestzeit beim Straßenlauf von Doha/Katar eine Prämie in Höhe von einer Million US-Dollar, vgl. FAZ vom 12.12.2002, S. 32; im Tischtennis erhalten die zehn Bestplatzierten einer Tournierserie in Japan Preisgelder in Höhe von 7 Millionen DM, vgl. FAZ vom 23.11.2001, S. 43.

[106] *Adolphsen*, Internationale Dopingstrafen, S. 15 f.; *Haas* in *Haas/Haug/Reschke*, SportR, A Rn. 3.

[107] Der Leistungssport wird daher teilweise auch als Sub-System für disziplinierte und systematische Herbeiführung körperlicher Leistungsbereitschaft und Leistungsfähigkeit bezeichnet, vgl. *Felten*, SpuRt 1997, 18.

[108] Prominente Beispiele sind die Streitigkeit zwischen Oliver Kahn, dessen persönlicher Sponsor der Süßwarenhersteller Nestlé ist, und dem Süßwarenhersteller und DFB-Sponsor Ferrero, der in einem WM-Sammelheft mit Bildern aller WM-Spieler, darunter auch Oliver Kahn wirbt, vgl. FAZ vom 3.5.2002, S. 48; die Streitigkeit zwischen Bayern München und dem DFB wegen konkurrierender Sponsorenverträge zweier Autohersteller, vgl. FAZ vom

die Interessen der Beteiligten ergibt sich jedoch ein abweichendes Bild. Im Falle des Profisportlers, dem die kommerziellen Interessen der Schaffung und Erhaltung seiner Lebensgrundlage dienen, sind die wirtschaftlichen Interessen ganz und gar eigennütziger Natur. Sportvereinigungen hingegen verfolgen kommerzielle Interessen grundsätzlich im Interesse all ihrer Mitglieder. Dazu zählt aber auch die Spitzensportförderung, wovon wiederum der Leistungssportler profitiert. Trotz dieses partiellen Gleichlaufes der wirtschaftlichen Interessenverfolgung in einigen Bereichen erscheint es fraglich, ob ein Mechanismus, der der Durchsetzung gemeinsamer Interessen dient, auch die vorhandenen Individualinteressen ausreichend schützen kann.

dd) Schutzdefizit bei verbandsautonomer Selbstregulierung

Zur Verfolgung der kommerziellen Interessen der Beteiligten bedarf es in erster Linie der Teilhabe am Sportgeschehen. Von dieser Notwendigkeit betroffen sind sowohl Verbände[109], Vereine[110] und immer auch die Sportler selbst. Von der Teilhabe abhängig ist nicht nur die Möglichkeit, durch Wettbewerbe Preisgelder zu erzielen, sondern auch die Möglichkeit, überhaupt die Basis für eine Vermarktung zu schaffen. Teilhabe am Sportgeschehen heißt somit gleichsam Zugang zum Markt. Für einen Profisportler ist die Teilhabe am Wettkampfgeschehen im Hinblick auf die kurze Dauer seiner Sportlerlaufbahn besonders wichtig. Für ihn besteht grundsätzlich nur wenige Jahre die Möglichkeit körperliche Höchstleistungen zu erbringen. Kann ein Sportler über einen längeren Zeitraum nicht am Sportgeschehen teilnehmen, ist damit möglicherweise schon das Ende seiner sportlichen Karriere und damit auch seiner wirtschaftlichen Existenz verbunden. Aber auch für die beteiligten Sportvereinigungen selbst hängt deren wirtschaftliches Wohlergehen von der Teilhabe am Sportgeschehen ab.

Die Teilhabe am Sportgeschehen und damit auch die Möglichkeit wirtschaftliche Interessen zu verfolgen wird größtenteils durch die jeweils geltenden Sportregelwerke geregelt. Diese haben sich, angefangen von den für die Ausübung einer Sportart elementaren Regeln, im Zuge wachsender Kommerzialisierung und Professionalisierung im Sport und damit steigendem Konfliktpotential zwischen den Beteiligten zu komplexen Werken entwickelt, deren Regelungsbereich über die bloße Ausübung der Sportart im konkreten Wettkampf hinausgeht. Viele dieser Regeln sind geeignet, den Zugang der Beteiligten zum Sport-

9.9.2002, S. 26; öffentliches Aufsehen erregten auch die Streitigkeiten zwischen zwei Eisschnellläuferinnen und der Deutschen Eisschnelllaufgesellschaft (DESG), um die Nutzung von Werbeflächen auf den Rennanzügen der Läuferinnen, vgl. FAZ vom 12.3.2002, S. 44; FAZ vom 16.3.2002, S.36; FAZ vom 19.3.2002, S. 44; FAZ vom 13.6.2002, S. 44; FAZ vom 13.7.2002, S. 34; FAZ vom 3.11.2003, S. 32.

[109] Beispielsweise bei der Zulassung einer ganzen Sportart zu den Olympischen Spielen.

[110] Beispielsweise im Rahmen der Teilnahme an Ligawettbewerben nationaler oder internationaler Meisterschaften.

geschehen einzuschränken. Zu einer Einschränkung der Teilhabemöglichkeiten kommt es beispielsweise im Rahmen von Sanktionen, wenn Sportler bestimmte Vereins- oder Verbandsregeln verletzen. Besonders längere Sperren wegen eines Dopingvergehens oder die Verweigerung oder Entziehung einer Lizenz zur Teilnahme am Wettbewerb können zu einer schwerwiegenden Einschränkung oder endgültigen Versagung der Teilhabe am Sportgeschehen führen. Darüber hinaus werden von den Sportorganisationen eine Reihe weiterer Entscheidungen getroffen, die sich auf die Teilhabe am Sportgeschehen auswirken, ohne direkte Sanktionen darzustellen. Dazu zählen beispielsweise Entscheidungen über die Aufnahme eines Sportlers in einen bestimmten Trainingskader, eine Nominierungsentscheidung[111] oder die Entscheidung über eine Lizenzvergabe[112]. Ferner enthalten die Regelwerke vielfach weitere Bestimmungen über die Einsatzmöglichkeiten der Mannschaftssportler bei Wettkämpfen, wie Transferregeln[113] oder Ausländerklauseln[114], die zu Einschränkungen der Teilhabemöglichkeiten der Sportler am Sportgeschehen führen. Die Sportregelwerke regeln vermehrt auch Vermarktungs- und Finanzierungsfragen[115]. So werden beispielsweise Umfang und Inhalt von Trikot- oder Bandenwerbung bestimmten Beschränkungen unterworfen. Teilweise werden Vereine und Sportler sogar gänzlich von der individuellen Ausschöpfung bestimmter Einnahmequellen ausgeschlossen. Dies geschieht etwa, wenn Spitzenverbände in ihren Regelwerken das Recht beanspruchen, Sportveranstaltungen selbständig und zentral zu vermarkten[116].

Ob eine verbandsautonome Reglementierung der Teilhabemöglichkeiten auch die Individualinteressen der Sportler ausreichend berücksichtigt, erscheint fraglich. Zwar handelt es sich bei den Sportvereinigungen grundsätzlich um Gebilde mit demokratischer Willensbildung. Aufgrund der langen Legitimationskette aber, vom Sportler über Vereine, regionale und nationale Verbände bis hin zum internationalen Verband, nimmt der Einfluss der einzelnen Glieder, je weiter man sich in der Verbandshierarchie von der Spitze entfernt, stets ab und ist im Falle des einzelnen Sportlers kaum noch vorhanden[117]. Somit haben die Sportler einerseits annähernd keine Möglichkeit, ihre Interessen zu vertreten, sind aber andererseits existentiell auf die Monopolorganisation des Sports angewiesen und können deren Bindung nicht entgehen[118]. Aus diesem Grund kann der durch Art.

---

[111] Vgl. *Haas* in *Haas/Haug/Reschke*, SportR, B 2. Kapitel Rn. 62 f.

[112] Vgl. eingehend *Hohl*, Rechtliche Probleme bei der Nominierung von Leistungssportlern, 1992.

[113] Vgl. *Haas* in *Haas/Haug/Reschke*, SportR, B 2. Kapitel Rn. 64 ff.

[114] Vgl. *Haas* in *Haas/Haug/Reschke*, SportR, B 2. Kapitel Rn. 70 f.

[115] Vgl. *Heß*, Aktuelle Rechtsfragen des Sports, S. 11.

[116] Zur Vergabe von Fernsehrechten, vgl. *Haas/Reinmann*, SpuRt 1999, 182 ff.

[117] *Haas* in *Haas/Haug/Reschke*, SportR, B 2. Kapitel Rn. 35.

[118] *Haas* in *Haas/Haug/Reschke*, SportR, B 2. Kapitel Rn. 34, 37. Zu den verschiedenen Möglichkeiten die Beteiligten an die Sportregelwerke zu binden vgl. BGH NJW 1995, 583, 585 ff. = *Haas/Haug/Reschke*, SportR, Dok. 10 31 1; OLG München SpuRt 1996, 133, 134; *Soer-*

9 Abs. 1 GG geschützte Selbstregelungsmechanismus nicht ausreichen, Sportstreitigkeiten interessengerecht für alle Beteiligte zu lösen, da er nicht dazu bestimmt ist, den teilweise der Vereinigung entgegengesetzten Individualinteressen zur Geltung zu verhelfen, und eine Durchsetzung der Individualinteressen durch die zahlreichen Hierarchiestufen hindurch faktisch nicht möglich ist. Die Individualinteressen sind daher gegenüber der gemeinsamen Interessenverfolgung durch die Verbände in besonderem Maße schutzbedürftig[119]. Aber selbst wenn die Verbandsregeln die Individualinteressen im Ergebnis angemessen berücksichtigen, erzeugt die einseitige Kompetenz der Verbände zur Regelsetzung und -durchsetzung Zweifel an der Angemessenheit der Verbandsregeln bei den regelunterworfenen Sportlern[120]. Dies zeigt sich nicht zuletzt in einer gehäuften Anrufung staatlicher Gerichte zur Konfliktlösung innerhalb des organisierten Sports[121]. Fraglich ist, inwieweit die staatlichen Gerichte die vorhandenen Individualinteressen schützen.

b) Schutz der Individualinteressen durch das staatliche Recht

Die Sportausübung stellt trotz aller Freiräume keinen rechtsfreien Raum dar. So können Sportverbände nach ganz h.M. die externe Überprüfung einer verbandsrechtlichen Maßnahme nicht ausschließen[122]. Die angerufenen staatlichen Gerichte messen Verbandsmaßnahmen an den zwingenden gesetzlichen Vorschriften, insbesondere in den §§ 134, 138[123]. Während es lange Zeit umstritten war, ob Verbandsregelwerke vor dem Hintergrund der verfassungsrechtlich durch Art. 9 Abs. 1 GG geschützten Verbandsautonomie über eine Rechtskontrolle hinaus auch einer Inhaltskontrolle unterliegen[124], findet heute eine Inhalts-

---

gel/Hadding, BGB, § 25 Rn. 33 ff.; *Haas/Adolphsen* NJW 1995, 2146 ff.; *Heermann*, NZG 1999, 325 ff.

[119] Vgl. BVerfGE 89, 214; BGH DStR 1999, 331, 332; *Haas* in *Haas/Haug/Reschke*, SportR, B 2. Kapitel Rn. 34 ff.

[120] *Haas/Holla*, Schiedsgerichtsbarkeit im Sport, S. 10.

[121] Vgl. *Haas/Holla*, Schiedsgerichtsbarkeit im Sport, S. 10; *Niese*, Schiedsgerichte bei Dopingstreitigkeiten, S. 7, 8. Prominente Beispiele der letzten Jahre für Sportstreitigkeiten vor den ordentlichen Gerichten sind die Fälle der Leichtathleten „Butch Reynolds", vgl. dazu *Heß*, ZZPInt 1 (1996), 371 ff.; *ders.*, Aktuelle Rechtsfragen des Sports, S. 1, mit weiteren Beispielen; Dieter Baumann, vgl. *Haug*, SpuRt 2000, 238; *Heß*, Sportrecht damals und heute, S. 69, 70 f.; Katrin Krabbe, vgl. *Summerer*, SpuRt 2002, 233 ff. Aber auch der EuGH ist von dieser Entwicklung nicht ausgenommen. Bekanntestes Beispiel hierfür ist das Bosman-Urteil, vgl. EuGH SpuRt 1996, 59; dazu *Eilers*, Sportrecht damals und heute, S. 49 ff.; siehe auch die Übersicht über alle EuGH-Urteile zum Sport unter www.europa.eu.int/comm/sport.

[122] Vgl. BGH NJW 1995, 583, 587 = *Haas/Haug/Reschke*, SportR, Dok. 10 31 1; *Haas/Holla*, Schiedsgerichtsbarkeit im Sport, S. 10; *Röhricht*, Sportgerichtsbarkeit, S. 22 ff.; *Haas* in *Haas/Haug/Reschke*, SportR, B 2. Kapitel Rn. 38.

[123] Vgl. *Soergel/Hadding*, BGB, § 25 Rn. 25; *Vieweg*, Normsetzung und –anwendung, S. 227 ff.

[124] Ablehnend noch RGZ 49, 150, 152 ff.

kontrolle sportlicher Regelwerke durch die staatlichen Gerichte statt[125]. Die rechtliche Verankerung dieser Inhaltskontrolle wird überwiegend in den Generalklauseln des Zivilrechts und hauptsächlich im Grundsatz von Treu und Glauben gem. § 242 BGB gesehen[126]. Dabei überprüfen die Gerichte, mit Hilfe einer Abwägung zwischen den vom Sportverband verfolgten Zwecken und den unterschiedlich betroffenen Interessen, die Geeignetheit, Erforderlichkeit und Angemessenheit der in Frage stehenden Regelung des Sportregelwerks[127].

Im Rahmen dieser Interessenabwägung finden zunächst die Wertungen des Grundgesetzes Berücksichtigung. Über die sog. mittelbare Drittwirkung entfalten sie sich durch das Medium der das jeweilige Rechtsgebiet unmittelbar beherrschenden Vorschriften. Dies sind insbesondere die Generalklauseln, die daher auch als Einbruchstellen der Grundrechte in das bürgerliche Recht bezeichnet werden[128]. Das Grundgesetz gewährt dem Sportler in Art. 2 Abs. 1 das Recht sich sportlich zu betätigen[129]. Daneben wird auch der Freiraum des Sportlers auf körperliche Betätigung durch die Garantie auf Gewährung der körperlichen Unversehrtheit gem. Art. 2 Abs. 2 GG geschützt[130]. Im Zuge wachsender Kommerzialisierung und Professionalisierung stehen Leistungssportler im Rahmen ihrer Sportausübung weitgehend auch unter dem Schutz der Berufsfreiheit gem. Art. 12 Abs. 1 GG[131]. Nach dem weit auszulegenden Berufsbegriff, der nicht nur die traditionellen Berufsbilder erfasst, ist Beruf i.S.d. Art. 12 Abs. 1 GG jede auf Dauer angelegte Tätigkeit zur Schaffung und Erhaltung der Lebensgrundlage, die nicht schlechthin gemeinschädlich ist[132]. Darunter fallen zunächst die Sportler, die im Rahmen eines Dienst- oder Arbeitsvertrages als Gegenleistung eine Entlohnung für ihre sportliche Leistung erhalten[133]. Der Schutzbereich des Art. 12 Abs. 1 GG ist auch schon dann eröffnet, wenn die

---

[125] Vgl. BGH NJW 1999, 3552; DStR 1999, 1781; NJW 1995, 583, 585 = *Haas/Haug/Reschke*, SportR, Dok. 10 31 1; NJW 1980, 186 ff.; OLG Oldenburg NZG 1999, 39.

[126] Vgl. BGH NJW 1995, 583, 585 = *Haas/Haug/Reschke*, SportR, Dok. 10 31 1; OLG Oldenburg NZG 1999, 39; *Soergel/Hadding*, BGB, § 25 Rn. 25a; *Vieweg*, Normsetzung und –anwendung, S. 227 ff.; *Haas* in *Haas/Haug/Reschke*, SportR, B 2. Kapitel Rn. 38 ff.

[127] Vgl. BGH NJW 1999, 3552 f.; ausführlich *Haas* in *Haas/Haug/Reschke*, SportR, B 2. Kapitel Rn. 41.

[128] Vgl. BVerfGE 7, 198, 205 f.; 73, 261, 269; *Haas* in *Haas/Haug/Reschke*, SportR, Rn. 42 f.

[129] BVerfGE 8, 328; BVerGE 6, 32, 36 ff.; BVerfGE, 80, 137, 152 ff.

[130] Vgl. *Kirchhof*, RuS 17, 46; *Haas* in *Haas/Haug/Reschke*, SportR, B 2. Kapitel Rn. 43.

[131] Vgl. *Steiner*, NJW 1991, 2729, 2739; *Vieweg*, NJW 1992, 2539, 2540; *Haas* in *Haas/Haug/Reschke*, SportR, B 2. Kapitel Rn. 43.

[132] BVerfGE 7, 377, 397; BGH DStR 1999, 1781 f. = *Haas* in *Haas/Haug/Reschke*, SportR, Dok. 14 16 40; SpuRt 2000, 18, 19 ff.; BAG SpuRt 1997, 94, 96.

[133] Vgl. für die Lizenzspieler der Deutschen Fußballbundesliga: BAG NJW 1980, 480 f.; NJW 1996, 2388; *Reuter*, NJW 1983, 649 ff.; *Wertenbruch*, NJW 1993, 179 ff.; *Arens/Jaques*, SpuRt 1997, 41; *Hilpert*, RdA 1997, 92, 94 ff.; vgl. für die Lizenzspieler der Deutschen Eishockeybundesliga: BAG SpuRt 1997, 94; DB 1990, 739; *Arens*, SpuRt 1997, 126, 127.

Sportbetätigung zumindest teilweise in ideeller wie materieller Hinsicht der Schaffung und Unterhaltung einer Lebensgrundlage von gewisser Dauer dient[134]. Damit steht ein Sportler schon dann unter dem Schutz des Art. 12 Abs. 1 GG, wenn er aufgrund seiner sportlichen Betätigung wirtschaftliche Vorteile erhält, wobei an letzteres in der Rechtsprechung teilweise keine allzu hohen Anforderungen gestellt werden[135]. Auch die Ausbildung der Sportler als Vorstufe der Berufsaufnahme kann unter dem Schutz des Art. 12 Abs. 1 GG fallen. Der Schutz der Berufsfreiheit erfasst somit weite Teile des Leistungssports. Der Schutz der individuellen Handlungsfreiheit aus Art. 2 Abs. 1 GG, der körperlichen Unversehrtheit aus Art. 2 Abs. 2 GG und die Berufsfreiheit aus Art. 12 GG haben mithin neben der Vereinsautonomie gem. Art. 9 Abs. 1 GG maßgeblichen Einfluss auf die Interessenabwägung bei der Überprüfung der Sportregelwerke durch die ordentlichen Gerichte[136].

Ferner sind die Anwendungsbereiche der europäischen Grundfreiheiten, der Freizügigkeit gem. Art. 39 EGV und des freien Dienstleistungsverkehrs gem. Art. 49 EGV, eröffnet[137]. Auch dafür ist die Hürde nicht allzu hoch. Voraussetzung ist lediglich, dass die zu beurteilende Tätigkeit unter das Wirtschaftsleben i.S.d. Art. 2 EG fällt[138]. Das ist aber schon dann der Fall, wenn die Sportler nicht völlig untergeordnete oder unwesentliche sportliche Arbeits- oder Dienstleistungen erbringen. Unerheblich ist die von den Sportorganisationen vorgenommene Zuordnung der Sportler zum Amateur- oder Profibereich[139]. Irrelevant ist auch, dass die Sportregelwerke privatautonom gesetzt werden und mithin keine behördliche Maßnahme darstellen, da nach Ansicht des EuGH Mitgliedsstaaten ihrer Verpflichtung, Hindernisse für die Freizügigkeit und den freien Dienstleistungsverkehr zwischen den Mitgliedsstaaten zu beseitigen, nicht dadurch entgehen können, indem sie die Setzung kollektiver Regeln für die Sportausübung der Autonomie privatrechtlich organisierter Einrichtungen überlassen[140]. Da die Hürde für den Anwendungsbereich der europäischen Grundfreiheiten somit nicht allzu hoch liegt, überrascht es nicht, dass ihnen bei der Entscheidung

---

[134] *Jarass/Pieroth*, GG, Art. 12 Rn. 4.

[135] Vgl. für einen Fußballspieler der Bezirksoberliga ArbG Frankfurt a.M. SpuRt 1997, 64, 65.

[136] Vgl. *Krogmann*, S. 78 ff.; *Vieweg*, Normsetzung und -anwendung, S. 165 ff.; *Haas* in *Haas/Haug/Reschke*, SportR, B 2. Kapitel Rn. 43.

[137] Vgl. im Fall Walrave EuGH *Haas/Haug/Reschke*, SportR, Dok. 82 29 1; im Fall Bosman EuGH NJW 1996, 505 ff. = *Haas/Haug/Reschke*, SportR, Dok. 82 16 3; im Fall Deliege EuGHE 2000 U, 2595, 2612 ff.; im Fall Lethonen, EuGHE 2000 I, 2714, 2728 f.; siehe dazu *Haas* in *Haas/Haug/Reschke*, SportR, B 2. Kapitel Rn. 49 ff.; *Röthel/Vieweg*, ZHR 2002, 6, 18.

[138] Vgl. *Streinz*, S. 14, 25 f.

[139] Vgl. *Becker*, RIW 2000, 552, 555; *Haas* in *Haas/Haug/Reschke*, SportR, B 2. Kapitel Rn. 47.

[140] Vgl. EuGH *Haas/Haug/Reschke*, SportR, Dok. 82 29 1.

von Sportstreitigkeiten durch die ordentlichen Gerichte vermehrt Bedeutung zukommt[141].

Mit der weiter voranschreitenden Kommerzialisierung und Professionalisierung im Sport sind weitere Schnittpunkte zwischen den Sportregelwerken und dem staatlichen Recht entstanden. Dazu zählen zunächst arbeitsrechtliche Schutzvorschriften[142]. So besteht über die Anwendbarkeit des Arbeitsrechts auf Mannschaftssportarten, wie etwa Fußball oder Eishockey, weitgehend Einigkeit[143]. Weitere Schnittstellen sind kartellrechtliche Vorschriften, die zur Anwendung kommen, wenn der Adressat der Norm Unternehmer ist.

Dies ist bei einer Sportorganisation bereits dann der Fall, wenn sie, gleich ihrer Rechtsform, mit oder ohne Gewinnerzielungsabsicht aktiv am allgemeinen Wirtschaftsverkehr teilnimmt[144]. Die aktive Teilnahme der Sportvereinigungen am allgemeinen Wirtschaftsleben dürfte in den allermeisten Fällen außer Frage stehen[145]. Dementsprechend werden Sportvereine und –verbände von der Rechtsprechung vermehrt als Unternehmen i.S.d. GWB eingestuft[146]. Auch Sportler können dem Unternehmensbegriff des GWB unterfallen, wenn sie ihre sportlichen Fähigkeiten vermarkten[147]. Mit dieser Einordnung der am Sportgeschehen Beteiligten unter den Unternehmerbegriff i.S.d. GWB geht eine gehäufte Überprüfung der Sportregelwerke auf ihre Angemessenheit im Hinblick auf kartellrechtliche Vorschriften durch die staatlichen Gerichte einher[148]. Dies gilt nicht nur für den Anwendungsbereich des GWB, sondern auch des Art. 81 EGV[149].

Die dargestellte Rechts- und Inhaltskontrolle der Sportregelwerke durch die staatlichen Gerichte begrenzt die Regelungsautonomie der Sportverbände. Das

---

[141] Vgl. im Fall Walrave EuGH *Haas/Haug/Reschke*, SportR, Dok. 82 29 1; im Fall Bosman EuGH NJW 1996, 505 ff. = *Haas/Haug/Reschke*, SportR, Dok. 82 16 3; im Fall Deliege EuGHE 2000 U, 2595, 2612 ff.; im Fall Lethonen, EuGHE 2000 I, 2714, 2728 f.

[142] Vgl. *Adolphsen*, SchiedsVZ 2004, 169, 171.

[143] Vgl. BAG AP Nr. 2 zu § 611 BGB (Berufssport); AP Nr. 51 zu § 611 (Abhängigkeit); AP Nr. 12 zu § 611 (Berufssport); vgl. ausführlich Drittes Kapitel:E. II. 2. b) bb) .

[144] Vgl. BGH NJW 1990, 2815, 2816; JR 1998, 327, 329; LG München SpuRt 2000, 135, 136; *Stockmann*, ZIP 1996, 411, 413 f.

[145] Vgl. Erstes Kapitel:B. V. 2. a) aa) .

[146] Vgl. BGH NJW 1998, 756, 757 f.; BGHZ 101, 100, 102; KG ZIP 1996, 801 f.; LG München SpuRt 2000, 155 ff.

[147] Vgl. OLG Frankfurt a.M. BB 1986, S. 554; BKartA BB 1961, 657; *Hilpert*, RdA 1997, 92, 95.

[148] Vgl. BGH NJW 1998, 756, 757 f.; KG ZIP 1996, 801 f.; LG München SpuRt 2000, 155 ff.; OLG München SpuRt 2001, 64 ff; SpuRt 2001, 238 ff.; LG Stuttgart SpuRt 2002, 245, 246 = *Haas/Haug/Reschke*, SportR, Dok. 13 24 27; *Stopper*, S. 43 ff., 125 ff.; *Heß*, Aktuelle Rechtsfragen des Sports, S. 27 ff; *Adolphsen*, SchiedsVZ 2004, 169, 171; *Haas* in *Haas/Haug/Reschke*, SportR, B 2. Kapitel Rn. 54 ff.

[149] Vgl. *Fleischer*, WuW 1996, 473 ff.; *Haas* in *Haas/Haug/Reschke*, SportR, B 2. Kapitel Rn. 55.

staatliche Recht schützt die Beteiligten vor Fremdbestimmung durch den Spitzenverband und stellt Freiräume für die dessen Regelwerk Unterworfenen dort wieder her, wo die Selbstregulierungsmechanismen der Sportorganisation versagt haben[150]. Mit dem Vordringen staatlichen Rechts zum Schutze der Beteiligten ist eine Entwicklung verbunden, welche die Vereinsautonomie gegenüber der Freiheitssphäre des Einzelnen immer weiter beschränkt[151]. Das zwischen dem staatlichen Recht und dem von Sportverbänden geschaffenen Recht entstehende Spannungsverhältnis tritt im Zeichen zunehmender Kommerzialisierung an immer mehr Stellen zu Tage[152]. Daher ist es von immenser Bedeutung, dass ein interessengerechter Streitbeilegungsmechanismus für den Sportbereich bei der Auflösung dieses Spannungsverhältnisses einerseits die Grundsätze des staatlichen Rechts beachtet, aber andererseits auch die Wesensmerkmale des Sports ausreichend berücksichtigt.

VI. Notwendigkeit schneller Entscheidungen

Die Eigenart sportlicher Wettbewerbe, die auf den Reiz schneller Entscheidungen beruht, spricht für eine möglichst kurze Verfahrensdauer zur Konfliktschlichtung[153]. Die Feststellung, ob ein Sportler oder eine Mannschaft den Sieg errungen hat, sollte unmittelbar nach Abschluss des Wettkampfes feststehen. Dies leuchtet insbesondere in den Fällen ein, in denen der weitere Ablauf des Sportgeschehens von der Entscheidung abhängt. Nicht nur die Natur des sportlichen Wettkampfs spricht für die Notwendigkeit schneller Entscheidungen, sondern auch die Interessen der am Wettkampfsport Beteiligten.

1. Begrenzung des wirtschaftlichen Risikos für Sportler und Verband

Sportliche Laufbahnen sind gewöhnlich sehr kurz. Für den Athleten besteht grundsätzlich nur wenige Jahre die Möglichkeit, körperliche Höchstleistungen zu erbringen. Gerade in einem Streit um die Rechtmäßigkeit einer von einem Verband gegenüber einem Sportler verhängten Wettkampfsperre wegen eines Dopingverstoßes können die Folgen beträchtlich sein. Allein der Ausschluss vom organisierten Wettkampfbetrieb kann für den Sportler das Ende seiner akti-

---

[150] Vgl. *Haas* in *Haas/Haug/Reschke*, SportR, A Rn. 4; *Vieweg*, JuS 1983, 225.

[151] Vgl. *Haas* in *Haas/Haug/Reschke*, SportR, A Rn. 1; *Grunsky*, Sportrecht damals und heute, S. 7, 9, der auf die Gefahr hinweist, dass der Sport durch das Recht stranguliert wird.

[152] Vgl. Pfister, PHB, S. 8; Vieweg, JuS 1983, 825; *Haas* in *Haas/Haug/Reschke*, SportR, B Einleitung Rn. 8.

[153] So hat gem. Art. 18 der CAS-ad-hoc-Verfahrensordnung ein anlässlich einer Streitigkeit im Rahmen Olympischer Spiele gebildetes ad-hoc-Gericht des CAS seine Entscheidung regelmäßig innerhalb von 24 Stunden zu treffen, vgl. dazu *Kaufmann-Kohler*, Bull.ASA 1996, 433 ff.

ven Karriere als Leistungssportler bedeuten[154]. Aufgrund der Kürze sportlicher Laufbahnen ist auch die Hauptphase der wirtschaftlichen Vermarktung des Sportlers zeitlich eng begrenzt. Ein Dopingverdacht gegen einen Sportler führt meist zu einer Einschränkung seiner Werbetauglichkeit[155] und damit zu wirtschaftlichen Verlusten für den Sportler[156]. Die Einschränkung der Werbetauglichkeit wirkt sich umso nachhaltiger aus, je länger die Rechtmäßigkeit der Dopingsperre ungeklärt bleibt. Aus diesem Grund ist die Kontrolle von Verbandsentscheidungen durch die staatlichen Gerichte wegen der drohenden Dauer, sich durch mehrere Instanzen quälender Verfahren, nicht im Interesse der Sportler. Aufgrund der fortschreitenden Kommerzialisierung in weiten Teilen des Sports können die wirtschaftlichen Verluste auf Seiten der Sportler beträchtlich sein. Auf der anderen Seite führt dies zu enormen Schadensersatzforderungen der Sportler gegen die Sportverbände[157], was nicht zuletzt diese selbst bedrohen kann[158].

Probleme bereitet in diesem Zusammenhang auch die Schadensfeststellung über einen solch langen Zeitraum[159]. Als Schadensposten kommen hauptsächlich entgangene Start- und Preisgelder und Verluste aus Werbeeinnahmen in Betracht[160]. Diese möglichen Einkünfte des Sportlers hängen jedoch am seidenen Faden seines sportlichen Erfolges, welcher wiederum von einer Vielzahl unberechenbarer Faktoren, wie Verletzungsrisiko, Tagesform, Heimvorteil und daher nicht zuletzt auch vom Glück abhängig ist. Machen diese Faktoren einerseits die Attraktivität des Wettkampfsportes aus, machen sie andererseits eine Prognose hinsichtlich der hypothetischen Leistungs- und Gewinnentwicklung des Athleten und mithin eine realistische Schadensfeststellung schwierig. In mehreren Fällen aus dem Sportbereich hat die Rechtsprechung die für selbständig Tätige entwi-

---

[154] So auch im Fall Krabbe. Sie ist nach ihrer Sperre nicht wieder ins Wettkampfgeschehen zurückgekehrt.

[155] Vgl. *Fesenmair*, 2. Internationaler Sport-Recht Kongress, S. 123, 128.

[156] Teilweise werden die unter Dopingversacht stehenden Athleten erst gar nicht zu Sportmeetings eingeladen, vgl. FAZ vom 29.5.2004, S. 31.

[157] Im Fall „Butch Reynolds" erging ein Versäumnisurteil über 27.000.000 US-Dollar gegen die IAAF, siehe dazu *Heß*, ZZPInt 1 (1996), S. 371, Fn. 3 ff.; *ders.*, Aktuelle Rechtsfragen des Sports, S. 1; im Fall Krabbe wurde der Sportlerin 1,2 Mio. DM Schadensersatz gegen die IAAF zugesprochen, vgl. LG München I *Haas/Haug/Reschke*, SportR, Dok. 13 24 25; siehe auch *Summerer*, SpuRt 2002, 233, 235; zu beiden Fällen *Adolphsen*, SchiedsVZ 2004, 169, 170.

[158] Im Fall Graciano Rocchigiani hat ein US-Gericht das World Boxing Council (WBC) zur Leistung von Schadensersatz von rund 31 Millionen US-Dollar verurteilt. Nach Angaben des Boxverbandes belief sich dessen Vermögen jedoch nur auf 284.000 US-Dollar, vgl. FAZ vom 23.9.02, S. 36. Nachdem der Boxer ein Vergleichsangebot ausgeschlagen hatte, stand der Verband vor dem Konkurs, vgl. FAZ vom 14.6.2004, S. 35; FAZ vom 16.6.2004, S. 37.

[159] Vgl. *Haas/Reinmann*, SpuRt 2000, S. 49 ff.

[160] Vgl. LG München *Haas/Haug/Reschke*, SportR, Dok. 13 24 25.

ckelten Grundsätze zur Schadensermittlung herangezogen[161]. Nach diesen Grundsätzen ist zu prüfen, wie sich das von ihnen betrieben Unternehmen ohne den Unfall voraussichtlich entwickelt hätte[162]. Bei der anzustellenden Prognose der hypothetischen Geschäftsentwicklungen kommen dem Geschädigten die Darlegungs- und Beweiserleichterungen nach § 252 BGB, § 287 ZPO zugute. Der Geschädigte muss zwar konkrete Anknüpfungstatsachen darlegen und zur Überzeugung des Gerichts nachweisen. An die Darlegung solcher Anknüpfungstatsachen dürfen jedoch keine allzu hohen Anforderungen gestellt werden. Es ist somit auf der Grundlage der vor dem Eintritt des schädigenden Ereignisses erzielten sportlichen Erfolge und den darauf basierenden Einkünften vom durchschnittlichen Erfolg des jeweiligen Sportlers auszugehen, wobei die oben dargestellten Risiken eines Sportlers im Rahmen richterlicher Schätzung Abzüge rechtfertigen[163]. Angesichts der ernormen Erwerbsmöglichkeiten im professionellen Sport kommt der, freilich nicht einfachen, Risikoabschätzung durch das Gericht erhebliches Gewicht zu[164]. Je länger aber das Verfahren bis zur endgültigen Feststellung einer Sperre dauert, desto größer sind die mit einer Risikoabschätzung verbundenen Unsicherheiten bei der Ermittlung des Schadens eines rechtswidrig gesperrten Sportlers, was sowohl aus der Sicht des Sportlers als auch aus der Sicht des Sportverbandes gegen lang andauernde Verfahren zur Beilegung von Sportstreitigkeiten spricht.

2. Gefährdung der Arbeitsgrundlage von Sportler und Verband

Kommt es zwischen zwei Parteien zu einer Rechtsstreitigkeit, haben die Parteien regelmäßig die Möglichkeit nach der Beilegung der Streitigkeit getrennte Wege zu gehen, wenn es sich um einen einmaligen Leistungsaustausch gehandelt hat. Im Sportbereich hingegen müssen beide Seiten auch nach der Beilegung einer Streitigkeit wieder zusammenarbeiten, da die Sportler auf die Organisationsstrukturen des Verbandes zur Ausübung ihrer Sportart ebenso zwingend angewiesen sind, wie die Verbände zum wirtschaftlichen Überleben auf die Sportler. Zwischen Sportler und Verband besteht somit ein gegenseitiges Abhängigkeitsverhältnis[165]. Dieses Verhältnis ist in seiner Basis durch eine gemeinsame Zweckverfolgung über einen längeren Zeitraum gekennzeichnet[166]. Gerade ein

---

[161] Vgl. BGH NJW 1998, 1633 ff.; Landgericht München I *Haas/Haug/Reschke*, SportR, Dok. 13 24 25.

[162] Vgl. BGH NJW-RR 1992, 852; BGH NJW 1993, 2673; LG München I *Haas/Haug/Reschke*, SportR, Dok. 13 24 25.

[163] Vgl. BGH NJW 1998, 1633, 1634; BGH NJW 1995, 1023; LG München I *Haas/Haug/Reschke*, SportR, Dok. 13 24 25.

[164] Vgl. LG München I *Haas/Haug/Reschke*, SportR, Dok. 13 24 25, wo das Gericht die Risiken der Sportlerin durch Abzüge von mehr als 50 % berücksichtigt hat.

[165] Vgl. *Prokop*, Rechte der Athleten, S. 33.

[166] Vgl. *Haas*, Rechte der Athleten, S. 61.

durch alle Instanzen geführter Rechtsstreit ist hier geeignet, die durch den Konflikt entstandenen Störungen der gegenseitigen Vertrauensgrundlage weiter zu vertiefen oder gar eine Zusammenarbeit für die Zukunft gänzlich unmöglich zu machen[167]. Störungen der gegenseitigen Vertrauensgrundlage sollten daher so schnell wie möglich beseitigt werden.

C. Zwischenergebnis

- Die Internationalität der wettkampfmäßigen Sportausübung und die damit einhergehende Häufigkeit von Sachverhalten mit internationalen Bezügen stellt ein typisches Merkmal von sportrechtlichen Streitigkeiten dar.
- Die Interessen der Sportler nach dem wettkampfmäßigen Vergleich mit Sportlern aus aller Welt fordern die Geltung einheitlicher Regeln gegenüber allen Beteiligten. Letzteres ist eine der zentralen Anforderungen an einen, den Interessen der Beteiligten entsprechenden Mechanismus zur Beilegung von Sportstreitigkeiten.
- Aus der weltweiten pyramidalen Organisationsstruktur der Sportverbände folgt für einen interessengerechten Mechanismus zur Beilegung von Sportstreitigkeiten das Erfordernis, Möglichkeiten zu schaffen nationale und internationale Sportvereinigungen am Verfahren zur Beilegung von Sportstreitigkeiten angemessen zu beteiligen.
- Das mit der monopolistischen Struktur der Sportverbände einhergehende Ungleichgewicht zwischen den Sportverbänden und den Sportlern muss bei der Ausgestaltung eines interessengerechten Streitbeilegungsmechanismus berücksichtigt werden.
- Die gemeinsamen Interessen finden ihren verfassungsrechtlichen Schutz in der durch Art. 9 Abs. 1 GG geschützten Vereinigungsfreiheit. Die Sportvereine und Sportverbände genießen zur Verfolgung ihrer gemeinsamen Interessen gewisse Privilegien, die auch als Vereins- oder Verbandsautonomie bezeichnet werden. Sie erlaubt es den Sportvereinen und -verbänden ihre eigenen Angelegenheiten im weitesten Sinne durch die Setzung und Durchsetzung von Sportregeln selbst zu gestalten. Teil der Selbstverwaltungsbefugnis und mithin ebenso durch Art. 9 Abs. 1 GG geschützt, ist die interne Verbandsgerichtsbarkeit, die der Durchsetzung der gemeinsamen Ziele und Werte dient und die der Staat grundsätzlich gelten lässt. Dies erhellt eine weitere Anforderung an einen interessengerechten Streitbeilegungsmecha-

[167] Die aus Sicht von Dieter Baumann dargestellte Dopingstreitigkeit zwischen ihm, dem DLV und der IAAF zeigt anschaulich die negativen Auswirkungen eines länger andauernden Streitverfahrens auf das Verhältnis der Beteiligten zueinander, vgl. *Baumann*, Lebenslauf, 2002.

nismus für den Sportbereich. Er muss in der Lage sein, die Wesensmerkmale des Sports, seine Ziele und Werte ausreichend zu berücksichtigen.

- Im Zuge wachsender Kommerzialisierung und Professionalisierung vieler Sportarten treffen vermehrt auch partiell gegenläufige wirtschaftliche Interessen der am Sport Beteiligten aufeinander. Aufgrund des zusätzlich bestehenden Demokratiedefizits innerhalb der Verbandspyramide hat der Sportler kaum eine Chance, seine individuellen Interessen selbstbestimmt zu verfolgen. Ohne maßgeblichen Einfluss auf der einen, aber abhängig von der Monopolorganisation auf der anderen Seite, sind die Sportler unter diesen Rahmenbedingungen besonders auf Schutz ihrer persönlichen und wirtschaftlichen Interessen angewiesen. Der Schutz dieser, grundrechtlich (Art. 12 Abs. 1, 2 Abs. 1 GG) und durch europäische Grundfreiheiten geschützter (Art. 39, 49 EGV) Interessen des Sportlers gegenüber den mächtigen Sportorganisationen ist eine weitere zentrale Anforderung an einen interessengerechten Streitbeilegungsmechanismus für Sportstreitigkeiten.
- Den Schutz der persönlichen und wirtschaftlichen Interessen zu verwirklichen ist bisher überwiegend Aufgabe der staatlichen Gerichte. Mit der Zunahme der kommerziellen Interessen nimmt auch die Anrufung staatlicher Gerichte zur Konfliktlösung zu. Darüber hinaus sind mit der voranschreitenden Kommerzialisierung und Professionalisierung vermehrt Überschneidungen zwischen den Sportregelwerken und dem staatlichen Recht entstanden. Hier gilt es einerseits die Grundsätze des staatlichen Rechts zu beachten, aber andererseits auch die Wesensmerkmale des Sports ausreichend zu berücksichtigen. Ein interessengerechter Konfliktlösungsmechanismus im Sportbereich muss somit in der Lage sein, sowohl die in der Verbandsautonomie zum Ausdruck kommenden Allgemeininteressen, deren Durchsetzung die Verbandsgerichte dienen, als auch die schutzbedürftigen Individualinteressen der Sportler, zu deren Schutz die staatlichen Gerichte berufen sind, zu einem Ausgleich zu bringen und mithin das verbandsinterne Verfahren und das staatliche Gerichtsverfahren zu verbinden.
- Sowohl die Eigenart sportlicher Wettbewerbe, die auf den Reiz schneller Entscheidungen beruht, als auch die Interessen der Sportler und Verbände sprechen für eine schnelle Konfliktschlichtung.

D. Defizite der Streitbeilegung durch die staatlichen Gerichte

Der Wunsch nach einer Sportschiedsgerichtsbarkeit, der mit der Derogation der staatlichen Gerichte verbunden ist, lässt vermuten, dass das derzeitige System einer vorgeschalteten Selbstregulierung mit anschließender Kontrolle durch die staatlichen Gerichte den dargestellten Anforderungen nicht entspricht. Fraglich ist, welche Nachteile mit der Kontrolle durch die staatlichen Gerichte verbunden ist.

I. Gefährdung der einheitlichen Regelgeltung

Die Austragung von Wettkämpfen und das Interesse nach Chancengleichheit zwischen den Sportlern im Wettkampf erfordert die einheitliche Aufstellung und Durchsetzung der Regeln gegenüber allen Sportlern. Dies liegt im gemeinsamen Interesse aller Sportler. Zur einheitlichen Regeldurchsetzung sehen die Sportverbände überwiegend eine eigene Verbandsgerichtsbarkeit vor.

Die Anrufung der staatlichen Gerichte führt nun dazu, dass nicht mehr die Verbandsregeln alleiniger Maßstab für die Durchsetzung des Verbandsregelwerks sind, sondern zunehmend das staatliche Recht. Da es eine kraft Gesetz zuständige einheitliche Gerichtsbarkeit, die über Sportstreitigkeiten zu entscheiden hat, nicht gibt, hängt die Zuständigkeit des jeweiligen Gerichts vom Einzelfall ab. Dabei können je nach Gerichtszweig, beispielsweise ordentliche oder Arbeitsgerichtsbarkeit, unterschiedliche Maßstäbe bei der Beurteilung von Sportstreitigkeiten herangezogen werden. Dies stellt eine Gefahr für die einheitliche Regeldurchsetzung gegenüber allen Sportlern dar.

Noch misslicher ist die Situation auf internationaler Ebene[168]. Da der wettkampfmäßige Vergleich der Sportler über alle Ländergrenzen hinweg stattfindet, sind Sachverhalte mit internationalen Bezügen an der Tagesordnung. Der am internationalen Wettkampfgeschehen teilnehmende Sportler steht im Rahmen seiner Sportausübung nicht nur in rechtlich relevanten Beziehungen zu Sportvereinigungen auf nationaler, sondern auch auf internationaler Ebene, so etwa zum internationalen Sportverband der jeweiligen Sportart oder im Rahmen einer Olympiateilnahme zum IOC. Entsteht eine Streitigkeit zwischen Parteien, die ihren Wohnsitz oder Sitz in verschiedenen Staaten haben, oder hat ein Sachverhalt sonstige Auslandsberührung, sind grundsätzlich die staatlichen Gerichte zuständig. Zwar vertreten einige internationale Sportverbände die Auffassung, keiner staatlichen Gerichtsbarkeit zu unterliegen[169]. Die staatlichen Gerichte bejahen jedoch regelmäßig ihre Zuständigkeit für Klagen gegen internationale Sportverbände[170]. Das internationale Zuständigkeitsrecht bringt es mit sich, dass

---

[168] Vgl. *Adolphsen*, SchiedsVZ 2004, 169, 170.

[169] Vgl. beispielsweise die Ansicht des Internationalen Radsport Verbandes (UCI) im Fall Walrave *Haas/Haug/Reschke*, SportR, Dok. 82 29 1; vgl. auch *Zemanek*, in FS Verdross, S. 321, 329 f.

[170] Vgl. etwa im Fall Walrave *Haas/Haug/Reschke*, SportR, Dok. 82 29 1; im Fall Bosman EuGH NJW 1996, 505 ff. = *Haas/Haug/Reschke*, SportR, Dok. 82 16 3; im Fall Deliege EuGHE 2000 U, 2595, 2612 ff.; im Fall Lethonen, EuGHE 2000 I, 2714, 2728 f.; im Fall Krabbe v. IAAF, Landgericht München I SpuRt 1995, 162, 164 f.; OLG München SpuRt 1996, 133, 136 f.; im Fall Sikora LG für Zivilsachen Wien (26 Cg 94/87), siehe dazu *Will*,

regelmäßig die Zuständigkeit der Gerichte mehrerer Staaten eröffnet ist. Ein deutsches Gericht zieht beispielsweise zur Beantwortung der Frage seiner Zuständigkeit die Verfahrensvorschriften der EuGVVO, des Lugano-Übereinkommens oder der ZPO heran[171]. Auch wenn die Begründung der eigenen Zuständigkeit im Rahmen von Klagen deutscher Sportler gegen internationale Sportverbände, die ihren Sitz im Ausland haben, nicht frei von Kontroversen war[172], haben auch die deutschen Gerichte ihre Zuständigkeit für die Klagen von Sportlern gegen internationale Sportverbände bejaht[173].

Ist die Zulässigkeitshürde überwunden, wenden die Gerichte der verschiedenen Staaten zwar nicht unmittelbar ihr eigenes Sachrecht bei der Entscheidung von Sportstreitigkeiten mit internationalen Bezügen an, sondern ermitteln das auf den Sachverhalt anwendbare Recht mit Hilfe des jeweiligen Kollisionsrechts[174]. Dadurch ist jedoch keinesfalls gewährleistet, dass die verschiedenen Gerichte auf diese Weise auf ein und denselben Sachverhalt dieselben materiell-rechtlichen Normen anwenden. Der EuGH hatte im Fall Walrave das Regelwerk des UCI überprüft und festgestellt, dass das Gemeinschaftsrecht auf den Berufssport anzuwenden ist[175]. Deutsche und ausländische Gerichte haben mehrfach bei der Überprüfung von Entscheidungen internationaler Sportverbände gegen Sportler das jeweilige nationale Recht in unterschiedlichem Umfang angewandt[176]. Auf

---

Sport und Recht in Europa, S. 7, Fn. 15; im Fall Gasser v. IAAF, Richteramt III in Bern, Superprovisorium vom 15.12.1987, siehe dazu *Will*, a.a.O., Fn. 16.

[171] Welche Regeln zur Beurteilung der Zuständigkeit eines deutschen Gerichts für die Klage eines Sportlers gegen einen internationalen Sportverband zur Anwendung kommen, richtet sich in erster Linie nach dem Sitz des internationalen Sportverbandes. Befindet sich letzterer im Anwendungsbereich der staatvertraglichen Regelungen über die Begründung der internationalen Zuständigkeit, kommen diese vorrangig zur Anwendung.

[172] Vgl. einerseits LG München I SpuRt 1995, 162, 164; anderseits OLG München SpuRt 1996, 133, 136 f.; vgl. auch *Pfister*, SpuRt 1995, 201, 202 ff.

[173] Vgl. Landgericht München I SpuRt 1995, 162, 164 f.; OLG München SpuRt 1996, 133, 136 f.

[174] Für die Ermittlung des für den deutschen Richter anwendbaren Rechts bei der Überprüfung einer, gegen einen deutschen Sportler verhängten Sanktion durch einen internationalen Sportverband mit Sitz im Ausland, werden verschiedene Anknüpfungsmöglichkeiten erwogen. Zur Beurteilung nach dem Gesellschaftsstatut des jeweiligen Sportverbandes, vgl. *Reuter*, DZWiR 1996, 1, 5; vgl. auch *Sandberger*, S. 70, 79; *Vieweg*, Normsetzung und –anwendung, S. 132. Aufgrund der Monopolstellung der Sportverbände wird teilweise auch eine entsprechende Anwendung der zum deutschen Konzernkollisionsrecht entwickelten Grundsätze erwogen, vgl. *Sandberger*, a.a.O.; *Vieweg*, a.a.O., S. 132. Zur Beurteilung nach dem Vertragsstatut (Artt. 27 ff. EGBGB), vgl. *Sandberger*, S. 70, 78; *Vieweg*, Normsetzung und –anwendung, S. 133; ablehnend *Reuter*, DZWiR 1996, 1, 5.

[175] Vgl. EuGH NJW 1996, 505, 508 = *Haas/Haug/Reschke*, SportR, Dok. 82 29 1.

[176] Vgl. OLG München SpuRt 1996, 133, 136; LG Münster, in *Haas/Haug/Reschke*, SportR, Dok. 13 49 3; *Deutsch*, VersR 1990, 2, 8 zu Verfahren vor US-Gerichten, die das Regelwerk des IOC auf seine Vereinbarkeit mit amerikanischem Bundes- und Staatenrecht überprüft haben.

diese Weise kommen ganz unterschiedliche Maßstäbe bei der Beantwortung sportrechtlichen Fragen zur Anwendung[177]. Dies hindert den internationalen Entscheidungseinklang bei der Entscheidung von Sportstreitigkeiten[178].

Die Zuständigkeit der verschiedenen nationalen Gerichte verbunden mit der Anwendung unterschiedlichen einzelstaatlichen Rechts ermöglicht es den Betroffenen, unabhängig von den nationalen Zuständigkeitssystemen in den verschiedenen Staaten, zu klagen und sich jeweils das günstigste Gericht auszusuchen (sog. forum shopping)[179]. Neben den damit verbundenen Unsicherheiten hinsichtlich der Durchsetzungschancen eines Anspruchs führt die unterschiedliche Spruchpraxis zu einer Gefährdung der zur Verwirklichung der Chancengleichheit zwischen allen Sportlern notwendigen einheitlichen Geltung, Auslegung und Anwendung der Sportregelwerke[180]. Eine erfolgreiche Dopingbekämpfung beispielsweise ist unter diesen Umständen zum Scheitern verurteilt, wenn unterschiedliche staatliche Gerichte den entsprechenden Verbandsregeln in unterschiedlichem Umfang die Verbindlichkeit absprechen und deren einheitliche Durchsetzung gegenüber den Sportlern verhindern[181]. Die unterschiedliche Beurteilung eines gleichartigen Sachverhalts durch verschiedene nationale Gerichte stellt daher die autonom verfasste, universelle Sportorganisation selbst in Frage[182] und läuft damit den gemeinsamen Interessen aller am Leistungssport Beteiligter zuwider.

II. Lange Verfahrensdauer

Verfahren aus dem Sportbereich vor ordentlichen Gerichten dauern häufig sehr lange. Die von einer sportgerichtlichen Sanktion betroffenen Sportler ziehen meist durch alle Instanzen, um die Rechtmäßigkeit einer Verbandsmaßnahme feststellen zu lassen. Dies kann nicht verwundern, bedenkt man, dass die Sportausübung für viele Sportler nicht nur privater Zeitvertreib ist, sondern der Schaffung und Erhaltung ihrer Lebensgrundlage dient. Je mehr die Parteien eines Rechtsstreits in ihrer beruflichen Lebensführung und damit wirtschaftlichen Lebensgrundlage berührt sind, umso höher wird die Bereitschaft der Parteien regelmäßig sein, die Klärung einer Streitigkeit durch alle Instanzen eines ordentlichen Verfahrens zu verfolgen. Eindrucksvoll belegt wird dies durch den Ge-

---

[177] Vgl. *Adolphsen*, SchiedsVZ 2004, 169, 170. Zum Sportrecht einiger europäischer Staaten vgl. *Autexier*, Sportrecht in Frankreich, S. 11 ff.; *Evans*, Sportrecht in England, S. 31 ff.; *De Cristofaro*, Sportrecht in Italien, S. 55 ff.; *Hörster*, Sportrecht in Portugal, S. 77 ff.; *Vera*, Sportrecht in Spanien, S. 107 ff.; *Malatos*, Sportrecht in Griechenland, S. 135 ff.; *Erecinski*, Sportrecht in Polen, S. 157 ff.

[178] Vgl. ausführlich *Adolphsen*, Internationale Dopingstrafen, S. 256 ff.

[179] Vgl. *Adolphsen*, SchiedsVZ 2004, 169, 170.

[180] *Pfister*, PHB, S. 467.

[181] *Reuter*, DZWiR, 1996, 1.

[182] Vgl. *Vieweg*, Normsetzung und -anwendung, S. 51 ff.

richtsmarathon der Leichathletin Katrin Krabbe[183]. Eine derart lange Verfahrensdauer widerspricht der im Sportbereich sowohl aus der Eigenart der sportlichen Wettkämpfe[184] als auch der Interessen der beteiligten Sportler und Verbände[185] heraus bestehenden Notwendigkeit einer schnellen Konfliktlösung.

E. Sportschiedsgerichtsbarkeit als Alternative

Sportstreitigkeiten vor ordentlichen Gerichten weisen schwerwiegende Nachteile für die Beteiligten auf. Dies gilt für nationale, insbesondere aber für internationale Sportstreitigkeiten. Daher streben viele Vereine und Verbände dahin, den Sportlern den Gang zu den ordentlichen Gerichten zu versperren[186]. Einigkeit herrscht jedoch darüber, dass nach Ausschöpfung des verbandsinternen Rechtsweges dem Sportler bzw. dem Verein der Rechtsweg zu den ordentlichen Zivilgerichten offen steht[187]. Anders ist dies, wenn die Beteiligten für diesen Fall eine Schiedsvereinbarung i.S.d. § 1025 ff. ZPO abgeschlossen haben[188]. Dann erfolgt die Überprüfung und Kontrolle der Verbandsmaßnahme statt durch ein ordentliches Gericht durch ein privates Schiedsgericht. Im Gegensatz zu den Vereins- oder Verbandsgerichten ersetzen die privaten Schiedsgerichte i.S.d. §§ 1025 ff. ZPO die staatlichen Gerichte[189]. Die wirksame Einsetzung eines Schiedsgerichts schließt die Möglichkeit aus, den fraglichen Rechtsstreit vor einem ordentlichen Gericht zu führen (§ 1032 ZPO). Darüber hinaus hat ein Schiedsspruch gem. § 1055 ZPO die Wirkung eines rechtskräftigen Urteils. Ordentliche Gerichte besitzen nur in sehr beschränktem Umfang, nämlich nur soweit vom 10. Buch der ZPO gem. § 1026 ZPO vorgesehen, die Möglichkeit schiedsrichterliche Entscheidungen, beispielsweise im Rahmen einer Aufhebungsklage gem. § 1059 ZPO, nachzuprüfen[190]. Zwar können durch die Vereinbarung einer schiedsrichterlichen Streitbeilegung die eben dargestellten Nachteile einer Streitbeilegung durch die ordentlichen Gerichte vermieden werden. Dies nützt den Parteien jedoch dann nichts, wenn die schiedsrichterliche Streitbeilegung mit ebenso vielen Nachteilen verbunden ist. Teilweise wird for-

---

[183] Ausgangspunkt im Fall Krabbe war eine einjährige Sperre der Athletin wegen Medikamentenmissbrauchs im Jahre 1992, die durch den internationalen Leichtathletikverband (IAAF) wegen unsportlichen Verhaltens um weitere 2 Jahre verlängert wurde. Der sich 1994 anschließende Rechtsstreit zwischen Katrin Krabbe und der IAAF endete 8 Jahre später mit einem Vergleich, vgl. FAZ vom 2.5.2002, S. 46; siehe auch die Übersicht über den Krabbe Fall bei *Summerer*, SpuRt 2002, 233 ff.

[184] Vgl. Erstes Kapitel:B. VI. .

[185] Vgl. Erstes Kapitel:B. VI. 1. , 2. .

[186] *Summerer*, PHB, S. 87.

[187] Vgl. Erstes Kapitel:B. V. 2. b) .

[188] *Lindemann*, SpuRt 1994, 18 f.; *Haas/Prokop*, SpuRt 1996, 187 ff.

[189] Vgl. *Lachmann*, Rn. 5 ff.

[190] Vgl. zu den Kontrollmöglichkeiten und der Verzahnung zwischen Schiedsgerichtsbarkeit und ordentlicher Gerichtsbarkeit *Lachmann*, Rn. 8 ff.; Drittes Kapitel:C.

muliert, dass die Schiedsgerichtsbarkeit erhebliche Vorteile für die Parteien aufweisen, aber auch eine Katastrophe sein kann[191]. Die Parteien werden daher ein Schiedsgericht nur dann mit der Beilegung ihrer Streitigkeiten beauftragen, wenn die Schiedsgerichtsbarkeit gegenüber der staatlichen Gerichtsbarkeit mehr Vor- als Nachteile für die Parteien aufweist[192].

I. Chancen der Privatautonomie

Die Privatautonomie spielt in der Schiedsgerichtsbarkeit eine, wenn nicht sogar die tragende Rolle[193]. Ohne Privatautonomie gibt es keine private Schiedsgerichtsbarkeit. Ihre Legitimation geht auf den autonomen Willen der Parteien zurück[194]. Die besondere Bedeutung der Privatautonomie zieht sich wie ein roter Faden durch das gesamte Schiedsverfahren. Die Parteien können sowohl auf die Zusammensetzung des Spruchkörpers als auch auf die weitere Ausgestaltung des Schiedsverfahrens weitestgehend Einfluss nehmen[195]. So bieten sich den Parteien vielfache Möglichkeiten, gestaltend in den Konfliktlösungsmechanismus einzugreifen, um diesen den besonderen Erfordernissen der Parteien anzupassen[196]. Ausgehend davon werden der Schiedsgerichtsbarkeit verschiedene Vorteile gegenüber der staatlichen Gerichtsbarkeit nachgesagt.

Die Eignung der Schiedsgerichtsbarkeit zur Beilegung von Streitigkeiten, zu deren Beurteilung eine besondere Sachkunde erforderlich ist, gehört zu den häufig genannten Vorteilen[197]. Dies scheint gerade im organisierten Sportbereich für eine schiedsrichterliche Streitbeilegung zu sprechen, da der Wettkampfsport einerseits durch umfangreiche und detaillierte Regelwerke gekennzeichnet ist[198] und es andererseits zur Lösung sportlicher Konflikte einer umfassenden Abwägung der Interessen der Beteiligten unter besonderer Berücksichtigung der Besonderheiten des organisierten Sports bedarf[199].

---

[191] *Lachmann*, Rn. 89.

[192] Allgemein zu den Vor- und Nachteilen der Schiedsgerichtsbarkeit vgl., *Jagenburg*, in FS Oppenhoff, S. 147 ff.; *Karrer*, in FS Sandrock, 2000, S. 465 ff.; *Lachmann*, Rn. 89 ff.; *ders.*, AnwBl. 1999, 241 ff.; *Lionnet/Lionnet*, S. 76 ff.; MünchKommZPO/*Münch*, vor § 1025 Rn. 29 ff.; *Musilak/Voit*, ZPO, § 1025 Rn. 2; *Schütze*, Schiedsgericht und Schiedsverfahren, Rn. 8 ff.; *Schwab/Walter*, Kap. 1 Rn. 8 f.; *Stein/Jonas/Schlosser*, ZPO, § 1025 Rn. 1; *Stumpf*, in FS Bülow, S. 217, 218 ff.

[193] Vgl. *Lachmann*, Rn. 3; *Lionnet/Lionnet*, S. 54 f.; *Nicklisch*, RIW 1991, 89, 90.

[194] *Geimer*, Integritätsprobleme, S. 113, 120.

[195] Vgl. *Lachmann*, Rn. 109; *Nicklisch*, RIW 1991, 89, 90; *Berger*, RIW 1994, 12, 14 f.

[196] MünchKommZPO/*Münch*, Vor § 1025 Rn. 33.

[197] Vgl. *Jagenburg*, in FS Oppenhoff, S. 147, 161; *Lachmann*, Rn. 32 ff.; *Lionnet/Lionnet*, S. 77; MünchKommZPO/*Münch*, Vor § 1025 Rn. 31; *Musilak/Voit*, ZPO, § 1025 Rn. 2; *Schütze*, Schiedsgericht und Schiedsverfahren, Rn. 9; *ders.*, ZvglRWiss 2000, 240, 247; *Schwab/Walter*, Kap. 1 Rn. 8.

[198] Vgl. *Reuter*, DZWiR 1996, 1, 3; Erstes Kapitel:B. II. , III.

[199] *Haas*, Rechte der Athleten, S. 60; Erstes Kapitel:B. V. .

Als weiterer Vorteil der Schiedsgerichtsbarkeit wird angeführt, dass die Einleitung eines Schiedsverfahrens nicht in gleicher Weise als unfreundlicher Akt angesehen werde, wie im Falle einer Klage vor einem staatlichen Gericht[200]. Einem sachlichen kompetenten Spruchkörper wird von den Parteien in stärkerer Weise Vertrauen entgegengebracht, was sich positiv auf die Akzeptanz der Entscheidung auswirkt und wodurch die Schiedsgerichtsbarkeit insgesamt einen erhöhten Befriedungseffekt erzielt[201]. Unterstützt wird Letzteres noch durch die Tatsache, dass Schiedsverfahren in der Regel nicht öffentlich durchgeführt werden[202]. Dieser, der Schiedsgerichtsbarkeit nachgesagte bessere Befriedungseffekt, wäre sicherlich geeignet, die notwendige gemeinsame Arbeitsgrundlage zwischen Sportler und Verband weniger zu belasten als in einem Verfahren vor einem ordentlichen Gericht[203].

Weiterhin wird behauptet, dass insbesondere administrierte oder institutionelle Schiedsgerichte besonders effizient arbeiten[204]. Zudem haben die Parteien bei der Gestaltung des Schiedsverfahrens die Möglichkeit, besonderes Augenmerk auf die Schnelligkeit des Verfahrens zu legen. So wird die Schnelligkeit des Schiedsverfahrens überwiegend als Vorteil der Schiedsgerichtsbarkeit angesehen[205]. Dies könnte die durch lang andauernde ordentliche Verfahren entstehenden Nachteile für die Beteiligten vermeiden helfen und dem sporteigenen Bedürfnis nach schnellen Entscheidungen Rechnung tragen[206]. Mit einer kürzeren Verfahrensdauer soll nach teilweise vertretener Ansicht auch ein Kostenvorteil für die Parteien einhergehen[207].

Insbesondere für die Beilegung von Streitigkeiten mit internationalen Bezügen wird der Schiedsgerichtsbarkeit eine Reihe von weiteren Vorteilen nachgesagt. Zum einen wird der neutrale Status der internationalen Schiedsgerichtsbarkeit hervorgehoben, der bei internationaler Beteiligung Vorteile gegenüber einer an eine Nation gebundenen, staatlichen Gerichtsbarkeit aufweise[208]. Zum anderen wird als Vorteil genannt, dass die privatautonome Derogation der ordentlichen Gerichte aufgrund des internationalen Zuständigkeitsrechts ein geeignetes Mittel

---

[200] Vgl. *Lionnet/Lionnet*, S. 77; *Jagenburg*, in FS Oppenhoff, 1985, S. 147, 156.

[201] Vgl. *Jagenburg*, in FS Oppenhoff, 1985, S. 147, 156 ff.; *Schwab/Walter*, Kap. 1 Rn. 8.

[202] Vgl. *Lachmann*, Rn. 113.

[203] Vgl. Erstes Kapitel:B. VI. 2..

[204] Vgl. *Lachmann*, Rn. 108.

[205] Vgl. *Diedrich*, JuS 1998, 158; *Schwab/Walter*, Kap. 1 Rn. 8; *Stumpf*, in FS Bülow, S. 217, 219 f.; differenzierend *Lachmann*, Rn. 119 ff.; *Schütze*, ZvglRWiss 2000, 240, 242.

[206] Vgl. Erstes Kapitel:B. VI. .

[207] Vgl. *Hellwig*, RIW 1984, 421, 429; *Schwytz*, BB 1974, 673; *Stumpf*, in FS Bülow, S. 217, 220; BGH NJW-RR 1991, 423, 424; differenzierend *Lachmann*, Rn. 46; *Lionnet/Lionnet*, S. 80 f.; MünchkommZPO/*Münch*, Vor § 1025 Rn. 30; *Schütze*, Schiedsgericht und Schiedsverfahren, Rn. 11.

[208] *Lachmann*, Rn. 140 f.; *Wagner*, S. 1, 347.

zur Herstellung von Rechtssicherheit ist[209]. Letzteres kann im Hinblick auf das gemeinsame Interesse aller Sportler nach einheitlicher Regelgeltung und die Vermeidung der Gefahren, die ihm durch die Anrufung verschiedener staatlicher Gerichte drohen[210], für die Derogation der ordentlichen Gerichtsbarkeit und Begründung einer einheitlich zuständigen Sportschiedsgerichtsbarkeit sprechen.

Ferner wird gerade für den Vereins- oder Verbandsbereich teilweise darauf hingewiesen, dass die Schiedsgerichtsbarkeit einen Beitrag zur Bewahrung der Vereins- oder Verbandsautonomie gegenüber dem Staat leisten könne, da die gemeinsamen Ziele und Wertvorstellungen der Vereinigung bei der Streitentscheidung durch ein Schiedsgericht besser berücksichtigt werden könnten[211].

Abschließend bleibt somit festzuhalten, dass die private Schiedsgerichtsbarkeit eine Reihe von Vorteilen gegenüber den staatlichen Gerichten zu haben scheint, die sich auch im Sportbereich positiv auswirken könnten.

II. Gefahren der Privatautonomie

Die privatautonomen Gestaltungsmöglichkeiten in der Schiedsgerichtsbarkeit scheinen grundsätzlich die Möglichkeit für die Schaffung eines maßgeschneiderten, sportspezifischen Mechanismus zur Beilegung von Sportstreitigkeiten zu eröffnen. Privatautonome Gestaltungsmöglichkeiten bergen aber in strukturellen Ungleichgewichtslagen immer die Gefahr, dass die stärkere Partei in ihrem Sinne von den sich bietenden Regelungsmöglichkeiten zu Lasten der schwächeren Partei Gebrauch macht. Diese Gefahr ist im Hinblick auf das im Sport bestehende Kräfteungleichgewicht nicht zu unterschätzen[212]. Führt dieses Kräfteungleichgewicht zu einem parteiischen und abhängigen Spruchkörper, bliebe der Schutz der Individualinteressen der Sportler auf der Strecke. So wird der Schiedsgerichtsbarkeit teilweise allgemein, teilweise der Vereins- oder Verbandsschiedsgerichtsbarkeit im Besonderen, mangelnde Unparteilichkeit und Unabhängigkeit vorgeworfen[213]. Die Derogation der ordentlichen Gerichte, die gerade dem Individualrechtsschutz der Sportler zu dienen bestimmt sind[214], und deren Ersetzung durch eine Sportschiedsgerichtsbarkeit kann aber nur dann für die Beteiligten interessengerecht sein, wenn auch die Sportschiedsgerichtsbarkeit in der Lage ist, die Individualinteressen der Beteiligten mindestens in gleichem Umfang zu schützen wie die staatlichen Gerichte.

---

[209] Vgl. *Gottwald*, in FS Firsching, S. 89, 109; *Wagner*, S. 346; *Heß*, ZZPInt 3 (1998), 457, 458; *Adolphsen*, SchiedsVZ 2004, 169, 171.

[210] Vgl. Erstes Kapitel:D. I. .

[211] Vgl. *Musielak/Voit*, ZPO, § 1025 Rn. 2.

[212] Vgl. Erstes Kapitel:B. IV. V 2b.

[213] *Lachmann*, Rn. 90; *Schwab/Walter*, Kap. 1 Rn. 9; vgl. auch *Jagenburg*, in FS Oppenhoff, S. 158 ff.; MünchKommZPO/*Münch*, Vor § 1025 Rn. 31.

[214] Vgl. Erstes Kapitel:B. V. 2. b)

Neben den von einem Kräfteungleichgewicht ausgehenden Gefahren wird der Schiedsgerichtsbarkeit oftmals nachgesagt, dass komplexe Verfahren mit mehreren Beteiligten schwer durchzuführen sind[215]. Dies könnte sich gerade für Sportstreitigkeiten nachteilig auswirken, da diese oftmals die Interessen verschiedener Beteiligter berühren[216].

Als weitere Nachteile der Schiedsgerichtsbarkeit werden genannt, das Fehlen von Prozesskostenhilfe, eine erheblich geringere Vorhersehbarkeit schiedsrichterlicher Entscheidungen und die eingeschränkte Möglichkeit, schiedsrichterliche Entscheidungen zu korrigieren[217].

Die Entwicklung der Schiedsgerichtsbarkeit im internationalen Handel zeigt, dass die Vorteile der Schiedsgerichtsbarkeit gegenüber ihren Nachteilen in einigen Bereichen überwiegen. So verlier die staatliche Gerichtsbarkeit im Bereich des internationalen Handels- und Wirtschaftsrechts kontinuierlich an Bedeutung[218]. 80-90 % aller grenzüberschreitenden Wirtschaftsverträge enthalten heute eine Schiedsvereinbarung[219]. Die Handelsschiedsgerichtsbarkeit hat sich damit zur Gerichtsbarkeit der Wirtschaft entwickelt[220]. Da auch das Sportgeschehen durch Internationalität[221], Eigengesetzlichkeit[222] und im Spitzensportbereich durch ein hohes Maß an Kommerzialisierung[223] geprägt ist, ist der Gedanken nahe liegend, dass sich die Schiedsgerichtsbarkeit im Sportbereich ähnlich entwickeln könnte. Ob sich eine Sportschiedsgerichtsbarkeit ähnlich wie die Handelsschiedsgerichtsbarkeit entwickelt, hängt nicht zuletzt davon ab, inwieweit die Vorteile und Nachteile der Schiedsgerichtsbarkeit in ein angemessenes Verhältnis gesetzt werden können. Da die Schiedsgerichtsbarkeit aber nicht allein

---

215 Vgl. *Lachmann*, Rn. 647 ff.; *Lionnet/Lionnet*, S. 430 ff.

216 An Dopingstreitigkeiten beispielsweise sind regelmäßig neben Athlet und nationalem Sportverband auch der internationale Sportverband beteiligt. Die Notwendigkeit, Dritte am Verfahren zu beteiligen, kann auch im Rahmen weiterer Wettkampfstreitigkeiten, wie etwa Lizenz oder Nominierungsstreitigkeiten, bestehen, vgl. Sechstes Kapitel:.

217 *Lionnet/Lionnet*, S. 81 f.; *Lachmann*, Rn. 134 ff.

218 *Böckstiegel*, DRiZ 1996, 267, 268 ff.; *Raeschke-Kessler*, in FS Nirk, S. 915, 916 f.; *Schmidt-Diemitz*, BB 1999, 360, 371 f.; *Flöther*, DZWir 2001, 89, spricht gar von einer Flucht zu den Schiedsgerichten.

219 *Berger*, RIW 1994, 12; *Lachmann*, Rn. 65 ff.; *Schwab/Walter*, Kap. 41 Rn. 1; *Wagner*, S. 347, der allerdings darauf hinweist, dass es sich bei diesen Angaben um private Schätzungen handelt.

220 *Lionnet/Lionnet*, S. 40. Die Gründe für diese Entwicklung werden überwiegend darin gesehen, dass die Durchführung von Verfahren in einigen Ländern mühsam und kostspielig und die Vollstreckung eines, in einem Land erwirkten Vollstreckungstitels, in einem anderen Land schwierig sein kann, *Schwab/Walter*, Kap. 41 Rn. 1.

221 Vgl. Erstes Kapitel:B. I. .

222 Vgl. Erstes Kapitel:B. II. .

223 Vgl. Erstes Kapitel:B. V. 2. a) .

der Autonomie der Parteien untersteht, sondern in ein rechtliches Korsett eingebunden ist, soll zunächst Letzteres dargestellt werden.

Zweites Kapitel: Normative Rahmenbedingungen der Schiedsgerichtsbarkeit

Die Schiedsgerichtsbarkeit stellt eine parteiautonome Alternative zur staatlichen Gerichtsbarkeit dar. Die Privatautonomie steht den Parteien aber nicht als originäre Rechtsmacht zu Verfügung, sondern stellt eine Erlaubnis dar, die ihnen von der jeweils anzuwendenden Rechtsordnung erteilt wird[224]. Daher führt eine Schiedsvereinbarung zwar zur Derogation der staatlichen Gerichte, nicht aber zu einer Derogation sämtlicher staatlicher Rechtsnormen. Von einer Qualifizierung der Schiedsgerichtsbarkeit als echte Gerichtsbarkeit und einer zur staatlichen Gerichtsbarkeit gleichwertigen Rechtsschutzform könnte auch keine Rede sein, wäre die Streitbeilegung dem freien Spiel der Kräfte der beteiligten Streitparteien ohne normative Rahmenbedingungen überlassen. Gerade für eine Streitbeilegung in strukturellen Ungleichgewichtslagen, wie sie im organisierten Sportbereich bestehen[225], wäre sie dann kaum eine geeignete Alternative zur staatlichen Gerichtsbarkeit.

Die Schiedsgerichtsbarkeit beschränkt, da sie die staatliche Gerichtsbarkeit weitgehend ausschließt, die Gerichtshoheit eines Staates. Daher bedarf eine Schiedsvereinbarung und ein aus ihr hervorgegangener Schiedsspruch der prozessrechtlichen Anerkennung durch den Staat, in dessen Gerichtshoheit eingegriffen wird. Dies geschieht regelmäßig durch ein nationales Schiedsverfahrensrecht, welches entweder eigenständig kodifiziert oder Teil des nationalen Verfahrensrechts ist[226]. Diese Einbettung der Schiedsgerichtsbarkeit in ein nationales Schiedsverfahrensrecht hat zur Folge, dass es Schiedsverfahren losgelöst von jeglicher staatlicher Rechtsordnung[227] nicht geben kann. Somit sind ausschließlich in eine supranationale Rechtsordnung eingebundene Schiedsverfahren, etwa nur nach einer lex sportiva durchgeführte Sportschiedsverfahren[228], unabhängig von der Frage, ob es eine solche supranationale Rechtsordnung überhaupt

[224] *Schwab/Walter*, Kap. 41 Rn. 21.

[225] Vgl. Erstes Kapitel:B. III. , IV.

[226] Zu den nationalen Kodifikationen des Schiedsverfahrensrechts verschiedener Staaten vgl. die Übersicht bei *Lionnet/Lionnet*, S. 117 f.

[227] Sog. Denationalisierung, vgl. dazu *Lionnet/Lionnet*, S. 98; *Schwab/Walter*, Kap. 41 Rn. 21.

[228] Vgl. zur Entwicklung einer einheitlichen lex sportiva, *Pfister*, PHB, S. 7; siehe auch *Haas* in *Haas/Haug/Reschke*, SportR, B 2. Kapitel Rn. 5 f.

gibt[229], nicht denkbar. Vielmehr ist jedes Schiedsverfahren stets in einem nationalen Schiedsverfahrensrecht geerdet[230].

Aus der Internationalität des Sportgeschehens folgt das Erfordernis, den Blick nicht nur auf das deutsche Recht der privaten Schiedsgerichtsbarkeit zu beschränken, sondern auch die normativen Rahmenbedingungen für die schiedsrichterliche Beilegung internationaler Sportstreitigkeiten zu betrachten. Besondere Berücksichtigung muss dabei das nationale Schweizer Recht der privaten Schiedsgerichtsbarkeit finden, da zahlreiche internationale Fachsportverbände ihren Sitz in der Schweiz haben und auch das derzeit bekannteste Sportschiedsgericht, der Court of Arbitration for Sports (CAS), in Lausanne in der Schweiz ansässig ist[231].

Greift die Schiedsgerichtsbarkeit ausschließlich in die Gerichtshoheit eines Staates ein, folgt die Anerkennung der Schiedsvereinbarung und eines aus ihr hervorgegangenen Schiedsspruches allein durch das nationale Schiedsverfahrensrecht dieses Staates[232]. Für eine internationale Schiedsvereinbarung hingegen, etwa zwischen einem deutschen Sportler und einem internationalen Spitzenverband mit Sitz in der Schweiz, bedarf es darüber hinaus einer zwischenstaatlichen Anerkennung der Schiedsvereinbarung und eines aus ihr hervorgegangenen Schiedsspruches. Die wichtigste Grundlage hierfür bildet in erster Linie das New Yorker UN-Übereinkommen über die Anerkennung und Vollstreckung ausländischer Schiedssprüche vom 10.06.1958 (UNÜ)[233]. Die große Anzahl von Vertragsstaaten verdeutlicht die Bedeutung des Übereinkommens im Bereich der internationalen Schiedsgerichtsbarkeit[234]. Daneben existieren weitere multilaterale und bilaterale Staatsverträge[235], die im Bereich der internationalen Sportschiedsgerichtsbarkeit Bedeutung erlangen können. Aus europäischer Sicht gilt dies insbesondere für das Europäische Übereinkommen

---

229 Dies wird kontrovers für die lex mercatoria diskutiert, vgl. *Schwab/Walter*, Kap. 41 Rn. 21.

230 Einhellige Auffassung in Deutschland, vgl. *Lionnet/Lionnet*, S. 121; *Schwab/Walter*, Kap. 41 Rn. 21; *Schlosser*, Internationale Schiedsgerichtsbarkeit, Rn. 188 ff.; *Mann*, in FS Flume, S. 593 ff.

231 Vgl. Art. S1 CAS-Statut für die an der Beilegung von Streitigkeiten in Sportsachen beteiligten Organe sowie R28 CAS-Verfahrensordnung (CAS-VO), die ausdrücklich Lausanne in der Schweiz als Sitz des jeweiligen Schiedsgerichts bestimmen; zum CAS siehe bereits Erstes Kapitel:A. ; CAS-Statut sowie CAS-VO sind abrufbar unter www.tas-cas.org; abgedruckt in *Haas/Haug/Reschke*, SportR, C.IV.3.

232 Vgl. etwa § 1032 Abs. 1 ZPO.

233 BGBl. 1961 II, 122; vorausgegangen sind die beiden Genfer Verträge von 1923 bzw. 1927, die gem. Art. VII Abs. 2 UNÜ heute noch für die Vertragsstaaten gelten, die dem UNÜ nicht beigetreten sind; zur Entstehungsgeschichte vgl. *Lionnet/Lionnet*, S. 101; *Schwab/Walter*, Kap. 41 Rn. 2 f.; *Stein/Jonas/Schlosser*, ZPO, Anh. § 1061, Rn. 3.

234 Siehe die Liste der ca. 130 Vertragsstaaten bei *Schwab/Walter*, Kap. 42 Rn. 11.

235 Vgl. dazu *Schwab/Walter*, Kap. 42 Rn. 28 ff.

über die internationale Handelsschiedsgerichtsbarkeit vom 21.04.1961 (EÜ)[236], dem die Bundesrepublik Deutschland am 25.01.1965 beigetreten ist[237].

Neben den Staatsverträgen zur Schiedsgerichtsbarkeit kann auch die Europäische Konvention zum Schutz der Menschenrechte und Grundfreiheiten (EMRK) im Bereich der privaten Schiedsgerichtsbarkeit Bedeutung erlangen. Lange Zeit war es fraglich, ob sich private Schiedsgerichte auch an Art. 6 Abs. 1 der EMRK messen lassen müssen, da Schiedsgerichte auf Vertrag und nicht auf Gesetz beruhen[238]. Nach heute überwiegender Auffassung ist Art. 6 Abs. 1 EMRK zwar nicht unmittelbar, aber im Rahmen der staatlichen Kontrolle der Schiedsgerichtsbarkeit anzuwenden, so dass sich eine in ihrem Recht auf ein faires Verfahren verletzte Partei vor einem staatlichen Gericht, das zur Kontrolle des Schiedsverfahrens angerufen wird, auf Art. 6 Abs. 1 EMRK berufen kann[239].

Damit untersteht die Schiedsgerichtsbarkeit niemals allein der Autonomie der Parteien, sondern ist stets in einen normativen Rahmen eingebunden, der sich aus den Bestimmungen eines nationalen Schiedsverfahrensrechts und gegebenenfalls aus Regelungen internationaler Übereinkommen zusammensetzt[240]. Offen ist die Frage, wie der rechtliche Rahmen für ein bestimmtes Sportschiedsverfahren konkret zu ermitteln ist.

A. Anwendungsbereich nationalen Schiedsverfahrensrechts

Bei der Ermittlung des Anwendungsbereichs des nationalen Schiedsverfahrensrechts werden grundsätzlich zwei verschiedene Ansätze verfolgt. Nach der sog. prozessualen Theorie oder Verfahrenstheorie vereinbaren die Parteien das an-

---

236 Die für den damaligen Ost-West-Handel geschaffene Konvention hat heute kaum praktische Bedeutung mehr. Ihre Regelungen hatten jedoch großen Einfluss auf die Rechtsentwicklung und sind daher überwiegend von akademischem Interesse; vgl. *Stein/Jonas/Schlosser*, ZPO, Anh. § 1061 Rn. 164; *Lionnet/Lionnet*, S. 93 f. Dennoch kann sie im Einzelfall Bedeutsamkeit erlangen, vgl. *Stein/Jonas/Schlosser*, ZPO, Anh. § 1061 Rn. 169; zum Verhältnis des EÜ zum deutschen Schiedsverfahrensrecht, vgl. *Moller*, NZG 2000, 57.

237 BGBl. 1965 II S. 107; ergänzt wurde das EÜ zuvor durch die Pariser Vereinbarung vom 17.12.1962, BGBl 1964 II, S. 426, zur Entstehungsgeschichte vgl. *Schwab/Walter*, Kap. 41 Rn. 4; *Stein/Jonas/Schlosser*, ZPO, Anh. § 1061 Rn. 163 ff.

238 Art. 6 Abs. 1 Satz 1 EMRK lautet: Jedermann hat Anspruch darauf, dass seine Sache in billiger Weise öffentlich und innerhalb angemessener Frist gehört wird, und zwar von einem unabhängigen und unparteiischen, *auf Gesetz beruhenden Gericht*, das über zivilrechtliche Ansprüche und Verpflichtungen ..... zu entscheiden hat.

239 Eine Verletzung von Art. 6 Abs. 1 EMRK kommt beispielsweise in Frage, wenn Bedenken gegen die Freiwilligkeit einer Unterwerfung unter das Schiedsgericht oder gegen die Unabhängigkeit der Schiedsrichter bestehen, vgl. *Matscher*, in FS Nagel, S. 227 ff.; *Habscheid*, in FS Henckel, S. 341 f.; *Pfister*, PHB S. 470 Fn. 345.

240 Vgl. *Lionnet/Lionnet*, S. 90 f.

zuwendende nationale Schiedsverfahrensrecht selbst[241]. Nach dem sog. Territorialitätsprinzip hingegen kommt dasjenige Verfahrensrecht zur Anwendung, welches am Ort des Schiedsverfahrens gilt. Die Verfahrenstheorie galt in Deutschland bis zur Neufassung des deutschen Schiedsverfahrensrechts durch das Gesetz zur Neuregelung des Schiedsverfahrensrechts (SchiedsVfG) vom 22. Dezember 1997[242]. Die Neufassung, die am 1. Januar 1998 in Kraft getreten ist, beruht auf dem UNCITRAL Model Law (UMG)[243]. Die deutsche Regelung folgt im Hinblick auf ihren Anwendungsbereich, wie das UMG und fast alle modernen Schiedsgesetze, nun dem Territorialitätsprinzip[244].

I. Territorialitätsprinzip

Nach der Regelung des § 1025 Abs. 1 ZPO sind die Vorschriften des 10. Buches der ZPO anzuwenden, wenn der Ort des Schiedsverfahrens in Deutschland liegt. Eine vergleichbare Regelung enthält das schweizerische Schiedsverfahrensrecht. Art. 176 Abs. 1 des Bundesgesetzes über das Internationale Privatrecht (IPRG) fordert für die Anwendung des 12. Kapitels des IPRG, dass sich der Sitz des Schiedsgerichts in der Schweiz befindet[245]. Damit folgt das IPRG ebenfalls dem Territorialtätsprinzip. Beide Rechtsordnungen werfen die Frage auf, wann ein inländischer Schiedsort vorliegt.

Die Beantwortung dieser Frage wird etwa bei der ad-hoc-Schiedsgerichtsbarkeit des CAS anlässlich Olympischer Spiele relevant. Seit den Sommerspielen von Atlanta wird am Austragungsort der Spiele eine olympische ad-hoc-Kammer des CAS installiert, die für die Beilegung der im Rahmen der Olympischen Spiele auftretenden Sportstreitigkeiten zuständig ist[246]. Obwohl die Schiedsverfahren

---

241 Vgl. *Epping*, S. 7 f.; *Lionnet/Lionnet*, S. 124.

242 BGBl Teil I Nr. 88 vom 30.12.1997, S. 3224.

243 Am 21.06.1985 beschloss die United Nations Commission on International Trade Law (UNCITRAL) den Entwurf eines Modellgesetzes über die internationale Handelsschiedsgerichtsbarkeit (UMG), welches von der Vollversammlung der Vereinten Nationen am 11.12.1985 angenommen und den Staaten bei der Gestaltung ihres Schiedsverfahrensrechts zur Berücksichtigung empfohlen wurde. Vgl. UN-Doc. A/RES/40/72, abgedruckt bei *Holtzmann/Neuhaus*, S. 1 ff.; vgl. auch *Lionnet/Lionnet*, S. 128 ff.

244 *Schwab/Walter*, Kap. 30 Rn. 6 ff.; MünchKommZPO/*Münch*, § 1025 Rn. 6 ff.; *Sandrock*, in FS Glossner, S. 285 f.; *Schuhmacher*, in FS Glosser, S. 348 f.; *Stein/Jonas/Schlosser*, ZPO, § 1025 Rn. 2.

245 Zum darüber hinaus notwendigen Kriterium des internationalen Bezuges nach Art. 176 Abs. 1 IPRG zur Bestimmung des Anwendungsbereiches des 12. Kapitels des IPRG vgl. Zweites Kapitel:A. II.

246 Vgl. zur olympischen ad-hoc-Schiedsgerichtsbarkeit der Spiele 1996 in Atlanta, *Reeb* (Hrsg.), Digest of CAS Awards 1986-1998, S. 375 ff.; *Kaufmann-Kohler*, Bull.ASA 1996, 433; der Spiele 1998 in Nagano, *Reeb* (Hrsg.), Digest of CAS Awards 1986-1998, S. 417 ff.; *Kaufmann-Kohler*, Bull.ASA 1998, 311 ff.; der Spiele 2000 in Sydney, CAS/TAS (Hrsg.), CAS Awards – Sydney 2000; *Martens/Oschütz*, SpuRt 2001, 4 ff.; der Spiele 2002 in Salt Lake City, *dies.*, SpuRt 2002, 89 ff.

jeweils nicht am Sitz des CAS in Lausanne, sondern am Austragungsort der Olympischen Spiele stattfanden, wurde nach den Beschlüssen der Präsidenten der ad-hoc-Kammer[247] bisher immer die Schweiz als Sitz des Schiedsgerichts festgelegt[248]. Diese Unterscheidung zwischen dem Sitz des Schiedsgerichts und dessen Tagungsort wirft für ein dem Territorialitätsprinzip folgendes Schiedsverfahrensrecht die Frage auf, welcher der beiden Orte nun für die Bestimmung des anwendbaren Schiedsverfahrensrechts nach dem Territorialitätsprinzip ausschlaggebend ist. Die Beantwortung dieser Frage hat nicht zuletzt auch eine erhebliche Bedeutung für eine Bewerbung Deutschlands um die Ausrichtung Olympischer Spiele[249]. Die zwingende Anwendung deutschen Schiedsverfahrensrechts für eine olympische ad-hoc-Schiedsgerichtsbarkeit in Deutschland und die damit verbundenen Konflikte mit den Regeln der ad-hoc-Schiedsgerichtsbarkeit des CAS würde bei einer Auswahlentscheidung um den Austragungsort Olympischer Spiele zwischen mehreren Bewerbern für Deutschland sicherlich negativ ins Gewicht fallen. Daher gilt es zu klären, welcher Ort für eine Bestimmung des anwendbaren Schiedsverfahrensrechts nach dem Territorialitätsgrundsatz ausschlaggebend ist.

1. Formale territoriale Fixierung

Im deutschen Schiedsverfahrensrecht enthält § 1043 ZPO eine Auslegungshilfe, was unter dem Ort des Schiedsverfahrens zu verstehen ist. Die Vorschrift beinhaltet sowohl Regelungen über die Festlegung des Ortes des schiedsrichterlichen Verfahrens als auch über die Rechtsfolgen einer derartigen Ortsbestimmung. Da § 1043 ZPO selbst von der Geltung des Territorialitätsgrundsatzes nicht ausgenommen ist und daher seine Anwendung die Entscheidung für einen inländischen Schiedsort voraussetzt, könnte man bei einer engen Auslegung zunächst zu dem Ergebnis kommen, dass die Regelung nur für die Auswahl zwischen

---

[247] Gem. Art. 4 der jeweiligen Satzung über die Beilegung von während der Olympischen Spiele entstehenden Streitigkeiten (CAS-ad-hoc-Satzung, abrufbar unter www.tas-cas.org) wird vom Internationalen Rat für Sportschiedsgerichtsbarkeit (International Council of Arbitration for Sport, ICAS/Conseil international de l'Arbitrage en Maitière de Sport, CIAS) eines seiner Mitglieder zum Präsidenten der jeweiligen ad-hoc-Kammer gewählt. Die jeweilige CAS-ad-hoc-Satzung wird gem. Art. S6 CAS-Statut vom ICAS verabschiedet und ist deren Bestandteil (Art. 23.2 CAS-ad-hoc-Satzung).

[248] Vgl. Art. 7 CAS-ad-hoc-Regeln a.F.; Art. 7 CAS-ad-hoc-Regeln bestimmt nunmehr ausdrücklich Lausanne in der Schweiz als Sitz des Schiedsgerichts und verweist auf die Anwendbarkeit des 12. Kapitels des schw. IPRG.

[249] Die Maßgeblichkeit der rechtlichen Rahmenbedingungen eines Staates bei der Vergabeentscheidung um die Austragung der Olympischen Spiele zeigte sich jüngst anhand der erhobenen Forderungen nach einer Gesetzesänderung in Deutschland zum besseren Schutz der Marken und Symbole des IOC. Nach Aussagen des Vizepräsidenten des IOC, Thomas Bach, gegenüber der FAZ käme ein deutscher Kandidat ohne eine Gesetzgebung zum Schutze des Urheberrechts bezüglich der olympischen Symbole für die Spiele 2012 nicht einmal in die Endausscheidung, vgl. FAZ vom 11.11.2002, S. 32; vgl. auch FAZ vom 26.11.2002, S. 31.

mehreren inländischen Schiedsorten gilt[250]. Aus den Vorarbeiten zum UMG, das dem deutschen Schiedsverfahrensrecht als Grundlage diente, folgt jedoch zweifellos, dass Art. 20 UMG (§ 1043 ZPO) entgegen einer engen Auslegung auch für die internationale Festlegung des Schiedsortes als Anknüpfungspunkt für Art. 1 Abs. 2 UMG (§ 1025 ZPO) Bedeutung haben sollte[251]. Nach der Regierungsbegründung zum SchiedsVfG gilt dies auch für das deutsche Recht[252].

Nach § 1043 Abs. 1 ZPO wird der Ort des Schiedsverfahrens von den Parteien gewählt, hilfsweise in Ermangelung einer solchen Vereinbarung von dem Schiedsgericht bestimmt. Gem. § 1043 Abs. 2 ZPO kann das Schiedsgericht trotz der Vereinbarung eines Schiedsortes auch an einem anderen Ort tagen und Verfahrenshandlungen vornehmen, soweit die Parteien nichts anderes vereinbart haben. Eine abweichende Parteivereinbarung in diesem Sinne ist aber nicht schon bei einer ausdrücklichen Bestimmung eines Schiedsortes anzunehmen, sondern erst bei einem eindeutig zum Ausdruck kommenden Willen der Parteien, dass das Schiedsgericht an keinem anderen als dem festgelegten Ort zusammenkommen soll[253]. Dies ergibt sich aus der Systematik der beiden Absätze des § 1043 ZPO[254]. Gem. § 1043 Abs. 2 ZPO kann das Schiedsgericht aber auch an anderen Orten als an seinem Sitz tagen[255]. Das Tätigwerden des Schiedsgerichts an einem anderen Ort als dem von den Parteien oder von dem Schiedsgericht gem. § 1043 Abs. 1 ZPO bestimmten Schiedsort kann nach h.M. und dem Willen des Gesetzgebers sogar so weit gehen, dass die Parteien überhaupt nicht an dem festgelegten Schiedsort zusammenkommen. Dennoch hat der gem. § 1043 Abs. 1 ZPO bestimmte Ort Vorrang vor dem faktischen Tätigwerden des Schiedsgerichts. Der Schiedsort dient nach dieser Ansicht lediglich der formalen Verankerung des Schiedsverfahrens in einer Rechtsordnung[256]. Danach wäre eine ad-hoc-Schiedsgerichtsbarkeit im Rahmen Olympischer Spiele in Deutschland, die ausschließlich am Austragungsort tagt, ihren Schiedsort aber in der Schweiz hat, ohne weiteres möglich. Eine andere Ansicht will im Falle, dass sämtliche Verfahrenshandlungen an einem anderen als dem nach § 1043 Abs. 1 ZPO festgelegten Ort stattfinden, auf den effektiven Ort des Schiedsverfahrens

---

250 Vgl. *Lionnet/Lionnet*, S. 156, der von einem Zirkelschluss spricht.

251 Vgl. *Epping*, S. 11; *Granzow*, S. 147; *Calavros*, S. 107; *Hußlein-Stich*, S. 110.

252 BT-Drucks. 13/5274, S. 47.

253 *Berger*, Neues Recht der Schiedsgerichtsbarkeit, S. 17.

254 Vgl. *Epping*, S. 12.

255 *Berger*, DZWiR 1998, 45, 46 f.; *Winkler/Weinand*, BB 1998, 597, 600; sofern nicht lediglich als Fiktion *Kronke*, RIW 1998, 257, 261; a.A. *Schütze*, Schiedsgericht und Schiedsverfahren, Rn. 142.

256 BT-Drucks. 13/5274 S. 47; *Lachmann*, Rn. 742; *Lionnet/Lionnet*, S. 205; MünchKommZPO/*Münch*, § 1043 Rn. 11; *Schuhmacher*, in FS Glossner, S. 352 f.; *Stein/Jonas/Schlosser*, ZPO, § 1025 Rn. 2, § 1043 Rn. 4; *Schlosser*, RIW 1994, 727 f.; *Böckstiegel*, RIW 1984, 676; *Berger*, RIW 1993, 10; *ders.*, Neues Recht der Schiedsgerichtsbarkeit, S. 16 f.; *Epping*, S.11; *Zöller/Geimer*, ZPO, § 1025 Rn. 2.

abstellen. § 1043 Abs. 2 ZPO lasse nur gelegentliche Ortswechsel zu[257]. Der festgelegte Schiedsort dürfe nicht zur bloßen Fiktion werden[258]. Nach dieser Ansicht scheint die Festlegung eines vom ausschließlichen Tagungsort verschiedenen Schiedsortes im Rahmen der ad-hoc-Schiedsgerichtsbarkeit des CAS aufgrund der weitgehenden organisatorischen Verlagerung der Schiedsinstitution an den Austragungsort nicht möglich zu sein. Gegen diese Ansicht spricht, dass eine Abgrenzung danach, wann ein Ortswechsel in diesem Sinne gelegentlich ist, zu unbestimmt ist. Der Schiedsort sollte aber eindeutig bestimmbar und nicht von der Anzahl der Ortswechsel abhängig sein[259]. Zwar könnte man einwenden, dass der Schiedsort auch dann nicht zu bestimmen ist, wenn entgegen § 1043 Abs. 1 ZPO ein Schiedsort noch gar nicht festgelegt wurde, das Schiedsgericht seine Tätigkeit aber bereits aufgenommen hat. In diesem Ausnahmefall könnte man jedoch aushilfsweise immer noch auf den tatsächlichen Schwerpunkt der schiedsrichterlichen Tätigkeit abstellen[260]. Trotz der letztgenannten Unsicherheit im Falle einer fehlenden Festlegung des Schiedsortes ist aus Gründen der Rechtssicherheit der überwiegenden Ansicht zu folgen. Zudem entspricht diese Konzeption dem Grundsatz der Parteiautonomie im Schiedsverfahren[261]. Der Begriff des Schiedsortes ist somit in einer weitgehend vergeistigten Weise auszulegen. Schiedsverfahrens können demnach aus deutscher Sicht selbst dann inländisch sein, wenn weder die Parteien noch die Schiedsrichter überhaupt deutschen Boden betreten haben[262]. Umgekehrt können Schiedsverfahren selbst dann ausländische sein, wenn das Schiedsverfahren ausschließlich auf deutschem Boden getagt hat. Somit kann in Deutschland ein olympisches Ad-hoc-Schiedsgericht tagen, seinen Sitz aber in der Schweiz haben, ohne dass zwingende Vorschriften des deutschen Schiedsverfahrensrechts zur Anwendung kommen.

Diese formale Sichtweise des Territorialitätsprinzips findet sich auch in der Schweiz. Der Begriff des Sitzes des Schiedsgerichts nach dem schweizerischen IPRG wird weitgehend vergeistigt ausgelegt[263]. Der Sitz wird als formalrechtliche territoriale Fixierung des Schiedsgerichts verstanden[264]. Davon unabhängig ist sein Tagungsort, der auch außerhalb der Schweiz frei festgelegt werden kann[265]. Damit aber keine Zweifel über die Anwendbarkeit des 12. Kapitel des

---

[257] *Schütze*, Schiedsgericht und Schiedsverfahren, Rn. 142.

[258] *Kronke*, RIW 1998, 257, 261.

[259] Vgl. *Epping*, S. 12.

[260] Vgl. zur Bestimmung des Schiedsortes im Rahmen des UNÜ *Schlosser*, Internationale private Schiedsgerichtsbarkeit, Rn. 242; *Stein/Jonas/Schlosser*, ZPO, Anh. § 1061 Rn. 18; *Weigand/Haas*, Art. 1 Rn. 10.

[261] Vgl. *Berger*, Internationale Wirtschaftsschiedsgerichtsbarkeit, S. 72; *Epping*, S. 12.

[262] *Stein/Jonas/Schlosser*, ZPO, § 1025 Rn. 2.

[263] Vgl. *Stein/Jonas/Schlosser*, ZPO, § 1025 Rn. 2.

[264] *Vischer*, IPRG Kommentar, Art. 176 Rn. 4.

[265] *Vischer*, IPRG Kommentar, Art. 176 Rn. 5.

IPRG bestehen, verlangt Art. 176 Abs. 3 IPRG, dass der Sitz des Schiedsgerichts in jedem Fall festgelegt wird, was entweder durch die Parteien selbst, von einer von den Parteien benannten Schiedsgerichtsorganisation oder durch die Schiedsrichter geschehen kann.

Abschießend bleibt festzuhalten, dass der Ort des Schiedsverfahrens nach § 1025 ZPO ein weitgehend vergeistigtes Kriterium darstellt, das allein der formalen Verankerung des Schiedsverfahrens in einer nationalen Rechtsordnung dient.

2. Ausnahmen vom Territorialitätsprinzip nach deutschem Recht

Der deutsche Territorialitätsgrundsatz gilt nicht ausnahmslos[266]. Dies bringt das deutsche Schiedsverfahrensrecht in § 1025 Abs. 2 ZPO zum Ausdruck. Danach sind die §§ 1032, 1033, 1050 ZPO unabhängig vom Ort des Schiedsverfahrens anzuwenden. Die in den §§ 1032, 1033 ZPO geregelten Ausnahmen betreffen zum einen die Pflicht der staatlichen Gerichte, die Parteien im Falle des Bestehens einer gültigen Schiedsvereinbarung auf das Schiedsverfahren zu verweisen (§ 1032 ZPO), und zum anderen die Kompetenz der staatlichen Gerichte, unabhängig vom Bestehen einer gültigen Schiedsvereinbarung, vorläufige oder sichernde Maßnahmen zu erlassen (§ 1033 ZPO). § 1050 ZPO regelt darüber hinaus die gerichtliche Unterstützung bei der Beweisaufnahme und die Vornahme sonstiger richterlicher Handlungen. Ist gerichtliche Unterstützung bereits von Nöten, bevor der Ort eines Schiedsverfahrens feststeht, bestimmt § 1025 Abs. 3 ZPO, dass die deutschen Gerichte für die Erfüllung ihrer gem. §§ 1034 Abs. 2, 1035 Abs. 4, 1037 Abs. 3, 1038 Abs. 1 ZPO bei der Bildung des Schiedsgerichts obliegenden Aufgaben zuständig sind, wenn der Beklagte oder der Kläger seinen Sitz oder gewöhnlichen Aufenthalt in Deutschland hat[267]. Diese Regelung dient dazu, das Schiedsverfahren in jedem Fall in Gang zu bringen. Ist das Schiedsgericht dann unter der Mitwirkung der deutschen Gerichte konstituiert, können die Schiedsrichter, falls sich die Parteien nicht auf einen Schiedsort einigen können, den Ort des Schiedsverfahrens im In- oder Ausland festlegen und somit das Schiedsverfahren dem deutschen oder einem anderen nationalen Schiedsverfahrensrecht unterstellen[268].

---

[266] Vgl. *Stein/Jonas/Schlosser*, ZPO, § 1025 Rn. 5.

[267] Bei der Beteiligung einer deutschen Streitpartei an einem ad-hoc-Schiedsverfahren des CAS wären, streng nach dem Wortlaut des § 1025 Abs. 3 ZPO, die deutschen Gerichte vor der Festlegung des Schiedsortes durch den Präsidenten der ad-hoc-Kammer (vgl. Art. 7 ad-hoc-Regeln a.F.) zuständig gewesen, die ihnen im Zusammenhang mit der Konstituierung des Schiedsgerichts obliegenden Aufgaben zu erfüllen. Nach der Neufassung der ad-hoc-Regeln sieht jedoch Art. 7 nun nicht mehr eine Bestimmung des Sitzes durch den Präsidenten der ad-hoc-Kammer vor, sondern bestimmt ausdrücklich Lausanne in der Schweiz als Sitz des Schiedsgerichts. Damit kann es zu der beschriebenen Unterstützungssituation gar nicht mehr kommen.

[268] Vgl. *Epping*, S. 10 f.

Insbesondere der Vorrang deutschen Schiedsverfahrensrechts im Bereich des einstweiligen Rechtsschutzes gem. §§ 1025 Abs. 2, 1033 ZPO kann das mit der Beilegung von nationalen und internationalen Sportstreitigkeiten durch Schiedsgerichte verfolgte Ziel gefährden. Die Kompetenz der staatlichen Gerichte, unabhängig vom Bestehen einer gültigen Schiedsvereinbarung vorläufige oder sichernde Maßnahmen anzuwenden (§ 1033 ZPO), führt aufgrund des Bedürfnisses nach einer schnellen Erledigung von Sportstreitigkeiten zu einer häufig auftretenden Konkurrenzsituation zwischen dem einstweiligem Rechtsschutz durch staatliche Gerichte und der schiedsrichterlichen Streitbeilegung. Die Einmischung der staatlichen Gerichte kann aber zu Gefahren für die notwendige einheitliche Regelanwendung gegenüber allen Sportlern führen, welche es durch die schiedsrichterliche Streitbeilegung gerade zu vermeiden gilt. Die zwingende Anwendung des § 1033 ZPO auf ausländische Schiedsverfahren überträgt mithin die im deutschen Schiedsverfahrensrecht angelegte problematische Kollisionssituation zwischen einstweiligem Rechtsschutz durch die staatlichen Gerichte und der schiedsrichterlichen Streitbeilegung auch auf Schiedsverfahren an ausländischen Schiedsorten[269]. Dies betrifft beispielsweise alle Sportstreitigkeiten vor dem CAS unter Beteiligung einer deutschen Streitpartei.

II. Doppelanknüpfung des Schweizer Rechts

Befindet sich der Schiedsort nach den dargestellten Grundsätzen in Deutschland, gilt deutsches Schiedsverfahrensrecht unabhängig von der Nationalität der Beteiligten oder eventuellen internationalen Bezügen des zu verhandelnden Streitstoffes. Auch in sachlicher Hinsicht ist das 10. Buch der ZPO einheitliche Grundlage für sämtliche Schiedsverfahren[270]. Seine Bestimmungen gelten somit für alle Sportschiedsverfahren, deren Schiedsort nach den dargestellten Kriterien in Deutschland liegt. Während das deutsche Schiedsverfahrensrecht somit sämtliche Schiedsverfahren mit deutschem Schiedsort auf eine einheitliche Grundlage stellt, unterscheidet das schweizerische Schiedsverfahrensrecht zwischen nationaler und internationaler Schiedsgerichtsbarkeit.

Die Schweiz erhielt zunächst durch das von den Kantonen geschlossene „Konkordat über die Schiedsgerichtsbarkeit" (SchKonk) vom 27.03.1969 ein einheitliches Schiedsverfahrensrecht[271]. Ihm sind seit dem 1. Januar 1995 alle Schweizer Kantone beigetreten. Das SchKonk wurde aber als ungenügend empfunden, den Bedürfnissen des internationalen Schiedsverkehrs zu entsprechen[272]. Daher

---

269 Zur problematischen Kollision zwischen einstweiligem Rechtsschutz durch staatliche Gerichte und schiedsrichterlicher Streitbeilegung vgl. Viertes Kapitel:B. II. 3.

270 Vgl. BT-Drucks. 13/5274, S. 25; abweichend vom UMG beschränkt sich die deutsche Regelung nicht auf die Handels- und Wirtschaftsschiedsgerichtsbarkeit.

271 *Habscheid*, in FS Nagel, S. 70.

272 *Habscheid*, in FS Nagel, S. 70, 78 f.; *ders.*, RIW 1988, 767; *Bucher*, Rn. 21.

entstand das 12. Kapitel des IPRG vom 18.12.1987, welches am 01.01.1989 in Kraft getreten ist[273]. Es regelt die internationale Schiedsgerichtsbarkeit.

Aufgrund des Bestehens zweier nationaler Schiedsverfahrensrechte bedarf es neben dem Territorialitätsgrundsatz eines weiteren Kriteriums zur Ermittlung des anzuwendenden Schiedsverfahrensrechts. So bestimmt Art. 176 Abs. 1 IPRG seinen Anwendungsbereich nach zwei Kriterien. Zum einen muss sich der Sitz des Schiedsgerichts in der Schweiz befinden und zum anderen muss das Schiedsverfahren einen internationalen Bezug aufweisen. Dieser ist gegeben, wenn bei Abschluss der Schiedsvereinbarung wenigstens eine der Parteien ihren Wohnsitz oder ihren gewöhnlichen Aufenthalt nicht in der Schweiz hat. Sofern sich der Wohnsitz oder Sitz der Parteien hingegen in der Schweiz befindet, ist das Schiedsverfahren ein nationales. Dann kommt das SchKonk zur Anwendung, auch wenn der Rechtsstreit eine internationale Angelegenheit zum Gegenstand hat. Das SchKonk gilt somit im schweizerischen Rechtsraum für alle Schiedsangelegenheiten, die in der Schweiz zwischen zwei Schweizer Parteien entschieden werden (Art. 1 Abs. 1 SchKonk und Art. 176 IPRG sinngemäß).

Die Besonderheit der internationalen Schiedsgerichtsbarkeit kann in Sportschiedsverfahren vor dem CAS je nach Parteibeteiligung zu unterschiedlichen normativen Rahmenbedingungen führen. Während auf Schiedsverfahren mit lediglich schweizerischer Beteiligung das interkantonale Konkordat über die Schiedsgerichtsbarkeit zur Anwendung kommt, gelangt das IPRG bei der Beteiligung einer nicht schweizerischen Partei zur Anwendung. Die normativen Rahmenbedingungen des Schiedsverfahrens zwischen einem internationalen Sportverband mit Sitz in der Schweiz und einem Sportler ergeben sich somit abhängig von dessen Wohnsitz oder gewöhnlichem Aufenthaltsort i.S.d. Art. 176 Abs. 1 IPRG. Befindet sich dieser innerhalb der Schweiz gibt das SchKonk die Rahmenbedingungen vor, befindet er sich hingegen außerhalb der Schweiz sind sie nach dem IPRG zu beurteilen. Mit dieser unterschiedlichen Rechtsanwendung geht die Gefahr einher, gleiche Sportschiedsverfahren je nach Nationalität des beteiligten Sportlers unterschiedlich zu behandeln[274].

B. Anwendungsbereich der Staatsverträge

Auch für die internationalen Verträge (UNÜ, EÜ) stellt sich die Frage, wann die jeweiligen staatsvertraglichen Normen anzuwenden sind.

---

273 *Habscheid*, RIW 1988, 766 ff. Das IPRG ist zwar zeitlich nach der Verabschiedung des UMG erlassen, wurde aber vor dessen Verabschiedung erarbeitet. Das schweizerische Schiedsverfahrensrecht weist daher deutliche Unterschiede zum deutschen Schiedsverfahrensrecht auf, das sich eng am UMG orientiert.

274 Vgl. etwa Drittes Kapitel:E. III. 3. .

I. Anwendungsbereich des UNÜ

Das UNÜ schafft für die Anerkennung und Vollstreckung ausländischer Schiedssprüche sowie die Anerkennung bestehender Schiedsvereinbarungen international einheitliches Recht. Bei der Bestimmung seines Anwendungsbereichs sind somit grundsätzlich zwei Bereiche zu unterscheiden. Dies sind einerseits die Anerkennung und Vollstreckung ausländischer Schiedssprüche und andererseits die Anerkennung internationaler Schiedsvereinbarungen.

1. Anerkennung und Vollstreckung ausländischer Schiedssprüche

Die Artt. I und III UNÜ bestimmen, dass das staatliche Gericht eines Vertragsstaates (sog. Exequaturstaat) einen ausländischen Schiedsspruch anerkennen und nach seinem Vollstreckungsrecht zur Vollstreckung zulassen muss[275]. Maßgebliches Kriterium für die Anwendbarkeit des UNÜ ist somit das Vorliegen eines ausländischen Schiedsspruches. Ausländische Schiedssprüche sind gem. Art. I Abs. 1 UNÜ solche, die im Hoheitsgebiet eines anderen Staates ergangen sind, sowie sonstige Schiedssprüche, die nach dem Recht des Staates in dem die Vollstreckung begehrt wird, nicht als inländische anzusehen sind. Damit berücksichtigt das UNÜ zur Bestimmung seines Anwendungsbereiches mit der ersten Alternative das Territorialitätsprinzip und mit der zweiten Alternative die Verfahrenstheorie. Das UNÜ weist somit eine Doppelanknüpfung auf.

Im Rahmen der territorialen Anknüpfungsalternative herrscht Uneinigkeit, nach welchen Kriterien der Ort zu bestimmen ist, an dem ein Schiedsspruch ergangen ist. Teilweise wird darauf abgestellt, wo die Schiedsrichter den Schiedsspruch unterschrieben, die Bekanntmachung des Schiedsspruches an die Parteien veranlasst, den Schiedsspruch verkündet oder hinterlegt haben[276]. Andere wiederum stellen auf den örtlichen Schwerpunkt des Verfahrens ab, wobei dieser wiederum nicht nach dem Schwerpunkt der Verfahrenshandlungen, sondern nach dem formellen Sitz des Schiedsgerichts zu bestimmen ist[277]. Gegen den zuerst genannten Ansatz spricht, dass hiermit kein sicheres Abgrenzungskriterium gewonnen wird, da ein Schiedsspruch häufig von mehreren Schiedsrichtern aus unterschiedlichen Ländern der Reihe nach unterschrieben wird. Aber auch nach den übrigen Kriterien, die an eine tatsächliche Handlung bezogen auf den Schiedsspruch anknüpfen, wird sich der Ort, an dem ein Schiedsspruch ergeht, meist zufällig ergeben[278] und damit häufig auch nicht dem Willen der Parteien

---

[275] Nach der eigentlichen Konzeption des UNÜ war die Anerkennung und Vollstreckung von Schiedssprüchen der einzige Regelungsgegenstand des Übereinkommens, vgl. *Epping*, S. 17.

[276] Vgl. dazu *Berger*, RIW 1993, 8 ff., *Stein/Jonas/Schlosser*, ZPO, Anh. § 1061 Rn. 18; *Weigand/Haas*, Part 3 Art. I UNÜ Rn. 5 ff.

[277] Vgl. *Stein/Jonas/Schlosser*, ZPO, Anh. § 1061 Rn. 18; *Weigand/Haas*, Part 3 Art. I UNÜ Rn. 10, m.w.N.

[278] Vgl. auch *Stein/Jonas/Schlosser*, ZPO, Anh. § 1061 Rn. 18.

entsprechen[279]. Demgegenüber spricht für die letztgenannte Ansicht, dass der formelle Sitz des Schiedsgerichts ein leicht feststellbares Anknüpfungskriterium ist. Darüber hinaus entspricht diese Konzeption dem Stellenwert der Parteiautonomie im Schiedsverfahren. Ein Schiedsspruch ist somit dann im Hoheitsgebiet eines anderen Staates i.S.d. Art. I Abs. 1 S. 1 UNÜ ergangen, wenn der formelle Sitz des Schiedsgerichts im Hoheitsgebiet eines anderen Staates lag. Die zweite Alternative des Art. I Abs. 1 UNÜ ergänzt dieses Ergebnis insoweit, als dass ein Schiedsspruch auch dann in den Anwendungsbereich des UNÜ fällt, wenn er aufgrund der Anwendung inländischen Verfahrensrechts nicht als ausländischer gilt[280]. Auf diese Weise fügt sich der Anwendungsbereich des UNÜ harmonisch zusammen mit dem Anwendungsbereich der nationalen Schiedsverfahrensrechte. Die Trennlinie der Anwendungsbereiche verläuft zwischen in- und ausländischen Schiedssprüchen.

a) Vertragsstaatenvorbehalt

Der Anwendungsbereich des UNÜ kann jedoch gem. Art I Abs. 3 S. 1 UNÜ auf Schiedssprüche eingeschränkt werden, die in einem anderen Vertragsstaat ergangen sind (sog. Vertragsstaatenvorbehalt)[281]. Drittstaatliche Schiedssprüche sind dann von einer Vollstreckung nach dem UNÜ ausgeschlossen. Deutschland hat den zunächst erklärten Vorbehalt mit Wirkung zum 31.08.1998 zurückgezogen[282]. Um zu einer Anwendung des UNÜ und damit zur sicheren Vollstreckbarkeit des Schiedsspruches zu gelangen, sollte als Sitz des Schiedsgerichts immer ein Vertragsstaat des UNÜ vereinbart werden. Für die internationale Sportschiedsgerichtsbarkeit des CAS ist dies gewährleistet, da sich dessen Sitz in der Schweiz, einem Vertragsstaat des UNÜ, befindet[283]. Die Schiedssprüche des CAS sind somit auch in denjenigen Staaten vollstreckbar, die vom Vertragstaatenvorbehalt Gebrauch gemacht haben.

b) Handelssachenvorbehalt

Darüber hinaus sieht Art. I Abs. 3 S. 2 UNÜ die Möglichkeit vor, den sachlichen Anwendungsbereich auf Handelssachen zu beschränken (sog. Handelssachen-

---

[279] Vgl. *Berger*, RIW 1993, 8, 11.

[280] Vgl. *Stein/Jonas/Schlosser*, ZPO, Anh. § 1061 Rn. 16 f. Mit der Einführung des § 1025 ZPO durch das SchVfG kann es in Deutschland nicht mehr zu Schiedssprüchen kommen, die im Inland nach dem Recht eines ausländischen Staates ergangen sind. Art. I Abs.1 S. 2 UNÜ ist für Deutschland somit hinfällig geworden, vgl. *Schwab/Walter*, Kap. 42 Rn. 2.

[281] Vgl. dazu *Stein/Jonas/Schlosser*, ZPO, Anh. § 1061 Rn. 22 f.; zu den Staaten, die vom Vertragsstaatenvorbehalt Gebrauch gemacht haben, siehe die Übersicht bei *Schwab/Walter*, Kap. 42 Rn. 8.

[282] BGBl. 1999 II 7.

[283] Die Schweiz hat das UNÜ am 1. Juni 1965 ratifiziert, welches dann am 30. August in Kraft getreten ist.

vorbehalt)[284]. Im Rahmen der Sportschiedsgerichtsbarkeit kann dieser Bedeutsamkeit erlangen, falls man die Streitgegenstände im Sportbereich nicht als Gegenstände einer wirtschaftlichen, sondern beispielsweise einer kulturellen Betätigung ansieht. Folgt man letzterer Betrachtungsweise gelangt das UNÜ in diesen Vertragsstaaten nicht zur Anwendung. Von dem Vorbehalt in Art. I Abs. 3 S. 2 UNÜ haben wichtige Sportnationen wie etwa Frankreich und die USA Gebrauch gemacht. Der Begriff der Handelssache wird von jedem der Vertragsstaaten im Lichte des nationalen Rechts ausgelegt[285]. Während Sportstreitigkeiten mit finanziellem Hintergrund nach dem Recht der USA unter den Begriff der Handelssachen fallen, wird das für das französische Recht teilweise verneint[286]. Allerdings wurde der recht komplizierte Begriff der Handelssache nach dem französischen code de commerce mittlerweile durch die französische Gesetzgebung über die internationale Schiedsgerichtsbarkeit eigenständig und sehr breit definiert, was auch für die Bestimmung der Handelssache im Rahmen des UNÜ maßgeblich sein soll[287]. Vor diesem Hintergrund dürften Streitigkeiten aus dem Sportbereich über Lizenzen, Senderechte oder Sponsorenverträge in jedem Falle unter den Begriff der Handelssache fallen. Aber auch die meisten anderen Streitigkeiten um die Anwendung der Sportregelwerke dürften, angesichts der zunehmenden Kommerzialisierung und Professionalisierung im Sportbereich und den teilweise damit einhergehenden erheblichen Auswirkungen der Streitentscheidung auf die wirtschaftliche Betätigung der Beteiligten als Handelsstreitigkeiten zu qualifizieren sein[288]. Für die Anerkennung und Vollstreckung der Schiedssprüche des CAS in Deutschland haben diese kontroversen Ansichten keine Bedeutung, da Deutschland von der Möglichkeit, den Anwendungsbereich des Übereinkommens auf Handelssachen zu beschränken, keinen Gebrauch gemacht hat[289].

Aus deutscher Sicht kommt das UNÜ somit immer dann zur Anwendung, wenn ein ausländischer Schiedsspruch in Deutschland anerkannt oder vollstreckt werden soll[290]. Darunter fallen insbesondere alle Schiedssprüche des CAS.

---

[284] Vgl. dazu *Stein/Jonas/Schlosser*, ZPO, Anh. § 1061 Rn. 24 f.

[285] *Stein/Jonas/Schlosser*, ZPO, Anh. § 1061 Rn. 24.

[286] Vgl. *Pfister*, PHB, S. 475 Fn. 378. Allerdings fallen arbeitsrechtliche Streitigkeiten kraft des US-Handelssachenvorbehalts weder unter das UNÜ noch unter den US Arbitration Act, vgl. *Stein/Jonas/Schlosser*, ZPO, Anh. § 1061 Rn. 25.

[287] Vgl. *Stein/Jonas/Schlosser*, ZPO, Anh. § 1061 Rn. 24.

[288] Vgl. Heß, ZZPInt 3 (1998), 457, 462.

[289] Zu den Staaten, die vom Handelssachenvorbehalt Gebrauch gemacht haben, siehe die Übersicht bei *Schwab/Walter*, Kap. 42 Rn. 9.

[290] Dies bringt ebenso § 1061 Abs. 1 ZPO zum Ausdruck.

II. Anerkennung von Schiedsvereinbarungen

Nach Art. II Abs. 1 UNÜ erkennt jeder Vertragsstaat eine schriftliche Vereinbarung an, durch die sich die Parteien verpflichten, alle oder einzelne Streitigkeiten, die zwischen ihnen aus einem bestimmten Rechtsverhältnis, sei es vertraglicher oder nichtvertraglicher Art, bereits entstanden sind oder künftig entstehen, einem schiedsrichterlichen Verfahren zu unterwerfen, sofern der Gegenstand des Streites auf schiedsrichterlichem Wege geregelt werden kann. Nach Art. II Abs. 3 UNÜ hat sich demnach ein Gericht im Falle des Bestehens einer Schiedsvereinbarung auf Antrag einer Partei für unzuständig zu erklären, wenn es nicht feststellt, dass die Schiedsvereinbarung hinfällig, unwirksam oder nicht erfüllbar ist. Damit regelt das UNÜ neben der Anerkennung und Vollstreckung von ausländischen Schiedssprüchen auch die Anerkennung von Schiedsvereinbarungen durch die Gerichte der Vertragsstaaten. Die hiermit geregelte Anerkennung der Schiedsvereinbarung im Anwendungsbereich des Übereinkommens ist für den Sportbereich im Hinblick auf die einheitliche Durchsetzung der Sportregelwerke gegenüber allen Sportlern von besonderer Bedeutung.

Ungeregelt ist aber, welche Schiedsvereinbarungen in den Anwendungsbereich des Art. II UNÜ fallen. Art. I Abs. 1 UNÜ spricht wie die übrigen Regelungen des UNÜ nur von Schiedssprüchen und kann somit nicht unmittelbar auf Schiedsvereinbarungen angewandt werden. Nach fast einhelliger Ansicht findet das UNÜ keine Anwendung auf Schiedsvereinbarungen, die Grundlage eines rein internen Schiedsverfahrens sind und keinen internationalen Bezug aufweisen[291]. Für Schiedsvereinbarungen mit internationalem Bezug ist der Anwendungsbereich umstritten. Nach überwiegender Ansicht umfasst der Anwendungsbereich des Art. II UNÜ nur solche Schiedsvereinbarungen, die zu einem vom Anwendungsbereich des Art. I UNÜ erfassten Schiedsspruch führen können[292]. Steht der Schiedsort im Zeitpunkt der gerichtlichen Entscheidung noch nicht fest, ist der Anwendungsbereich des Art. II UNÜ dann eröffnet, wenn nach einer Prognose mit einem ausländischen Schiedsort zu rechnen ist[293]. Eine andere Ansicht möchte Art. II UNÜ auf jede Schiedsvereinbarung mit internationalem Bezug anwenden[294]. Dabei kann sich der internationale Bezug aus der unterschiedlichen Staatsangehörigkeit der Parteien oder aus rechtlichen oder wirtschaftlichen Berührungspunkten der Streitsache mit mehreren Staaten ergeben[295]. Für einen solch weiten Anwendungsbereich spricht das Ziel des UNÜ,

---

[291] *Stein/Jonas/Schlosser*, ZPO, Anh. § 1061 Rn. 27; *Schwab/Walter*, Kap. 42 Rn. 10.

[292] *Stein/Jonas/Schlosser*, ZPO, Anh. § 1061 Rn. 28; *Schwab/Walter*, Kap. 42 Rn. 10; *Epping*, S. 20; *Wackenhuth*, ZZP 99 (1986), 448; OLG Hamburg RIW 1979, 482, 483; Handelsgericht Zürich ZEuP 1994, 682, 683; OLG Hamm RPS 1995, 21; vgl. Zweites Kapitel:B. I. 1..

[293] *Stein/Jonas/Schlosser*, ZPO, Anh. § 1061 Rn. 28; *Schwab/Walter*, Kap. 42 Rn. 10; OLG Hamm RIW 1995, 681; Handelsgericht Zürich ZEuP 1994, 682, 683.

[294] *V. Hülsen*, S. 45.

[295] *V. Hülsen*, S. 44 ff.; *Bucher*, Rn. 117.

die Schiedsgerichtsbarkeit durch die Schaffung einheitlichen Schiedsverfahrensrechts zu fördern[296]. Zudem kann die Kopplung von Art. II UNÜ an den von Art. I UNÜ umfassten Anwendungsbereich dazu führen, dass eine Schiedsvereinbarung am Ort des Schiedsverfahrens anders zu beurteilen ist als in dem Staat, in dem sich eine Partei auf die Schiedseinrede beruft. Andererseits ist diese Uneinheitlichkeit im UNÜ angelegt. Eine Vereinheitlichung zwischen dem Recht des Sitzstaates und dem Recht des Exequaturstaates findet nicht statt[297]. Darüber hinaus kann die Ermittlung des Anwendungsbereiches des UNÜ nach dem Kriterium des internationalen Bezuges dazu führen, dass ein nationales Gericht bei der Beurteilung der Wirksamkeit oder Aufhebbarkeit eines nach den nationalen Vorschriften inländischen Schiedsspruches trotzdem Art. II UNÜ anzuwenden hätte, wenn die Streitsache beispielsweise wirtschaftliche Berührungspunkte mit mehreren Staaten aufweist. Die Voraussetzungen der Wirksamkeit eines inländischen Schiedsspruches gehören jedoch weder direkt noch indirekt zum Regelungsgegenstand des UNÜ[298]. Die Anwendbarkeit des Art. II UNÜ auf inländische Schiedssprüche würde über den vom UNÜ umfassten Rahmen hinausgehen. Neben diesen Bedenken wirft das Kriterium des internationalen Bezugs weitere Fragen auf. Weder das UNÜ enthält eine Definition, wann eine Schiedsvereinbarung als eine internationale Schiedsvereinbarung anzusehen ist, noch findet sich eine übereinstimmende Definition in den nationalen Rechtsordnungen der Vertragsstaaten. Dort richtet sich die Internationalität eines Schiedsverfahrens teilweise danach, ob wenigstens eine Partei ihren Wohnsitz oder ihren gewöhnlichen Aufenthaltsort im Inland hat[299], teilweise nach den Berührungspunkten des Schiedsverfahrens mit den Interessen des internationalen Handels[300]. Auch eine alternative Anknüpfung an die Niederlassung der Parteien oder an den Streitgegenstand ist zu finden[301]. Andere wiederum beurteilen die Nationalität eines Schiedsverfahrens danach, ob der Sitz des Schiedsverfahrens im Inland liegt und keine der an der Schiedsvereinbarung beteiligten Parteien eine ausländische Staatsangehörigkeit besitzt oder ihren Wohnsitz im Ausland hat[302]. Andere lassen darüber hinaus alternativ die Internationalität des Streitgegenstandes genügen[303]. Zwar ist auch die herrschende Ansicht aufgrund der anzustellenden Prognoseentscheidung im Falle des noch nicht feststehenden Schiedsortes nicht frei von Unsicherheitsmomenten. Jedoch führt die Anknüpfung an das unbestimmte und uneinheitlich ausgelegte Merkmal des internationalen Bezuges zu weitaus größerer Rechtsunsicherheit bei der Bestimmung des

---

296 *V. Hülsen*, S. 46 f.

297 Vgl. *Stein/Jonas/Schlosser*, ZPO, Anh. § 1061 Rn. 28.

298 *Stein/Jonas/Schlosser*, ZPO, Anh. § 1061 Rn. 27, 28.

299 Art. 176 Abs. 1 Schweizer IPRG.

300 Art. 1492 französisches NCPC.

301 Art. 832 Abs. 1 ital. CPC.

302 Sec. 85 (2) des englischen Arbitration Act 1996.

303 § 202 U.S. Arbitration Act.

Anwendungsbereichs von Art. II UNÜ. Daher ist der Anwendungsbereich des Art. II UNÜ zusammen mit der h.M. am Anwendungsbereich des Art. I UNÜ auszurichten. Er ist mithin eröffnet, wenn der Ort des Schiedsverfahrens im Ausland liegt oder, mangels einer vorherigen Festlegung, aufgrund der Umstände mit einer Bestimmung eines ausländischen Schiedsortes gerechnet werden muss[304].

Aus deutscher Sicht kommt das UNÜ demnach nicht nur im Rahmen der Anerkennung und Vollstreckung von Schiedssprüchen eines ausländischen Sportschiedsgerichts zur Anwendung, sondern auch in der Einredesituation vor einem deutschen Gericht im Rahmen der Anerkennung einer Schiedsvereinbarung, wenn die Schiedsvereinbarung der Parteien aus der Sicht des angerufenen Gerichts zu einem ausländischen Schiedsspruch i.S.d. Art. I UNÜ führen könnte. Dies ist im Rahmen sämtlicher Schiedsvereinbarungen deutscher Sportler der Fall, die den CAS als Schiedsgericht vorsehen.

III. Alternative Anknüpfung des EÜ

Während beim UNÜ die Qualifizierung des Schiedsspruchs als in- oder ausländisch den Anknüpfungspunkt zur Bestimmung seines Anwendungsbereiches darstellt, knüpft das EÜ an die an der Schiedsvereinbarung beteiligten Parteien an[305]. Es findet Anwendung auf Schiedsvereinbarungen von Personen, die bei Abschluss der Vereinbarung ihren Sitz oder gewöhnlichen Aufenthaltsort in den verschiedenen Vertragsstaaten haben[306]. Da das EÜ auf die Schiedsvereinbarung abstellt, kann es auch dann zur Anwendung kommen, wenn das Schiedsverfahren in einem Nichtvertragsstaat stattfindet[307]. Dies ist beispielsweise der Fall, wenn ein Sportler und ein internationaler Sportverband, die ihren Sitz oder gewöhnlichen Aufenthaltsort in den Vertragsstaaten des EÜ haben, die schiedsrichterliche Streitbeilegung durch den CAS vereinbaren.

Der sachliche Anwendungsbereich des EÜ ist gem. Art. 1 Satz 1 im Unterschied zum UNÜ auf Streitigkeiten aus internationalen Handelsgeschäften beschränkt. Der Begriff des internationalen Handelsgeschäfts richtet sich nach h.M. nicht nach nationalem Recht, sondern ist vertragsautonom zu interpretieren[308]. Obwohl das EÜ selbst keine Definition enthält, ist ein internationales Handelsgeschäft in diesem Sinne jedes Geschäft, das auf eine Verbringung von Sachen,

---

304 Gleiche Rechtslage in der Schweiz, vgl. *Schlosser*, ZEuP 1994, 689.

305 *Schwab/Walter*, Kap. 42 Rn. 15; *Stein/Jonas/Schlosser*, ZPO, Anh. § 1061 Rn. 166; *ders.*, Internationale private Schiedsgerichtsbarkeit, Rn. 88.

306 *Stein/Jonas/Schlosser*, ZPO, Anh. § 1061 Rn. 168; Überblick über die Vertragsstaaten *Schwab/Walter*, Kap. 42 Rn. 16.

307 *Stein/Jonas/Schlosser*, ZPO, Anh. § 1061 Rn. 169.

308 *Schwab/Walter*, Kap. 42 Rn. 14; *Stein/Jonas/Schlosser*, ZPO, Anh. § 1061 Rn. 167; *ders.*, Internationale private Schiedsgerichtsbarkeit, Rn. 89; *Moller*, NZG 2000, 57, 58; a.A. *Klein*, ZZP 76 (1963), 346; *Kaiser*, S. 57.

Kapital, Dienstleistungen oder sonstigen Leistungen gegen Entgelt von einem Land in ein anderes gerichtet ist, an dem wenigstens ein Vertragspartner in beruflicher, satzungsmäßiger oder ähnlicher nicht nur privater Funktion beteiligt ist[309]. Geschäfte mit Endverbrauchern sind danach zwar auch unter Zugrundelegung eines weiten Handelsbegriffs vom sachlichen Anwendungsbereich des EÜ ausgeschlossen[310]. Angesichts der zunehmenden Kommerzialisierung und Professionalisierung im internationalen Sportgeschehen dürfte der sachliche Anwendungsbereich des EÜ für Sportstreitigkeiten aber regelmäßig eröffnet sein[311].

C. Verhältnis der Rechtsgrundlagen zueinander

Nach der Feststellung des Anwendungsbereiches der nationalen Schiedsverfahrensrechte sowie der internationalen Verträge (UNÜ, EÜ) stellt sich nun noch die Frage in welchem Verhältnis die verschiedenen Rechtsquellen zueinander stehen.

I. Verhältnis der Staatsverträge zueinander

Das UNÜ verlangt wie auch das EÜ keinen uneingeschränkten Vorrang. Die Bestimmungen des UNÜ lassen gem. Art. VII Abs. 1 1. Hs. andere Verträge, welche die Vertragsstaaten über die Anerkennung und Vollstreckung von Schiedssprüchen getroffen haben, unberührt[312]. Die Parteien behalten gem. Art. VII Abs. 1 2. Hs. UNÜ das Recht, sich alternativ auf einen Schiedsspruch nach Maßgabe der Staatsverträge des Landes, in dem er geltend gemacht wird, zu berufen. Diese sog. Meistbegünstigungsklausel gilt nur in Bezug auf früher in Kraft getretene Verträge. Für die nach dem UNÜ in Kraft getretenen Verträge gilt hingegen der Grundsatz lex posterior derogat legi priori[313]. Haben zwei Staaten beispielsweise das EÜ nach dem UNÜ ratifiziert, geht Ersteres grundsätzlich vor[314]. Aber auch das EÜ enthält mit Art. X Abs. 7 wiederum eine Öffnungsklausel. Danach lassen die Bestimmungen des EÜ die Gültigkeit zwei oder mehrseitiger Verträge, die die Vertragsstaaten auf dem Gebiet der Schiedsgerichtsbarkeit geschlossen haben, unberührt. Hintergrund solcher Regelungen ist, dass die zwischenstaatlichen Übereinkommen über die Schiedsgerichtsbar-

---

309 *Schwab/Walter*, Kap. 42 Rn. 14; *Stein/Jonas/Schlosser*, ZPO, Anh. § 1061 Rn. 167; *Schlosser*, Internationale private Schiedsgerichtsbarkeit, Rn. 78; *Metzger*, RabelsZ 29 (1965), 239.

310 *Epping*, S. 80; *Stein/Jonas/Schlosser*, ZPO, Anh. § 1061 Rn. 167.

311 Vgl. zum Handelssachenvorbehalt im Rahmen des UNÜ Zweites Kapitel:B. I. 1. b)

312 Die Unberührtheit früherer Staatsverträge ist dahingehend zu verstehen, dass kein UNÜ-Staat sie brechen muss, vgl. *Stein/Jonas/Schlosser*, ZPO, Anh. § 1061 Rn. 158.

313 *Schwab/Walter*, Kap. 42 Rn. 27; MünchKommIZPR/*Gottwald*, Art. VII UNÜ Rn. 6 f.; *Stein/Jonas/Schlosser*, ZPO, vor § 1044 Rn. 79; *Haas*, IPrax 1993, 383.

314 Zum Verhältnis des UNÜ zu verschiedenen bilateralen Verträgen zwischen Deutschland und einzelnen Staaten vgl. *Schwab/Walter*, Kap. 42, Rn. 28 ff.

keit die Anerkennung von Schiedssprüchen und Schiedsvereinbarungen erleichtern, nicht erschweren wollen[315].

Überschneidungen der Anwendungsbereiche zwischen UNÜ und EÜ sind aufgrund der unterschiedlichen Regelungsbereiche zwar selten, aber nicht ausgeschlossen[316]. Kommt es zu einer Kollision, gilt es grundsätzlich den später in Kraft getretenen Vertrag vorrangig zu beachten, wobei eine günstigere Regelung des früher in Kraft getretenen Abkommens jedoch über die Meistbegünstigungsklausel des anderen wieder zur Anwendung gelangt[317].

II. Verhältnis der Staatsverträge zum nationalen Schiedsverfahrensrecht

Das deutsche Schiedsverfahrensrecht enthält keine Bestimmung, wonach die Staatsverträge Vorrang vor nationalem Recht haben. Dennoch geht die Regierungsbegründung selbstverständlich von diesem Vorrang aus[318]. Dies kann aus dem Grundsatz gefolgert werden, wonach nationales Recht im Zweifel so auszulegen ist, dass bestehende völkerrechtliche Verpflichtungen nicht berührt werden. Der Vorrang der Staatsverträge vor dem nationalen Recht wirkt sich beim EÜ, aufgrund der stärkeren Überschneidung der Regelungsbereiche, deutlicher aus als im Rahmen des UNÜ. Über die Meistbegünstigungsklausel des Art. VII Abs. 1 2. Hs. UNÜ, wonach jede Partei das Recht hat, sich auf einen Schiedsspruch nach Maßgabe des innerstaatlichen Rechts zu berufen, kann es jedoch wiederum zur Anwendung des anerkennungsfreundlicheren nationalen Rechts kommen[319]. Durch die Verweisung des § 1061 Abs. 1 S. 1 ZPO auf das UNÜ ist das nationale deutsche Recht allerdings nicht anerkennungsfreundlicher[320]. Die Meistbegünstigungsklausel des Art. VII UNÜ, die auf die Erleichterung der Anerkennung und Vollstreckung von Schiedssprüchen abzielt, kann auch im Rahmen des EÜ über die Öffnungsklausel des Art. X Abs. 7 EÜ zu beachten sein.

---

[315] Vgl. *Stein/Jonas/Schlosser*, ZPO, Anh. § 1061 Rn. 159.

[316] Vgl. *Schwab/Walter*, Kap. 42 Rn. 34. Überschneidungen der Anwendungsbereiche: Art. II UNÜ (vgl. Art. I Abs. 2 lit a und Art. VI EÜ); Art. V Abs. 1 lit. a UNÜ (vgl. Art. V EÜ), Art. V Abs. 1 lit d (vgl. Art. VIII EÜ), Art. V Abs. 1 lit e (vgl. Art. IX EÜ).

[317] *Schwab/Walter*, Kap. 42 Rn. 34. Die Meistbegünstigungsregel gilt immer nur zugunsten der an der Anerkennung eines Schiedsspruches interessierten Partei, vgl. *Stein/Jonas/Schlosser*, ZPO, Anh. § 1061 Rn. 159.

[318] Vgl. BT-Drucks. 13/5274, S. 31.

[319] *Schwab/Walter*, Kap. 42 Rn. 39. Die Anerkennung richtet sich jedoch entweder nach dem UNÜ oder dem nationalen Recht jeweils in seiner Gesamtheit. Das sog. „Rosinen-Picken" ist nicht möglich, vgl. *Schwab/Walter*, Kap. 42 Rn. 25; *Haas*, Anerkennung und Vollstreckung, S. 165 f.; *ders.*, IPRax 1993, 450.

[320] Vgl. *Schwab/Walter*, Kap. 42 Rn. 24 ff.; *Stein/Jonas/Schlosser*, ZPO, Anh. § 1061 Rn. 159.

D. Ergebnis

- Es gibt keine Schiedsgerichtsbarkeit ohne normative Rahmenbedingungen. Jedes Schiedsverfahren ist in einer nationalen Rechtsordnung geerdet. Die Bestimmung des anwendbaren nationalen Schiedsverfahrensrechts richtet sich danach, ob der Staat, in dessen Hoheitsgebiet das Schiedsverfahren stattfindet, dem Territorialitätsgrundsatz oder der Verfahrenstheorie folgt. Nach dem Territorialitätsgrundsatz bilden die Normen am Ort des Schiedsverfahrens das normative Korsett des Schiedsverfahrens. Im Falle der Verfahrenstheorie richtet es sich nach der Vereinbarung der Parteien.
- Das nationale deutsche Schiedsverfahrensrecht folgt, wie die überwiegende Zahl der nationalen Schiedsverfahrensrechte dem Territorialitätsprinzip. Danach bildet das 10. Buch der ZPO das normative Grundgerüst eines jeden Schiedsverfahrens mit deutschem Schiedsort.
- Den normativen Rahmen der Sportschiedsgerichtsbarkeit des CAS bildet das nationale schweizerische Schiedsverfahrensrecht, da auch die Schweiz dem Territorialitätsprinzip folgt. Das schweizerische Schiedsverfahrensrecht weist darüber hinaus aber deutliche Unterschiede zum deutschen Schiedsverfahrensrecht auf. Ein Unterschied besteht in der Doppelanknüpfung des Schweizer Schiedsverfahrensrechts. So gelten für nationale Schiedsverfahren das SchKonk und für internationale Schiedsverfahren das IPRG. Letzteres kommt zur Anwendung, wenn eine der Streitparteien ihren Wohnsitz oder gewöhnlichen Aufenthalt nicht in der Schweiz hat. Damit geht einher, dass für Schiedsstreitigkeiten vor dem CAS zwischen einem internationalen Sportverband mit Sitz in der Schweiz und diesem nachgeordneten Verbänden, Vereinen und Sportlern je nach Nationalität der mit dem schweizerischen Sportverband streitenden Partei, unterschiedliche normative Rahmenbedingungen (IPRG oder SchKonk) gelten. Dies kann im Einzelfall eine Gefahr für die einheitlich Durchsetzung der Sportregelwerke gegenüber allen Sportlern darstellen.
- Nach der vergeistigten Auslegung des Territorialitätsgrundsatzes ist auch die ad-hoc-Schiedsgerichtsbarkeit des CAS ist in das schweizerische Schiedsverfahrensrecht eingebetet, obwohl sie mit einer weitgehenden organisatorischen Verlagerung an den Austragungsort der Olympischen Spiele einhergeht. Die Bestimmung des Schiedsortes richtet sich dann nicht nach dem Tagungsort des Schiedsgerichts, sondern im Gleichklang mit dem in der Schiedsgerichtsbarkeit wichtigen Grundsatz der Parteiautonomie, nach der Festlegung durch die Parteien. Dieser Auffassung des Territorialitätsgrundsatzes folgen sowohl das deutsche als auch das schweizerische Schiedsverfahrensrecht. Somit ist nach deutschem Schiedsverfahrensrecht eine olympische ad-hoc-Schiedsgerichtsbarkeit

des CAS an einem deutschen Austragungsort mit Sitz in der Schweiz ohne weiteres möglich.

- Berührungspunkte mit der Sportschiedsgerichtsbarkeit des CAS können sich im Rahmen der Ausnahmen vom Territorialitätsprinzip gem. § 1025 Abs. 2 und Abs. 3 ZPO ergeben. Problematisch kann dabei insbesondere die Übertragung der im deutschen Schiedsverfahrensrecht angelegten Konkurrenzsituation zwischen einstweiligem Rechtsschutz durch staatliche Gerichte und dem schiedsrichterlichen einstweiligen Rechtsschutz gem. § 1033 ZPO auf die internationale Sportschiedsgerichtsbarkeit sein.

- Die Schiedsgerichtsbarkeit greift in die staatliche Gerichtshoheit ein. Daher bedarf sie grundsätzlich der Anerkennung des Staates, in dessen Gerichtshoheit eingegriffen wird. Während sich diese Anerkennung im Rahmen inländischer Schiedsverfahren aus dem jeweils anwendbaren nationalen Schiedsverfahrensrecht ergibt, bilden verschiedene internationale Verträge die Basis für die Anerkennung ausländischer Schiedsvereinbarungen und Schiedssprüchen. Wichtigster Vertrag ist das UNÜ. Daneben können auch weitere multi- und bilaterale Verträge Bedeutung im Rahmen der internationalen Schiedsgerichtsbarkeit erlangen. Für den europäischen Raum ist hier hauptsächlich das EÜ zu beachten.

- Liegt der Schiedsort im Ausland oder ist im Falle mangelnder Festlegung eines Schiedsortes mit einem ausländischen Schiedsort zu rechnen, so haben die nationalen Gerichte der Vertragsstaaten das UNÜ anzuwenden, soweit dies eine Regelung enthält. Hinsichtlich des territorialen Anwendungsbereichs ergänzen sich somit das nationale deutsche Schiedsverfahrensrecht und das UNÜ, wobei das nationale deutsche Schiedsverfahrensrecht die im UNÜ bestehende Lücke bezüglich inländischer Schiedsvereinbarungen, Schiedsverfahren und Schiedssprüchen füllt. Unharmonischer fügt sich insoweit das EÜ ein, da es gerade nicht auf den Ort des Schiedsverfahrens abstellt, sondern auf die Parteien der Schiedsvereinbarung. Beide Staatsverträge enthalten eine sog. Meistbegünstigungsklausel, wonach eine günstigere Regelung des früheren in Kraft getretenen Staatsvertrages anzuwenden ist.

- Soweit CAS-Schiedsgerichte über Sportstreitigkeiten entscheiden, ist das UNÜ in allen Vertragsstaaten außerhalb der Schweiz anwendbar. Obwohl die Schweiz kein Vertragsstaat des EÜ ist, kann es dennoch im Rahmen der Sportschiedsgerichtsbarkeit des CAS zu beachten sein, da sein räumlicher Anwendungsbereich nicht an den Schiedsort, sondern an die Parteien der Schiedsvereinbarung anknüpft.

Drittes Kapitel: Begründung der schiedsrichterlichen Zuständigkeit

Grundlage der privaten schiedsrichterlichen Streitbeilegung ist eine Übereinkunft der Parteien die staatlichen Gerichte weitgehend auszuschließen und durch die Schiedsgerichtsbarkeit zu ersetzen. Für diese Übereinkunft existiert eine Vielzahl von Begriffen, wie etwa Schiedsvereinbarung, Schiedsabrede, Schiedsvertrag oder Schiedsklausel, die in internationalen Verträgen und manchen ausländischen Rechtsordnungen nicht immer im gleichen Sinne verstanden werden[321]. Da der Sport international über alle Ländergrenzen hinweg betrieben wird und daher auch die Erörterung der schiedsrichterlichen Streitbeilegung von Sportstreitigkeiten nicht an den nationalen Ländergrenzen halt machen kann, bedarf es zunächst der Festlegung der verwendeten Begriffe und deren Sinngehalts.

A. Terminologie

Nach der Begrifflichkeit des neuen deutschen Schiedsverfahrensrechts kann eine Schiedsvereinbarung durch Abschluss eines selbstständigen schriftlichen Vertrages (Schiedsabrede) oder durch die Aufnahme einer Klausel in einen Vertrag (Schiedsklausel) entstehen (§ 1029 Abs. 2 ZPO). Nach dem Wortlaut des § 1029 Abs. 2 ZPO sind Schiedsabrede und Schiedsklausel lediglich zwei Unterformen des Oberbegriffs Schiedsvereinbarung[322]. Während im alten Recht für die Schiedsvereinbarung durchgängig der Begriff Schiedsvertrag gebraucht wurde, sind nach neuem Recht die Begriffe Vertrag und Schiedsvereinbarung in den §§ 1025 ff. ZPO begrifflich konsequent getrennt. Falls das neue Recht von Vertrag spricht (§§ 1029 Abs. 2, 1031 Abs. 3, 1051 Abs. 4 ZPO), kennzeichnet es damit den zwischen den Parteien geschlossene Hauptvertrag, der eine Schiedsklausel beinhalten kann[323]. Die Schiedsverfahrensnovelle hat diesbezüglich im Gegensatz zur alten Fassung eine klare Terminologie gebracht[324]. Gleich geblieben gegenüber der alten Fassung ist die Umschreibung für die außervertraglichen Schiedsgerichte. Das sind gem. § 1066 ZPO[325] solche, die in gesetzlich statthafter Weise durch letztwillige Verfügungen oder andere nicht auf Vereinbarung beruhende Verfügungen angeordnet werden. Mit der Beibehaltung dieser Um-

---

[321] Vgl. *Schwab/Walter*, Kap. 3 Rn. 1.

[322] *Schwab/Walter*, Kap. 3 Rn. 1; *Lachmann*, Rn. 191.

[323] Vgl. *Lachmann*, Rn. 190.

[324] *Schütze*, Schiedsgericht und Schiedsverfahren, Rn. 91; zur Begrifflichkeit im bisherigen Recht, *Sareika*, ZZP 90 (1977), S. 285 ff. In anderen Gesetzen, so etwa § 1822 Nr. 12 BGB, § 160 InsO, wird für die Schiedsvereinbarung dennoch der Begriff des Schiedsvertrages weiterhin verwendet, vgl. *Lachmann*, Rn. 190, der dies auf mangelhafte Koordination und Qualitätssicherung innerhalb des Bundesjustizministeriums zurückführt.

[325] Wortgleich zu § 1048 ZPO a.F.

schreibung hat der Gesetzgeber auch den lange bestehenden Streit um die Zuordnung von Satzungsbestimmungen, die Schiedsgerichte als Mittel zur Streitentscheidung vorsehen, zur vertraglichen oder außervertraglichen Schiedsgerichtsbarkeit nicht entschieden[326]. Trotz der umstrittenen Einordnung dieser Satzungsbestimmungen wird überwiegend der Begriff der satzungsmäßigen oder statutarischen Schiedsklausel verwendet, obwohl eine Schiedsklausel nach dem dargestellten Begriffsverständnis i.S.d. § 1029 Abs. 2 ZPO der vertraglichen Schiedsgerichtsbarkeit zugeordnet wird. Es ist jedoch durchaus sinnvoll, auch unabhängig von ihrer rechtlichen Einordnung, von einer satzungsmäßigen Schiedsklausel zu sprechen, da eine Satzung ebenso wie ein umfangreicher Vertrag eine Vielzahl von Regelungen enthält, von denen die Bestimmung der schiedsrichterlichen Streitbeilegung nur ein Bestandteil ist. Die Verwendung des Begriffs der satzungsmäßigen Schiedsklausel ist demnach kein Hinweis auf ihre umstrittene Einordnung unter § 1029 oder 1066 ZPO, sondern lediglich Ausdruck der strukturellen Ähnlichkeit von satzungsmäßiger und vertraglicher Schiedsklausel.

Nach schweizerischem Recht kann eine Schiedsabrede[327] in Form einer Schiedsklausel oder in Form eines Schiedsvertrages geschlossen werden. Während sich gem. Art. 4 Abs. 3 SchKonk eine Schiedsklausel auf künftige Streitigkeiten bezieht, enthält ein Schiedsvertrag die Vereinbarung der schiedsrichterlichen Streitbeilegung einer bereits entstandenen Streitigkeit (Art. 4 Abs. 2 SchKonk)[328]. Nach diesem Begriffsverständnis ist es ohne weiteres konsequent, für Satzungsbestimmungen, welche die schiedsrichterliche Streitbeilegung vorsehen, von statutarischen Schiedsklauseln zu sprechen. Obwohl das Begriffspaar Schiedsabrede und Schiedsklausel nach der Begründung der Bundesregierung im Sprachgebrauch regelmäßig in diesem Sinne verwandt wird[329], kennt das deutsche Recht diese Unterscheidung des schweizerischen Rechts nicht[330].

Das UNÜ enthält in Art. II Abs. 2 UNÜ eine grundsätzliche Unterscheidung zwischen der eigenständigen Schiedsabrede (arbitation agreement) und der Schiedsklausel in einem Vertrag (arbitral clause in a contract).

---

[326] Vgl. ausführlich Drittes Kapitel:F.

[327] Hier ist Schiedsabrede der Oberbegriff, vergleichbar mit der Schiedsvereinbarung i.S.d. § 1029 Abs. 1 ZPO.

[328] Vgl. *Rüede/Hadenfeldt*, S. 37; *Walter*, Internationales Zivilprozessrecht der Schweiz, S. 515 f.

[329] BT-Drucks. 13/5274, S. 33.

[330] *Schwab/Walter*, Kap. 3 Rn. 1.

B. Abgrenzung der Schiedsvereinbarung von anderen Regelungen

Die schiedsrichterliche Zuständigkeit wird häufig nicht isoliert begründet, sondern als Teil einer umfassenderen Regelung. Eine Athletenvereinbarung beispielsweise kann neben hauptvertraglichen Regelungsgegenständen, wie etwa die Öffentlichkeitsarbeit, die Teilnahme an Sportmeetings oder die Einsätze in der Nationalmannschaft und die Dopingbekämpfung auch die Vereinbarung der schiedsrichterlichen Streitbeilegung und darüber hinaus Regeln über den Ablauf des schiedsrichterlichen Verfahrens enthalten[331]. Bei derartigen Vereinbarungen stellt sich zunächst die Frage, ob die gesamte Vereinbarung einem einheitlichen Prüfungsmaßstab unterliegt oder ob zwischen Hauptvertrag, Schiedsvereinbarung und Vereinbarung über das schiedsrichterliche Verfahren auch bei der Ermittlung des anwendbaren Prüfungsmaßstabs zu unterscheiden ist.

I. Schiedsvertrag und Hauptvertrag

Auch wenn die Schiedsklausel räumlich betrachtet ein Bestandteil des Hauptvertrages darstellt, ist sie nach allgemein herrschender Auffassung rechtlich verselbstständigt[332]. Dies kommt auch in § 1040 Abs. 1 Satz 2 ZPO zum Ausdruck, wonach eine Schiedsklausel, die Bestandteil eines Vertrages ist, als eine von den übrigen Bestimmungen des Vertrages unabhängige Vereinbarung zu behandeln ist. Dadurch wird verhindert, dass sich eine Partei auf die Unwirksamkeit des Hauptvertrages beruft und sich so der Zuständigkeit des Schiedsgerichts entzieht[333]. Auch die Feststellung einer möglichen Unwirksamkeit eines Vertrages und dessen Rückabwicklung soll nach dem vermuteten Parteiwillen Sache des Schiedsgerichts sein[334]. Diese Unabhängigkeit ist sachrechtlich und kollisionsrechtlich bedeutsam. Sachrechtlich sind die Unwirksamkeit des Hauptvertrages und die Unwirksamkeit der Schiedsklausel unabhängig voneinander zu beurteilen[335]. § 139 BGB findet auf das Verhältnis von Hauptvertrag und Schiedsvereinbarung keine Anwendung[336]. Diese rechtliche Verselbstständigung setzt sich in der Weise fort, dass die Schiedsvereinbarung und der Hauptvertrag nicht zwangsläufig nach demselben nationalen Recht zu beurteilen sein müssen[337]. Dies wird auch von § 1029 ZPO untermauert, da die Definition der Schiedsvereinbarung die räumlich in einen Vertrag integrierte Schiedsklausel

---

[331] Vgl. etwa Athletenvereinbarungen im Sport Drittes Kapitel:D. II. .

[332] *Schlosser*, Internationale private Schiedsgerichtsbarkeit, Rn. 392; *Schwab/Walter*, Kap. 4 Rn. 16.

[333] Lionnet/Lionnet, S. 181.

[334] Lionnet/Lionnet, S. 181; Epping, S. 25.

[335] *Schwab/Walter*, Kap. 4 Rn. 16.

[336] *Schwab/Walter*, Kap. 4 Rn. 19.

[337] *Schwab/Walter*, Kap. 4 Rn. 16, Kap. 43.

mit umfasst. Somit unterliegen Schiedsklauseln als Bestandteil eines Vertrages nicht dem in der Sache anwendbaren Recht, sondern sind nach den speziellen Kollisionsnormen für Schiedsvereinbarungen zu beurteilen.

II. Schiedsvereinbarung und Vereinbarung über das schiedsrichterliche Verfahren

Neben der Schiedsvereinbarung können die Parteien auch Vereinbarungen über die Bildung des Schiedsgerichts oder den Ablauf des Schiedsverfahrens treffen[338]. Eine Differenzierung zwischen Schiedsvereinbarungen und Vereinbarungen über das schiedsrichterliche Verfahren ist in § 1059 ZPO vorgesehen. § 1059 Abs. 2 Nr. 1 Buchst. a ZPO regelt, dass die Wirksamkeit der Schiedsvereinbarung vorrangig dem von den Parteien gewählten Recht unterliegt. § 1059 Abs. 2 Nr. 1 Buchst. d ZPO hingegen bezieht sich auf Bestimmungen dieses Buches oder einer zulässigen Vereinbarung der Parteien. Diese Unterteilung in Abschnitte über die Schiedsvereinbarung, die Bildung des Schiedsgerichts und die Durchführung des schiedsrichterlichen Verfahrens und die Unterscheidung zwischen Schiedsvereinbarung und Parteivereinbarungen nach §§ 1034 ff. ZPO und § 1042 Abs. 4 ZPO belegen die Unterscheidung zwischen Schiedsvereinbarung und Vereinbarungen über das schiedsrichterliche Verfahren[339]. Somit ist nach deutschem Schiedsverfahrensrecht generell zwischen der Schiedsvereinbarung und der Schiedsverfahrensvereinbarung zu unterscheiden.

Diese Unterscheidung entspricht auch der Regelung des UNÜ. Der Staatsvertrag enthält in Art. V Abs. 1 lit. a einerseits eine Kollisionsnorm für Schiedsvereinbarungen und andererseits in Art. V Abs. 1 lit. d eine Kollisionsnorm für Vereinbarungen über das schiedsrichterliche Verfahren. Die jeweiligen Parteivereinbarungen können somit verschiedenen Rechtsordnungen angehören[340].

III. Ergebnis

Der an die Schiedsvereinbarung anzulegende Prüfungsmaßstab ist von dem für den Hauptvertrag und für die Schiedsverfahrensvereinbarungen geltenden Prüfungsmaßstab zu unterscheiden.

---

338 Vgl. die Athletenvereinbarung des DLV, Rechte der Athleten, S. 40 ff.; vgl. auch *Haas/Haug/Reschke*, SportR, C VII 2.

339 Zum diesbezüglich widersprüchlichen Wortlaut des § 1034 Abs. 2 ZPO, vgl. *Epping*, S. 28 Fn. 62.

340 *Schwab/Walter*, Kap. 43 Rn. 1.

C. Überprüfungsmöglichkeiten durch die staatlichen Gerichte

Der Weg, über die Begründung der schiedsrichterlichen Zuständigkeit zur einheitlichen Durchsetzung der Sportregelwerke zu gelangen, kann nur erfolgreich sein, wenn die dafür bestehenden rechtlichen Grenzen beachtet werden. Dazu zählen sowohl formelle als auch materielle Wirksamkeitsvoraussetzungen. Bevor die einzelnen Wirksamkeitsvorausstezungen näher untersucht werden, soll zunächst aufgezeigt werden, in welchen Situationen die staatlichen Gerichte die Voraussetzungen für eine wirksame Schiedsvereinbarung überprüfen können.

Zunächst kann es in der sog. Einredesituation zu einer Überprüfung der Wirksamkeitsvoraussetzungen der Schiedsvereinbarung kommen, wenn der Beklagte, im Rahmen einer vor einem staatlichen Gericht erhobenen Klage, das Bestehen einer Schiedsvereinbarung geltend macht[341](§ 1032 Abs. 1 ZPO[342]). Das Vorliegen einer wirksamen Schiedsvereinbarung kann auch im Wege einer Feststellungsklage nach § 1032 Abs. 2 ZPO überprüft werden[343].

Im Verlaufe des Schiedsverfahrens sind einige gerichtliche Überprüfungsmöglichkeiten vorgesehen. Eine solche besteht im Rahmen eines, bis zur Bildung des Schiedsgerichts möglichen, Antrags auf Feststellung der Zulässigkeit oder Unzulässigkeit des schiedsrichterlichen Verfahrens gem. § 1032 Abs. 2 ZPO[344]. Darüber hinaus kann es zu einer Kontrolle der Schiedsvereinbarung durch ein deutsches Gericht kommen, wenn das Schiedsgericht in einem Zwischenentscheid seine Zuständigkeit bejaht (§ 1040 Abs. 3 ZPO)[345]. Auch wenn bei einem deutschen Gericht zur Unterstützung des Schiedsverfahrens um Mitwirkung bei der Konstituierung des Schiedsgerichts (§§ 1034 Abs. 2, 1035 Abs. 3-5, 1037 Abs. 3, 1038 Abs. 1 ZPO) oder bei der Beweisaufnahme (§ 1050 ZPO) nachgesucht wird, besteht die einhellige Ansicht, dass die Gültigkeit der Schiedsvereinbarung auch bei Unterstützungshandlungen für Schiedsverfahren zumindest auf Einrede hin überprüft werden muss[346].

Nach dem Erlass des Schiedsspruches ist eine Überprüfungsmöglichkeit im Rahmen der Aufhebungsklage (§ 1059 ZPO) gegeben[347]. Schließlich kann es noch zu einer Kontrolle der Schiedsvereinbarung im Rahmen der Vollstreckbar-

---

[341] Vgl. *Lachmann*, Rn. 436 ff.

[342] Ebenso Art. 7 IPRG, Art. II Abs. 3 UNÜ.

[343] Vgl. dazu auch *Adolphsen*, Internationale Dopingstrafen, S. 510.

[344] Vgl. *Lachmann*, Rn. 452 ff.

[345] Vgl. *Lachmann*, Rn. 464 ff.

[346] Uneinigkeit besteht aber in bezug auf den Prüfungsumfang, vgl. *Schwab/Walter*, Kap. 17 Rn. 10.

[347] Ebenso Art. 36 ff. SchKonk, Art. 190 IPRG; im UNÜ ist die Aufhebungsklage nicht enthalten. Dem UNÜ ist aber zu entnehmen, dass sie am Sitz des Schiedsgerichts nach dem nationalen Recht erfolgt, vgl. Art. V Abs. 1 lit. e UNÜ.

erklärung inländischer Schiedssprüche (§ 1060 Abs. 2 ZPO) und der Entscheidung über die Anerkennung und Vollstreckung ausländischer Schiedssprüche (§ 1061 Abs. 1 ZPO) in der sog. Exequatursituation kommen. Unter Anwendung deutschen Schiedsverfahrensrechts besteht zudem die Möglichkeit die Wirksamkeit der Schiedsvereinbarung zu überprüfen, wenn um die Vollziehung einer Maßnahme des einstweiligen Rechtsschutzes ersucht wird (§ 1041 Abs. 2, 3 ZPO)[348].

Einige dieser Überprüfungsmöglichkeiten sind für die Sportschiedsgerichtsbarkeit von besonderer Bedeutung. Dies betrifft zunächst die Einredesituation. Nur wenn die staatlichen Gerichte die Parteien auf die schiedsrichterliche Streitbeilegung verweisen, können die Sportregelwerke einheitlich durchgesetzt werden[349]. Besondere Bedeutung hat auch die Aufhebungsklage. Wird nämlich ein Schiedsspruch von einem staatlichen Gericht am Sitz des Schiedsgerichts aufgehoben, kann er nach überwiegender Auffassung in keinem anderen Land mehr anerkannt und vollstreckt werden[350]. Aufgrund dieser weit reichenden Wirkung ist die Aufhebungsklage ein geeignetes Mittel, um einen Schiedsspruch insgesamt zu beseitigen. Dies ist insbesondere für solche Sportler interessant, die in verschiedenen Ländern Wettkämpfe bestreiten, da sie sich auf diese Weise nicht in den jeweiligen Ländern gegen die Anerkennung des Schiedsspruches wehren müssen[351]. Während die Vollstreckung von Schiedssprüchen im Sportbereich wohl weniger relevant sein wird[352], kann ihre Anerkennung hingegen größere Bedeutung erlangen. Dies ist etwa der Fall, wenn ein Gericht auf Einrede hin zu entscheiden hat, ob über einen Streitgegenstand oder über eine für die Streitentscheidung maßgebliche Vorfrage bereits durch Schiedsspruch bindend entschieden wurde[353].

---

[348] Vgl. *Labes/T. Lörcher*, MDR 1997, 422.

[349] Vgl. *Adolphsen*, Internationale Dopingstrafen, S. 509 f.

[350] Vgl. *Lionnet/Lionnet*, S. 111 ff., mit abweichenden Beispielen aus der Praxis der internationalen Schiedsgerichtsbarkeit (Hilmarton und Chromalloy Fall).

[351] Vgl. *Adolphsen*, Internationale Dopingstrafen, S. 513. So geschehen im Fall Gundel, BGE 119 II 271, vgl. ausführlich Viertes Kapitel:A. IV. 2. b) .

[352] Auf Seiten der Sportverbände wird die geringe Bedeutung einer Vollstreckung von Schiedssprüchen einerseits auf weitere Sanktionsmöglichkeiten zurückgeführt, die für den Fall der Nichtbefolgung einer Maßnahme ergriffen werden können und zum anderen auf die fehlende Notwendigkeit einer Vollstreckung von gestaltenden Schiedssprüchen. Auf Seiten der Sportler wird die geringe Bedeutung einer Vollstreckung mit der Erwartung begründet, dass Verbände, auf deren Initiative die schiedsrichterliche Streitbeilegung zur Durchsetzung ihrer Regelwerke zurückgeht, Schiedssprüche freiwillig erfüllen, vgl. *Adolphsen*, Internationale Dopingstrafen, S. 511.

[353] Vgl. die Beispiele bei *Adolsphsen*, Internationale Dopingstrafen, S. 511 f.

D. In der Sportpraxis anzutreffende Gestaltungsformen

In der Sportpraxis werden derzeit unterschiedliche Wege gegangen, die Zuständigkeit der staatlichen Gerichte auszuschließen und die Zuständigkeit privater Schiedsgerichte zu begründen[354]. Teilweise vereinbaren Sportler und Verband zur Beilegung einer schon bestehenden Rechtsstreitigkeit die Zuständigkeit eines Schiedsgerichts[355]. Der Abschluss einer solchen Schiedsabrede hat jedoch Ausnahmecharakter, geht doch das Anliegen der Sportverbände dahin, durch die schiedsrichterliche Streitbeilegung die aus sportlicher Sicht notwendige einheitliche Regeldurchsetzung gegenüber allen Beteiligten sicherzustellen. Erforderlich hierfür ist aber, die schiedsrichterliche Streitbeilegung nicht nur für einzelne Sportstreitigkeiten nach deren Entstehung gesondert zu vereinbaren, sondern schon im Vorfeld möglicher Streitigkeiten flächendeckend für alle Beteiligten zu verankern. Die nationalen und internationalen Sportverbände versuchen daher, die Zuständigkeit von Schiedsgerichten generell zur Beilegung von Sportstreitigkeiten mit allen beteiligten Sportlern und nachgeordneten Verbänden schon im Vorfeld möglicher Rechtsstreitigkeiten zu begründen. Üblicherweise verfolgen Sportverbände ihre Ziele durch die Setzung von Verbandsregeln, die dann gegenüber den nachgeordneten Verbänden und Sportlern durchgesetzt werden[356]. Daher liegt es aus der Sicht der Verbände zunächst nahe, auch die schiedsrichterliche Streitbeilegung in den Verbandsregelwerken festzuschreiben.

I. Schiedsklauseln in Sportregelwerken

Viele Sportregelwerke enthalten Schiedsklauseln. Nach Art. 74 der Olympischen Charta beispielsweise ist jeder Rechtsstreit, der anlässlich der Olympischen Spiele oder in deren Zusammenhang entsteht, dem CAS zu unterbreiten. Nach Art. 13.2.1 WADA-Code[357] sind Dopingstreitigkeiten, die aus internationalen Wettkämpfen herrühren oder bei denen internationale Spitzenathleten beteiligt sind[358], durch den CAS zu entscheiden. Für nationale Dopingfälle sieht Art. 13.2.2 WADA-Code die Einrichtung einer nationalen unabhängigen Entscheidungsinstanz vor, die auf Grundlage von Regeln, die die Nationalen

[354] Vgl. *Pfister*, PHB, S. 469 f.

[355] So geschehen im Fall Gundel, als der deutsche Reiter mit dem Internationalen Reitsport Verband (Fédération Equestre Internationale, FEI) eine ergänzende Schiedsabrede für die Entscheidung seiner Berufung abgeschlossen hat, vgl. BGE 119 II 271, 277; ausführlich zum Fall Gundel Viertes Kapitel:A. IV. 2. b) .

[356] Vgl. Erstes Kapitel:B. IV. .

[357] Eine deutsche Übersetzung des WADA-Codes findet sich bei *Haas/Haug/Reschke*, SportR, C.IV.2.

[358] Zur Unterteilung der Athleten in nationale und internationale Spitzenathleten siehe Art 5/Definitionen WADA-Code, ausführlich hierzu *Weber*, SchiedsVZ 2004, 193, 194.

Anti-Doping Organisationen festgelegt, entschieden werden[359]. Wie die Olympische Charta und der WADA-Code sehen auch die Regelwerke zahlreicher internationaler Fachsportverbände, entweder durch die Inkorporierung des WADA-Code in das eigene Verbandsregelwerk oder aber auch unabhängig davon den CAS als Mittel der Streitbeilegung vor[360]. Selbst ein zunächst eher zurückhaltender Verband, wie der Internationale Leichtathletik Verband (IAAF), hatte bereits von der Inkorporierung des WADA-Code sein internes Verbandsgericht, das arbitration panel, durch den CAS ersetzt[361]. Schiedsklauseln finden sich auch auf nationaler Ebene in Sportverbandssatzungen sowie anderen Sportregelwerken[362]. Nach § 20 Nr. 2 des Antidoping-Code (ADC) des DLV[363] kann der DLV die Sportler, deren Proben positiv sind, suspendieren. Die Strafe hingegen verhängt gem. § 22 Nr. 2 ADC ein Schiedsgericht[364]. Auch der NADA-Code, der den WADA-Code auf nationaler Ebene umsetzt[365], sieht eine Streitentscheidung durch Schiedsgerichte vor[366].

Die Sportregelwerke stellen überwiegend Vereins- bzw. Verbandsnormen dar. Dies gilt auch für die Sportregelwerke internationaler Verbände, die trotz ihres internationalen Geltungsanspruchs nach ganz überwiegender Ansicht weder völkerrechtlicher noch supranationaler Natur sind[367], da die internationalen Sportfachverbände keine Völkerrechtssubjekte sind[368]. Keinen universellen Geltungsanspruch haben demnach auch die Regelwerke solcher Organisationen, die aus der vereins- und verbandsrechtlichen Struktur des organisierten Sports iso-

---

[359] In Deutschland hat das NOK und die NADA die formelle Annahme des WADA-Code beschlossen, vgl. *Adolphsen*, SchiedsVZ 2004, 169, 173.

[360] Vgl. *Heß*, ZZPInt 3 (1998) S. 457, 459; siehe etwa Art. 10 der Statuten des Internationalen Ruder Verbandes (Fédération Internationale des Sociétés d'Aviron", FISA) ; Art. 051 der Statuten des Internationalen Reitsport Verbandes („Fédération Equestre Internationale", FEI); siehe auch die Übersicht bei *Adolphsen*, SchiedsVZ 2004, 169, 172 (Fn. 30).

[361] Vgl. Regel 21 der Statuten des Internationalen Leichtathlektik Verbandes (International Association of Athletics Federations, IAAF).

[362] Siehe etwa § 20 DSB-Satzung; §§ 22, 23 ADC des DLV; zur Schiedsgerichtsbarkeit des DLV vgl. ausführlich *Haug*, SchiedsVZ 2004, 190 ff.

[363] Vgl. www.leichtathletik.de/dokumente.

[364] Zur Kompetenz eines Schiedsgerichts zum Ausspruch von Verbandssanktionen vgl. ausführlich Viertes Kapitel:B. I.

[365] Vgl. zur Umsetzung *Adolphsen*, SchiedsVZ 2004, 169, 173 f.; *Weber*, SchiedsVZ 2004, 193 ff.

[366] Vgl. *Weber*, SchiedsVZ 2004, 193, 198; *Haas*, Schiedsgerichtsbarkeit im Sport, S. 7.

[367] Zu abweichenden Stimmen vgl. *Haas* in *Haas/Haug/Reschke*, B 2. Kapitel, Rn. 5. Ansätze für eine solche Sichtweise finden sich auch in der CAS-VO. Nach Regel R 58 CAS-VO können die Parteien die Schiedsrichter beauftragen, den Streit nicht nach einer nationalen Rechtsordnung, sondern im Einklang mit den anwendbaren Sportregeln und sonstigen Rechtsregeln zu entscheiden, die die Parteien für anwendbar erklärt haben.

[368] *Heß*, Aktuelle Rechtsfragen des Sports, S. 1, 6.

liert wurden und in anderer Rechtsform organisiert sind[369]. Haben die Sportregelwerke aber keinen universellen Geltungsanspruch[370], stellt sich die Frage, wie die einzelnen Sportler an diese samt einer darin enthaltenen Schiedsklausel gebunden werden können.

1. Satzungsrechtliche Bindung

Der einzelne Sportler übt seinen Sport meist in einem Verein auf mitgliedschaftlicher Basis aus. Rechte und Pflichten ergeben sich für ihn aus dem Vereinsrecht. Die Vereine wiederum sind Mitglieder der übergeordneten Verbände[371], deren Satzungen regelmäßig auch nur korporative Mitglieder vorsehen[372]. Obwohl die Vereine Mitglieder in den Verbänden sind, bewirkt dies nicht etwa eine Bindung des vereinsangehörigen Sportlers an die Regeln der Verbände. Eine solche Durchgriffswirkung des Verbandsrechts auf die einzelnen Sportler gibt es nach ganz h.M. nicht[373]. Nur durch die unmittelbare Mitgliedschaft im Verein oder Verband entsteht auch eine unmittelbare vereinsrechtliche Bindung an die Regeln der jeweiligen Organisation[374].

Ohne unmittelbares Mitglied im Verband werden zu können, kann sich ein Sportler aber auch über ein satzungsrechtliches Bindungsmodell der Autonomie des Dachverbandes unterwerfen[375]. Um eine Geltung der Verbandsregeln auf die Sportler der angeschlossenen Vereine zu erzielen, kann die Geltung der Verbandsregeln in der Satzung des Vereins, dessen Mitglied der einzelne Sportler

---

369 So etwa die WADA, die die Rechtsform einer Stiftung nach schweizerischem Recht (Art. 80 ff. schw. ZGB) hat, vgl. *Haas* in *Haas/Haug/Reschke*, B 1. Kapitel Rn. 56.

370 Vgl. aber zu Anhaltspunkten für eine universelle Geltung von Verbandsregeln auch im deutschen Recht OLG Hamm, SpuRt 2002, 18, 19; LG Traunstein SpuRt 2002, 20 f., beide zur Geltung der FIS-Verhaltensregeln für Skifahrer; dazu und zum WADA-Code, *Haas* in *Haas/Haug/Reschke*, B 2. Kapitel Rn. 6.

371 Vgl. zum Aufbau des Sportverbandswesens Erstes Kapitel:B. III. , IV.

372 BGH NJW 1995, 583, 584 f. = *Haas/Haug/Reschke*, SportR, Dok. 10 31 1; *Adolphsen*, IPRax 2000, 81; *Haas/Prokop*, JR 1998, 45, 46; *Hohl*, S. 64; *Reichert*, Rn. 492; vgl. auch *Lukes*, in FS Westermann, S. 325, 330, der den konkludenten Erwerb der Mitgliedschaft im Dachverein und Aufnahme in denselben durch länger andauernde Benutzung einer Einrichtung für möglich hält.

373 BGHZ 28, 131, 132 ff. = *Haas/Haug/Reschke,* SportR, Dok. 02 00 2; *Haas* in *Haas/Haug/Reschke*, SportR, B 2. Kapitel Rn. 8; *Pfister*, SpuRt 1996, 48; *Reichert*, Rn. 470 ff.; *Soergel/Hadding,* BGB, § 25 Rn. 34; *Vieweg,* Normsetzung- und Anwendung, S. 339 f.; a.A. OLG Karlsruhe OLGZ 1970, 300, 303 f.

374 Vgl. zu einer sog. statutarisch vermittelten Doppelmitgliedschaft, d.h. ein satzungsmäßig vorgesehener gleichzeitiger Erwerb von Vereinsmitgliedschaft und der Mitgliedschaft im übergeordneten Verband, BGHZ 28, 131, 134 = *Haas/Haug/Reschke,* SportR, Dok. 02 00 2; *Haas* in *Haas/Haug/Reschke*, SportR, B 2. Kapitel Rn. 10.

375 Vgl. BGH NJW 1995, 583, 585 = *Haas/Haug/Reschke*, SportR, Dok. 10 31 1; *Vieweg*, Normsetzung und –anwendung, S. 335 ff.; *Haas* in *Haas/Haug/Reschke*, SportR, B 2. Kapitel Rn. 11.

ist, bestimmt sein. Häufig enthält auch die Satzung des übergeordneten Dachverbandes, eine entsprechende Verpflichtung, dass seine Regeln auch für die Einzelmitglieder der angeschlossenen Vereine gelten. Eine Pflicht für die einzelnen Vereine zur Anpassung des eigenen Regelwerks an das Verbandsregelwerk besteht aber nur dann, wenn dies lückenlos auf jeder Stufe der Verbandshierarchie in den Satzungen der nachgeordneten Verbände verankert ist[376]. Die Sportler eines Vereins sind über dieses satzungsrechtliche Bindungsmodell nur dann an die Regeln des Dachverbandes gebunden, wenn dessen Regelungen über die Satzungen des zuständigen Landes- und Regionalverbandes und des Vereins, in dem der Spieler Mitglied ist, als für ihn verbindlich erklärt wurden.

Eine satzungsrechtliche Bindung der Sportler an das Verbandsregelwerk kann somit nur über deren Mitgliedschaft im Verband oder über deren Mitgliedschaft in einen verbandsangehörigen Verein herbeigeführt werden, wenn in letzterem Fall die Verbandsregeln über das Modell der Satzungsketten lückenlos bis hinunter zum Mitgliedsverein verankert werden[377].

2. Vertragliche Bindung

Die Mitgliedschaft der Sportler in einem Sportverein war lange Zeit die Regel. Die zunehmende Kommerzialisierung und Professionalisierung in weiten Bereichen des Sports hat jedoch die Vereinsstrukturen aufgeweicht. Profisportler sind häufig nicht mehr Vereinsmitglieder, sondern vielmehr Arbeitnehmer der als AG, GmbH oder GmbH & Co. KG organisierten Sportgesellschaften, die durch die Ausgliederung der Profiabteilungen aus den Vereinen entstanden sind[378]. Die Regelungen der Vereine und Verbände gelten aber nur für ihre jeweiligen Mit-

---

[376] LG Neubrandenburg SpuRt 1994, 149, 150 = *Haas/Haug/Reschke*, SportR, Dok. 13 24 17; *Haas* in *Haas/Haug/Reschke*, SportR, B 2. Kapitel Rn. 11; *Reichert*, Rn. 509; *Lindemann*, SpuRt 1994, 17, 18; *Vieweg*, SpuRt 1995, 98; *ders.*, Normsetzung und -anwendung, S. 335 f.; *Pfister*, JZ 1995, 464, 465; *Fenn*, SpuRt 1997, 88 f.; *Heermann*, NZG 1999, 325; *Summerer*, PHB, S. 120.

[377] Das satzungsrechtliche Bindungsmodell ist insbesondere desshalb problematisch, da nach h.M. dynamische Verweisungen unzulässig sind, vgl. BGH NJW 1995, 583, 584 = *Haas/Haug/Reschke*, SportR, Dok. 10 31 1; *Haas/Prokop*, SpuRt 1996, 109; *Summerer*, PHB, S. 134; *Heermann*, NZG 1999, 325, 326; *Fenn*, SpuRt, 1997, 77, 78; *Steinbeck*, Verbandsautonomie und Dritteinfluß, S. 172 ff.; a.A. *Haas* in *Haas/Haug/Reschke*, SportR, B 2. Kapitel Rn. 17; differenzierend *Blum/Ebeling*, S. 85 ff.; *Heß*, Aktuelle Rechtsfragen des Sports, S. 17 f.; zu weiteren Nachteilen vgl. *Haas/Haug/Reschke*, SportR, B 2. Kapitel Rn. 28; *Fenn*, SpuRt 1997, 77 f.; *Summerer*, PHB, S. 134; *Heermann*, NZG 1999, 325, 326; *Lindemann*, SpuRt 1994, 17, 18; *Vieweg*, SpuRt 1995, 97, 98.

[378] Vgl. BAG AP Nr. 29 zu § 138 BGB; BAG AP Nr. 10 zu § 11 BUrlG; BAG AP Nr. 2 zu § 611 BGB Berufssport; BAG SpuRt 1997, 61; BAG AP Nr. 65 zu § 612 BGB; *Eilers*, S. 35 ff.; *Fischer*, SpuRt 1997, 181 ff.; *Imping*, S. 48 ff.; zur Aufweichung der Vereins- und Verbandsstrukturen siehe *Steinbeck/Menke*, NJW 1998, 2169; *Heermann*, ZIP 1998, 1249; *Wagner*, NZG 1999, 469; *Bäune*, Kapitalgesellschaften im bundesdeutschen Lizenzfußball, 2001; *Holzhäuser*, SpuRt 2004, 144 ff.

glieder, nicht für außenstehende Dritte[379], so dass diese nicht mehr über eine satzungsrechtliche Bindung in die Vereins- und Verbandsstrukturen eingebunden sind[380]. Zu einer Bindung dieser Sportler an die von einem Verband intern gesetzten Regeln und damit gleichfalls an eine eventuell darin enthaltene Schiedsklausel kann es auch über eine von der Mitgliedschaft im Verein zu unterscheidende vertragliche Vereinbarung kommen[381]. So sind viele Verbände dazu übergegangen, zumindest mit den Spitzenathleten, vertragliche Vereinbarungen zu schließen, die eine Unterwerfung unter die Verbandsregeln vorsehen. Die Bandbreite solcher Abreden reicht im Sportbereich von Vereinbarungen anlässlich eines konkreten Wettkampfes über den Abschluss standardisierter Rahmenvereinbarungen bis hin zu detaillierten individualvertraglichen Abmachungen[382].

Zunächst kann sich die Unterwerfung unter die Verbandsregeln aus einem Teilnahme- oder Nominierungsvertrag ergeben[383]. Der Sportler unterwirft sich im Rahmen der Abgabe einer Meldung zu einem Wettkampf oder im Rahmen einer Berufung in einen Sportkader den geltenden Verbandsregeln. Weitere Formen einer schuldrechtlichen Bindung an die Verbandregelwerke sind so genannte „Sportlerpässe[384]“, „Spielerausweise[385]“ oder „Spielerlizenzen[386]“, die zwischen Sportlern und den für die Sportart zuständigen Spitzenverbänden abgeschlossen werden. Gegenstand solcher Vereinbarungen ist die Erlaubnis für den Sportler, an Wettkämpfen einer bestimmten Kategorie teilzunehmen, wenn er im Gegenzug die Regelungen des jeweils zuständigen Sportverbandes anerkennt. Auf diese Weise werden Nichtmitglieder für einen bestimmten Zeitraum, in dem ein

---

379 Vgl. OLG Hamm *Haas/Haug/Reschke*, SportR, Dok. 02 00 27.

380 Vgl. BGH NJW 1995, 583, 585 = *Haas/Haug/Reschke*, SportR, Dok. 10 31 1.

381 BGH NJW 1995, 583 = *Haas/Haug/Reschke*, SportR, Dok. 10 31 1; OLG München SpuRt 1996, 133, 134 f. = *Haas/Haug/Reschke*, SportR, Dok. 13 24 20; OLG Hamm *Haas/Haug/Reschke*, SportR, Dok. 02 00 27; *Lukes*, in FS Westermann, S. 325, 331 f., 334 f.; *Vieweg*, Normsetzung und –anwendung, S. 335 ff.; *Soergel/Hadding*, BGB § 25 Rn. 35; *Staudinger/Weick*, BGB, § 25 Rn. 11; *Reichert*, Rn. 349, 510 f.; *Summerer*, PHB, S. 134 ff.; *Haas* in *Haas/Haug/Reschke*, SportR, B 2. Kapitel Rn. 18.

382 Vgl. *Haas* in *Haas/Haug/Reschke*, SportR, B 2. Kapitel Rn. 19 f.; *Fenn*, SpuRt 1997, 77, 78 f.; *Heermann*, NZG 1999, 325, 326; *Lindemann*, SpuRt 1994, 17, 21; *Summerer*, PHB, S. 135; *Vieweg*, SpuRt 1995, 97, 99; Als Beispiel für solche Athletenvereinbarungen siehe *Haas/Haug/Reschke*, SportR, C VII 1 f.

383 Vgl. BGH NJW 1995, 583 = *Haas/Haug/Reschke*, SportR, Dok. 10 31 1; *Heermann*, NZG 1999, 325, 326; *Fenn*, SpuRt 1997, 77, 79; *Lindemann*, SpuRt 1994, 17, 21; *Haas/Adolphsen*, NJW 1995, 2146, 2147; *Reichert*, Rn. 511 f.; *Summerer*, PHB, S. 135 ff.; *Vieweg*, SpuRt 1995, 97, 99; *Haas* in *Haas/Haug/Reschke*, SportR, B 2. Kapitel Rn. 20.

384 Zum Athletenpass in der Leichtathletik OLG München SpuRt 1996, 133, 134 = *Haas/Haug/Reschke*, SportR, Dok. 13 24 20.

385 Zum Reiterausweis der Deutschen Reiterlichen Vereinigung BGH NJW 1995, 583, 586 = *Haas/Haug/Reschke*, SportR, Dok. 10 31 1.

386 *Fenn*, SpuRt 1997, 77, 78 f.; *Haas* in *Haas/Haug/Reschke*, SportR, B 2. Kapitel Rn. 20.

Verband ihnen seine Einrichtungen zur Verfügung stellt, an die entsprechenden Verbandsregeln gebunden.

II. Schiedsvereinbarungen in Athletenvereinbarungen

Neben satzungsmäßigen Schiedsklauseln tauchen in der Sportpraxis vermehrt vertragliche Schiedsklauseln als Teil von umfangreicheren Athletenvereinbarungen zwischen Sportverband und Sportlern auf. Solche Athletenvereinbarungen regeln nicht nur die Unterwerfung unter die Verbandsregeln, sondern darüber hinaus weitere Problembereiche[387]. Der Grund für diese Vorgehensweise liegt darin, dass allein die Anerkennung der Verbandsregeln häufig nicht mehr ausreicht, die zwischen Sportler und Verband entstehenden Konflikte zu lösen, die im Zusammenhang mit der weiter voranschreitenden Kommerzialisierung entstehen[388]. Diese Problemkreise zu lösen, sprengt die Möglichkeiten der Sportverbandsregelwerke, die sich überwiegend mit der eigentlichen Sportausübung und dem Wettkampfgeschehen beschäftigen (sollten). Regelungsbereiche solcher Athletenvereinbarungen sind neben der Unterwerfung der Sportler unter die Verbandsregeln, die Inanspruchnahme bestimmter Vereins- oder Verbandseinrichtungen, die Teilnahme an konkreten Wettkämpfen oder auch der Sportbetrieb außerhalb des Wettkampfgeschehens[389].

Ein solches Modell, welches gleichfalls Rechte und Pflichten der Athleten festschreiben will, haben einige internationale und nationale Sportverbände eingeführt. Die Athletenerklärung der FIS („Fédération Internationale de Ski“, FIS) steht im Zusammenhang mit dem Antrag zur Erteilung einer internationalen Lizenz und umfasst vier Bereiche. Dies sind die Bezeichnung der Risiken, die Risikobereitschaft, die persönliche Haftung und eine Vereinbarung über Streitfälle[390]. Eine explizite Schiedsvereinbarung enthält die von dem internationalen Schützenverband („Union International de Tir“, UIT) geforderte und durch die Athleten zu unterzeichnende Erklärung, in der sich die betroffenen Sportler ausdrücklich verpflichten, bestimmte Streitigkeiten durch ein, nach dem Reglement des CAS gebildetes, Schiedsgericht entscheiden zu lassen[391]. Vornehmliches Regelungsziel der Athletenvereinbarung des Deutschen Leichathletik Verbandes (DLV) ist neben der Öffentlichkeitsarbeit, der Teilnahme an Sportmeetings und Einsätzen in der Nationalmannschaft, der Dopingbekämpfung, die Verhinderung und die vereinfachte Beilegung von Rechtsstreitigkeiten zwischen Verband und

---

[387] Vgl. *Prokop*, 2. Internationaler Sport-Recht Kongress, S. 140, 147; *Haas/Prokop/Niese*, SpuRt 1996, 189 ff.; zur Musterschiedsvereinbarung des DSB siehe *Haas/Haug/Reschke*, SportR, C VII 1; *Niese*, Rechte der Athleten, S. 7 ff.

[388] Vgl. Erstes Kapitel:B. V. 2. a) .

[389] BGH NJW 1995, 583, 585 = *Haas/Haug/Reschke*, SportR, Dok. 10 31 1; *Haas/Adolphsen*, NJW 1995, 2148; *Haas/Adolphsen*, NJW 1996, 2352.

[390] *Summerer*, PHB, S. 137.

[391] *Wyler*, Sportgerichtsbarkeit, S. 48.

Sportler aus diesem Rechtsverhältnis[392]. Zu diesem Zweck beinhaltet die Athletenvereinbarung eine Schiedsvereinbarung[393]. Teil der zwischen dem Deutschen Eishockey-Bund (DEB) und den Spielern abgeschlossenen Verträge ist neben der Anerkennung der Sportregelwerke ebenso eine in einer gesonderten Urkunde enthaltene Schiedsvereinbarung, die für die Beilegung der sich aus dem Vertrag ergebenden Streitigkeiten ein vom Verband einberufenes Schiedsgericht vorsieht[394].

Zum Abschluss expliziter Schiedsvereinbarungen kommt es auch im Rahmen Olympischer Spiele. Für die Teilnahme an den Olympischen Spielen ist neben der sportlichen Qualifikation die Unterwerfung des Athleten unter das olympische Regelwerk im Anmeldeformular zwingend vorgesehen. Mit der Unterwerfung erkennt der Athlet auch die Sanktionsgewalt des IOC an[395]. Das Meldeformular enthält des Weiteren eine von den Teilnehmern zu unterzeichnende Erklärung zur Anerkennung der schiedsrichterlichen Streitbeilegung der im Rahmen der Olympischen Spiele auftauchenden Streitigkeiten durch ein nach dem Reglement des CAS gebildetes Ad-hoc-Schiedsgericht[396].

Gemeinsam ist diesen vertraglichen Vereinbarungen, dass sie nicht lediglich allgemein auf die Geltung der Verbandsstatuten samt der darin befindlichen Schiedsklausel verweisen, sondern darüber hinaus explizite Schiedsvereinbarungen enthalten.

III. Ergebnis

In der Sportpraxis sind im Wesentlichen drei Typen anzutreffen, um die schiedsrichterliche Zuständigkeit zu begründen. Im ersten Fall unterwirft sich der Sportler mitgliedschaftlich dem Verbandsregelwerk, das eine Schiedsklausel

---

392 Vgl. zur Athletenvereinbarung des DLV, *Prokop*, Rechte der Athleten, S. 19 ff.

393 Vgl. *Summerer*, PHB, S. 137; *Haas/Prokop*, SpuRt 1996, 109 und 187 ff.

394 Vgl. *Reichert*, Rn. 510.

395 Vgl. Regel 49 der olympischen Charta.

396 Wortlaut der Erklärung : „Comprenant qu' en tant qu' athlète aux Jeux Olympiques, je participe a une manifestation qui revêt une importance internationale et historique durable, et compte tenu de l'admission de ma participation, j'accepte d'être filmé, notamment par la télévision, photographié et enregistré de toute autre manière pendant les Jeux Olympiques, dans les conditions et pour les fins autorisées actuellement ou dans le futur par le Comité International Olympique (CIO) en relation avec la promotion des Jeux Olympiques et du Mouvement Olympique. J'accepte également des respecter la Charte olympique actuellement en vigeur et, en particulier, les dispositions de la Charte Olympique concernant l'admission aux Jeux Olympiques (Règle 48), les moyens d'information (Règle 59 et son texte d'application), l'identification du fabricant admise sur l'habillement et l'équipement porté ou utilisé aux Jeux Olympiques (paragraphe 1 du Texte d'application pour la Règle 61), ainsi que l'arbitrage devant le Tribunal arbitral du sport (Règle 74). Les règles et dispositions correspondantes ont été portées à mon intention par mon Comité national olympique et/ou ma Fédération sportive nationale « ; dt. Übersetzung bei *Heß*, Aktuelle Rechtsfragen des Sports, S. 37, Fn. 178.

enthält. Im zweiten Fall schließen Sportler und Verband einen schuldrechtlichen Regelanerkennungsvertrag, etwa in Form einer Athletenvereinbarung, in dem eine Schiedsklausel enthalten ist. Schließlich gibt es auch Zwischenformen. Eine solche liegt etwa vor, wenn sich der Sportler in einem schuldrechtlichen Regelanerkennungsvertrag dem Verbandsregelwerk unterwirft, das seinerseits eine Schiedsklausel enthält.

E. Wirksamkeitsvoraussetzungen von Schiedsvereinbarungen i.S.d. § 1029 ZPO

Alle im Sportbereich anzutreffenden Gestaltungsformen verfolgen zwar im Prinzip das gleiche Ziel. Jedoch unterliegen sie damit nicht auch gleichzeitig denselben Wirksamkeitsvoraussetzungen. Das 10. Buch der ZPO unterscheidet nämlich grundsätzlich zwischen vertraglichen Schiedsgerichten i.S.d. §§ 1029 ff. ZPO und nicht auf Vereinbarung beruhenden Schiedsgerichten i.S.d. § 1066 ZPO. Nachfolgend sollen zunächst die vertraglichen Schiedsvereinbarungen i.S.d. § 1029 ZPO untersucht werden, da dies der vermehrt beschrittene Weg der Sportpraxis darstellt.

I. Notwendiger Inhalt der Schiedsvereinbarung

Wie bei jedem Rechtsgeschäft müssen sich auch die Parteien einer Schiedsvereinbarung zunächst über deren notwendigen Inhalt geeinigt haben. Fraglich ist daher zunächst, welche Kernbestandteile eine Schiedsvereinbarung notwendigerweise enthalten muss. Nach § 1029 Abs. 1 ZPO ist die Schiedsvereinbarung eine Übereinkunft der beteiligten Parteien sämtliche oder einzelne Streitigkeiten, die zwischen ihnen in Bezug auf ein bestimmtes Rechtsverhältnis vertraglicher oder nichtvertraglicher Art entstanden sind oder künftig entstehen, der Entscheidung durch ein Schiedsgericht zu unterwerfen. Diese Legaldefinition des deutschen Schiedsverfahrensrechts[397] entspricht auch der Definition der Schiedsvereinbarung gem. Art. II Abs. 1 UNÜ[398]. In der Schweiz fehlt eine gesetzliche Definition der Schiedsvereinbarung im SchKonk oder IPRG. In der Literatur wird die Schiedsvereinbarung aber ganz ähnlich definiert. Nach einer Definition ist eine Schiedsvereinbarung „eine Vereinbarung, durch die die Parteien die Beurteilung von Streitigkeiten im Bereich des privaten Rechts einem Schiedsge-

---

[397] Vgl. BT-Drucks. 13/5274, S. 32.

[398] Art. II Abs. 1 UNÜ lautet: Each Contracting State shall recognise an agreement in writing under which the parties undertake to submit to arbitration all or any differences which have arisen or which may arise between them in respect of a defined legal relationship, whether contractual or not, concerning a subject-matter capable of settlement by arbitration. Sofern in § 1029 Abs. 1 ZPO im Gegensatz zu Art. II Abs. 1 UNÜ eine Begrenzung auf schiedsfähige Streitigkeiten fehlt („concerning a subjekt-matter capable of settlement by arbitration"), liegt das daran, dass Art. II Abs. 1 UNÜ nicht nur eine Definition der Schiedsvereinbarung, sondern eine Anerkennungsregelung darstellt, vgl. *Lionnet*, S. 125.

richt anstelle der staatlichen Gerichte übertragen[399]". Ausgehend von den dargestellten Definitionen, lassen sich bestimmte Mindestbestandteile einer Schiedsvereinbarung ableiten.

1. Streitentscheidung unter Ausschluss des gesetzlichen Rechtswegs

Allein nach dem Wortlaut des § 1029 Abs. 1 ZPO ist vom Begriff der Schiedsvereinbarung scheinbar jede Vereinbarung erfasst, die ein Schiedsgericht zur Streitbeilegung vorsieht. Aus der Zusammenschau mit § 1055 ZPO, wonach ein Schiedsspruch die Wirkung eines rechtskräftigen Urteils hat, kann unter einer Übertragung auf ein Schiedsgericht aber nur eine Übertragung unter Ausschluss des gesetzlichen Rechtswegs gemeint sein, gegen dessen Entscheidung eine Anrufung des staatlichen Gerichts nur im Rahmen der im 10. Buch der ZPO vorgesehenen Rechtsbehelfe statthaft ist[400]. Dass eine Schiedsvereinbarung den Ausschluss staatlicher Gerichte bedeutet, wird für das schweizerische Recht teilweise auch aus Art. 7 IPRG abgeleitet, wonach das angerufene schweizerische Gericht seine Zuständigkeit ablehnt, wenn die Parteien über eine schiedsfähige Streitsache eine Schiedsvereinbarung getroffen haben[401].

Unter Berücksichtigung dieses Kriteriums würde eine Aufgabenteilung zwischen staatlichem Gericht und Schiedsgericht hinsichtlich desselben Streitgegenstandes nicht nur das Ziel der einheitlichen Durchsetzung der Sportregelwerke gegenüber allen Sportlern konterkarieren, sie wäre sogar unzulässig[402]. Generell zulässig ist hingegen eine Vereinbarung, wonach die Parteien wahlweise das ordentliche Gericht oder ein Schiedsgericht angerufen können[403]. Aus Gründen der einheitlichen Durchsetzung des Sportregelwerks gegenüber allen Sportlern kommt eine solche Wahloption für den Einsatz von Schiedsgerichten im organisierten Sport jedoch nicht in Frage.

---

[399] Vgl. *Rüede/Hadenfeldt*, S. 37; *Schilling*, S. 37; siehe auch *Walter*, Internationales Zivilprozessrecht der Schweiz, S. 507, „Ausschluss staatlicher Gerichte und stattdessen die Vereinbarung eines privaten Gerichts, das anstelle staatlicher Gerichte entscheiden soll".

[400] BGH NJW 1976, 852; *Schütze*, Schiedsgericht und Schiedsverfahren, Rn. 110; *Schwab/Walter*, Kap. 3 Rn. 21; *Stein/Jonas/Schlosser*, ZPO, § 1029 Rn. 15.

[401] *Walter*, Internationales Zivilprozessrecht der Schweiz, S. 507.

[402] BGH BB 1960, 793; *Schwab/Walter*, Kap. 3 Rn. 21 m.w.N.

[403] Vgl. BGH NJW 1976, 852; *Schwab/Walter*, Kap. 3 Rn. 22; *Stein/Jonas/Schlosser*, ZPO, § 1029 Rn. 15; auch eine Wahlmöglichkeit zwischen zwei Schiedsgerichten ist zulässig, vgl. BGH IHR 2003, 90.

2. Bestimmbarkeit der übertragenen Streitigkeiten

Unter Rechtsstreitigkeiten i.S.d. § 1029 ZPO sind zunächst bürgerliche Rechtsstreitigkeiten (§ 13 GVG, § 3 EGZPO) zu verstehen[404]. Bei den zwischen Sportvereinen oder -verbänden und den Sportlern entstehenden Streitigkeiten handelt es sich, gleichgültig ob Sportler und Verband mitgliedschaftlich oder über einen schuldrechtlichen Vertrag verbunden sind, um bürgerlich-rechtliche Streitigkeiten i.S.d. § 13 GVG[405], so dass deren Entscheidung grundsätzlich auf ein Schiedsgericht übertragen werden kann[406]. Welche Streitigkeiten einem Schiedsgericht zur Entscheidung übertragen werden sollen, muss die Schiedsvereinbarung notwendigerweise beinhalteten[407]. Nach § 1029 Abs. 1 ZPO muss die Schiedsvereinbarung das durch das Schiedsgericht zu entscheidende Rechtsverhältnis bestimmen und darüber hinaus, ob alle oder einzelne, bereits entstandene oder künftige Streitigkeiten aus diesem Rechtsverhältnis erfasst werden sollen[408]. Dieser sog. Bestimmtheitsgrundsatz entspringt dem Gedanken, die Parteien vor einem willkürlichen und nicht übersehbaren Verzicht auf staatlichen Rechtsschutz zu schützen[409]. Der Bestimmtheitsgrundsatz wirft die Frage auf, wie konkret der Umfang der Schiedsgerichtszuständigkeit festgelegt werden muss, wenn eine Schiedsvereinbarung zwischen Sportverband und Sportler nicht nur die unmittelbar aus der Durchsetzung der Verbandsregelwerke entstehenden Streitigkeiten wie etwa eine Streitigkeit über die Rechtmäßigkeit einer Dopingsperre, sondern auch mögliche Folgestreitigkeiten wie etwa eine Streitigkeit um eventuell bestehende Schadenersatzansprüche im Falle einer unrechtmäßigen Dopingsperre erfassen will.

---

404 Vgl. *Schwab/Walter*, Kap. 3 Rn. 2.

405 Vgl. *Reichert*, Rn. 1698; *Fenn*, in FS Henckel, S. 173, 186 f.

406 Für die Streitigkeiten aus den zwischen Vereinen und Sportlern begründeten Arbeitsverhältnissen sind gem. § 2 ArbGG ausschließlich die Gerichte für Arbeitssachen zuständig. Zu den Auswirkungen auf die schiedsrichterliche Erledigung von Sportstreitigkeiten (§§ 101 ff. ArbGG) vgl. Drittes Kapitel:E. II. 2. b) .

407 Vgl. *Stein/Jonas/Schlosser*, ZPO, § 1029 Rn. 13; *Schwab/Walter*, Kap. 3 Rn. 1, 15 ff.; in der Schiedsvereinbarung muss ferner das Schiedsgericht, auf welches die Aufgaben der Streitbeilegung übertragen werden, eindeutig bestimmt oder zumindest bestimmbar sein, vgl. BGH NJW 1983, 1267; *Schwab/Walter*, Kap. 3 Rn. 1 a.

408 § 1029 Abs. 1 ZPO entspricht Art. II Abs. 1 UNÜ, vgl. *Schwab/Walter*, Kap. 44 Rn. 4. Art. I Abs. 1 EÜ hingegen erfasst zwar gleichermaßen bereits entstandene wie auch künftige Streitigkeiten, ihm fehlt aber eine Beschränkung auf ein bestimmtes Rechtsverhältnis, vgl. *Schwab/Walter*, Kap. 44 Rn. 5; auch nach schw. IPRG muss sich die Schiedsvereinbarung auf ein bestimmtes Rechtsverhältnis beziehen, vgl. *Walter*, Internationales Zivilprozessrecht der Schweiz, S. 516; zum Bestimmtheitserfordernis nach Art. 4 Abs. 3 SchKonk siehe *Schilling*, S. 72.

409 Nach teilweise vertretener Ansicht soll der Bestimmtheitsgrundsatz der §§ 40 Abs. 1, 1029 Abs. 1 ZPO anstatt des sog. Übersehbarkeitserfordernis auf alle Prozessverträge übertragen werden, vgl. *Wagner*, Prozessverträge, S. 50 f.

Als hinreichend bestimmt angesehen wird ganz überwiegend die Übertragung von allen Streitigkeiten aus einem Gesellschaftsvertrag[410] wie etwa die Übertragung aller Streitigkeiten der Mitglieder eines Vereins mit diesem oder untereinander aus der Mitgliedschaft[411]. Dem Bestimmtheitserfordernis ist nach h.M. auch genüge getan, wenn die Parteien einen Vertrag abgeschlossen und für alle aus diesem oder im Zusammenhang mit diesem Vertrag entstehende Streitigkeiten die schiedsrichterliche Entscheidung vereinbart haben[412]. Von einer solchen Schiedsvereinbarung sind auch Schadensersatzansprüche aus unerlaubter Handlung erfasst, wenn der Anspruch gleichzeitig auf einer Vertragsverletzung beruht[413]. Sogar alle für das Vertragsverhältnis typischen Streitigkeiten sind von einer solchen Schiedsvereinbarung erfasst, wobei nicht einmal erforderlich ist, dass der geltend gemachte Anspruch unmittelbar aus dem Vertragsverhältnis hervorgeht[414]. Unter Berücksichtigung dieser Anforderungen an das Bestimmtheitserfordernis des § 1029 Abs. 1 ZPO genügt eine Vereinbarung, wonach alle aus einer Athletenvereinbarung entstehenden Streitigkeiten schiedsrichterlich entschieden werden sollen[415]. Von einer solchen Vereinbarung sind nicht nur die bei der Durchsetzung der Verbandsregelwerke entstehenden Streitigkeiten erfasst, sondern auch die damit im Zusammenhang stehenden Folgestreitigkeiten.

3. Ergebnis

- Ausgehend von der Definition der Schiedsvereinbarung muss eine Schiedsvereinbarung als notwendigen Inhalt zwei Elemente enthalten. Das ist einerseits die Aussage, Streitigkeiten der Entscheidung durch ein Schiedsgericht zu unterwerfen und andererseits die Bestimmung, welche Streitigkeiten von der Übertragung erfasst sein sollen. Haben sich die Parteien nicht wenigstens auf diesen Kernbestandteil geeinigt, besteht keine wirksame Schiedsvereinbarung.
- Soll eine Schiedsvereinbarung nicht nur die bei der Durchsetzung der Verbandsregelwerke entstehenden Streitigkeiten erfassen, sondern auch die damit im Zusammenhang stehenden Folgestreitigkeiten, ist es im Hinblick auf den Bestimmtheitsgrundsatz ausreichend, wenn alle aus einer

---

[410] RGZ 90, 308; BGH KTS 1964, 104; *Stein/Jonas/Schlosser*, ZPO, § 1029 Rn. 13.

[411] Vgl. *Schwab/Walter*, Kap. 3 Rn. 16; vgl. § 20 Nr. 1 DSB-Satzung; § 17 Nr. 1 DFB-Satzung; ebenso die Auffassung in der Schweiz, vgl. *Rüede/Hadenfeldt*, S. 68 f.; *Schilling*, S. 72.

[412] OLG Hamburg RIW 1989, 574, 578; *Stein/Jonas/Schlosser*, ZPO, § 1029 Rn. 13; *Schwab/Walter*, Kap. 3 Rn. 16; ebenso für das IPRG in der Schweiz, vgl. *Walter*, Internationales Zivilprozessrecht der Schweiz, S. 516.

[413] Vgl. BGH NJW 1965, 300; OLG Hamburg RIW 1989, 574, 578; *Schwab/Walter*, Kap. 3 Rn. 19; a.A. RG JW 1918, 263.

[414] Vgl. *Schwab/Walter*, Kap. 3 Rn. 19.

[415] Vgl. die Muster-Athletenvereinbarung des DSB, *Haas/Haug/Reschke*, SportR, C VII 1.

Athletenvereinbarung entstehenden Streitigkeiten schiedsrichterlich entschieden werden sollen.

II. Schiedsfähigkeit von Sportstreitigkeiten

Die Schiedsfähigkeit ist eine besondere Voraussetzung für die Wirksamkeit der Schiedsvereinbarung. Im Schiedsverfahrensrecht wird regelmäßig zwischen subjektiver und objektiver Schiedsfähigkeit unterschieden.

1. Subjektive Schiedsfähigkeit

Die subjektive Schiedsfähigkeit betrifft die Frage, wer berechtigt ist, eine Schiedsvereinbarung abzuschließen[416]. Sie stellt somit eine besondere Form der Geschäftsfähigkeit dar. Die subjektive Schiedsfähigkeit richtet sich, abhängig von der rechtlichen Qualifikation der Schiedsvereinbarung als materiellrechtlicher oder prozessrechtlicher Vertrag[417] entweder nach der Rechts- und Geschäftsfähigkeit oder der Partei- und Prozessfähigkeit der Vertragsparteien. Unter Anwendung deutschen Rechts kommt es durch die Verweisung in den §§ 50 Abs. 1, 52 ZPO jedoch nach beiden Ansichten letztendlich auf die Rechts- und Geschäftsfähigkeit der Vertragspartner an[418]. Bei der subjektiven Schiedsfähigkeit handelt es sich somit um die Geschäftsfähigkeit der Parteien beim Abschluss des Schiedsvertrages[419]. Besonderheiten sind daher bei den im Hochleistungssport bestimmter Sportarten zunehmend teilnehmenden minderjährigen Sportlern zu beachten. Diese bedürfen beim Abschluss einer Schiedsvereinbarung der Vertretung durch ihre Eltern[420]. Ein Vormund hingegen braucht zum Abschluss einer Schiedsvereinbarung im Namen seines Mündels gem. § 1822

---

[416] Vgl. § 1059 Abs. 2 Nr. 1 a ZPO; BGH ZIP 1996, 830, 832; *Lachmann*, Rn. 204.

[417] Nach einer früher vertretenen Ansicht handelt es sich bei einer Schiedsvereinbarung um einen materiellrechtlichen Vertrag, vgl. *Blomeyer*, in FG Rosenberg, 1949, S. 51 ff.; *Lorenz*, AcP 157 (1958/59), S. 265 ff.; nach anderer Ansicht handelt es sich um einen Prozessvertrag, vgl. BGHZ 99, 143, 147; OLG Frankfurt OLGZ 1967, 435; *Schwab/Walter*, Kap. 7 Rn. 37; *Stein/Jonas/Schlosser*, ZPO, § 1029 Rn. 1; Rn. 955; *Zöller/Geimer*, ZPO, § 1029 Rn. 15; nach einer vermittelnden Ansicht handelt es sich bei der Schiedsvereinbarung um einen materiellrechtlichen Vertrag über prozessuale Beziehungen, vgl. BGHZ 23, 198; 40, 320, 322; 49, 384, 386; BGH WM 1973, 312, 313; *Habscheid*, KTS 1955, S. 33 ff.; *Lachmann*, Rn. 193; *Lionnet/Lionnet*, S. 180; MünchKommZPO/*Münch*, § 1029 Rn. 6; *Musilak/Voit*, ZPO, § 1029 Rn. 3; vgl. zu dieser Rechtsfigur *Wagner*, Prozessverträge, S. 47.

[418] In der Schweiz richtet sich die subjektive Schiedsfähigkeit nach der Partei- und Prozessfähigkeit, vgl. *Schilling*, S. 69; *Vogel*, S. 130.

[419] *Stein/Jonas/Schlosser*, ZPO, § 1030 Rn. 7; *Schütze*, Schiedsgericht und Schiedsverfahren, Rn. 98; *Lachmann*, Rn. 210.

[420] Vgl. auch *Krähe*, 2. internationaler Sport-Recht Kongress, S. 152, 155 f., der insbesondere auf die Unanwendbarkeit des § 113 BGB hinweist.

Nr. 12 BGB die Genehmigung des Vormundschaftsgerichts, sofern der Streit einen Betrag von mehr als 3000 EUR betrifft oder nicht in Geld schätzbar ist[421].

2. Objektive Schiedsfähigkeit

Objektiv schiedsfähig ist ein Streitgegenstand, wenn er einem Schiedsgericht zur Entscheidung übertragen werden kann. § 1025 Abs. 1 ZPO a.F. hat die objektive Schiedsfähigkeit davon abhängig gemacht, ob sich die Parteien über einen Streitgegenstand vergleichen oder über diesen verfügen können[422]. Einen anderen Ansatz hat der Schweizer Gesetzgeber mit Art. 177 Abs. 1 IPRG verfolgt, indem er jeden vermögensrechtlichen Anspruch für schiedsfähig erklärt. Diesem Ansatz ist nunmehr auch der deutsche Gesetzgeber gefolgt[423]. Nach § 1030 Abs. 1 S. 1 ZPO sind zunächst alle vermögensrechtlichen Ansprüche schiedsfähig. Sie sind grundsätzlich nicht vom Rechtsprechungsmonopol des Staates erfasst[424]. Der deutsche Gesetzgeber hat jedoch das Kriterium der Vergleichsfähigkeit im Gegensatz zur Regelung des Art. 177 Abs. 1 IPRG nicht völlig aufgegeben. Nichtvermögensrechtliche Ansprüche sind gem. § 1030 Abs. 1 S. 2 ZPO dann schiedsfähig, wenn die Parteien berechtigt sind, über den Streitgegenstand einen Vergleich abzuschließen.

Über diese Grundregel zur Bestimmung der objektiven Schiedsfähigkeit hinaus hat sich der Gesetzgeber zusätzlich in einigen ausgewählten Bereichen ein Rechtsprechungsmonopol aufgrund besonders schutzwürdiger, der Verfügungsmacht privater Personen entzogener Rechtsgüter vorbehalten[425]. Indem der Gesetzgeber Schiedsvereinbarungen auf diese Weise in bestimmten Bereichen generell die Wirksamkeit versagt, übt er eine intensive Form der Kontrolle der privaten Schiedsgerichtsbarkeit bereits im Vorfeld aus, anstatt sich auf eine weniger einschneidende Ergebniskontrolle zu beschränken. Dieser Verlagerung der Kontrolle liegt zumeist die Erwartung des Gesetzgebers zugrunde, dass die Einhaltung des materiellen Rechts im dem jeweils ausgenommen Bereich nicht ausreichend durch eine nachträgliche Ergebniskontrolle gewährleistet ist. Dies betrifft insbesondere solche Lebensbereiche, in denen regelmäßig Ungleichgewichtslagen zwischen den Vertragsparteien vorzufinden sind. Nach deutschem Recht sind beispielsweise gem. § 1030 Abs. 2 ZPO Schiedsvereinbarungen über

---

[421] *Stein/Jonas/Schlosser*, ZPO, § 1030 Rn. 8; *Lachmann*, Rn. 215; anders *Heß*, ZZPInt 3 (1998), 457, 464, der das Erfordernis des § 1822 Nr. 12 BGB bei allen minderjährigen Sportler für anwendbar hält, vgl. aber § 1643 Abs. 1 BGB.

[422] Vgl. § 1025 Abs. 1 ZPO a.F., Art. 5 SchKonk; vgl. dazu *Schwab*, in FS Henckel, 803, 811; *Voit*, JZ 1997, 120 ff.

[423] Vgl. *Stein/Jonas/Schlosser*, ZPO, § 1030, Rn. 1; vgl. zu weiteren Regelungsalternativen *Adolphsen*, Internationale Dopingstrafen, S. 525 ff.

[424] Vgl. BT-Drucks. 13/5274, S. 34.

[425] Vgl. BT-Drucks. 13/5274, S. 59; BGH NJW 1991, 2215, 2216; BGH ZIP 1996, 830, 832; *Lachmann*, Rn. 204; *Schwab/Walter*, Kap. 4 Rn. 1; *Stein/Jonas/Schlosser*, ZPO, § 1030 Rn. 2.

Rechtsstreitigkeiten, die den Bestand eines Mietverhältnisses über Wohnraum im Inland betreffen, unwirksam. Solche Vorschriften zum Schutze der schwächeren Partei in Ungleichgewichtslagen sind aber nicht nur im 10. Buch der ZPO enthalten, sondern auch in anderen Gesetzen. Im Hinblick darauf bestimmt § 1030 Abs. 3 ZPO, dass Vorschriften außerhalb des 10. Buches der ZPO, welche die Schiedsfähigkeit bestimmter Streitigkeiten ausschließen oder beschränken, unberührt bleiben[426]. Werden aber nun Sportstreitigkeiten von einer solchen speziellen Bereichsausnahme erfasst, stellt sich Frage nach der Schiedsfähigkeit von Sportstreitigkeiten nach den allgemeinen Kriterien gar nicht mehr. Zwei dieser Bereiche sind im Hinblick auf die Schiedsfähigkeit von Sportstreitigkeiten besonders zu erwähnen. Dies betrifft zum einen die Schiedsfähigkeit von kartellrechtlichen und arbeitsrechtlichen Streitigkeiten, da sowohl das Kartell- als auch das Arbeitsrecht aufgrund der zunehmenden Kommerzialisierung in Sport zum Schutze der Individualinteressen der Sportler Anwendung findet[427].

a) Schiedsfähigkeit von kartellrechtlichen Streitigkeiten

Nach § 91 Abs. 1 GWB a.F. waren Schiedsverträge aus bestimmten wettbewerbsbeschränkenden Verträgen oder aus Ansprüchen i.S.d. § 35 GWB nichtig, wenn sie den Parteien nicht das Recht gaben, zwischen einem schiedsgerichtlichen und einem Verfahren vor dem ordentlichen Gericht zu wählen. Der Anwendungsbereich des § 91 Abs. 1 GWB a.F. umfasste insbesondere Schadensersatz- und Unterlassungsklagen, soweit diese sich auf Schutzgesetze bzw. Schutzverfügungen nach dem GWB stützten[428]. Als solches Schutzgesetz kam im Sportbereich insbesondere das kartellrechtliche Diskriminierungsverbot des § 26 Abs. 2 GWB a.F. in Betracht[429]. Im Fall des Fußballclubs 1860 München gegen den DFB hatte der DFB dem Club keine Lizenz für die zweite Bundesliga erteilt. Dieser Streit wurde vom LG Frankfurt als kartellrechtliche Streitigkeit beurteilt. Da die Statuten des DFB keine Wahlmöglichkeit zwischen der schiedsgerichtlichen und dem Verfahren vor dem ordentlichen Gericht vorsahen, war die schiedsvertragliche Vereinbarung zwischen den Parteien nach Ansicht des Gerichts nichtig[430]. Einerseits hat die Anwendung des § 26 Abs. 2 GWB a.F.

---

[426] Schon unter der Geltung des alten deutschen Schiedsverfahrensrechts bestimmte sich die Schiedsfähigkeit nach der Grundregel des § 1025 Abs. 1 ZPO a.F. sowie zusätzlich nach bestimmten Sonderregelungen innerhalb und außerhalb des Schiedsverfahrensrechts.

[427] Vgl. Erstes Kapitel:B. V. 2. b)

[428] Vgl. *Haas*, Rechte der Athleten, S. 72.

[429] Vgl. OLG Frankfurt GRUR 1995, 992; BGHZ 88, 317; *Haas/Prokop*, JR 1998, 45, 47 m.w.N.; allgemein zur Anwendung des Kartellrechts im Sportbereich, vgl. *Hannamann*, S. 299 ff.

[430] LG Frankfurt NJW 1983, 761; vgl. auch OLG Frankfurt GRUR 1985, 992; LG Stuttgart SpuRt 1995, 73.

in der Literatur vielfach Kritik erfahren[431]. Andererseits wurde § 91 Abs. 1 GWB a.F. als ungeeignet angesehen, seinen Hauptzweck, den Schutz der wirtschaftlich schwächeren Partei, zu erfüllen[432], da die Schiedsgerichtsbarkeit einen gegenüber der staatlichen Gerichtsbarkeit grundsätzlich gleichwertigen Weg der Streiterledigung darstellt[433]. Zudem ist dem Problem der unterschiedlichen Machtstellung zwischen den Schiedsvertragsparteien ebenso mittels schiedsverfahrensrechtlicher Regelungen zu begegnen[434], wie beispielsweise durch die strikte Einhaltung des Gleichbehandlungsgrundsatzes im Schiedsverfahren[435]. Aus diesen Gründen hat der Gesetzgeber § 91 GWB a.F. durch Art. 2 § 19 des Schiedsverfahrens-Neuregelungsgesetzes[436] ersatzlos gestrichen. Zusammen mit dieser Streichung entfallen auch die Einschränkungen für den Einsatz von Schiedsgerichten in Sportstreitigkeiten, womit sich eine vertiefte Auseinandersetzung mit den kartellrechtlichen Problemen im Rahmen der Schiedsfähigkeit nach deutschem Recht erübrigt[437]. Mit dieser grundsätzlichen Erweiterung der Schiedsfähigkeit auf kartellrechtliche Streitigkeiten verschiebt sich gleichsam die gerichtliche Kontrolle der Schiedsgerichtsbarkeit in diesem Bereich auf eine Ergebniskontrolle[438].

b) Ausschluss arbeitsrechtlicher Streitigkeiten

Der deutsche Gesetzgeber hat die Schiedsgerichtsbarkeit im Bereich von Streitigkeiten, die i.S.d. § 4 ArbGG zur Zuständigkeit der Arbeitsgerichte gehören, stark eingeschränkt. Die erfassten Streitigkeiten sind zwar prinzipiell schiedsfähig, jedoch schließt § 101 Abs. 3 ArbGG die Anwendung der §§ 1025 ff. ZPO aus. Diese werden ersetzt durch die §§ 101-110 ArbGG, wonach die Zuständigkeit der Arbeitsgerichte nur in eng umgrenzten Ausnahmefällen ausgeschlossen

---

[431] *Schlosser*, in FS Zeuner, S. 467, 469 ff.; *Haas/Prokop*, 45, 47; *Haas*, Rechte der Athleten, S. 73.

[432] *Schwab/Walter*, Kap. 3 Fn. 72 m.w.N.

[433] *Haas*, Rechte der Athleten, S. 73.

[434] Vgl. *Schwab/Walter*, Kap. 3 Fn. 72.

[435] *Haas*, Rechte der Athleten, S. 73.

[436] V. 22.12.1997- BGBl. I S. 3224/3229.

[437] Diese Situation trifft in ähnlicher Weise auch auf die Schweiz zu. Nach Art. 18 Abs. 1 KG a.F. (Kartellgesetz vom 20.12.1985) stand den Parteien das Recht zu, beim ordentlichen Richter zu klagen oder binnen 30 Tagen nach Zustellung der Klage die Entscheidung des ordentlichen Richters zu verlangen. Diese Regelung wurde durch das Kartellgesetz vom 6.10.1995 aufgehoben, so dass kartellrechtliche Streitigkeiten nunmehr wie in Deutschland ohne Beschränkung schiedsfähig sind, vgl. BGE 118 II 193; *Schneyder*, IPRax 1994, 465.

[438] Zu dieser allgemeinen Tendenz im internationalen Vergleich, vgl. *Adolphsen*, Internationale Dopingstrafen, S. 538; zur Anwendung zwingenden Kartellrechts im Rahmen der ordre public Kontrolle siehe Erstes Kapitel:Siebentes Kapitel:C. II. 2.

werden kann[439]. Für den Einsatz von Schiedsgerichten im Sportbereich zur einheitlichen Durchsetzung der Sportregelwerke könnte diese Einschränkung problematisch sein, da im Zeichen zunehmender Kommerzialisierung im Sport nicht nur die Rechtsverhältnisse zwischen Sportlern und Vereinen, sondern teilweise auch zwischen Sportlern und Sportverbänden arbeitsrechtlich qualifiziert werden[440]. Dieses Problem stellt sich jedoch dann nicht, wenn die Streitigkeiten zwischen Sportverband und Sportler um die Durchsetzung der Sportregelwerke von dem Ausnahmetatbestand des § 101 ArbGG erfasst werden, in denen die Zuständigkeit der Arbeitsgerichte ausgeschlossen werden kann.

aa) Keine Erweiterung des Ausnahmetatbestands § 101 ArbGG auf das Verhältnis Sportverband/Sportler

Die Zuständigkeit der Arbeitsgerichte kann gem. § 4 ArbGG in den Fällen des § 2 Abs. 1 und 2 ArbGG lediglich nach Maßgabe der §§ 101 ff. ArbGG ausgeschlossen werden. Gem. § 101 Abs. 1 ArbGG können die Parteien des Tarifvertrages die Arbeitsgerichtsbarkeit für bürgerliche Rechtsstreitigkeiten zwischen Tarifvertragsparteien aus Tarifverträgen oder über das Bestehen oder Nichtbestehen von Tarifverträgen durch eine allgemeine oder für den Einzelfall geltende ausdrückliche Schiedsvereinbarung ausschließen. Nach § 101 Abs. 2 ArbGG können die tarifgebundenen Parteien eines Tarifvertrages für bürgerliche Rechtsstreitigkeiten aus einem Arbeitsverhältnis, das sich aus einem Tarifvertrag bestimmt, die Arbeitsgerichtsbarkeit ausschließen und einem Schiedsgericht zur Entscheidung übertragen, wenn der persönliche Geltungsbereich des Tarifvertrages überwiegend Bühnenkünstler, Filmschaffende, Artisten oder Kapitäne und Besatzungsmitglieder umfasst. An dieser restriktiven Regelung hat das SchVfG im Gegensatz zu § 91 GWB a.F. nichts geändert[441]. Eine Schiedsvereinbarung ist somit nur zulässig bei Vorliegen eines Tarifvertrages, dessen persönlicher Geltungsbereich nur die genannten Berufsgruppen umfasst. Grund der Regelung ist, dass die Schiedsgerichtsbarkeit in Arbeitsstreitigkeiten nicht als eine grundsätzlich gleichwertige Rechtsschutzform angesehen wird wie im Bereich der ordentlichen Gerichtsbarkeit[442]. Die Vereinbarung der schiedsrichterlichen Streitbeilegung in Arbeitssachen soll mithin nur dann möglich sein, wenn das Arbeitsverhältnis materiell dem Schutz einer Kollektivvereinbarung untersteht[443].

---

[439] Vgl. BAG *Haas/Haug/Reschke*, SportR, Dok. 33 11 1; vgl. auch *Oschütz*, S. 160 ff.; *Krähe*, SpuRt 2004, 204 ff.

[440] Vgl. etwa *Buchner*, RdA 1982, 1 ff.; *Vollkommer*, RdA 1982, 16 ff.; *Meyer-Cording*, RdA 1982, 13 f.; *Westermann*, JA 1984, 395, 397; *Füllgraf*, S. 47 ff.; ArbG Gelsenkirchen NJW 1977, 598.

[441] BT-Drucks. 13/5274 S. 36.

[442] Germelmann/Matthes/Prütting, ArbGG, § 4 Rn. 1.

[443] *Vollkommer*, RdA 1982, 16, 26.

Selbst wenn man eine Vergleichbarkeit von Sportlern mit Bühnenkünstlern oder Artisten i.S.d. § 101 Abs. 2 ArbGG in Betracht zieht[444], würde es zusätzlich eines Tarifvertrages zwischen den Parteien bedürfen. Zwar sind diesbezügliche Bestrebungen von Gewerkschaften, die als Arbeitnehmer tätigen Sportler zu organisieren, nicht zu übersehen. Dennoch fehlt es derzeit im Sportbereich an einem Tarifvertrag, dessen Anwendungsbereich die Beteiligten erfasst. Darüber hinaus wird man auch § 101 ArbGG angesichts der ausdrücklichen Nennung bestimmter Berufsgruppen als Ausnahmetatbestand restriktiv auszulegen haben, so dass eine Erweiterung auf weitere Personen schwer zu begründen sein wird[445].

Außerhalb der dargestellten Ausnahmen ist der Einsatz von Schiedsgerichten zur Beilegung arbeitsrechtlicher Streitigkeiten nicht zulässig. Werden die zwischen den am Sportgeschehen Beteiligten bestehenden Rechtsverhältnisse mithin arbeitsrechtlich qualifiziert, ist die schiedsrichterliche Beilegung der aus diesem Verhältnis entstehenden Streitigkeiten quasi ausgeschlossen[446]. Die Möglichkeit des Einsatzes von Schiedsgerichten zur Beilegung von Sportstreitigkeiten hängt somit maßgeblich von der Qualifikation der im Sportbereich bestehenden Rechtsverhältnisse ab. Zu unterscheiden ist dabei das Rechtsverhältnis zwischen dem Sportler und seinem Verein oder dem in anderer Gesellschaftsform organisiertem Sportclub und das Rechtsverhältnis zwischen dem Sportler und dem übergeordneten nationalen oder internationalen Verband. Diese sollen nun nachfolgend erörtert werden.

bb) Grundverhältnis Sportler/Verein

Eine allgemein anerkannte Definition, wann eine Person Arbeitnehmer im Sinne des § 5 Abs. 1 Satz 1 ArbGG ist, gibt es nicht. Einigkeit besteht insoweit, dass ein Arbeitnehmer abhängige fremdbestimmte Arbeit leistet[447]. Ein Sportler ist nach der Definition des BAG Arbeitnehmer, wenn er aufgrund eines privatrechtlichen Vertrages über entgeltliche Dienste für einen anderen in persönlicher Abhängigkeit tätig ist[448]. Die Beantwortung der Frage, wann ein Sportler diese Voraussetzungen einer Arbeitnehmerstellung gegenüber dem Verein oder Sportclub erfüllt, bereitet Schwierigkeiten. Diese treten bereits zu Tage, wenn es festzustellen gilt, ob ein Sporttreibender überhaupt Arbeit im maßgeblichen wirtschaftlichen Sinne erbringt. Notwendig dafür ist der planmäßige Einsatz der körperlichen und geistigen Kräfte des Sportlers zur Erreichung eines wirtschaftlichen Zweckes. Dabei muss der Sportler wirtschaftliche Interessen verfolgen

---

444 Vgl. für Vertragsfußballspieler BSGE 16, 98.

445 *Germelmann/Matthes/Prütting*, ArbGG, § 101 Rn. 20; so im Ergebnis auch BAG *Haas/Haug/Reschke*, SportR, Dok. 33 11 1.

446 Vgl. eingehend *Vollkommer*, RdA 1982, 16, 26 ff.

447 Vgl. *Schaub*, § 8 Rn. 1 f.

448 BAG AP Nr. 1, 6, 21, 24, 26 zu § 611 BGB Abhängigkeit.

und damit gleichzeitig solche des Vereins befriedigen[449]. Die Abgrenzung zwischen einer im arbeitsrechtlichen Sinne unbeachtlichen spielerischen und sportlichen Betätigung als Selbstzweck und einer beachtlichen spielerischen und sportlichen Betätigung zur Befriedigung eines Fremdbedarfes[450] ist angesichts des fließenden Übergangs vom Amateur- zum Berufssportler schwierig[451].

Ist eine im arbeitsrechtlichen Sinne beachtliche Arbeitsleistung des Sportlers vorhanden, erfolgt die Ermittlung, ob diese für einen anderen in persönlicher Abhängigkeit erbracht wird, nach der sog. typologischen Methode anhand einer wertenden Betrachtung unter Zuhilfenahme von Indizien[452]. Ein wesentliches Indiz für eine persönliche Abhängigkeit ist die Weisungsgebundenheit des Dienstnehmers[453]. Daneben findet in der Rechtsprechung auch die betriebliche Eingliederung der Sportler Berücksichtigung[454]. Da die Beziehungen zwischen Sportler und Verein und damit auch die ihr zugrunde liegenden Pflichtenkataloge verschieden sind, kann die Feststellung einer Weisungsgebundenheit oder Betriebseingliederung nicht einheitlich für alle Sportler erfolgen[455]. Es hängt vielmehr von einer Einzelfallbetrachtung ab, ob ein Sportler die dargestellten Voraussetzungen – die Weisungsgebundenheit oder betriebliche Eingliederung – für die Begründung einer Arbeitnehmerstellung gegenüber seinem Verein erfüllt. Tendenziell erscheint eine Arbeitnehmereigenschaft auf den ersten Blick angesichts der teilweise umfassenden Weisungsbefugnis des Vereins bezüglich des Spiel- und Trainingseinsatzes der Sportler eher in Mannschaftssportarten gegeben zu sein als in Individualsportarten, bei denen die Sportler weitgehend unabhängig von Weisungen die Gestaltung des Trainings oder die Teilnahme an Wettbewerben bestimmen[456].

(1) Mannschaftssportler

Für die Verträge zwischen Lizenzfußballspielern und Fußballvereinen besteht schon lange weitgehend Einigkeit bezüglich einer arbeitsrechtlichen Qualifika-

---

[449] Vgl. BAG AP Nr. 51 zu § 611 Abhängigkeit; LAG Nürnberg *Haas/Haug/Reschke*, SportR, Dok. 30 16 5; LAG Schleswig-Holstein *Haas/Haug/Reschke*, SportR, Dok. 30 16 10; OLG Stuttgart *Haas/Haug/Reschke*, SportR, Dok. 30 47 1.

[450] *Schaub*, § 8 Rn. 10.

[451] Vgl. LAG Schleswig-Holstein *Haas/Haug/Reschke*, SportR, Dok. 30 16 10; *Haas*, Rechte der Athleten, S. 64.

[452] MünchKommBGB/*Söllner*, § 611 Rn. 130.

[453] BAG AP Nr. 2 zu § 92 HGB.

[454] Vgl. LAG Nürnberg NZA-RR 1996, 1.

[455] Vgl. *Hilpert*, RdA 1997, 92, 95.

[456] *Haas*, Rechte der Athleten, S. 64; *Meyer-Cording*, RdA 1982, 13; *Hilpert*, RdA 1997, 92, 95; vgl. auch LAG Sachsen-Anhalt *Haas/Haug/Reschke*, SportR, Dok. 33 19 1.

tion[457]. Aber auch in anderen Mannschaftssportarten werden die Rechtsverhältnisse zwischen Spielern und Vereinen arbeitsrechtlich qualifiziert[458]. Maßgeblich für diese Qualifizierung ist zunächst, dass ein wechselseitiges wirtschaftliches Interesse, sowohl auf Seiten des Vereins als auch auf Seiten des Sportlers, an der Arbeitsleistung besteht[459]. Von einem wechselseitigen wirtschaftlichen Interesse ist regelmäßig dann auszugehen, wenn die Höhe des vereinbarten Entgelts über einen bloßen Aufwendungsersatz hinausgeht[460]. Obwohl die Vereine ihre Geldleistungen an Sportler in der Praxis regelmäßig als Fahrtkostenersatz, Kleidergeld oder sonstige Aufwandsentschädigung bezeichnen, hängt es von den Umständen des Einzelfalls ab, wann wechselseitige wirtschaftliche Interessen und damit eine arbeitsrechtlich relevante Leistungen vorliegen[461].

Als weitere Voraussetzung für das Vorliegen eines Arbeitsverhältnisses zwischen Spieler und Verein muss die arbeitsrechtlich relevante Arbeitsleistung des Spielers in persönlicher Abhängigkeit gegenüber dem Verein erbracht werden. Diese wird zumeist mit der umfassenden Weisungsgebundenheit der Spieler in Bezug auf den Trainingsablauf, die Spielausführung und das dienstliche sowie außerdienstliche Verhalten der Spieler begründet[462]. Bei der Feststellung einer für die Einordnung der Mannschaftssportler als Arbeitnehmer notwendigen Weisungsgebundenheit darf nun aber nicht unberücksichtigt bleiben, dass ein bestimmtes Maß an Weisungsgebundenheit auch aus dem mitgliedschaftlichen Verhältnis zwischen Sportler und Verein folgen kann. Ein Verein hat die Möglichkeit, durch seine Satzung Rechte und Pflichten der Vereinsmitglieder zu begründen (§ 25 BGB). Zu den satzungsmäßigen Pflichten der Vereinsmitglieder kann beispielsweise auch die Teilnahme am Training oder an Wettbewerben gehören[463]. Die Pflicht zur Erbringung von weisungsabhängigen Arbeitsleistungen alleine kann somit noch keine Arbeitnehmerstellung des Sportlers begründen, da

---

[457] Vgl. BAG AP Nr. 29 zu § 138 BGB; BAG AP Nr. 10 zu § 11 BUrlG; BAG AP Nr. 2 zu § 611 BGB Berufssport; BAG SpuRt 1997, 61; BAG AP Nr. 65 zu § 612 BGB; *Preis*, S. 27 ff.; *Fischer*, SpuRt 1997, S. 181 ff.; *Buchner*, RdA 1982, 1, 3 ff.; *Meyer-Cording*, RdA 1982, 13; *Imping*, S. 48 ff.

[458] Vgl. zum Eishockey *Haas/Haug/Reschke* SportR, Dok. 33 11 1; BAG *Haas/Haug/Reschke*, SportR, Dok. 33 11 5.

[459] Vgl. BAG AP Nr. 51 zu § 611 BGB Abhängigkeit.

[460] Vgl. ArbG Oberhausen *Haas/Haug/Reschke*, SportR, Dok. 32 16 2; LAG Nürnberg *Haas/Haug/Reschke*, SportR, Dok. 30 16 5; LAG Nürnberg NZA-RR 1996, 1; LAG Sachsen-Anhalt *Haas/Haug/Reschke*, SportR, Dok. 33 19 1.

[461] Vgl. LAG Nürnberg *Haas/Haug/Reschke*, SportR, Dok. 30 16 5, wonach es bei Zahlung einer monatlichen Fahrtkostenpauschale in Höhe von 667.- DM an einem wirtschaftlichen Interesse auf Seiten eines Fußballspielers mangele; anders bei einem Aufwandsersatz von 700.- DM für eine Handballspielerin, LAG Sachsen-Anhalt *Haas/Haug/Reschke*, SportR, Dok. 33 19 1.

[462] Vgl. BAG AP Nr. 2 zu § 611 BGB Berufssport.

[463] So LAG Schleswig-Holstein *Haas/Haug/Reschke*, SportR, Dok. 30 16 10; a.A. OLG Stuttgart *Haas/Haug/Reschke*, SportR, Dok. 30 47 1.

die gleiche Pflicht auch für die „reinen Amateure“ aufgrund ihrer Vereinsmitgliedschaft bestehen kann[464]. Beim Kriterium der Weisungsgebundenheit ist mithin zu differenzieren. Eine für die arbeitsrechtliche Einordnung des Rechtsverhältnisses zwischen Sportler und Verein relevante Weisungsgebundenheit des Sportlers gegenüber dem Verein liegt regelmäßig erst dann vor, wenn sich aus der vertraglichen Vereinbarung zwischen Sportler und Verein Rechte und Pflichten ergeben, die über die mitgliedschaftlichen Rechte und Pflichten deutlich hinausgehen und somit eine im Vergleich zu „reinen Amateuren“ weitergehende Weisungsgebundenheit des Sportlers gegenüber seinem Verein begründen[465].

Teilweise wird die Frage, ob es sich bei der Verpflichtung eines Spielers um eine vereinsrechtliche Spielverpflichtung oder um eine arbeitsrechtliche Spielverpflichtung handelt, anhand der Entgelthöhe beantwortet. Eine Spielverpflichtung im letzteren Sinne sei ab der steuerlich nicht mehr zulässigen Grenze anzunehmen[466]. Zwar gibt die Höhe der vereinbarten Bezüge in erster Linie Auskunft über eine mögliche wirtschaftliche Abhängigkeit des Sportlers vom Verein, dennoch kann sie Indiz dafür sein, dass sich der Verein die Spielverpflichtung des Sportlers über eine vereinsrechtliche Spielverpflichtung hinaus sichern möchte. Ebenfalls Indiz für das Vorliegen einer über das mitgliedschaftliche Verhältnis hinausgehenden Verpflichtung zur Teilnahme am Training oder Wettkampf kann eine vertraglich vereinbarte hohe Sanktion für den Fall der Nichtteilnahme darstellen[467]. Weitere Indizien für eine vertragliche Arbeitsverpflichtung des Spielers gegenüber dem Verein können sein, dass sich der Spieler im Krankheitsfalle speziellen Behandlungen und Maßnahmen des Vereins zu unterziehen hat oder dass er nur zu bestimmten den Spielbetrieb nicht beeinträchtigenden Zeiten Urlaub nehmen darf[468].

Zusammenfassend sind Mannschaftssportler nach diesen Kriterien regelmäßig als Arbeitnehmer anzusehen, wenn sie ein über eine bloße Aufwandsentschädigung hinausgehendes Entgelt vom Verein erhalten. Letzteres trifft vielfach nicht nur auf Sportler der oberen Ligen, sondern in einigen Sportarten auch auf Spie-

---

[464] Vgl. zu DRK-Schwestern BAG AP 1 zu § 5 BetrVG Rotes Kreuz; *Schaub*, § 8 Rn. 15; vgl. zu DLRG-Mitglied, LG Aachen *Haas/Haug/Reschke*, SportR, Dok. 31 90 1.

[465] BAG AP Nr. 51 zu § 611 BGB Abhängigkeit; ArbG Hannover, Beschluss vom 17.7.1997; Az.: 10 Ga 2/97, NZA-RR 1998, 136; LAG Schleswig-Holstein, *Haas/Haug/Reschke*, SportR, Dok. 30 16 10; ArbG Oberhausen *Haas/Haug/Reschke*, SportR, Dok. 32 16 2.

[466] Vgl. AG Neunkirchen *Haas/Haug/Reschke*, SportR, Dok. 30 16 11 (damals 700.- DM).

[467] Vgl. OLG Stuttgart *Haas/Haug/Reschke*, SportR, Dok. 30 47 1, wo die Spielverpflichtung des Spielers u.a. durch eine Sanktion in Höhe von 8250 .- DM für den Fall des Rücktritts vom Vertrag oder für den Fall des Vereinswechsels vertraglich abgesichert wurde; vgl. auch LAG Schleswig-Holstein *Haas/Haug/Reschke*, SportR, Dok. 30 16 10, wonach ein Strafgeld von 50.- DM je unentschuldigtem Fernbleiben von Wettkampf oder Training keine über das mitgliedschaftliche Verhältnis hinausgehende Verpflichtung begründe.

[468] Vgl. LAG Sachsen-Anhalt *Haas/Haug/Reschke*, SportR, Dok. 33 19 1.

ler der untersten Spielklassen zu. Aber auch die Zahlung eines geringeren Entgeltes kann zu einer Qualifizierung der Sportler als Arbeitnehmer führen, wenn andere Indizien vorliegen, die seine Spielverpflichtung als eine über das mitgliedschaftliche Verhältnis hinausgehende Verpflichtung erscheinen lassen. Als Konsequenz dieser arbeitsrechtlichen Qualifikation ist die schiedsrichterliche Streitbeilegung in diesem Verhältnis nach Maßgabe der §§ 4, 101 ArbGG ausgeschlossen[469].

(2) Individualsportler

Die Arbeitnehmereigenschaft von Sportlern in Individualsportarten lässt sich noch weniger pauschal beantworten als in Mannschaftssportarten. Der Verdeutlichung dieser These sollen einige Beispiele aus dem Sportbereich dienen.

In einigen professionell betriebenen Individualsportarten, wie im Radrennfahren und im Automobil- oder Motorradrennsport, sind die Sportler häufig in Rennställe eingebunden. Die Rahmenbedingungen der entgeltlichen sportlichen Tätigkeit in den Rennställen ähneln denen klassischer Mannschaftssportarten, wo die Sportler in eine vorgegebene Organisation eingebunden sind, in der sie in Bezug auf Training und Wettkampf überwiegend weisungsgebunden tätig werden[470]. Da die Rennställe zumeist nicht in vereinsrechtlicher, sondern anderer gesellschaftlicher Organisationsform bestehen, scheidet eine Weisungsgebundenheit der Sportler aufgrund einer zwischen Sportler und Verein bestehenden mitgliedschaftlichen Pflicht aus. Sie folgt daher allein aus dem zwischen Rennstall und Sportler bestehenden privatrechtlichen Vertrag. Die auf diese Weise für einen Rennstall tätigen Sportler sind daher regelmäßig als Arbeitnehmer zu qualifizieren[471].

Ganz anders sind die Rahmenbedingungen einiger Top-Individualsportler im professionellen Golf- oder Tennissport. Sie sind zumeist weder in die Organisationsstrukturen eines Vereins oder in anderer Gesellschaftsform organisierten Sportclubs eingebunden noch sind sie weisungsgebunden in Bezug auf ihr Training und ihre Teilnahme an Wettkämpfen tätig. Die Sportler bestimmen frei von Weisungen über die Teilnahme an einem bestimmten Turnier oder einer Turnierserie. Für ihre sportliche Tätigkeit erhalten sie im Erfolgsfalle Siegprämien oder zusätzliche Antrittsgelder. Eine darüber hinausgehende Verpflichtung der Sportler gegenüber dem Veranstalter der jeweiligen Sportveranstaltung besteht regelmäßig nicht. Aufgrund dieser ausschließlich selbstständig bestimmten

---

[469] *Meyer-Cording*, RdA 1982, 13, 14; *Oschütz*, S. 171; BAG AP Nr. 6 zu § 611 BGB Berufssport.

[470] Vgl. *Hilpert*, RdA 1997, 92, 95.

[471] Zu allgemeine Aussagen verbieten sich aber angesichts der Vielzahl möglicher Vertragsgestaltungen auch in diesem Bereich, vgl. beispielsweise den Fall einer Motorrad-Rennfahrerin, BAG *Haas/Haug/Reschke*, SportR, Dok. 32 28 1.

sportlichen Tätigkeit scheidet eine Arbeitnehmerstellung der Sportler regelmäßig aus. Er übt seine sportliche Tätigkeit vielmehr als Unternehmer aus[472].

Zwischen diesen beiden Polen des auf der einen Seite vollumfänglich eingebundenen Sportlers in die Organisationsstrukturen eines Rennstalls und des auf der anderen Seite unternehmerisch tätigen Spitzensportlers treten verschiedenartige Zwischenformen. So gehen beispielsweise Tennisspieler, die nicht zur unmittelbaren Weltspitze zählen, teilweise über Turnierteilnahmen hinaus auch Verpflichtungen mit Vereinen der Tennisbundesliga ein, für das jeweilige Team in Bundesligabegegnungen gegen Entgelt zu spielen[473]. Die Rahmenbedingungen der Sportausübung sind hier ganz andere als in den klassischen Mannschaftssportarten, da die Spieler außerhalb der jeweiligen Begegnungen regelmäßig nicht in die Organisationsstrukturen des Vereins eingebunden werden und keine Weisungen in Bezug auf den Trainingsablauf erhalten[474]. In der Leichtathletik finden sich ähnliche Modelle. Die Athleten sind meist Mitglied eines Sportvereins. Prominente Sportler erhalten jedoch häufig eine nicht unerhebliche monatliche finanzielle Unterstützung seitens ihres Vereins. Gegen die Qualifizierung der Sportler als Arbeitnehmer des Vereins spricht aber, dass die Sportler auch hier überwiegend selbstständig, also frei von Weisungen des Vereins, ihren Trainingsablauf und ihre Teilnahme an Wettkämpfen bestimmen.

Fehlt es auf der einen Seite an einer persönlichen Abhängigkeit des Sportlers, ist er aber aufgrund seiner wirtschaftlichen Abhängigkeit kein Unternehmer, könnte es sich um eine sog. arbeitnehmerähnliche Person handeln[475], für deren Rechtsstreitigkeiten aufgrund ihrer sozialen Schutzbedürftigkeit nach § 5 Abs. 1 Satz 2 ArbGG ebenso die Arbeitsgerichte zuständig sind[476]. Eine schiedsrichterliche Streitbeilegung der sich aus diesem Verhältnis ergebenden Streitigkeiten ist dann auch nur nach Maßgabe der §§ 101 ff. ArbGG möglich. Die wirtschaftliche Abhängigkeit eines Sportlers von den finanziellen Zuwendungen seitens eines Vereins wird in erster Linie davon abhängen, ob er von diesen Zuwendungen ausschließlich oder überwiegend seinen Lebensunterhalt bestreitet, er mithin auf die Einkünfte als Existenzgrundlage angewiesen ist oder ob er daneben über weitere gleichwertige oder größere Einnahmequellen verfügt[477]. Letzteres hängt einerseits von der jeweils ausgeübten Sportart, d.h. von den dort bestehenden Erwerbschancen, und andererseits vom sportlichen Erfolg des jeweiligen Sport-

---

[472] Vgl. LAG Sachsen-Anhalt *Haas/Haug/Reschke*, SportR, Dok. 33 19 1.

[473] Vgl. ArbG Bielefeld *Haas/Haug/Reschke*, SportR, Dok. 30 46 1.

[474] Vgl. aber ArbG Bielfeld, a.a.O.

[475] Vgl. auch die Legaldefinition des § 12 a TVG, wonach arbeitnehmerähnliche Personen wirtschaftlich abhängig und einem Arbeitnehmer vergleichbar sozial schutzbedürftig sind.

[476] Vgl. *Schaub*, § 9 Rn. 1 ff.; vgl. für den Fall einer Motorrad-Rennfahrerin, BAG *Haas/Haug/Reschke*, SportR, Dok. 32 28 1.

[477] Vgl. BAG, a.a.O.; *Schaub*, a.a.O.; jeweils m.w.N.

lers ab[478]. Stellen sich sportliche Erfolge ein, wird der Sportler, aufgrund von Werbeeinnahmen, Startgeldern und Gewinnprämien in vielen Sportarten regelmäßig nicht mehr von den Zuwendungen seines Vereins als Existenzgrundlage abhängig sein. Bleibt der Erfolg hingegen aus, ist eine finanzielle Förderung seitens des Vereins oftmals die einzige Einnahmequelle des Sportlers. Im letzteren Fall wird man eine wirtschaftliche Abhängigkeit des Sportlers und seine Qualifizierung als arbeitnehmerähnliche Person annehmen müssen, mit der Folge, dass eine schiedsrichterliche Beilegung der sich aus diesem Rechtsverhältnis ergebenden Streitigkeiten quasi ausgeschlossen ist.

cc) Rechtsverhältnis Sportler/Verband

Die Qualifizierung des Rechtsverhältnisses zwischen Sportler und Verband im Falle der rechtsgeschäftlichen Unterwerfung des Sportlers unter die Verbandsregeln ist umstritten. Einigkeit besteht insoweit, dass eine vertragliche Unterwerfung keine echte Mitgliedschaft des Sportlers begründet, da dies nach den Satzungen der Dachverbände meist nur korporative Mitglieder sein können. Darüber hinaus ist die rechtliche Einordnung der vertraglichen Unterwerfung eines Sportlers unter die Regeln eines Verbandes ungeklärt. Nach Ansicht des BGH[479] und großen Teilen in der Literatur handelt es sich bei dem Rechtsverhältnis zwischen Sportler und Verband um ein mitgliedschaftsähnliches Rechtsverhältnis[480]. Zur Begründung wird insbesondere der grundsätzliche Interessengleichlauf zwischen Verband und Athlet herangezogen[481]. Übt ein Sportler eine Sportart jedoch berufsmäßig als Arbeitnehmer eines Vereins aus, stößt die mitgliedschaftsähnliche Einordnung des Rechtsverhältnisses zwischen Verband und Sportler teilweise auf Kritik[482]. Trifft der übergeordnete Verband sportgerichtliche Maßnahmen aufgrund der vertraglichen Unterwerfung unter dessen Regelwerk, sollen diese Maßnahmen arbeitsrechtlich zu qualifizieren sein[483]. Wird das Verhältnis zwischen Sportler und Verband arbeitsrechtlich qualifiziert, ist die schiedsrichterliche Streitbeilegung aber nur nach Maßgabe der §§ 4, 101 ArbGG möglich

---

478 Ausschlaggebend allein muss der sportliche Erfolg aber nicht sein, da auch andere Attribute eines Sportlers, wie etwa ein ansprechendes Äußeres, ein hoher Bekanntheitsgrad etc., diesen beispielsweise zu einem interessanten Werbeträger mit entsprechenden Einkunftsmöglichkeiten werden lassen können.

479 BGH NJW 1995, 583 ff. = *Haas/Haug/Reschke*, SportR, Dok. 10 31 1.

480 BGH NJW 1995, 583, 585 = *Haas/Haug/Reschke*, SportR, Dok. 10 31 1; *Reuter*, DZWir 1996, 1, 5; *Haas/Prokop*, SpuRt 1996, 109, 110; a.A. OLG Frankfurt NJW 1973, 2209 f.; *Heermann*, NZG 1999, 325, 326

481 BGH NJW 1995, 583, 584 = *Haas/Haug/Reschke*, SportR, Dok. 10 31 1; einschränkend *Heermann*, NZG 1999, 325, 328.

482 Vgl. *Reuter*, DZWiR 1996, 1, 5 f.; *Westermann*, JA 1984, 394, 397.

483 *Buchner*, RdA 1982, 1 ff.; *Vollkommer*, RdA 1982, 16 ff.; *Meyer-Cording*, RdA 1982, 13 f.; *Westermann*, JA 1984, 395, 397; *Füllgraf*, S. 47 ff.; ArbG Gelsenkirchen NJW 1977, 598.

und somit faktisch ausgeschlossen[484]. Fraglich ist, ob die Kritik an der Rechtsprechung des BGH und der überwiegenden Meinung in der Literatur zu Recht geäußert wird.

Die Einordnung des Rechtsverhältnisses zwischen Verband und Sportler bei Vorliegen eines arbeitsrechtlichen Grundverhältnisses zwischen Sportler und Verein wurde überwiegend am Beispiel des professionellen Fußballs diskutiert[485]. Eine vergleichbare Situation besteht jedoch in fast allen professionell betriebenen Mannschaftssportarten[486]. Zunächst sollen die gemeinsamen Grundzüge dieser Ausgangssituation von nebeneinander bestehenden Rechtsverhältnissen zwischen Sportler, Verein und Verband herausgearbeitet werden.

(1) Ausgangssituation

Um in der Bundesliga einer Mannschaftssportart spielen zu können, braucht ein Spieler fast immer eine bestimmte Lizenz des zuständigen nationalen oder internationalen Fachverbandes, die er durch einen mit diesem abzuschließenden Lizenzvertrag erhält. Darin unterwirft sich der Spieler u.a. der Verbandsgewalt, d.h. auch den von den jeweiligen Organen des entsprechenden Sportverbandes erlassenen Maßnahmen und dem in der Satzung festgelegten Sanktionskatalog, der von Verwarnungen, Verweisen, Geldstrafen, Sperren auf Zeit oder Dauer bis hin zur Entziehung der Lizenz reichen kann.

Die Erteilung der Lizenz durch den Verband ist für den Sportler notwendige Voraussetzung für den Abschluss eines Arbeitsvertrages mit einem der Bundesligavereine. Dies rührt zunächst daher, dass ein Verein – ebenfalls dem Verbandsregelwerk unterworfen – den Sportler nach den Verbandsregeln nur dann in der Bundesliga der entsprechenden Sportart einsetzen darf, wenn dieser im Besitz einer gültigen Spiellizenz ist. Mitunter ist Letzteres sogar ausdrücklicher Bestandteil der zwischen den Parteien bestehenden Vereinbarungen. Da aber erst die Einsatzfähigkeit des Sportlers den Abschluss eines Arbeitsvertrages mit dem betreffenden Spieler für den Verein in wirtschaftlicher Hinsicht sinnvoll macht, steht der Arbeitsvertrag zwischen Verein und Spieler somit jedenfalls faktisch unter dem Vorbehalt der Lizenzerteilung durch den Verband.

Wird einem Spieler nun unter bestimmten Voraussetzungen die Lizenz entzogen und hat auch der Verein, wie regelmäßig der Fall, die Lizenzentziehung durch den Spitzenverband als ihm gegenüber verbindlich anerkannt, darf der Verein

---

[484] Vgl. oben b.

[485] Vgl. BAG AP Nr. 2 zu § 611 BGB Berufssport; *Buchner*, RdA 1982, 1 ff.; *Vollkommer*, RdA 1982, 16 ff.; *Meyer-Cording*, RdA 1982, 13 f.; *Westermann*, JA 1984, 395, 397; ArbG Gelsenkirchen NJW 1977, 598.

[486] Wird in Individualsportarten das Grundverhältnis zwischen Sportler und Verein, wie bisher schon in zahlreichen Mannschaftssportarten, ebenso arbeitsrechtlich qualifiziert, stellen sich auch dort die gleichen Fragen, vgl. Drittes Kapitel:E. II. 2. b) bb) (1) .

den lizenzlosen Spieler nicht mehr in der Bundesliga einsetzen. Er wird nun, zumindest wirtschaftlich, dazu gezwungen, arbeitsrechtliche Maßnahmen gegen den Spieler einzuleiten, stellt doch ein nicht einsetzbarer, meist aber ein hohes Gehalt beziehender Spieler eine erhebliche finanzielle Belastung dar. Auch wenn sich die, einem Lizenzentzug nachfolgenden, arbeitsrechtlichen Konsequenzen somit regelmäßig schon aus einer wirtschaftlichen Betrachtungsweise ergeben dürften, sind auch sie teilweise in den zwischen den Beteiligten abgeschlossenen Verträgen ausdrücklich vorgesehen[487]. Die Entscheidung des zuständigen Spitzenverbandes über die Erteilung oder den Entzug einer Spielerlizenz wird somit regelmäßig Auswirkungen auf das Bestehen des Arbeitsverhältnisses zwischen Spieler und Verein haben.

Auch an anderer Stelle kann sich die Umsetzung des Verbandsregelwerks durch den Verband, wie etwa die Verhängung einer Spielsperre für einen bestimmten Zeitraum, auf das Arbeitsverhältnis zwischen Sportler und Verein negativ auswirken. Als Konsequenz einer Spielsperre ist der davon betroffene Spieler in Bundesligaspielen nicht einsetzbar und kann mithin zum Teil seiner arbeitsvertraglichen Pflichten nicht mehr nachkommen, was sich wiederum in einem geringeren Entgelt niederschlagen kann. Zwar wirkt sich nach der Rechtsprechung des BAG eine nach den Statuten des DFB und der angeschlossenen Verbände verhängte Spielsperre nicht unmittelbar auf den Lohnanspruch des Spielers aus. Eine zu Beginn des Vertragsverhältnisses gezahlte Treueprämie kann der Verein im Falle einer länger andauernden Spielsperre jedoch anteilig zurückfordern, wenn diese ausdrücklich vereinbart wurde oder wenn die Prämie erkennbar eine Vergütung für die Einsatzmöglichkeit und Einsatzbereitschaft des Spielers sein sollte[488]. Somit zeigen sich auch hier deutliche Auswirkungen von Verbandsentscheidungen auf das Arbeitsverhältnis zwischen Spieler und Verein.

Die Frage, ob das zwischen Verband und Sportler durch eine vertragliche Unterwerfung unter die Verbandsregeln begründete Rechtsverhältnis aufgrund der dargestellten Auswirkungen arbeitsrechtlich zu qualifizieren ist, wird kontrovers diskutiert. Der Streitstand um die Qualifizierung des Rechtsverhältnisses lässt sich einteilen in arbeitsrechtliche und nicht arbeitsrechtliche Ansätze, wobei teilweise auch Vertreter der letzteren Ansicht die Streitigkeiten zwischen Sportler und Verband der arbeitsgerichtlichen Zuständigkeit unterstellen wollen.

(2) Arbeitsrechtlicher Lösungsansatz

Die Vertreter einer arbeitsrechtlichen Einordnung befürworten diese mit den – ebengenannten – Aus- bzw. Einwirkungen einer Verbandsentscheidung auf das

---

487 Vgl. nur *Buchner*, RdA 1982, 1, 7.

488 BAG AP Nr. 2 zu § 611 BGB Berufssport.

Arbeitsverhältnis zwischen Sportler und Verein[489]. Die Einwirkungsmöglichkeiten des Verbandes aufgrund des Lizenzvertrages einerseits kombiniert mit der schiedsrichterlichen Beilegung der daraus entstehenden Streitigkeiten andererseits führe zum Entzug arbeitsrechtlichen Schutzes[490]. Treffe der Verband personelle Entscheidungen bezüglich eines Spielers, könne sich der Spieler dagegen nicht im arbeitsgerichtlichen Verfahren zur Wehr setzen[491]. An anderer Stelle heißt es ebenso in diesem Sinne, dass eine mitgliedschaftliche Qualifikation des Rechtsverhältnisses zwischen Spieler und Verband zum Entzug der aus dem Arbeitsrecht begründeten Rechtspositionen durch die Einschaltung eines Dritten führe, der durch den Arbeitsvertrag nicht gebunden erscheint, jedoch mittels seiner Einwirkung auf den Arbeitgeber und seiner komplizierten Vertragsgestaltung unmittelbar auf das Arbeitsverhältnis Einfluss nehme[492]. Diese komplizierte Vertragsgestaltung dürfe nicht zu Lasten des Spielers gehen[493]. Daher müsse zwingendes Arbeitnehmerschutzrecht, zu dem die Zuständigkeit der Arbeitsgerichte gehöre, auch im Verhältnis zwischen Verband und Spieler Anwendung finden[494]. Insbesondere für den Fall, dass ein Lizenzentzug zur Beendigung des Arbeitsverhältnisses zwischen Spieler und Verein führt, wird das Fehlen arbeitsrechtlichen Kündigungsschutzes kritisiert, da der Sportler nach dem Schiedsgerichtsvertrag gegen die Entscheidung des Verbandes lediglich ein Schiedsgericht anrufen könne, das in seiner Entscheidungsfindung aber nicht wie die Arbeitsgerichte von der Realisierung des Arbeitnehmerschutzes geleitet sei[495].

Als weiterer Aspekt wird eine Verkürzung des prozessualen Arbeitnehmerschutzes angeführt, die durch eine Aufspaltung der Rechtsschutzmöglichkeiten des Spielers in verschiedene Gerichtsbarkeiten entstünden und eine Verfahrensvervielfältigung mit all ihren negativen Konsequenzen mit sich brächten[496]. Während für Streitigkeiten aus dem zwischen den Vereinen und ihren Lizenzspielern geschlossenen Arbeitsvertrag die Arbeitsgerichte zuständig seien, müssten die Streitigkeiten aus der vertraglichen Unterwerfung unter das Verbandsregelwerk gemäß der abgeschlossenen Schiedsvereinbarung vor ein Schiedsgericht ge-

---

[489] *Buchner*, RdA 1982, 1, 7 ff.; genauso *Arens/Scheffler*, AR-Blattei SD 1480.2, Rn. 194 f.; *Meyer-Cording*, RdA 1982, 13, 14.

[490] *Buchner*, RdA 1982, 1, 8; genauso *Arens/Scheffler*, AR-Blattei SD 1480.2, Rn. 198; *Meyer-Cording*, RdA 1982, 14.

[491] *Imping*, S. 199.

[492] *Buchner*, NJW 1976, 2242 ff.; *ders*. RdA 1982, 1, 8.

[493] Eine teilweise vertretene Ansicht leitet die Sicherstellung arbeitsrechtlichen Schutzes aus einer Parallelbetrachtung zum finanzierten Abzahlungskauf her. Wie der Käufer vor den Gefahren der Aufspaltung in Kauf und Darlehen geschützt werde, so soll auch der Berufsspieler vor den Gefahren der Aufspaltung in Arbeits- und Lizenzvertrag zu schützen sein, vgl. *Füllgraf*, S. 31 ff.

[494] *Buchner*, NJW 1976, 2242, 2245; *Füllgraf*, S. 31 ff., 40 ff., 60 ff., 94.

[495] *Buchner*, RdA 1982, 1, 8.

[496] *Vollkommer*, RdA 1982, 16, 29.

bracht werden. Möchte sich nun ein Spieler gegen eine Sanktion des Verbandes wenden, welche sich unter anderem auf dessen Arbeitsverhältnis auswirkt, stehe der Spieler vor kaum lösbaren prozessualen Problemen und Schwierigkeiten. Neben der Rechtswegaufspaltung seien darüber hinaus die Frage der wechselseitigen Bindungswirkung der Entscheidungen des Schieds- bzw. Arbeitsgerichts und die Frage der jeweiligen Prüfungskompetenz problematisch. Die Lösung dieser Probleme könne nur durch die Verbindung der Klagen in einem einheitlichen Verfahren vor dem umfassend zuständigen Arbeitsgericht erfolgen[497].

Um nun aus den eben genannten Gründen zu einer Zuständigkeit der Arbeitsgerichte zu gelangen, werden verschiedene Lösungsansätze vertreten. Eine Ansicht möchte, ausgehend von der praktischen Notwendigkeit, die grundsätzlich arbeitsrechtlich begründeten Kontrollbefugnisse des Arbeitgebers im Interesse der Sicherung des sportlichen Wettbewerbs in der Bundesliga auf den Verband zu verlagern, den Vertrag zwischen Spieler und Verband als arbeitsrechtlichen Kontrollvertrag zwischen dem Verband als Arbeitgeber und dem Lizenzspieler als Arbeitnehmer bewerten[498]. Die überwiegende Ansicht innerhalb der Befürworter einer arbeitsrechtlichen Einordnung sieht hingegen das Verhältnis zwischen Verband und Lizenzspieler als ein unselbstständiges Teilstück eines zwischen Lizenzverein, Verband und Spieler bestehenden dreiseitigen Arbeitsverhältnisses. Danach wird das Dreiecksverhältnis zwischen Verband, Verein und Spieler als ein einheitliches Arbeitsverhältnis verstanden, in dem sich Verband und Verein die Arbeitgeberfunktionen teilen[499]. In diesem Sinne hat auch das Arbeitsgericht Gelsenkirchen die Klage eines Lizenzspielers gegen den DFB ungeachtet der bestehenden Schiedsgerichtsabrede mit der Begründung zugelassen, dass der DFB durch das System der von ihm geschaffenen Satzungs- und Vertragsbestimmungen partiell in die Arbeitgeberstellung gegenüber dem Lizenzspieler eingerückt sei[500]. Einer Qualifizierung der Sportverbände als Arbeitgeber bei Bestehen eines arbeitsrechtlichen Grundverhältnisses, ob nun über die Konstruktion eines arbeitsrechtlichen Kontrollvertrages oder eine Teilung der Arbeitgeberstellung, begegnen doch gewichtige Bedenken.

Eine Arbeitgeberstellung des Verbandes setzt zunächst voraus, dass der Sportler ihm seine Leistung fremdbestimmt und in persönlicher Abhängigkeit erbringt. Handelt es sich um eine Arbeitgeberteilfunktion müssten dem Verband somit wenigstens teilweise Arbeitsleistungen durch den Sportler zu erbringen sein. Eine arbeitsrechtliche Einordnung des Rechtsverhältnisses kommt demnach nicht in Frage, wenn dem Verband gegenüber keine Arbeitsleistungen geschul-

---

497 *Vollkommer*, RdA 1982, 16, 29.

498 *Klatt*, S. 33 ff., 51 f., 82 ff.; kritisch *Füllgraf*, S. 22 ff.

499 *Buchner*, RdA 1982, 1, 9; genauso *Arens/Scheffler*, AR-Blattei. SD 1480.2, Rn. 202 ff.; *Imping*, S. 215.

500 ArbG Gelsenkirchen NJW 1977, 598.

det werden. Nach einer teilweise vertretenen Ansicht fehlt es bereits hieran[501]. Ob ein Sportler einem Verband Arbeitsleistungen aufgrund einer vertraglichen Vereinbarung schuldet, kann wohl einheitlich nicht beantwortet werden, sondern ist eine Frage des Einzelfalls und hängt, angesichts der Vielzahl unterschiedlicher Verträge zwischen Sportlern und Verbänden[502], vom jeweils vertraglich geregelten Pflichtenkatalog ab. Aber selbst wenn nach dem Pflichtenkatalog Arbeitsleistungen geschuldet werden, muss damit nicht zwangsläufig eine Arbeitnehmereigenschaft des Sportlers und Arbeitgebereigenschaft des Verbandes einhergehen, da Arbeitsleistungen auch auf mitgliedschaftlicher Basis geschuldet und geleistet werden können, ohne gleichzeitig ein Arbeitsverhältnis zu begründen[503]. Ausschlaggebend ist somit nicht in erster Linie das Vorliegen einer Arbeitsleistung im wirtschaftlichen Sinne, sondern ausschlaggebend sind die Umstände unter denen die Arbeitsleistung erbracht wird. Für eine arbeitsrechtliche Qualifikation des Rechtsverhältnisses zwischen Sportler und Verband kommt es somit hauptsächlich darauf an, ob in dem zu beurteilenden Rechtsverhältnis die gemeinsame Zweckverfolgung oder die Gegenseitigkeit der Leistungsverpflichtungen im Vordergrund steht.

Auch die Vertreter einer arbeitsrechtlichen Qualifizierung des Rechtsverhältnisses zwischen Sportler und Verband argumentieren mit der Interessenlage der Beteiligten. Für die These der funktionellen Einheit von Verband und Verein als Arbeitgeber wird hauptsächlich die Identität des satzungsmäßigen Zwecks von dem Verband und den einzelnen Vereinen ins Feld geführt. Sowohl dem Verband als auch den Vereinen gehe es um die Förderung der jeweiligen Sportart. Der gemeinsamen Zweckverfolgung im Rahmen einer verbandsrechtlichen Lösung stehe das arbeitsvertragliche Modell gegenüber, in dessen Vordergrund nicht mehr die Zweckgemeinschaft, sondern die Gegenseitigkeit der Leistungsverpflichtung stehe. Würden sich Vereine die Mitwirkung der Spitzensportler im Interesse der Leistungssteigerung[504] oder aus steuerlichen Gründen[505], nicht mehr auf vereinsrechtlicher, sondern auf arbeitsrechtlicher Basis sichern[506], gehe mit dieser Entscheidung der Verlust der vereinsrechtlichen Grundlage der Verbandsgewalt einher, die über eine vertragliche Vereinbarung nicht aufrechtzuerhalten sei[507]. Dementsprechend könne der Verband nicht mehr aufgrund einer

---

[501] *Meyer-Cording*, RdA 1982, 13, 14; *Schlosser*, in FS Zeuner, S. 467, 476.

[502] Vgl. Drittes Kapitel:D. II. .

[503] Vgl. zu DRK-Schwestern BAG AP Nr. 1 zu § 5 BetrVG Rotes Kreuz; vgl. zu DLRG-Mitglied, LG Aachen, *Haas/Haug/Reschke*, SportR, Dok. 31 90 1; *Schaub*, § 8 Rn. 15.

[504] *Buchner*, RdA 1982, 1, 10.

[505] *Meyer-Cording*, RdA 1982, 13.

[506] Zur Aufweichung des Verbandsprinzips vgl. *Bäune*, Kapitalgesellschaften im bundesdeutschen Lizenzfußball, 2001; *Habersack*, Sportkapitalgesellschaften, S. 106 f.; *Heermann*, ZIP 1998, 1249 ff.; *Hoffmann*, SpuRt 1994, 4 f.; *Segna*, ZIP 1998, 1901 ff.; *Steinbeck/Menke*, NJW 1998, 2169 ff.; *Summerer*, PHB, S. 106 f.

[507] *Buchner*, RdA 1982, 1, 10.

verbandsrechtlichen, sondern nur aufgrund einer arbeitsrechtlichen Vereinbarung in dieses arbeitsrechtliche Grundverhältnis hineinwirken[508]. Fraglich ist aber, ob die Begründung arbeitsvertraglicher Rechte und Pflichten hinsichtlich der Spiel- oder Sportleistung gleichzeitig die Interessenlage der Beteiligten im Hinblick auf die Einhaltung der Sportregelwerke so grundsätzlich verändert. Zur Beantwortung dieser Frage lohnt es sich, noch einmal auf die Interessenlage der am Sportgeschehen Beteiligten zu blicken.

Die Interessenlage der am organisierten Sport Beteiligten zeichnet sich zunächst durch die Notwendigkeit einheitlicher Regeln aus, um überhaupt Wettkämpfe auf nationalen und internationalen Ebenen zwischen allen Sportlern zu ermöglichen. Die Bindung aller Sportler an die jeweiligen Sportregelwerke entspricht nicht nur den Interessen der Vereine und Verbände, sondern auch den Interessen der Athleten, deren Unterwerfung unter die Regeln nur in der Erwartung geschieht, dass auch alle übrigen Teilnehmer am organisierten Sport an diese Regeln gebunden sind. Die Verfolgung der gemeinsamen Interessen, wozu auch die Regelsetzung sowie deren Durchsetzung zählen, haben sich die Sportverbände – einerseits historisch gewachsen und andererseits aus praktischen Gründen – zur Aufgabe gemacht. Sie steht grundsätzlich unter dem Schutz der, verfassungsrechtlich in Art. 9 Abs. 1 GG verankerten Verbandsautonomie. Die Regelbindung über eine rein verbandsrechtliche Lösung reicht jedoch heute vielfach nicht mehr aus, sämtliche Sportler zu erreichen, da eine verbandsrechtliche Legitimationskette in praktischer Hinsicht schwer zu knüpfen ist und Sportler darüber hinaus vermehrt nicht mehr in die Verbandsstrukturen eingegliedert sind. Trotzdem ist Sportlern und Verbänden im Interesse des Sports daran gelegen, auch die nicht vereinsmäßig organisierten Sportler an der Ausübung des wettkampfmäßig betriebenen Sports zu beteiligen. Um die unumgänglich notwendige einheitliche Bindung aller Sportler an die Regeln zu erreichen, vereinbaren Verband und Sportler dessen Unterwerfung unter die Verbandsregeln vermehrt individualvertraglich[509]. Die Art und Weise der praktischen Umsetzung gleichmäßiger Regelbindung, ob nun über eine verbandsrechtliche Korporationskette oder über ein sternförmiges Gebilde vieler zweiseitiger Verträge, lässt freilich die ihr zugrunde liegende Interessenlage selbst unberührt. An dieser grundlegenden Interessenlage ändert sich auch dann nichts, wenn die Sportausübung nicht ideell, sondern kommerziell motiviert ist, da erst die Bindung aller Athleten an entsprechende Regeln die Leistungen vergleichbar und somit auch kommerziell verwertbar macht[510]. Das Interesse nach einer kommerziellen Verwertung des wettkampfmäßig betriebenen Sports, dessen Ausprägung auch die vermehrte arbeitsrechtliche Qualifikation des Grundverhältnisses zwischen Sportler und Verein ist, baut somit auf den gemeinsamen gleichgerichteten Inte-

---

[508] *Buchner*, RdA 1982, 1, 10.

[509] Vgl. Drittes Kapitel:D. I. 2, II.

[510] *Haas*, Rechte der Athleten, S. 74.

ressen nach einheitlicher Regelbindung auf. Sportler und Verband verfolgen somit keine entgegengesetzten, sondern in erster Linie gleichgerichtete Interessen, wenn sie sich auf die Geltung gleicher Regeln einigen[511]. Dieser grundsätzliche Interessengleichlauf besteht auch dann noch, wenn Sportler und Verein die Pflicht zur sportlichen Betätigung arbeitsrechtlich ausgestalten. Dieser grundsätzliche Interessengleichlauf zwischen Sportler und Verband spricht gegen die Qualifizierung des Rechtsverhältnisses zwischen Sportler und Verband als ein auf Leistungsaustausch angelegtes Dienstverhältnis[512]. Das Rechtsverhältnis zwischen Verband und Sportler hat eher ein sozial-organisatorisches Gepräge und steht damit einem mitgliedschaftlichen Verhältnis erheblich näher als einem auf Leistungsaustausch angelegten Arbeitsverhältnis[513]. Der Verband beabsichtigt mit den vertraglichen Vereinbarungen mit den Sportlern nicht das Innenleben der Vereine und deren Arbeitnehmer zu regeln, sondern für beide gleichermaßen deren Außenwelt. Die Sportverbände erfüllen somit eine von der Rolle eines Arbeitgebers völlig verschiedene Funktion[514], welche eher einer Verwaltungsfunktion gleicht[515]. Damit steht fest, dass weder der Dachverband durch einen Unterwerfungsvertrag eine Arbeitgeberposition begründet, noch teilt er sich die Arbeitgeberstellung mit einem Verein im Hinblick auf das zwischen Verein und Sportler bestehende Arbeitsverhältnis. Die arbeitsrechtlichen Lösungsansätze sind daher abzulehnen[516].

(3) Analoge Anwendung des arbeitsrechtlichen Schutzes

Einige Stimmen in der Literatur wollen den arbeitsrechtlichen Schutz auf das Rechtsverhältnis zwischen Sportler und Verband selbst dann anwenden, wenn Letzterem keine Arbeitgeberstellung zukommt. Die Regelungen aus dem Lizenzvertrag sollen nach dieser Ansicht als bestimmende Vertragsergänzung gem. § 317 Abs. 1 BGB anzusehen sein, die nach „billigem Ermessen" vorzunehmen sei. In einer Entscheidung zum Berufssport hat sich das BAG auch in diesem Sinne geäußert[517]. Da der Kläger nicht vereinsrechtlich an den DFB gebunden sei, würden die von den zuständigen Organen des DFB verhängten Sperren nicht auf der Vereinsgewalt des DFB beruhen. Sie seien vielmehr Vertragsstrafen, die, soweit es sich nicht um Geldstrafen handelt, i.S.d. § 342 BGB in einer anderen Leistung bestünden. Sie seien auch abweichend von § 339 BGB

---

[511] Vgl. Erstes Kapitel:B. II.

[512] *Adolphsen*, IPRax 2000, 81, 82.

[513] Vgl. BGH NJW 1995, 583, 585 = *Haas/Haug/Reschke*, SportR, Dok. 10 31 1.

[514] *Adolphsen*, IPRax 2000, 81; *Reuter*, DZWir 1996, 1, 6.

[515] Einen Verwaltungsauftrag erfüllen ebenso die als staatlich konzessionierte Körperschaften strukturierten Sportverbände in Frankreich und Italien, vgl. *Reuter*, DZWir 1996, 1, 6.

[516] So im Ergebnis auch *Oschütz*, S. 167; *Niese*, Schiedsgerichte bei Dopingstreitigkeiten, S. 16.

[517] Zur Einordnung der Sanktionen als Vertragsstrafen vgl. auch *Pfister*, JZ 1995, 464, 467.

nicht im Vertrag festgelegt, sondern würden durch Subsumtion unter bestimmte Tatbestände gem. § 315 BGB bestimmt. In dem durch Lizenzvertrag begründeten Rechtsverhältnis zwischen Spieler und DFB bestimme der Verband die Strafe als Gläubiger, in dem Arbeitsverhältnis des Spielers mit dem Verein als Dritter gem. § 317[518]. Während das BAG die Frage, ob daraus eine Arbeitgeberstellung des Verbandes folgt, ausdrücklich offengelassen hat, wird teilweise unabhängig von der Qualifizierung der Rechtsbeziehung eine Ausdehnung arbeitsrechtlichen Schutzes auf das Rechtsverhältnis zwischen Sportler und Verband gefordert, da insoweit eine „Ergänzung des Arbeitsvertrages“ vorliege, deren rechtliche Überprüfung sich nach dem Arbeitsrecht richte[519].

Gegen das Vorliegen einer Vertragsstrafe spricht zunächst wieder die Interessenlage der Parteien. Soll die Sanktion eines Verbandes, etwa die Sperre eines Spielers, eine Vertragsstrafe darstellen, die der Verband einerseits als Gläubiger des Lizenzvertrages zwischen ihm und dem Spieler und andererseits gem. § 317 BGB als Dritter im Verhältnis des Vereins zum Spieler verhängt, dann müsste die Sperre eines Spielers durch den Verband eine Sanktion gegen den Spieler im Interesse des Vereins darstellen. Das Interesse des Vereins an einer Sperre eines seiner Spieler dürfte dem Interesse des Verbandes an einer Sperre jedoch regelmäßig genauso entgegengesetzt sein wie das des Spielers selbst. Die Interessen sowohl der Spieler als auch des Vereins richten sich vielmehr gemeinsam gegen die Sperre des Spielers durch den Verband, stellt doch die fehlende Möglichkeit, den Spieler einzusetzen, auch für den Verein einen erheblichen sportlichen und wirtschaftlichen Nachteil dar. Somit fällt es schwer, den Verband im Verhältnis zum Verein als Dritten i.S.d. § 317 BGB anzusehen, weil er nicht widerstreitende Interessen schlichtet, sondern sein eigenes Regelwerk durchsetzen will[520]. So erscheint es auch nicht interessengerecht anzunehmen, dass nach § 343 BGB das vom Spieler angerufene Gericht das Interesse des Spielers an einer schnellen Wiedereingliederung gegen das berechtigte Interesse des Vereins an einer möglichst langen Sperre abwägen soll. Diese Unstimmigkeiten mit der Interessenlage zwischen Sportler, Verein und Verband und der der Konzeption der Vertragsstrafe zugrunde liegenden Interessenlage, zeigen die konzeptionellen Schwächen dieser Ansicht auf[521]. Abgesehen von diesen ist darüber hinaus fraglich, ob das sicherlich bestehende Bedürfnis nach einer gerichtlichen Kontrolle sportgerichtlicher Entscheidungen zu einer Kontrolle durch die Arbeitsgerichte unter Anwendung arbeitsrechtlicher Grundsätze im Verhältnis zum Dachver-

---

[518] BAG AP Nr. 2 zu § 611 BGB Berufssport.

[519] *Meyer-Cording*, RdA 1982, 13 ff.; a.A. *Reuter*, Anmerkung zu BAG AP Nr. 2 zu § 611 BGB Berufssport.

[520] *Adolphsen*, IPRax 2000, 81, 82; *Haas/Prokop*, JR 1998, 45, 51; *Reuter*, DZWir 1996, 1, 5.

[521] *Reuter* spricht von einer krassen Verfehlung der Interessenlage durch diese Konstruktion, vgl. Anmerkung zu BAG AP Nr. 2 zu § 611 BGB Berufssport; *ders.*, DZWir 1996, 1, 6.

band zwingt, wenn die Ausübung der Sportart im Grundverhältnis auf einer arbeitsrechtlichen Basis geschieht.

Hauptargument der Befürworter einer Ausdehnung des arbeitsrechtlichen Schutzes auf das Rechtsverhältnis zwischen Sportler und Verband ist die Furcht, die Sportverbände könnten in Ausübung ihrer Disziplinargewalt das Arbeitnehmerschutzrecht unterlaufen. Zunächst ist schon die Argumentation offen ergebnisbezogen und daher abzulehnen[522]. Ferner sind die ihr zugrunde gelegten Befürchtungen unbegründet. Zwar ist es richtig, dass die Dachverbände des organisierten Sports gegenüber Sportlern und Vereinen Fakten für die Begründung, Durchführung und Beendigung der Arbeitsverhältnisse setzen. Jedoch ist die Einflussnahme von Dritten auf das Arbeitsverhältnis eines anderen durch die Setzung von Fakten in der Praxis häufiger zu beobachten. Dies gilt beispielsweise für öffentlich-rechtliche Disziplinarbehörden[523]. So setzen die staatlichen Verkehrsbehörden Fakten gegenüber den Arbeitsvertragsparteien in Transportunternehmen, wenn sie die Voraussetzungen und Regeln der Teilnahme am Straßenverkehr bestimmen und durchsetzen[524]. In der Erteilung oder Entziehung einer Fahrerlaubnis liegt ein Hineinwirken in das Arbeitsverhältnis durch die Verkehrsbehörden, ohne ihnen eine Arbeitgeber- oder Arbeitgeberteilstellung einzuräumen oder für einen Rechtsstreit um einen dieser Tatbestände die arbeitsgerichtliche Zuständigkeit zu fordern. Ähnliche Fälle sind auch in anderen Bereichen zu beobachten. Im Bereich der öffentlich-rechtlichen Zwangsverbände beispielsweise können die Arzt- oder Rechtsanwaltskammern Fakten schaffen, die sich auf bestehende Arbeitsverhältnisse auswirken. Wird einem angestellten Arzt oder Rechtsanwalt aufgrund eines Vergehens gegen die Standesordnung die Zulassung durch die jeweilige Ärzte- oder Rechtsanwaltskammer entzogen, bleibt dies regelmäßig nicht ohne Folge für dessen bestehendes Arbeitsverhältnis. Trotzdem wird die arbeitsgerichtliche Zuständigkeit nicht auf das berufsständische Verfahren um die Entziehung der Zulassung zwischen Kammer und Kammermitglied erstreckt[525]. Nun könnte man einwenden, dass für die dargestellten Beispiele aus dem öffentlich-rechtlichen Bereich eine gesetzliche Rechtswegzuweisung vorliegt, so dass sich die Frage nach einer arbeitsgerichtlichen Zuständigkeit erst gar nicht stellt. Zudem könnte man sich auf den Standpunkt stellen, dass es im öffentlich-rechtlichen Bereich an der Notwendigkeit einer verstärkten Kontrolle fehlt, während eine solche im privatrechtlichen Bereich, gerade angesichts bestehender Verbandsmacht, geboten ist. Aber auch im rein privatrechtlichen Bereich finden sich Fälle, in denen Dritte in das Ar-

---

522 *Schlosser*, in FS Zeuner, S. 467, 476; *Westermann*, JA 1984, 395, 397; *Haas*, Rechte der Athleten, S. 75.

523 *Schlosser*, in FS Zeuner, S. 467, 476.

524 *Reuter*, DZWir 1996, 1, 6.

525 Vgl. zur Sonderberufsgerichtsbarkeit der Rechtsanwälte, *Zuck*, AnwBl. 2002, 3, 7 ff.; *Grunewald*, NJW 2002, 1369 ff.

beitsverhältnis anderer einwirken, ohne dass der arbeitsrechtliche Schutz auch gegenüber der Einwirkung des Dritten besteht.

Das Hineinwirken eines Dritten in ein bestehendes Arbeitsverhältnis kann etwa vorliegen, wenn ein Lieferant eine Dauergeschäftsbeziehung kündigt, woraufhin der Kunde seine Produktpalette umstellen muss und deswegen Arbeitnehmer entlässt[526]. Ebenso gelagert ist der Fall, dass ein Franchisenehmer gegen Vertragsbestimmungen des Franchisegebers verstößt und dies zu einer Beendigung des Franchisevertrages führt, woraufhin der Franchisenehmer wiederum Arbeitnehmer entlässt. In all diesen Fällen unterliegen jeweils die Ausgangsentscheidungen – die Kündigung der Dauergeschäftsbeziehung oder des Franchisevertrages – der Kontrolle durch die ordentlichen Gerichte oder beim Bestehen einer Schiedsvereinbarung einer schiedsrichterlichen Kontrolle, während die arbeitsrechtlichen Folgen der arbeitsgerichtlichen Kontrolle unterliegen. Eine Erstreckung des Arbeitsrechts auf die Ausgangsentscheidung des Lieferanten oder Franchisegebers im Verhältnis zum betroffenen Arbeitnehmer findet nicht statt und eine dementsprechende Forderung ist auch nicht zu vernehmen. Diese unterschiedliche Behandlung beruht wohl darauf, dass die zuletzt genannten Fälle aus dem privatrechtlichen Bereich scheinbar eine völlig andere Struktur aufweisen. So verschiedenartig diese Fälle aber auf den ersten Blick erscheinen, so sind sie es genauer betrachtet gar nicht. Sie entsprechen nämlich solchen, in denen sich eine Verbandsmaßnahme nicht gegen den Sportler, sondern, wie etwa bei der Versagung einer Lizenz für den Spielbetrieb einer bestimmten Spielklasse, gegen den Verein richtet, der dann aufgrund des Lizenzentzuges arbeitsrechtliche Maßnahmen gegen die Mannschaftsspieler einleitet. Diese Konsequenzen eines Lizenzentzuges durch den Verband für die Arbeitsverhältnisse zwischen den Spielern und dem Verein werden teilweise sogar ausdrücklich über eine auflösende Bedingung in den Arbeitsverträgen der Spieler geregelt[527]. Aufgrund der arbeitsrechtlichen Konsequenzen droht auch hier eine Unterwanderung zwingenden Arbeitnehmerschutzrechts[528]. Auch hier setzt der Verband die Fakten, die sich auf das Arbeitsverhältnis zwischen Verein und Spieler auswirken. Dennoch besteht Einigkeit darüber, dass der Lizenzentzug trotz aller Konsequenzen für die Arbeitsverhältnisse der Mannschaftsspieler nicht durch die Arbeitsgerichte, sondern durch die ordentlichen Gerichte oder durch Schiedsgerichte überprüft wird[529]. Fraglich ist aber, warum in diesem Fall keine Erstreckung arbeitsrechtlichen Schutzes erwogen wird, setzt doch der

---

526 *Haas*, Rechte der Athleten, S. 75.

527 Vgl. BAG *Haas/Haug/Reschke*, SportR, Dok. 33 16 18.

528 Vgl. BAG a.a.O.

529 Vgl. zuletzt Ständiges Schiedsgericht für Vereine und Kapitalgesellschaften der Lizenzligen *Haas/Haug/Reschke*, SportR, Dok. 12 16 5; OLG Frankfurt *Haas/Haug/Reschke*, SportR, Dok. 12 16 6; OLG Stuttgart *Haas/Haug/Reschke*, SportR, Dok. 12 16 7.

Verband auch hier die Fakten für das Bestehen oder Nichtbestehen der Arbeitsverhältnisse zwischen Verein und Spieler.

Der Grund liegt wohl zunächst in der unterschiedlichen Adressatenstellung gegenüber der Verbandsmaßnahme. Bei der Entziehung einer Spielerlizenz mit nachfolgenden arbeitsrechtlichen Konsequenzen richten sich sowohl die Verbandsentscheidung als auch die darauf folgenden arbeitsrechtlichen Maßnahmen des Vereins gegen den Spieler. Angesichts dieser gleichgerichteten Einwirkung von Verband und Verein auf den Arbeitnehmer fällt es wohl leichter, den Verband, der mit seiner Ausgangsentscheidung den Grund für die nachfolgenden arbeitsrechtlichen Konsequenzen setzt, in Ausübung von Arbeitgeberfunktionen zu sehen. Richtet sich nun aber die Verbandsentscheidung über die Entziehung der Lizenz des Vereins wegen mangelnder wirtschaftlicher Leistungsfähigkeit zunächst gegen den Arbeitgeber und erst die nachfolgenden arbeitsrechtlichen Schritte gegen den Arbeitnehmer, fällt es erheblich schwerer den Verband in Ausübung von Arbeitgeberfunktionen zu sehen, obwohl er auch hier den Grund für die arbeitsrechtlichen Konsequenzen setzt und somit eine Unterwanderung arbeitsrechtlicher Bestimmungen droht. Mit ein wenig Phantasie könnte man aber auch hier das Dreiecksverhältnis zwischen Verband, Verein und Sportler arbeitsrechtlich konstruieren, indem man dem Verband eine Art Teilarbeitgeberstellung einräumt, der sogar auf den Arbeitgeber mit entsprechenden arbeitsrechtlichen Konsequenzen für dessen Arbeitnehmer einzuwirken vermag. Dass eine solch gekünstelte Konstruktion nicht erwogen wird, um dem Arbeitnehmerschutzrecht zur Wirksamkeit zu verhelfen, liegt wohl nicht zuletzt an der fehlenden Notwendigkeit. So können die Verbandsmaßnahmen zunächst entweder durch die ordentlichen Gerichte oder in einem schiedsrichterlichen Verfahren überprüft werden. Die Befürchtung, dass ein Schiedsgericht keine der ordentlichen Gerichtsbarkeit vergleichbare Überprüfung ermöglicht, ist nicht gerechtfertigt, wenn das Schiedsgericht die Anforderungen an ein echtes Schiedsgericht i.S.d. §§ 1025 ZPO ff. erfüllt[530]. Auch im Bereich der Individualsportarten sind die Schiedsgerichte durchaus in der Lage die Interessen der am Sportgeschehen Beteiligten ausreichend zu berücksichtigen[531]. Für Mannschaftssportarten ist daher Gegenteiliges nicht zu befürchten. Ein arbeitsrechtlicher Schutz der Spieler beim Vorliegen eines arbeitsrechtlichen Grundverhältnisses bleibt dennoch gewahrt, da die arbeitsrechtlichen Konsequenzen einer Verbandsmaßnahme, etwa eine außerordentliche oder ordentliche Kündigung, der Eintritt einer auflösenden Bedingung oder eine Lohnkürzung, weiterhin durch die Arbeitsgerichte überprüft werden können[532]. Da die gegen den Sportler gerichtete Verbandssanktion keine andere Qualität hat als die gegen den Verein gerichtete, wäre eine unterschiedliche Behandlung der beiden Fälle systematisch verfehlt. Die Lösung der

---

[530] *Schlosser*, FS Zeuner, S. 467, 476.

[531] *Haas*, Rechte der Athleten, S. 75; *Reuter*, DZWir 1996, 1, 6.

[532] BAG *Haas/Haug/Reschke*, SportR, Dok. 33 16 18.

problematischen Dreiecksbeziehung zwischen Verband, Verein und Sportler beim Bestehen eines arbeitsrechtlichen Grundverhältnisses ist somit nicht in der Konstruktion einer einheitlichen arbeitsrechtlichen Dreiecksbeziehung zu suchen, sondern in einer konsequenten Trennung zwischen verbandsrechtlicher Entscheidung auf der einen Seite und den arbeitsrechtlichen Konsequenzen auf der anderen Seite, wie dies auch im Falle einer gegen den Verein gerichteten Sanktion geschieht.

(4) Ergebnis

- Eine arbeitsrechtliche Einordnung des Rechtsverhältnisses zwischen Sportler und Verband bei Bestehen eines arbeitsrechtlichen Grundverhältnisses entspricht weder den Interessen der Beteiligten noch ist sie aufgrund eines Schutzdefizits der Sportler gegenüber der Verbände zwingend notwendig.
- Die verbandsrechtliche Maßnahme und die ihr nachfolgenden arbeitsrechtlichen Konsequenzen sind daher strikt voneinander zu trennen und nicht durch die Konstruktion eines einheitlichen arbeitsrechtlichen Dreiecksverhältnisses zu vermischen. Dies gilt auch für die jeweiligen Rechtsschutzmöglichkeiten. So erfolgt die Überprüfung der Verbandsentscheidung durch die ordentlichen Gerichte oder beim Vorliegen einer Schiedsvereinbarung durch ein Schiedsgericht, während die arbeitsrechtlichen Folgemaßnahmen weiterhin einer arbeitsgerichtlichen Kontrolle unterliegen.
- Die schiedsrichterliche Beilegung von Streitigkeiten zwischen Sportler und Verband um die Anwendung der einheitlichen Sportregelwerke scheitert somit auch dann nicht an §§ 101 ff. ArbGG, wenn das Grundverhältnis zwischen Sportler und Verband arbeitsvertraglich ausgestaltet ist.
- Trotz des hier gefundenen Ergebnisses wäre eine gesetzgeberische Klarstellung, etwa durch die Ausnahme von Sportstreitigkeiten aus dem Anwendungsbereich der §§ 101 ff. ArbGG, sinnvoll und interessengerecht zugleich[533].

c) Vermögensrechtliche Natur von Sportstreitigkeiten

Mit dem Ergebnis, dass Sportstreitigkeiten um die Durchsetzung der Sportregelwerke nicht von einer speziellen Bereichsausnahme im Hinblick auf ihre objektive Schiedsfähigkeit erfasst werden, ist noch nicht gesagt, dass sie nun generell schiedsfähig sind. Ihre Schiedsfähigkeit richtet sich nun aber nach den all-

---

[533] So im Ergebnis auch *Niese*, Schiedsgerichte bei Dopingstreitigkeiten, S. 16; siehe auch *Seitz*, NJW 2002, 2838, 2839.

gemeinen Kriterien[534]. Anders als § 1025 Abs. 1 ZPO a.F., der nur die Vergleichsfähigkeit als Kriterium für die Schiedsfähigkeit vorsah, sind nunmehr sowohl vermögensrechtliche Ansprüche (§ 1030 Abs. 1 S. 1 ZPO) schiedsfähig als auch nichtvermögensrechtliche Ansprüche, wenn die Parteien berechtigt sind, über den Streitgegenstand einen Vergleich zu schließen (§ 1030 Abs. 1 S. 2 ZPO).

Eine andere Konzeption verfolgt hier der schweizerische Gesetzgeber. Während Art. 5 SchKonk auf das Kriterium der Vergleichfähigkeit abstellt, richtet sich die Schiedsfähigkeit nach Art. 177 Abs. 1 IPRG nach der vermögensrechtlichen Natur der Streitigkeit. Diese Konzeption wirft die Frage auf, ob Art. 177 Abs. 1 IPRG im Hinblick auf nichtvermögensrechtliche Streitigkeiten, die aber einem Vergleich i.S.d. Art. 5 SchKonk zugänglich sind, hinter der Reichweite des Art. 5 SchKonk zurückbleibt. Vor diesem Hintergrund wird das Kriterium des vermögensrechtlichen Anspruchs nach Art. 177 Abs. 1 IPRG in der Schweiz kontrovers diskutiert[535]. Um zu verhindern, dass der Anwendungsbereich des IPRG hinter dem Anwendungsbereich des SchKonk zurückbleibt, wird nach teilweise vertretener Ansicht „vermögensrechtlich" mit „frei disponibel" i.S.d. Art. 5 SchKonk gleichgesetzt[536]. Bedeutung hat dieser Streit vor allem im Hinblick auf die Schiedsfähigkeit vereinsrechtlicher Anfechtungsklagen eines Sportlers gegen Maßnahmen eines Sportverbandes in der Schweiz. Werden diese als nicht vermögensrechtliche Streitigkeiten qualifiziert, wäre die Sportschiedsgerichtsbarkeit des CAS stark eingeschränkt. Stellt man nun bei der Bestimmung des Kriteriums der vermögensrechtlichen Streitigkeit auf das Kriterium der freien Verfügbarkeit ab, so hilft dies bei dem Problem der Schiedsfähigkeit von vereinsrechtlichen Anfechtungsklagen im Sportbereich insofern weiter, als die Schiedsfähigkeit von Anfechtungsklagen i.S.v. Art. 75 ZGB im Anwendungsbereich des Art. 5 SchKonk, der auf dieses Kriterium abstellt, zwar nach nicht unumstrittener aber überwiegender Ansicht gegeben ist[537]. Das Schweizer Bundesgericht löst dieses Problem über eine sehr weite Auslegung des Begriffs der vermögensrechtlichen Streitigkeit ohne auf den Begriff der freien Verfügbarkeit zurückzugreifen. Danach ist jeder Anspruch vermögensrechtlicher Natur, der für mindestens eine Partei, als Aktiv- oder Passivposten, unmittelbaren oder mittelbaren Geldwert hat[538]. Bei einer gegen einen Sportler gerichteten Verbandsmaßnahme hat das Schweizer Bundesgericht zutreffend betont, dass sie die persönliche und

---

[534] Vgl. Drittes Kapitel:E. II. 2.

[535] Vgl. *Epping*, S. 181 ff.; *Schilling*, 63 ff.

[536] *Wenger*, Kap. 12, S. 20 f.

[537] Vgl. *Riemer*, in FS Walder, S. 377; *Schilling*, S. 59 f.; unten e; zum Problem der Schiedsfähigkeit von gesellschaftsrechtlichen Beschlussmängelstreitigkeiten in Deutschland vgl. BGHZ 132, 278; *K. Schmidt*, ZGR 1988, 537; *ders.*, JZ 1989, 1077, 1083; *ders.*, BB 2001, 1857 ff.; *Stein/Jonas/Schlosser*, ZPO, § 1034 Rn. 22; *Schwab/Walter*, Kap. 4 Rn. 4.

[538] BGE 118 II 353.

wirtschaftliche Sphäre des Sportlers berühre bzw. persönliche und wirtschaftliche Wirkung habe[539].

Obwohl nach deutschem Recht die Regelung des § 1030 Abs. 1 S. 2 ZPO zur Verfügung steht, wird der Begriff des vermögensrechtlichen Anspruchs nach § 1030 Abs. 1 S. 1 ZPO aber ebenso weit ausgelegt wie nach der Rechtsprechung des Schweizer Bundesgerichts. Vermögensrechtlicher Natur sind nicht nur Geld oder geldwerte Ansprüche, sondern auch solche, die auf vermögensrechtlichen Beziehungen beruhen[540], wobei der Ursprung oder der Zweck des Anspruchs für die Beurteilung keine Rolle spielt[541]. Aufgrund dieser weiten Auslegung des vermögensrechtlichen Anspruchs liegt in aller Regel eine vermögensrechtliche Streitigkeit i.S.d. § 1030 Abs. 1 S. 1 ZPO vor[542]. Für Rechtsstreitigkeiten aus dem Sportbereich über Lizenzen, Senderechte oder Sponsorenverträge ist dies evident. Aber auch Disziplinar- oder Nominierungsstreitigkeiten zwischen Verband und Sportler sind angesichts der Kommerzialisierung im Sportbereich wegen der Auswirkungen auf die wirtschaftliche Betätigung der Sportler in den allermeisten Fällen als vermögensrechtlich zu qualifizieren[543].

Hat eine Streitigkeit hingegen keinerlei Auswirkungen auf die wirtschaftliche Betätigung der Sportler, wie etwa im Rahmen von Streitigkeiten zwischen Sportverbänden und reinen Hobbysportlern, fehlt der Streitigkeit ein vermögensrechtlicher Charakter. Damit sind diese Sportstreitigkeiten, die dem ideellen Bereich der Sportausübung zuzurechnen ist, nach dem Kriterium der vermögensrechtlichen Streitigkeit nicht schiedsfähig. Hat ein Gesetzgeber aber zur Bestimmung der Schiedsfähigkeit einer Streitigkeit allein auf dieses Kriterium abgestellt, wie der schweizerische Gesetzgeber in Art. 177 Abs. 1 IPRG, führt dies generell zur Schiedsunfähigkeit solcher Sportstreitigkeiten. Diese Einschränkung dürfte aber zumindest für die Schiedsfähigkeit von Streitigkeiten im Spitzensportbereich nur geringe Auswirkungen haben, wo eine rein ideelle Sportausübung wohl eher Ausnahmecharakter hat. Darüber hinaus spricht in Zweifelsfällen für eine weite Auslegung der objektiven Schiedsfähigkeit insbesondere die Tatsache, dass die Schiedsgerichtsbarkeit eine der staatlichen Gerichtsbarkeit grundsätzlich gleichwertige Rechtsschutzmöglichkeit darstellt[544]. Daher sind Streitigkeiten zwischen Sportlern und Sportverband gerade im Zeichen zunehmender Kommerzialisierung des Sports regelmäßig als vermögensrechtliche Streitigkeiten zu charakterisieren.

---

539 Vgl. in der Schweiz: BG SpuRt 2002, 62, 63, BGE 119 II 281 E. 3c, 3d.

540 BGH NJW 1982, 1525; MünchKommZPO/*Münch*, § 1030 Rn. 8; *Lachmann*, Rn. 207.

541 *Lachmann*, Rn. 207; MünchKommZPO/*Münch*, § 1030 Rn. 8.

542 MünchKommZPO/*Münch*, § 1030 Rn. 8.

543 Vgl. auch *Stein/Jonas/Schlosser*, ZPO, § 1030 Rn. 2, der generell die Schiedsfähigkeit von Streitigkeiten aus dem Mitgliedschaftsverhältnis in einem Idealverein bejaht, „auch wenn sie im Wortsinn nicht vermögensrechtlich sind."

544 Vgl. BT-Drucks. 13/5274, S. 34.

d) Vergleichsfähigkeit von Sportstreitigkeiten

Der deutsche Gesetzgeber hat bei der Regelung der objektiven Schiedsfähigkeit in § 1030 Abs. 1 S. 2 ZPO aushilfsweise auf das Kriterium der Vergleich- oder Verfügungsbefugnis abgestellt[545]. Somit können auch solche Sportstreitigkeiten objektiv schiedsfähig sein, die nicht vermögensrechtlicher Natur sind, wenn sie vergleichsfähig sind. Nach Art. 5 SchKonk in der Schweiz ist dies das allein maßgebliche Kriterium. Ob die Streitigkeiten zwischen Mitglied und Verein einem Vergleich zugänglich sind, wird sowohl in der Schweiz als auch in Deutschland nicht einheitlich beantwortet. In der Schweiz wird die Schiedsfähigkeit von Anfechtungsklagen i.S.v. Art. 75 ZGB ganz überwiegend bejaht[546]. In Deutschland wird teilweise die Vergleichsfähigkeit für die aus dem Mitgliedschaftsverhältnis entstehenden Streitigkeiten allgemein bejaht[547]. Andere bestimmen die Vergleichsfähigkeit von Vereinsstreitigkeiten für einzelne Streitgegenstände oder Gruppen von Streitgegenständen gesondert. So wird vertreten, dass Vereinsstrafen nicht vergleichsfähig seien, da ein Vergleich den Strafcharakter entfallen lasse[548]. Gegen diese Sichtweise in ihrer Allgemeinheit spricht aber, dass sich das von einer Sanktion betroffene Vereinsmitglied auch dann bestraft fühlen wird, wenn es im Rahmen des Strafverfahrens zu einem Vergleich zwischen den Beteiligten gekommen ist. Der Strafausspruch am Ende des Verfahrens verliert damit trotz des Zustandekommens eines Vergleichs nicht insgesamt seinen Strafcharakter. Für diese Sichtweise wird teilweise auf die strafprozessuale Praxis hingewiesen, wo es nicht selten zwischen den Beteiligten zu Absprachen kommt[549]. Auch hier wird man nicht sagen können, dass mit solchen Absprachen der Strafcharakter des Strafverfahrens insgesamt verloren geht. Somit schließt der Strafcharakter der Vereinsstrafe ihre Vergleichsfähigkeit nicht aus[550].

Nach anderer Ansicht wird nicht die Vereinsstrafe allgemein aber der Ausschluss aus dem Verein als nicht vergleichsfähig angesehen[551], da bei dieser härtesten vereinsrechtlichen Strafe ein gegenseitiges Nachgeben nicht denkbar

---

[545] Nach Art. 5 SchKonk in der Schweiz ist dies das allein maßgebliche Kriterium.

[546] Vgl. zur Ausschließung eines Mitglieds BGE 71 II 180 f.; allgemein *Rüede/Hadenfeldt*, S. 50; *Scherrer*, Rechtsfragen des organisierten Sportlebens in der Schweiz, S. 158; *Reeb*, Digest of CAS Awards 1986- 1998, S. 326; *Schilling*, S. 59; ausführlich *Riemer*, in FS Walder, S. 377 ff.; a.A. in Bezug auf Gestaltungsklagen *Habscheid*, SAG 57 (1985), S. 157, 165.

[547] Vgl. *Adolphsen*, Internationale Dopingstrafen, S. 533 ff.; *Berger*, Internationale Wirtschaftsschiedsgerichtsbarkeit, S. 130.

[548] Vgl. *Wolfrum*, S. 174.

[549] Vgl. *Adolphsen*, Internationale Dopingstrafen, S. 535.

[550] So im Ergebnis auch *Adolphsen*, Internationale Dopingstrafen, S. 535.

[551] Vgl. RG JW 1936, 2548, 2550 m. Anm. *Jonas*; *Stein/Jonas/Schlosser*, ZPO, § 1030 Rn. 6 Fn. 42; siehe auch die Hinweise bei *Adolphsen*, Internationale Dopingstrafen, S. 533.

sei[552]. Dagegen wird angeführt, dass der Verein abhängig von dem Verhalten des betreffenden Mitglieds auch eine mildere Strafe verhängen könne[553]. M.E. ist schon gar nicht ersichtlich, warum die Härte der angedrohten Strafe einen Einfluss auf die Frage der grundsätzlichen Vergleichsfähigkeit haben soll. Es ist zwar durchaus in psychologischer Hinsicht nachvollziehbar, dass ein Vergleich zwischen Streitparteien nur selten zustande kommen wird, wo aufgrund der tatsächlichen Geschehnisse ein Ausschluss aus dem Verein droht. Dies schließt doch aber nicht die grundsätzliche Möglichkeit eines Vergleichs aus[554]. Auch das Schweizer Bundesgericht sieht wohl in der Härte der Ausschlussstrafe kein Hindernis die Schiedsfähigkeit von Ausschlussstreitigkeiten zu bejahen[555]. Spricht somit grundsätzlich nichts gegen die Schiedsfähigkeit von Streitigkeiten um den Ausschluss aus einem Verein, dann trifft dies erst recht auf Streitigkeiten um weniger einschneidende Sanktionen wie Geldstrafen oder zeitliche Sperren zu[556]. Auch hier ist ein gegenseitiges Nachgeben ohne weiteres denkbar. Diese für das Mitgliedschaftsverhältnis entwickelte Sichtweise gilt gleichermaßen für das mitgliedschaftsähnliche Rechtsverhältnis, das durch die rechtsgeschäftliche Unterwerfung eines Sportlers unter die Verbandsregelwerke entsteht[557].

III. Form der Schiedsvereinbarung

Schiedsvereinbarungen unterliegen regelmäßig bestimmten Formanforderungen. Dies gilt sowohl für das nationale deutsche Schiedsverfahrensrechts (§ 1031 ZPO) als auch für das nationale und internationale Schweizer Schiedsverfahrensrecht (Art. 6 Abs. 1 SchKonk, Art. 178 Abs. 1 IPRG). Auch die internationalen Übereinkommen enthalten bestimmte Anforderungen an die Form einer Schiedsvereinbarung (Art. II Abs. 1 und 2 UNÜ, Art. I Abs. 2 lit. a EÜ). Eine international einheitliche Formvorschrift existiert nicht. Damit geht einher, dass

---

552 Vgl. RG JW 1936, 2548, 2550 m. Anm. *Jonas*; siehe auch die Hinweise bei *Adolphsen*, Internationale Dopingstrafen, S. 533.

553 Vgl. *Adolphsen*, Internationale Dopingstrafen, S. 535.

554 So im Ergebnis auch *Adolphsen*, Internationale Dopingstrafen, S. 535; siehe auch *Meyer-Cording*, die Vereinsstrafe, S. 123, der aber Vereinsstrafen insgesamt als Vertragsstrafen betrachtet.

555 Vgl. BGE 71 II 180 f.; vgl. die zahlreichen Hinweise bei *Riemer*, in FS Walder, S. 377, Fn. 42.

556 Vgl. *Adolphsen*, Internationale Dopingstrafen, S. 535.

557 Zu beachten ist aber, dass es sich bei gesellschaftsrechtlichen Entscheidungen häufig um Gestaltungsentscheidungen handelt, bei denen die Möglichkeit besteht, dass die Rechte Dritter beeinflusst werden. Daher ist von maßgeblicher Bedeutung, dass alle Betroffenen an die Schiedsklausel gebunden sind. Zum Problem der Schiedsfähigkeit von gesellschaftsrechtlichen Beschlussmängelstreitigkeiten vgl. BGHZ 132, 278; *K. Schmidt*, ZGR 1988, 537; *ders.*, JZ 1989, 1077, 1083; *ders.*, BB 2001, 1857 ff.; *Stein/Jonas/Schlosser*, ZPO, § 1034 Rn. 22; *Schwab/Walter*, Kap. 4 Rn. 4.; ausführlich Sechstes Kapitel:C. III. 1. b) .

Schiedsvereinbarungen im Sportbereich unterschiedliche Formvorschriften zu beachten haben, wenn sie zur einheitlichen Durchsetzung der Sportregelwerke auch auf internationaler Ebene abgeschlossen werden.

1. Formanforderungen nach Deutschem Recht

Liegt der Schiedsort in Deutschland, prüfen die deutschen Gerichte die Form einer Schiedsvereinbarung i.S.d. § 1029 ZPO anhand der zwingend anzuwenden Formvorschrift des § 1031 ZPO[558]. Danach bedürfen alle Schiedsvereinbarungen einer bestimmten Form[559]. Die Formanforderungen beziehen sich aber lediglich auf den in § 1029 ZPO zum Ausdruck kommenden Mindestinhalt der Schiedsvereinbarung, nicht hingegen auf Vereinbarungen über das schiedsrichterliche Verfahren[560]. Schriftform meint nicht in allen Fällen die strenge Form des § 126 BGB[561]. Hinsichtlich der Anforderungen an die Form enthält § 1031 ZPO eine Differenzierung nach der Schutzbedürftigkeit der Betroffenen und den Bedürfnissen des Rechtsverkehrs. Während im Gesetzesentwurf zwischen Schiedsvereinbarungen im gewerblichen und nichtgewerblichen Bereich unterschieden wurde[562], enthält § 1031 ZPO eine Differenzierung zwischen Schiedsvereinbarungen mit und ohne Verbraucherbeteiligung. Der Verbraucherbergriff ist somit das maßgebliche Differenzierungskriterium zur Ermittlung der jeweiligen Formanforderungen an eine Schiedsvereinbarung[563].

a) Schiedsvereinbarungen mit Verbraucherbeteiligung

Während die Formanforderungen für Schiedsvereinbarungen ohne Verbraucherbeteiligung im Gegensatz zum alten Recht liberalisiert wurden[564], enthält § 1031 Abs. 5 ZPO spezielle Formanforderungen für Schiedsvereinbarungen von und

---

[558] Lionnet/Lionnet, S. 173; Epping, S. 95.

[559] Vgl. *Lachmann*, Rn. 255; § 1027 Abs. 2 ZPO a.F. (i.d.F. von 1933) erlaubte dem wirklichen Handelsverkehr mündliche Schiedsvereinbarungen; nach § 859 CPO bzw. § 1027 ZPO bestand sogar allumfassende Formfreiheit.

[560] Vgl. *Stein/Jonas/Schlosser*, ZPO, § 1029 Rn. 6, § 1031 Rn. 10; a.A. *Lachmann*, Rn. 256.

[561] Vgl. *Schwab/Walter*, Kap. 5 Rn. 2.

[562] Vgl. BT-Drucks. 13/5274, S. 37. Eine Differenzierung zwischen Schiedsvereinbarungen im gewerblichen und nichtgewerblichen Bereich hätte zur Folge gehabt, dass Angehörige selbstständiger Berufe nur unter strengeren Voraussetzungen formgültige Schiedsvereinbarungen hätten schließen können. Nach der Stellungnahme des Bundesrates, wonach Selbständige in Ausübung ihrer Berufstätigkeit Gewerbetreibenden gleichzusetzen seien und daher nicht vom besonders schutzwürdigen Personenkreis umfasst werden sollten (vgl. BT-Drucks. 13/5274, S. 73), wurde der Schutzbereich enger gezogen und auf Verbraucher beschränkt.

[563] Da Schiedsvereinbarungen mit Verbrauchern im internationalen Rechtsverkehr die Ausnahme sind, enthält das UNÜ keine besonderen Beschränkungen für Schiedsvereinbarungen mit Verbraucherbeteiligung. Daher können in seinen Regelungsbereich auch Schiedsverfahren mit Verbraucherbeteiligung fallen; vgl. *Epping*, S. 80.

[564] MünchKommZPO/*Münch*, § 1031 Rn. 1.

mit Verbrauchern. Danach müssen Schiedsvereinbarungen, an denen ein Verbraucher beteiligt ist, in einer besonderen, eigenhändig unterzeichneten Urkunde enthalten sein, die keine anderen Vereinbarungen enthalten darf als solche, die sich auf das schiedsrichterliche Verfahren beziehen[565]. Dieses Formgebot beinhaltet zweierlei. Zunächst muss die Schiedsvereinbarung der strengen Form des § 126 BGB entsprechen[566]. Dies erfordert die Eigenhändigkeit der Namenszeichnung bzw. Unterschrift jeder Schiedspartei. Mechanische, faksimilierte Unterschriften sind daher nicht ausreichend. Auch Brief-, Telegramm- und Telefax- oder Telexwechsel genügen nicht[567]. Nicht erforderlich ist das gleichzeitige Unterschreiben der Parteien, jedoch müssen sich beide Unterschriften auf derselben Urkunde befinden (sog. Urkundeneinheit). Die Ausnahme des § 126 Abs. 2 Satz 2 BGB ist daher nicht anwendbar[568]. Die Unterschrift muss den Urkundstext räumlich abschließen[569]. Das zweite Merkmal der Formvorschrift des § 1031 Abs. 5 ZPO ist das Erfordernis einer separaten Urkunde[570]. Die Urkunde darf außer den Vereinbarungen, die sich auf das schiedsrichterliche Verfahren beziehen, keine anderen Vereinbarungen enthalten. Eine den Formanforderungen des § 1031 ZPO genügende Schiedsabrede muss, falls sie sich auf demselben Blatt wie der Hauptvertrag befindet, eindeutig räumlich abgesetzt und gesondert unterschrieben werden[571]. § 1031 Abs. 5 ZPO erfüllt auf diese Weise eine Warnfunktion im eigentlichen Sinne[572]. Damit ist der Verbraucher der Privilegierte[573]. Fällt der Sportler beim Anschluss einer Schiedsvereinbarung in den Anwendungsbereich des § 1031 Abs. 5 BGB, ist er weitgehend vor unbemerkt abgeschlossenen Schiedsvereinbarungen geschützt, da eine Bezugnahme auf eine sich außerhalb des Vertrages befindliche Schiedsklausel in diesem Falle zur Begründung einer formwirksamen Schiedsvereinbarung nicht ausreicht[574].

b) Schiedsvereinbarungen ohne Verbraucherbeteiligung

In § 1031 Abs. 1 bis 4 ZPO werden Möglichkeiten beschrieben, der Schriftform zu genügen, sofern die Schiedsvereinbarung im Rahmen von Geschäften abge-

---

[565] Vgl. *Lachmann*, Rn. 263.

[566] MünchKommZPO/*Münch*, § 1031 Rn. 25; *Lachmann*, Rn. 264.

[567] *Schwab/Walter*, Kap. 5 Rn. 17; *Schütze*, Schiedsgericht und Schiedsverfahren, Rn. 101.

[568] MünchKommZPO/*Münch*, § 1031 Rn. 25; a.A. OLG Hamburg KTS 1984, 171, 172.

[569] *Schwab/Walter*, Kap. 5 Rn. 3.

[570] Vgl. *Lachmann*, Rn. 265.

[571] MünchKommZPO/*Münch*, § 1031 Rn. 26; Schwab/Walter, Kap. 5 Rn. 18.

[572] Vgl. *Voit*, JZ 1997, 121.

[573] *Schütze*, Schiedsgericht und Schiedsverfahren, Rn. 100a.

[574] MünchKommZPO/*Münch*, § 1031 Rn. 27; vgl. für AGB: *Schwab/Walter*, Kap. 5 Rn. 18; *Schütze*, Schiedsgericht und Schiedsverfahren, Rn. 101; zum Verweis auf ein Verbandsregelwerk, das eine Schiedsklausel enthält, vgl. Drittes Kapitel:G.

schlossen wird, die der eigenen gewerblichen oder selbstständigen beruflichen Tätigkeit zuzurechnen sind. In diesem Rahmen erlaubt § 1031 Abs. 1 ZPO sowohl das von beiden Parteien unterzeichnete Schriftstück, als auch den Wechsel von Nachrichten durch moderne Kommunikationsmittel[575].

§ 1031 Abs. 2 und 4 ZPO gestatten Ausnahmen vom Erfordernis der „doppelten Schriftlichkeit". § 1031 Abs. 2 ZPO bezieht sich dabei auf die Grundsätze des kaufmännischen Bestätigungsschreibens[576] und § 1031 Abs. 4 ZPO regelt den Sonderfall der Begebung eines Konnossements[577]. Der Ausnahmecharakter der Regelungen zeigt, dass der Abschluss von Schiedsvereinbarungen durch konkludentes Verhalten ansonsten nicht möglich ist. Daher können Schiedsvereinbarungen im Sportbereich, welche die schiedsrichterliche Streitbeilegung durch ein Schiedsgericht mit Sitz in Deutschland vorsehen, keinesfalls nur durch die Einschreibung zu einem Wettkampf oder die Versendung eines Programms anlässlich eines Wettkampfs begründet werden[578].

§ 1031 Abs. 3 ZPO regelt für den Unternehmerbereich die Möglichkeit und die Voraussetzungen einer wirksamen Einbeziehung einer sich in einem anderen Schriftstück befindlichen Schiedsklausel in einen Vertrag[579]. Die Begründung einer Schiedsvereinbarung zwischen Sportverbänden und Sportlern durch eine Verweisung auf das jeweilige Sportregelwerk, welches eine Schiedsklausel enthält, ist mithin nach der grundsätzlichen Gesetzessystematik des § 1031 ZPO im Anwendungsbereich der Verbraucherschutzvorschrift des § 1031 Abs. 5 ZPO nicht möglich[580].

c) Sportler zwischen Unternehmer- und Verbraucherbegriff

Welche Formanforderungen Schiedsvereinbarungen im Sportbereich erfüllen müssen, richtet sich danach, ob die Beteiligten Verbraucher sind oder nicht. Der Begriff des Verbrauchers erfasst gem. § 1031 Abs. 5 Satz 3 ZPO natürliche Per-

---

575 Vgl. *Schwab/Walter*, Kap. 5 Rn. 4; *Lachmann*, Rn. 259. Die Formanforderungen des § 1031 Abs. 1 ZPO entsprechen dem derzeit international üblichen Standard, vgl. dazu *Stein/Jonas/Schlosser*, ZPO, § 1031 Rn. 2 f.; Drittes Kapitel:E. III. 2. , 3.

576 Vgl. OLG Hamburg OLG Report 2004, 66 f.; siehe auch *Schwab/Walter*, Kap. 5 Rn. 8; *Lachmann*, Rn. 260; *Stein/Jonas/Schlosser*, ZPO, § 1031 Rn. 4; zur Anwendung des § 1031 Abs. 2 ZPO auf die Aushändigung eines Konossements, das eine Schiedsklausel enthält, an einen Befrachter nach Abschluss eines Stückgutvertrages vgl. HansOLG Bremen, TranspR 2002, 405, 407.

577 Vgl. dazu *Stein/Jonas/Schlosser*, ZPO, § 1031 Rn. 6 ff.; *Lachmann*, Rn. 262. Ein Konnossement ist ein Wertpapier des Seehandels, vgl. dazu *Prüßmann/Rabe*, vor § 556 Anm. II und vor § 642 Anm. II; *Schaps/Abraham*, vor § 556 Rn. 3 ff. und vor § 642 Rn. 3 ff.

578 So im Ergebnis auch *Adolphsen*, Internationale Dopingstrafen, S. 543, der dies mit dem Fehlen einer dem kaufmännischen Bestätigungsschreiben entsprechenden Verkehrssitte im Sportbereich begründet.

579 Vgl. *Schwab/Walter*, Kap. 5 Rn. 9; *Lachmann*, Rn. 261.

580 Vgl. dazu Drittes Kapitel:G.

sonen, die bei dem Geschäft, das Gegenstand der Streitigkeit ist, zu einem Zweck handeln, der weder ihrer gewerblichen noch ihrer selbstständigen beruflichen Tätigkeit zugerechnet werden kann[581]. Umstritten ist, ob aus der eigenständigen Nennung der beruflich selbständigen Tätigkeit folgt, dass Arbeitnehmer aufgrund der Unselbstständigkeit ihrer Tätigkeit als Verbraucher gelten[582]. Zum Verbraucherbereich gehören nach h.M. jedenfalls solche Rechtsgeschäfte, die zum privaten Bereich zählen wie etwa Rechtsgeschäfte im Zusammenhang mit der Daseinsvorsorge, dem Urlaub, der Freizeitgestaltung und damit auch der sportlichen Betätigung[583]. Nicht erfasst wird jeder auf Erzielung dauernder Einnahmen gerichtete berufsmäßige Geschäftsbetrieb einschließlich einer Nebentätigkeit und vorbereitenden Akten[584].

Handelt eine natürliche oder juristische Person beim Abschluss eines Rechtsgeschäfts in Ausübung ihrer gewerblichen oder selbständigen beruflichen Tätigkeit, ist sie hingegen Unternehmer[585]. Der Unternehmerbegriff erfasst jede natürliche oder juristische Person, die am Markt planmäßig gegen Entgelt arbeitet, wobei eine Gewinnerzielungsabsicht nicht erforderlich ist[586]. Ausschlaggebend für eine Zuordnung eines Rechtsgeschäfts ist die Zweckrichtung des Handelns[587]. Nicht maßgeblich hingegen ist sowohl der Umfang der Tätigkeit – haupt- oder nebenberuflich – als auch deren Charakter als Haupt- oder Hilfgeschäft[588].

Eine pauschale Beurteilung aller Sportler nach den dargestellten Kriterien ist angesichts der vielfältigen Erscheinungsformen der Sportausübung schwierig[589]. Die Einordnung hängt in erster Linie von der betreffenden Sportart und den dort gegebenen Verdienstmöglichkeiten ab. So können Sportler in populären Individualsportarten, wie Tennis oder Golf, schon früh als selbstständige Unternehmer zu qualifizieren sein, da der Umfang der Tätigkeit für die Zuordnung ebenso wenig eine Rolle spielt wie die Unterscheidung zwischen Hauptgeschäft und vorbereitenden Akten. Auf der anderen Seite des Spektrums stehen Sportarten

---

[581] Übereinstimmend mit Art. 2 lit. b der Richtlinie 93/13/EWG des Rates vom 05.04.1993, ABL. EG v. 21.04.1993, Nr. L 59 S. 29 ff. Zur Abgrenzung zwischen Verbraucher und Unternehmer vgl. auch die Begriffsbestimmungen in §§ 13, 14 BGB.

[582] Vgl. den Überblick über die vertretenen Ansichten in BAG DB 2004, 1208, 1209 Fn. 2.

[583] Vgl. Bamberger/Roth/Schmidt-Räntsch, BGB § 13 Rn. 4; Palandt/Heinrichs, BGB § 13 Rn. 3.

[584] Vgl. dazu *Lachmann*, Rn. 245.

[585] Vgl. *Palandt/Heinrichs*, BGB, § 14 Rn. 2.

[586] Vgl. *Palandt/Heinrichs*, BGB, § 14 Rn. 2.

[587] Vgl. *Bamberger/Roth/Schmidt-Räntsch*, BGB § 13 Rn. 5; einen unternehmerischen Zweck können auch schon Existenzgründer in der Vorbereitungsphase einer selbständigen Existenz verfolgen, vgl. OLG Düsseldorf, NJW 2004, 3193 ff.

[588] Vgl. Bamberger/Roth/Schmidt-Räntsch, BGB § 13 Rn. 6; Palandt/Heinrichs, BGB, § 14 Rn. 2.

[589] Vgl. Drittes Kapitel:E. II. 2. b) bb) , cc).

mit geringen oder vielleicht gar keinen Verdienstmöglichkeiten, wo die ideelle Sportausübung ganz im Vordergrund steht. Dort werden die im Zusammenhang mit der Sportausübung abgeschlossenen Verträge kaum der gewerblichen oder selbstständigen beruflichen Tätigkeit des Sportlers zuzurechnen sein. Problematisch ist eine Zuordnung der Sportler zwischen diesen beiden Polen. Dort verbietet sich angesichts der vielfältigen Erscheinungsformen und der fließenden Übergänge eine pauschale Betrachtung. Es ist vielmehr eine Frage des Einzelfalls, ob ein Sportler beim Abschluss eines Rechtsgeschäftes mit dem Sportverband als Verbraucher i.S.d. § 1031 Abs. 5 ZPO handelt. Ist der einzelne Sportler als Verbraucher i.S.d. § 1031 Abs. 5 ZPO anzusehen, wird er durch dessen erhöhte Formanforderungen geschützt[590]. Im Hinblick auf die einheitliche Durchsetzung der Sportregeln gegenüber allen Sportlern, ist den Parteien einer vertraglichen Schiedsvereinbarung daher grundsätzlich anzuraten, den erhöhten Anforderungen des § 1031 Abs. 5 ZPO zu entsprechen[591]. Einem Sportverband ist deshalb grundsätzlich eine vom Sportler eigenhändig zu unterzeichnende, separate Urkunde zu empfehlen, die keine anderen Vereinbarungen enthalten darf als solche, die sich auf das schiedsrichterliche Verfahren beziehen.

d) Heilung des Formmangels

Ein Formmangel wird gem. § 1031 Abs. 6 ZPO durch die rügelose Einlassung auf die schiedsrichterliche Verhandlung zur Hauptsache geheilt. Der Norm wird nach überwiegender Meinung angesichts der Regelung des § 1040 Abs. 2 ZPO, wonach die Rüge der Unzuständigkeit des Schiedsgerichts spätestens mit der Klagebeantwortung vorzubringen ist, sehr geringe[592] bis gar keine Bedeutung[593] beigemessen.

Die Anforderungen an eine, mit der Heilung eines Formmangels verbundene, vorbehaltlose Einlassung zur Hauptsache sind nicht all zu hoch. Zwar führt ein kommentarloser Antrag auf Klageabweisung noch nicht zur Heilung eines Formmangels. Anders wird dies jedoch bei einem Einlassen zur Sache gesehen[594], auch wenn der sich einlassenden Partei der Mangel gar nicht bekannt und sie sich der durch die Einlassung eintretenden Heilungswirkung auch nicht bewusst war[595]. Auch wenn die Hürde zur Heilung eines Formmangels damit nicht all zu hoch ist, sollten die Parteien im Sportbereich dringend auf die Einhaltung der Form bedacht sein, da nur eine flächendeckende und nicht eine von Zufällen

---

[590] *Summerer*, PHB, S. 168.

[591] *Haas/Prokop*, SpuRt 1996, 187, 188.

[592] Vgl. *Lachmann*, Rn. 276.

[593] Vgl. *Stein/Jonas/Schlosser*, ZPO, § 1031 Rn. 14a.

[594] Vgl. BGH NJW 1983, 1267, 1269; *Schwab/Walter*, Kap. 5 Rn. 6; *Stein/Jonas/Schlosser*, ZPO, § 1031 Rn. 15; *Lachmann*, Rn. 276.

[595] Vgl. BGH BGHZ 48, 35, 45; *Schwab/Walter*, Kap. 5 Rn. 5; *Stein/Jonas/Schlosser*, ZPO, § 1031 Rn. 15; *Lachmann*, Rn. 277.

abhängende Vereinbarung der Sportschiedsgerichtsbarkeit die Beteiligten dem Ziel einheitlicher Regelgeltung näher bringen kann.

2. Vergleich mit den Formanforderung nach UNÜ

Das UNÜ regelt die Formanforderungen für eine Schiedsvereinbarung durch die selbstständig auszulegende Sachvorschrift des Art. II Abs. 2[596]. Als international anwendbare Sachnorm ist die Regelung des UNÜ in seinem Anwendungsbereich vorrangig vor nationalen Regelungen zu beachten[597]. Die Formanforderungen des UNÜ beschränken sich auf den in Art. II Abs. 1 UNÜ aufgezählten Mindestinhalt der Schiedsvereinbarung[598]. Nach Art. II Abs. 2 UNÜ bedürfen Schiedsvereinbarungen sowohl in der Form einer selbstständigen Schiedsabrede als auch in Form einer Schiedsklausel der Schriftform. Dies gilt unabhängig davon, ob es sich um eine Schiedsvereinbarung mit oder ohne Verbraucherbeteiligung handelt. Die Unterscheidung des deutschen Rechts findet im UNÜ keine Entsprechung. Die Schriftform des Art. II Abs. 2 UNÜ kann auf zwei unterschiedliche Arten erfüllt sein. Ausreichend ist eine von den Parteien unterzeichnete Vertragsurkunde oder der Austausch von Briefen und Telegrammen[599].

Eine separate Urkunde, welche nur die Schiedsklausel enthält, ist genauso wenig erforderlich, wie die separate Unterzeichnung der Schiedsklausel innerhalb einer Vertragsurkunde. Es genügt vielmehr die Unterzeichnung der Vertragsurkunde, die eine Schiedsklausel enthält[600]. Die Anforderungen des § 1031 Abs. 5 ZPO für Schiedsvereinbarungen mit Verbraucherbeteiligung sind somit strenger als die Anforderungen des UNÜ[601].

---

[596] Vgl. *Schwab/Walter*, Kap. 44 Rn. 7; *Lionnet/Lionnet*, S. 172; *Schlosser*, Internationale Schiedsgerichtsbarkeit, Rn. 370; *Haas*, IPrax 1993, 383.

[597] *Schwab/Walter*, Kap. 44 Rn. 7; *Lionnet/Lionnet*, S. 172; *Schlosser*, Internationale Schiedsgerichtsbarkeit, Rn. 370; *Haas*, Anerkennung und Vollstreckung, S. 166; *ders.*, IPrax 1993, 383; *ders.* ZEuP 1999, 355, 371. Innerstaatliches Recht oder die Verträge des Landes können jedoch im Rahmen der sog. Meistbegünstigungsklausel des Art. VII Abs. 1 UNÜ wieder zu beachten sein, vgl. Zweites Kapitel:C.

[598] *Schwab/Walter*, Kap. 44 Rn. 7; *Stein/Jonas/Schlosser*, ZPO, Anh. § 1061 Rn. 49; *Gildeggen*, S. 85 ff.; *Weigand/Haas*, Art. V Rn. 63; Drittes Kapitel:E. I. .

[599] *Stein/Jonas/Schlosser*, ZPO, Anh. § 1061 Rn. 50; *Schwab/Walter*, Kap. 44 Rn. 7.

[600] *Stein/Jonas/Schlosser*, ZPO, Anh. § 1061 Rn. 51; MünchKommIZPR/*Gottwald*, Art. II UNÜ Rn. 10.

[601] Unterzeichnen meint nach fast einhelliger Auffassung die eigenhändige Unterzeichnung, vgl. *Schwab/Walter*, Kap. 44 Rn. 7; MünchKommIZPR/*Gottwald*, Art. II UNÜ Rn. 10; *Haas*, Anerkennung und Vollstreckung, S. 175; *Stein/Jonas/Schlosser*, Anh. § 1061 Rn. 51; abw. *v. Hülsen*, S. 54. In diesem Punkt stimmen die Anforderungen des § 1031 Abs. 5 ZPO mit denen des UNÜ überein.

Die Unterzeichnung von ausgetauschten Dokumenten ist im Gegensatz zur Vertragsurkunde nicht erforderlich[602]. Entscheidend ist hier das Merkmal der Wechselseitigkeit[603]. Die einseitige Zusendung eines Vertrages reicht daher nicht aus. Auch Handlungen zur Durchführung des Vertrages bedeuten keine stillschweigende Annahme, selbst wenn die schiedsrichterliche Streiterledigung im Verkehr üblich und den Parteien bekannt ist[604]. Eine stillschweigende Annahme begründet auch dann keine Schiedsvereinbarung, wenn zwischen den Parteien laufende Geschäftsbeziehungen bestehen[605]. Die formwirksame Vereinbarung der schiedsrichterlichen Streitbeilegung in Sportstreitigkeiten durch den Versand eines Programms durch einen Sportverband an einen Sportler anlässlich eines Wettkampfes ist somit im Anwendungsbereich des UNÜ nicht möglich[606]. Das Merkmal der Wechselseitigkeit erfordert ein Antwortschreiben. Darin soll nach ganz überwiegender Ansicht zum Ausdruck kommen, dass die im Angebot befindliche Schiedsklausel von der Annahme gedeckt ist[607]. Jenseits der Sondervorschrift des § 1031 Abs. 5 ZPO sind Schiedsvereinbarungen mithin im Bereich des UNÜ teilweise strengeren Anforderungen unterworfen als nach deutschem Schiedsverfahrensrecht, wo insbesondere § 1031 Abs. 2 und Abs. 4 ZPO Ausnahmen von dem Erfordernis der „doppelten Schriftlichkeit" [608] vorsehen[609].

---

602 *Stein/Jonas/Schlosser*, Anh. § 1061 Rn. 52; *Schwab/Walter*, Kap. 44 Rn. 7; MünchKommIZPR/*Gottwald*, Art. II UNÜ Rn. 10; *Haas*, Anerkennung und Vollstreckung, S. 168.

603 MünchKommIZPR/*Gottwald*, Art. II UNÜ Rn. 11.

604 *Stein/Jonas/Schlosser*, ZPO, Anh. § 1061 Rn. 52; *Berger*, Internationale Wirtschaftsschiedsgerichtsbarkeit, S. 104 f.; *Wackenhuth*, ZZP 99 (1986), 464 f.

605 *Stein/Jonas/Schlosser*, ZPO, Anh. § 1061 Rn. 52; MünchKommIZPR/*Gottwald*, Art. II UNÜ Rn. 11.

606 *Wyler*, Sportgerichtsbarkeit, S. 50.

607 Vgl. BayObLG 2003, 719, 720; *Schwab/Walter*, Kap. 44, Rn. 8; *Stein/Jonas/Schlosser*, ZPO, Anh. § 1061 Rn. 52. Dies soll nach teilweise vertretener Ansicht schon der Fall sein, wenn der Vertragspartner irgendwann im Verlaufe der Vertragsabwicklung ausdrücklich oder konkludent seine Zustimmung zu einer in einem Angebot enthaltenen Schiedsklausel ebenfalls unter Wahrung der Schriftform zum Ausdruck bringt, was sogar erst durch eine abschließende Rechnung geschehen kann, vgl. Corte di Appello di Firenze, YCA 1979, 289, 290; *Walter*, RIW 1982, 693, 699; krit. *Epping*, S. 64.

608 Vgl. Drittes Kapitel:E. III. 1. b) .

609 Vgl. Von Art. II Abs. 2 UNÜ unterscheidet sich Art. 1 Abs. 2 lit. a 1. Alt. EÜ lediglich durch die ausdrückliche Zulassung von Fernschreiben als weiterer Übermittlungsart. Daneben lässt Art. I Abs. 2 lit. a 2. Alt. EÜ im Verhältnis zwischen Staaten, die in ihrem Recht für Schiedsvereinbarungen nicht die Schriftform fordern, jede Vereinbarung gelten, die in den nach diesen Rechtsordnungen zulässigen Formen geschlossen ist. Die umstrittenen Fragen, auf welche Staaten sich die Vorschrift bezieht und ob die Vorschrift auf das Sach- oder Kollisionsrecht der jeweiligen Staaten verweist kann dahinstehen, vgl. dazu *Schwab/Walter*, Kap. 44 Rn. 14; *Epping*, S. 68 f. Mündliche Schiedsvereinbarungen oder Schiedsvereinbarungen in einer im Vergleich zu den Formanforderungen des UNÜ liberaleren Form verbieten sich für eine internationale Sportschiedsgerichtsbarkeit, die nach größtmöglicher räumlicher Anner-

3. Vergleich mit den Formanforderungen nach Schweizer Recht

Ebenso wenig wie das UNÜ unterscheidet das Schweizer Schiedsverfahrensrecht im Hinblick auf die anzuwendende Formvorschrift zwischen Schiedsvereinbarungen mit und ohne Verbraucherbeteiligung. In der Schweiz gilt es jedoch anders als im deutschen Schiedsverfahrensrecht zwischen schweizerischen und internationalen Schiedsverfahren zu unterscheiden[610]. Für internationale Schiedsverfahren, etwa mit dem CAS als Schiedsgericht, führt dies in der Einredesituation vor einem Schweizer Gericht zur Anwendbarkeit des IPRG. Die Formanforderungen richten sich mithin nach Art. 178 Abs. 1 IPRG[611].

Nach Art. 178 Abs. 1 IPRG ist eine Schiedsvereinbarung dann formwirksam, wenn diese schriftlich durch Telegramm, Telex oder in anderer Form der Übermittlung erfolgt, die den Nachweis der Vereinbarung durch Text ermöglicht. Da die Unterzeichnung des Schriftstücks nicht unabdingbar ist, wird die Anforderung auch als Textform bezeichnet[612]. Ob Art. 178 Abs. 1 IPRG weniger strenge Anforderungen an die Form aufstellt als Art. II Abs. 2 UNÜ ist streitig[613]. Nach überwiegender Ansicht ist Art. 178 Abs. 1 IPRG liberaler als Art. II Abs. 2 UNÜ[614]. Zum einen ist nach Art. 178 Abs. 1 IPRG weder die Schriftform noch die Unterzeichnung durch die Parteien erforderlich. Auch der Austausch von Schriftstücken sei im Gegensatz zur in Art. II Abs. 2 UNÜ geforderten Wechselseitigkeit entbehrlich[615]. Nach anderer Ansicht stellt Art. 178 Abs. 1 IPRG keine geringeren Formanforderungen auf als Art. II Abs. 2 UNÜ[616]. Nach dieser Ansicht verzichtet Art. 178 IPRG genauso wenig wie Art. II Abs. 2 UNÜ auf das Erfordernis der Wechselseitigkeit. Nach der Rechtsprechung des schweizerischen Bundesgerichts stimmen die formellen Anforderungen des Art. 178 IPRG mit denen des Art. II Abs. 2 UNÜ überein. Dabei interpretiert das Schweizer Bundesgericht Art. II Abs. 2 UNÜ im Lichte des UNCITRAL Modellgesetzes (UMG), da die Autoren des Modellgesetztes die Regelung des UNÜ den heutigen Bedürfnissen anpassen wollten, ohne das Übereinkommen selbst ändern zu müssen[617]. Geht man diesen Weg nicht, kann dies dazu führen, dass eine Schiedsvereinbarung der liberalen Auslegung des Art. 178 Abs. 1 IPRG genügt,

---

kennung strebt. Um dies zu erreichen, müssen Sportschiedsvereinbarungen stets die Formanforderungen des UNÜ als Mindestanforderung einhalten, was zugleich die Formanforderungen des EÜ miterfüllt.

610 Vgl. ausführlich Zweites Kapitel:A. II. .

611 Nach diesen Grundsätzen verfährt auch das Schweizer Bundesgericht, vgl. BGE 121, 38, 44; 122 III 139, 141, 142.

612 *Schilling*, S. 84.

613 Vgl. *Epping*, S. 71 f., m.w.N..

614 BGE 121 III 38, 43; *Haas*, ZEuP 1999, 355, 369; *Epping*, S. 73.

615 Vgl. *Berger*, Internationale Wirtschaftsschiedsgerichtsbarkeit, S. 103 ff.

616 Vgl. *Schlosser*, ZEuP 1994, 687.

617 BGE 121 III 44.

jedoch hinter den Anforderungen des Art. II Abs. 2 UNÜ zurückbleibt, so dass ein aus dieser Schiedsvereinbarung hervorgegangener Schiedsspruch im Anwendungsbereich des UNÜ nicht anerkannt und vollstreckt werden kann.

Eine Besonderheit gilt es für Schiedsvereinbarungen zu beachten, wenn ein in der Schweiz ansässiger internationaler Sportverband sowohl mit Schweizer Sportlern als auch ausländischen Sportlern hierfür formwirksame Schiedsvereinbarungen für eine Schiedsgerichtsbarkeit durch das CAS abschließen will. Die Schiedsvereinbarungen mit den nicht Schweizer Sportlern fallen als internationale Schiedsverfahren unter den Anwendungsbereich des IPRG und werden somit von den Schweizer Gerichten an der Formvorschrift des Art. 178 Abs. 1 IPRG gemessen. Schiedsvereinbarungen mit den Schweizer Sportlern unterfallen hingegen als innerschweizerische Schiedsverfahren dem SchKonk und müssen die Anforderungen des Art. 6 Abs. 1 SchKonk beachten. Dieser fordert zwingend (vgl. Art. 1 Abs. 3 SchKonk) die Schriftform, wobei damit die sog. einfache Schriftlichkeit nach Art. 13 OR gemeint ist[618]. Nach dieser Bestimmung müssen die Unterschriften aller sich verpflichtender Personen in der Schiedsvereinbarung enthalten sein. Somit müssen Schiedsvereinbarungen zwischen einem internationalen Sportverband mit Sitz in der Schweiz und Schweizer Sportlern strengeren Anforderungen genügen als die Schiedsvereinbarungen mit nicht Schweizer Sportlern, um eine einheitliche schiedsrichterliche Streitbeilegung mit allen Sportlern zu vereinbaren.

4. Ergebnis

- Das deutsche Schiedsverfahrensrecht unterscheidet in § 1031 ZPO zwischen Schiedsvereinbarungen mit und ohne Verbraucherbeteiligung.
- Die Einordnung der Sportler in das Begriffssystem von Unternehmer und Verbraucher richtet sich grundsätzlich danach, ob ideelle oder wirtschaftliche Zwecke verfolgt werden. Bei einem Sportler – insbesondere in Mannschaftssportarten – sind durchaus Fälle denkbar, in denen er beim Abschluss eines Rechtsgeschäftes mit dem Sportverband als Verbraucher handelt. In Individualsportarten wird demgegenüber die Grenze zum Unternehmer früh überschritten sein. Damit ist es eine Frage des Einzelfalls, ob die Formvorschrift des § 1031 Abs. 5 ZPO zur Anwendung gelangt.
- Besondere Formanforderungen für Schiedsvereinbarungen mit Verbraucherbeteiligung kennt das UNÜ ebenso wenig wie das Schweizer Schiedsverfahrensrecht.
- Die Formanforderungen für Schiedsvereinbarungen mit Verbraucherbeteiligung nach dem UNÜ sind somit liberaler als die des § 1031 Abs. 5 ZPO. Jenseits einer Verbraucherbeteiligung sind die Formanforderungen

618 Rüede/Hadenfeld, S. 37.

hingegen teilweise strenger, da das UNÜ anders als beispielsweise § 1031 Abs. 2 und Abs. 4 ZPO keine Ausnahmen von dem Erfordernis der doppelten Schriftlichkeit vorsieht.

- Im Schweizer Schiedsverfahrensrecht sind nationale und internationale Schiedsverfahren mit Sitz in der Schweiz zu unterscheiden. Während Art. 178 IPRG für internationale Schiedsverfahren nach h.M. die gleichen Anforderungen wie Art. II Abs. 2 UNÜ aufstellt, müssen Schiedsvereinbarungen mit rein Schweizer Beteiligung die strengeren Anforderungen des Art. 6 Abs. 1 SchKonk beachten.

IV. Schutz der Freiwilligkeit

Eine Schiedsvereinbarung führt zum weitgehenden Ausschluss der staatlichen Gerichte und berührt somit den verfassungsrechtlich relevanten Bereich des gesetzlichen Richters sowie des Justizgewährungsanspruchs[619]. Zulässig sind derartige Dispositionen über grundrechtliche Positionen aber nur, wenn sie auf dem freien Willen der Parteien beruhen[620]. Besondere Aufmerksamkeit erfordert das Merkmal der Freiwilligkeit dort, wo zwischen den Parteien ein Kräfteungleichgewicht vorliegt. Ein solches besteht auch im organisierten Sport, insbesondere im Verhältnis zwischen Sportverband und Sportler[621]. Mit Blick auf diese Strukturen ist die Freiwilligkeit der Schiedsvereinbarung problematisch.

Seit den Olympischen Spielen von Atlanta beispielsweise ist Startvoraussetzung für alle Athleten der Olympischen Spiele neben der sportlichen Qualifikation der Athleten die Erklärung der Teilnehmer, für sämtliche Streitigkeiten im Zusammenhang mit den Olympischen Spielen die ausschließliche Zuständigkeit eines privaten Schiedsgerichts, des CAS, anzuerkennen[622]. Die Athleten haben keine Möglichkeit der Schiedsvereinbarung zu entgehen, falls sie ihre Olympiateilnahme nicht aufs Spiel setzen wollen. Bei den Olympischen Sommerspielen in Atlanta blieb diese einseitig abverlangte Schiedsabrede nicht ohne Proteste einiger Athleten[623]. Auch der Deutsche Leichtathletik Verband hatte ursprünglich für seine Kaderathleten die zwingende Unterzeichnung einer Schiedsklausel vorgesehen[624]. Es erscheint fraglich, ob eine Erklärung der Sportler unter diesen Umständen als freiwillige Anerkennung der Zuständigkeit eines Schiedsgerichts angesehen werden kann.

---

[619] Abgeleitet aus dem Rechtsstaatsprinzip, vgl. BGH DStR 2000, 937, 938, bzw. aus Art. 6 EMRK, vgl. *Heller*, S. 33 ff.

[620] BGH DStR 2000, 937, 938; *Gildeggen*, S. 2 f.

[621] Vgl. Erstes Kapitel:B. III., IV.

[622] Vgl. *Haas/Prokop*, SpuRt 1996, 187; *Haas*, ZEuP 1999, 355, 372.

[623] *Netzle*, Schiedsgerichtsbarkeit, S. 9, 17.

[624] Vgl. *Prokop*, Rechte der Athleten, S. 19, 34; seit 1.1.1999 jedoch bietet er den Athleten den Abschluss einer Schiedsvereinbarung hingegen auf freiwilliger Basis an, vgl. *Adolphsen*, Internationale Dopingstrafen, S. 552.

Der BGH hat dem Grundsatz der Freiwilligkeit der Schiedsvereinbarung besondere Bedeutung dadurch verliehen, dass er ihn zum Bestandteil des deutschen ordre public zählt[625]. Der vom BGH hervorgehobene Schutz der Freiwilligkeit beim Abschluss der Schiedsvereinbarung ist letztendlich nichts anderes als eine besondere Ausprägung der allgemeinen Anforderungen an die Absicherung der Parteiautonomie in Ungleichgewichtslagen. Nach der Rechtsprechung des BVerfG muss die Parteiautonomie in einer Ungleichgewichtslage, wo Zweifel an der Freiwilligkeit vertraglicher Regelungen bestehen, zum Schutze der schwächeren Partei begrenzt werden[626]. „Hat einer der Vertragsteile ein so starkes Übergewicht, dass er vertragliche Regelungen faktisch einseitig setzen kann, bewirkt dies für den anderen Vertragsteil Fremdbestimmung. Wo es an einem annähernden Kräftegleichgewicht der Beteiligten fehlt, ist den Mitteln des Vertragsrechts allein kein sachgerechter Ausgleich der Interessen zu gewährleisten. Wenn bei einer solchen Sachlage über grundrechtlich geschützte Positionen verfügt wird, müssen staatliche Regelungen ausgleichend eingreifen, um den Grundrechtsschutz zu sichern ... Der Verfassung lässt sich nicht unmittelbar entnehmen, wann Ungleichgewichtslagen so schwer wiegen, dass die Vertragsfreiheit durch zwingendes Gesetzesrecht begrenzt oder ergänzt werden muss. Auch lassen sich die Merkmale, an denen etwa erforderliche Schutzvorschriften ansetzen können, nur typisierend erfassen. Dem Gesetzgeber steht dabei ein besonders weiter Beurteilungs- und Gestaltungsspielraum zur Verfügung. Allerdings darf er offensichtlichen Fehlentwicklungen nicht tatenlos zusehen. Er muss dann aber beachten, dass jede Begrenzung der Vertragsfreiheit zum Schutz des einen Teils gleichzeitig in die Freiheit des anderen Teils eingreift.“

Die bisherige Untersuchung der Grenzen für den Einsatz von Schiedsvereinbarungen im Sport hat in Hinblick auf die verschiedenen Schutzvorkehrungen gezeigt, dass Sportstreitigkeiten zunächst trotz der zwischen Sportverband und Sportler regelmäßig bestehenden Ungleichgewichtslage schiedsfähig sind, d.h. Schiedsverfahren grundsätzlich zulässig sind. Einen gewissen Schutz für den Sportler bietet zum einen, dass sich der Ausschluss der staatlichen Gerichte sowie der Umfang dieses Ausschlusses zwingend aus der Schiedsvereinbarung ergeben muss und zum anderen dass für diesen notwendigen Inhalt der Schiedsvereinbarungen Formanforderungen bestehen. Damit ist jedenfalls gewährleistet, dass die Parteien die Möglichkeit haben, von der Schiedsvereinbarung samt ihrer Tragweite Kenntnis zu nehmen. Insbesondere im deutschen Schiedsverfahrensrecht hat der Gesetzgeber für Schiedsvereinbarungen im Verbraucherbereich durch das Erfordernis der separat zu unterschreibenden Urkunde gem. § 1031 Abs. 5 ZPO diesen Schutz noch verstärkt, indem er die Möglichkeit der Kenntnisnahme hin zur überwiegend wahrscheinlichen Kenntnisnahme verdichtet hat.

---

[625] BGHZ 71, 131, 135.

[626] Vgl. BVerfGE 81, 242, 254; siehe auch 89, 214, 231 ff.; BVerfG JZ 1994, 408, 409; BVerfG NJW 1996, 2021.

Selbst die sichere Kenntnis der Schiedsvereinbarung samt ihrer Tragweite schützt einen Sportler jedoch nicht davor, dass er in der bestehenden Ungleichgewichtslage von einem Sportverband gezwungen wird, eine Schiedsvereinbarung abzuschließen. Daher stellt sich die Frage, wie die Freiwilligkeit der Sportler geschützt wird.

1. Alte Rechtlage in Deutschland

Eine ausdrückliche Regelung zur Beantwortung dieser Frage enthielt das alte deutsche Schiedsverfahrensrecht. Nach § 1025 Abs. 2 ZPO a.F. war eine Schiedsvereinbarung unwirksam, wenn eine Partei ihre wirtschaftliche oder soziale Überlegenheit dazu ausgenutzt hat, den anderen Teil zum Abschluss oder zur Annahme von Bestimmungen zu nötigen, die ihr im Verfahren, insbesondere hinsichtlich der Ernennung oder Ablehnung der Schiedsrichter, ein Übergewicht über den anderen Teil einräumte[627]. Die vom Gesetzgeber im Jahre 1933 eingeführte Klausel sollte ein wichtiges Instrument bei der Bekämpfung wirtschaftlicher Ungleichgewichtslagen sein, bei denen dem schwächeren Gegner das Schiedsgericht mehr oder weniger aufgezwungen wird[628]. Die Rechtsprechung hat demnach Schiedsvereinbarungen von Sportverbänden, die angesichts ihrer Monopolstellung ein Übergewicht haben[629], teilweise nach § 1025 Abs. 2 ZPO a.F. als unwirksam erachtet[630].

Umstritten war allerdings die Frage, unter welchen Voraussetzungen der Abschluss eines Schiedsvertrages nötigend i.S.d. § 1025 Abs. 2 1. Alt. ZPO a.F. wirkte[631]. Nach einer Auffassung war eine Nötigung schon dann anzunehmen, wenn ein Vertragspartner die Willensbetätigung und Willensentschließung des anderen Vertragspartners unter Ausübung seiner wirtschaftlichen und sozialen Übermacht beeinflusst hat[632]. Innerhalb sozialer Monopolverhältnisse seien Schiedsverträge über künftige Streitigkeiten nur möglich, wenn der sozial Mächtige seinen Vertragspartnern die Unterwerfung unter die schiedsgerichtliche Streitentscheidung ausdrücklich freigestellt habe[633]. Nach einer liberaleren Ansicht war der Einsatz wirtschaftlicher und sozialer Macht für sich betrachtet

---

627 Vgl. *Stein/Jonas/Schlosser*, ZPO, § 1029 Rn. 26; *Lachmann*, Rn. 382.

628 RAnz. Nr. 257 vom 2. November 1933, S. 3.

629 Vgl. BGH NJW 1995, 583, 587 = *Haas/Haug/Reschke*, SportR, Dok. 10 31 1; vgl. Erstes Kapitel:B. III. , IV.

630 OLG Frankfurt ZIP 1989, 599, 601; vgl. auch *Haas*, Rechte der Athleten, S. 72.

631 Vgl. *Haas*, Rechte der Athleten, S. 70; *ders.*, ZEuP 1999, 355, 373; *ders.*, ZGR 2001, 325, 331 f.

632 *Nicklisch*, BB 1972, 1285, 1288 ff.; *Westermann*, S. 110 ff.; MünchKommZPO/*Maier*, § 1025 Rn. 9.

633 *Preis*, DB 1972, 1727; eine derartige Wahloption wäre aus schiedsverfahrensrechtlicher Sicht zwar grundsätzlich möglich, würde jedoch das Ziel einer einheitlichen Durchsetzung der Sportregelwerke gegenüber allen Sportlern konterkarieren, vgl. Drittes Kapitel:E. I. 1. .

noch keine Nötigung[634], da der Abschluss des Schiedsvertrages nicht anstößig, sondern ein Gebot der wirtschaftlichen Vernunft sei[635]. Für die Unwirksamkeit der Schiedsvereinbarung gem. § 1025 Abs. 2 1. Alt. ZPO a.F., müsse eine Partei ihre wirtschaftliche oder soziale Macht zu einem anstößigen Zweck eingesetzt haben[636]. Nach dieser Ansicht wirkte der Einsatz wirtschaftlicher und sozialer Macht grundsätzlich nur beim Hinzukommen besonderer Umstände nötigend i.S.d. § 1025 Abs. 2 1. Alt. ZPO a.F. Eine andere Ansicht ging den umgekehrten Weg. Danach war eine Schiedsvereinbarung beim Einsatz wirtschaftlicher oder sozialer Übermacht einer Partei grundsätzlich unwirksam, es sei den, dass der Abschluss der Schiedsvereinbarung aus triftigen Gründen gerechtfertigt war[637]. Übereinstimmung herrschte insoweit, dass die Unwirksamkeit einer Schiedsvereinbarung, die von einem wirtschaftlichen oder sozialen Machtgefälle beeinflusst zustande kam, nicht pauschal festgestellt werden konnte, sondern sich erst aus einer Einzelfallabwägung unter Berücksichtigung der Umstände und Interessen der Parteien ergab. Grundlage dieser Ansicht ist die Vorstellung, dass die Schiedsgerichtsbarkeit eine faire und überparteiliche Streitentscheidung ermöglicht und daher die Bindung an eine Schiedsvereinbarung nicht per se anstößig sein kann[638]. Was die letztere Aussage anbetrifft, herrscht allerdings in der Rechtsprechung des BGH Uneinigkeit zwischen den verschiedenen Senaten. Der III. Zivilsenat hat in einer Schiedsvereinbarung als solches keine unangemessene Benachteiligung des Vertragspartners gesehen[639]. Der X. Zivilsenat hingegen hat bereits im Abschluss einer Schiedsvereinbarung eine Einschränkung des Rechtsschutzes zu Lasten der Parteien festgestellt[640]. Die Frage nach der Gleichwertigkeit der Rechtsschutzmöglichkeiten und die damit verknüpfte Folgefrage, wann eine Schiedsvereinbarung unter Einsatz wirtschaftlicher oder sozialer Macht i.S.d. § 1025 Abs. 2 1. Alt. ZPO a.F. nötigend wirkte, blieb in der höchstrichterlichen Rechtsprechung ungeklärt[641].

2. Neue Rechtslage in Deutschland

Der Gesetzgeber hat § 1025 Abs. 2 1. Alt. ZPO a.F. durch das SchVfG ersatzlos gestrichen. Zur Begründung stützt es sich auf die oben genannte Vorstellung, dass der Abschluss einer Schiedsvereinbarung als solcher keine Benachteiligung einer Partei, sondern einen der staatlichen Gerichtsbarkeit grundsätzlich gleichwertigen Rechtsschutz darstellt, wenn die Gleichbehandlung der Parteien so-

---

634 *Stein/Jonas/Schlosser*, ZPO, 21. Aufl., § 1025 Rn. 21; *ders.*, in FS Zeuner, S. 467, 481.
635 Vgl. OLG Hamburg RIW 1989, 574, 575.
636 OLG Köln BauR 1988, 631.
637 LG Frankfurt ZIP 1989, 599, 601.
638 *Haas*, ZGR 2001, 325, 332.
639 BGHZ 115, 324 f.
640 BGH JZ 1989, 588, 589.
641 *Haas*, ZGR 2001, 325, 332.

wohl bei der Zusammensetzung des Schiedsgerichts als auch bei der Durchführung des Schiedsverfahrens gewährleistet ist. Daher sei die in § 1025 Abs. 2 1. Alt. ZPO a.F. vorgesehene Rechtsfolge der Nichtigkeit des Schiedsvertrages für den Fall, dass eine Partei ihre wirtschaftliche und soziale Überlegenheit dazu ausgenutzt hat, die andere Partei zum Abschluss der Schiedsvereinbarung zu nötigen, zu weitgehend[642]. Fraglich ist, welche Auswirkungen die Streichung des § 1025 Abs. 2 1. Alt. ZPO a.F. auf die Unwirksamkeitsgründe der Schiedsvereinbarung hat, die unter Einsatz sozialer und wirtschaftlicher Übermacht einer Partei zustande kommt. Man könnte einerseits der Ansicht sein, dass mit der Streichung des § 1025 Abs. 2 1. Alt. ZPO a.F. eine Prüfung der Abschlusssituation der Schiedsvereinbarung in dem von § 1025 Abs. 2 1. Alt. ZPO a.F. erfassten Bereich nun gänzlich entfällt. Gegen diese Sichtweise spricht jedoch, dass eine Schiedsvereinbarung grundrechtlich geschützte Positionen der Parteien berührt und für derartige Dispositionen verfassungsrechtliche Vorgaben zu beachten sind[643]. Ein völliger Verzicht auf den Schutz der Freiwilligkeit steht nicht zur Disposition des einfachen Gesetzgebers[644]. Damit muss der Schutz der Freiwilligkeit in Ungleichgewichtslagen nach der Streichung des § 1025 Abs. 2 1. Alt. ZPO a.F. durch andere Vorschriften verwirklicht werden. Fraglich ist, welche Vorschriften zur Anwendung kommen.

a) Materiellrechtlicher Verbraucherschutz

Eine typische Ungleichgewichtslage besteht zwischen Verbraucher und Unternehmer. Zum Schutze des Verbrauchers enthält das deutsche Schiedsverfahrensrecht mit § 1031 Abs. 5 ZPO eine strenge Formvorschrift[645]. Fraglich ist, ob neben § 1031 Abs. 5 ZPO auch ein materiellrechtlicher Verbraucherschutz, insbesondere der aus § 310 Abs. 3 BGB zur Anwendung kommt. Im Hinblick auf den von der Formvorschrift des § 1031 Abs. 5 ZPO gewährleisteten Schutz für den Verbraucher lehnt eine Ansicht generell die ergänzende Anwendung des § 310 Abs. 3 BGB ab[646]. Nach anderer Ansicht sei aufgrund der unterschiedlichen Zielrichtung der §§ 310 Abs. 3, 307 ff. BGB und des § 1031 Abs. 5 ZPO eine Inhaltskontrolle anhand der §§ 310 Abs. 3, 307 ff. BGB erforderlich. Eine Formvorschrift könne nämlich nur gewährleisten, dass der Betroffene nicht heimlich an bestimmte Abmachungen gebunden werde. Keinesfalls könne sie die Freiwilligkeit des Verzichts auf den staatlichen Richter gewährleisten oder verhindern, dass einer Partei eine nachteilige Schiedsvereinbarungen aufgezwungen werde[647]. Ausgehend von dem verfassungsrechtlich gebotenen Schutz

---

642 BR-Drucks. 211/96, S. 109 f.

643 Vgl. Drittes Kapitel:E. IV.

644 *Geimer*, S. 113, 119.

645 Vgl. Drittes Kapitel:E. III. 1. a) .

646 Vgl. *Schwab/Walter*, Kap. 5 Rn. 14.

647 Vgl. *Haas/Hauptmann*, SchiedsVZ 2004, 175, 178.

der Freiwilligkeit in Ungleichgewichtslagen und den dahingehend beschränkten Schutzmöglichkeiten einer Formvorschrift[648] müssen zusätzliche Regelungen zum Schutze des Verbrauchers eingreifen. Daher ist eine Inhaltskontrolle am Maßstab der §§ 310 Abs. 3, 307 ff. BGB neben § 1031 Abs. 5 ZPO Anknüpfungspunkt zur Sicherstellung der verfassungsrechtlich gebotenen Schutzes der Freiwilligkeit.

b) AGB-Schutz

Eine weitere typische Ungleichgewichtslage besteht zwischen einem AGB-Verwender und seinem Vertragspartner. Der inhaltliche Schutz des Vertragspartners eines AGB-Verwenders ist mit dem Verbraucherschutz vergleichbar. Eine in den AGB enthaltene Schiedsklausel ist der Inhaltskontrolle am Maßstab der §§ 307 ff. BGB zu unterziehen[649]. Somit ist auch im Verhältnis zwischen AGB-Verwender und seinem Vertragspartner die Inhaltskontrolle am Maßstab der §§ 307 ff. BGB Anknüpfungspunkt für den Schutz der Freiwilligkeit beim Abschluss der Schiedsvereinbarung.

c) Schutz nach allgemeinen Vorschriften

Fraglich ist, welche Regelungen in solchen Ungleichgewichtslagen zur Anwendung kommen, die nicht unter den AGB- oder den Verbraucherschutz zu subsumieren sind. Die Rechtsprechung hat früher neben § 1025 Abs. 2 1. Alt. ZPO a.F. als Prüfungsmaßstab für eine wirksame Schiedsvereinbarung § 138 BGB angewandt und die Gültigkeit einer Schiedsvereinbarung bei einer schwerwiegenden Einschränkung des Rechtsschutzes verneint[650]. In Abhängigkeitsverhältnissen konnte eine Schiedsvereinbarung daher auch gem. § 138 BGB unwirksam sein[651]. Das Verhältnis der beiden Normen zueinander war unter der Geltung der damaligen Rechtslage umstritten. Nach teilweise vertretener Ansicht sollte der durch die Novelle von 1933 eingefügte § 1025 Abs. 2 ZPO a.F. sachlich eine Erweiterung von § 138 BGB darstellen[652]. Nach anderer Ansicht hingegen war § 1025 Abs. 2 ZPO a.F. angesichts seiner tatbestandlichen Voraussetzungen als Sondervorschrift zu § 138 BGB anzusehen[653]. Angesichts der Streichung der Vorschrift durch das SchVfG ist eine vertiefte Auseinandersetzung mit dem schon damals in der Praxis bedeutungslosen Streit[654] entbehr-

---

[648] Vgl. Drittes Kapitel:E. IV.

[649] Vgl. OLG Düsseldorf NJW-RR 1997, 372, 373; NJW 1996, 400; *Lachmann*, Rn. 312 ff.; ders. BB 2000, 1633, 1636; MünchKommZPO/*Münch*, § 1029 Rn. 11; ebenso für die Zeit vor dem Inkrafttreten des SchiedsVfG, *Gildeggen*, S. 196 ff.

[650] BGHZ 106, 336, 338.

[651] MünchKommZPO/*Maier*, § 1025 Rn. 8.

[652] *Rosenberg*, ZZP 58, 283, 352 f.; *Stein/Jonas/Schlosser*, ZPO, 21. Aufl., § 1025 Rn. 19.

[653] *Schwab/Walter*, Kap. 4 Rn. 15.

[654] *Stein/Jonas/Schlosser*, ZPO, 21. Auflage, § 1025 Rn. 21.

lich. Festzuhalten bleibt jedenfalls, dass § 1025 Abs. 2 ZPO a.F., ob nun als Erweiterung oder Spezialausprägung des § 138 BGB, diesen nicht ersetzen wollte[655]. Damit ist nach der Streichung des § 1025 Abs. 2 ZPO a.F. § 138 BGB Ansatzpunkt für den verfassungsrechtlich gebotenen Schutz der Freiwilligkeit in allen nicht speziell erfassten Ungleichgewichtslagen[656].

d) Interessenabwägung im Einzelfall

Nach der Generalklausel des §§ 310 Abs. 3, 307 Abs. 1 BGB ist eine Bestimmung unwirksam, wenn sie den Verbraucher entgegen den Geboten von Treu und Glauben unangemessen benachteiligen. Der gleiche Maßstab gilt für das Verhältnis zwischen AGB-Verwender und Vertragspartner. Auch bei dem Sittenwidrigkeitstatbestand des § 138 BGB handelt es sich um eine auslegungsbedürftige Generalklausel. Bei der Auslegung der einzelnen Generalklauseln ist zunächst an die von Rechtsprechung und Literatur im Rahmen des § 1025 Abs. 2 ZPO a.F. entwickelten Kriterien anzuknüpfen[657]. Fraglich ist, ob dieser differenzierte Schutzmechanismus den gesetzlichen Vorgaben entspricht.

aa) Verfassungsrechtliche Vorgaben

Bei der Entscheidung dieser Streitigkeit kann als Ausgangspunkt nochmals die Rechtssprechung des BVerfG zur Parteiautonomie dienen[658]. Danach lässt sich der Verfassung weder entnehmen, wann eine Ungleichgewichtslage so schwer wiegt, dass die Vertragsfreiheit durch zwingendes Gesetzesrecht begrenzt werden muss, noch lassen sich die Merkmale, an denen etwa erforderliche Schutzvorschriften ansetzen können, konkret erfassen. Dem Gesetzgeber stehe daher zunächst ein besonders weiter Beurteilungs- und Gestaltungsspielraum zur Verfügung. Das BVerfG gibt aber zu bedenken, dass jede Begrenzung der Vertragsfreiheit zum Schutz des einen Teils gleichzeitig in die Freiheit des anderen Teils eingreife[659]. Geht man nämlich von einer generellen Unwirksamkeit der Schiedsvereinbarung in Ungleichgewichtslagen aus, würde man der wirtschaftlich oder sozial stärkeren Partei die subjektive Schiedsfähigkeit in Bezug auf Schiedsvereinbarungen mit wirtschaftlich oder sozial schwächeren Geschäftspartnern generell in Abrede stellen. Diese Maßnahme wäre sicherlich geeignet, die schwächere Partei zu schützen, würde aber einen unverhältnismäßigen Eingriff in die durch Art. 2 GG gewährleistete Privatautonomie der stärkeren Partei darstel-

---

[655] Vgl. BGHZ 106, 336, 338; *Haas*, ZGR 2001, 325, 333; *Lachmann*, Rn. 383.

[656] Vgl. MünchKommZPO/*Münch*, § 1029 Rn. 10; *K. Schmidt*, ZHR 162 (1998), 265, 281 f.; *Lachmann*, Rn. 383; *Ebbing*, NZG 1998, 281, 288; *Haas*, ZGR 2001, 325, 333; *Lionnet*, S. 202; *Schwab/Walter*, Kap. 4 Rn. 15.

[657] Vgl. *Lachmann*, Rn. 383 im Hinblick auf § 138 BGB.

[658] Siehe Drittes Kapitel:E. IV.

[659] BVerfGE 81, 242, 254.

len[660]. Der Gesetzgeber füllt seinen Beurteilungs- und Gestaltungsspielraum vorliegend dergestalt aus, dass er von einer prinzipiellen Gleichwertigkeit von staatlicher und privater Schiedsgerichtsbarkeit ausgeht, so dass die in § 1025 Abs. 2 1. Alt. ZPO a.F. vorgesehene Rechtsfolge der Nichtigkeit des Schiedsvertrages für den Fall, dass eine Partei ihre wirtschaftliche und soziale Überlegenheit dazu ausgenutzt hat, die andere Partei zum Abschluss der Schiedsvereinbarung zu nötigen, zu weitgehend sei[661]. Entsprechend dieser grundsätzlichen Einschätzung hat der Gesetzgeber Schiedsvereinbarungen in Ungleichgewichtslagen nicht per se die Schiedsfähigkeit abgesprochen. Dies lässt sich an der Gesetzessystematik zur Schiedsfähigkeit ablesen.

bb) Vorgaben aus der Gesetzessystematik zur Schiedsfähigkeit

Die Gesetzessystematik zur Schiedsfähigkeit spricht gegen eine generelle Unwirksamkeit von Schiedsvereinbarungen in Ungleichgewichtslagen. Zwar sieht das Gesetz an verschiedenen Stellen für bestimmte Ungleichgewichtslagen den Ausschluss schiedsrichterlicher Streiterledigung vor. Dies ist etwa im Verhältnis zwischen Vermieter und Mieter in dem durch § 1030 Abs. 2 ZPO bestimmten Umfang oder im Verhältnis zwischen Arbeitgeber und Arbeitnehmer nach den §§ 101 ff. ArbGG[662] der Fall. An anderer Stelle sieht das Gesetz jedoch indirekt die Möglichkeit der schiedsrichterlichen Streiterledigung in Ungleichgewichtslagen vor. Wenn § 1031 Abs. 5 ZPO für Schiedsvereinbarungen mit Verbraucherbeteiligung eine spezielle Form vorsieht, zeigt dies zwar einerseits die Intention des Gesetzgebers, diesen Personenkreis besonders zu schützen[663], aber andererseits auch, dass die schiedsrichterliche Streiterledigung in Ungleichgewichtslagen nicht per se unzulässig ist[664]. Gleiches lässt sich, wenn auch nicht ganz so eindeutig, für den AGB Bereich aus § 1031 Abs. 3 ZPO ableiten. Fraglich ist, ob die vom Gesetzgeber getroffene Typisierung dahingehend, dass die staatliche und die private Schiedsgerichtsbarkeit grundsätzlich zwei gleichwertige Rechtschutzalternativen darstellen, nicht den verfassungsmäßig vorgegebenen Beurteilungsspielraum sprengt; denn nach der Ansicht des BVerfG darf der Gesetzgeber offensichtlichen Fehlentwicklungen nicht tatenlos zusehen[665].

---

660 *Haas*, ZGR 2001, 325, 336.
661 BR-Drucks. 211/96, S. 109 f.
662 Vgl. dazu ausführlich Drittes Kapitel:E. II. 2. b) .
663 Vgl. dazu ausführlich Drittes Kapitel:E. III. 1. a) .
664 *Haas*, ZGR 2001, 325, 335; *Lachmann*, BB 2000, 1633, 1638.
665 BVerfGE 81, 242, 254.

cc) Keine unzulässige Typisierung des Gesetzgebers

Zieht man die Literatur zu den Vor- und Nachteilen der Schiedsgerichtsbarkeit zu Rate[666], wird deutlich, dass es rechtstatsächliche Erhebungen kaum gibt[667] und dass die Frage, ob die Schiedsgerichtsbarkeit mehr Vorteile oder Nachteile mit sich bringt, in erster Linie von der jeweiligen Gestaltung des Schiedsverfahrens abhängt. Daher wird man Vereinbarungen, die das staatliche Gericht durch die private Schiedsgerichtsbarkeit ersetzen, auch in Ungleichgewichtslagen nicht pauschal als eine offensichtliche Fehlentwicklung ansehen können. Darüber hinaus ist zu beachten, dass die Vereinbarung schiedsrichterlicher Zuständigkeit nicht als gänzlicher Verzicht auf den verfassungsrechtlichen Justizgewährungsanspruch zu werten ist[668], sondern lediglich als Änderung des Inhalts dieses Anspruchs. Die Parteien wählen anstelle des umfassenden staatlichen Rechtsschutzes die im Schiedsverfahrensrecht verankerte Minimalkontrolle und die staatliche Unterstützung bei der Durchsetzung des Schiedsspruches. Diese staatliche Minimalkontrolle sichert an verschiedenen Stellen ein faires Verfahren und verhindert dort eine Fremdbestimmung zu Lasten einer Partei[669]. Somit ist die vom Gesetzgeber angestellte Gleichstellung von staatlichem und privatem schiedsrichterlichen Rechtsschutz auch nicht als verfassungsrechtlich bedenkliche, unzulässige Typisierung anzusehen, so dass Schiedsvereinbarungen in Ungleichgewichtslagen nicht per se unwirksam sind.

dd) Europarechtliche Vorgaben aus Richtlinie 93/13/EWG

Gegen die vom Gesetzgeber angenommene grundsätzliche Gleichstellung zwischen staatlichem und schiedsrichterlichem Rechtsschutz könnte aus europarechtlicher Sicht die Richtlinie 93/13/EWG des Rates vom 5. April 1993 über missbräuchliche Klauseln in Verbraucherverträgen sprechen. Missbräuchlich im Sinne der Ziffer 1 Buchstabe q des Anhangs der Richtlinie sind Klauseln mit dem Ziel, dem Verbraucher die Möglichkeit, Rechtsbehelfe bei Gericht einzulegen, zu nehmen oder zu erschweren, und zwar insbesondere dadurch, dass er ausschließlich auf ein nicht unter die rechtlichen Bestimmungen fallendes Schiedsgerichtsverfahren verwiesen wird. Auf den ersten Blick scheint diese Ziffer eine Aussage dahingehend zu enthalten, dass die Vereinbarung schiedsrichterlicher Streiterledigung per se einen Nachteil darstellt. Nach überwiegender Ansicht lässt sich dieser Schluss jedoch daraus nicht ziehen, wenn man die schwer verständliche Formulierung genauer beachtet[670]. Ziffer 1 Buchstabe q des

---

[666] *Schwab/Walter*, Kap. 1 Rn. 8 f.; *Lachmann*, Rn. 89 ff.; *Stumpf*, in FS Bülow, 1981, S. 217 ff.; *Jagenburg*, in FS Oppenhoff, S. 147 ff.; *Schütze*, ZvglRWiss 2000, 241, 244 ff.; Erstes Kapitel:E. I, II.

[667] Siehe aber die Untersuchung von *Schmidt/Diemitz*, DB 1999, 369 ff.

[668] Vgl. *Sonnauer*, S. 28 f.; *Schwab/Walter*, Kap. 1 Rn. 1.

[669] *Haas*, ZGR 2001, 325, 334; vgl. dazu Drittes Kapitel:C.

[670] *Lachmann*, BB 2000, 1633, 1638.

Anhangs der Richtlinie spricht nicht von Schiedsverfahren allgemein, sondern von einem „nicht unter die rechtlichen Bestimmungen" fallenden Schiedsgerichtsverfahren". Damit ist nach überwiegender Ansicht ein Schiedsverfahren gemeint, das in seiner Ausgestaltung von den gesetzlichen Bestimmungen zum Nachteil des Verbrauchers abweicht[671]. Somit stellt die schiedsrichterliche Streiterledigung aus europarechtlicher Sicht nicht per se eine unangemessene Benachteiligung einer Partei dar.

ee) Zwischenergebnis

Das Vorliegen einer Ungleichgewichtslage allein reicht nicht aus, um die Unwirksamkeit einer Schiedsvereinbarung zu begründen. Sowohl im Rahmen der AGB- oder verbraucherschutzrechtlichen Inhaltskontrolle am Maßstab des § 307 Abs. 1 BGB als auch im Rahmen des § 138 BGB bedarf es einer Abwägung der Umstände des Einzelfalls. Im Rahmen der verbraucherschutzrechtlichen Inhaltskontrolle nach § 310 Abs. 3, 307 BGB ist eine nachteilige Bestimmung erst dann unwirksam, wenn die rechtlich geschützten Interessen des Verbrauchers ohne angemessenen Ausgleich oder ohne hinreichende Begründung den Interessen des Unternehmers hintangestellt werden[672]. Ob dies vorliegt, lässt sich nur mittels einer umfassenden Interessenabwägung ermitteln, bei der den Interessen des Verbrauchers die schützenswerten Belange des Unternehmers gegenüberzustellen sind[673]. Handelt es sich bei der zu beurteilenden Bestimmung um eine Schiedsvereinbarung, ist demnach zu prüfen, inwieweit ein Bedürfnis des Unternehmers für die Einsetzung des Schiedsgerichts besteht und inwieweit demgegenüber ein Interesse des Verbrauchers an der Erhaltung des ordentlichen Rechtsweges besteht[674]. Ebenso gilt im Verhältnis zwischen AGB-Verwender und seinem Vertragspartner zu prüfen, inwieweit ein Bedürfnis des AGB-Verwenders für die Einsetzung des Schiedsgerichts besteht und inwieweit demgegenüber ein Interesse des Vertragspartners an der Erhaltung des ordentlichen Rechtsweges entgegensteht. Diese Einzelfallabwägung gilt im Grundsatz auch für die Ausfüllung der Generalklausel des § 138 BGB für alle nicht speziell erfassten Ungleichgewichtslagen. Dabei sind die Interessen der stärkeren Partei an der Schiedsgerichtsbarkeit den Interessen der schwächeren Partei an der Erhaltung des ordentlichen Rechtsweges gegenüberzustellen.

---

671 *Haas*, ZGR 2001, 325, 336; *Lachmann*, BB 2000, 1633, 1638.

672 Vgl. BGH NJW 2001, 2331, NJW 2000, 1110, 1112; *Palandt/Heinrichs*, BGB, § 307 Rn. 8.

673 Vgl. BGH NJW 2000, 1110, 1112; NJW-RR 1997, 942; NJW 1997, 3022; BGHZ 115, 329, 333 f.

674 Vgl. *Haas/Hauptmann*, SchiedsVZ 2004, 175, 179.

e) Anwendung der Schutzsysteme auf vertragliche Schiedsvereinbarungen

Die Freiwilligkeit der Parteien beim Abschluss der Schiedsvereinbarung wird durch verschiedene Schutzsysteme geschützt. Fraglich ist, welche Vorschriften anzuwenden sind.

aa) Verbraucherrechtliche Inhaltskontrolle

Die Anwendbarkeit der §§ 310 Abs. 3, 307 BGB setzt voraus, dass das der Schiedsvereinbarung zugrunde liegende Geschäft zwischen einem Verbraucher und einem Unternehmer abgeschlossen wird. Ob dies der Fall ist, wenn ein Sportverband mit einem Sportler einen Regelanerkennungsvertrag abschließt, lässt sich pauschal nicht beantworten. Tendenziell werden im Zeichen zunehmender Kommerzialisierung des Sports sowohl die Sportverbände als auch vermehrt die Sportler als Unternehmer einzuordnen sein. In weniger kommerzialisierten Bereichen sind jedoch auch Fälle denkbar, in denen Sportler, insbesondere in Mannschaftssportarten, beim Abschluss eines Regelanerkennungsvertrages als Verbraucher tätig werden[675]. Damit ist nicht auszuschließen, dass die für den Anwendungsbereich der §§ 310 Abs. 3, 307 BGB erforderlichen persönlichen Voraussetzungen beim Abschluss eines Regelanerkennungsvertrages zwischen Sportverband und Sportler erfüllt sind.

Aus der Natur des Regelanerkennungsvertrages könnte sich wegen § 310 Abs. 4 BGB aber eine Einschränkung der verbraucherschutzrechtlichen Inhaltskontrolle ergeben. Da der Regelanerkennungsvertrag ein der Vereinsmitgliedschaft angenähertes sog. mitgliedschaftsähnliches Rechtsverhältnis erzeugt[676], könnte er von der Bereichsausnahme des § 310 Abs. 4 BGB für Verträge auf dem Gebiet des Gesellschaftsrechts erfasst werden, auf die § 310 Abs. 3 BGB keine Anwendung findet. Der Grund für diese Bereichsausnahme besteht darin, dass die in den §§ 310 Abs. 3 i.V.m. §§ 307 ff. BGB für schuldrechtliche Austauschverträge vorgesehene Abschluss- und Inhaltskontrolle nicht auf gesellschaftsrechtlich geprägte Verträge zugeschnitten ist[677] und im Gesellschaftsrecht eigene auf die jeweiligen Verhältnisse passendere Schutzmechanismen für die Beteiligten beste-

---

[675] Vgl. zur Einordnung der Sportler unter den Verbraucher- und Unternehmerbegriff ausführlich Drittes Kapitel:E. III. 1. c) .

[676] Vgl. *Reuter*, DZWiR 1996, 1, 5; *Adolphsen*, Internationale Dopingstrafen, S. 136; *Haas/Prokop*, JR 1998, 45, 51; vgl. Drittes Kapitel:E. II. 2. b) cc) .

[677] Vgl. BGH DStR 1992, 367; NJW 1995, 583, 585 = *Haas/Haug/Reschke*, SportR, Dok. 10 31 1; BGHZ 127, 176, 183 f.; *Röhricht*, Sportgerichtsbarkeit, S. 19, 35; *Haas/Hauptmann*, SchiedsVZ 2004, 175, 184; *Bamberger/Roth/Becker*, BGB, § 310 Rn. 28; MünchKommBGB/*Basedow*, § 310 Rn. 82.

hen[678]. Fraglich ist, ob der Regelanerkennungsvertrag zu den von § 310 Abs. 4 BGB erfassten Verträgen auf dem Gebiet des Gesellschaftsrecht zählt. Zu diesen Verträgen gehören zunächst Gesellschaftsverträge und Satzungen von Handelsgesellschaften[679]. Erfasst werden aber auch solche von Vereinen[680], Genossenschaften[681], Gesellschaften bürgerlichen Rechts und stillen Gesellschaften[682]. Der Regelanerkennungsvertrag lässt sich rein formal betrachtet nicht unter die aufgezählten Vertragstypen einordnen. Nach ganz h.M ist jedoch für die Zuordnung zum Gebiet des Gesellschaftsrechts kein formaler, sondern ein inhaltlicher Maßstab anzulegen[683]. Dabei ist jedoch nicht jedes Rechtsgeschäft, welches einen Bezug zum Gesellschaftsrecht aufweist, von der Bereichsausnahme des § 310 Abs. 4 BGB erfasst[684]. So unterfällt ein nicht auf der Mitgliedschaft beruhender Austauschvertrag zwischen Gesellschaft und Gesellschafter[685], etwa ein Anstellungsvertrag zwischen Gesellschafter-Geschäftsführer und Gesellschafter, oder die Gewährung von Genussrechten[686] nicht der Bereichsausnahme des § 310 Abs. 4 BGB. Erforderlich ist nach h.M. vielmehr, dass das in Frage stehende Rechtsgeschäft unmittelbar auf dem Gesellschaftsvertrag bzw. der Satzung beruht, mitgliedschaftlicher Natur ist und dazu dient den Gesellschaftszweck unmittelbar zu verwirklichen[687]. Vereinzelt wird darüber hinaus gefordert, dass sich der korporative Zweck nicht allein in dem Austausch von Leistungen zwischen der Gesellschaft und ihren Mitgliedern erschöpfen darf[688].

Der Regelanerkennungsvertrag verschafft dem Sportler eine der Mitgliedschaft weitgehend angenäherte Stellung[689]. Er regelt die Benutzungsrechte und –pflichten der Sportler, somit weitgehend identisch zu denjenigen Sportlern, die sich über ein satzungsrechtliches Bindungsmodel den Verbandsregeln unterworfen haben. Da sich auf diese Weise die Rechte und Pflichten ausschließlich aus dem Verbandsregelwerk ergeben, haben Regelanerkennungsverträge eine eindeutige

---

678 Vgl. BGH DStR 1992, 367; NJW 1995, 583, 585 = *Haas/Haug/Reschke*, SportR, Dok. 10 31 1; *Röhricht*, Sportgerichtsbarkeit, S. 19, 35; *Haas/Hauptmann*, SchiedsVZ 2004, 175, 184; MünchKommBGB/*Basedow*, § 310 Rn. 82.

679 Vgl. MünchKommBGB/*Basedow*, § 310 Rn. 80.

680 BGHZ 136, 394, 397.

681 BGHZ 103, 219, 222 ff.

682 BGHZ 127, 176, 182 ff.

683 Vgl. BGH DStR 1992, 367; BGHZ 136, 394, 397.

684 Vgl. MünchKommBGB/*Basedow*, § 310 Rn. 83.

685 Vgl. *Bamberger/Roth/Becker*, BGB, § 310 Rn. 31.

686 BGHZ 119, 305, 312.

687 BGHZ 103, 219, 222 f.; 136, 394, 398; BGH DStR 1992, 367 f.

688 BGHZ 136, 394, 398; MünchKommBGB/*Basedow*, § 310 Rn. 84 ff.; *Bamberger/Roth/Becker*, BGB, § 310 Rn. 31 ff.

689 Vgl. *Reuter*, DZWiR 1996, 1, 5; *Adolphsen*, Internationale Dopingstrafen, S. 136; *Haas/Prokop*, JR 1998, 45, 51; vgl. Drittes Kapitel:E. II. 2. b) cc) .

korporationsrechtliche Prägung[690]. Dies folgt zudem aus der Tatsache, dass sie unmittelbar der Umsetzung der korporationsrechtlichen Zwecksetzung der Sportverbände dienen. Hauptaufgabe der Sportverbände ist nämlich die Schaffung und Durchsetzung einheitlicher Rahmenbedingungen für die Sportausübung, da ohne diese ein wettkampfmäßiger Vergleich der Sportler über Ländergrenzen hinweg nicht möglich ist[691]. Genau dies aber soll über den Abschluss von Regelanerkennungsverträgen im Hinblick auf diejenigen Sportler erzielt werden, die nicht über ein satzungsrechtliches Bindungsmodell den Verbandsregelwerken unterliegen. Daher unterfallen Regelanerkennungsverträge zwischen Sportverband und Sportler der Bereichsausnahme des § 310 Abs. 4 BGB, so dass die verbraucherrechtliche Inhaltsprüfung auf in den Regelanerkennungsverträgen enthaltene Schiedsvereinbarung keine Anwendung findet[692].

bb) AGB-Kontrolle

Eine AGB-Kontrolle setzt voraus, dass es sich bei einer Schiedsvereinbarung um AGB i.S.d. § 305 BGB handelt. Die ist der Fall, wenn ein Sportverband einem Sportler beim Abschluss des Schiedsvertrages für eine Vielzahl von Verträgen vorformulierte Vertragsbedingungen stellt. Am Vorliegen dieser Voraussetzungen wird bei den Regelanerkennungsverträgen und der in diesem Zusammenhang abgeschlossenen Schiedsvereinbarungen regelmäßig kein Zweifel bestehen, da sie von den Sportverbänden für die gleichmäßige Behandlung einer Vielzahl von Sportlern konzipiert werden und die einzelnen Sportler daher naturgemäß auf den Inhalt der Vereinbarung keinen Einfluss haben können. Unerheblich für eine Qualifizierung als AGB ist gem. § 305 Abs. 1 Satz 2 BGB, ob die fragliche Bestimmung einen äußerlich gesonderten Bestandteil des Vertrages bildet. Demnach ist selbst dann von AGB auszugehen, wenn ein Sportverband die erhöhten Formanforderungen des § 1031 Abs. 5 ZPO gegenüber allen Sportlern einhält und die Schiedsvereinbarung in einer gesonderten, eigenhändig unterzeichneten Urkunde enthalten ist[693]. Damit wird es sich regelmäßig bei den zwischen Sportverbänden und Sportlern abgeschlossenen Regelanerkennungsverträgen und den Schiedsvereinbarungen um AGB handeln.

Enthält der Regelanerkennungsvertrag eine Schiedsklausel[694], ist sie einer umfassenden Inhaltskontrolle am Maßstab des § 307 ff. BGB zu unterziehen. Nach der Generalklausel des § 307 Abs. 1 BGB sind den Interessen des Sportverbandes an der Einsetzung des Schiedsgerichts die Interessen des Sportlers an

---

690 Vgl. auch den Vergleich mit Genussscheinen bei *Haas/Hauptmann*, SchiedsVZ 2004, 175, 185

691 Vgl. Erstes Kapitel:B. II.

692 Vgl. *Haas/Hauptmann*, SchiedsVZ 2004, 175, 185; *Oschütz*, S. 236.

693 Vgl. OLG Düsseldorf NJW-RR 1997, 372, 373 ff.; *Gildeggen*, S. 220 f.

694 Zu den Fällen, in denen das Verbandsregelwerk eine Schiedsklausel enthält, vgl. Drittes Kapitel:G.

der Erhaltung des ordentlichen Rechtsweges gegenüberzustellen. Dabei ist insbesondere auch die mittelbare Wirkung der Grundrechte zu beachten, die nach h.M. nicht nur Abwehrrechte gegen Eingriffe des Staates, sondern eine objektive Werteordnung darstellen[695]. Im Hinblick auf den Einsatz von Schiedsgerichten zur einheitlichen Durchsetzung der Sportregelwerke sind daher auf Seiten der Sportverbände insbesondere Art. 9 Abs. 1 GG und auf Seiten der Sportler der verfassungsrechtlich verankerte Justizgewährungsanspruch in die Abwägung mit einzubeziehen. In der Regel spricht es für die Angemessenheit einer Bestimmung, wenn sich ein verständiger Vertragspartner auf eine solche Klausel in Einzelfall eingelassen hätte[696].

Zunächst ist die Einschätzung des Gesetzgebers zu beachten, wonach die staatliche und die private Schiedsgerichtsbarkeit grundsätzlich zwei gleichwertige Rechtsschutzalternativen darstellen. Darüber hinaus hat die Gegenüberstellung der Rechtsschutzalternativen für die Beilegung von Sportstreitigkeiten im Zusammenhang mit der Durchsetzung der Sportregelwerke gezeigt, dass die Derogation der staatlichen Gerichte nicht nur im Interesse der Sportverbände, sondern auch im Interesse der Sportler liegt[697]. Zum einen widersprechen langjährige Auseinandersetzungen vor den ordentlichen Gerichten zwischen Sportverband und Sportler um die Recht- bzw. Unrechtmäßigkeit einer Sanktion den beiderseitigen Interessen, da der Sport ein schnelllebiges Geschäft ist, sportliche Karrieren regelmäßig kurz und anfällig sind und der sportliche Erfolg eines Sportlers aus diesem und weiteren Gründen nur schwer prognostizierbar ist[698]. Die private Schiedsgerichtsbarkeit bietet aber nicht nur die Möglichkeit für eine schnellere Streitbeilegung, sondern sie führt angesichts des eingeschränkten Überprüfungsmaßstabs für verbandsgerichtliche Entscheidungen auch zu einer höheren Kontrolldichte, da die aus dem Art. 9 GG gegenüber staatlichen Eingriffen abgeleitete Zurückhaltung der staatlichen Gerichte für private Schiedsgerichte nicht gleichermaßen gilt[699]. Auch dies entspricht sicherlich den Interessen der Sportler. Darüber hinaus soll die schiedsrichterliche Streiterledigung mithelfen, für alle Sportler gleichermaßen einheitliche und verbindliche Rahmenbedingungen zu schaffen, was eine notwendige Grundvoraussetzung für den organisierten Sport darstellt[700]. Die Schaffung solcher Rahmenbedingungen ist jedoch nicht nur durch die Setzung einheitlicher Regeln zu erreichen, sondern erfordert daneben auch die einheitliche Durchsetzung der Regeln. Dies ist aber gerade im internationalen Bereich aufgrund der Zuständigkeit der verschiedenen

[695] Vgl. Erstes Kapitel:B. V. 2. b) .
[696] BGHZ 115, 329, 333.
[697] Vgl. Erstes Kapitel:D. .
[698] Vgl. Erstes Kapitel:B. VI. , C II.
[699] Vgl. Erstes Kapitel:B. V. 2. b) .
[700] Vgl. Erstes Kapitel:B. II. .

nationalen Gerichte gefährdet[701]. Dies zu verhindern liegt nicht nur im Interesse der Sportverbände, sondern gleichermaßen im Interesse der Sportler, für den die eigene Regelbindung nur dann akzeptabel ist, wenn die Bindung sämtlicher Sportler an diese Regeln gewährleistet ist[702]. Somit spricht eine Einzelfallbetrachtung für die in der Ungleichgewichtslage zwischen Sportverband und Sportler abgeschlossenen Schiedsvereinbarungen zur einheitlichen Durchsetzung der Sportregelwerke gegen das generelle Vorliegen einer unangemessenen Benachteiligung für den Sportler. Schiedsvereinbarungen zwischen Sportverbänden und Sportlern sind demnach nicht per se unwirksam, selbst wenn der Sportler zur Teilnahme am Sportbetrieb eine Schiedsvereinbarung unterzeichnen muss[703].

cc) Inhaltsprüfung anhand der §§ 138, 242 BGB

Zu einer Inhaltsprüfung der Schiedsvereinbarung anhand der §§ 138, 242 BGB kommt es insbesondere dort, wo der Prüfungsmaßstab des § 307 Abs. 1 BGB aufgrund der Bereichsausnahme des § 310 Abs. 4 BGB nicht zur Anwendung gelangt[704]. Dies ist beispielsweise der Fall, wenn ein Sportverband mit einem einzelnen Spitzensportler, der kein Verbraucher ist, eine individuelle vertragliche Vereinbarung trifft, die über die bloße Anerkennung des Verbandsrelwerkes hinausgeht und eine eigene Schiedsvereinbarung enthält.

3. Vergleich mit der Rechtslage in der Schweiz

Auch im Schweizer Recht gibt es Vorschriften zum Schutze der Freiwilligkeit der Parteien in Ungleichgewichtslagen. Anknüpfungspunkt für eine Überprüfung der Abschlusssituation kann zunächst Art. 27 ZGB sein[705]. Nach dessen Abs. 1 kann niemand auf die Rechts- und Handlungsfähigkeit ganz oder teilweise verzichten. Nach Abs. 2 kann sich niemand seiner Freiheit entäußern oder in einem die Sittlichkeit verletzenden Grade beschränken. Das Schweizer Bundesgericht hat beispielsweise einen Verstoß gegen Art. 27 ZGB festgestellt, wenn das in einer Schiedsvereinbarung vorgesehene Schiedsgericht keine Gewähr für eine unabhängige Rechtsprechung bietet[706]. Das Problem des Schiedszwanges hat das Bundesgericht hingegen noch nicht entschieden.

Nach einer teilweise vertretenen Ansicht soll der Einsatz wirtschaftlicher und sozialer Macht grundsätzlich nicht dazu führen, dass sich eine Partei ihrer Frei-

---

[701] Vgl. Erstes Kapitel:D. I. .

[702] Vgl. Erstes Kapitel:B. II. .

[703] *Haas/Hauptmann*, SchiedsVZ 2004, 175, 186; *Heß*, ZZPInt 3 (1998), 457, 467; *Pfister*, PHB, S. 473.

[704] Vgl. zu den satzungsmäßigen Schiedsklauseln Drittes Kapitel:F. III. 2. b) bb) (2) (b) .

[705] Vgl. *Haas*, ZEuP 1999, 355, 372.

[706] BGE 85 II 489, 501 ff.

heit in einer die Sittlichkeit verletzenden Art und Weise begibt, wenn die Parteien einen Spruchkörper zur Entscheidung vorsehen, der die Gewähr für eine unabhängige Rechtssprechung bietet und damit eine gegenüber der staatlichen Gerichtsbarkeit gleichwertige parteiautonome Alternative zur Streitbeilegung darstellt[707]. Auch eine andere Ansicht beantwortet die Frage, ob ein Sportverband die Teilnahme am Sportgeschehen vom Abschluss einer Schiedsvereinbarung abhängig machen kann oder nicht, unter maßgeblicher Berücksichtigung der Gleichwertigkeit der Rechtsschutzalternativen[708]. Anknüpfungspunkt dieser Ansicht ist jedoch nicht Art. 27 ZGB, sondern Art. 29 ff. OR[709]. Werde die Schiedsvereinbarung durch Furchterregung oder Drohung erzwungen, sei diese unter Bezugnahme auf Art. 29 und 30 OR[710] nach Art. 31 OR anfechtbar[711]. Demzufolge sei zu klären, ob die in Aussicht gestellte Nichtzulassung des Sportlers zum Sportgeschehen für den Fall, dass er die Schiedsvereinbarung nicht abschließt, eine konkludente Drohung durch den Sportverband darstellt. Im Ergebnis wird eine Anfechtbarkeit mit dem Hinweis abgelehnt, dass die in Aussicht gestellte Nichtzulassung des Sportlers – die Geltendmachung eines Rechts des Sportverbandes – nur dann eine Drohung i.S.d. Art. 30 Abs. 2 OR darstelle, wenn der Sportverband die Abnötigung eines übermäßigen Vorteils bezwecke. Einen übermäßigen Vorteil stelle die Schiedsgerichtsbarkeit aber angesichts der durch das SchKonk bzw. das IPRG garantierten Grunderfordernisse für den Sportverband in der Regel nicht dar[712]. Nach denselben Grundsätzen beantwortet diese Ansicht die Frage, ob auf Seiten des Sportverbandes ein rechtsmissbräuchliches Verhalten i.S.d. Art. 2 ZGB vorliegt, wenn er die Teilnahme des Sportlers am Sportgeschehen von dem Abschluss einer Schiedsvereinbarung abhängig macht. Entscheidend seien die der Schiedsvereinbarung zugrunde liegenden Motive des Sportverbandes. Ein rechtmissbräuchliches Verhalten scheide nämlich dann aus, wenn dem Schiedszwang ein schützenswertes Interesse zu Grunde liege[713]. Somit ist auch nach dieser Ansicht, unabhängig von der jeweiligen Ausgangsnorm, die Gleichwertigkeit der Rechtsschutzalternativen maßgeblich dafür, ob ein Sportverband die Teilnahme am Sportgeschehen von dem Abschluss einer Schiedsvereinbarung abhängig machen kann.

Abschließend bleibt somit festzuhalten, dass die Frage der Unwirksamkeit einer Schiedsvereinbarung in der Ungleichgewichtslage zwischen Sportverband und Sportler auch in der Schweiz nicht allein vom Einsatz wirtschaftlicher oder sozialer Macht, sondern in erster Linie von der Gleichwertigkeit der Schiedsge-

---

707 *Haas*, ZEuP 1999, 355, 373.

708 Vgl. *Schilling*, S. 79 ff.

709 Schweizerisches Obligationenrecht.

710 Schweizerisches Obligationenrecht.

711 Vgl. *Schilling*, S. 79.

712 *Schilling*, S. 80.

713 *Schilling*, S. 83; siehe zur Beurteilung nach Schweizer Kartellgesetz, S. 80 ff.

richtsbarkeit gegenüber der staatlichen Gerichtsbarkeit und der dem Abschluss der Schiedsvereinbarung zugrunde liegenden Motiven abhängig gemacht wird[714].

4. Ergebnis

- Schiedsvereinbarungen in Ungleichgewichtslagen sind nicht per se unzulässig. Der Gesetzgeber geht vielmehr grundsätzlich von der Gleichwertigkeit von staatlicher und privater Schiedsgerichtsbarkeit mit der Folge aus, dass Schiedsvereinbarungen in Ungleichgewichtslagen nicht per se unzulässig sind.
- Verschiedene Vorschriften stellen den verfassungsrechtlich gebotenen Schutz der Freiwilligkeit beim Abschluss der Schiedsvereinbarung sicher. Dazu zählen die verbraucherschutzrechtliche Inhaltskontrolle gem. §§ 310 Abs. 3, 307 ff. BGB, die AGB-rechtliche Inhaltskontrolle anhand der §§ 307 ff. BGB sowie die Inhaltskontrolle nach §§ 138, 242 BGB.
- Welcher dieser Schutzmechanismen auf Schiedsvereinbarungen zwischen Sportverband und Sportler Anwendung findet, richtet sich in erster Linie danach, ob die Bindung des Sportlers an die Schiedsvereinbarung auf mitgliedschaftlichem oder schuldrechtlichem Weg erfolgt.
- Regelanerkennungsverträge zwischen Sportverband und Sportler unterfallen der Bereichsausnahme des § 310 Abs. 4 BGB, so dass die verbraucherrechtliche Inhaltsprüfung auf in den Regelanerkennungsverträgen enthaltene Schiedsvereinbarung keine Anwendung findet.
- Enthält nur der Regelanerkennungsvertrag eine Schiedsvereinbarung und nicht das Verbandsregelwerk, unterliegt die den Sportlern von Sportverbänden angetragene Schiedsvereinbarung regelmäßig der Kontrolle am Maßstab der §§ 307 ff. BGB.
- Die im Rahmen des § 307 Abs. 1 BGB anzustellende Einzelfallbetrachtung spricht gegen eine Unwirksamkeit von Schiedsvereinbarungen in den Regelanerkennungsverträgen zwischen den Sportverbänden und Sportlern, da sie den beiderseitigen Interessen entsprechen. Daher sind Schiedsvereinbarungen zwischen Sportverbänden und Sportlern nicht

[714] Auch der australische Court of Appeal von New South Wales sah im Fall einer australischen Judoka keinen Anlass, trotz der grundsätzlich bestehenden strukturellen Ungleichgewichtslage zwischen Verband und Sportler und auch nicht angesichts der konkreten Situation, den vorgelegten Vertrag mitsamt der darin enthaltenen Schiedsvereinbarung abschließen zu müssen, um die Chance auf eine Olympiateilnahme zu wahren, den abgeschlossenen Schiedsvereinbarungen die Wirksamkeit abzusprechen, vgl. Raguz v. Sullivan, Bull.ASA 2001, 335 ff.; *Kaufmann-Kohler*, S. 20 ff.

schon deswegen unwirksam, weil sie die Sportler zur Teilnahme am Sportbetrieb unterzeichnen müssen.

- Das nach deutschem Recht gefundene Ergebnis scheint auch der Rechtslage in der Schweiz zu entsprechen. Auch hier macht das zwischen Sportverband und Sportler bestehende Machtgefälle eine Schiedsvereinbarung nicht per se unwirksam. Maßgeblich sind vielmehr die Umstände des Einzelfalles.

V. Schutz bei Verarmung einer Partei

Das Institut der Prozesskostenhilfe im staatlichen Verfahren soll gewährleisten, dass niemand aufgrund eines Geldmangels um die Möglichkeit der Rechtsdurchsetzung gebracht wird. Es ist mithin Ausdruck des sozialen Gerichtsprozesses. Die finanzielle Unterstützung einer mittellosen Schiedspartei durch den Staat zur Durchführung eines privaten Schiedsverfahrens stünde im Widerspruch zum privaten Charakter des Schiedsverfahrens. Daher enthalten die §§ 1025 ff. ZPO auch keine Vorschriften zur Gewährung von Prozesskostenhilfe. Wären die am Sportgeschehen Beteiligten einerseits aufgrund des zwischen ihnen und den Sportverbänden bestehenden Abhängigkeitsverhältnisses zur Vereinbarung der schiedsrichterlichen Streitbeilegung quasi gezwungen und könnten sie dieser Bindung selbst dann nicht entgehen, wenn sie sich die Durchführung des vorgesehenen Schiedsverfahrens nicht leisten können, bestünde ein schwerwiegendes Rechtsschutzdefizit für einen verarmten Sportler. Diese Situation wäre mit elementaren Grundsätzen des sozialen Rechtsstaates sicherlich nicht vereinbar.

Aus diesem Grund wird einer verarmten Schiedspartei in Rechtsprechung und Literatur das Recht zugesprochen, sich von der Bindung an eine Schiedsvereinbarung zu lösen[715]. Unter Geltung des alten Schiedsverfahrensrechts war anerkannt, dass eine verarmte Partei berechtigt war, die Schiedsvereinbarung zu kündigen. Die andere Partei hatte in diesem Fall jedoch das Recht, den Abbruch des Schiedsverfahrens abzuwenden, indem sie den Kostenvorschuss für die verarmte Partei übernahm[716]. Nach anderer Ansicht soll ein Kündigungsrecht selbst dann noch bestehen, wenn die Gegenseite zwar die Kosten für das Schiedsgericht übernimmt, die verarmte Partei aber das Honorar des benötigten Anwalts nicht bezahlen kann[717]. Diese Ansicht wurde teilweise dahingehend eingeschränkt, dass die fehlende Möglichkeit einen Anwalt zu bezahlen nur dann zu berücksichtigen sei, wenn der verarmten Partei ein Auftreten im Schiedsverfah-

---

[715] BGH NJW 2000, 3720 ff.; BGHZ 102, 199; 55, 350; 41, 104, 108 f.; BGH WM 1994, 1057; KG SchiedsVZ 2003, 239 f.; *Stein/Jonas/Schlosser*, ZPO, § 1029 Rn. 38, § 1042 Rn. 17.

[716] Vgl. BGHZ 41, 104, 108 f.

[717] Vgl. OLG Hamburg MDR 1966, 850 f.

ren nach der Natur der Streitigkeit ohne Rechtsbeistand unzumutbar sei[718]. Unter Geltung des neuen Schiedsverfahrensrecht hat sich der BGH gegen eine Kündigungsmöglichkeit ausgesprochen. Nach der Ansicht des BGH sei eine Schiedsvereinbarung bei Verarmung einer Partei undurchführbar (§ 1032 Abs. 1 ZPO). Einer Kündigung bedürfe es nicht mehr[719]. Im Hinblick auf die notwendige einheitliche Beilegung in Sportstreitigkeiten sind diese Ausnahmen von der Bindung an eine Schiedsvereinbarung, unabhängig von ihrer dogmatischen Begründung, im Falle einer verarmten Partei freilich zu bedauern. Um Sportstreitigkeiten auch in diesen Ausnahmefällen schiedsrichterlich beilegen zu können, wäre daher die Aufnahme einer Regelung zur Gewährung von Prozesskostenhilfe in die Schiedsordnung eines Sportschiedsgerichts zu erwägen, dessen Kostenträger die Sportverbände sind[720].

F. Schiedsklauseln in Satzungen

Sportverbände verfolgen die einheitliche Durchsetzung der Regelwerke gegenüber den Sportlern vermehrt über vertragliche Bindungsmodelle. Daneben kommt auch dem satzungsrechtlichen Bindungsmodell große Bedeutung zu, da die Vereinssatzung grundsätzlich der übliche Weg zur Regelung der Vereinsangelegenheiten ist. Dementsprechend versuchen viele Verbände und Vereine den ordentlichen Rechtsweg auf diesem Wege auszuschließen. Satzungsmäßige Schiedsklauseln haben sich seit Mitte des 18. Jahrhunderts in der Praxis zunehmend ausgebreitet[721] und sind auch heute noch in den Satzungen zahlreicher Sportverbände anzutreffen[722]. Fraglich ist zunächst, wie satzungsmäßige Schiedsklauseln in das System der §§ 1025 ff. ZPO einzuordnen sind.

I. Überblick über den Meinungsstreit

Das geltende Schiedsverfahrensrecht hält zwei Möglichkeiten bereit, wie eine Unterwerfung unter die Schiedsgerichtsbarkeit zustande kommen kann. Entweder können sich die Parteien durch eine Schiedsvereinbarung gem. § 1029 ZPO auf die Schiedsgerichtsbarkeit verständigen oder sie wird den Parteien aufgrund einseitiger Verfügung gem. § 1066 ZPO angeordnet. Die Einordnung satzungsmäßiger Schiedsklauseln in dieses duale System von vertraglichen Schiedsvereinbarungen nach § 1029 ZPO und einseitig angeordneter Verfügung nach §

---

718 Vgl. BGHZ 51, 82; *Stein/Jonas/Schlosser*, ZPO, § 1042 Rn. 38 m.w.N.

719 Vgl. BGH NJW 2000, 3720 ff.; OLG Düsseldorf NZG 2004, 916, 920.

720 Die Möglichkeit einer privaten Abwendungsbefugnis hat der BGH jedenfalls ausdrücklich offengelassen. Kririsch zu einer solchen Abwendungsbefugnis nach dem neuen dogmatischen Ansatz des BGH, *Kremer/Weimann*, MDR 2004, 181, 183 f.

721 Zu den Anfängen der Vereins- und Verbandsschiedsgerichtsbarkeit, vgl. *Vollmer*, S. 1; *Leist*, S. 167 ff.

722 Vgl. Drittes Kapitel:D. I. .

1066 ZPO ist umstritten[723]. Die h.M. in Rechtsprechung[724] und Literatur[725] ordnet satzungsmäßige Schiedsklauseln mit unterschiedlicher Begründung unter § 1066 ZPO ein[726]. Eine Mindermeinung ist hingegen der Auffassung, dass es sich bei den satzungsmäßigen Schiedsklauseln um Schiedsvereinbarungen i.S.d. § 1029 ZPO handele[727]. In der Regierungsbegründung zum Schiedsverfahrenneuregelungsgesetz heißt es u.a., dass satzungsmäßige Schiedsklauseln im Hinblick auf die im Gegensatz zu § 1027 ZPO a.F. liberalisierte Formvorschrift künftig unbedenklich seien, auch wenn man ihnen vertragsmäßigen Charakter beimesse[728]. Fraglich ist daher zunächst, welche Auswirkungen die unterschiedliche Einordnung mit sich bringt[729].

II. Auswirkungen des Meinungsstreits

Fallen satzungsmäßige Schiedsklauseln nach der h.M. unter § 1066 ZPO, sind die Anforderungen für eine derartige Unterwerfung im Gegensatz zu einer vertraglichen Schiedsvereinbarungen nach § 1029 ZPO nicht ausdrücklich geregelt[730]. Die Norm setzt vielmehr die Zulässigkeit von Schiedsklauseln voraus[731]. § 1066 ZPO ist lediglich zu entnehmen, dass solche nicht auf Vereinbarung beruhende Verfügungen „in gesetzlich statthafter Weise" erfolgt sein müssen. Soweit dies geschehen ist, verweist § 1066 ZPO auf eine entsprechende Anwendung der Vorschriften des 10. Buches der ZPO. Die überwiegende Ansicht folgert nun daraus, dass vor dem ordentlichen Gericht erhobene Klagen von

---

[723] Vgl. ausführlich dazu schon *Vollmer*, S. 17 ff.

[724] RGZ 88, 395, 397 ff.; 144, 96, 99 f.; 153, 267, 270; 165, 140, 143; BGH MDR 1951, 674; BGH NJW 1963, 203; BGH NJW 1967, 2057; BGH NJW 1980, 1049; zuletzt BGHZ 144, 146; vgl. auch OLG Hamm, NJW-RR 1993, 1535, 1536.

[725] *K. Schmidt*, JZ 1989, 1077, 1078 ff.; *ders.*, BB 1989, 2315; *ders.*, ZHR 162 (1998), 265, 275; *ders.*, BB 2001, 1857, 1861 ff.; *Haas*, ZGR 2001, 325 f.; *ders.*, SpuRt 2000, 139 f.; *Ebbing*, NZG 1999, 754 f.; *Anbuhl*, S. 98 ff.; *Baur*, ZZP 72, 3, 26; *Kölbl*, S. 43 ff., 204; *Kornblum*, S. 215; MünchKommBGB/*Reuter*, § 25 Rn. 14; *Weidemann*, S. 9 ff.; *Kees*, S. 25 ff.; MünchKommZPO/*Maier*, § 1048 Rn. 5 f.; MünchKommZPO/*Münch*, § 1066 Rn. 4; *Zöller/Geimer*, ZPO, § 1066 Rn. 2; *Baumbach/Lauterbach/Albers*, ZPO, § 1066 ZPO Rn. 2; *Reichert*, Rn. 2541; *Thomas/Putzo/Reichold*, ZPO, § 1066 Rn. 1. Nach teilweise vertretener Ansicht fallen auch Schiedsklauseln in Personengesellschaftsverträgen unter § 1066 ZPO, vgl. *K. Schmidt*, JZ 1989, 1077, 1081 ff.; *ders.* GmbHR 1990, 16, 17 f.; *ders.*, ZHR 162 (1998), 265, 275; *ders.*, BB 2001, 1857, 1861 ff.; *Ebbing*, NZG 1999, 754, 755 f.

[726] Ebenso § 1048 ZPO a.F.

[727] *Stein/Jonas/Schlosser*, ZPO, § 1066 Rn. 10 ff.; *Schwab/Walter*, Kap. 32 Rn. 5; *Hadding*, in FS Fischer, S. 178 ff.; *Soergel/Hadding*, BGB, § 25 Rn. 11 ff., 26a; *Staudinger/Weik*, BGB, vor § 21 Rn. 52; *Schütte*, S. 42 ff.

[728] BT-Drucks. 13/5274, S. 66.

[729] Die rechtspolitische Tragweite der Diskussion unter der Geltung alten Rechts betonend *K. Schmidt*, JZ 1989, 1077.

[730] *K. Schmidt*, JZ 1989, 1077, 1078; *Haas*, ZGR 2001, 325, 327; *ders.*, SpuRt 2000, 139, 140.

[731] *K. Schmidt*, JZ 1989, 1077, 1080; *Haas*, ZGR 2001, 325, 327.

Verbrauchern grundsätzlich auch dann der Schiedsgerichtseinrede gem. § 1032 ZPO ausgesetzt sein können, wenn sie sich nicht, wie dies § 1031 Abs. 5 ZPO verlangt[732], ausdrücklich in einer von den Parteien unterzeichneten Urkunde der Schiedsgerichtsbarkeit unterworfen haben[733].

Fallen satzungsmäßige Schiedsklauseln hingegen unter § 1029 ZPO, muss das Schriftformerfordernis des § 1031 ZPO eingehalten werden. Nach § 1031 Abs. 5 ZPO müssen Schiedsvereinbarungen, an denen Verbraucher beteiligt sind, dann in einer von den Parteien unterzeichneten Urkunde enthalten sein. Die Bindung eines unter den Verbraucherbegriff fallenden Vereinsmitglieds an die satzungsmäßige Schiedsklausel wäre danach stets von dessen eigenhändiger schriftlicher Unterwerfung in der Form des § 1031 Abs. 5 ZPO abhängig. Fehlt es an einer Unterwerfung in dieser Art und Weise, wären die Mitglieder nicht an die Schiedsklausel des Vereins gebunden. Vereine könnten nach dieser Ansicht zukünftig keine satzungsmäßigen Schiedsklauseln mit Wirkung für alle Mitglieder erlassen. Da Schiedsklauseln für die Vereinigung aber nur dann sinnvoll sind, wenn alle potentiellen Streitparteien daran gebunden sind, wäre die schiedsgerichtliche Streitentscheidung auf diese Weise für die Vereinigung nicht mehr praktikabel[734]. Die Anwendung der für die vertraglichen Schiedsgerichte geltende Formanforderung des § 1031 Abs. 5 ZPO würde somit eine beträchtliche Verschärfung für die Unterwerfung unter satzungsmäßige Schiedsklauseln darstellen[735]. Der Gesetzgeber scheint dies übersehen zu haben, wenn er in der Regierungsbegründung zum Schiedsverfahrenneuregelungsgesetz formuliert, dass satzungsmäßige Schiedsklauseln im Hinblick auf die im Gegensatz zu § 1027 ZPO a.F. liberalisierte Formvorschrift künftig unbedenklich seien, auch wenn man ihnen vertragsmäßigen Charakter beimesse[736]. Diese Einschätzung des Gesetzgebers muss man wohl, angesichts der dargelegten Auswirkungen, als krasse Fehleinschätzung ansehen[737]. Damit hat die Einordnung der satzungsmäßigen Schiedsklauseln auch noch unter Geltung der liberalisierten Formvorschrift des § 1031 ZPO weit reichende Folgen und bedarf daher einer Klärung.

---

[732] Vgl. ausführlich Drittes Kapitel:E. III. 1. a) .

[733] RGZ 153, 269; *Zöller/Geimer*, ZPO, § 1066 Rn. 2; MünchKommZPO/*Münch*, § 1066 Rn. 16; differenzierend MünchKommBGB/*Reuter*, § 25 Rn. 14

[734] *Ebbing*, NZG 2000, 897, 899.

[735] *K. Schmidt*, ZHR 162 (1998), 265, 274.

[736] BT-Drucks. 13/5274, S. 66.

[737] So *K. Schmidt*, ZHR 162 (1998), 265, 274; ihm folgend *Schwab/Walter*, Kap. 32 Rn. 6.

III. Stellungnahme

Im Mittelpunkt der Streitigkeit um die Einordnung der satzungsmäßigen Schiedsklausel steht die Vorschrift des § 1066 ZPO[738]. Da es sich bei einer Vereins- oder Verbandssatzung nicht um eine letztwillige Verfügung handelt, bleibt für die Einordnung der satzungsmäßigen Schiedsklauseln unter den Anwendungsbereich der Norm nur die Tatbestandsalternative des „nicht auf Vereinbarung beruhender Verfügung angeordneten Schiedsgerichtes" übrig.

1. Das Merkmal „Nicht auf Vereinbarung beruhende Verfügung" i.S.d. § 1066 ZPO

Der überwiegende Teil in der Literatur meint die Lösung des Problems um die Einordnung der satzungsmäßigen Schiedsklausel unter § 1029 ZPO oder § 1066 ZPO in der strittigen Rechtsnatur der Satzung zu finden (Norm- oder Vertragstheorie[739]). Folge man der Normtheorie[740], wonach die Verbindlichkeit der Satzung auf deren Normcharakter beruhe, handele es sich bei einer satzungsmäßigen Schiedsklausel um eine nicht auf Vereinbarung beruhende Verfügung, für die § 1066 ZPO einschlägig sei[741]. Die Anhänger der Vertragstheorie[742] hingegen stellen für die Rechtsnatur der Satzung auf den Vertragscharakter des Gründungs- bzw. Beitrittsgeschäfts ab. Dementsprechend handele es sich bei der satzungsmäßigen Schiedsklausel um eine auf Vereinbarung beruhende Schiedsabrede gem. § 1029 ZPO[743].

Nach einer in jüngerer Zeit zunehmend vertretenen Ansicht[744] trage das Gesetz mit der Unterscheidung zwischen § 1066 ZPO und § 1029 ZPO der unterschiedlichen Art und Weise Rechnung, wie die Schiedsgerichtszuständigkeit für die Parteien begründet werden könne. Danach stehen sich zwei Grundkonzeptionen gegenüber. Auf der einen Seite stehe die Begründung der Schiedsgerichtsbarkeit mittels einer individuellen Zustimmung der Parteien gem. § 1029 ZPO, auf der

---

[738] § 1066 ZPO lautet: „Für Schiedsgerichte, die in gesetzlich statthafter Weise durch letztwillige Verfügung oder andere nicht auf Vereinbarung beruhende Verfügung angeordnet werden, gelten die Vorschriften dieses Buches entsprechend".

[739] Vgl. dazu *Vollmer*, S. 18 ff.; *Soergel/Hadding*, BGB, vor § 21 Rn. 48 ff.; § 25 Rn. 11 ff.; *Reichert*, Rn. 70; *Oschütz*, S. 206 f.

[740] *V. Gierke*, S. 142 f. 486; *Meyer-Cording*, S. 31 ff., 46 ff.; *Baecker*, S. 32; MünchKommBGB/*Reuter*, § 25 Rn. 9 f.; *Ebenroth*, JZ 1987, 265, 267.

[741] *Vollmer*, S. 20 ff.; MünchKommBGB/*Reuter*, § 25 Rn. 14.

[742] *Hadding*, in FS Fischer, S. 165 ff.; *Soergel/Hadding*, BGB, vor § 21 Rn. 50, § 25 Rn. 17; *v. Thur*, S. 502 ff.; *Staudinger/Weik*, BGB, vor § 21 Rn. 52; *Schütte*, S. 42 ff.

[743] *Stein/Jonas/Schlosser*, ZPO, § 1066 Rn. 10 ff.; *Schwab/Walter*, Kap. 32 Rn. 5; *Hadding*, in FS Fischer, S. 178 ff.; *Soergel/Hadding*, BGB, § 25 Rn. 26a.

[744] So schon *K. Schmidt*, JZ 1989, 1077, 1079; *ders.*, ZHR 162 (1998), 265, 273 ff.; *Ebbing*, NZG 1999, 764; *Goette*, DStR 2000, 937, 939; *Haas*, ZGR 2001, 325, 326; wohl auch MünchKommZPO/*Münch*, § 1066 Rn 4.

anderen Seite stehe eine Bindung der Parteien ohne deren individuelle Zustimmung, vorausgesetzt sie geschehe „in gesetzlich statthafter Weise“[745]. Die kollektive Willensbildung des Verbandes soll nach dieser Konzeption die individuelle Zustimmung des einzelnen Mitglieds ersetzen. Wirke sie nun in dieser Weise gegen jedes Verbandsmitglied, d.h. ohne dessen individuelle Unterwerfung, stehe sie dem gesetzlichen Leitbild des § 1066 ZPO näher als § 1029 ZPO[746]. Die Wirkung einer satzungsmäßigen Schiedsklausel könne daher nur mit § 1066 ZPO begründet werden[747].

a) Wortlaut

Obwohl der Hauptanwendungsbereich des § 1066 ZPO in der Praxis bei den satzungsmäßigen Schiedsklauseln liegt[748], sind sie in der Vorschrift nicht explizit erwähnt. Generell besticht die Vorschrift auch nicht gerade durch ihre Klarheit. Das Merkmal der „nicht auf Vereinbarung beruhende Verfügung“ i.S.d. § 1066 ZPO könnte sich sowohl auf die dogmatische Einordnung als nichtvertragliche Schiedsvereinbarung beziehen, als auch auf nicht durch individuelle Vereinbarung zustande gekommene Schiedsvereinbarungen Bezug nehmen. Insofern sind beide vertretenen Auslegungsalternativen vom Wortlaut der Norm gedeckt. Angesichts der Diskussion um die satzungsmäßigen Schiedsklauseln ist es bedauerlich, dass der Gesetzgeber den erkennbar unklaren Wortlaut der Norm im Schiedsverfahrensneuregelungsgesetz beibehalten hat und die Lösung des Problems ausdrücklich der Rechtspraxis überlassen hat[749]. Zur Diskussion um die Einordnung der satzungsmäßigen Schiedsklauseln kann der Wortlaut daher nichts beitragen.

b) Historische Auslegung

Der heutige § 1066 ZPO geht zurück auf eine gesetzliche Regelung im Codex Juris Bavarici Judicarii von 1753[750]. Von dort aus gelangte sie als Art. 1344 in die bayrische ZPO vom 29.04.1869[751] und wurde fast wörtlich in das geltende

---

[745] Vgl. *K. Schmidt*, JZ 1989, 1077, 1079; *Haas*, ZGR 2001, 325, 326.

[746] *Haas*, ZGR 2001, 325, 326; *Kölbl*, S. 43 ff.; 204; *Oschütz*, S. 208 f.

[747] MünchKommZPO/*Münch*, § 1066 Rn. 4.

[748] MünchKommZPO/*Münch*, § 1066 Rn. 1; *K. Schmidt*, JZ 1989, 1077.

[749] BT-Drucks. 13/5274, S. 66.

[750] Kap. XVII, § 2, Nr. 12 des Codex Juris Bavarici Judicarii:

„Soviel endlich die durch letztwillige oder andere Dispositionen verordneten Compromisse betrifft, so kann sich ihrer kein Successor ohne Bewilligung der anderen Mitinteressenten entschlagen, wobei es aber übrigens mit der dergleichen Schiedsrichtern die nämliche Beschaffenheit hat, wie mit denen, welche sich die Parteien selbst aus freiem Willen gewählt haben.“

[751] Art. 1344 bayr. ZPO:

Prozessrecht mit Inkrafttreten der Zivilprozessordnung vom 30. Januar 1877 als damaliger § 872 ZPO übernommen[752]. Der unklare Wortlaut der Norm blieb dem Rechtsanwender somit bedauerlicherweise trotz zweier Gesetzesnovellen[753] und zahlreicher Aufrufe, diese Norm zu überarbeiten, weiterhin erhalten[754].

Satzungsmäßige Schiedsklauseln waren schon im 19. Jahrhundert in der Praxis vorzufinden[755]. Sie wurden im 19. Jahrhundert als Vertragsschiedsgerichte angesehen, bei denen der Schiedsvertrag durch Erwerb der Mitgliedschaft zustande kam[756]. Nach der für vertragliche Schiedsklauseln geltenden Formvorschrift (§ 853 ZPO), konnte jede Partei die Errichtung einer schriftlichen Urkunde über den Vertrag verlangen, falls nach den Bestimmungen des bürgerlichen Rechts ein mündlicher Schiedsvertrag gültig war. Da satzungsmäßige Schiedsklauseln nie mündlich geschlossen wurden und sie somit nicht unter den Anwendungsbereich der damals geltenden Formvorschrift fielen, bestand aus praktischer Sicht kein gesteigerter Anlass, über deren Einordnung unter den Anwendungsbereich des § 872 ZPO nachzudenken[757]. Trotzdem wurde in der Literatur bereits hervorgehoben, dass sich eine Gleichbehandlung der satzungsmäßigen Schiedsklauseln mit den testamentarischen Schiedsanordnungen mit Blick auf deren Sonderstellung gebietet[758]. Der erst Jahre später entwickelten, auf v. Gierke zurückgehenden Autonomielehre[759] und dem Normcharakter der Satzung bedurfte es demnach nicht, um die satzungsmäßigen Schiedsklauseln als „nicht auf Vereinbarung beruhend“ anzusehen[760]. Die Qualifizierung der Satzung im Sinne der Normtheorie[761] untermauert aber die Einordnung der

---

„Auf Schiedsgerichte, welche in gesetzlich statthafter Weise durch letztwillige oder andere nicht auf Übereinkunft beruhende Disposition angeordnet werden, finden die für die Fälle des Art. 1319 Abs. 2 gegebenen Vorschriften Anwendung.“

Art. 1319 Abs. 2 bayr. ZPO:

„Die Parteien können auch im voraus übereinkommen, dass Streitigkeiten, welche bezüglich eines zwischen ihnen abgeschlossenen Vertrages oder sonst obwaltenden Rechtsverhältnissen künftig entstehen, durch Schiedsrichter zu entscheiden seien [...]“

752 Zur Herkunft der Norm siehe auch *K. Schmidt*, JZ 1989, 1077, 1078; *Vollmer*, S. 61 f.

753 ZPO-Novelle vom 27.10.1933, RGBl. I, S. 780; Reform des Schiedsverfahrensrechts vom 22.12.1997, SchVfG, BGBl. 1997 I, S. 3224.

754 Kritik bei *K. Schmidt*, ZHR 162 (1998), 265, 274; mit weiteren Beispielen kritischer Literaturstimmen, *K. Schmidt*, JZ 1989, 1077.

755 Mot. PreußE HGB, 1857, S. 588; ROHGE 2, 426 f.; RGZ 42, 305, 307; *K. Schmidt*, JZ 1989, 1077, 1078; *Vollmer*, S. 18, 62.

756 RGZ 42, 305, 307; *Vollmer*, S. 18, 62; *K. Schmidt*, JZ 1989, 1077, 1078 f., jeweils m.w.N.

757 So wird teilweise die Einführung des § 1027 Abs. 1 ZPO für eine Hinwendung der Rechtsprechung zur Normtheorie verantwortlich gemacht, vgl. *Vollmer*, S. 18; anders *K. Schmidt*, JZ 1989, 1077, 1078 mit Hinweis auf RGZ 42, 305, 307.

758 Vgl. *Dernburg*, S. 282 f.; *Wach*, S. 67; *K. Schmidt*, JZ 1989, 1077, 1078 ff. m.w.N.

759 *V. Gierke*, Genossenschaftstheorie, S. 436.

760 So auch *K. Schmidt*, JZ 1989, 1077, 1078 ff. m.w.N.

761 *V. Gierke*, Deutsches Privatrecht I, S. 142 f., 486.

satzungsmäßigen Schiedsklauseln unter die nichtvertraglichen Schiedsgerichtsanordnungen und ist somit ein für die Normtheorie streitendes Stimmigkeitsargument[762]. Somit trug die Normtheorie zwar dazu bei, dass die Rechtsfiguren Vertrag oder Norm in die Diskussion um die Einordnung der satzungsmäßigen Schiedsklauseln unter § 872 ZPO eingingen[763], notwendig für die Einordnung der satzungsmäßigen Schiedsklauseln unter die nichtvertraglichen Schiedsgerichtsanordnungen war dies jedoch nicht.

Durch die BGB-Novelle vom 17.05.1898 wurde aus § 872 ZPO der wortgleiche § 1048 ZPO. In den darauf folgenden Jahren war die Einordnung der satzungsmäßigen Schiedsklauseln unter § 1048 ZPO herrschende Ansicht[764]. Drei Jahrzehnte später befasste sich der Gesetzgeber mit einer umfassenden Neuregelung des Schiedsgerichtswesens. Aus dem Entwurf einer Zivilprozessordnung von 1931[765] und der daraus hervorgegangenen ZPO-Novelle vom 27.10.1933[766] ergeben sich weitere Hinweise darauf, dass die Einordnung der satzungsmäßigen Schiedsklauseln nicht von deren dogmatischer Einordnung abhängt. § 739 des Entwurfs[767] sah vor, dass der Schiedsvertrag, sofern nicht für beide Teile als Vollkaufleute ein Handelsgeschäft, in einer besonderen Urkunde niedergelegt sein müsse. Obwohl § 739 des Entwurfs für Schiedsverträge ganz allgemein eine Schriftform vorsah, bestimmte § 768 des Entwurfs[768] in einem zweiten Absatz, dass auch für solche Schiedsgerichtsanordnungen, deren Wirksamkeit für den Einzelnen von seinem Beitritt zu einer Vereinigung oder von einer Mitgliedschaft abhängt, die Unterwerfung unter das Schiedsgericht zu gesonderter Urkunde ausdrücklich erklärt werden müsse. Ordnet man nun die satzungsmäßigen Schiedsklauseln den vertraglichen Schiedsvereinbarungen zu, hätte die für vertragliche Schiedsvereinbarungen geltende Formvorschrift des § 739 des Entwurfs bereits weitgehend eine Erklärung in gesonderter Urkunde gefordert. Eines speziell auf die satzungsmäßigen Schiedsklauseln bezogenen zweiten Absatzes im Rahmen des § 768 des Entwurfs, welcher auch eine gesonderte Urkunde fordert, hätte es nicht bedurft. Die ZPO-Novelle vom 27.10.1933 verzichtete auf § 768 Abs. 2 des Entwurfs bei der Neufassung des § 1048 ZPO. Jedoch zeigt die Diskussion um die Aufnahme des zweiten Absatzes und schließlich die Entscheidung des Gesetzgebers, darauf zu verzichten, zweierlei: Zum einen, dass die satzungsmäßigen Schiedsklauseln unter § 1048 ZPO fallen, und zum ande-

---

[762] *K. Schmidt*, ZHR 162 (1998), 265, 275.

[763] *Vollmer*, S. 62.

[764] RGZ 88, 395, 397 f.; RG JW 1930, 3490; K. Schmidt, 1989, 1077, 1080 m.w.N.

[765] Entwurf einer Zivilprozessordnung, 1931, veröffentlicht durch das Reichsjustizministerium, nebst Erläuterungen zum Entwurf, §§ 737-768.

[766] RGBl. I, S. 780 ff., 785.

[767] Später übernommen als § 1027 ZPO der Gesetzesnovelle.

[768] Entsprach § 1048 ZPO a.F.

ren, dass die Formvorschrift des § 1027 ZPO keine Anwendung finden soll[769]. Die historische Entwicklung des § 1066 ZPO spricht somit einerseits für eine von der Rechtsnatur der Satzung unabhängige Einordnung der satzungsmäßigen Schiedsklauseln in das System der ZPO und andererseits gegen eine unmittelbare Geltung der für vertragliche Schiedsvereinbarungen geltenden Formanforderungen.

c) Mitgliederschutz

Die Diskussion um den soeben angesprochenen § 768 Abs. 2 des Entwurfs lenkt den Blick auf den Kern des Problems um die Einordnung satzungsmäßiger Schiedsklauseln. Mit der Einführung des § 1027 ZPO a.F. (§ 739 des Entwurfs) durch die ZPO-Novelle von 1933 sollten die Missstände und Gefahren bekämpft werden, die sich schon beim Abschluss des Schiedsvertrags gezeigt hatten. Die Schriftform wurde vom Gesetzgeber als notwendig erachtet, um einerseits, wegen der Wichtigkeit des Schiedsvertrages, Abschluss und Inhalt der getroffenen Vereinbarung genau festzulegen. Andererseits sollte das Augenmerk der Parteien durch das Erfordernis der Erklärung zu gesonderter Urkunde auf die Schiedsabrede hingelenkt werden, um so zu verhindern, dass der ordentliche Rechtsweg durch die einem umfangreichen Vertrag angehängte, leicht übersehbare Klausel oder gar durch Verweisung auf Allgemeine Geschäftsbedingungen ausgeschlossen wird, ohne dass sich der Betroffene über die Tragweite seiner Unterwerfung unter das Schiedsgericht klar wird[770]. Nach dem Willen des Gesetzgebers sollte die Formvorschrift demnach dem Nachweis der Schiedsvereinbarung und dem Schutz des von ihr Betroffenen dienen[771]. § 768 Abs. 2 des Entwurfs sollte diesen, von der Formvorschrift intendierten Schutz im Rahmen vertraglicher Schiedsvereinbarungen ebenso auf die satzungsmäßigen Schiedsklauseln erstrecken. Das dem nicht so sein sollte, hat der Gesetzgeber von 1933 durch die Nichtaufnahme des § 768 Abs. 2 in den § 1048 ZPO a.F. klargestellt. Auch das Schiedsverfahrensneuregelungsgesetz hat durch die wörtliche Übernahme des § 1048 ZPO a.F. in § 1066 ZPO von einer ausdrücklichen Änderung der Norm abgesehen.

Trotz dieser Vorgaben sollen nach teilweise vertretener Ansicht satzungsmäßige Schiedsklauseln unter die vertraglichen Schiedsvereinbarungen eingeordnet werden, da auf diese Weise der von der Formvorschrift des § 1031 ZPO intendierte Schutz dem besonderen Schutzbedürfnis von Vereinsmitgliedern Rechnung trage[772]. Obwohl der BGH satzungsmäßige Schiedsklauseln in ständiger

---

[769] *Vollmer*, S. 83; *v. Trotha*, DB 1988, 1367, 1369; *K. Schmidt*, JZ 1989, 1077, 1081.

[770] Amtl. Begründung zum Entwurf zu einer ZPO von 1931, § 739 ZPO, S. 394, 395; vgl. auch *Vollmer*, S. 82 ff.

[771] Vgl. allgemein zum Formzweck Drittes Kapitel:G. IV. 2. d) .

[772] Vgl. *Schwab/Walter*, Kap. 32 Rn. 6; *Summerer*, PHB, S. 168; *Stein/Jonas/Schlosser*, ZPO, § 1066 Rn. 10.

Rechtssprechung unter die außervertraglichen Schiedsgerichte einordnet, hat er in einer jüngeren Entscheidung die für vertragliche Schiedsvereinbarungen geltenden Formanforderungen zum Schutze der Freiwilligkeit des Vereinsmitglieds bei der Unterwerfung unter Schiedsklauseln in Satzungen von sozial oder wirtschaftlich mächtigen Vereinen übertragen[773]. Somit folgt aus der Einordnung der satzungsmäßigen Schiedsklauseln unter § 1066 ZPO nicht auch zwangsläufig die Unanwendbarkeit des § 1031 ZPO. Damit spricht aber auch das Schutzbedürfnis der Vereinsmitglieder nicht zwingend für eine dogmatische Einordnung der satzungsmäßigen Schiedsklausel unter § 1029 ZPO.

d) Zwischenergebnis

Die bisherige Erörterung hat gezeigt, dass weder der Wortlaut noch die Historie der Norm noch Gründe des Mitgliederschutzes für eine Einordnung der satzungsmäßigen Schiedsklausel unter die vertraglichen Schiedsvereinbarungen nach § 1029 ZPO sprechen. Die Historie der Norm spricht hingegen für eine von der Rechtsnatur der Satzung unabhängige Einordnung der satzungsmäßigen Schiedsklauseln. Daher können satzungsmäßige Schiedsklauseln selbst dann als „nicht auf Vereinbarung beruhenden Verfügungen" i.S.d. § 1066 ZPO angesehen werden, wenn man im Hinblick auf die Rechtsnatur der Satzung der Vertragstheorie folgt.

e) Differenzierung nach der Art und Weise der Begründung der schiedsrichterlichen Zuständigkeit

Ist damit die Einordnung der satzungsmäßigen Schiedsklausel unabhängig von ihrer umstrittenen Rechtsnatur vorzunehmen, stellt sich die Frage, welche Bedeutung dem Merkmal der „nicht auf Vereinbarung beruhenden Verfügung" zukommt. Stellt man zusammen mit der im Vordringen befindlichen Ansicht auf die unterschiedliche Art und Weise ab, wie die Schiedsgerichtszuständigkeit für die Parteien begründet werden kann, erhält dieses Tatbestandsmerkmal klare Konturen, so dass sich der Anwendungsbereich des § 1029 ZPO und der des § 1066 ZPO eindeutig voneinander abgrenzen lässt. Auf der einen Seite steht die Begründung der Schiedsgerichtsbarkeit mittels einer individuellen Zustimmung der Parteien gem. § 1029 ZPO, auf der anderen Seite steht eine Bindung der Parteien ohne deren individuelle Zustimmung, die unter den Anwendungsbereich des § 1066 ZPO fällt. Für diese Ansicht spricht mithin, dass sie dem Merkmal der „nicht auf Vereinbarung beruhenden Verfügung" eine eigenständige Bedeutung gibt und darüber hinaus eine klare Abgrenzung der Anwendungsbereiche der § 1029 und § 1066 ZPO ermöglicht. Da die satzungsmäßige Schiedsklausel gegen jedes Vereinsmitglied, d.h. ohne dessen individuelle Unterwerfung wirkt, steht sie dem gesetzlichen Leitbild des § 1066 ZPO näher als §

[773] Vgl. BGHZ 144, 146 = DStR 2000, 937.

1029 ZPO. Sie ist daher zusammen mit der h.M. unter § 1066 ZPO zu subsumieren.

2. Das Merkmal „In gesetzlich statthafter Weise" i.S.d. § 1066 ZPO

§ 1066 ZPO ist zu entnehmen, dass nicht auf Vereinbarung beruhende Verfügungen „in gesetzlich statthafter Weise" erfolgt sein müssen. Wann dies der Fall ist, wird kontrovers diskutiert.

a) Grundsatz

Eine früher vertretene Ansicht meint, die zur Erfüllung des Tatbestandsmerkmals notwendigen Erfordernisse seien überhaupt nicht in der ZPO geregelt, sondern dem materiellen Recht zu entnehmen[774]. Nach dieser Ansicht würde es für die Zulässigkeit der satzungsmäßigen Schiedsklauseln ausreichen, wenn es nach vereinsrechtlichen Grundsätzen möglich ist, dass ein Verein aufgrund seiner Satzungsgewalt einseitig für alle Mitglieder verbindlich eine schiedsrichterliche Streiterledigung anordnen kann[775]. Eine andere Ansicht hingegen beurteilt die Zulässigkeit einer Unterwerfung unter satzungsmäßige Schiedsklauseln nicht nur danach, ob jemand nach materiellem Recht befugt ist, den sachlichen Inhalt von Rechten einseitig zu regeln, sondern darüber hinaus, ob sie nach prozessrechtlichen Grundsätzen zulässig ist[776]. Für diese Ansicht spricht, dass nur so die vom Gesetzgeber zum Schutz der Betroffenen aufgestellten Anforderungen umfassend beachtet werden können, die ihren Ausdruck sowohl im materiellen Recht als auch in den prozessrechtlichen Grundsätzen finden. Diese Sichtweise ergibt sich auch aus einem Vergleich mit den Voraussetzungen für vertragliche Schiedsvereinbarungen i.S.d. § 1029 ZPO. Auch hier regelt § 1029 ZPO nicht alle Voraussetzungen für das Zustandekommen der Schiedsvereinbarung selbst. Abhängig von der rechtlichen Qualifikation der Schiedsvereinbarung[777] kommen die §§ 145 ff. BGB direkt oder entsprechend zur Anwendung. Darüber hinaus enthalten die §§ 1029 ff. ZPO besondere Voraussetzungen für die Wirksamkeit

---

[774] *Schönke*, S. 101; *Leist*, S. 174.

[775] In diesem Sinn wohl auch *Oschütz*, S. 210.

[776] *Vollmer*, S. 63 f.

[777] Nach einer früher vertretenen Ansicht handelt es sich bei einer Schiedsvereinbarung um einen materiellrechtlichen Vertrag, vgl. *Blomeyer*, in FG Rosenberg, 1949, S. 51 ff.; *Lorenz*, AcP 157 (1958/59), S. 265 ff.; nach anderer Ansicht handelt es sich um einen Prozessvertrag, vgl. BGHZ 99, 143, 147; OLG Frankfurt OLGZ 1967, 435; *Schwab/Walter*, Kap. 7 Rn. 37; *Stein/Jonas/Schlosser*, ZPO, § 1029 Rn. 1; Rn. 955; *Zöller/Geimer*, ZPO, § 1029 Rn. 15; nach einer vermittelnden Ansicht handelt es sich bei der Schiedsvereinbarung um einen materiellrechtlichen Vertrag über prozessuale Beziehungen, vgl. BGHZ 23, 198; 40, 320, 322; 49, 384, 386; BGH WM 1973, 312, 313; *Habscheid*, KTS 1955, S. 33 ff.; *Lachmann*, Rn. 193; *Lionnet/Lionnet*, S. 180; MünchKommZPO/*Münch*, § 1029 Rn. 6; *Musilak/Voit*, ZPO, § 1029 Rn. 3; vgl. zu dieser Rechtsfigur *Wagner*, Prozessverträge, S. 47.

vertraglicher Schiedsvereinbarungen i.S.d. § 1029 ZPO. Dazu gehören der Bestimmtheitsgrundsatz (§ 1029 ZPO), die Schiedsfähigkeit (§ 1030 ZPO) sowie die Form (§ 1031 ZPO). Ebenso regelt § 1066 ZPO die Anforderungen an das Zustandekommen der Bindung an satzungsmäßige Schiedsklauseln nicht selbst. Sie sind vielmehr dem materiellen Recht zu entnehmen. Die besonderen Voraussetzungen für die Wirksamkeit einer Unterwerfung unter die Schiedsgerichtsbarkeit ergeben sich darüber hinaus aus §§ 1029 ff. ZPO. Fraglich ist jedoch, ob auch die Formanforderungen des § 1031 ZPO auf Schiedsvereinbarungen i.S.d. § 1066 ZPO zur Anwendung kommen. Die Formvorschrift des § 1031 ZPO orientiert sich nämlich, anders als der Bestimmtheitsgrundsatz gem. § 1029 ZPO oder die Schiedsfähigkeit nach § 1030 ZPO, im Hinblick auf das Zustandekommen der Schiedsvereinbarung an einer Bindung mittels individueller Zustimmung nach den §§ 145 ff. BGB, während der Anwendungsbereich des § 1066 ZPO hingegen bei einer Bindung ohne individuelle Zustimmung liegt. Der damit verbundene systematische Unterschied im Hinblick auf das Zustandekommen der Bindung – mit oder ohne individuelle Zustimmung der Parteien – spricht gegen die Anwendbarkeit des § 1031 ZPO auf satzungsmäßige Schiedsklauseln, die ohne individuelle Zustimmung der Mitglieder gelten.

b) Entsprechende Anwendung des § 1031 ZPO

Der BGH hat in einer jüngeren Entscheidung zur Wirksamkeit einer satzungsmäßigen Schiedsklausel eines Hundezüchtervereins die vom Gesetzgeber nicht ausdrücklich geregelten Anforderungen an die Zulässigkeit satzungsmäßiger Schiedsklauseln herausgearbeitet und dabei die Formanforderungen des § 1027 ZPO a.F. aus Schutzerwägungen heraus auf satzungsmäßige Schiedsklauseln übertragen[778]. Daher stellt sich die Frage, ob die Firmanforderungen des § 1031 ZPO ausnahmsweise auf satzungsmäßige Schiedsklauseln entsprechend anzuwenden sind.

aa) Ansicht des BGH

Zunächst ordnet der BGH satzungsmäßige Schiedsklauseln, seiner bisherigen Ansicht folgend[779], unter die außervertraglichen Schiedsgerichte gem. § 1048 ZPO a.F. ein[780]. Vor dem Hintergrund der allgemeinen verfassungsrechtlichen Vorgaben für eine wirksame Unterwerfung unter die Schiedsgerichtsbarkeit sei im Bereich der satzungsmäßigen Schiedsklauseln wie auch bei einer individuel-

---

[778] Vgl. BGHZ 144, 146 = DStR 2000, 937; zustimmend *Prinz von Sachsen Gessaphe*, LM Art. 2 GG Nr. 74; ablehnend *Haas*, ZGR 2001, 325 ff.; *ders.*, SpuRt 2000, 139 ff.; *Ebbing*, NZG 2000, 897, 898 f.; *Kröll*, NJW 2001, 1176.

[779] BGH MDR 1951, 674; BGH NJW 1963, 203; BGH NJW 1967, 2057; BGH NJW 1980, 1049.

[780] Die Entscheidung erging noch zum alten Recht, weil es um die Beurteilung einer Schiedsklausel aus der Zeit vor dem 1.1.1998 ging, vgl. BGH DStR 2000, 937.

len vertraglichen Begründung der schiedsrichterlichen Zuständigkeit ein freiwilliger und bewusster Verzicht der Mitglieder auf die staatlichen Gerichte erforderlich[781]. Die von der Formvorschrift des § 1027 ZPO a.F. ausgehenden Beweis- und Schutzzwecke, darunter u.a. auch die Sicherung der bewussten und freiwilligen Entscheidung, würden durch die satzungsmäßige Form im Regelfall eingehalten[782]. Eine differenzierte Betrachtung sei jedoch bei einer nachträglichen Einführung einer satzungsmäßigen Schiedsklausel im Wege der Satzungsänderung geboten. Dort könne eine freiwillige Unterwerfung nur bei den der Satzungsänderung zustimmenden Mitgliedern angenommen werden sowie bei denjenigen Mitgliedern, die ihre Zustimmung durch die Aufrechterhaltung der Mitgliedschaft nach der Satzungsänderung indirekt zum Ausdruck brächten[783]. Letztere Konstruktion trage jedoch nur dann, wenn die Mitgliedschaft in der entsprechenden Vereinigung frei von wirtschaftlichen oder sozialen Zwängen sei. Handele es sich bei dem Vereinsaustritt nicht um eine zumutbare Alternative, sei die bewusste und freiwillige Unterwerfung unter die Schiedsgerichtsbarkeit mittels einer Übertragung der Formvorschrift des § 1027 ZPO a.F. sicherzustellen[784].

bb) Stellungnahme

Die fehlende Freiwilligkeit und damit fehlende Legitimation der privaten Schiedsgerichtsbarkeit wird auch in der Literatur bei satzungsmäßigen Schiedsklauseln sozial und wirtschaftlich mächtiger Vereinigungen bemängelt[785]. Zu Letzteren gehören insbesondere die Sportverbände, die durch ihre Organisationsstruktur eine solche Monopolstellung erlangt haben, dass für den Sportler die Teilnahme am organisierten Wettkampfsport außerhalb der bestehenden Verbandsstrukturen nahezu unmöglich ist[786]. Die Privatautonomie ist hier auf die Abschlussfreiheit reduziert, indem der einzelne Sportler nur noch die Wahl hat, sich der Satzung einschließlich der Schiedsklausel zu unterwerfen oder von der Teilnahme am organisierten Wettkampfsport ganz abzusehen. In dieser Zwangssituation ist eine Schutzbedürftigkeit des einzelnen Sportlers gegenüber den sozial mächtigen Sportverbänden somit nicht von der Hand zu weisen[787].

---

[781] BGH DStR 2000, 937, 938; vgl. auch BGHZ 71, 131, 135; *Gildeggen*, S. 2 f.; vgl. Drittes Kapitel:E. IV.

[782] BGH a.a.O.

[783] BGH a.a.O.

[784] BGH a.a.O.; schon vor der Entscheidung des BGH haben einige Stimmen in der Literatur die Zulässigkeit satzungsmäßiger Schiedsklauseln generell von der Frage abhängig gemacht, ob ein Verein oder Verband einem Aufnahmezwang unterliegt oder nicht, vgl. *Vollmer*, S. 124 ff.; MünchKommBGB/*Reuter*, § 25 Rn. 17; *K. Schmidt*, JZ 1989, 1077, 1082.

[785] So schon Vollmer, S. 15 f.

[786] Vgl. Erstes Kapitel:B. IV.

[787] Vgl. zu dieser Situation bereits Drittes Kapitel:E. IV.

Über den Grad an Schutzbedürftigkeit besteht Uneinigkeit. Teilweise wird eine erhöhte Schutzbedürftigkeit der Vereinsmitglieder festgestellt. Dies sei zum einen darauf zurückzuführen, dass bei einem Vereinseintritt die Gefahr, sich unreflektiert einer Schiedsklausel zu unterwerfen, die im Satzungswerk schlummert, noch größer sei als bei Individualabreden, bei denen einzelne Punkte frei ausgehandelt werden[788]; zum anderen auf eine unerträgliche Sportgerichtsrechtsprechung[789]. Andere schwächen letztere Aussage insoweit ab, als dass ein obligatorisches Schiedsgericht ganz bewusst zur Stärkung des Organisationszwangs und im Interesse an einer wirksamen Durchsetzung der Verbandsziele beschlossen werde und in der Erwartung erfolge, dass ein Schiedsgericht eher im Sinne der Verbandsbelange entscheide als ein staatliches Gericht[790]. Gegen ein erhöhtes Schutzbedürfnis spricht, dass sich Verband und Mitglieder der Verbandsfamilie nicht generell als Gegner gegenüberstehen, sondern in weiten Bereichen gleichgerichtete und nicht entgegengesetzte Interessen verfolgen. Daher fehlt die für Austauschverträge typische Gefahrenlage. Darüber hinaus bietet das demokratische Grundprinzip innerhalb der Vereinigungen, wenn auch durch die Verbandsstrukturen im Sport sehr verkümmert[791], doch eine gewisse Gewähr dafür, dass die beschlossenen Maßnahmen eine für alle Mitglieder annehmbare Regelung darstellen[792]. Das freilich bestehende und nicht zu leugnende Schutzbedürfnis des einzelnen Vereinsmitglieds gegenüber dem Sportverband ist daher jedenfalls nicht höher zu bewerten als das zweier ungleicher Vertragsparteien, die gänzlich entgegengesetzte Interessen verfolgen.

Um die Vereinsmitglieder davor zu schützen, dass ihnen Schiedsgerichte aufgezwungen werden, bieten sich grundsätzlich zwei Wege an. Ein formaler Schutz über eine Formanforderung oder ein materieller Schutz. Die vom BGH angenommene Prämisse, dass die Übertragung der Formvorschrift die Freiwilligkeit des Betroffenen sicherstelle, wird in der Literatur teilweise kritisiert[793]. In Ungleichgewichtslagen beispielsweise ist der Form nicht anzusehen, ob sie abgenötigt oder freiwillig eingehalten wurde. Die Einhaltung der Form besitzt keinerlei Aussagekraft hinsichtlich der zugrunde liegenden Motivation. Eine Formvorschrift kann daher niemanden davor schützen, dass der Ausschluss der staatlichen Gerichte nicht freiwillig erfolgt ist. Die materiellrechtliche Frage der Freiwilligkeit einer Einigung kann somit durch die Anforderungen an die Form einer Vereinbarung nicht beantwortet werden. Ein effektiver Schutz der Freiwilligkeit kann daher nur auf materieller Ebene erfolgen.

---

[788] Vgl. *Summerer*, PHB, S. 168.

[789] *Schwab/Walter*, Kap. 32 Rn. 6; vgl. auch *Vollmer*, S. 83.

[790] *Habscheid*, NJW 1962, S. 10; *Vollmer*, S. 84.

[791] Vgl. Erstes Kapitel:B. III. IV.

[792] Vgl. *Vollmer*, S. 83.

[793] Vgl. *Haas*, ZGR 2001, 325, 330; *K. Schmidt*, JZ 1989, 1077, 1081; *ders.*, ZHR 162 (1998), 265, 279; *Nicklisch*, BB 1972, 1285, 1286.

Die Ansicht des BGH ist nicht nur im Hinblick auf die mangelnde Schutzverwirklichung einer Formvorschrift, sondern auch im Hinblick auf ihre weit reichenden Konsequenzen auf Kritik gestoßen. Kritisiert wird, dass der BGH mit seiner Entscheidung der seit langem etablierten Vereins- und Verbandsgerichtsbarkeit den Boden entziehe[794]. Fraglich ist, ob das auch auf den Sportbereich zutrifft. Als sozial oder wirtschaftlich mächtig wird man jedenfalls die Sportverbände an der Spitze ansehen müssen[795], sowie einige Sportverbände oder -vereine im regionalen Bereich, die eine Monopolstellung innehaben. Auf die allermeisten Sportvereine an der Basis trifft dies jedoch nicht zu. Da eine Mitgliedschaft der Sportler in den Sportverbänden regelmäßig nicht besteht, sondern lediglich eine Mitgliedschaft in einem der nachgeordneten Sportvereine, könnte man nun der Auffassung sein, dass der Austritt aus einem Sportverein, dessen Satzung eine Schiedsklausel enthält, regelmäßig eine zumutbare Alternative für den Sportler nach Ansicht des BGH darstellt, ist ihm doch der Beitritt in eine Reihe weiterer Sportvereine der selben Sportart möglich. Diese Sichtweise wäre allerdings ein wenig kurzsichtig. Müssen nämlich alle Vereinssatzungen zwingend die Satzungen der übergeordneten Verbände und eine darin enthaltene Schiedsklausel inkorporieren, wie dies in der Sportpraxis überwiegend praktiziert wird[796], so stellt der Austritt aus dem einen Verein eben keine zumutbare Alternative für einen Sportler dar, da auch alle alternativ in Frage kommenden Vereine die entsprechende Schiedsklausel enthalten. Ist damit eine Sportausübung außerhalb der Sportverbandsregeln nicht möglich, kann es bei der Beurteilung der Zumutbarkeit eines Vereinsaustritts im Sportbereich nicht auf die soziale oder wirtschaftliche Machstellung des jeweiligen Vereins, sondern des Vereins als Teil des sozial oder wirtschaftlich mächtigen Sportverbandes ankommen. Da es insofern auf die regelmäßig im Sportbereich bestehende Monopolstellung der Sportverbände ankommt, ist die Ansicht des BGH für die Einführung einer allgemeinen Sportschiedsgerichtsbarkeit der Verbände über ein satzungsmäßiges Bindungsmodell zu beachten.

Die Folgen der Rechtsprechung des BGH für die Möglichkeit einer satzungsmäßigen Verankerung einer Sportverbandsschiedsgerichtsbarkeit zeigen sich umso deutlicher, wenn man sie konsequent weiterentwickelt. Der BGH hatte zwar nur über die Frage der vereinsrechtlichen Zulässigkeit satzungsmäßiger Schiedsklauseln zu entscheiden, wenn nachträglich mit Mehrheit eine Schiedsklausel beschlossen wird. Die vom BGH angewandten Grundsätze wird man aber auch dann anzuwenden haben, wenn es um den Beitritt eines Sportlers zu einem Verein der Verbandsfamilie geht, dessen Satzung eine Schiedsklausel enthält[797]. Auch dort hat der Sportler regelmäßig keine Alternative, wenn er vom Beitritt

[794] *Ebbing*, NZG 2000, 897, 899.

[795] Vgl. Erstes Kapitel:B. III. , IV.

[796] Vgl. Erstes Kapitel:B. IV.

[797] Vgl. dazu *Goette*, DStR 2000, 937, 939; *Haas*, ZGR 2001, 325, 348.

zur Verbandsfamilie abhängig ist. Die Wirksamkeit der im Satzungsregelwerk enthaltenen Schiedsklausel müsste nach den Grundsätzen des BGH dann ebenfalls von einer vertraglichen Schiedsvereinbarung in der Form des § 1031 ZPO abhängen. Die Ansicht des BGH führt im Ergebnis dazu, dass es für einen Sportverband auf korporationsrechtlichem Wege nicht möglich ist, die Sportregelwerke allen Sportlern gegenüber durch eine einheitlich zuständige Sportschiedsgerichtsbarkeit durchzusetzen, da einzelne Mitglieder der Sportvereine nur durch eine vertragliche Unterwerfung unter die Schiedsgerichtsbarkeit gebunden werden können. Die teilweise geäußerte Kritik an der Rechtssprechung des BGH im Hinblick auf die weit reichenden Folgen für die Vereins- und Verbandsgerichtsbarkeit ist somit jedenfalls für die Schiedsgerichtsbarkeit der Sportvereine- und verbände berechtigt.

Zusammenfassend ist der Ansicht des BGH im Ausgangspunkt zuzustimmen, dass eine satzungsmäßige Schiedsklausel die Mitglieder nur dann in gesetzlich statthafter Weise der schiedsrichterlichen Streitentscheidung unterwerfen kann, wenn die Unterwerfung bewusst und freiwillig erfolgt. Dies ergibt sich aus den verfassungsrechtlichen Anforderungen an die Schiedsgerichtsbarkeit. Richtig ist darüber hinaus, dass insbesondere die Mitglieder wirtschaftlich oder sozial mächtiger Vereinigungen vor Fremdbestimmung geschützt werden müssen. Zuzustimmen ist der Ansicht des BGH auch insoweit, als dass er zunächst systemangepasste vereinsrechtliche Schutzmechanismen heranzieht, um diese Voraussetzungen sicherzustellen. Nicht zuzustimmen ist der Ansicht des BGH aber im Hinblick auf die Übertragung der Formvorschrift des § 1027 ZPO a.F. zum Schutze der Mitglieder, wenn die Mitgliedschaft in der entsprechenden Vereinigung nicht frei von wirtschaftlichen oder sozialen Zwängen ist. Der Schutz der Freiwilligkeit kann nämlich effektiv nicht auf formellem, sondern nur auf materiellem Weg erfolgen. Darüber hinaus ist die Übertragung der für vertragliche Schiedsvereinbarung geltenden Formvorschrift systemfremd, was sich in den weit reichenden Folgen einer solchen Übertragung für die Vereins- und Verbandsgerichtsbarkeit zeigt. Daher soll nachfolgend untersucht werden, welche Voraussetzungen die bewusste und freiwillige Unterwerfung des Mitglieds unter die schiedsrichterliche Streitentscheidung sicherstellen.

(1) Sicherstellung einer bewussten Unterwerfung unter die Schiedsgerichtsbarkeit

Im Hinblick auf die vereinsrechtlichen Schutzmechanismen sind verschiedene Situationen des Vereinslebens zu unterscheiden. Am Anfang steht die erstmalige Feststellung der Satzung durch die Vereinsgründer. Sie können bereits eine satzungsmäßige Schiedsklausel vorsehen. Denkbar ist aber auch, dass eine Schiedsklausel erst später über eine Satzungsänderung in die Satzung gelangt. In beiden Situationen stellt sich die Frage, wie die Mitglieder auf die Schiedsklausel in der Satzung aufmerksam gemacht werden, so dass sie eine bewusste Entscheidung treffen können. Nur bezogen auf ein einzelnes Mitglied stellt sich diese Frage beim Beitritt zu einem Verein, dessen Satzung eine Schiedsklausel enthält.

Bei der Gründung eines Sportvereins sind die Gründer zunächst vertraglich verbunden[798]. Durch die Satzungsfeststellung bringen die Gründer zum Ausdruck, dass die erarbeitete Satzung verbindlich sein soll[799]. Dies kann nur in Übereinstimmung aller Gründer, nicht durch Mehrheitsbeschluss geschehen[800]. In die Satzung, der Verfassung des Vereins (§ 25 BGB)[801], müssen die das Vereinsleben bestimmenden Grundentscheidungen aufgenommen werden[802]. Dazu zählt nach allgemeiner Ansicht auch die Bestimmung der schiedsrichterlichen Streitbeilegung[803]. Von einer bewussten Entscheidung der Vereinsgründer hinsichtlich eines Verzichtes auf den staatlichen Richter dürfte dann regelmäßig auszugehen sein, wenn sie die Vereinssatzung samt Schiedsklausel einstimmig feststellen.

Soll die Satzung des Vereins nachträglich geändert werden[804], ist hierfür grundsätzlich die Mitgliederversammlung zuständig (§§ 32, 33, 40 BGB)[805]. Gem. § 58 Nr. 4 BGB soll die Form der Einberufung in der Satzung geregelt sein, wobei konkrete gesetzliche Vorgaben fehlen. Die vorgesehene Form muss aber gewährleisten, dass die Mitglieder eine zumutbare Möglichkeit der Kenntnisnahme haben[806]. Inhaltlich sind die Vereinsmitglieder bei der Einberufung der Mitgliederversammlung gem. § 32 Abs. 1 Satz 2 BGB über eine beabsichtigte Satzungsänderung zu informieren. Dieser Informationspflicht muss in einer Art und Weise entsprochen werden, dass die Teilnehmer der Mitgliederversammlung vor Überraschungen geschützt werden und ihnen ausreichend Zeit zur Vorbereitung verbleibt[807]. Der von den Anforderungen an eine Einberufung der Mitgliederversammlung ausgehende Schutz wird dadurch intensiviert, dass die fehlerhafte Einberufung grundsätzlich zur Nichtigkeit der gefassten Beschlüsse führt[808]. Der Möglichkeit der Kenntnisnahme und der Absicherung einer

---

798 *Reichert*, Rn. 65; *Stöber*, Rn. 13.

799 RGZ 153, 270; 165, 143; BGHZ 47, 172, 179; BayObIGZ 1977, 6, 9.

800 Vgl. *Reichert*, Rn. 65; *Stöber*, Rn. 13.

801 BGH NJW 1989, 1724, 1725; siehe auch *Reichert*, Rn. 259 ff.; *Stöber*, Rn. 27; 40 ff.; *Soergel/Hadding*, BGB, § 25 Rn. 1 ff.

802 Vgl. BGH NJW 1989, 1724, 1725; *Reichert*, Rn. 259; *Stöber*, Rn. 40; *Soergel/Hadding*, BGB, § 25 Rn. 1.

803 BGHZ 88, 314, 316; OLG Hamm BB 1999, Beilage Nr. 11, 10, 11; *Soergel/Hadding*, BGB, § 25 Rn. 55; *Schwab/Walter*, Kap. 32 Rn. 16; *Haas*, ZGR 2001, 325, 340; *Ebbing*, NZG 1999, 754; *K. Schmidt*, JZ 1989, 1077, 1081; *Wagner*, S. 497; *Reichert*, Rn. 274.

804 Vgl. ausführlich dazu *Reichert*, Rn. 406 ff.; *Stöber*, Rn. 612 ff.

805 *Reichert*, Rn. 418. Allgemein zur Mitgliederversammlung als notwendiges Vereinsorgan, *Soergel/Hadding*, BGB, § 32 Rn. 2, 33 Rn. 5.

806 *Soergel/Hadding*, BGB, § 32 Rn. 9; zu den möglichen Formen a.a.O.

807 Vgl. BGH NJW-RR 1989, 376, 378; *Reichert*, Rn. 419; *Soergel/Hadding*, BGB, § 32 Rn. 12; *Haas*, ZGR 2001, 325, 339.

808 *Soergel/Hadding*, BGB, § 32 Rn. 14.

bewussten Entscheidung im Hinblick auf die geplante Satzungsänderung dient zudem das Erfordernis, den neuen Text der Satzung vor der Abstimmung zu verlesen, wenn er den Mitgliedern nicht schon bei der Einberufung zur Mitgliederversammlung übermittelt wurde[809]. Der Information der Mitglieder und Dritten dient darüber hinaus auch die notwendige Anmeldung der beschlossenen Satzungsänderung zum Register sowie deren Überprüfung und nachfolgende Eintragung (§ 71 BGB)[810]. Fehlt sie, so ist die Satzungsänderung unwirksam[811]. Werden all die genannten Voraussetzungen bei der nachträglichen Einführung einer satzungsmäßigen Schiedsklausel erfüllt, ist regelmäßig davon auszugehen, dass die Vereinsmitglieder auch bei einer Satzungsänderung eine ausreichende Möglichkeit haben, sich der Aufnahme einer Schiedsklausel in die Satzung bewusst zu werden[812].

Teilweise wird einschränkend auf die im Vereinsrecht bestehende Möglichkeit hingewiesen, von den grundsätzlich an eine Satzungsänderung gestellten Anforderungen abweichen zu können (§ 40 BGB)[813], während die für individualvertragliche Schiedsvereinbarungen geltenden Formanforderungen nicht zur Disposition der Beteiligten stehen[814]. Ein solches Defizit im Hinblick auf die Möglichkeit der Kenntnisnahme ergibt sich beispielsweise dann, wenn die grundsätzlich für eine Satzungsänderung bestehende Zuständigkeit der Mitgliederversammlung durch die Zuständigkeit eines anderen Vereinsorgans, wie etwa des Vorstandes oder eines Satzungsausschusses, ersetzt wird[815] oder von dem Erfordernis des § 32 Abs. 1 Satz 2 BGB, den Gegenstand der geplanten Satzungsänderung zu bezeichnen, abgesehen wird[816]. Diese Modifikationen sind zweifellos geeignet, den normalerweise bestehenden Schutz der Vereinsmitglieder herabzusetzen. Nun könnte man wieder versucht sein, das in diesen Fällen bestehende Schutzdefizit durch die Anwendung der für vertragliche Schiedsvereinbarungen geltenden Formanforderungen auszugleichen[817], um insoweit den für vertragliche Schiedsvereinbarungen geltenden Schutzstandard in Bezug auf die Sicherstellung der bewussten Unterwerfung unter die Schiedsgerichtsbarkeit zu gewährleisten. Die Anwendung grundsätzlich systemfremder, für individualvertraglich eingesetzte Schiedsgerichte vorgesehener Schutzinstrumentarien auf die satzungsmäßigen Schiedsklauseln erscheint aber nur dann angebracht, wenn

---

[809] *Reichert*, Rn. 420.

[810] BGH NJW 1989, 1724, 1725; *Haas*, ZGR 2001, 325, 339 f.; vgl. dazu *Reichert*, Rn. 436 ff.; *Stöber*, Rn. 622 ff.

[811] *Reichert*, Rn. 280.

[812] So auch BGH DStR 2000, 937, 938.

[813] Vgl. zu den abänderbaren Vorschriften *Reichert*, Rn. 281.

[814] *Haas*, ZGR 2001, 325, 340 f.

[815] Vgl. dazu *Stöber*, Rn. 619; *Reichert*, Rn. 418; *Soergel/Hadding*, BGB, § 32 Rn. 3 f.

[816] Vgl. dazu *Reichert*, Rn. 281.

[817] So im Hinblick auf die Sicherstellung der Freiwilligkeit der Entscheidung, BGH DStR 2000, 937, 938; dazu Drittes Kapitel:F. III. 2. b) bb) (2)

die Mittel des Vereinsrechts nicht mehr ausreichen, einen hinreichenden Schutz der Mitglieder sicherzustellen. Diesbezüglich werden aber in der Literatur Wege aufgezeigt, den Schutz der Vereinsmitglieder auf vereinsrechtlicher Ebene sicherzustellen. Konkrete inhaltliche Anforderungen an eine Satzungsbestimmung, die eine Satzungsänderung unter erleichterten Bedingungen gem. § 40 BGB vorsieht, sollen verhindern, dass die Einführung einer satzungsmäßigen Schiedsklausel unbewusst für die Vereinsmitglieder geschehen kann. Danach sei die Einführung einer satzungsmäßigen Schiedsklausel auf vereinfachtem Wege nur dann möglich, wenn sich die Satzungsbestimmung über die erleichterte Änderung der Vereinssatzung ausdrücklich auch auf die Einführung von Schiedsklauseln beziehe[818]. Dieser vereinsrechtliche Ansatz ist geeignet, die Möglichkeit der Kenntnisnahme und damit die bewusste Entscheidung der Vereinsmitglieder im Hinblick auf die Unterwerfung unter eine satzungsmäßige Schiedsklausel zu verbessern. Daher sollte eine systemfremde Anwendung individualrechtlicher Schutzvorschriften auf die Vereinsebene jedenfalls solange unterbleiben, wie ein gleichwertiger Schutz auch dort erreicht werden kann.

Da der Verein auf wechselnden Mitgliederbestand angelegt ist, wird eine Mitgliedschaft nun meist nicht nur durch Teilnahme an der Vereinsgründung, sondern durch Beitritt erworben. Die Wirkung der Satzung für den Beigetretenen ist Rechtsfolge seines Beitritts[819]. Die tatsächliche Kenntnisnahme vom Inhalt der Satzung ist nicht erforderlich, sondern lediglich die Möglichkeit der Kenntnisnahme, wofür die Aushändigung eines Satzungsexemplars aber grundsätzlich nicht notwendig ist[820]. Zwar gewährleistet die zwingende Verortung einer Schiedsklausel in der Satzung in aller Regel auch dem beitretenden Mitglied die Möglichkeit, von der Satzung Kenntnis zu erlangen und damit im Hinblick auf eine darin enthaltene Schiedsklausel eine bewusste Entscheidung zu treffen[821]. Jedoch wird die Möglichkeit der Kenntnisnahme für den Sportler in der Praxis der Sportvereine häufig erschwert. So beinhalten die Vereinssatzungen vielfach keine ausdrücklichen Schiedsvereinbarungen. Diese enthalten vielmehr die Satzungen der übergeordneten Verbände, die mittels einer nach h.M. zulässigen statischen Verweisung zum Satzungsbestandteil des Vereins gemacht werden können[822]. Die Möglichkeit der Kenntnisnahme kann weiter erschwert werden, wenn der Sportverband seinerseits die Schiedsgerichtsbarkeit in einer Verfah-

818 Vgl. *Haas*, ZGR 2001, 325, 341.

819 *Soergel/Hadding*, BGB, § 25 Rn. 34.

820 *Stöber*, Rn. 145. Ein Vereinsmitglied hat aber einen Anspruch darauf, dass ihm ein Satzungsexemplar ausgehändigt wird, vgl. a.a.O., Rn. 134; *Soergel/Hadding*, BGB § 25 Rn. 34.

821 BGH DStR 2000, 937, 938.

822 Vgl. *Reichert*, Rn. 262; 322 ff.; *Summerer*, PHB, S. 133 f.; a.A. *Stöber*, Rn. 34. Die Verbindlichkeit der Vereinssatzung erlangen die Regeln übergeordneter Verbände aber nur, wenn sie über die Verweisung hinaus der Satzung beigefügt und dem Registergericht eingereicht werden, vgl. *Reichert*, Rn. 292, 326.

rensordnung regelt, die er zum Satzungsbestandteil erklärt[823]. Um Kenntnis von der satzungsmäßigen Schiedsklausel zu erlangen, muss der beitrittswillige Sportler den Weg über die Satzung des Vereins, dann über die Verweisung zur Satzung des Verbandes und zuletzt über die dortige Verweisung in die Schiedsordnung gehen. Der davon ausgehende Anstoß an das beitrittswillige Mitglied, in Bezug auf die Unterwerfung unter die Schiedsgerichtsbarkeit eine bewusste Entscheidung zu treffen, ist zwar nicht gerade ausgeprägt. Dennoch sorgt die zwingende Einreichung und Eintragung sowohl der in die Vereinssatzung einbezogenen Verbandsregeln[824] als auch Vereinsordnungen[825] in das Vereinsregister für ein bestimmtes Mindestmaß an Transparenz. Freilich sichert der von der Formvorschrift für Verbraucher ausgehende Anstoß gem. § 1031 Abs. 5 ZPO, der die Unterzeichnung der Schiedsvereinbarung in gesonderter Urkunde fordert, dessen bewusste Entscheidung in größerem Maße ab. Jedoch herrscht Übereinstimmung in Rechtsprechung und Literatur, dass Verbraucherschutzvorschriften – etwa das Recht der Allgemeinen Geschäftsbedingungen – auf das Rechtsverhältnis zwischen Mitglied und Verein nicht recht passen, da dort überwiegend gleichgerichtete und nicht entgegengesetzte Interessen verfolgt werden[826]. Diese Sichtweise zeigt auf, dass der Schutz der Vereinsmitglieder nicht einfach durch die Anwendung individualvertraglicher Schutzvorschriften erfolgen kann, sondern durch ein die vereinsrechtlichen Besonderheiten berücksichtigendes Schutzinstrumentarium zu erfolgen hat. Die Verweisung auf die Satzung eines übergeordneten Verbandes dürfte jedenfalls dann eine ausreichende Möglichkeit zur Kenntnisnahme eröffnen, wenn sie klar und verständlich gefasst ist[827]. Abschießend bleibt festzuhalten, dass die formellen Anforderungen an die Satzung und eine Satzungsänderung regelmäßig gewährleisten, dass sich die Vereinsmitglieder der satzungsmäßigen Schiedsklausel bewusst werden können, so dass ein bedenkliches Schutzdefizit hinsichtlich der Sicherstellung einer bewussten Entscheidung nicht besteht[828].

---

[823] Vgl. zu dieser Möglichkeit *Reichert*, Rn. 310 ff. Ebenso wie bei der Verweisung auf die Regeln eines übergeordneten Verbandes müssen auch die zum Satzungsbestandteil erklärten Vereinsordnungen zum Vereinsregister eingereicht und zusammen mit der Hauptsatzung eingetragen werden, vgl. *Reichert*, Rn. 312; *Stöber*, Rn. 657 ff.

[824] *Reichert*, Rn. 292, 326.

[825] *Reichert*, Rn. 312; *Stöber*, Rn. 657 ff.

[826] Zur Nichtanwendbarkeit des Rechts der Allgemeinen Geschäftsbedingungen bei der Überprüfung von Vereinssatzungen, vgl. BGH NJW 1995, 583, 585 = *Haas/Haug/Reschke*, SportR, Dok. 10 31 1; *Reichert*, Rn. 300; *Stöber*, Rn. 35; vgl. auch Drittes Kapitel:E. II. 2. b) cc) ; kritisch *Soergel/Hadding*, BGB, § 25 Rn. 25a f.

[827] Die Verweisung auf die Satzung eines übergeordneten Verbandes dürfte jedenfalls dann eine ausreichende Möglichkeit zur Kenntnisnahme eröffnen, wenn sie klar und verständlich gefasst ist, vgl. OLG Hamm NJW-RR 1988, 183.

[828] So auch BGH DStR 2000, 937, 938; so schon RGZ 153, 267, 270; *Haas*, ZGR 2001, 325, 340 f.; *Kölbl*, S. 56 ff., 204.

(2) Sicherstellung einer freiwilligen Unterwerfung unter die Schiedsgerichtsbarkeit

Um den verfassungsrechtlichen Anforderungen an eine wirksame Schiedsvereinbarung zu entsprechen, bedarf es neben der Sicherstellung einer bewussten Entscheidung aber auch der Sicherstellung einer freiwilligen Entscheidung. Letztere Anforderung ist im Sportbereich angesichts der bestehenden organisatorischen Strukturen von weitaus größerer Brisanz. Heute geht es im Sportbereich oft um die Begrenzung der Vereinsautonomie gegenüber der Freiheitssphäre des einzelnen Mitglieds[829], das sich durch die Beteiligung an der Gründung des Vereins oder seinen Beitritt der Vereinsgewalt unterworfen hat und mitunter auch gegen seinen Willen durch Mehrheitsbeschlüsse in seiner Freiheitssphäre eingeschränkt werden kann. Angesichts der Mächtigkeit vieler Vereinigungen rückt dabei der Mitglieder- und Minderheitenschutz vermehrt in den Vordergrund. Diese Vorstellung scheint auch den oben dargestellten Ausführungen des BGH zugrunde zu liegen, wenn er gerade für wirtschaftlich oder sozial mächtige Vereinigungen fordert, dass eine durch eine Satzungsänderung eingeführte Schiedsklausel für ein überstimmtes Mitglied nur dann gilt, wenn es sich ihr individualvertraglich unterworfen hat. Letzteres führt der BGH darauf zurück, dass die regelmäßig bestehende und nicht abdingbare Austrittsmöglichkeit der Vereinsmitglieder gem. § 39 BGB[830] dann keine zumutbare Alternative sei, sich der Schiedsklausel und damit dem Verzicht auf den gesetzlichen Richter zu entziehen. Damit hat der BGH das grundsätzlich vereinsrechtlich bestehende Instrumentarium – die Freiwilligkeit der Mitgliedschaft – aufgezeigt, die auch die Freiwilligkeit der Unterwerfung unter eine satzungsmäßige Schiedsklausel grundsätzlich sicherstellt und auf den zusätzlich erforderlichen Schutz hingewiesen, wenn die grundsätzliche Freiwilligkeit der Mitgliedschaft nicht mehr gegeben ist.

(a) Freiwilligkeit der Mitgliedschaft

Der Grundsatz der freiwilligen Mitgliedschaft wird auf kollektivrechtlichem Wege regelmäßig zu ebenso interessengerechten Ergebnissen führen wie bei individuell ausgehandelten Verträgen zwischen zwei Vertragsparteien[831]. Dies ist im Wesentlichen darauf zurückzuführen, dass Vereine mit Rücksicht auf ihren Mitgliederbestand oftmals eher auf die Einführung einer belastenden Norm verzichten als den Austritt vieler Mitglieder zu riskieren[832]. Kann ein Mitglied mithin als Reaktion auf die Einführung einer Schiedsklausel ohne Nachteile aus dem Verein austreten, genügt dies grundsätzlich den verfassungsrechtlichen

[829] Vgl. Erstes Kapitel:B. V. 2. a) dd)

[830] Zu diesem und weiteren Schutzrechten der Vereinsmitglieder, vgl. *Reichert*, Rn. 518.

[831] Vgl. BGH NJW 1989, 1724, 1726; *Haas*, ZGR 2001, 325, 342; *K. Schmidt*, JZ 1989, 1077, 1079 ff.

[832] Vgl. BGH a.a.O.

Vorgaben an die Sicherstellung eines freiwilligen Verzichts auf den gesetzlichen Richter. Eine ausdrückliche Zustimmung aller Vereinsmitglieder ist aus verfassungsrechtlicher Sicht somit nicht erforderlich[833]. Zwar fordern §§ 33 Abs. 1 Satz 2, 40 BGB dies einfachgesetzlich, wenn die Satzungsänderung den Kernbereich der Mitgliedschaft berührt[834]. Dass die Einführung der Schiedsgerichtsbarkeit wohl aber den Kernbereich der Mitgliedschaft unberührt lässt, ergibt sich einerseits aus der grundsätzlichen Gleichwertigkeit zwischen Schiedsgerichtsbarkeit und der staatlichen Gerichtsbarkeit[835] und andererseits aus einem Vergleich zur Verbandsgerichtsbarkeit, die, trotz der von ihr ausgehenden erheblichen Eingriffe in die Stellung des Mitglieds, sogar in Monopolverbänden durch Satzungsänderung mit entsprechender Mehrheit eingeführt werden kann[836]. Darüber hinaus ist § 33 Abs. 1 Satz 2 BGB dispositiv, so dass die Vereinssatzung sogar die einfache Mehrheit anstatt des gesetzlichen Einstimmigkeitserfordernis vorsehen kann[837]. Daher ist die zwingende Zustimmung aller Vereinsmitglieder zur satzungsmäßigen Schiedsklausel auch einfachgesetzlich nicht erforderlich[838]. Damit erübrigt sich auch eine Sicherstellung der freiwilligen Unterwerfung unter die Schiedsgerichtsbarkeit durch die Anwendung individualrechtlicher Schutzvorschriften[839].

(b) Mitgliedschaft in sozial oder wirtschaftlich mächtigen Vereinigungen

Diese grundsätzliche Ausgangslage besteht wie der BGH richtig festgestellt hat nicht mehr für die Mitgliedschaft in sozial oder wirtschaftlich mächtigen Vereinigungen, bei denen ein freiwilliger Austritt aufgrund des Angewiesenseins auf die Mitgliedschaft gerade keine zumutbare Alternative darstellt[840]. Hält das Vereinsmitglied in dieser Abhängigkeitssituation seine Mitgliedschaft aufrecht, kann daraus nicht zwangsläufig auf die freiwillige Unterwerfung unter die sat-

---

[833] Vgl. *Haas*, ZGR 2001, 325, 342; *K. Schmidt*, JZ 1989, 1077, 1082; a.A. *Soergel/Hadding*, BGB, § 25 Rn. 26 a; *Schwab/Walter*, Kap. 32 Rn. 16.

[834] Vgl. dazu *Reichert*, Rn. 424 ff.; *Vollmer*, S. 65 f.

[835] So ausdrücklich *Ebbing*, NZG 2000, 898, 899; *Haas*, ZGR 2001, 325, 342 f.

[836] Vgl. *Haas*, ZGR 2001, 325, 343 Fn. 82.

[837] Vgl. *Reichert*, Rn. 280 ff., 427; *Soergel/Hadding*, BGB, § 33 Rn. 12. Nach h.M. muss eine Satzungsänderung, welche für Zweckänderungen des Vereins abweichend vom Einstimmigkeitserfordernis geringere Mehrheitsverhältnisse zulässt, dies ausdrücklich und eindeutig vorsehen, vgl. *Soergel/Hadding*, a.a.O.; *Reichert*, Rn. 427; zum Vorschlag dies auch für die vereinfachte Einführung satzungsmäßiger Schiedsklauseln vorzusehen, *Haas*, ZGR 2001, 325, 341; vgl. Drittes Kapitel:F. III. 2. b) bb) (1) bb) (1).

[838] So im Ergebnis schon *Vollmer*, S. 65.

[839] Das dargestellte Ergebnis entspricht auch den Erwägungen des EuGH zu den Anforderungen an Gerichtsstandsklauseln in der Satzung einer AG, vgl. EuGH RIW 1992, 492 ff.; ausführlich zu den deutlichen Gemeinsamkeiten *Haas*, ZGR 2001, 325, 343 ff.

[840] Vgl. BGH DStR 2000, 937, 938. Dies sind auch die Fälle, in denen der Verein einem Aufnahmezwang unterliegt, vgl. BGHZ 93, 151, 152 f.; BGH NJW 1989, 1724, 1726; BGHZ 102, 265, 273 ff.; vgl. ausführlich dazu *Stöber*, Rn. 157 f.

zungsmäßige Schiedsklausel abgeleitet werden. Fraglich ist aber, wie in dieser Ungleichgewichtslage zwischen den Beteiligten, in der die normalerweise bestehenden Regelungsmechanismen versagen, eine Korrektur zu erfolgen hat, um die Vereinsmitglieder vor einem unfreiwilligen Verzicht auf den gesetzlichen Richter zu schützen. Eine teilweise vertretene Ansicht spricht den sozial oder wirtschaftlich mächtigen Vereinen, deren Mitglieder auf die Vereinsmitgliedschaft angewiesen sind, gänzlich die Befugnis ab, Schiedsklauseln durch satzungsändernde Mehrheit abzuschließen. Letzteres sei nur noch mit der Zustimmung aller Vereinsmitglieder möglich[841]. Dies ist wohl auch die Ansicht des BGH, wenn er in diesen Fällen für eine wirksame Derogation der ordentlichen Gerichte fordert, dass sich das der Satzungsänderung nichtzustimmende Mitglied individualvertraglich nach § 1027 ZPO a.F. unterwerfen müsse[842]. Zwar wäre unter Zugrundelegung der Ansicht des BGH auch denkbar, dass die durch Satzungsänderung eingeführte Schiedsklausel wenigstens den zustimmenden Mitgliedern gegenüber Wirkung entfaltet. Dogmatisch gesehen spricht jedoch Einiges gegen eine unterschiedliche Bindungswirkung der satzungsmäßigen Schiedsklausel, da sich die Satzung eines Vereins wesensmäßig durch ihre generelle Bindungswirkung gegenüber allen Mitgliedern auszeichnet[843]. Für diese Wirkungsweise der Satzung spricht beispielsweise auch die inter omnes Wirkung eines, den Beschluss der Mitgliedsversammlung überprüfenden, Urteils[844]. Die darin zum Ausdruck kommende Überzeugung, dass Rechtsverhältnisse der Vereinigung zu ihren Mitgliedern einheitlich festzustellen sind, spricht grundsätzlich gegen eine unterschiedliche Bindung der Vereinsmitglieder an eine satzungsmäßige Schiedsklausel. Daher spricht aus dogmatischer Sicht viel dafür, dass satzungsmäßige Schiedsklauseln nach Ansicht des BGH für den Fall, dass nicht alle Mitglieder zustimmen, insgesamt unwirksam sind[845].

Auch im Hinblick auf die praktischen Auswirkungen einer von der jeweiligen Zustimmung des Mitglieds abhängigen Wirkung der Schiedsklausel erscheint kein anderes Ergebnis vertretbar. Wirkt die satzungsmäßige Schiedsklausel abhängig davon, ob das betreffende Mitglied zugestimmt hat oder nicht, stellt sich doch dann die Folgefrage, wie dies im Einzelfall festzustellen ist. Diese Feststellung ließe sich nur dann treffen, wenn das Abstimmungsverhalten aller Mitglieder betreffs der Einführung der Schiedsklausel festgehalten werden würde. Ebenso müsste jedes hinzutretende Mitglied, dessen Aufnahme in sozial oder wirtschaftlich mächtige Vereine auch gar nicht abgelehnt werden kann (§ 826

---

[841] *Nicklisch*, BB 1972, 1285; *K. Schmidt*, JZ 1989, 1077, 1082.

[842] Vgl. BGH DStR 2000, 937, 938.

[843] Vgl. OLG Hamm BB 1999, Beilage 11, 10, 11; *Haas*, ZGR 2001, 325, 345; MünchKommBGB/*Reuter*, § 25 Rn. 19.

[844] Vgl. BGH DB 1992, 1568, 1569; *Soergel/Hadding*, BGB, § 32 Rn. 40; MünchKommBGB/*Reuter*, § 32 Rn. 36; *Haas*, ZGR 2001, 325, 345.

[845] So *Haas*, ZGR 2001, 325, 346.

BGB), gefragt werden, ob ihm gegenüber die Schiedsklausel nun gelten soll oder nicht. Die Rechtsprechung des BGH führt somit zwangsläufig dazu, dass satzungsmäßige Schiedsklauseln, deren Intention eine generelle Bindung der Vereinsmitglieder ist, für die Vereinigung keinen Sinn mehr machen, wenn die Mitglieder derart unterschiedlich daran gebunden würden. Damit wird den Sportverbänden und –vereinen generell zum Schutz der Mitglieder die Möglichkeit genommen, die Schiedsgerichtsbarkeit auf korporationsrechtlichem Weg einzuführen.

Gegen diese generelle Betrachtungsweise spricht ein Vergleich mit dem Schutz der Freiwilligkeit der Parteien im Fall von Ungleichgewichtslagen zwischen den Parteien vertraglicher Schiedsvereinbarungen i.S.d. § 1029 ZPO. Dort besteht prinzipiell das gleiche Problem, wenn ein mächtiger Sportverband auf der einen Seite die Teilnahme des strukturell abhängigen Sportlers am Sportgeschehen von der Unterzeichnung einer Schiedsvereinbarung abhängig macht[846]. Auch hier hat der Sportler keine Möglichkeit, der Schiedsvereinbarung zu entgehen, will er am organisierten Sportgeschehen teilhaben. Damit stellt sich sowohl im Fall der Unterwerfung unter eine satzungsmäßige Schiedsklausel als auch beim Abschluss einer vertraglichen Schiedsvereinbarung im Hinblick auf den Schutz der Freiwilligkeit die Frage, ob die mächtigen Sportvereinigungen die Teilnahme am Sportgeschehen generell von der Unterwerfung unter die Schiedsgerichtsbarkeit abhängig machen können oder nicht. Es ist nicht einzusehen, dass die Beantwortung dieser Frage abhängig von der Form der Unterwerfung, individualvertraglich oder mittels einer korporationsrechtlichen Willensbildung, anders ausfällt. Sie muss vielmehr einheitlich nach gleichen Grundsätzen beantwortet werden[847]. Nach der hier vertretenen Ansicht sind vertragliche Schiedsvereinbarungen unter Einsatz von Druck in strukturellen Ungleichgewichtslagen nicht generell unwirksam. Es bedarf vielmehr einer Abwägung der Umstände des Einzelfalls unter Berücksichtigung der Intention der strukturell überlegenen Partei, die dem Einsatz der schiedsrichterlichen Streitbeilegung zugrunde liegt. Dient der Einsatz von Schiedsgerichten wie etwa im Sportbereich nicht der Abnötigung eines eigennützigen Vorteils, sondern letztlich den gemeinsamen Interessen aller beteiligten Sportler nach einer im Sinne der Chancengleichheit notwendigen einheitlichen Geltung der Sportregelwerke, sind vertragliche Schiedsvereinbarungen auch in der zwischen Sportverband und Sportler bestehenden Ungleichgewichtslage wirksam, selbst wenn der Sportverband die Teilnahme am Sportgeschehen von der Unterzeichnung der Schiedsvereinbarung abhängig macht[848].

Auch bei der Beantwortung der Frage, inwieweit satzungsmäßige Schiedsklauseln zulässig sind, ist letztlich eine Abwägung zwischen dem Interesse des an-

---

846 Vgl. Drittes Kapitel:E. IV.

847 Vgl. auch *Haas*, ZGR 2001, 325, 346.

848 Vgl. Drittes Kapitel:E. IV. 2. e)

ordnenden Verbands an einer schiedsrichterlichen Streiterledigung einerseits und dem teilweisen Verzicht auf die staatliche Rechtspflegeordnung des Betroffenen andererseits entscheidend. Die Suche nach einem Anknüpfungspunkt für diese Abwägung auf vereinsrechtlicher Ebene gestaltet sich nicht schwierig, da der Verein bei der selbständigen Regelung der Vereinsangelegenheiten nicht in einen rechtsfreien Raum tritt[849]. So darf die Vereinssatzung nicht gegen ein gesetzliches Verbot (§ 134 BGB) oder gegen die guten Sitten (§ 138 BGB) verstoßen. Darüber hinaus unterliegen die die Rechtsstellung der Mitglieder regelnden Normen des Vereins jedenfalls dann einer richterlichen Inhaltskontrolle auf ihre Vereinbarkeit mit Treu und Glauben (§ 242 BGB), wenn die Vereinigung im wirtschaftlichen oder sozialen Bereich eine überragende Machtstellung innehat und das Mitglied auf die Mitgliedschaft angewiesen ist[850]. Durch eine Anknüpfung an diese richterliche Inhaltskontrolle fügt sich die Beurteilung von satzungsmäßigen Schiedsklauseln in Ungleichgewichtslagen harmonisch in das im Rahmen der vertraglichen Schiedsvereinbarungen herausgearbeitete System zum Schutz der Freiwilligkeit in Ungleichgewichtslagen ein. Ebenso wie bei den individualvertraglichen Schiedsvereinbarungen ist die der Einführung der Schiedsgerichtsbarkeit zugrunde liegende Motivation des Verbandes gegenüber dem teilweisen Verzicht der Mitglieder auf den gesetzlichen Richter abzuwägen, wobei Anknüpfungspunkt die §§ 138, 242 BGB sind[851]. Warum man für den Einsatz von satzungsmäßig angeordneten Schiedsgerichten zur notwendigen einheitlichen Durchsetzung der Sportregelwerke nun zu einem anderen Ergebnis gelangen sollte als im Rahmen vertraglicher Schiedsvereinbarungen, ist nicht ersichtlich. Daher halten satzungsmäßige Schiedsklauseln in den Regelwerken der Sportvereine, die der einheitlichen Durchsetzung der Sportregelwerke und damit der Schaffung von Chancengleichheit dienen, einer richterlichen Inhalts- und Angemessenheitskontrolle anhand der §§ 138, 242 BGB stand. Auf diese Weise wird die freiwillige Entscheidung der Vereinsmitglieder durch einen systemangepassten vereinsrechtlichen Schutzmechanismus geschützt. Einer Anwendung der auf individualvertragliche Schiedsvereinbarungen zugeschnittenen Formvorschrift bedarf es somit nicht[852].

---

[849] Vgl. Erstes Kapitel:B. V. 2. b)

[850] BGHZ 105, 306; 128, 93; *Soergel/Hadding*, BGB, § 25 Rn. 25a; *Wagner*, S. 493, 498; *Stöber*, Rn. 35.

[851] Vgl. auch MünchKommBGB/*Reuter*, § 25 Rn. 15; Soergel/*Hadding*, BGB, § 25 Rn. 25; *Haas*, ZGR 2001, 325, 347.

[852] So im Ergebnis auch *Oschütz*, S. 210, 223 ff.

IV. Vergleich mit der Rechtslage in der Schweiz

In der Schweiz unterliegen satzungsmäßige Schiedsklauseln unter Geltung des SchKonk oder des IPRG anderen Anforderungen[853]. Nach schweizerischem Recht sind satzungsmäßige Schiedsklauseln eine Form der Schiedsabrede[854]. Nach dieser vertraglichen Auffassung der Schiedsklausel fordert Art. 6 Abs. 2 SchKonk für die rein innerschweizerische Schiedsgerichtsbarkeit zwingend (vgl. Art. 1 Abs. 3 SchKonk), dass die für die Aufnahme notwendige Beitrittserklärung des zukünftigen Mitglieds somit in Schriftform explizit auf die in der Satzung befindliche Schiedsklausel verweist[855]. Trotz dieser eindeutigen Forderung nach einer schriftlichen Unterwerfung wird aber auch unter Geltung des SchKonk kontrovers diskutiert, ob eine schriftliche Zustimmung jedes einzelnen Mitglieds auch bei einer nachträglich eingeführten Schiedsklausel erforderlich ist[856]. Während nach teilweise vertretener Ansicht ein Beschluss der Mitglieder mit satzungsändernder Mehrheit zur Bindung an die Schiedsklausel führt[857], ist nach überwiegender Ansicht hingegen auch in diesem Fall an dem Erfordernis einer schriftlichen Erklärung festzuhalten[858]. Aus diesem Grund wird Art. 6 Abs. 2 SchKonk auch als Hindernis für die Einführung der Schiedsgerichtsbarkeit in Vereinen bezeichnet[859]. So verwundert es nicht, dass die Beurteilung der Rechtslage nach dem für die internationale Schiedsgerichtsbarkeit anzuwendenden IPRG, wo eine dem Art. 6 Abs. 2 SchKonk vergleichbar strenge Formanforderung fehlt, eine deutlichere Sprache spricht. Unter Geltung der liberalen Formanforderungen des IPRG[860] ist weder beim Beitritt zum Verein eine explizite schriftliche Unterwerfung unter die satzungsmäßige Schiedsklausel erforderlich noch bei deren nachträglicher Einführung[861]. Der Schutz der Betroffenen wird nicht durch starre Formanforderungen, sondern durch eine Abwägung unter Berücksichtigung der Umstände des Einzelfalls verwirklicht. Dieser zustimmungswürdigen Vorgehensweise liegt die Überzeugung zugrunde, dass ein effektiver und angemessener Schutz der Betroffenen nicht durch formale, sondern nur durch materielle Anforderungen zu erreichen ist. Somit stützt auch der Vergleich mit der Rechtslage zur satzungsmäßigen Schiedsklausel in der Schweiz,

---

[853] Vgl. zur Unterscheidung zwischen nationaler und internationaler Schiedsgerichtsbarkeit ausführlich Zweites Kapitel:A. II.

[854] Vgl. *Habscheid*, Zivilprozess- und Gerichtsorganisationsrecht, Rn. 852.

[855] Vgl. BGE 110 Ia 109 f.; *Schilling*, S. 87 m.w.N. aus der Schweizer Rechtssprechung zu Schiedsklauseln in Sportregelwerken.

[856] Vgl. *Schilling*, S. 88 f.

[857] Vgl. *Rüede/Hadenfeldt*, S. 44, 65.

[858] Vgl. *Schilling*, S. 89; *Habscheid*, SAG 57 (1985), 157, 159.

[859] Vgl. *Schilling*, a.a.O.; *Habscheid*, a.a.O., 157, 159 f.

[860] Vgl. ausführlich Drittes Kapitel:E. III. 3.

[861] Vgl. *Schilling*, S. 92 m.w.N.

jedenfalls mit Blick auf das modernere IPRG für die internationale Schiedsgerichtsbarkeit, die für die deutsche Rechtslage gefundenen Ergebnisse.

V. Ergebnis

- Satzungsmäßige Schiedsklauseln unterfallen unabhängig von der rechtlichen Qualifizierung der Satzung § 1066 ZPO. Maßgeblich für diese Zuordnung ist die Wirkungsweise der satzungsmäßigen Schiedsklausel unabhängig von der individuellen Zustimmung der Mitglieder.
- Die Wirksamkeit satzungsmäßiger Schiedsklauseln richtet sich nach vereinsrechtlichen Grundsätzen und zudem nach den besonderen Voraussetzungen der §§ 1029 ff. ZPO. Eine Ausnahme gilt in Bezug auf die Formvorschrift des § 1031 ZPO, da sie auf individualvertragliche Schiedsvereinbarungen zugeschnitten ist.
- Grundsätzlich stellen die vereinsrechtlichen Anforderungen an die Satzung, wie etwa das Erfordernis wesentliche Entscheidungen in ihr aufnehmen zu müssen und zum Register anzumelden, sicher, dass die Vereinsmitglieder die Möglichkeit haben, die Schiedsklausel zur Kenntnis zu nehmen und mithin eine bewusste Entscheidung zu treffen. Gleiches bewirken die, grundsätzlich im Vorfeld einer Satzungsänderung dem Verein obliegenden Informationspflichten. Einer systemwidrigen entsprechenden Anwendung der für vertragliche Schiedsvereinbarungen geltenden Formanforderungen bedarf es zur Sicherstellung des Schutzes der Vereinsmitglieder daher nicht.
- Die Freiwilligkeit der Mitgliedschaft sichert die freiwillige Entscheidung der Mitglieder für eine satzungsmäßige Schiedsklausel ab. Sie ermöglicht es, einem Verein, dessen Satzung eine Schiedsklausel enthält, erst gar nicht beizutreten und sich einer nachträglich eingeführten Schiedsklausel durch Austritt zu entziehen.
- Ist der grundsätzlich zwischen Verein und Mitglied bestehende Selbstregulierungsmechanismus gestört, wie regelmäßig durch das zwischen Sportvereinigung und Sportler bestehendem Abhängigkeitsverhältnis, ist er auf vereinsrechtlichem Wege zu korrigieren. Die dabei ausschlaggebenden Frage, ob die Sportvereinigung die Teilnahme am Sportgeschehen von der Unterwerfung der Sportler unter die Schiedsgerichtsbarkeit abhängig machen kann, ist nicht generell zu beantworten, sondern, wie auch bei den vertraglichen Schiedsvereinbarungen i.S.d. § 1029 ZPO, mittels einer Abwägung zwischen den Interessen der Sportvereinigung nach schiedsrichterlicher Streitbeilegung und dem teilweisen Verzicht des Sportlers auf den staatlichen Rechtsschutz. Anknüpfungspunkt für diese Interessenabwägung sind die §§ 138, 242 BGB. Bezweckt die Sportvereinigung mit der schiedsrichterlichen Streitbeilegung nicht die Erlangung eines Vorteils gegenüber dem Sportler, sondern dient sie in erster Linie den wohlverstandenen Allgemeininteressen der Sportler nach

einheitlicher Regelgeltung und mithin der Schaffung der für den wettkampfmäßig betriebenen Sport notwendigen Ausgangslage, hält eine satzungsmäßige Schiedsklausel auch in strukturellen Ungleichgewichtslagen einer Inhaltskontrolle stand.

G. Schiedsvereinbarungen durch Verweis auf Verbandsregelwerke

Zwischen vertraglichen Schiedsvereinbarungen i.S.d. § 1029 ZPO und satzungsmäßigen Schiedsklauseln i.S.d. § 1066 ZPO stehen Regelanerkennungsverträge zwischen Sportverband und Sportler, die zwar selbst keine Schiedsvereinbarung enthalten, aber auf ein Verbandsregelwerk verweisen, das seinerseits eine Schiedsklausel enthält. Im Sportgeschehen ist diese Vorgehensweise zur Begründung von Schiedsvereinbarungen zwischen Verbänden und Sportlern durchaus verbreitet[862]. Fraglich ist zunächst, wie solche Regelanerkennungsverträge in das System der §§ 1025 ff. ZPO einzuordnen sind.

I. Das Merkmal „Nicht auf Vereinbarung beruhend“

Im Fall eines Regelanerkennungsvertrages der lediglich auf das Verbandsregelwerk samt der darin enthaltenen Schiedsklausel verweist, könnte man am Vorliegen einer vertraglichen Schiedsvereinbarung zweifeln, da ein der Mitgliedschaft angenähertes sog. mitgliedschaftsähnliches Rechtsverhältnis entsteht[863], durch welches der Sportler gleich einem Mitglied den Verbandsregeln und damit auch der Schiedsklausel unterliegt. Da sich die Art und Weise der verschiedenen Unterwerfungswege kaum unterscheiden – Beitritts- oder Anerkennungsvertrag – liegt es nahe, die beiden Wege der Unterwerfung unter die Verbandsregeln gleich zu behandeln und beide Wege zur Bindung an eine satzungsmäßige Schiedsklausel unter § 1066 ZPO einzuordnen[864]. Gegen diese Sichtweise könnte sprechen, dass die mitgliedschaftsähnlich gebundenen Sportler im Gegensatz zum Mitglied keine vereinsrechtlichen Mitwirkungsrechte erlangen und daher in größerem Maße schutzbedürftig sein könnten. Dagegen spricht jedoch, dass die Einordnung unter § 1066 ZPO noch nichts darüber aussagt, welche konkreten Wirksamkeitsvoraussetzungen zur Anwendung gelangen und ob damit ein Schutzdefizit für den Sportler entsteht. Daher gibt es m.E. auch im Hinblick auf den Schutz der Sportler keinen Grund, die strukturell vergleichbaren Wege einer allseitigen Bindung der Sportler an die Verbandsregelwerke, ob durch Vereinsbeitritt oder Regelanerkennungsvertrag, unterschiedlich zu behandeln.

---

[862] Vgl. Drittes Kapitel:D.

[863] Vgl. Drittes Kapitel:E. II. 2. b) cc) .

[864] Vgl. *Haas/Hauptmann*, SchiedsVZ 2004, 175, 184; *Baumbach/Lauterbach/Albers*, ZPO, § 1066 Rn. 3.

II. Entsprechende Anwendung des § 1031 ZPO

Ordnet man derartige Vereinbarungen unter § 1066 ZPO ein, richtet sich die Frage, wann eine Unterwerfung unter die Zuständigkeit eines Schiedsgerichts „in gesetzlich statthafter Weise" erfolgt, sowohl nach den Voraussetzungen des materiellen Rechts sowie den besonderen Voraussetzungen der §§ 1029 ff. ZPO. Grundsätzlich nicht zur Anwendung kommt wie auch bei der mitgliedschaftlichen Unterwerfung unter eine satzungsmäßige Schiedsklausel die Formanforderung des § 1031 ZPO, da sich diese speziell auf individualvertragliche Abschlussformen bezieht. Fraglich ist aber, ob § 1031 ZPO ausnahmsweise im Hinblick auf den verfassungsrechtlich gebotenen Schutz der bewussten und freiwilligen Entscheidung der Parteien, entsprechend anzuwenden ist.

1. Sicherstellung einer bewussten Unterwerfung unter die Schiedsgerichtsbarkeit

Im Rahmen satzungsmäßiger Schiedsklauseln stellen die vereinsrechtlichen Anforderungen an die Satzung, wie etwa das Erfordernis wesentliche Entscheidungen in ihr aufnehmen zu müssen und zum Register anzumelden, sicher, dass die Vereinsmitglieder die Möglichkeit haben, die Schiedsklausel zur Kenntnis zu nehmen und mithin eine bewusste Entscheidung zu treffen. Gleiches bewirken die, grundsätzlich im Vorfeld einer Satzungsänderung dem Verein obliegenden Informationspflichten gegenüber ihren Mitgliedern. Regelanerkennungsverträge erzeugen ein mitgliedschaftsähnliches Rechtsverhältnis zwischen Sportler und Verband, ohne dass die Sportler Mitglieder des Verbandes werden. Demzufolge können die vereinsrechtlichen Schutzmechanismen nicht zur Sicherstellung einer bewussten Unterwerfung unter die Schiedsgerichtsbarkeit herangezogen werden. Fehlen somit vereinsrechtliche Schutzmechanismen, stellt sich die Frage, welche Voraussetzungen die bewusste Entscheidung der Sportler beim Abschluss von Regelanerkennungsverträgen sicherstellen.

Zunächst könnte man an die Anwendbarkeit der §§ 305 ff. BGB denken. Wie bei einem Verweis auf AGBs hat der Sportler auf den Inhalt des Verbandsregelwerks keinen Einfluss. Er hat lediglich die Möglichkeit, sich dem Verbandsregelwerk in seiner Gesamtheit zu unterwerfen oder auf die Teilnahme an der organisierten Sportausübung zu verzichten. Der BGH und weite Teile der Literatur vertreten jedoch zurecht die Ansicht, dass das Recht der Allgemeinen Geschäftsbedingungen zur Kontrolle von Sportverbandsregelwerken nicht passt[865], da dort überwiegend gleichgerichtete und nicht entgegengesetzte Interessen ver-

---

[865] Zur Nichtanwendbarkeit des Rechts der Allgemeinen Geschäftsbedingungen bei der Überprüfung von Vereinssatzungen, vgl. BGH NJW 1995, 583, 585 = *Haas/Haug/Reschke*, SportR, Dok. 10 31 1; *Reichert*, Rn. 300; *Stöber*, Rn. 35; kritisch *Soergel/Hadding*, BGB, § 25 Rn. 25a f.

folgt werden[866]. Sollen Sportverbandsregelwerke Bestandteil eines Vertrages werden, ist nach Ansicht des BGH notwendig, dass die Sportler die zumutbare Möglichkeit der Kenntnisnahme der Regelwerke haben müssen[867]. Diese Anforderung lässt sich nun auch auf den Verweis auf die im Verbandsregelwerk befindliche Schiedsklausel übertragen. Auf diese Weise entsteht ein variabler Schutzmechanismus, der es erlaubt insbesondere die Umstände des Einzellfalles heranzuziehen. Danach ist bei der Frage, ob der Sportler eine zumutbare Möglichkeit der Kenntnisnahme hat zu berücksichtigen, inwieweit Schiedsklauseln in Sportregelwerken branchenüblich sind und der Sportler hiermit rechnen muss.

2. Sicherstellung einer Freiwilligen Unterwerfung unter die Schiedsgerichtsbarkeit

Nach überwiegender Ansicht findet auch eine Inhaltskontrolle nach den AGB-Vorschrifen (§§ 307-309 BGB) bei Regelanerkennungsverträgen nicht statt[868]. Wo aber der Prüfungsmaßstab der §§ 307 ff. BGB nicht zur Anwendung gelangt, kommt es zu einer Inhaltsprüfung der Schiedsvereinbarung anhand der §§ 138, 242 BGB[869]. Dabei sind die der Einführung der Schiedsgerichtsbarkeit zugrunde liegende Motivation des Verbandes gegenüber dem teilweisen Verzicht der Sportler auf den gesetzlichen Richter abzuwägen. Die Freiwilligkeit wird somit unabhängig von der Form der Begründung der schiedsrichterlichen Zuständigkeit inhaltlich nach denselben Grundsätzen geschützt. Einer entsprechenden Anwendung der Formanforderungen des § 1031 ZPO bedarf es mithin nicht.

3. Hinweis für die Praxis

Im Hinblick auf die mit einer Sportschiedsgerichtsbarkeit verfolgten Ziele, die Sportregelwerke allen Sportlern gegenüber durch ein einheitlich zuständiges Sportschiedsgericht gleichermaßen zur Geltung zu bringen, ist diese Art zur Begründung von Schiedsvereinbarungen abzulehnen. Zwar wird die Einzelfallbetrachtung gerade im Zuge einer weiteren Verbreitung der Sportschiedsgerichtsbarkeit regelmäßig zu einer wirksamen Schiedsvereinbarung führen. Dennoch ist nie auszuschließen, dass einer Schiedsvereinbarung durch den Verweis auf ein Sportverbandsregelwerk im Einzelfall die Wirksamkeit abgesprochen wird, weil ein Sportler keine ausreichende Geschäftserfahrung mitbringt oder Schiedsvereinbarungen in der betreffenden Sportart noch nicht branchenüblich sind. Dann hängt die Regeldurchsetzung doch wieder von der Auslegung durch

---

[866] Vgl. ausführlich Drittes Kapitel:E. II. 2. b) cc) .

[867] Vgl. BGH NJW 1995, 583, 585 = *Haas/Haug/Reschke*, SportR, Dok. 10 31 1.

[868] vgl. BGH NJW 1995, 583, 585 = *Haas/Haug/Reschke*, SportR, Dok. 10 31 1; *Reichert*, Rn. 300; *Stöber*, Rn. 35.

[869] Vgl. Drittes Kapitel:E. IV. 2. c) .

die verschiedenen ordentlichen Gerichte ab. Darüber hinaus sind nicht ausdrückliche Verweise geeignet, Misstrauen und Ablehnung bei den Sportlern in Bezug auf die Sportschiedsgerichtsbarkeit zu erzeugen, da leicht der Anschein entstehen kann, dass sie auf heimlichem Wege um ihren Anspruch auf den gesetzlichen Richter gebracht werden sollen. Handelt es sich bei der schiedsrichterlichen Streitbeilegung von Sportstreitigkeiten aber um eine im Vergleich zum gesetzlichen Richter bessere Rechtsschutzform zur Beilegung von Sportstreitigkeiten, so spricht nichts dagegen, Schiedsvereinbarungen ausdrücklich zu treffen. Im Hinblick auf das Ziel, alle Sportler mit der Sportschiedsgerichtsbarkeit erfassen zu wollen und aus dem Grund heraus, eine breite Akzeptanz bei den Sportlern für die Sportschiedsgerichtsbarkeit zu erzielen, sollten Schiedsvereinbarungen zwischen den Sportlern und den Verbänden daher immer ausdrücklich getroffen werden[870].

III. Vergleich mit der Rechtslage in der Schweiz

Ob und unter welchen Voraussetzungen der Verweis auf ein Verbandsregelwerk eine Schiedsvereinbarung wirksam begründen kann, wenn die Schiedsklausel sich lediglich im Verbandsregelwerk befindet, wird auch in der Schweiz kontrovers diskutiert. Diese Frage war u.a. Gegenstand der Entscheidung des Schweizer Bundesgerichts im Fall Nagel.

1. *Der Fall Nagel*[871]

Der Kläger, ein deutscher Berufssportler (Tjark Nagel), erhob vor dem schweizerischen Tribunal civil in Lausanne Klage und begehrte die Nichtigerklärung einer gegen ihn gerichteten vereinsgerichtlichen Maßnahme. Diese umfasste eine Geldstrafe und eine Wettkampfsperre. Die Sanktion wurde dem Sportler von der Fédération Equestre Internationale (FEI), der internationalen Dachorganisation im organisierten Reitsport, auferlegt, da ihm während eines nach den Regeln der FEI ausgetragenen Reitturniers in Monaco ein Dopingverstoß zur Last gelegt wurde. Bei der FEI handelt es sich um eine juristische Person schweizerischen Rechts mit Sitz in Lausanne, zu deren Mitgliedern die nationalen Spitzenverbände des Reitsports, nicht aber die Sportler zählen[872]. Zu den satzungsmäßigen Aufgaben der FEI gehört die einheitliche Regelsetzung und -anwendung auf dem Gebiet des Reitsports[873]. Im Rahmen des Verfahrens erhob die FEI die Schiedseinrede, woraufhin sich das Gericht für unzuständig erklärte. Die Schiedseinrede stützte die FEI auf eine von der FN, dem deutschen Spitzenver-

---

870 So im Ergebnis auch *Wyler*, Sportgerichtsbarkeit, S. 52.

871 Unveröffentlichter Entscheid des SchwBG vom 31.10.1996, abgedruckt in engl. Übersetzung in: Reeb (Hrsg.), Digest of CAS Awards 1986-1998, S. 585 ff.; vgl. dazu *Haas*, ZEuP 1999, 355, 357.

872 Zu dieser üblichen Struktur im organisierten Sport siehe Erstes Kapitel:B. III. , IV.

873 Vgl. allgemein zu dieser Aufgabe der Spitzenverbände Erstes Kapitel:B. IV.

band für den Reitsport, ausgestellte Lizenz, die den Sportler zur Teilnahme an nationalen und internationalen Wettkämpfen berechtigt und in der sich der Sportler dem Regelwerk der FEI unterworfen hat. Teil dieses Regelwerks ist eine Schiedsklausel, wonach sämtliche Streitigkeiten zwischen der FEI und den dem Regelwerk unterworfenen Personen unter Ausschluss der staatlichen Gerichtsbarkeit durch den CAS zu entscheiden sind. Dem Kläger war diese Schiedsklausel auch bekannt, da er schon einmal an einem Verfahren vor dem CAS als Partei beteiligt war. Darüber hinaus wurde anlässlich des Turniers in Monaco ein Programm versandt, welches auf die Schiedsklausel in dem FEI-Verbandsregelwerk ausdrücklich hinwies. Die Rechtsmittel des Klägers gegen die Entscheidung des CAS blieben erfolglos.

Das Schweizer Bundesgericht musste im Rahmen seiner Entscheidung die Frage beantworten, ob und gegebenenfalls unter welchen Voraussetzungen eine Verweisung auf die in einem externen Dokument enthaltene Schiedsklausel den ordentlichen Rechtsweg wirksam ausschließen kann. Für ein internationales Sportschiedsverfahren vor dem CAS, an dem ein deutscher Sportler und ein Verband mit Sitz in der Schweiz beteiligt sind, ist der sachliche Anwendungsbereich des Art. 176 IPRG eröffnet. Das Schweizer Bundesgericht hat in der Einredesituation in Fortführung seiner bisherigen Rechtsprechung die Formanforderungen des Art. 178 Abs. 1 IPRG herangezogen, da es sich bei einem aus dem Schiedsverfahren vor dem CAS hervorgehenden Schiedsspruch um einen inländischen Schiedsspruch handelt[874]. Inwieweit eine Schiedsvereinbarung wirksam zustande kommt, wenn die Parteien in einem Vertrag auf ein externes Dokument verweisen, ist in Art. 178 Abs. 1 IPRG nicht ausdrücklich geregelt[875].

2. Meinungsstand zu Art. 178 IPRG

Im Anwendungsbereich des Art. 178 IPRG wird die Bezugnahmeproblematik kontrovers diskutiert. Einigkeit besteht noch insoweit, dass ein spezifischer Verweis auf die im externen Dokument enthaltene Schiedsklausel möglich ist. Für die allgemeine Bezugnahme auf das die Schiedsklausel enthaltene Dokument besteht jedoch eine breite Meinungsvielfalt. Nach überwiegender Ansicht ist ein Globalverweis zulässig[876]. Eine im Vordringen befindliche Ansicht weist im Rahmen des Art. 178 IPRG darauf hin, dass die Frage nach der Zulässigkeit eines Globalverweises in erster Linie eine Frage des materiellen Konsenses ist, die sich nach Art. 178 Abs. 2 IPRG richtet[877]. Das Schweizer Bundesgericht hat

---

[874] Vgl. BGE 121, 38, 44; 122 III 139, 141, 142; vgl. Zweites Kapitel:A. I., II.

[875] Eine Regelung für den Verweis auf externe Dokumente enthält hingegen Art. 7 Abs. 2 UMG und der darauf basierende § 1031 Abs. 3 ZPO, zu Letzterem vgl. Drittes Kapitel:E. III. 1. b).

[876] *Bucher*, Internationale Schiedsgerichtsbarkeit, S. 54; *Wenger*, IPRG-Kommentar, N. 54 zu Art. 178.

[877] *Netzle*, ASA Special Series No. 11, S. 45 ff., 50 ff.

die Frage, ob für die Feststellung der Formanforderungen des Art. 178 Abs. 1 IPRG ein verweisender Text oder ein die Schiedsklausel enthaltender verweisender Text vorliegen muss, zu Gunsten einer globalen Bezugnahme beantwortet[878]. Die materielle Gültigkeit der Schiedsvereinbarung beurteilt das Schweizer Bundesgericht zusammen mit der im Vordringen befindlichen Ansicht über die Verweisung des Art. 178 Abs. 2 IPRG, wonach die Schiedsvereinbarung im Übrigen gültig ist, wenn sie dem von den Parteien gewählten, dem auf die Streitsache, insbesondere dem Hauptvertrag anwendbaren, oder dem Schweizer Recht entspricht[879]. Unter Anwendung Schweizer Rechts beurteilt das Schweizer Bundesgericht die Frage nach der materiellen Gültigkeit der Schiedsvereinbarung gem. Art. 178 Abs. 2 IPRG nach dem Vertrauensprinzip unter Berücksichtigung der Umstände des Einzelfalls. Dabei sind in erster Linie die geschäftliche Erfahrung der Parteien[880] und die Üblichkeit der im externen Dokument enthaltenen Schiedsklausel[881] ausschlaggebend.

a) Üblichkeit im Sportrechtsverkehr als maßgebliches Kriterium

Im Fall Nagel hat das Schweizer Bundesgericht in Anwendung dieser Grundsätze geprüft, inwieweit die von der Formvorschrift ausgehende Warnfunktion beeinträchtigt ist. Es entschied hierbei, dass ein Berufssportler einem bestimmten Geschäftskreis angehört, in dem branchentypische Regelwerke gelten[882]. Kenne daher ein Sportler die im Regelwerk befindliche Schiedsklausel, könne er sich nicht darauf berufen, dass eine Globalverweisung auf das Sportverbandsregelwerk mit der Warnfunktion der Formvorschrift nicht zu vereinbaren sei. Nach diesen Grundsätzen der Schweizer Rechtsprechung ist somit eine allgemeine Bezugnahme auf das eine Schiedsklausel enthaltende Sportregelwerk im Rahmen einer vertraglichen Vereinbarung zwischen Sportverband und Sportler im professionellen Sportbereich regelmäßig ausreichend, um eine wirksame Schiedsvereinbarung zwischen den Beteiligten zu begründen. Auch im Fall Roberts hat das Schweizer Bundesgericht diese Grundsätze bestätigt.

---

878 BG SpuRt 2002, 62, 63; BG, Entscheid vom 31.10.1996, vgl. Reeb (Hrsg.), Digests of CAS Awards 1986-1998, S. 585 ff., 588 f.

879 BGE SpuRt 2002, 62, 64; anders scheinbar in BG, Entscheid vom 31.10.1996, vgl. Reeb (Hrsg.), Digests of CAS Awards 1986-1998, S. 585 ff., 588 f., wo das Gericht die gesamte Bezugnahmeproblematik anhand von Art. 178 Abs. 1 IPRG beurteilt, vgl. auch CAS SpuRt 2002, 64, 66.

880 *Schilling*, S. 86.

881 Vgl. BGE 110 II 54, 59 f.; 121 III 38, 45, 46; so auch Handelsgericht Zürich, YCA 1993, 442, 444.

882 Vgl. *Haas*, ZEuP 1999, 355, 370.

b) Bestätigung im Fall Roberts

Der US-amerikanische Basketballspieler Stanley Roberts ersuchte den Internationalen Basketballverband (FIBA) um eine Lizenzerteilung für ausländische Spieler. Stanley Roberts wurde jedoch, ohne Mitglied der „FIBA-Familie" zu sein[883], wegen eines Dopingverstoßes von der FIBA vorsorglich gesperrt. Als eine von dieser Sperre betroffene Partei wurde dem Sportler zusammen mit einem Hinweis auf das interne Reglement betreffend Verbandsverfahren der FIBA die Möglichkeit eingeräumt, die Sperre anzufechten. Stanley Roberts beschritt, obwohl nicht Mitglied der „FIBA-Familie" und deren Regeln auch nicht vertraglich unterworfen, dieses Verbandsverfahren. Im dessen Verlauf erhielt der Sportler eine Prozessordnung („Order of Procedure"), welche u.a. auf das interne Reglement der FIBA verwies. Dort ist in Ziff. 12.9 geregelt, dass als Rechtsbehelf gegen Entscheide im Verbandsverfahren, unter Ausschluss anderer Gerichtsinstanzen, nur der CAS angerufen werden kann[884]. Diese „Order of Procedure" wurde von einem der deutschen Rechtsvertreter von Stanley Roberts unter „gelesen und zugestimmt" unterzeichnet. Nachdem Stanley Roberts im Verbandsverfahren nicht durchdringen konnte wurde ihm als Rechtsmittelbelehrung mitgeteilt, dass die Entscheidung innerhalb von 30 Tagen beim CAS angefochten werden kann. An Letzteres wandte er sich dann auch, jedoch mit dem Begehren festzustellen, dass der CAS in dieser Sache keine Entscheidungskompetenz habe. Da der aber CAS seine Entscheidungskompetenz bejahte[885], wandte sich der Sportler mit einer Schiedsbeschwerde wegen Verletzung des Art. 190 Abs. 2 lit. b IPRG an das schweizerische Bundesgericht. Das Bundesgericht hatte zu prüfen, ob das Schiedsgericht seine Zuständigkeit zu Recht bejaht oder verneint, d.h. in erster Linie eine wirksame Schiedsvereinbarung zwischen den Parteien bestanden hat.

Im Ausgangspunkt nimmt das Schweizer Bundesgericht ausdrücklich auf die im Fall Nagel entwickelten Grundsätze Bezug und stellt zunächst fest, dass die Vereinbarung der schiedsrichterlichen Streitbeilegung auch durch einen globalen Verweis auf ein externes, eine Schiedsklausel enthaltendes Dokument rechtswirksam zustande kommen kann, wenn ein Sportler eine Globalverweisung vorbehaltlos akzeptiert und dabei die im verwiesenen Dokument enthaltene Schiedsklausel kennt[886]. Während das Gericht aber im Fall Nagel die vorbehalt-

---

[883] Stanley Roberts war weder Mitglied eines der FIBA angeschlossenen Verbandes, noch hat er sich durch eine vertragliche Vereinbarung dem Regelwerk der FIBA unterworfen.

[884] Ziff. 12.9 FIBA-Internal Regulations lautet: „Further appeal against the decision by the Appeals Commission can only be lodged with the court of Arbitration for Sport in Lausanne, Switzerland, within 30 days following receipt of the reasons for the award. The court of Arbitration for Sport shall act as an arbitration tribunal and there shall be no right to appeal to any other jurisdictional body.", abrufbar unter www.fiba.com.

[885] Vgl. CAS SpuRt 2002, 64 ff.

[886] BGE SpuRt 2002, 62, 64. Dabei beurteilt das Gericht ausdrücklich die Formanforderungen (Art. 178 Abs. 1 IPRG) getrennt von der Frage des materiellen Konsenses (Art. 178 Abs. 2

lose Zustimmung unter die Regeln des Verbandes im Abschluss der Lizenz sah, welche u.a. allgemein auf das Verbandsregelwerk verwies, stellt es im Fall Roberts, wo es noch gar keine Lizenz geben konnte, auf das Beschreiten des Verbandsverfahrens des Sportlers gegen die Sperre der FIBA ab, was implizit ein Gesuch auf Erteilung einer generellen Starterlaubnis darstelle. Gleichzeitig mit diesem Gesuch sei davon auszugehen, dass ein Sporttreibender das ihm bekannte Regelwerk anerkenne[887]. Durch den Hinweis seitens der FIBA auf die Möglichkeit, die gegen ihn ausgesprochene Sperre nach den internen Regeln anzufechten, sei dem Sportler auch bekannt gewesen, dass die FIBA ihn gleich allen anderen zur „FIBA-Familie" gehörenden Sportlern behandeln wolle. Ohne bisher auf irgendeine Weise den Verbandsregeln unterworfen zu sein, bringe die vorbehaltlose Anstrengung des verbandsinternen Verfahrens der FIBA durch den Sportler die dafür vorgesehenen Verbandsregeln mitsamt der darin enthaltenen Schiedsklausel zur Anwendung[888]. Ob es dieser Konstruktion im vorliegenden Fall bedurft hätte oder ob nicht vielmehr die Zusendung der Prozessordung samt dem darin enthaltenen Verweis auf das interne Reglement durch den Vorsitzenden der Kommission und deren vorbehaltlose Unterzeichnung durch den deutschen Anwalt des Klägers eine wirksame Schiedsvereinbarung begründet hat, soll hier nicht weiter verfolgt werden. Festzuhalten bleibt, dass professionelle Sportler in der Schweizer Rechtsprechung einerseits als erfahren im Bereich des Sportrechtsverkehrs angesehen werden und andererseits, dass Schiedsklauseln dort aufgrund ihrer zunehmenden Verbreitung im internationalen Sportgeschehen als üblich gelten. Aus diesen Gründen genügt nach der Schweizer Rechtsprechung eine allgemeine Bezugnahme auf die Sportverbandsregeln im Rahmen einer schriftlichen Vereinbarung der Parteien, um eine wirksame Schiedsvereinbarung zu begründen.

IV. Vergleich mit der Rechtslage im Anwendungsbereich des UNÜ

Sowohl für die Anerkennung der internationalen Schiedsvereinbarung als auch für die Anerkennung und Vollstreckung des Schweizer Schiedsspruchs im Ausland ist die Vorschrift des Art. II Abs. 2 UNÜ zu beachten[889]. Die Frage, welche Voraussetzungen Art. II Abs. 2 UNÜ für den Verweis auf eine in einem externen Dokument enthaltene Schiedsklausel beinhaltet, wird kontrovers diskutiert[890].

IPRG). Form und materieller Konsens stellen danach auch nach der Ansicht des BG keine sinnhafte Einheit dar, vgl. SpuRt 2002, 62, 63 f.

[887] BGE SpuRt 2002, 62, 64, mit Hinweis auf BGH NJW 1995, 583 ff. = *Haas/Haug/Reschke*, SportR, Dok. 10 31 1.

[888] BGE SpuRt 2002, 62, 64; kritisch *Knöfel*, SpuRt 2002, 49, 50 ff.

[889] Vgl. Zweites Kapitel:B. I.

[890] Vgl. *Schwab/Walter*, Kap. 44 Rn. 9; *Haas*, ZeuP 1999, 355, 370 m.w.N.; *Stein/Jonas /Schlosser*, ZPO, Anh. zu § 1061 Rn. 57 f.

1. Meinungsstand zu Art. II Abs. 2 UNÜ

Nach einer Ansicht ist ein Globalverweis, d.h. ein bloßer Verweis auf das die Schiedsklausel enthaltende Regelwerk, im Rahmen des Art. II Abs. 2 UNÜ generell zulässig[891]. Ob ein Globalverweis jedoch für eine wirksame Einbeziehung der Schiedsklausel in den Vertrag ausreicht, sei eine Frage des materiellen Konsenses und daher nach vertragsrechtlichen Grundsätzen zu beurteilen[892]. Nach der Gegenposition wird eine allgemeine Bezugnahme auf das eine Schiedsklausel enthaltende Schriftstück generell als nicht formwirksam erachtet[893]. Somit ist eine Schiedsklausel dann im Vertrag oder den gewechselten Schreiben enthalten, wenn wenigstens ein expliziter Hinweis auf die in den AGB enthaltene Schiedsklausel vorliegt[894]. Andere wiederum differenzieren danach, ob sich die Schiedsklausel selbst im unterzeichneten Schriftstück oder den gewechselten Schreiben befindet. Eine allgemeine Bezugnahme auf AGB ist nicht ausreichend, um die Formanforderungen zu erfüllen, wenn diese nicht mitgeschickt werden[895]. Sind die ABG jedoch mit der von den Parteien unterschriebenen Vertragsurkunde verbunden, sei es, dass sie sich auf der Rückseite des Vertrages befinden oder diesem auf andere Weise beigefügt sind, soll eine allgemeine Bezugnahme auf die AGB ausreichen, um den Formanforderungen zu genügen[896].

Während diese Ansichten versuchen, die Frage nach den formellen Anforderungen eines Globalverweises durch die Ermittlung feststehender Anforderungen für alle Personen gleichermaßen zu beantworten, bestimmt eine im Vordringen befindliche Ansicht die jeweiligen Formanforderungen nach den Umständen des Einzelfalls. Dabei ist zwischen den Anforderungen des internationalen Handelsverkehrs nach praktikablen Abschlussformen einerseits und dem Schutzzweck der Formvorschrift andererseits, die Parteien vor einem unüberlegten Ausschluss der staatlichen Gerichte zu bewahren, abzuwägen[897]. Der Verzicht auf feststehende Formanforderungen beruht auf der Annahme, dass für einen expliziten Hinweis auf die Schiedsklausel in bestimmten Situationen keine Notwendigkeit besteht, wenn der Vertragspartner ohnehin Kenntnis von der Schiedsklausel hat. Dies sei anzunehmen, wenn die Gegenseite die AGB aufgrund laufender Geschäftsbeziehungen bereits kennt oder ihr das Regelwerk bereits bei früherer Gelegenheit zugesandt wurde[898]. Nach teilweise vertretener Ansicht verlange der

---

891 Vgl. *Bucher*, Internationale Schiedsgerichtsbarkeit, S. 54.

892 Vgl. *Berger*, Internationale Wirtschaftsschiedsgerichtsbarkeit, S. 109 ff.

893 Vgl. Engl. Court of Appeal Bull. ASA 1992, 555.

894 *V. Hülsen*, S. 58 f.

895 BGH NJW 1984, 2763, 2765; OLG Köln IPRax 1993, 399, 400.

896 Vgl. *Schwab/Walter*, Kap. 44 Rn. 9; *Stein/Jonas/Schlosser*, ZPO, Anh. § 1061 Rn. 57; *Gildeggen*, S. 62 ff.; *Wackenhuth*, ZZP 99 (1986), 445, 458; OLG München RIW 1996, 854.

897 Vgl. *Haas*, Anerkennung und Vollstreckung, S. 170 f.

898 OLG Schleswig RIW 2000, 707; *Gildeggen*, S. 70 f.; *Stein/Jonas/Schlosser*, ZPO, Anh. § 1061 Rn. 58.

Schutzzweck des Formerfordernisses lediglich, dass der Vertragspartner des Verwenders eine einfache, also keinen großen Aufwand bereitende Möglichkeit haben müsse, von den AGB Kenntnis zu erlangen[899]. Eine allgemeine Bezugnahme auf die eine Schiedsklausel enthaltenden AGB sei auch dann zulässig, wenn die schiedsrichterliche Streiterledigung branchenüblich ist[900]. Auch das Schweizer Bundesgericht beurteilt die Formgültigkeit der Schiedsvereinbarung sowohl unter Anwendung des Art. 178 Abs. 1 IPRG als auch unter Anwendung des Art. II Abs. 2 UNÜ nach gleichen Grundsätzen unter starker Gewichtung der Umstände des Einzelfalls. Dabei prüft es, inwieweit die von der Formvorschrift ausgehende Warnfunktion beeinträchtigt ist[901]. Konkretisierungsmerkmal ist dabei in erster Linie die geschäftliche Erfahrung der Parteien[902]. Darüber hinaus ist es entscheidend, ob die in dem externen Dokument enthaltene Schiedsklausel branchentypisch ist[903].

2. Stellungnahme

Der Meinungsstand wirft verschiedene Fragen auf. Zunächst ist die Frage zu beantworten, ob und gegebenenfalls welche Formanforderungen Art. II Abs. 2 UNÜ für die Bezugnahmeproblematik enthält[904]. Dann stellt sich die Frage, ob die Vorschrift neben Formanforderungen möglicherweise auch Anforderungen an die materielle Einigung der Parteien enthält, die vorrangig vor den Regelungen des Statuts der Schiedsvereinbarung zu beachten sind[905]. Falls Letzteres zutrifft, gilt es noch die Frage zu beantworten, ob die Anforderungen an die materielle Einigung bei der Bestimmung der Formanforderungen im Einzelfall zu berücksichtigen sind, diese mithin flexibel und nicht starr zu bestimmen sind[906]. Zunächst ist zu ermitteln, welche Grenzen der Wortlaut der Vorschrift möglichen Abschlussformen zieht.

a) Wortlautgrenze

Art. II Abs. 2 UNÜ versteht unter einer schriftlichen Vereinbarung eine Schiedsklausel in einem Vertrag oder eine Schiedsabrede, sofern der Vertrag oder die Schiedsabrede von den Parteien unterzeichnet wird oder in Briefen oder

---

899 *Gildeggen*, S. 70.

900 *Gildeggen*, S. 70 f; *Stein/Jonas/Schlosser*, Anh. § 1061 Rn. 58; *Lindacher*, FS Habscheid 1989, S. 167, 173; *Wackenhuth*, ZZP 99 (1986), 467; *Bucher*, Rn. 125; BGE 110 II 54; Handelsgericht Zürich, YCA 1993, 442, 444.

901 Vgl. *Haas*, ZEuP 1999, 355, 370.

902 *Schilling*, S. 86.

903 BGE 110 II 54, 59 f.; 121 III 38, 45, 46; so auch Handelsgericht Zürich, YCA 1993, 442, 444.

904 Vgl. Drittes Kapitel:G. IV. 2. c) .

905 Vgl. Drittes Kapitel:G. IV. 2. d) .

906 Vgl. Drittes Kapitel:G. IV. 2. e) .

Telegrammen enthalten ist, die sie gewechselt haben. Die Umschreibungen „Schiedsklausel in einem Vertrag" und „in Briefen oder Telegrammen enthalten" könnten darauf hindeuten, dass die Schiedsabrede oder Schiedsklausel, d.h. der sich aus ihrer Definition ergebende Mindestinhalt, selbst schriftlich in der unterzeichneten Vertragsurkunde oder den gewechselten Dokumenten enthalten sein muss. Nach dieser Auslegung ist in der ersten Schriftformvariante die Begründung einer Schiedsvereinbarung über einen Verweis gar nicht möglich. In der zweiten Schriftformvariante hingegen ist sogar ein konkludenter Verweis möglich, wenn das externe, die Schiedsklausel enthaltende Dokument mitübersandt wird. Wird das die Schiedsklausel enthaltende Dokument hingegen nicht mitgeschickt, ist wie auch in der ersten Schriftformvariante ein Verweis gar nicht erst möglich. Bezieht sich die Umschreibung „Schiedsklausel in einem Vertrag" oder „in Briefen oder Telegrammen enthalten" hingegen nicht auf die Vertragsurkunde oder die gewechselten Dokumente in körperlicher Hinsicht, sondern auf alle zum Inhalt des Vertrags zählenden Bestandteile, kann davon auch eine Schiedsklausel in einem externen Schriftstück erfasst sein, selbst wenn das externe Schriftstück körperlich kein Bestandteil des Vertrages oder der gewechselten Dokumente ist. Nach letzterer Wortlautauslegung ist sowohl eine spezifische Bezugnahme auf die Schiedsklausel selbst, als auch eine allgemeine Bezugnahme auf ein externes, die Schiedsklausel enthaltendes Dokument formwirksam möglich.

Schon an dieser Stelle ist es hilfreich, sich anhand der beiden aus dem Wortlaut des Art. II Abs. 2 UNÜ abgeleiteten Auslegungsalternativen den Zusammenhang zwischen den Formanforderungen und der materiellen Einigung der Parteien und die damit verbundenen Schwierigkeiten einer Normgebung durch den Gesetzgeber vor Augen zu führen. Verlangt Art. II Abs. 2 UNÜ im Sinne der ersten Auslegung, dass der Mindestinhalt der Schiedsvereinbarung körperlich im Vertrag oder den gewechselten Schreiben enthalten sein muss, wird regelmäßig bei Einhaltung der geforderten Form davon auszugehen sein, dass die Parteien mit großer Wahrscheinlichkeit Kenntnis von der Schiedsklausel hatten. An der materiellen Einigung der Parteien wird es daher nur noch in besonders gelagerten Ausnahmefällen fehlen[907]. Im Hinblick auf das mit der Formvorschrift verfolgte Ziel, die materielle Einigung der Parteien sicherzustellen, erzielt die derart verstandene Vorschrift einen sehr hohen Wirkungsgrad. Ergibt sich die materielle Einigung jedoch bereits aus anderen Umständen, wenn beispielsweise eine Partei die Schiedsklausel aufgrund länger andauernder Geschäftsbedingungen bereits in den Händen hält und der Vertragspartner lediglich darauf verweist, geht die Forderung nach einer körperlichen Einbeziehung der Schiedsklausel in den Vertrag oder die gewechselten Dokumente über das für den materiellen Konsens erforderliche Maß hinaus. Ein Verweis wäre gleichermaßen ausreichend. Die Einhaltung der Formanforderung wird auf diese Weise zum Selbst-

907 Denkbar sind beispielsweise mitgesandte AGB in fremder Sprache.

zweck und zur Behinderung des Geschäftsverkehrs. Die Aufstellung starrer Formanforderungen schränkt somit Differenzierungsmöglichkeiten im Einzelfall ein. Fordert Art. II Abs. 2 UNÜ hingegen, dass im Vertrag oder den gewechselten Schreiben lediglich ein allgemeiner Verweis erforderlich ist, präjudiziert die Einhaltung der Form, infolge der geringeren Möglichkeit der Kenntnisnahme der Schiedsklausel, die Frage der materiellen Einigung der Parteien weitaus weniger. Die materielle Einigung der Parteien muss daher im Einzelfall positiv festgestellt werden. Die jeweiligen Formanforderungen verschieben somit den Prüfungsumfang bezüglich der materiellen Einigung der Parteien. Zwar ist in der zweiten Alternative der Wirkungsgrad der Formvorschrift hinsichtlich der Sicherstellung der materiellen Einigung der Parteien wesentlich geringer, jedoch erlaubt die liberale Formvariante weitaus mehr Differenzierungsmöglichkeiten im Einzelfall. Formanforderungen stehen somit stets im Spannungsfeld zwischen den Bedürfnissen des Rechtsverkehrs nach praktikablen Vertragsabschlussformen und den mit der Formvorschrift verfolgten Schutz- und Warnfunktionen. Zwischen diesen Polen muss der Normgeber bei der Aufstellung strikter Formanforderungen einen Kompromiss finden. Erschwert wird dies durch den Umstand, dass beide Pole immer nur für den Moment feststehen. Auf der einen Seite unterliegt der Rechtsverkehr samt den dort gebräuchlichen Abschlussformen einem steten Wandel und auf der anderen Seite können verschiedene Personengruppen unterschiedlich schutzbedürftig sein. Letzteres spiegelt sich auch in § 1031 ZPO (Art. 7 UMG) wider, indem der Gesetzgeber versucht hat, verschiedene geläufige Abschlussformen zu erfassen und der unterschiedlichen Schutzbedürftigkeit, insbesondere der Schutzbedürftigkeit des Verbrauchers, durch abgestufte Formanforderungen Rechnung zu tragen.

b) UMG als Auslegungshilfe

Bei der Beantwortung der Ausgangsfrage, welchen Kompromiss die Verfasser des Art. II Abs. 2 UNÜ gefunden haben, insbesondere, ob ein Verweis auf eine in einem externen Dokument enthaltene Schiedsklausel den Formanforderungen genügt und falls ja, wie dieser Verweis beschaffen sein muss, kann der Wortlaut des Art. II Abs. 2 UNÜ alleine nicht weiterhelfen. Zur Beantwortung der Frage, ob ein Verweis genügt, dessen Formanforderungen zu erfüllen, wird teilweise auf die Auslegung der Formvorschrift des Art. 7 UMG zurückgegriffen[908]. Für eine Berücksichtigung des UMG und dessen Materialien sprechen gleich mehrere Argumente. Das UNÜ wird aufgrund der Vielzahl von Vertragsstaaten als Grundgesetz der internationalen Schiedsgerichtsbarkeit bezeichnet. Die Vielzahl von Vertragsstaaten aus unterschiedlichen Rechtskreisen machen Änderungen des 1958 geschaffen Staatsvertrags und eine Rechtsentwicklung in diesem Be-

---

[908] Vgl. *Epping*, S. 36 f.; *Stein/Jonas/Schlosser*, ZPO, Anh. § 1061 Rn. 53.

reich jedoch schwierig[909]. Will man aber den Staatsvertrag als Grundlage der internationalen Schiedsgerichtsbarkeit erhalten, ist seine Anpassung an geänderte Bedingungen unumgänglich. Dies wirft zwangsläufig die Frage auf, wie man das UNÜ behutsam weiterentwickelt, ohne die breite Akzeptanz und damit seine Bedeutung für die internationale Schiedsgerichtsbarkeit zu gefährden. Durch die Zuhilfenahme des UMG als Auslegungshilfe für das UNÜ kann eine einheitliche Rechtsentwicklung unterstützt werden. Dies entspricht auch dem Auftrag der Vereinten Nationen an die UNCITRAL Organisation[910], die internationale Schiedsgerichtsbarkeit weiterzuentwickeln[911]. Auch die Materialien zum UMG zeigen den Willen der Verfasser, eine Rechtsvereinheitlichung der neu zu schaffenden Vorschriften mit dem UNÜ zu erreichen, um bestehende Unklarheiten aus dem Bereich des UNÜ zu beseitigen[912]. Darüber hinaus war an der Erarbeitung des UMG eine Vielzahl von Vertragsstaaten beteiligt, die auch bei der Schaffung des UNÜ mitgearbeitet haben. Daraus lässt sich durchaus eine Wechselwirkung für die Auslegung des jeweils anderen Regelwerkes herleiten. Gerade im Hinblick auf eine Wechselwirkung zwischen UMG und UNÜ im Bereich der Formanforderungen des Art. II Abs. 2 UNÜ ist dies in der Literatur anerkannt, so dass Art. 7 Abs. 2 S. 3 UMG durchaus ergänzend zur Beseitigung von Unklarheiten herangezogen werden kann[913].

Nimmt ein Vertrag auf ein Schriftstück Bezug, das eine Schiedsklausel enthält, so begründet dies nach Art. 7 Abs. 2 S. 3 UMG eine Schiedsvereinbarung, wenn der Vertrag schriftlich abgefasst und die Bezugnahme dergestalt ist, dass die Klausel zu einem Bestandteil des Vertrages wird. Die Formvorschrift des UMG beinhaltet somit die Möglichkeit durch einen Verweis auf ein externes Dokument eine Schiedsvereinbarung zu begründen. Damit ist auch für den Bereich des UNÜ davon auszugehen, dass eine Bezugnahme auf die Schiedsklausel eines externen Dokuments somit grundsätzlich formwirksam möglich ist. Eine nähere Konkretisierung der Anforderungen an die Bezugnahme bleibt der Wortlaut des UMG jedoch schuldig. Fraglich ist somit, ob eine allgemeine Bezugnahme auf das externe, eine Schiedsklausel enthaltende Dokument ausreicht oder ein ausdrücklicher Verweis auf die Schiedsklausel erforderlich ist. Die allgemeine Formulierung ist aber eher Indiz dafür, dass grundsätzlich sowohl die spezifische Bezugnahme auf die im externen Dokument enthaltene Schiedsklausel als auch die allgemeine Bezugnahme auf das externe Dokument formwirksam möglich sein sollen. Auch aus den Materialien zum Modelgesetz ergibt sich eine

---

909 Vgl. *Stein/Jonas/Schlosser*, ZPO, Anh. § 1061 Rn. 53, der bildhaft von einer Versteinerung spricht.

910 Vgl. näher zur UNCITRAL Organisation, *Lionnet/Lionnet*, S. 129.

911 Holtzmann/Neuhaus, S. 4.

912 Vgl. *Holtzmann/Neuhaus*, S. 300 f.

913 *Schlosser*, Internationale private Schiedsgerichtsbarkeit, Rn. 368 ff.; *Stein/Jonas/Schlosser*, ZPO Anh. § 1061 Rn. 53; *Epping*, S. 141 f.

weite Auslegung[914]. Die Systematik der Vorschrift spricht ebenso für eine weite Auslegung. Der letzte Halbsatz der Vorschrift deutet darauf hin, dass Differenzierungen möglich sein sollen. Zieht die Vorschrift die formellen Anforderungen eng, werden aber dadurch die Differenzierungsmöglichkeiten im Einzelfall eingeschränkt. Daher spricht der letzte Halbsatz für eine weite Auslegung. Dieser Ansicht folgen auch weite Teile der Literatur[915]. Damit sind in formeller Hinsicht sowohl die spezifische Bezugnahme auf eine Schiedsklausel als auch die allgemeine Bezugnahme auf ein externes Dokument, welches eine Schiedsklausel enthält möglich.

Ob Art. 7 Abs. 2 S. 3 UMG neben formellen Anforderungen selbst auch Anforderungen an die materielle Einigung enthält, ist umstritten. Während ein Vorschlag bei den Beratungen das Vorliegen der Schiedsklausel für beide Parteien verlangt hat, sollte nach einem anderen stets bereits eine allgemeine Bezugnahme auf ein externes Schriftstück genügen[916]. Ein weiterer Vorschlag forderte, dass die Partei, deren Gegner sich auf eine Schiedsklausel beruft, bei Vertragsschluss von der Schiedsklausel wusste oder wissen musste[917]. Die verschiedenen Ansätze verdeutlichen einerseits wiederum die Gemengelage von formellen und materiellen Anforderungen bei der Beantwortung der Bezugnahmeproblematik und spiegeln andererseits auch den Meinungsstand zum Regelungsumfang des Art. II Abs. 2 UNÜ wider. So versuchen die ersten beiden Ansätze die Bezugnahmeproblematik durch konkrete Formanforderungen zu bewältigen, während der letzte den Schwerpunkt auf die materielle Frage der Einigung verlegt. Während sich aus Letzterem hätte klar folgern lassen, dass die Vorschrift neben formellen Anforderungen auch einen materiellen Regelungsgehalt aufweist, lässt der aus den verschiedenen Ansätzen hervorgegangene unglückliche Wortlaut des Art. 7 Abs. 2 S. 3 UMG diese umstrittene Frage bedauerlicherweise offen. Dementsprechend ist auch der Regelungsgehalt des Art. 7 Abs. 2 S. 3 UMG umstritten. Nach teilweise vertretener Ansicht soll der letzte Halbsatz des Art. 7 Abs. 2 S. 3 UMG auf das anwendbare Recht verweisen[918]. Die Frage, ob eine Bezugnahme dergestalt ist, dass sie die Klausel zu einem Bestandteil des Vertrages macht, wäre dann nach dem Statut der Schiedsvereinbarung zu beurteilen[919]. Alternativ zu einem Verweis auf andere Normen ist auch denkbar, dass

---

914 Holtzmann/Neuhaus, S. 285, 291.

915 Vgl. *Hußlein-Stich*, S. 41; *Calavros*, S. 50; *Böckstiegel*, RIW 1984, S. 670, 672; *Berger*, Internationale Wirtschaftsschiedsgerichtsbarkeit, S. 113.

916 Holtzmann/Neuhaus, S. 280.

917 Holtzmann/Neuhaus, S. 287.

918 *Hußlein-Stich*, S. 42; *Granzow*, S. 91 f.

919 So sieht auch die Begründung zu § 1031 Abs. 3 ZPO, der auf dem Art. 7 UMG aufbaut, im letzten Halbsatz einen Verweis auf die Vorschriften zum AGB-Gesetz vor (jetzt §§ 305 ff. BGB), vgl. BT-Drucks. 13/5274, S. 37; *Schwab/Walter*, Kap. 5 Rn. 9. Untersteht eine Schiedsvereinbarung deutschem Recht, kommen danach die Vorschriften des AGB-Gesetzes zur Anwendung. Für die Auslegung des Art. II Abs. 2 UNÜ ist die Ansicht des deutschen

die Norm selbst Anforderungen an eine wirksame Einbeziehung enthält. Diese könnten sich beispielsweise aus den Gewohnheiten und Gebräuchen des internationalen Handels[920] oder aus den mit der Formvorschrift verfolgten Zwecken ergeben. Für die Frage, ob Art. II Abs. 2 UNÜ neben formellen Anforderungen selbst auch Anforderungen an die materielle Einigung enthält, die vorrangig vor einer Regelung im jeweils anwendbaren nationalen Recht zu beachten sind oder ob Art. V Abs. 1 lit. A UNÜ insofern auf das jeweils anwendbare nationale Recht verweist, hält das UMG somit keine eindeutige Antwort bereit.

Die Frage, ob eine Formvorschrift neben Anforderungen an die Form auch Anforderungen des materiellen Konsenses enthält, wird auch für die staatvertragliche Norm des Art. 17 Abs. 1 EuGVÜ[921] diskutiert[922]. Diese Norm wurde mittlerweile durch Art. 23 Abs. 1 EuGVVO[923] ersetzt[924], der nun im Verhältnis zwischen fast allen Vertragsstaaten[925] als Akt des Gemeinschaftsrechts zwischen den EG-Mitgliedsstaaten, mit Ausnahme von Dänemark, verbindlich und unmittelbar gilt[926]. Systematisch und inhaltlich entspricht die EG-Verordnung weitgehend dem EuGVÜ, so dass die dort entwickelten Anwendungsgrundsätze und Auslegungsregeln weiterhin Bestand haben[927]. Dies gilt, abgesehen von geringfügigen Änderungen, ebenso für Art. 17 EuGVÜ[928]. Die für die staatsver-

Gesetzgebers jedoch unerheblich, da die Vorschrift als Sachnorm ohne Zuhilfenahme eines nationalen Rechts auszulegen ist; vgl. *Lionnet/Lionnet*, S. 172; *Schwab/Walter*, Kap. 44 Rn. 7.

[920] *Berger*, Internationale Wirtschaftsschiedsgerichtsbarkeit, S. 110 ff.

[921] Brüsseler EWG-Übereinkommen über die gerichtliche Zuständigkeit und die Vollstreckung gerichtlicher Entscheidungen in Zivil- und Handelssachen (BGBl. 1972 II, 774) in der Fassung des 3. Beitrittsübereinkommens, vgl. BGBl. 1994 II, 519.

[922] Vgl. *Gottwald*, in FS Henckel, S. 296, 304 ff.; *Leiphold*, Zuständigkeitsvereinbarungen in Europa, S. 51 ff.; *Sieg*, RIW 1998, 102 ff. Die gleiche Frage stellt sich für Art. 7 Abs. 1 des parallelen Luganer Übereinkommens über die gerichtliche Zuständigkeit und die Vollstreckung gerichtlicher Entscheidungen in Zivil- und Handelssachen (LugGVÜ), das im Verhältnis zu Finnland, Norwegen, Schweden und der Schweiz, vgl. BGBl. 1994 II, 2660, und nach dessen Beitritt auch für Polen gilt, vgl. BGBl. 2000, 1246; vgl. *Kröll*, IPRax 2002, 113 ff.

[923] Sog. Brüssel-I-Verordnung, (EG) Nr. 44/2001, ABlEG Nr. L 12 vom 16.1.2001, S. 1.

[924] Vgl. *Finger*, MDR 2001, 1394 ff.; *Piltz*, NJW 2002, 789 ff.; *Kohler*, in FS Geimer, S. 461 ff.

[925] Das EugVVO trat am 1.3.2002 im Verhältnis der Mitgliedsstaaten der EU außer Dänemark in Kraft, vgl. Art. 1 Abs. 3 EuGVVO. Gegenüber Dänemark gilt daher weiterhin das EuGVÜ, vgl. allgemein zum Anwendungsbereich *Piltz*, NJW 2002, 789, 790 f.; *Micklitz/Rott*, EuZW 2001, 325 f.; *Kohler*, in FS Geimer, S. 461, 468 ff.

[926] Vgl. *Piltz*, NJW 2002, 789, 790; ausführlich zur Rechtsnatur des EuGVVO im Vergleich zum EuGVÜ, vgl. *Kohler*, in FS Geimer, S. 461, 462 ff.; *Piltz*, NJW 2002, 789, 790.

[927] Vgl. *Micklitz/Rott*, EuZW 2001, 325, 327.

[928] Vgl. dazu *Piltz*, NJW 2002, 789, 792.

tragliche Norm des Art. 17 Abs. 1 EuGVÜ gefundene Lösung kann auch für die Auslegung des Art. II Abs. 2 UNÜ hilfreich sein[929].

c) *Vergleich mit Art. 17 Abs. 1 S. 2 EuGVÜ*

Nach Art. 17 Abs. 1 S. 2 EuGVÜ muss eine Gerichtsstandsvereinbarung entweder schriftlich oder mündlich mit schriftlicher Bestätigung abgeschlossen werden. Letzteres kommt jedoch nur in Betracht, wenn zwischen den Parteien entsprechende Gepflogenheiten entstanden sind oder eine solche Form im internationalen Handel einem Handelsbrauch entspricht, den die Parteien kannten oder kennen mussten und den Parteien von Verträgen dieser Art in dem betreffenden Geschäftszweig allgemein kennen und beachten. Nach der Rechtsprechung des EuGH will Art. 17 EuGVÜ gewährleisten, dass die Parteien sich tatsächlich geeinigt haben. Neben der Kontrolle formaler Kriterien hat der EuGH somit in erster Linie festzustellen versucht, ob die in Frage stehende Gerichtsstandsklausel von der Einigung der Parteien erfasst war[930]. Gerichtsstandsklauseln, die unbemerkt in das Vertragsverhältnis eingeführt wurden, hat der EuGH folglich die Wirksamkeit abgesprochen[931]. In einer anderen Entscheidung hat der EuGH dann ausdrücklich festgestellt, dass die Auslegung des Begriffs der Gerichtsstandsvereinbarung i.S.d. Art. 17 EuGVÜ autonom und nicht über eine Verweisung auf das innerstaatliche Recht zu erfolgen habe[932]. Diese Ansicht findet auch in der Literatur Zustimmung[933]. Umstritten ist allerdings die Reichweite dieser autonomen Auslegung. Einigkeit besteht insoweit, dass nicht sämtliche Bestandteile des Vertragsrechts erfasst werden, da Art. 17 EuGVÜ für Fragen der Geschäftsfähigkeit, Stellvertretung und den Einfluss von Willensmängeln keine Anhaltspunkte liefere. Insoweit bleibt es bei den allgemeinen kollisionsrechtlichen Grundsätzen und mithin der Anwendung nationalen Rechts[934]. Nach überwiegender Ansicht soll Art. 17 Abs. 1 S. 2 EuGVÜ aber auch die Sicherung der Privatautonomie und somit einen Teil des Regelungsbereiches des AGBG (§§ 305 ff. BGB) und der allgemeinen Rechtsgeschäftslehre erfassen und gehe insoweit einer Anwendung nationalen Rechts vor[935]. Die konkreten Anforderun-

---

[929] Um Verwirrungen vorzubeugen, erfolgt die Darstellung des Diskussionstandes anhand Art. 17 EuGVÜ, da sich nahezu die gesamte zitierte Literatur darauf bezieht.

[930] Vgl. EuGH NJW 1977, 494; EuGH IPRax 1982, 234, 237; EuGH RIW 1997, 415, 416.

[931] Zum Vordruck einer Gerichtsstandsklausel auf Vordrucken für Geschäftskorrespondenz oder Rechnungen EuGH IPRax 1982, 234, 237.

[932] EuGH NJW 1992, 1671; vgl. auch BGH NJW 1996, 1819.

[933] *C. Kohler*, IPRax, 1991, 299, 300; *Kroppholler*, Art. 17 Rn. 21 f.; *Stöve*, S. 12 ff., 23; a.A. *Staehelin*, S. 137 ff., 177.

[934] *Epping*, S. 133; *Kropholler*, Art. 17 Rn. 26; *Rauscher*, ZZP 104 (1991), 271, 281 f.; Gottwald, in FS Henckel, 295, 305.

[935] *Epping*, S. 133 ff.; *Kropholler*, Art. 17 Rn. 23; *Rauscher*, ZZP 104 (1991), 271, 278 ff.; G. H. *Roth*, ZZP 93 (1980), 156, 162; *Geimer/Schütze*, Art. 17 Rn. 76; *Sieg*, RIW 1998, 102, 103.

gen seien aus dem Formzweck des Art. 17 Abs. 1 S. 2 EuGVÜ abzuleiten, nämlich zu gewährleisten, dass sich die Parteien tatsächlich geeinigt haben[936]. Nach anderer Ansicht regeln Art. 17 Abs. 1 S. 2 EuGVÜ den Bereich der materiellen Einigung überhaupt nicht. Die dafür einschlägigen Normen seien über die Kollisionsnormen des Forums zu ermitteln[937]. Gegen die zuletzt genannte Ansicht spricht der Zweck des EuGVÜ, in seinem räumlichen Anwendungsbereich einheitliche Voraussetzungen für Gerichtsstandsvereinbarungen zu schaffen. Wird das anwendbare Recht im Hinblick auf die materielle Einigung nach den jeweiligen nationalen Kollisionsnormen bestimmt, besteht die Gefahr, dass abhängig von der Qualifikation der Gerichtsstandsvereinbarung als materiellrechtlicher oder prozessrechtlicher Vertrag unterschiedliches Recht zur Anwendung kommen kann, was den Zweck des EuGVÜ konterkariert. Im Hinblick auf den internationalen Entscheidungseinklang erscheint somit eine autonome Auslegung des Begriffs der Vereinbarung angebracht[938]. Diese kann jedoch nur so weit gehen, wie sich Anforderungen an die materielle Einigung aus dem Sinn und Zweck der Formvorschrift ableiten lassen[939].

Der Zweck des UNÜ, die Zulässigkeit von Schiedsverträgen einheitlich zu regeln, spricht auch im Bereich des UNÜ für eine autonome Bestimmung des Begriffs der Schiedsvereinbarung i.S.d. Art. II Abs. 2 UNÜ. Nach seinem Wortlaut erläutert Art. II Abs. 2 UNÜ, was unter einer schriftlichen Vereinbarung zu verstehen ist. Das Merkmal der Vereinbarung ist somit vom Wortlaut des Art. II Abs. 2 UNÜ erfasst. Gegen die Aufstellung von Anforderungen an die materielle Einigung der Parteien könnte aber sprechen, dass das UNÜ mit Art. V Abs. 1 lit. a eine Kollisionsnorm zur Bestimmung des auf die materielle Gültigkeit der Vereinbarung anwendbaren Rechts enthält. Würde das UNÜ selbst alle Anforderungen an die materielle Gültigkeit der Vereinbarung enthalten, wäre eine Kollisionsnorm zur Ermittlung des diesbezüglich anwendbaren Rechts überflüssig. So besteht Einigkeit darüber, dass Art. II Abs. 2 UNÜ wie auch Art. 17 Abs. 1 S. 2 EuGVÜ nicht alle Aspekte der materiellen Gültigkeit erfasst[940]. Denkbar ist aber, dass aus dem Formzweck des Art. II Abs. 2 UNÜ einzelne, vorrangig zu beachtende Anforderungen an die materielle Einigung der Parteien abzuleiten sind und lediglich darüber hinaus das jeweils anwendbare Recht zu ermitteln ist[941]. Dies setzt aber im Sinne der Rechtssicherheit die Möglichkeit einer näheren Bestimmung solcher Anforderungen voraus. Daher stellt

---

936 *Epping*, S. 133 f.; *Rauscher*, ZZP 104 (1991), 271, 281 f.; G. H. *Roth*, ZZP 93 (1980), 156, 161 f.; *C. Kohler*, IPRax, 1991, 299, 300; *Kropholler*, Art. 17 Rn. 23.

937 OLG Düsseldorf RIW 1990, 577, 579; OLG Saarbrücken IPRax 1992, 165; OLG Koblenz IPRax 1987, 308, 310 f.; *Staehelin*, S. 148 f.

938 *Epping*, S. 134, 135; *Stöve*, S. 19 f.

939 Vgl. Drittes Kapitel:G. IV. 2. d) .

940 Vgl. *Schwab/Walter*, Kap. 44 Rn. 9; *v. Hülsen*, S. 96.

941 *Gildeggen*, S. 140 ff.; *Schwab/Walter*, Kap. 44 Rn. 9.

sich die Frage, ob und wenn ja welche Anforderungen an die Form aus dem Formzweck des Art. II Abs. 2 UNÜ abgeleitet werden können.

d) Formzweck als Auslegungshilfe

Für die Zweckbestimmung einer Formvorschrift ist zunächst maßgeblich, welche Folgen eine Rechtsordnung an die Nichteinhaltung der Form knüpft. Die geforderte Form kann Voraussetzung für die Gültigkeit der Schiedsvereinbarung sein oder lediglich deren Nachweis dienen. Während eine Beweisvorschrift lediglich dem Nachweis der Schiedsvereinbarung dient, erfüllt eine Formanforderung, die im Falle ihrer Nichtbeachtung der Vereinbarung die Gültigkeit versagt, weitergehende Schutzzwecke[942]. § 1031 ZPO ist als Gültigkeitsvoraussetzung anzusehen[943]. Dies gilt nach herrschender Auffassung gleichermaßen für Art. II Abs. 1 und 2 UNÜ[944]. Die besondere Bedeutung der Formvorschrift drücken insbesondere die §§ 1059 Abs. 2 Nr. 1 lit. a ZPO bzw. Art. V Abs. 1 lit. a UNÜ aus. Danach kann ein Schiedsspruch, der auf eine nicht formwirksame Schiedsvereinbarung zurückgeht, aufgehoben bzw. ihm die Anerkennung versagt werden. Auch als Gültigkeitsvoraussetzung bezweckt die Formvorschrift zunächst, den Nachweis der Schiedsvereinbarung zu erleichtern[945]. Im Bereich der Schiedsgerichtsbarkeit ist die Nachweisfunktion von besonderer Bedeutung. Die Schiedsgerichtsbarkeit dient der schnellen und effektiven Erledigung von Streitigkeiten. Entstünde nun ein langwieriger Streit um die Gültigkeit der Schiedsvereinbarung, würde der Zweck der schnellen Streiterledigung konterkariert[946]. Neben der Beweisfunktion erfüllt die Schriftform nach verbreiteter Ansicht in erster Linie eine Schutz- und Warnfunktion. Mit einer Schiedsvereinbarung begeben sich die Parteien teilweise ihres Justizgewährungsanspruches. Dieser Verzicht auf den staatlichen Richter stellt aber eine schwerwiegende Entscheidung und keine Detailfrage dar[947]. Teilweise wird versucht, die Facetten der Schutz- und Warnfunktion der Formvorschrift im Hinblick auf diese schwerwiegende Entscheidung näher zu konkretisieren. Die Schiedsvertragsparteien sollen zunächst davor bewahrt werden, eine Schiedsvereinbarung übereilt und unüberlegt einzugehen[948]. Die Formvorschrift soll gewährleisten, dass die Schiedsvereinbarung nicht unbemerkt Bestandteil der Vertragsbeziehung wird. Der Verzicht auf

---

942 Vgl. *Epping*, S. 59.

943 Vgl. BT-Drucks. 13/5274, S. 36.

944 *Lionnet/Lionnet*, S. 171; *Schwab/Walter*, Kap. 44 Rn. 7; *Lindacher*, in FS Habscheid, S. 167, 168; *Wackenhuth*, ZZP 99 (1986), 445, 455 ff.

945 Lionnet/Lionnet, S. 171.

946 *Lindacher*, in FS Habscheid, S. 175; *Epping*, S. 61.

947 Vgl. *Schilling*, S. 71.

948 *Schwab/Walter*, Kap. 44 Rn. 7; *Schlosser*, Internationale private Schiedsgerichtsbarkeit, Rn. 373; *Wackenhuth*, ZZP 99 (1986), 453 f.; *Gildeggen*, S. 53 f.; ebenso in der schweizerischen Rechtssprechung, vgl. SchwBG v. 07.02.1984, BGE 110 II 54, 59; Handelsgericht Zürich v. 25.08.1992, ZEuP 1994, 682, 684.

die staatliche Gerichtsbarkeit soll vielmehr bewusst erfolgen[949]. Die Wahrung der Form soll sicherstellen, dass sich die Parteien tatsächlich auf die schiedsrichterliche Erledigung ihrer Streitigkeiten geeinigt haben, der Ausschluss der staatlichen Gerichte also von beiden Seiten wirklich gewollt ist[950]. Auch der EuGH hat die Sicherstellung der tatsächlichen Einigung in einer Entscheidung zur Gerichtsstandsvereinbarung nach Art. 17 EuGVÜ als den entscheidenden Formzweck besonders betont[951]. Die hohen Anforderungen an die Einigung der Parteien sollen die Akzeptanz und Legitimität der privaten Schiedsgerichtsbarkeit schützen[952]. Der BGH sah den Zweck der Formvorschrift sogar darin, die Freiwilligkeit der Parteien beim Abschluss der Schiedsvereinbarung sicherzustellen[953].

Eine Formvorschrift kann solch weitgehende Schutzzwecke nicht erfüllen. Sie kann niemanden davor schützen, dass der Ausschluss der staatlichen Gerichte nicht freiwillig erfolgt ist[954]. Fraglich ist aber, inwieweit eine Formvorschrift die tatsächliche Einigung der Parteien sicherstellen kann. Bei einer, wie in Art. II Abs. 2 UNÜ geforderten, Schriftform besteht die Möglichkeit für die Parteien, auf die Schiedsvereinbarung aufmerksam zu werden und Kenntnis davon zu erlangen. Die Möglichkeit der Kenntnisnahme wiederum führt aber aus vielen, in der Person des Vertragspartners liegenden, Gründen nicht zwangsläufig dazu, dass sich der Vertragspartner einer Schiedsvereinbarung bewusst wird und sie daher auch von dessen Einigungswillen in jedem Falle erfasst wird. Aus tatsächlichen Gründen kann eine Warnung nur von demjenigen wahrgenommen werden, der sich warnen lässt[955]. Wer dagegen sorglos oder risikobereit im Rechtsverkehr handelt, wird sich auch nicht durch eine Formvorschrift zu einer bewussten Entscheidung anhalten lassen[956]. Ob derjenige, der eine Schiedsvereinbarung abschließt, tatsächlich eine bewusste Entscheidung trifft, kann auch eine Formvorschrift nicht garantieren. Ein Formerfordernis kann vielmehr nur die Wahrscheinlichkeit erhöhen, dass die Parteien eine bewusste Entscheidung treffen. Nur insoweit erfüllt die Formvorschrift eine Schutz- und Warnfunktion. Aus den formellen Anforderungen ist somit nicht auf die tatsächliche Kenntnisnahme durch die Parteien, sondern lediglich auf die zumutbare Möglichkeit der

---

[949] BGHZ 69, 260, 263; BGH WM 2000, 957.

[950] *Lindacher*, in FS Habscheid, S. 167, 168; *Wackenhuth*, ZZP 99 (1986), 454; krit. *Schlosser*, Internationale private Schiedsgerichtsbarkeit, Rn. 378; *Gildeggen*, S. 56.

[951] EuGH NJW 1977, 494; *Epping*, S. 61.

[952] *Lindacher*, in FS Habscheid, S. 175; *Epping*, S. 62.

[953] Vgl. BGH WM 2000, 957; vgl. Drittes Kapitel:F. III. 2. b) aa) .

[954] *K. Schmidt*, JZ 1989, 1077, 1081; *ders.*, ZHR 162 (1998), 265, 279; *Nicklisch*, BB 1972, 1285, 1286; Drittes Kapitel:E. IV.

[955] *Haas*, ZGR 2001, 325, 329; *Schlosser*, Veröffentlichungen der Wissenschaftlichen Vereinigung für Verfahrensrecht, S. 163, 206 f.; *K. Schmidt*, JZ 1989, 1077, 1081.

[956] *Haas*, ZGR 2001, 325, 329.

Kenntnisnahme abzustellen[957]. Mit Hilfe des Schutzzwecks des Art. II Abs. 2 UNÜ lässt sich somit als Anforderung an die materielle Einigung der Parteien als Kriterium die zumutbaren Möglichkeit der Kenntnisnahme gewinnen.

Was eine zumutbare Möglichkeit der Kenntnisnahme ist, bedarf dann einer Abwägung im Einzelfall. Dabei können alle Umstände des Einzelfalls, wie etwa die Geschäftserfahrenheit der Parteien, die Üblichkeit einer Schiedsklausel im betreffenden Geschäftsbereich etc., Berücksichtigung finden. Die Frage etwa, ob Schiedsvereinbarungen im Sportbereich durch eine allgemeine Bezugnahme auf ein Sportverbandsregelwerk wirksam vereinbart werden können, lässt sich nach den dargestellten Kriterien nicht pauschal zu beantworten. Dennoch lassen sich Tendenzen aufzeigen. Zum einen wird man Schiedsklauseln in Sportverbandsregelwerken ihrer zunehmenden Verbreitung entsprechend als üblich ansehen müssen. Zum anderen wird man eine Geschäftserfahrenheit der Parteien eher im professionellen Sportbereich vorfinden. Der Vorteil dieser Vorgehensweise besteht darin, dass der gewonnene Begriff einer zumutbaren Möglichkeit der Kenntnisnahme es erlaubt, in hohem Maße zu differenzieren.

Mit der Unbestimmtheit des Begriffs geht jedoch auch ein nicht unerhebliches Maß an Rechtsunsicherheit einher. Ähnliche Schwierigkeiten bestehen bei der Bestimmung des Regelungsgehaltes der Formvorschrift des Art. 17 Abs. 1 EuGVÜ[958]. In dessen Anwendungsbereich hat der EuGH allerdings als zentrale Rechtsprechungsinstanz die Möglichkeit, durch eine nähere Konkretisierung der Anforderungen für eine einheitliche Auslegung des Art. 17 Abs. 1 EuGVÜ zu sorgen. Eine derartige zentrale Rechtsprechungsinstanz fehlt für den Bereich des UNÜ. Dies könnte gegen eine Übertragung des für die Gerichtsstandsvereinbarungen i.S.d. Art. 17 EuGVÜ überwiegend befürworteten Ergebnisses einer autonomen Auslegung des Begriffs der Vereinbarung auf die Schiedsvereinbarung i.S.d. Art. 2 Abs. 2 UNÜ sprechen. Damit tritt aber das bereits erwähnte Problem einer Versteinerungsgefahr des UNÜ, das sich aus der Natur des Art. II Abs. 2 UNÜ als staatsvertragliche Norm ergibt, erneut zu Tage. Die befürwortete Zuhilfenahme des Art. 7 Abs. 2 S. 3 UMG als Auslegungshilfe für Art. II Abs. 2 UNÜ verdeutlicht jedoch, dass auch ohne eine zentrale Rechtsprechungsinstanz eine einheitliche Rechtsentwicklung unterstützt werden kann. Der UNCITRAL Organisation[959], die von den Vereinten Nationen zur Weiterentwicklung der internationalen Schiedsgerichtsbarkeit beauftragt wurde[960], kommt hier maßgeb-

957 Vgl. *Epping*, S. 138; *Gildeggen*, S. 70 f.; *Haas*, Anerkennung und Vollstreckung, S. 170. Auch der EuGH hat in späteren Entscheidungen zu Art. 17 EuGVÜ nur noch auf die Vermutung einer Willenseinigung der Parteien abgestellt, vgl. EuGH NJW 1997, 1431; EuGH IPRax 2000, 119; kritisch dazu, Leiphold, S. 51, 57 ff.

958 Vgl. MünchKommIZPR/*Gottwald*, Art. 17 EuGVÜ Rn. 14; *Epping*, S. 133 f., 139.

959 Vgl. zur UNCITRAL Organisation, *Lionnet/Lionnet*, S. 129.

960 Holtzmann/Neuhaus, S. 4.

liche Bedeutung zu[961]. Auch weist die Gerichtspraxis der Vertragsstaaten, die überwiegend Art. II Abs. 2 UNÜ zur Bestimmung der Anforderungen an die materielle Einigung heranziehen, durchaus einheitliche Züge auf[962]. Zudem tragen Sammlungen staatlicher Gerichtsentscheide zu einer einheitlichen Rechtsentwicklung im Bereich der internationalen Schiedsgerichtsbarkeit bei[963]. Um der Gefahr der Versteinerung des UNÜ zu begegnen und im Sinne des Vereinheitlichungszwecks des UNÜ ist Art. II Abs. 2 UNÜ auch im Hinblick auf Kriterien der materiellen Einigung der Parteien partiell autonom auszulegen[964]. Lassen sich aus Art. II Abs. 2 UNÜ demnach sowohl Anforderungen an die Form einer Schiedsvereinbarung als auch Anforderungen an die materielle Einigung der Parteien entnehmen, stellt sich die Frage, ob zwischen den jeweils gewonnenen Anforderungen Wechselwirkungen bestehen.

e) Einfluss der materiellen Einigung auf die Einhaltung der Form

Nach teilweise vertretener Ansicht stellen Form und Willenseinigung eine sinnhafte Einheit dar[965]. Die jeweiligen Formanforderungen sollen sich aus einer Abwägung zwischen dem Bedürfnis des Handels nach praktikablen Abschlussformen einerseits und den Formzwecken andererseits, die Parteien vor dem unbedachten Ausschluss der staatlichen Gerichtsbarkeit zu schützen und ihre tatsächliche Willenseinigung sicherzustellen, ergeben. Im Hinblick auf die mit einer Formvorschrift verfolgten Schutz- und Warnzwecke ist die Ansicht, Kriterien der materiellen Einigung mit den Formanforderungen zu verschmelzen, im Ansatz richtig. Die entscheidende Frage nämlich, ob Formanforderungen bestimmte Warn- und Schutzzwecke tatsächlich erreichen, hängt von vielen Umständen des Einzelfalls ab. Hält beispielsweise ein Vertragsgegner das externe Dokument samt der darin enthaltenen Schiedsklausel aufgrund vorangegangener Geschäfte bereits in den Händen oder kennt er die im Dokument enthaltenen Bedingungen aufgrund ihrer Branchenüblichkeit, kann ein Formerfordernis, welches die geforderte körperliche Einbeziehung des externen Dokuments in den Vertrag oder die gewechselten Dokumente fordert, in diesem Fall keinerlei Schutz mehr bewirken. Dies verdeutlicht, dass sich erst anhand der konkreten Umstände des Einzelfalls ermitteln lässt, ob bestimmte Anforderungen einer Formvorschrift überhaupt ihre Schutzfunktion erfüllen. Versagt man einer Schiedsklausel im Hinblick auf ihre Schutz- und Warnfunktion die Wirksamkeit aufgrund formeller Mängel, obwohl die geforderte Form den von ihr verlangten

---

961 So hat man bereits im Rahmen der UNCITRAL eine Arbeitsgruppe ins Leben gerufen, die Formvorschrift des Art. 7 UMG zu modifizieren, vgl. *Kröll*, IPRax 2002, 113, 116. Zur Entwicklung siehe www.uncitral.org.

962 *Schlosser*, ZEuP 1994, 690.

963 *Stein/Jonas/Schlosser*, ZPO, Anh. § 1061 Rn. 53.

964 Vgl. *Epping*, S. 140; *Gildeggen*, S. 141.

965 *Lindacher*, in FS Habscheid, 168, 170.

Schutzzweck gar nicht bewirken konnte, da er bereits auf anderem Wege vollumfänglich erfolgt ist, erhebt man die Einhaltung der Form zum Selbstzweck[966]. Benutzt ein Vertragsgegner diesen Selbstzweck nun, um sich von einer Schiedsklausel zu lösen, obwohl er die Schiedsklausel kannte und den Vertrag ansonsten vollzogen hat, so stellt sich dieses Verhalten des Vertragspartners als rechtsmissbräuchlich dar. Fraglich ist jedoch, wie das mit einer solchen Einzelfallbetrachtung entstehende Spannungsverhältnis zu der mit der Formvorschrift bezweckten Rechtssicherheit aufzulösen ist.

Die Auflösung des Spannungsverhältnisses zwischen einer Einzelfallbetrachtung und der mit der Formvorschrift bezweckten Rechtssicherheit wird auch in der deutschen Rechtsprechung und Literatur diskutiert[967]. Dort wird diese Problematik im Rahmen der Frage erörtert, ob in Ausnahmefällen die Erfüllung eines Vertrages trotz seiner Formnichtigkeit verlangt werden kann. Das Reichsgericht hat in diesem Zusammenhang einmal formuliert, dass die Berufung auf die Formnichtigkeit unzulässig sei, wenn es nach den Beziehungen der Parteien und den gesamten Umständen Treu und Glauben widerspricht, die Vertragsansprüche am Formmangel scheitern zu lassen[968]. Der BGH hat hingegen später einschränkend darauf hingewiesen, dass Ausnahmen nur in seltenen Fällen anzuerkennen sind[969]. Ausnahmen von der Formstrenge werden anerkannt, wenn die Rechtsfolge der Nichtigkeit des Rechtsgeschäfts nicht nur zu einem harten, sondern zu einem schlechthin untragbaren Ergebnis führen würde[970]. Dies sei einerseits anzunehmen, wenn ein Vertragsteil durch die Nichtigkeit des Vertrages aufgrund des Formmangels in seiner Existenz gefährdet wird[971] und andererseits wenn ein Vertragsteil dem anderen gegenüber eine besonders schwere Treuepflichtverletzung begangen hat[972]. Die Literatur stimmt der Rechtsprechung in Bezug auf die Notwendigkeit von Ausnahmen von der Formstrenge aufgrund materieller Gerechtigkeitsüberlegungen im Grundsatz überwiegend zu, fordert aber eine Präzisierung der Ausnahmetatbestände[973]. Uneinigkeit besteht insbesondere bei der Frage, ob die mit der Formvorschrift verfolgten Zwecke zur Ermittlung dieser Ausnahmetatbestände herangezogen werden können. Teilweise wird vertreten, dass sich die Nichtigkeit eines nicht formwirksam geschlossenen Rechtsgeschäfts nicht im Einzelfall lediglich aufgrund des Zwecks

---

[966] Vgl. aber zu Art. 17 LugÜ BGH IPRax 2002, 124, mit krit. Anm. *Kröll*, IPRax 2002, 113 ff.

[967] Vgl. *Soergel/Hefermehl*, BGB, § 125 BGB Rn. 35 ff.; MünchKommBGB/*Einsele*, § 125 BGB Rn. 52 ff.; *Häsemayer*, S. 36 ff.

[968] RGZ 170, 203, 205.

[969] BGH NJW 1978, 102.

[970] BGH NJW 1996, 1960; BGH NJW 1996, 2503, 2504; BGH NJW 1987, 1069, 1070.

[971] BGH NJW 1954, 1241; BGH NJW 1957, 787, 788.

[972] BGH NJW 1996, 2503, 2504.

[973] MünchKommBGB/*Einsele*, § 125 BGB Rn. 58; *Soergel/Hefermehl*, BGB, § 125 BGB Rn. 40; *Flume*, § 15 III 4 c; a.A. *Häsemayer*, S. 57 ff., 294 ff.

der Formvorschrift relativieren lasse. Der gesetzliche Formzwang bestehe vielmehr auch dann, wenn keines der durch ihn geschützten Rechtsgüter gefährdet sei[974]. Die gesetzliche Formvorschrift sei gegenüber dem zugrunde liegenden Schutzzweck verselbstständigt[975]. Die Formzwecke seien zwar das Motiv des Gesetzgebers zur Schaffung der Formvorschrift, nicht aber deren Tatbestandsvoraussetzungen[976].

Formvorschriften sind nach dieser Ansicht jedoch starr und gänzlich zweckentfremdet. Dadurch ergeben sich immer dann Probleme, wenn sich im Laufe der Zeit aufgrund der technischen Entwicklung neue Vertragsabschlussformen herausbilden, die der Gesetzgeber nicht ausdrücklich regeln konnte. Während das UNÜ beispielsweise lediglich gewechselte Briefe oder Telegramme erwähnt, entspricht es allgemeiner Auffassung, dass der Wechsel von Faxschreiben den erwähnten Alternativen gleichgestellt wird[977]. Wie aber gelangt man zu dieser Auslegung? Die Beantwortung der Frage, ob gewechselte Faxschreiben neben den erwähnten Briefen und Telegrammen von Art. II Abs. 2 UNÜ erfasst werden, kann nur durch einen Vergleich mit den erwähnten Formen der Briefe und Telegramme geschehen. Ein sinnvoller Vergleich mit den ausdrücklich erwähnten Formen kann aber doch nur unter wesentlicher Berücksichtigung der von diesen Formen ausgehenden Formzwecke erfolgen. Werden diese in der zu beurteilenden Alternative gleichermaßen verfolgt, genügt auch die nicht ausdrücklich erwähnte Abschlussform ebenso den Anforderungen der Formvorschrift. Mithin werden die Zwecke der Formvorschrift als teleologisches Auslegungskriterium zur Ermittlung herangezogen, ob gesetzlich bisher nicht ausdrücklich geregelte Übermittlungsformen die Formerfordernisse erfüllen. Formvorschriften sind somit nicht gänzlich zweckentfremdet. Zugegeben sind die Formzwecke lediglich gesetzgeberisches Motiv und nicht Tatbestandsvoraussetzung der Formvorschrift. Das schließt jedoch nicht aus, im Rahmen bestimmter Fallgruppen die Formerfordernisse aufgrund des Schutzzwecks der Form als erfüllt anzusehen.

3. Ergebnis

Regelanerkennungsverträge, die selbst keine Schiedsklausel enthalten, sondern auf ein Verbandsregelwerk verweisen, das seinerseits eine Schiedsklausel enthält, unterfallen wie auch satzungsmäßige Schiedsklauseln § 1066 ZPO.

Zu den Wirksamkeitsvoraussetzungen derartiger Vereinbarungen gehören weder die Anforderungen des § 1031 ZPO noch die Anforderungen an die Einbezie-

---

[974] *Soergel/Hefermehl*, BGB, § 125 BGB Rn. 41.
[975] *Palandt/Heinrichs*, BGB, § 125 BGB Rn. 2c.
[976] *Soergel/Hefermehl*, BGB, § 125 BGB Rn. 44.
[977] Lionnet/Lionnet, S. 172.

hung von AGBs, da diese Schutzmechanismen auf individualvertragliche Austauschverhältnisse zugeschnitten sind.

Im Hinblick auf die bewusste Entscheidung kommt es die zumutbare Möglichkeit der Kenntnisnahme der Regelwerke an. Wann dies der Fall ist, richtet sich nach den Umständen des Einzelfalls, wobei insbesondere die Üblichkeit von Schiedsklauseln in Verbandsregelwerken und die Geschäftserfahrenheit des Sportlers zu berücksichtigen ist.

Anknüpfungspunkt für den Schutz der Freiwilligkeit der Unterwerfung unter ein Schiedsgericht sind die §§ 138, 242 BGB. Dabei sind die der Einführung der Schiedsgerichtsbarkeit zugrunde liegende Motivation des Verbandes gegenüber dem teilweisen Verzicht der Sportler auf den gesetzlichen Richter abzuwägen.

Dies entspricht im Ergebnis der Rechtsprechung in der Schweiz zu Art. 178 IPRG. Auch dort hat sich die Ansicht durchgesetzt, den Schwerpunkt der Bezugnahmeproblematik als Frage der materiellen Einigung unter Berücksichtigung der Umstände des Einzelfalls zu bewerten, wobei im Wesentlichen die Geschäftserfahrenheit der Sportler und die Branchenüblichkeit der Schiedsvereinbarungen zu berücksichtigen sind.

Auch im Anwendungsbereich des Art. II Abs. 2 UNÜ ist eine allgemeine Bezugnahme auf das eine Schiedsklausel enthaltende Sportverbandsregelwerk formwirksam möglich. Maßgeblich ist auch hier das Kriterium der zumutbaren Möglichkeit der Kenntnisnahme. Wann sie vorliegt, ist durch eine wertende Betrachtung unter besonderer Berücksichtigung der Umstände des Einzelfalls zu ermitteln.

Das Abstellen auf die Umstände des Einzelfalls steht mit der mit einer Formvorschrift bezweckten Rechtssicherheit in einem Spannungsverhältnis. Die Auflösung des Spannungsverhältnisses könnte durch die Bildung von Fallgruppen geschehen.

Im Hinblick auf das Ziel, alle Sportler mit der Sportschiedsgerichtsbarkeit erfassen zu wollen und aus dem Grund heraus, eine breite Akzeptanz bei den Sportlern für die Sportschiedsgerichtsbarkeit zu erzielen, sollten Schiedsvereinbarungen zwischen den Sportlern und den Verbänden jedoch immer ausdrücklich getroffen werden.

Viertes Kapitel: Das Schiedsgericht

A. Ausgestaltung des Schiedsgerichts

Die Schiedsgerichtsbarkeit bietet als parteiautonome Streitbeilegung die Möglichkeit, das Schiedsgericht den besonderen Erfordernissen des Sports anzupassen. Dabei können die Parteien auf die Art des Schiedsgerichts[978], die Anzahl und Qualifikation der Schiedsrichter sowie auf das Verfahren ihrer Bestellung[979] unter Berücksichtigung sportspezifischer Gesichtspunkte Einfluss nehmen.

I. Anzahl der Schiedsrichter

Grundsätzlich ist die Bildung des Schiedsgerichts Aufgabe der Schiedsparteien. Darunter fällt zunächst die Festlegung der Anzahl der Schiedsrichter (§ 1034 Abs. 1 Satz 1 ZPO), die in der Praxis regelmäßig ein oder drei Schiedsrichter beträgt[980]. Eine größere Zahl ist zwar möglich[981], erschwert aber die Organisation des Schiedsverfahrens und die Beschlussfassung des Schiedsgerichts und ist daher abzulehnen[982]. In der internationalen Schiedsgerichtsbarkeit ist das Dreierschiedsgericht üblich[983]. Bei dessen Zusammensetzung bestimmt jeweils eine Partei einen Schiedsrichter und diese einigen sich dann wiederum auf einen dritten Schiedsrichter, der dann auch den Vorsitz führt. Auf diese Art und Weise kann jede Partei einen Schiedsrichter bestimmen, der ihren Interessen am besten entspricht. Gerade in internationalen Schiedsstreitigkeiten, wie sie im Sportbereich häufig vorkommen, besteht für die Parteien so die Möglichkeit, einen Schiedsrichter aus dem eigenen Land oder mit gleicher Rechtskultur auswählen zu können. Die Gewissheit, einen Schiedsrichter seines Vertrauens ins Schiedsgericht zu berufen, gehört zu den großen Vorteilen des Dreierschiedsgerichts[984]. Andererseits hat ein Dreierschiedsgericht den Nachteil, dass es gegenüber einem Schiedsgericht mit nur einem Schiedsrichter höhere Kosten verursacht und das Verfahren aufgrund schwierigerer Terminabstimmungen unter den Schiedsrichtern und Beratungen im Schiedsgericht länger dauern kann[985]. Nach all dem ist ein Dreierschiedsgericht jedenfalls im internationalen Bereich und für komplexere Sachverhalte aufgrund der besseren Qualität vorzuziehen[986]. Für einfache, überschaubare Verfahren, die kostengünstig durchgeführt werden sollen, kann hingegen auch mal ein Einzelschiedsgericht vorzugswürdig sein[987].

Die Bevorzugung des Dreierschiedsgerichts spiegelt sich auch im nationalen deutschen Schiedsverfahrensrecht sowie in einigen Sportregelwerken wider. So

---

978 Vgl. Viertes Kapitel:A. III.

979 Vgl. Viertes Kapitel:A. I. .

980 *Lionnet/Lionnet*, S. 235; *Lachmann*, Rn. 514, 516.

981 Vgl. § 1034 Abs. 1 ZPO.

982 Vgl. *Lionnet/Lionnet*, S. 235.

983 Vgl. *Lachmann*, Rn. 515.

984 Vgl. BGH in RPS, Beilage 15 zu BB 1996, S. 18; *Lachmann*, Rn. 516; *Lionnet/Lionnet*, S. 237, 372 f., die zudem darauf hinweisen, dass Versicherungen die Schiedssprüche von Einzelschiedsrichtern häufig nicht anerkennen.

985 Lionnet/Lionnet, S. 237 f.

986 Lionnet/Lionnet, S. 237 f.

987 Vgl. *Lachmann*, Rn. 516.

sieht das nationale deutsche Schiedsverfahrensrecht in § 1034 Abs. 1 Satz 2 ZPO vor, dass die Anzahl der Schiedsrichter mangels einer anderen Vereinbarung drei beträgt[988]. Der Grundsatz des Dreierschiedsgerichts findet sich auch in den Satzungen oder expliziten Schiedsordnungen einiger Sportverbände wieder. Die Schiedsordnung der Athletenvereinbarung des DLV[989] beispielsweise bestimmt in § 2 Abs. 1 die Anzahl der Schiedsrichter auf drei. Eine entsprechende Regelung enthält auch § 20 Nr. 4 der DSB-Satzung. Nach Art. 11 der Satzung des CAS über die Beilegung von während der Olympischen Spiele entstehenden Streitigkeiten (CAS-ad-hoc-Satzung)[990] besteht das Ad-hoc-Gericht aus drei Schiedsrichtern. Ebenso sieht Art. R50 CAS-VO[991] für das Berufungsverfahren vorbehaltlich einer abweichenden Parteivereinbarung grundsätzlich ein Dreierschiedsgericht vor[992]. Für das gewöhnliche Schiedsverfahren sieht Art. R40.1 CAS-VO entweder ein Einzel- oder Dreierschiedsgericht vor, wobei die Zahl der Schiedsrichter für den Fall fehlender Parteivereinbarung die durch den Präsidenten der Kammer unter Berücksichtigung des Streitwertes und des Schwierigkeitsgrades festgelegt wird. Den Parteien ist zu empfehlen, von ihrer Wahlmöglichkeit Gebrauch zu machen, um so die Anzahl der Schiedsrichter selbst festzulegen.

II. Qualifikation der Schiedsrichter

Die Qualität eines Spruchkörpers hängt in erster Linie von seiner Besetzung ab. Art. 101 Abs. 1 Satz 2 GG gewährleistet, dass die Besetzung des Spruchkörpers generell abstrakt bereits im Voraus bestimmt wird. Die Parteien einer Streitigkeit finden eine nach den Regeln des GVG ordnungsgemäß besetzte Richterbank vor[993]. Die persönliche Besetzung eines Spruchkörpers der ordentlichen Gerichtsbarkeit richtet sich also nach einem vorgegebenen Geschäftsverteilungsplan. Welcher Richter nun im konkreten Fall mit der Streitentscheidung betraut wird, hängt von Zufälligkeiten, wie beispielsweise dem Anfangsbuchstaben des Nachnamens einer Partei, ab[994]. Zwar wird die juristische Qualifikation

---

[988] Dies stellt einen großen Fortschritt zur wenig gelungenen Regelung des § 1028 ZPO a.F. dar, wonach das Fehlen einer Vereinbarung ein Zweierschiedsgericht, verbunden mit der Gefahr einer Pattsituation bei der Entscheidung, zur Folge hatte, vgl. dazu *Stein/Jonas/Schlosser*, ZPO, § 1034 Rn. 1.

[989] Abgedruckt in Rechte der Athleten, S. 39 ff.; siehe auch *Haug*, SchiedsVZ 2004, 190, 192 f.

[990] Abgedruckt in *Haas/Haug/Reschke*, SportR, C IV 4.

[991] Abgedruckt in *Haas/Haug/Reschke*, SportR, C IV 3.

[992] Von diesem Grundsatz kann der Präsident der Kammer jedoch abweichen, wenn er aus Gründen der Eilbedürftigkeit ein Einzelschiedsgericht als notwendig erachtet.

[993] *Zöller/Geimer*, ZPO, § 1034 Rn. 7.

[994] *Haas*, Rechte der Athleten, S. 61. Zu den eingeschränkten Möglichkeiten für die Parteien, in der ordentlichen Gerichtsbarkeit einen geeignet erscheinenden Spruchkörper auszuwählen, vgl. *Lachmann*, Rn. 100 f.

der Richter regelmäßig sichergestellt, da Rechtsstreitigkeiten im staatlichen Gerichtsverfahren mit Ausnahme der Laienrichter von Richtern entschieden werden, die gem. § 5 Abs. 1 des Deutschen Richtergesetzes (DRiG) die Befähigung zum Richteramt haben. Nicht sichergestellt ist hingegen die jeweilige Fachkompetenz der Richter[995]. Ein besonderes Merkmal der Schiedsgerichtsbarkeit hingegen ist die Möglichkeit der Parteien, auf die Bildung des Spruchkörpers Einfluss nehmen zu können und geeignet erscheinende Schiedsrichter zu ernennen[996]. Dies kann im Sportbereich von besonderer Bedeutung sein.

Der organisierte Sport ist gekennzeichnet durch umfangreiche und detaillierte Regelwerke, die von den nationalen und internationalen Spitzenverbänden geschaffen werden, um die für den Sportbetrieb notwendigen einheitlichen und für alle verbindlichen Rahmenbedingungen zu schaffen[997]. Um Letzteres zu gewährleisten, beanspruchen die Verbände gegenüber ihren Sportlern einen umfassenden Geltungsanspruch der Sportregelwerke. Im professionellen und unter wirtschaftlichen Gesichtspunkten betriebenen Leistungssport sind jedoch vermehrt auch individuelle Interessen der Beteiligten zu berücksichtigen[998]. Zwischen den Freiheitsrechten der Sportler und dem Regelungsanspruch der Sportverbände besteht daher oftmals ein Spannungsverhältnis, zu dessen Auflösung es einer umfassenden Interessenabwägung unter besonderer Berücksichtigung der Besonderheiten des organisierten Sports bedarf[999]. Letzteres verlangt von den darüber befindenden Richtern besondere sportspezifische Sachkenntnis.

Diesem Erfordernis können die Parteien durch die ihnen in der Schiedsgerichtsbarkeit zur Verfügung stehenden Wahlmöglichkeit entsprechen, indem sie besondere Aufmerksamkeit auf die Sachkunde und Erfahrung der Schiedsrichter hinsichtlich der zu beurteilenden Materie legen. Da es für die Qualifikation eines Schiedsrichters, der einen Rechtsstreit anstelle der staatlichen Gerichtsbarkeit entscheidet, im Gegensatz zur ordentlichen Gerichtsbarkeit keine gesetzliche Regelung hinsichtlich der juristischen Qualifikation gibt und daher grundsätzlich jede natürliche Person zum Schiedsrichter ernannt werden kann[1000], wäre sogar die Wahl reiner Fachexperten einer bestimmten Sportart ohne Rücksicht auf deren juristische Qualifikation denkbar. Ein unumstrittener Vorteil der schiedsrichterlichen Streitbeilegung ist daher deren Eignung für Streitigkeiten, zu deren

---

[995] Vgl. *Jagenburg*, in FS Oppenhoff, S. 147, 162; *Lachmann*, Rn. 101.

[996] BGH BGHZ 65, 59, 64; *Jagenburg*, in FS Oppenhoff, S. 147, 161; *Lachmann*, Rn. 103; *Laschet*, in FS Bülow, S. 85, 107; *Schwab*, in FS Habscheid, S. 285, 290; *Westermann*, in FS Fischer, S. 853, 856.

[997] Vgl. Erstes Kapitel:B. II. , IV.

[998] Vgl. Erstes Kapitel:B. V. 2. b) .

[999] Vgl. Erstes Kapitel:B. V.

[1000] Vgl. *Schwab/Walter*, Kap. 9 Rn. 1; *Kronke*, RIW 1998, 257; *Lionnet/Lionnet*, S. 240; *Schütze*, Rn. 26; *Zöller/Geimer*, ZPO, § 1034 Rn. 6, § 1035 Rn. 5; *Lachmann*, Rn. 532.

Beurteilung eine besondere Sachkunde erforderlich ist[1001]. Aus praktischer Sicht ist die Besetzung des Spruchkörpers mit reinen Fachexperten ohne juristische Qualifikation jedoch abzulehnen[1002]. Für die Beachtung auch einer ausreichenden juristischen Qualifikation der Schiedsrichter, zumindest des Vorsitzenden des Schiedsgerichts, spricht jedenfalls, dass der oder die Schiedsrichter dafür Sorge tragen müssen, dass der Schiedsspruch auch vollstreckbar ist. Dies setzt ein gewisses Maß an juristischer Fachkenntnis voraus[1003]. In der Schiedsgerichtspraxis hat sich daher die Tendenz durchgesetzt, bei der Ernennung der Schiedsrichter auf die Angehörigen der juristischen Berufsgruppe zurückzugreifen[1004].

Dies spiegelt sich auch in einigen Sportregelwerken wider. So fordert das CAS-Statut in Art. S 14 ganz allgemein eine juristische Ausbildung der Schiedsrichter. Die Schiedsordnung für die Athletenvereinbarung des DLV sieht in § 2 Abs. 1 die Befähigung zum Richteramt für alle Schiedsrichter vor. Die Gewährleistung der juristischen Qualifikation, zumindest des Vorsitzenden des Schiedsgerichts, bedeutet jedoch nicht gleichzeitig, auf die fachliche Qualifikation der Schiedsrichter zu verzichten. So stellen einige Satzungen und Verfahrensordnungen der Sportvereinigungen neben juristischen Anforderungen auch zusätzliche Anforderungen an die fachliche Qualifikation der Schiedsrichter. § 20 Nr. 4 der DSB-Satzung fordert daher neben der Befähigung zum Richteramt, dass die Schiedsrichter seit mindestens einem Jahr mittelbares oder unmittelbares Mitglied einer Mitgliedsorganisation des DSB sein müssen[1005]. Art. S 14 des CAS-Statuts sieht für die Aufstellung der Schiedsrichterliste vor, dass nur solche Persönlichkeiten berücksichtigt werden, die über eine juristische Ausbildung und über anerkannte Sachkunde in Angelegenheiten des Sports verfügen[1006]. Neben der Möglichkeit, juristische und fachliche Kompetenz in der Peron jedes Schiedsrichters zu vereinigen, besteht auch die Möglichkeit, den Spruchkörper aus einer Mischung von sportfachlich kompetenten und juristisch kompetenten Schiedsrichtern zu besetzten. Letztendlich erscheint es wohl aber systemgerechter, den Spruchkörper in jedem Falle unter Beachtung ausreichender juristischer Qualifikation sämtlicher Schiedsrichter zu besetzen, da ein Schiedsgericht eine Rechtsstreitigkeit anstelle der ordentlichen Gerichtsbarkeit entscheidet[1007].

1001 *Jagenburg*, in FS Oppenhoff, S. 147, 161; MünchKommZPO/*Münch*, Vor § 1025 Rn. 31; *Lachmann*, Rn. 100 ff; *Lionnet/Lionnet*, S. 77; *Schütze*, Rn. 9; *ders.*, ZvglRWiss 2000, 240, 247; *Schwab/Walter*, Kap. 1 Rn. 8; *Zöller/Geimer*, ZPO, § 1034 Rn. 6.

1002 Vgl. *Lachmann*, Rn. 532 ff.

1003 Lionnet/Lionnet, S. 241.

1004 Vgl. *Lionnet/Lionnet*, S. 242.

1005 Zur Frage der Unabhängigkeit und Unparteilichkeit eines aus Mitgliedern der Verbandsfamilie zusammengesetzten Spruchkörpers, vgl. Viertes Kapitel:A. IV. 1. a).

1006 Vereinbaren die Parteien bestimmte Qualifikationsmerkmale für die Schiedsrichter und fehlen diese beim parteiernannten Schiedsrichter, sieht § 1036 Abs. 2 S. 1 ZPO eine Ablehnungsmöglichkeit vor.

1007 Lionnet/Lionnet, S. 241 f.

Aufgrund der dennoch bestehenden Möglichkeit, neben der juristischen auch auf die notwendige fachliche Qualifikation der Schiedsrichter zu achten, bleibt abschließend festzuhalten, dass die Schiedsgerichtsbarkeit grundsätzlich die Möglichkeit bietet, die Qualität des Spruchkörpers sowohl in juristischer als auch fachlicher Hinsicht optimal zu bestimmen[1008].

Mit der besseren Qualität des Spruchkörpers kann eine Reihe von weiteren Vorteilen einhergehen. Die Fachkenntnisse der Schiedsrichter können im Einzelfall zur effizienteren, schnelleren und nicht zuletzt kostengünstigeren Beilegung der Streitigkeit beitragen, da die Hinzuziehung von Sachverständigen entbehrlich sein kann[1009]. Darüber hinaus dürfte sich die Fachkompetenz der parteiernannten Schiedsrichter bei den Beteiligten auch auf die Akzeptanz des Schiedsspruches auswirken. Somit führt die fachliche Qualität des Schiedsgerichts einerseits zu einer besonderen Berücksichtigung der Besonderheiten des Sports, andererseits wird dadurch sowohl der Ablauf des Verfahrens gestrafft, als auch die Akzeptanz der Entscheidung bei den Beteiligten gefördert. Die Möglichkeit, den Spruchkörper den Notwendigkeiten der zu beurteilenden Streitsache anzupassen, stellt mithin einen wesentlichen Vorteil einer Sportschiedsgerichtsbarkeit gegenüber der staatlichen Gerichtsbarkeit dar.

III. Art des Schiedsgerichts

Der Umfang der individuellen Gestaltungsmöglichkeiten für die Parteien hängt von der vereinbarten Art des Schiedsgerichts ab. Herkömmlicherweise werden drei verschiedene Typen von Schiedsgerichten unterschieden[1010]. Dies sind das Ad-hoc-Schiedsgericht, das institutionelle sowie das administrierte Schiedsgericht[1011].

1. Ad-hoc-Schiedsgericht

Unter einem Ad-hoc-Schiedsgericht versteht man ein für den Einzelfall eingesetztes Schiedsgericht (Gelegenheitsschiedsgericht), welches über die bestehende Rechtsstreitigkeit zwischen den Parteien anstelle des staatlichen Gerichts entscheidet[1012]. Über die Bestellung des Schiedsgerichts und den Ablauf des Verfahrens können die Parteien im Rahmen der gesetzlichen Grenzen frei disponieren. Für den Fall, dass die Parteien keine Regelung treffen, kommen subsidiär

[1008] Lionnet/Lionnet, S. 77.

[1009] *Lachmann*, Rn. 103.

[1010] Vgl. auch *Haas*, Rechte der Athleten, S. 68 ff.

[1011] Teilweise werden auch lediglich zwei Arten von Schiedsgerichten unterschieden, weil auch das institutionelle Schiedsgericht als administriertes Schiedsgericht (und umgekehrt) angesehen werden kann, vgl. *Schütze*, Rn. 17; *Schwab/Walter*, Kap. 1 Rn. 10.

[1012] Die Schiedsordnung des DLV sieht ein beim deutschen Sportbund angesiedeltes ad-hoc-Schiedsgericht vor, vgl. *Haug*, SchiedsVZ 2004, 190, 192.

die gesetzlichen Regelungen (§§ 1034 ff. ZPO) zur Anwendung[1013]. Das Ad-hoc-Schiedsgericht bietet den Parteien größtmögliche Gestaltungsmöglichkeiten. Der große Umfang an Gestaltungsmöglichkeiten kann für die Parteien jedoch nicht nur Segen, sondern auch Last darstellen. Mit den vielen Gestaltungsmöglichkeiten kann ein hoher Zeitverlust bei der Durchführung des Schiedsverfahrens einhergehen, da die Parteien den Ablauf des Verfahrens selbst organisieren müssen und die gesetzlichen Vorschriften zum Schiedsverfahren nur die wesentlichen Verfahrensregeln enthalten und auch nur subsidiär eingreifen. Dieser für die Ausgestaltung des Verfahrens notwendige Zeitaufwand läuft dem Interesse sowohl der Sportverbände als auch der Sportler nach einem schnellen Verfahren zur Beilegung ihrer Streitigkeiten zuwider[1014]. Eine Möglichkeit, das Ad-hoc-Schiedsverfahren zu verkürzen, besteht in der Vereinbarung einer Schiedsordnung, die in ihrer Gesamtheit zur Parteivereinbarung wird und die wichtigsten zu treffenden Regelungen enthält[1015]. Lassen sich durch die Vereinbarung einer Schiedsordnung Verzögerungen infolge der notwendigerweise zu treffenden Parteivereinbarungen vermeiden, kann ein solches Verfahren dennoch mit erheblichen Verzögerungen verbunden sein. Dies beruht darauf, dass die Parteien für alle zur Durchführung des Schiedsverfahrens organisatorisch notwendigen Aufgaben selbst zuständig sind. Die dadurch auftretenden Verzögerungen kann ein sog. administriertes oder institutionelles Schiedsgericht verhindern.

2. Institutionelles oder administriertes Schiedsgericht

Bei einem Schiedsverfahren vor einem administrierten oder institutionellen Schiedsgericht ist eine Institution der Schiedsgerichtsbarkeit in das Schiedsverfahren eingebunden[1016]. Von dieser Institution wird den Parteien zunächst eine Verfahrensordnung zur Verfügung gestellt[1017]. Die Schiedsgerichtsorganisation übt darüber hinaus in unterschiedlichem Umfang weitere Funktionen aus. Neben administrierenden Tätigkeiten, wie beispielsweise die Beratung der Parteien bei der Auswahl von Schiedsrichtern oder die Zustellung von Schriftstücken, und Aushilfstätigkeiten, falls die Parteien ihren Mitwirkungspflichten, wie die Ernennung der Schiedsrichter, nicht nachkommen, kann sie zuweilen auch Überwachungsfunktionen über die Schiedsrichter ausüben[1018]. Diese administrierenden Tätigkeiten tragen dazu bei, den Ablauf des Schiedsverfahrens zu straffen,

---

[1013] *Schwab/Walter*, Kap. 1 Rn. 10; MünchKommZPO/*Münch*, Vor § 1025 Rn. 6.

[1014] Zu den Nachteilen lang andauernder Verfahren vgl. Erstes Kapitel:B. VI.

[1015] Zur Schiedsordnung des DLV siehe *Haug*, SchiedsVZ 2004, 190, 192 f.; abgedruckt in Rechte der Athleten, S. 39 ff.

[1016] *Lachmann*, Rn. 108, 299 ff.

[1017] *Lachmann*, a.a.O.; MünchKommZPO/*Münch*, Vor § 1025 Rn. 7; *Schwab/Walter*, Kap. 1 Rn. 10.

[1018] Vgl. *Haas*, Rechte der Athleten, S. 69; MünchKommZPO/*Münch*, Vor § 1025 Rn. 8; *Schütze*, Rn. 17; *Schwab/Walter*, Kap. 1 Rn. 10.

um so die Verfahrensdauer zu verkürzen[1019]. Gegenüber dem administrierten Schiedsgericht besitzt das institutionelle Schiedsgericht hinsichtlich der Verfahrensdauer noch einen weiteren Vorteil. Schiedsgerichtsverfahren starten regelmäßig unter dem Gesichtspunkt der Verfahrensdauer mit einem Handicap gegenüber den Verfahren vor ordentlichen Gerichten, da ein Schiedsgericht normalerweise erst gebildet werden muss[1020]. Institutionelle oder ständige Schiedsgerichte zeichnen sich hingegen durch für bestimmte Zeiträume fest bestellte Spruchkörper aus. Dadurch wird eine zeitaufwendige Konstituierung des Schiedsgerichts durch die Parteien überflüssig[1021]. Dies stellt aber auch gleichzeitig den Nachteil dieser Schiedsgerichtsart dar, da der Vorteil an Schnelligkeit mit dem Verlust der in der Schiedsgerichtsbarkeit wichtigen Möglichkeit der Parteien, selbst auf die Besetzung des Schiedsgerichts Einfluss nehmen zu können, einhergeht. Auch bei einem administrierten Schiedsverfahren ohne fest bestellten Spruchkörper bestehen verschiedene Möglichkeiten, einem übermäßigen Zeitverlust bei der Bildung des Schiedsgerichts entgegenzuwirken. So lässt sich beispielsweise die Bestellung der Schiedsrichter durch die Parteien durch feste Ernennungsfristen und die Vorgabe einer Liste an wählbaren Schiedsrichter beschleunigen[1022]. Durch die Einbindung einer Schiedsorganisation lassen sich zudem einige der Schiedsgerichtsbarkeit allgemein nachgesagte Probleme lösen. Ein Ad-hoc-Schiedsgericht, das lediglich für einen Streitfall gebildet wird, kann eine kontinuierliche Spruchpraxis nicht entwickeln[1023]. Darunter leidet zum einen die Vorhersehbarkeit des Verfahrens für die Parteien und zum anderen wird die Entwicklung einer einheitlichen Spruchpraxis in Sportstreitigkeiten erheblich erschwert. Für administrierte oder institutionelle Schiedsverfahren ist dieses Ergebnis nicht zwangsläufig dasselbe. Die Schiedsorganisation kann beispielsweise Schiedssprüche in anonymisierter Weise veröffentlichen[1024]. Die Veröffentlichung der Schiedssprüche kann einen wichtigen Beitrag für die notwendige Rechtsvereinheitlichung im internationalen Sport und die Entwicklung allgemeiner Rechtsgrundsätze leisten. Damit einher geht auch eine gewisse Kontinuität der Spruchpraxis und eine bessere Vorhersehbarkeit des Verfahrens für die Parteien[1025]. Ein administriertes oder institutionelles

[1019] Vgl. *Lachmann*, Rn. 108; *Nerz*, RIW 1990, 350, 351; MünchKommZPO/*Münch*, Vor §1025 Rn. 35.

[1020] *Lachmann*, Rn. 120.

[1021] *Haas*, Rechte der Athleten, S. 69.

[1022] Letzteres führt freilich auch zur Einschränkung der Auswahlmöglichkeiten für die Parteien.

[1023] *Lachmann*, Rn. 134 f.

[1024] Siehe beispielsweise die Rechtsprechungsübersichten des CAS, CAS Awards – Sydney 2000, Lausanne, 2000; *Reeb*, Digests of CAS Awards 1986-1998; Digest of CAS Awards 1998- 2000.

[1025] Vgl. Siebentes Kapitel:B.

Schiedsgericht stellt somit die den Erfordernissen des Sports am besten entsprechende Schiedsgerichtsart dar.

Für eine administrierte oder institutionelle Sportschiedsgerichtsbarkeit stellt sich die Folgefrage, welche Schiedsorganisation Sportschiedsverfahren administrieren soll. Grundsätzlich bieten sich hierfür zwei Möglichkeiten an. Einerseits könnte man auf eine bereits bestehende, allgemeine Schiedsorganisation zurückgreifen[1026]. Andererseits könnte man eine eigens für Sportstreitigkeiten zuständige Schiedsorganisation etablieren. Da eine allgemeine Schiedsorganisation in sachlicher Hinsicht einen großen Anwendungsbereich abdecken will, um möglichst viele Schiedsparteien zu erreichen, geht mit dieser allgemeinen Ausrichtung weitgehend auch die Möglichkeit verloren, die Schiedsgerichtsbarkeit speziell den besonderen Erfordernissen des Sports anzupassen. Daher ist die Etablierung einer Sportschiedsorganisation zur Administrierung von Sportschiedsverfahren und die Entwicklung einer speziell auf die Bedürfnisse des Sports zugeschnittenen Verfahrensordnung im Grunde die bessere Alternative. Den Weg über ein administriertes Schiedsverfahren, welches von einer speziellen Sportschiedsorganisation unterstützend begleitet wird, geht seit einiger Zeit auch der CAS. Er wurde vom IOC am 30.06.1984 als administriertes Sportschiedsgericht geschaffen und anfangs auch unterhalten[1027]. Da die Trägerschaft des CAS durch das IOC nicht ohne Kritik blieb, fand eine Umstrukturierung statt, im Rahmen derer eine eigenständige Schiedsorganisation in Form einer Stiftung schweizerischen Rechts gegründet wurde (ICAS[1028]), welche heute als Träger des CAS fungiert[1029]. Auch in Deutschland wird derzeit über die Anbindung eines institutionellen Schiedsgerichts zur Entscheidung von Dopingstreitigkeiten an die ebenfalls als Stiftung des privaten Rechts kürzlich gegründete Nationale Antidopingagentur (NADA) nachgedacht[1030].

Die parteiautonome Gestaltung des Schiedsgerichts ist nicht grenzenlos gewährleistet. Die Schiedsgerichtsbarkeit kann nur dann eine echte Alternative zur staatlichen Gerichtsbarkeit darstellen, wenn sie eine Streitschlichtung durch ein unabhängiges und überparteiliches Schiedsgericht ermöglicht[1031]. Die Schaffung oder gar die Unterhaltung einer institutionellen oder administrierten Sport-

---

[1026] In Betracht käme beispielsweise die Deutsche Institution für Schiedsgerichtsbarkeit e.V. (DIS), vgl. *Weber*, SchiedsVZ 2004, 193, 198; siehe zur DIS *Schwab/Walter*, Kap. 41 Rn. 15; www.dis-arb.de.

[1027] Das CAS geht zurück auf einen Vorschlag des Präsidenten des IOC, Antonio Samaranch, aus dem Jahre 1983, vgl. *Haas*, Rechte der Athleten, S. 70 Fn. 74.

[1028] International council of arbitration for sport; franz. Conseil International de l'Arbitrage en matière de Sport (CIAS).

[1029] Zur organisatorischen Verselbstständigung vgl. Viertes Kapitel:A. IV. 2. c) .

[1030] So sieht die Stiftungssatzung der NADA in § 2 Abs. 2 Nr. 6 die Einrichtung eines institutionellen Schiedsgerichts vor; vgl. dazu *Weber*, SchiedsVZ 2004, 193, 198.

[1031] BGHZ 51, 255, 258; BGH NJW 1976, 109, 110; *Schwab/Walter*, Kap. 9 Rn. 4; *Lionnet/Lionnet*, S. 244; *Zöller/Geimer*, ZPO, § 1034 Rn. 3; *Vollmer*, S. 145.

schiedsgerichtsbarkeit durch eine Sportorganisation ist im Hinblick darauf nicht unproblematisch. Stehen sich doch im Rahmen von Sportstreitigkeiten meist eine Sportorganisation und ein Sportler als Streitparteien gegenüber. Liegt nun aber die Schaffung einer Verfahrensordnung und die Administrierung der Schiedsverfahren in den Händen einer Sportorganisation, scheint die Gefahr nicht ganz fern liegend, dass eine unabhängige und unparteiische Streitschlichtung nicht mehr gewährleistet ist[1032]. Für die Errichtung eines institutionellen Schiedsgerichts durch die NADA kommt hinzu, dass diese bereits bei der Feststellung eines Dopingverstoßes gegen die Anti-Doping-Bestimmungen mitwirkt[1033]. Daher stellt sich die Frage, welche Anforderungen an die Unabhängigkeit und Unparteilichkeit eines administrierten oder institutionellen Schiedsgerichts gestellt werden.

IV. Grenzen der Parteiautonomie

Die Unabhängigkeit und Unparteilichkeit eines Schiedsgerichts wird in Rechtsprechung und Literatur unter verschiedenen Aspekten erörtert[1034]. Neben der Unabhängigkeit und Unparteilichkeit der einzelnen Schiedsrichter sowie des Spruchkörpers in seiner Gesamtheit, kann ebenso die Unabhängigkeit und Unparteilichkeit der Schiedsorganisation und der im Rahmen der Administration der Schiedsverfahren tätigen Personen zu beachten sein. Die Notwendigkeit, Letzteres zu erörtern, zeigt sich insbesondere dann, wenn die mit der Administrierung der Schiedsverfahren betrauten Personen Einfluss auf die rechtsprechende Tätigkeit des Schiedsgerichts ausüben, wie beispielsweise durch die Auswahl oder Ersatzbestellung der Schiedsrichter, die Entscheidung über die Ablehnung der Schiedsrichter oder die Kontrolle des Schiedsspruchs[1035].

1. Unabhängigkeit und Unparteilichkeit des einzelnen Schiedsrichters

Schiedsrichter treten an die Stelle des staatlichen Richters. Sie sprechen materiell Recht. Daher unterliegen Schiedsgerichte dem Gebot der Überparteilichkeit der Rechtspflege[1036]. Daraus folgt zunächst, dass eine Partei nicht Richter in

[1032] So schon *Vollmer*, S. 143.

[1033] Vgl. *Weber*, SchiedsVZ 2004, 193, 198.

[1034] Das Begriffspaar Unabhängigkeit und Unparteilichkeit wird überwiegend zusammen verwendet, wobei Unabhängigkeit wohl eher als objektives Kriterium für die Beziehung des Schiedsrichters zu den Parteien verstanden wird und Unparteilichkeit mehr als subjektives Kriterium für die geistige Einstellung des Schiedsrichters zum Streitfall, vgl. *Lionnet/Lionnet*, S. 246.

[1035] Vgl. unten d.

[1036] BGHZ 51, 255, 258; BGH NJW 1976, 109, 110; *Schwab/Walter*, Kap. 9 Rn. 4; *Lionnet/Lionnet*, S. 244; *Zöller/Geimer*, ZPO, § 1034 Rn. 3; *Vollmer*, S. 145.

eigener Sache sein darf[1037]. Der Richter muss vielmehr nichtbeteiligter Dritter sein[1038]. Das Erfordernis, dass ein nichtbeteiligter Dritter einen Rechtsstreit entscheidet, ist im Rahmen staatlicher Gerichtsbarkeit durch Art. 97 GG abgesichert. Dieses Gebot ist aber von so grundsätzlicher Natur, dass es ebenso für Schiedsverfahren zu beachten ist[1039]. Dies wird teilweise mittelbar aus Art. 97 GG[1040] oder dem Rechtsstaatsprinzip abgeleitet[1041]. Auch die §§ 1036 f. ZPO bringen einfachgesetzlich zum Ausdruck, dass die Schiedsrichter eine hinreichende Gewähr für eine unabhängige und überparteiliche Rechtsprechung bieten müssen. Ein Verzicht darauf durch eine Parteivereinbarung im Voraus ist nicht möglich[1042]. Zu erörtern bleibt, wann jemand nach diesen Grundsätzen keine hinreichende Gewähr für eine unabhängige und überparteiliche Rechtsprechung bietet.

a) Ausschluss der Partei und ihrer Vertreter

Eine Partei des Schiedsverfahrens kann nicht Richter in eigener Sache sein[1043]. Ausgeschlossen von der Tätigkeit als Schiedsrichter ist somit die Partei selbst sowie deren gesetzliche Vertreter[1044]. Daher kann auch ein gesetzliches Organ einer juristischen Person nicht Schiedsrichter sein, wenn die juristische Person Verfahrensbeteiligter ist[1045]. Auch Organmitglieder eines vertretungsberechtigten Organs sind von diesem Ausschluss erfasst[1046]. Ist ein Sportverband oder -verein Partei eines Schiedsverfahrens, können Vorstandsmitglieder des Verbands oder Vereins daher nicht zum Schiedsrichter ernannt werden.

Mitunter taucht in Sportverbandssatzungen die Regel auf, wonach als Schiedsrichter nur solche Personen ernannt werden können, die bereits seit mindestens einem Jahr mittelbares oder unmittelbares Mitglied einer Mitgliedsorganisation des Verbandes sind[1047]. Intention solcher Regelungen ist wohl, eine gewisse Sachkunde der Schiedsrichter sicherzustellen und Vereinsangelegenheiten in-

---

1037 BGH NJW 1985, 1904.

1038 Vgl. BVerfGE 21, 139, 145.

1039 BGHZ 51, 258; BGHZ 65, 59, 62; BGHZ 98, 70; BGH NJW 1986, 3077.

1040 *Schwab/Walter*, Kap. 9 Rn. 4.

1041 *Geimer*, S. 130; *Zöller/Geimer*, ZPO, § 1034 Rn. 3.

1042 BGH JZ 1989, 588, 589; siehe auch zur Unmöglichkeit auf das Ablehnungsrecht des § 1036 Abs. 2 ZPO im Voraus zu verzichten *Stein/Jonas/Schlosser*, ZPO, § 1036 Rn. 15.

1043 BGH NJW 1985, 1904; *Stein/Jonas/Schlosser*, ZPO, § 1036 Rn. 5.

1044 RGZ 88, 402; 90, 309; 93, 288; *Schwab/Walter*, Kap. 9 Rn. 6; *Stein/Jonas/Schlosser*, ZPO, § 1036 Rn. 5.

1045 BGHZ 65, 59; *Vollmer*, S. 148, *Stein/Jonas/Schlosser*, ZPO, § 1036, Rn. 6, der auf die Ausnahme hinweist, dass das Organ als echtes Schiedsgericht eingerichtet ist, vgl. *Stein/Jonas/Schlosser*, a.a.O., vor § 1025 Rn. 5.

1046 *Stein/Jonas/Schlosser*, ZPO, § 1036 Rn. 7; *Vollmer*, S. 148.

1047 Vgl. § 20 Nr. 4 DSB-Satzung.

nerhalb der eigenen Tore auszutragen[1048]. Fraglich ist, ob Vereinsmitglieder zu Schiedsrichtern in Verbands- oder Vereinsstreitigkeiten ernannt werden können[1049]. Für die Ernennung von Vereinsmitgliedern zu Schiedsrichtern in Vereinsstreitigkeiten soll nach einer teilweise vertretenen Ansicht zwischen kleinen und weit verzweigten Vereinen zu differenzieren sein[1050]. Während danach bei einem Verein mit kleiner Mitgliederzahl sämtliche Vereinsmitglieder von der Ernennung als Schiedsrichter ausgeschlossen seien, solle dies für die Mitglieder eines weit verzweigten Vereins nicht zwangsläufig gelten[1051]. Nach anderer Ansicht seien Vereine mit großer und kleiner Mitgliederzahl nicht sicher voneinander abzugrenzen[1052]. Mitglieder nicht vertretungsberechtigter Organe, insbesondere einfache Vereinsmitglieder, seien jedoch mangels einer ausgeprägten Interessenverflechtung generell nicht vom Schiedsrichteramt auszuschließen, so dass in diesen Fällen das Ablehnungsrecht wegen zu besorgender Befangenheit genüge[1053]. Eine Regelung in der Satzung eines Sportverbandes, die lediglich die Ernennung von Mitgliedern eines der angeschlossenen Vereine als Schiedsrichter erlaubt, ist mithin nach beiden Ansichten nicht zu beanstanden. Zu beachten ist aber insbesondere das jeweils vorgesehene Verfahren zur Bestellung des Schiedsgerichts[1054]. Der Ausschluss der Partei oder ihrer Vertreter vom Schiedsrichteramt bereitet somit bis auf Detailfragen keine größeren Schwierigkeiten. Umfangreicher wird hingegen die Frage diskutiert, welche Personen darüber hinaus über die nötige Unabhängigkeit und Unparteilichkeit verfügen.

b) Streitentscheidung durch unbeteiligte Dritte

Nach den verfassungsrechtlichen Vorgaben muss ein unbeteiligter Dritter einen Rechtsstreit entscheiden. Haben Schiedsrichter ein persönliches oder berufliches Interesse am Ausgang des Schiedsverfahrens, sind sie nicht mehr unbeteiligte Dritter[1055]. Unbeteiligt ist nach h.M. etwa diejenige nicht mehr, der an einer Streitigkeit bereits im Vorfeld „beteiligt" war[1056]. Fraglich ist, ob dies für jede Art der Beteiligung gilt. In Rechtssprechung und Literatur gibt es hierzu eine

---

[1048] Vgl. *Vollmer*, S. 149, m.w.N.

[1049] Vgl. schon *Vollmer*, S. 149 ff.

[1050] In dieser Weise differenzierend schon RG RGZ 90, 306, 309, wonach bei kleineren Vereinen eine Besetzung des Schiedsgerichts mit Vereinsmitgliedern stets unzulässig ist.

[1051] *Schwab/Walter*, Kap. 9 Rn. 7 f.

[1052] *Stein/Jonas/Schlosser*, ZPO, § 1036 Rn. 8.

[1053] Vgl. *Stein/Jonas/Schlosser*, ZPO, § 1036 Rn. 8; ausführlich *Kornblum*, S. 154 ff.

[1054] Vgl. dazu unten 2.

[1055] *Schwab/Walter*, Kap. 9 Rn. 8, Kap. 14 Rn. 8.

[1056] BGH NJW 1973, 98, 99; OLG Düsseldorf BB 1976, 251, 252; MünchKommZPO/*Münch*, § 1036 Rn. 18; *Musilak/Voit*, ZPO, § 1036, Rn. 8; *Schlosser*, IPRax 1991, 244, 245.

umfangreiche Kasuistik[1057]. Einigkeit besteht insoweit, dass es mit der schiedsrichterlichen Tätigkeit unvereinbar ist, wenn eine Person in der betreffenden Streitigkeit für eine Partei im Vorfeld des Schiedsverfahrens tätig war. Dazu zählt ein Anwalt, der in derselben Sache mit der Interessenwahrnehmung einer Partei im Vorfeld des Schiedsverfahrens betraut worden war[1058]. Dies soll nach teilweise vertretener Ansicht sogar dann gelten, wenn ein mit dem Anwalt in derselben Sozietät arbeitender Kollege für eine Partei in der Sache tätig war[1059]. Ausscheiden muss schließlich auch eine Person, die für eine der Parteien bereits ein Privatgutachten in der zu entscheidenden Sache gegen Entgelt erstellt hat[1060]. Kontrovers diskutiert werden solche Fälle, in denen Personen in einer gegenüber den Parteien neutralen Rolle im Vorfeld mit dem Streitstoff befasst waren. Nach teilweise vertretener Ansicht sei dies grundsätzlich unschädlich[1061]. So könne etwa ein Schiedsgutachter in derselben Sache auch Schiedsrichter sein[1062]. Andere schränken diesen Grundsatz in bestimmten Fällen ein. So scheide ein Notar beispielsweise als Schiedsrichter aus, wenn er oder ein in gemeinsamer Berufsausübung verbundener Notariatskollege den im Schiedsverfahren umstrittenen Vertrag selbst beurkundet hat. Hier sei nicht auszuschließen, dass die Streitigkeit auf einem Fehler in der notariellen Urkunde beruhe und der Notar daher in erster Linie im Hinblick auf eventuell gegen ihn bestehende Regressansprüche entscheide[1063]. Ebenso wenig könne ein Zeuge, der im Vorfeld über Tatsachen gehört worden ist, die in der Streitigkeit eine Rolle spielen, Schiedsrichter sein[1064]. Nach teilweise vertretener Ansicht begründe es sogar Zweifel an der Unabhängigkeit und Unparteilichkeit des Schiedsrichters, wenn dieser sich in dezidierter Weise in einem früheren Verfahren auf eine bestimmte Rechtsmeinung festgelegt habe[1065]. Der Grund für einen Ausschluss von der Schiedsrichtertätigkeit in diesen Fällen liegt nicht in der fehlenden Neutralität gegenüber den Streitparteien, sondern darin, dass mit der eigenen Tätigkeit im

---

[1057] Siehe ausführlich dazu *Lachmann*, Rn. 582 ff.; *ders.*, in FS Geimer, S. 513 ff.

[1058] Vgl. RG JW 1904, 495; OLG Hamburg JZ 1956, 226; *Kornblum*, S. 58 ff.; *Lachmann*, Rn. 592; *Schwab/Walter*, Kap. 14 Rn. 8.

[1059] Vgl. *Lachmann*, Rn. 595.

[1060] Vgl. OLG Dresden JW 1938, 2154.

[1061] Vgl. *Stein/Jonas/Schlosser*, ZPO, § 1036 Rn. 21.

[1062] Vgl. OLG Saarbrücken DB 1988, 2398.

[1063] Vgl. *Lachmann*, Rn. 598, 601.

[1064] Vgl. *Schwab/Walter*, Kap. 14 Rn. 8.

[1065] *Stein/Jonas/Schlosser*, ZPO, § 1036 Rn. 25, der für ständige Schiedsgerichte eine Ausnahme von diesem Grundsatz machen will, die wie die staatlichen Gerichte eine ständige Rechtssprechung entwickeln müssen; *Lachmann*, Rn. 608, der Zweifel an der Unabhängigkeit und Unparteilichkeit nur dann annimmt, wenn es sich um eine besonders kontrovers diskutierte in der höchstrichterlichen Rechtssprechung noch ungeklärte Frage handelt; a.A. *Schütze*, Rn. 39; *Schwab/Walter*, Kap. 14 Rn. 8, die es generell für unschädlich halten, wenn sich die betreffende Person im Vorfeld zu einer im Schiedsverfahren relevanten Rechtsfrage allgemein geäußert hat.

Vorfeld des Verfahrens nun möglicherweise eigene Interessen in die Entscheidung der Streitigkeit einfließen können. Dies gilt für den Notar, der über den eigens notariell beurkundeten Vertrag zu entscheiden hätte genauso für den Zeugen, der seine vorher getroffenen Aussagen würdigen müsste. So kann auch ein zum Schiedsrichter ernannter Schiedsgutachter versucht sein, das Ergebnis seines im Vorfeld erstellten Gutachtens aus Eigeninteresse zu verteidigen. Die dargestellten Fallgruppen zeigen, dass mit der Neutralität gegenüber den Parteien nicht gleichzeitig auch die erforderliche Neutralität im Hinblick auf den Verfahrensausgang einhergehen muss. Da die Entscheidung einer Rechtsstreitigkeit aber grundsätzlich nicht nur neutral gegenüber den Streitparteien sondern auch frei von eigenen Interessen des Richters zu erfolgen hat, müssen auch diejenigen Personen vom Schiedsrichteramt ausscheiden, bei denen eigene Interessen von gewisser Bedeutung am Ausgang der Streitigkeit aufgrund ihrer Beteiligung im Vorfeld nicht auszuschließen sind. Hat beispielsweise eine Person bei der Aufdeckung eines Dopingvergehens mitgewirkt, wäre es mit dem Grundsatz der Unanhängigkeit und Unparteilichkeit des Schiedsrichteramtes nicht vereinbar, wenn dieselbe Person im Rahmen der schiedsrichterlichen Beilegung der Streitigkeit als Schiedsrichter tätig werden würde. Müsste sie doch möglicherweise im Verfahren um die Rechtmäßigkeit einer Dopingsperre auch die Rechtmäßigkeit des eigenen Verfahrens zur Aufdeckung des Dopingverstoßes beurteilen. Für die geplante Gründung eines administrierten Schiedsgerichts durch die NADA bedeutet dies, dass diejenigen Personen, die unmittelbar am Verfahren zur Aufdeckung eines Dopingvergehens beteiligt waren, für die Entscheidung der daraus resultierenden Dopingstreitigkeiten als Schiedsrichter ausscheiden.

Dem Gebot nach Unabhängigkeit und Überparteilichkeit des Schiedsgerichts versuchen auch einige Schiedsordnungen oder Verbandsregelwerke aus dem Sportbereich in unterschiedlichem Konkretisierungsgrad zu entsprechen. Während teilweise das Gebot nach Unabhängigkeit und Unparteilichkeit der Schiedsrichter lediglich betont wird, indem die entsprechenden Regelwerke sie allgemein fordern[1066], versuchen andere Schiedsordnungen, die Anforderungen an dieses Gebot näher zu konkretisieren, um einer möglichen Abhängigkeit und Parteilichkeit der Schiedsrichter schon im Vorfeld einer möglichen Bestellung entgegenzuwirken. § 20 Nr. 4 der DSB-Satzung schließt beispielsweise Personen aus, die eine Funktion für den DSB ausüben oder in einem Dienst- oder Arbeitsverhältnis zum DSB bzw. seinen Mitgliedsorganisationen stehen. § 2 Abs. 2 der Schiedsordnung für die Athletenvereinbarung des DLV grenzt insbesondere Mitglieder eines Verbands- oder Vereinsorgans des deutschen Sports, sich in einem Dienst- oder Arbeitsverhältnis zu einem Sportverband oder -verein befindliche Personen und solche Personen aus, die bereits im verbandsinternen Verfahren mitgewirkt haben. Solche Regeln sind durchaus geeignet und emp-

[1066] Vgl. Artikel R33 der CAS-VO.

fehlenswert, um zeitaufwendigen Streitigkeiten um die Unabhängigkeit und Unparteilichkeit der Schiedsrichter und damit drohenden Ablehnungsverfahren schon im Vorfeld zu begegnen. Zu derartigen Vorschaltmechanismen kumulativ oder auch als einziges Mittel, die ausreichende Unabhängigkeit und Unparteilichkeit der Schiedsrichter sicherzustellen, sehen einige Verfahrensordnungen aus dem Sportbereich besondere Ablehnungsverfahren vor, um eine Abhängigkeit und Parteilichkeit der Schiedsrichter nachträglich beheben zu können[1067]. Auch das nationale deutsche Schiedsverfahrensrecht enthält mit den §§ 1036, 1037 ZPO Vorschriften zur verfassungsrechtlich gebotenen Absicherung der persönlichen Unabhängigkeit und Unparteilichkeit der Schiedsrichter. Diese sollen im Folgenden nun näher beleuchtet werden.

c) Sicherung der persönlichen Unabhängigkeit und Unparteilichkeit der Schiedsrichter

Zur Sicherung der persönlichen Unabhängigkeit und Unparteilichkeit der Schiedsrichter sehen die §§ 1036, 1037 ZPO ein Verfahren zur Ablehnung der Schiedsrichter vor. Für den staatlichen Richter hat der Gesetzgeber neben der in § 42 Abs. 2 ZPO vorgesehen Ablehnungsmöglichkeit wegen der Besorgnis der Befangenheit in § 41 ZPO bestimmte Ausschließungsgründe normiert, in denen ein staatlicher Richter kraft Gesetzes ausgeschlossen ist. Für Schiedsrichter fehlt eine entsprechende Regelung. Umstritten ist, ob die Ausschließungsgründe des § 41 ZPO auch für Schiedsrichter entsprechend gelten. Eine teilweise vertretene Ansicht befürwortet eine entsprechende Anwendung der Ausschließungsgründe des § 41 ZPO auch für Schiedsrichter[1068]. Eine Ablehnungsmöglichkeit alleine könne nicht ausreichen, dem übergeordneten Rechtsgrundsatz der Unparteilichkeit und Unabhängigkeit der Schiedsrichter zu genügen[1069]. Nach überwiegender Ansicht hingegen reiche die eigenständige Regelung der §§ 1036, 1037 ZPO aus, um dem Gebot der unparteilichen und unabhängigen Rechtspflege Wirksamkeit zu verleihen[1070]. Daher sollen die Vorschriften über die Ausschließung eines Richters kraft Gesetzes für Schiedsrichter nicht entsprechend gelten[1071]. Für diese Sichtweise spricht, dass § 1036 Abs. 2 ZPO anders als die alte Ablehnungsregel des § 1032 ZPO a.F. keinen ausdrücklichen Verweis mehr auf die §§ 41, 42 ZPO vorsieht und ihre Anwendung vom Gesetzgeber bewusst nicht gewollt ist[1072]. Nach der Regierungsbegründung zu § 1036 Abs. 2 ZPO soll eine für den ausländischen Rechtsanwender nur schwer nachvollziehbare Verweisung

---

[1067] Vgl. Artikel R34 der CAS-VO.

[1068] Vgl. *Kornblum*, S. 63 ff.; wohl auch *Lachmann*, Rn. 583.

[1069] Vgl. *Kornblum*, S. 63 ff.

[1070] Lionnet/Lionnet, S. 245.

[1071] *Schwab/Walter*, Kap. 9 Rn. 5; *Zöller/Geimer*, ZPO, § 1036 Rn. 4; *Stein/Jonas/Schlosser*, ZPO, § 1036 Rn. 13.

[1072] *Schwab/Walter*, Kap. 9 Rn. 5.

auf die Vorschriften des nationalen Prozessrechts vermieden werden[1073]. Darüber hinaus ist die Ausgangslage der Parteien zum einem staatlichem Richter aufgrund dessen grundsätzlicher Beamtenstellung oder einem privatem Schiedsrichter, der häufig einer bestimmten Institution angehört oder bestehende geschäftliche Kontakte zu den Parteien unterhält grundsätzlich verschieden, so dass die für staatliche Richter konzipierten Ausschließungsregelungen nicht passen[1074]. Daher gelten die Vorschriften über die Ausschließung eines Richters kraft Gesetzes (§ 41 ZPO) für Schiedsrichter nicht entsprechend[1075].

Nach § 1036 Abs. 2 ZPO kann ein Schiedsrichter abgelehnt werden, wenn Umstände vorliegen, die berechtigten Zweifel an seiner Unabhängigkeit und Unparteilichkeit aufkommen lassen[1076]. Für diese Umstände normiert § 1036 Abs. 1 ZPO eine Offenbarungspflicht für die Schiedsrichter[1077]. Das Verfahren zur Ablehnung eines Schiedsrichters obliegt wiederum, bis auf die zwingende letztinstanzliche Zuständigkeit des staatlichen Gerichts gem. § 1037 Abs. 3 ZPO, der Disposition der Parteien[1078]. In Ermangelung einer Parteivereinbarung sieht § 1037 ZPO aushilfsweise ein Ablehnungsverfahren vor. Dabei sind zwei Fristen zu beachten. Zunächst eine zweiwöchige Frist für die Abgabe der Ablehnungserklärung gegenüber dem Schiedsgericht, die vom Zeitpunkt der Kenntnis vom Ablehnungsgrund zu laufen beginnt[1079] und sodann eine Frist von einem Monat zur Anrufung des staatlichen Gerichts, die mit der Kenntnis der negativen Ablehnungsentscheidung des Schiedsgerichts[1080] oder des nach der Parteivereinbarung zuständigen Gremiums beginnt. Beide Fristen sind Präklusionsfristen[1081].

1073 Vgl. BT-Drucks. 13/5274, S. 40; *Schwab/Walter*, Kap. 14 Rn. 5; zur breiteren Akzeptanz für eine offene Formulierung im internationalen Rechtsverkehr, vgl. auch *Lachmann*, Rn. 582.

1074 *Schwab/Walter*, Kap. 9 Rn. 5; siehe auch die Beispiele bei *Stein/Jonas/Schlosser*, ZPO, § 1036 Rn. 13.

1075 *Schwab/Walter*, Kap. 9 Rn. 5; *Zöller/Geimer*, § 1036 Rn. 4; a.A. *Kornblum*, S. 63 ff. Die Tatbestände des § 41 ZPO können dennoch als Anhaltspunkt für die fehlende Unabhängigkeit und Unparteilichkeit des Schiedsrichters i.S.d. § 1036 Abs. 2 ZPO dienen, vgl. *Schwab/Walter*, Kap. 14 Rn. 5; *Lachmann*, Rn. 582 ff.

1076 Die Tatbestände des § 41 ZPO können wenigstens als Anhaltspunkt für die fehlende Unabhängigkeit und Unparteilichkeit des Schiedsrichters i.S.d. § 1036 Abs. 2 ZPO dienen, vgl. *Schwab/Walter*, Kap. 14 Rn. 5; Einzelfallbeispiele unter Rn. 8; *Stein/Jonas/Schlosser*, ZPO, § 1036 Rn. 25; *Lachmann*, Rn. 582 ff.

1077 Vgl. dazu *Lachmann*, Rn. 613 f.

1078 Die Entscheidung des staatlichen Gerichts ist endgültig (§ 1062 Abs. 1 Nr. 1 i.V.m. § 1065 Abs. 1 ZPO).

1079 Vgl. dazu *Lachmann*, Rn. 625 f.

1080 Vgl. *Lachmann*, Rn. 631. Dass der abgelehnte Schiedsrichter in eigener Sache mitentscheidet, ist nur unter dem Gesichtspunkt der letztinstanzlichen Zuständigkeit des staatlichen Gerichts akzeptabel, vgl. *Schwab/Walter*, Kap. 14 Rn. 22.

1081 *Hausmann*, in FS Stoll, S. 593, 603; *Lionnet/Lionnet*, S. 251; *Zöller/Geimer*, ZPO, § 1037 Rn. 6; Lachmann, Rn. 626, 634. Ausführlich zum Ablehnungsverfahren *Schwab/Walter*, Kap. 14 Rn. 11 ff.; *Lachmann*, Rn. 623 ff.

Die Geltendmachung eines Ablehnungsgrundes nach Ablauf der Frist ist daher nicht möglich[1082]. Dennoch besteht angesichts der verfassungsmäßigen Vorgaben Einigkeit darüber, dass es neben der Ablehnungsmöglichkeit auch im Schiedsverfahren Ausnahmen gibt, in denen ein Schiedsrichter ex lege auszuschließen ist. Richtet etwa eine Partei in eigener Sache, stellt dies nicht nur einen Ablehnungs-, sondern einen absoluten Unzulässigkeitsgrund dar, der gem. § 1059 Abs. 2 lit. 1 d ZPO zur Aufhebung des Schiedsspruches führt[1083].

Der in den §§ 1036, 1037 ZPO vorgesehene Korrekturmechanismus stellt grundsätzlich einen wirkungsvollen Schutz für die Schiedsparteien vor einem abhängigen und parteiischen Schiedsrichter dar. Um dem im Sportbereich besonderen Bedürfnis nach einer schnellen Streitbeilegung zu entsprechen, ist den Parteien im Sportbereich dennoch ein Filter aus konkreten Anforderungen an die Unabhängigkeit und Unparteilichkeit der Schiedsrichter zu empfehlen, der Streitigkeiten um eine nachträgliche Korrektur schon im Vorfeld entgegenwirkt.

2. Unabhängigkeit des Schiedsgerichts

Die Sicherstellung der Unabhängigkeit und Unparteilichkeit der einzelnen Schiedsrichter ist nur der erste Schritt, um einen unabhängigen und unparteilichen Spruchkörpers zu gewährleisten. Ein weiterer Gefahrenherd für die Unabhängigkeit und Unparteilichkeit des Spruchkörpers liegt in der Verfahrensregelung zur Bildung des Schiedsgerichts. Nach dem Grundsatz der Parteiautonomie im Schiedsverfahren ist es nämlich Sache der Parteien, ein Verfahren zur Bestellung der Schiedsrichter zu vereinbaren. Dies bringt auch § 1035 Abs. 1 ZPO zum Ausdruck[1084]. Von dieser Möglichkeit wird vielfach Gebrauch gemacht. So finden sich meist spezielle Regelungen zur Bestellung des Schiedsgerichts in einer von den Parteien vereinbarten Verfahrensordnung. Wählen die Parteien eine solche Verfahrensordnung, wird diese zur Parteivereinbarung. Auch viele Verfahrensordnungen aus dem Sportbereich beinhalten spezielle Regelungen zur Bildung des Schiedsgerichts[1085]. Werden die entsprechenden Verfahrensregeln nun von einer stärkeren Partei wie beispielsweise einem Sportverband einseitig entwickelt, besteht die Gefahr, dass sich dieser über die Verfahrensgestaltung einen Vorteil bei der Bildung des Schiedsgerichts und damit die Aussicht auf ein

---

[1082] BT-Drucks. 13/5274, S. 42; für eine Ausnahme in besonders schwerwiegenden und eindeutigen Fällen von Befangenheit, BGH MDR 1999, 755; *Zöller/Geimer*, ZPO, § 1037 Rn. 7.

[1083] Vgl. dazu BT-Drucks. 13/5274, S. 41; *Stein/Jonas/Schlosser*, ZPO, § 1036 Rn. 9 (Verstoß gegen den ordre public nach § 1059 Abs. 2 lit. 2 b ZPO); vgl. auch BGHZ 65, 59; *Vollmer*, S. 146 f., 148 jeweils zu § 1041 ZPO a.F.

[1084] Kommt es trotz oder gerade wegen einer Parteivereinbarung zu Störungen bei der Bildung des Schiedsgerichts, kann eine Partei die erforderlichen Maßnahmen gem. § 1035 Abs. 4 ZPO bei Gericht beantragen.

[1085] Vgl. etwa § 6 der Schiedsordnung der Athletenvereinbarung des DLV; Artt. R40 ff. CAS-VO.

ihm günstiges Urteil verschafft. Berücksichtigt man zudem die Tatsache, dass ein Sportler aufgrund der Monopolstellung der Sportverbände die Schiedsvereinbarung mitsamt der darin enthaltenen Verfahrensregelungen zwingend abschließen muss, will er am organisierten Sportgeschehen teilhaben, ist es notwendig zum Schutze des Sportlers besonderes Augenmerk auf die Verfahrensregelung zur Bildung des Schiedsgerichts zu richten[1086].

Dem Schutz der Parteien in dieser besonderen Verfahrenssituation dient der Grundsatz der Waffengleichheit bei der Konstituierung des Schiedsgerichts. Danach müssen die Parteien bei einer Verfahrensvereinbarung zur Bestellung der Schiedsrichter besonders auf die Gleichbehandlung der Parteien bei der Bildung des Spruchkörpers achten, um dem Gebot der überparteilichen Rechtspflege zu genügen[1087]. Dies ist auch § 1034 Abs. 2 ZPO zu entnehmen. Im Gegensatz zum alten Recht (§ 1025 Abs. 2 ZPO a.F.) weist die neue Rechtslage aber deutliche Unterschiede auf. Während § 1025 Abs. 2 ZPO a.F. das Ausnutzen einer wirtschaftlichen oder sozialen Überlegenheit sowie eine Nötigung forderte, greift § 1034 Abs. 2 ZPO schon bei jeder unparitätischen Verfahrensregelung zur Bestellung des Schiedsgerichts. Somit ist § 1034 Abs. 2 ZPO auf der Tatbestandsseite weiter gefasst als § 1025 Abs. 2 ZPO a.F. Im Hinblick auf die Rechtsfolgen ist § 1034 Abs. 2 ZPO im Gegensatz zu § 1025 Abs. 2 ZPO a.F. jedoch weitaus weniger streng. Während ein Verstoß gegen § 1025 Abs. 2 ZPO a.F. die Unwirksamkeit der Schiedsvereinbarung zur Folge hatte, gibt § 1034 Abs. 2 ZPO einer benachteiligten Partei die Möglichkeit in die Hand, innerhalb einer zweiwöchigen Frist das Gericht um die abweichende Bestellung des Schiedsgerichts zu ersuchen. Der Gesetzgeber wollte mit dieser Neuregelung den Interessen der Parteien besser gerecht werden und ihrer Grundentscheidung, sich einem Schiedsverfahren zu unterwerfen, auch in diesem Fall Rechnung tragen[1088].

Die Vorschrift des § 1034 Abs. 2 ZPO möchte solche Regelungen verhindern, die einer Partei von vornherein bei der Bestellung des Schiedsgerichts ein Übergewicht einräumen. Da insoweit aber schon die Besorgnis ausreicht, ist eine Partei i.S.d. benachteiligt, wenn der anderen objektiv ein Übergewicht bei der Bestellung des Schiedsgerichts zukommt[1089]. Dies kann darin liegen, dass eine Partei alle oder die überwiegende Anzahl der Schiedsrichter ernennt[1090]. Zwischen einem Verband und seinen Mitgliedern liegt ein unzulässiges Übergewicht auf Seiten des Verbandes vor, wenn die Schiedsrichter allein oder über-

---

[1086] Generell zur besonderen Bedeutung der Bildung des Schiedsgerichts, *Geimer*, Schiedsgerichtsbarkeit und Verfassung, 1994, S. 143.

[1087] *Schwab/Walter*, Kap. 9 Rn. 9; *Zöller/Geimer*, ZPO, § 1034 Rn. 9.

[1088] *Berger*, DZWiR 1998, 45, 50; *Musilak/Voit*, ZPO, § 1034 Rn. 3.

[1089] Vgl. MünchKomm/*Münch*, ZPO, § 1034 Rn. 7; *Musilak/Voit*, ZPO, § 1034 Rn. 3.

[1090] Vgl. *Haas*, Anerkennung und Vollstreckung, S. 228 ff.; MünchKommZPO/*Münch*, § 1034 Rn. 6; *Musilak/Voit*, ZPO, § 1034 Rn. 3; *Zöller/Geimer*, ZPO, § 1034 Rn. 9; *Vollmer*, S. 151.

wiegend vor dem Entstehen der konkreten Streitigkeit durch ein Verbandsorgan benannt werden[1091]. Die Ernennung der Schiedsrichter durch den Verband stellt auch gerade dann ein unzulässiges Übergewicht dar, wenn ein Verbands- und ein Nichtverbandsmitglied streiten[1092]. Zulässig soll es sein, wenn die Vereinsversammlung im Voraus ein aus drei Schiedsrichtern bestehendes Schiedsgericht grundsätzlich fest bestellt, im Einzelfall aber zwei davon durch parteiernannte Schiedsrichter ersetzt werden können und der Vorsitzende für diesen Fall durch ein ordentliches Gericht ernannt werden soll[1093]. Die Ernennung des in einer Pattsituation entscheidenden Obmanns durch einen Verein stellt hingegen ein unzulässiges Übergewicht dar[1094]. Bei dieser Beurteilung bleibt es auch dann, wenn die Möglichkeit einer Ablehnung des Schiedsrichters besteht. Grundsätzlich zulässig sind ebenso Vereinbarungen der Parteien, wonach die Schiedsrichter nur aus einer von einem Dritten erstellten Liste gewählt werden können oder ein Dritter die Schiedsrichter selbst bestellt. Wird hingegen über eine Liste das Übergewicht einer Partei institutionalisiert, verstößt diese Vereinbarung gegen den Grundsatz der Unparteilichkeit und Unabhängigkeit des Schiedsgerichts[1095]. Ein solcher Verstoß liegt beispielsweise vor, wenn ein Verbandsmitglied aus einer Vielzahl von, seitens des Verbandes aufgelisteten, verbandsangehörigen Schiedsrichtern[1096] oder gar verbandsfremder Schiedsrichter[1097] wählen kann.

Unproblematisch im Hinblick auf die Gleichbehandlung der Parteien sind solche Vereinbarungen, die dem gesetzlichen Leitbild zur Bestellung eines Dreierschiedsgerichts entsprechen, wie es in der Aushilfsregelung des § 1035 Abs. 3 ZPO zum Ausdruck kommt[1098]. Danach bestellt jede Partei zunächst einen Schiedsrichter. Diese einigen sich dann wiederum auf einen dritten Schiedsrichter, der dann den Vorsitz führt. Für den Fall, dass eine Partei ihren Schiedsrichter nach entsprechender Aufforderung nicht innerhalb eines Monats ernennt

---

1091 Vgl. BGH SchiedsVZ 2004, 205, 207 f.; *Haas*, ZEuP 1999, 355, 364; ausführlich *Vollmer*, S. 151 f., 153, der die Ernennung des Schiedsgerichts durch die Mitgliederversammlung zwar als weniger bedenklich ansieht als eine Ernennung durch den Vorstand, jedoch im Ergebnis ebenso ablehnt.

1092 BGHZ 51, 255, 261; OLG Karlruhe NJW 1957, 1036, 1037; MünchKommZPO/*Münch*, § 1034 Rn. 6; *Schwab/Walter*, Kap. 9 Rn. 11; differenzierend danach, ob zwischen Mitglied und Nichtmitglied im Verhältnis zum Vereinszweck ein Interessengegensatz oder Interessengleichlauf vorliegt, Hanseatisches OLG Hamburg MDR 1975, 409, 410.

1093 OLG München NZG 1999, 780 f.; ähnlich schon *Vollmer*, S. 155.

1094 OLG München KTS 1983, 166, 168; OLG Düsseldorf NJW 1996, 400; *Schwab/Walter*, Kap. 9 Rn. 11; schwerwiegende Bedenken äußert schon *Vollmer*, S. 152.

1095 *Musilak/Voit*, ZPO, § 1034 Rn. 3; *Schwab/Walter*, Kap. 9 Rn. 11; *Wolf*, 125; *Zöller/Geimer*, ZPO, § 1034 Rn. 11; *Vollmer*, S. 154 f.

1096 BGHZ 51, 255.

1097 Vgl. *Haas*, ZEuP 1999, 355, 364.

1098 Die Aushilfsregelung greift in Ermangelung einer vorrangig zu beachtenden Parteivereinbarung ein.

oder sich die Parteien nicht innerhalb eines Monats auf einen dritten Schiedsrichter einigen können, sieht § 1035 Abs. 3 Satz 3 ZPO die Bestellung durch das staatliche Gericht vor[1099]. Ein derartiges Modell zur Bestellung eines Dreierschiedsgerichts und eine entsprechende Aushilfsregelung enthalten beispielsweise § 20 Nr. 4 der DSB-Satzung und § 6 der Schiedsordnung für die Athletenvereinbarung des DLV, wobei die genannten Regelungen für die Bestellung der Parteischiedsrichter, der Einigung auf den Vorsitzenden und für das Eingreifen der Aushilfsregelung kürzere Fristen vorsehen, was dem Bedürfnis des Sports nach einer schnellen Streiterledigung entspringt[1100]. Die dargestellten Regelungen sind zwar im Hinblick auf die Gleichbehandlung der Parteien unproblematisch, sie gehen aber von der Situation des für den Einzelfall bestellten Schiedsgerichts aus. Wesentlich schwieriger ist dem Grundsatz der Gleichbehandlung der Parteien zu entsprechen, wenn Institutionen für Streitigkeiten zwischen Verbänden und Sportler ein administriertes/institutionelles Schiedsgericht mit ständigen Schiedsrichtern einrichten wollen, da die Parteien des späteren Schiedsverfahrens, an denen das Ernennungsrecht gleichmäßig auszurichten ist, im Voraus noch nicht feststehen. Daher kann nur ein von den möglichen Streitparteien verschiedener Dritter das Ernennungsrecht ausüben. Dass die Parteien das Ernennungsrecht nicht persönlich ausüben müssen, sondern auch auf einen Dritten übertragen können, ergibt sich aus § 1035 Abs. 1 uns 4 ZPO. Dieser ist jedoch nur dann geeignet, wenn bei der Ernennung der Schiedsrichter keine Einseitigkeit zu befürchten ist[1101]. Dies ist bei der Entwicklung eines Auswahlmechanismusses für ein administriertes/institutionelles Sportschiedsgericht nicht nur im Hinblick auf die psychologische Akzeptanz eines solchen Schiedsgerichts bei den Sportlern von Bedeutung, sondern auch im Hinblick auf die gesetzlich vorgesehene Korrekturmöglichkeit des § 1034 Abs. 2 ZPO von Bedeutung. Keinen Grund, an der Unabhängigkeit und Unparteilichkeit des Schiedsgerichts zu zweifeln, besteht jedenfalls dann, wenn jede Partei unabhängig von irgendwelchen vorgegebenen Listen jeweils einen Schiedsrichter bestellen kann und sich die jeweils bestellten Schiedsrichter auf den Vorsitzenden des Schiedsgerichts einigen. Eine verbindliche Vorschlagsliste hat demgegenüber den Vorteil, den Parteien bei der Suche nach einem geeigneten Schiedsrichter zu helfen, um auf diese Weise das Verfahren zur Bildung des Schiedsgerichts zu beschleunigen. Letzteres ließe sich jedoch auch mit einer Schiedsrichterliste erreichen,

---

1099 § 1035 Abs. 3 S. 1 ZPO sieht eine Ersatzregelung für den Fall vor, dass die Parteien zwar ein Einzelschiedsgericht, aber keine Regelung zur Bestellung vorgesehen haben. In diesem Fall wird der Schiedsrichter, kommt eine Einigung über den Schiedsrichter nicht zustande, durch das staatliche Gericht bestimmt.

1100 § 20 DSB-Satzung sieht für die Bestellung des Parteischiedsrichters eine Frist von 10 Tagen nach Mitteilung sowie eine Nachfrist von weiteren 10 Tagen vor und für die Einigung auf den Vorsitzenden 10 Tage, § 6 der Schiedsordnung der Athletenvereinbarung des DLV enthält jeweils eine Frist von 20 Tagen.

1101 Vgl. *Kornblum*, S. 110.

die nicht als geschlossene, sondern lediglich als Vorschlagsliste ausgestaltet ist und den Parteien die Möglichkeit lässt, abweichend von der Liste einen anderen Schiedsrichter zu bestimmen. Will man trotzdem, etwa zur Sicherstellung der Fachkompetenz sämtlicher Schiedsrichter am Prinzip der geschlossenen Schiedsrichterliste festhalten oder im Interesse einer schnellstmöglichen Streitbeilegung ein ständiges Schiedsgericht einrichten, ist es zwingend erforderlich, organisatorische Vorkehrungen zu treffen, die keinen Zweifel an der Neutralität der ernennenden Stelle aufkommen lassen. Eine denkbare Möglichkeit bestünde darin, eine aus Aktivenvertretern und Vertretern der Sportverbände paritätisch besetzte Schiedsrichterwahlkommission mit der Auswahl der Schiedsrichter zu betrauen. Dies könnte sicherlich dazu beitragen, Vorbehalte gegen die Schiedsgerichtsbarkeit abzubauen und deren Akzeptanz bei den Sportlern zu fördern.

a) Vergleich mit der Rechtslage in der Schweiz

Bei der Frage nach den Anforderungen an die Unabhängigkeit eines Schiedsgerichts lohnt sich ein Blick auf die Rechtslage in der Schweiz und die Rechtsprechung des Schweizer Bundesgerichts, das sich schon mehrmals mit der Verfahrensregelung des CAS zur Bildung des Schiedsgerichts und der Frage nach der Unabhängigkeit und Unparteilichkeit des CAS auseinandersetzen musste. Der Anspruch darauf, dass eine Streitigkeit durch einen unabhängigen und unparteilichen Richter entschieden werden muss, wurde vom Schweizer Bundesgericht früher aus Art. 58 Abs. 1 BV a.F. abgeleitet[1102] und ist nun in der neuen Bundesverfassung in Art. 30 Abs. 1 BV explizit verankert. Die für staatliche Gerichte entwickelten Grundsätze gelten nach der Rechtsprechung des Schweizer Bundesgerichts ebenso für Schiedsgerichte[1103]. Bei dem Gebot der Unabhängigkeit und Unparteilichkeit des Schiedsgerichts werden in der Schweiz, wie auch in Deutschland, grundsätzlich zwei Facetten unterschieden. Neben der Unbefangenheit der Schiedsrichter selbst, für deren Überprüfung die gleichen Maßstäbe gelten wie für staatliche Richter[1104], muss auch der Grundsatz der Parität bei der Bestellung des Schiedsgerichts gewahrt werden. Das SchKonk sieht für inländische Schiedsverfahren sowohl für die Ablehnung eines Schiedsrichters wegen Befangenheit als auch für die Verletzung des Grundsatzes der Parität bei der Schiedsrichterbestellung jeweils eine explizite Regelung vor. Art. 18 SchKonk regelt die Gründe für die Ablehnung eines Schiedsrichters. Artt. 18 Abs. 3, 20 und 21 SchKonk enthalten die Verfahrensregeln zur Geltendmachung der Ablehnung. Der Grundsatz der Parität, wonach die Ernennung der Schiedsrichter unter gleich großem Einfluss der Parteien erfolgen soll[1105], ist für inländische

[1102] BGE 92 I 275 f., BGE 113 Ia 409; *Schilling*, S. 97.
[1103] BGE 125 I 389; 118 II 361; 115 Ia 404; BGE 117 Ia 168.
[1104] BGE 118 II 361; BGE 115 Ia 404; BGE 113 Ia 407; BGE 105 Ia 248.
[1105] BGE 107 Ia 161 f; *Ruede/Hadenfeld*, S. 143.

Schiedsverfahren in Artt. 19 Abs. 1 und 25 SchKonk[1106] verankert[1107]. Weniger detailliert ist die für internationale Schiedsverfahren mit Sitz in der Schweiz anwendbare Regelung des IPRG[1108]. Dieses enthält keine den Vorschriften des SchKonk entsprechenden Regeln. Art. 180 lit. c IPRG sieht lediglich vor, dass der Schiedsrichter abgelehnt werden kann, wenn Umstände vorliegen, die Anlass zu berechtigten Zweifeln an seiner Unabhängigkeit geben. Dazu gehört aber notwendigerweise auch der Grundsatz der paritätischen Bestellung des Schiedsgerichts, selbst wenn dieser nicht ausdrücklich erwähnt wird. Dass der Grundsatz der Gleichbehandlung der Parteien zu den wesentlichen Verfahrensprinzipien des IPRG zählt, ergibt sich zudem aus Art. 182 Abs. 3 IPRG[1109]. Bei der Konkretisierung der Tatbestandsmerkmale des Art. 180 lit. c IPRG wird neben der zu Art. 58 BV a.F. entwickelten Rechtsprechung mithin ebenfalls die Rechtsprechung zu Art. 19 SchKonk herangezogen[1110]. Der Grundsatz der paritätischen Schiedsrichterbestellung wird im Anwendungsbereich des IPRG jedoch liberaler ausgelegt[1111].

Die erforderliche Unabhängigkeit des Schiedsgerichts fehlt, wenn eine Partei selbst oder vertreten durch eines ihrer Organe Richter in eigener Sache ist[1112] und wenn seine Mitglieder gegenüber den vertretungsberechtigten Organen weder sachlich noch personell unabhängig sind[1113]. Ebenso wenig unabhängig ist ein Spruchkörper, wenn eine Partei das Schiedsgericht bevorzugt bestellt[1114]. Eine Partei hat nach der Rechtsprechung des Schweizer Bundesgerichts bei der Bestellung des Schiedsgerichts ein unzulässiges Übergewicht, wenn ein ständiges Schiedsgericht von einem Vereinsorgan, dem Vorstand oder der Hauptversammlung bestellt wird, um Streitigkeiten entweder zwischen dem Verein und einem seiner Mitglieder oder zwischen einem Mitglied und einem Nichtmitglied zu entscheiden[1115]. Ein unzulässiges Übergewicht besteht selbst dann noch, wenn

---

[1106] Zur Unterscheidung zwischen in- und ausländischen Schiedsverfahren in der Schweiz und zum Anwendungsbereich des SchKonK vgl. Zweites Kapitel:A. II.

[1107] Beide Vorschriften sind nach Art. 1 Abs. 3 SchKonk zwingend.

[1108] Zum Anwendungsbereich des IPRG vgl. Zweites Kapitel:A. II.

[1109] *Haas*, ZEuP 1999, 355, 364.

[1110] BGE 118 II 361; BGE 115 Ia 403; BGE 113 Ia 409; *Schilling*, S. 116.

[1111] *Bucher*, Internationale Schiedsgerichtsbarkeit, S. 67 f.; *Schilling*, S. 116.

[1112] BGE 67 I 210, 214 f.

[1113] An der sachlichen Unabhängigkeit kann es beispielsweise fehlen, wenn der Schiedsrichter von einer Partei weisungsabhängig ist. An der personellen Unabhängigkeit mangelt es hingegen bei einer identischen Besetzung von Spruchkörper und vertretungsberechtigtem Organ, vgl. BGE 72 I 86, 90.

[1114] BGE 57 I 200, 205; BGE 72 I 86, 88; BGE 76 I 87, 92; BGE 80 I 336, 343; BGE 84 I 56, 60 f.; BGE 97 I 488, 490.

[1115] BGE 57 I 200, 205; BGE 67 I 210, 215 f.; BGE 72 I 86, 90 f.; BGE 76 I 87, 93; BGE 80 I 336, 341 ff.; vgl. *Hinderling*, S. 321, 323; *Schilling*, S. 103.

das Vereinsorgan keine Verbandsmitglieder, sondern Berufsrichter vorsieht[1116] und die Parteien unter den vorgesehenen Personen frei wählen können oder ihnen ein Ablehnungsrecht zusteht[1117]. Für Streitigkeiten zwischen Mitgliedern des Verbandes untereinander sind diese Anforderungen hingegen gelockert. Hier kann ein von einem Verbandsorgan bestelltes Schiedsgericht abschließend entscheiden[1118]. Diese Grundsätze, die das Schweizer Bundesgericht für Vereinsschiedsgerichte von Wirtschaftsverbänden entwickelt hat, sind ebenso für die Verbandsgerichte Schweizer Sportverbände bedeutsam[1119].

b) Der Fall Gundel[1120]

Die internationale Dachorganisation im organisierten Reitsport (FEI) stand im Rechtsstreit mit einem deutschen Profisportler (Gundel) um eine vereinsrechtliche Disziplinarmaßnahme. Nach erfolgloser Ausschöpfung der verbandsinternen Rechtsbehelfe hat der Sportler mit der FEI eine Schiedsvereinbarung getroffen, welche für die Erledigung der Streitigkeit das CAS, damals vom IOC als organisatorisch selbstständig geführte Abteilung eingerichtet und unterhalten, als Schiedsgericht vorsah. Die Schiedsrichter dieses Schiedsgerichts wurden nach der damals geltenden, vom IOC erlassenen, Verfahrensordnung aus einer geschlossenen Liste von 60 Schiedsrichtern ausgewählt, von denen 45 von den Sportverbänden und speziell drei hiervon von der FEI bestimmt wurden. Die verbleibenden 15 Schiedsrichter wurden vom Präsidenten des IOC ernannt, wobei sie außerhalb des IOC, den NOKs oder den internationalen Sportverbänden stehen mussten[1121]. Da das Schiedsverfahren vor dem CAS für den Sportler lediglich mit einer Verkürzung der ursprünglichen Sperre und einer Geldbuße endete, erhob er vor dem Schweizer Bundesgericht gem. Art. 191 IPRG Aufhebungsklage. Dabei stand die Unabhängigkeit und Überparteilichkeit des CAS sowie das Verfahren zur Bestellung der Schiedsrichter auf dem Prüfstein.

Das Schweizer Bundesgericht hat im Ausgangspunkt eine ausreichende Weisungs- und personelle Unabhängigkeit des CAS gegenüber der FEI festgestellt. Dies fußt auf der Erwägung, dass das IOC, das den CAS eingerichtet hat und unterhält, selbst ein Verein nach schweizerischem Recht ist, dessen Mitglieder nicht die nationalen und internationalen Sportverbände sind[1122]. Bei formaler Betrachtung ist das IOC mithin kein Sportspitzenverband. Wenn der CAS über

[1116] BGE 76 I 87, 93; BGE 80 I 336, 341.

[1117] BGE 72 I 86, 89 ff.

[1118] Vgl. *Haas*, ZEuP 1999, 355, 364; *Scherrer*, S. 158; *Schilling*, S. 109.

[1119] BGE 97 I 488, 490 ff.

[1120] Gundel ./. Fédération Equestre Internationale (FEI) et Tribunal Arbitral, BGE 119 II 271 ff.; vgl. dazu ZEuP 1999, 355 mit Anm. *Haas*.

[1121] Vgl. Art. 7 CAS-VO a.F. vom 20.09.1990.

[1122] Mitglieder des IOC sind nach dem Kooptationsprinzip ausgewählte und ernannte Einzelpersonen.

Disziplinarstreitigkeiten zwischen den Sportverbänden und den ihnen angeschlossenen Sportlern entscheidet, entspricht dies weniger solchen Streitigkeiten, in denen ein von einem Verbandsorgan bestelltes Schiedsgericht Streitigkeiten zwischen einem Verband und seinen Mitgliedern oder zwischen einem Verbandsmitglied und einem Nichtmitglied entscheidet. Vergleichbar ist die Situation vielmehr mit Streitigkeiten, in denen ein von einem Verbandsorgan bestelltes Schiedsgericht Streitigkeiten zwischen seinen Mitgliedern zu entscheiden hat[1123]. Dies beruht darauf, dass das IOC zwar faktisch einen wesentlichen Einfluss auf die Sportausübung hat, aber zwischen dem IOC, den Verbänden und Sportlern ein grundsätzlicher Interessengleichlauf besteht, wenn es um die Aufstellung und Durchsetzung der Sportregelwerke geht[1124]. Für solche Mitgliederstreitigkeiten genügt aber ein von einem Verbandsorgan bestelltes Schiedsgericht den Anforderungen an die Unabhängigkeit des Spruchkörpers.

Die Besonderheit der geschlossenen Schiedsrichterliste des CAS bestand aber zusätzlich nun darin, dass nicht das CAS die für das Schiedsgericht in Frage kommenden Schiedsrichter bestimmt hat, sondern, dass nach dessen Verfahrensordnung wiederum die Sportfachverbände hieran beteiligt wurden. Dementsprechend hat das Schweizer Bundesgericht dann auch im Hinblick auf die Bestellung von 45 der 60 Sportschiedsrichter durch die Sportverbände, einschließlich der drei von der FEI selbst bestellten, ein abstraktes Übergewicht der FEI bei der Besetzung des Schiedsgerichts festgestellt. Aufgrund des in der Verfahrensordnung der CAS vorgesehenen Ablehnungsrechts bei mangelnder Unabhängigkeit und Überparteilichkeit eines Schiedsrichters, sah es dies jedoch als ausreichend kompensiert an. Letztere Erwägung kann allerdings wiederum nur unter der anfangs getroffenen Feststellung einer hinreichenden Unabhängigkeit des CAS gegenüber den Verfahrensparteien gelten. So äußerte das Schweizer Bundesgericht Bedenken für den Fall, dass nicht ein Sportfachverband, sondern das IOC selbst Verfahrenspartei gewesen wäre. Denn dem IOC gegenüber hätte die im Ansatzpunkt getroffenen Feststellungen einer ausreichenden Weisungs- und personellen Unabhängigkeit des CAS nicht gegolten. Diesbezüglich regte das Bundesgericht eine Entflechtung zwischen CAS und IOC an[1125].

c) Entflechtung des CAS als Reaktion auf die Kritik des Schweizer Bundesgerichts

1994 hat das IOC als Reaktion auf die Kritik des Schweizer Bundesgerichts eine Umstrukturierung des CAS vorgenommen mit dem Ziel den CAS gegenüber dem IOC rechtlich zu verselbstständigen. Träger ist nun nicht mehr das IOC, sondern ein sog. Internationaler Rat für Sportschiedsgerichtsbarkeit (ICAS), eine

---

1123 Vgl. auch *Haas*, ZEuP 1999, 355, 365.

1124 Vgl. Erstes Kapitel:B. II.

1125 BGE 119 II 279 f.

Stiftung schweizerischen Rechts (§§ 80 ff. ZGB) des IOC und der internationalen Fachverbände. Sowohl der ICAS als auch das CAS haben ihren Sitz in Lausanne in der Schweiz[1126]. Der ICAS wird über Beiträge des IOC, der Olympischen Sommersport- und Wintersportverbänden und der NOC finanziert, die aus den Einnahmen des IOC aus dem Verkauf von Fernsehrechten für die Olympischen Spiele stammen. So werden 4/12 der von den dem IOC zustehenden Einnahmen, 3/12 der den Olympischen Sommersportverbänden zustehenden Einnahmen, 1/12 der den Olympischen Wintersportverbänden zustehenden Einnahmen und 4/12 der den NOC zustehenden Einnahmen für die Finanzierung des ICAS abgezogen. Der ICAS setzt sich aus 20 Juristen zusammen, von denen jeweils 4 vom IOC, den Fachsportverbänden und den Nationalen Olympischen Komitees bestellt werden. Vier Mitglieder sollen die Interessen der Sportler vertreten, werden jedoch von den durch die Sportorganisationen bezeichneten 12 Schiedsrichtern bestimmt. Die übrigen 4 werden von den nunmehr 16 Mitgliedern des ICAS kooptiert. Die Mitglieder des ICAS dürfen nicht in die Schiedsrichterliste aufgenommen werden und auch nicht als Parteivertreter vor einem Sportschiedsgericht auftreten. Sie sollen von den Sportorganisationen unabhängige Persönlichkeiten sein[1127]. Zu den Aufgaben des ICAS zählen die Erleichterung der schiedsrichterlichen Beilegung von Sportstreitigkeiten, die Sicherstellung der Unabhängigkeit des CAS sowie der Rechte der Parteien und die Finanzierung und Verwaltung des CAS[1128]. Für die Konstituierung des Schiedsgerichts ist immer noch eine geschlossene Liste von Schiedsrichtern vorgesehen, aus der die Parteien im Streitfall ihren Schiedsrichter auswählen müssen. Während die Liste anfänglich 60 Schiedsrichter umfasste, ist sie zwischenzeitlich auf eine Zahl von 150 Schiedsrichtern erhöht worden, und umfasst nunmehr eine Zahl von über 260 Schiedsrichtern[1129], die nach dem gleichen Verteilungsschlüssel wie im Rahmen der Mitgliederbestellung des ICAS vorgeschlagen[1130] und vom ICAS ernannt werden[1131]. Danach werden je 1/5 der Schiedsrichter aus einer der oben genannten Gruppen ausgewählt. Bei der Ernennung der Schiedsrichter hat der ICAS lediglich für eine geographische Ausgewogenheit zu sorgen[1132].

d) Reaktionen auf die Entflechtung des CAS

In der Folgezeit hat das Schweizer Bundesgerichts im Fall Nagel[1133] auf diese Umstrukturierung Bezug genommen und keine weiteren Bedenken gegen die

---

1126 Vgl. Art. S1 CAS-Statut.

1127 Vgl. Art. S4 CAS-Statut.

1128 Vgl. Artt. S2 und S6 CAS-Statut.

1129 Die aktuelle Liste der Schiedsrichter ist abrufbar unter www.tas-cas.org.

1130 Vgl. Art. S14 CAS-Statut.

1131 Vgl. Art. S6 CAS-Statut.

1132 Vgl. Art. S16 CAS-Statut.

1133 Vgl. ausführlich Drittes Kapitel:G. III. 1.

Unabhängigkeit des CAS mehr geäußert. Im Fall Danilova und Latsutina hat das Bundesgericht seine Einschätzung jetzt auch für solche Fälle bestätigt, in denen das IOC selbst als Partei unmittelbar beteiligt ist[1134]. Aber auch die Kritik am Prinzip der geschlossenen, von der ICAS bestimmten Schiedsrichterliste des CAS ist trotz ihrer Erweiterung nicht verstummt[1135], da der ICAS von den internationalen Sportorganisationen einseitig besetzt wird, ohne vergleichbare Rechte der Athleten zu berücksichtigen[1136], und den Sportverbänden im Verhältnis zu den Athleten ein abstraktes Übergewicht über die Schiedsorganisation zukommt[1137].

e) Stellungnahme

Zwar wird man nicht sagen können, dass alle von den verschiedenen Sportverbänden bestimmte Schiedsrichter schon per se verbandsgewogen entscheiden. Dennoch hat ein an einer Streitigkeit beteiligter Verband, im Gegensatz zu dem beteiligten Sportler, die Möglichkeit einen eigens für die Schiedsrichterliste bestimmten Schiedsrichter bei der Schiedsrichterbestellung zu berücksichtigen. Im Fall Gundel beispielsweise hatte der an der Streitigkeit beteiligte Sportverband (FEI) drei der damals 60 auf der Liste befindlichen Schiedsrichter selbst vorgeschlagen. Dies stellt insbesondere bei der Bestellung eines Dreierschiedsgerichts, wo jede Partei einen Schiedsrichter bestellt, einen Vorteil dar. Zwar erscheint es zweifelhaft, ob sich dieser Vorteil bei der Bestellung des Schiedsgerichts tatsächlich im Sinne einer besseren Aussicht auf eine verbandsgewogene Entscheidung auswirkt. Dennoch bleibt festzuhalten, dass der beteiligte Verband über die Schiedsrichterliste mittelbar ein Übergewicht bei der Bestellung des Schiedsgerichts innehat. An diesem mittelbaren Übergewicht ändert auch die Erweiterung der Schiedsrichterliste nichts. Aufgrund des, wenn auch geringen, Übergewichts der beteiligten Sportverbände wäre es nach deutschem Schiedsverfahrensrecht nicht auszuschließen, dass ein nach dem System des CAS bestelltes Sportschiedsgericht mit Sitz in Deutschland nach einem entsprechenden Antrag i.S.d. § 1034 Abs. 2 ZPO durch das Gericht abweichend bestellt werden müsste.

3. Unabhängigkeit und Unparteilichkeit der Organe der Schiedsorganisation

Im Fall Gundel hat das Schweizer Bundesgericht den Grundsatz der Waffengleichheit der Parteien angesichts einer in der CAS-VO vorgesehenen Ableh-

---

1134 Vgl. BG SchiedsVZ 2004, 208 ff.; siehe auch *Oschütz*, S. 102 ff., 130.

1135 Vgl. *Scherrer*, SpuRt 2003, 127, 128.

1136 Art. S4 CAS-Statut sieht für die Bestimmung von 1/5 der Schiedsrichter lediglich eine angemessene Konsultation zur Wahrung der Interessen der Athleten vor.

1137 Vgl. Art. S4 CAS-Statut; vgl. auch *Netzle*, Sportgerichtsbarkeit, 9, 12 f.

nungsmöglichkeit als ausreichend gewahrt angesehen. Eine Ablehnungsmöglichkeit kann ein Übergewicht einer Partei bei der Bestellung des Schiedsgerichts nur dann kompensieren, wenn sich das Übergewicht dieser Partei nicht auch bei der Entscheidung über die Ablehnung fortsetzt, sondern die über die Ablehnung eines Schiedsrichters befindenden Personen selbst hinreichend unabhängig und unparteilich sind. Die Entscheidung über die Ablehnung eines Schiedsrichters ist jedoch nur eine aus einer Vielzahl möglicher, das Schiedsverfahren begleitender Hilfstätigkeiten. Wesensmerkmal eines administrierten oder institutionellen Schiedsgerichts ist, dass diese Tätigkeiten von Personen der Schiedsorganisation wahrgenommen werden, die im konkreten Schiedsverfahren jedoch kein Schiedsrichteramt ausüben. Dies eröffnet die Frage, inwieweit die für die Schiedsrichter geltenden Anforderungen an die persönliche Unabhängigkeit und Unparteilichkeit auch für die mit der Hilfstätigkeit betrauten Personen gelten. Die Antwort auf diese Frage erfordert zunächst einen Blick auf die von einer Schiedsorganisation möglicherweise zu leistenden Hilfstätigkeiten. Im Rahmen der vorliegenden Erörterung bietet es sich an, die für CAS-Schiedsverfahren vorgesehenen Hilfstätigkeiten der Schiedsorganisation als Beispiel heranzuziehen.

a) Hilfstätigkeiten in Schiedsverfahren des CAS

Organisatorisch besteht der CAS gem. Art. S1 CAS-Statut aus zwei Einrichtungen, dem Internationalen Rat für Sportschiedsgerichtsbarkeit (ICAS) und dem Schiedsgerichtshof für Sportsachen (CAS), denen im Rahmen der schiedsrichterlichen Beilegung von Sportstreitigkeiten unterschiedliche Hilfstätigkeiten zukommen können.

Ganz allgemein umreißt Art. S12 CAS-Statut die Hilfstätigkeiten des Schiedsgerichtshofes in der Weise, dass dieser für die Konstituierung der Schiedsgerichte und den reibungslosen Ablauf der Verfahren sorgt, wobei er den Parteien die notwendigen Einrichtungen zur Verfügung stellt. Teil des reibungslosen Ablaufs eines Schiedsverfahrens sind Zustellungen und Mitteilungen des CAS an die Parteien (Art. R52 CAS-VO). Diese Aufgabe erfüllt gem. Art. R31 CAS-VO die Geschäftsstelle des Schiedsgerichtshofes[1138]. Die Geschäftsstelle stellt zudem die Konstituierung der Schiedsgerichte fest und übernimmt die Übermittlung der Akten an die Schiedsrichter (Artt. R40.3, R54 CAS-VO). Die CAS-VO sieht ferner vor, dass die Geschäftsstelle zudem für die Bestimmung verschiedener Fristen zuständig ist (Artt. R40.2, R41.1, R41.2 CAS-VO).

[1138] Vgl. Art. S22 CAS-Statut. Für die ad-hoc-Verfahren anlässlich Olympischer Spiele wird eine eigene ad-hoc-Geschäftsstelle eingerichtet (Art. 5 CAS-ad-hoc-Satzung).

Neben der Geschäftsstelle kann auch der Präsident der betreffenden Kammer[1139] für den reibungslosen Ablauf des Verfahrens verschiedene Hilfstätigkeiten wahrnehmen. Dazu gehört, dass er gem. Art. R32 CAS-VO im Falle der Verhinderung des Vorsitzenden des Schiedsgerichts die in der CAS-VO vorgesehenen Fristen verlängern kann. Auch ist der Präsident der Kammer vor der Weiterleitung der Akten an das Schiedsgericht für die Gewährung von Maßnahmen des vorläufigen Rechtsschutzes zuständig (Artt. R37 CAS-VO, 14 CAS-ad-hoc-Satzung). Bei der Konstituierung des Schiedsgerichts hat der Präsident der Kammer verschiedene Aushilfstätigkeiten zu erfüllen. Er bestimmt mangels einer vorgehenden Parteivereinbarung die Größe des Spruchkörpers (Art. R40.1 CAS-VO). Im Berufungsverfahren kann er ein Einzelgericht vorsehen, falls er es aus Gründen der Eilbedürftigkeit für erforderlich hält (Art. R50 CAS-VO). Im Falle eines Einzelschiedsgerichts ernennt er den Schiedsrichter, wenn sich die Parteien nicht innerhalb einer bestimmten Frist auf eine Person einigen können (Art. R40.2). Im Berufungsverfahren bestimmt er bei einem Einzelschiedsgericht sogar in jedem Falle den Schiedsrichter (Art. R54 CAS-VO). Ebenso ernennt er im Falle eines Dreierschiedsgericht einerseits den Parteischiedsrichter, wenn die jeweilige Partei ihren Schiedsrichter nicht fristgemäß ernennt, und andererseits den Vorsitzenden, wenn sich die parteibestimmten Schiedsrichter nicht fristgemäß auf einen Vorsitzenden verständigen können (Art. R40.2 CAS-VO). Im Berufungsverfahren bestimmt der Präsident immer den Vorsitzenden eines Dreierschiedsgerichts (Art. R54 CAS-VO), im Ad-hoc-Verfahren anlässlich Olympischer Spiele sämtliche Schiedsrichter des Dreierschiedsgerichts. Ähnliche Kompetenzen sind auch für die Konstituierung des Schiedsgerichts in der Mehrparteienkonstellation vorgesehen (Artt. R 41.1, R 41.4 CAS-VO). Darüber hinaus kommen dem Präsidenten der Kammer in der Mehrparteienkonstellation zusätzliche Befugnisse, die Zulassung Dritter am Verfahren betreffend (Art. R 41.4 CAS-VO), zu. Ist ein von einem Schiedsgericht seiner Kammer erlassener Schiedsspruch unklar, unvollständig oder mehrdeutig, prüft der Präsident der Kammer, ob er einer Auslegung zugänglich ist, bevor er ihn an das betreffende Schiedsgericht weiterleitet (Art. R63 CAS-VO).

Organisatorische Tätigkeiten im Hinblick auf die Besetzung der Schiedsgerichte obliegen insbesondere dem ICAS. Gem. Art. S6 des CAS-Statuts gehört es zu den Hilfstätigkeiten des ICAS die Persönlichkeiten, welche die Liste der Schiedsrichter bilden, zu ernennen (Artt. S13 ff. CAS-Statut, Art. 3 CAS-ad-hoc-Satzung) und über die Ablehnung (Art. R34 CAS-VO) und den Ausschluss (Art. R35 CAS-VO) von Schiedsrichtern zu entscheiden. Aus Gründen der Eil-

[1139] Das CAS besteht gem. Art. S20 CAS-Statut aus zwei Kammern. Eine Kammer setzt Schiedsgerichte für gewöhnliche Streitverfahren ein, während eine zweie Kammer Schiedsgerichte für Berufungsschiedsverfahren einsetzt. Im Rahmen von Olympischen Spielen wird daneben eine spezielle ad-hoc-Kammer für die Beilegung von während der Olympischen Spiele entstehenden Streitigkeiten gebildet (Art. 2 der Satzung über die Beilegung von während der Olympischen Spiele entstehenden Streitigkeiten (CAS-ad-hoc-Satzung).

bedürftigkeit entscheidet im Rahmen des Ad-hoc-Verfahrens anlässlich Olympischer Spiele allerdings der Präsident der ad-hoc-Kammer über die Ablehnung der Schiedsrichter (Art. 13 CAS-ad-hoc-Satzung).

Die Übersicht über die in Schiedsverfahren des CAS vielfältigen und teilweise weit reichenden Hilfstätigkeiten wirft die Frage auf, ob und welche dieser Tätigkeiten möglicherweise geeignet sind, den Ausgang des Schiedsverfahrens zu beeinflussen.

b) Keine Differenzierung zwischen rein administrierenden und jurisdiktionellen Hilfstätigkeiten

Angesichts der zahlreichen möglichen Hilfstätigkeiten im Rahmen des Schiedsverfahrens drängt es sich auf, dass die ausführenden Organe der Schiedsorganisation das gleiche Maß an Unabhängigkeit und Überparteilichkeit erfüllen muss, wie die Schiedsrichter des in der Hauptsache entscheidenden Spruchkörpers selbst, da viele dieser Hilfstätigkeiten geeignet sind, den Ausgang des Verfahrens zu beeinflussen. Ganz offensichtlich trifft dies auf die im Rahmen der Konstituierung des Schiedsgerichts vorgesehenen Hilfstätigkeiten, die Aufstellung der Schiedsrichterlisten, die aushilfsweise Ernennung der Schiedsrichter und die Entscheidung über die Ablehnung eines Schiedsrichters zu. Dass Hilfstätigkeiten und schiedsrichterliche Tätigkeiten in engem Zusammenhang stehen können, zeigt sich insbesondere, wenn die Hilfstätigkeiten direkt mit dem Schiedsspruch verknüpft sind. Ein Beispiel hierfür ist die Prüfungskompetenz des Präsidenten der Kammer gem. Art. R63 CAS-VO, ob der von einem Spruchkörper des CAS gefällte Schiedsspruch einer Auslegung zugänglich ist. Eine ebenso mit dem Schiedsspruch verknüpfte Hilfstätigkeit einer Schiedsorganisation, wenn auch umfangreicher als die des Präsidenten einer CAS-Kammer gem. Art. R63 CAS-VO, ist in Art. 27 ICC-SchO vorgesehen. Danach müssen die Schiedsrichter den Schiedsspruch dem Schiedsgerichtshof vor der Unterzeichnung zur Genehmigung vorlegen. Im Rahmen dieser Prüfungskompetenz hat der ICC-Schiedsgerichtshof[1140] die Möglichkeit, auf Änderungen der Form des Schiedsspruches hinzuwirken. Ebenso kann er auf wichtige Punkte hinweisen, ohne jedoch die schiedsrichterliche Entscheidungsfreiheit zu berühren[1141]. Umstritten ist in Rechtsprechung und Literatur, inwieweit Art. 27 ICC-SchO mit dem Gebot der Unabhängigkeit und Unparteilichkeit des Schiedsgerichts vereinbar ist. Nach einer teilweise vertretenen Ansicht sei die Bestimmung mit der schiedsrichterlichen Unabhängigkeit, angesichts der Tatsache, dass sich die Abänderungsbe-

---

[1140] Zur International Chamber of Commerce (ICC) und dem ICC-Schiedsverfahren vgl. *Lionnet/Lionnet*, S. 489 ff.

[1141] Zu Art. 27 ICC-SchO vgl. *Stein/Jonas/Schlosser*, ZPO, § 1036 Rn. 32 f.; zu der entsprechenden Regelung nach der alten Verfahrensordnung vgl. *Nerz*, RIW 1990, 350, 353; *Schwab*, in FS Kralik, S. 317, 324.

fugnis auf Formfragen beschränkt, vereinbar[1142]. Die wohl überwiegende Ansicht in der Literatur steht der Vorschrift kritischer gegenüber[1143], da die Grenzen zwischen Form und Inhalt oftmals fließend sind und eine umfängliche sachliche Unabhängigkeit daher nur dann besteht, wenn der Spruchkörper auch bezüglich der Form frei ist[1144]. Nach dieser Ansicht müssen sowohl an das Genehmigungsverfahren als auch an die Zusammensetzung des Kontrollgremiums dieselben Anforderungen angelegt werden, wie an das Schiedsgericht selbst[1145]. Daher sind, jedenfalls wenn die Hilfstätigkeit im weitesten Sinne einer rechtsprechenden Tätigkeit zuzuordnen ist, organisatorische Vorkehrungen zu treffen, damit die mit diesen Aufgaben betrauten Personen das gleiche Maß an Unabhängigkeit und Unparteilichkeit aufweisen, wie auch die Schiedsrichter[1146]. Entsprechend diesem Ergebnis sieht das CAS-Regelwerk neben dem Ablehnungsverfahren für Schiedsrichter Ablehnungsmöglichkeiten für einige der mit der Administrierung der Schiedsverfahren betrauten Personen vor. Art. S11 CAS-Statut sieht eine spezielle Regelung für die Ablehnung befangener Mitglieder des ICAS vor. Art. S21 regelt die Möglichkeit, befangene Kammerpräsidenten abzulehnen. Keine Ablehnungsmöglichkeit hingegen ist für die Mitglieder der Geschäftsstelle vorgesehen. Damit scheint das CAS-Regelwerk der oben dargestellten Unterscheidung zwischen im weitesten Sinne rechtsprechenden und rein organisatorischen Tätigkeiten zu entsprechen.

Gegen eine solche Unterscheidung von Hilfstätigkeiten rein organisatorischer Natur und rechtsprechenden Tätigkeiten spricht, dass der Übergang von rein administrativen Tätigkeiten zu rechtsprechenden Tätigkeiten fließend ist[1147]. Letztendlich weisen wohl alle Hilfstätigkeiten einen gewissen Zusammenhang mit der Sachentscheidung auf, was eine Abgrenzung zwischen rein administrierenden Tätigkeiten und teilweise rechtsprechenden Tätigkeiten schwierig macht. Da eine klare Unterscheidung nicht zu treffen ist, sollten alle mit Hilfstätigkeiten betrauten Personen die gleichen Anforderungen an Unabhängigkeit und Überparteilichkeit erfüllen wie für die Schiedsrichter selbst. Dafür spricht auch ein Vergleich mit § 49 ZPO. Ungeachtet des rein organisatorischen Aufgabenbereichs der Urkundsbeamten bei Gericht, wie Beurkunden, Mitwirken im Prozessbetrieb oder Aktenlegung und –führung, finden die §§ 41 ff. ZPO auf sie entsprechende Anwendung. Daher muss auch für alle am Schiedsverfahren be-

---

[1142] *Schwab*, in FS Kralik, S. 317, 325; *Reiner*, S. 261.

[1143] Vgl. *Habscheid*, RIW 1998, 421, 424 f.; *Böckstiegel*, NJW 1977, 465 ff.; *Schlosser*, IPRax 1991, 218, 219.

[1144] Vgl. *Stein/Jonas/Schlosser*, ZPO, § 1036 Rn. 33; *Briner/v. Schlabrendorff*, in FS Böckstiegel, S. 89 ff.

[1145] Vgl. *Habscheid*, RIW 1998, 421, 424 f.; *Böckstiegel*, NJW 1977, 465 ff.; *Schlosser*, IPRax 1991, 218, 219.

[1146] Vgl. *Stein/Jonas/Schlosser*, ZPO, § 1036 Rn. 32 f. Zu den Anforderungen an die Berater des Schiedsgerichts vgl. *Schwab/Walter*, Kap. 19 Rn. 3 f.

[1147] Zur problematischen Abgrenzung vgl. *Wolf*, S. 54 ff.

teiligten Personen der Grundsatz der Unparteilichkeit und Unabhängigkeit gleichermaßen gelten.

4. Institutionelle Unabhängigkeit der Schiedseinrichtung

Nach der hier vertretenen Ansicht gilt der Grundsatz der Unabhängigkeit und Unparteilichkeit sowohl für Schiedsrichter als auch für sämtliche mit der Administrierung des Schiedsverfahrens betrauten Personen. Als klärungsbedürftig verbleibt darüber hinaus die Frage, ob die Trägerorganisation ebenfalls selbst unabhängig und unparteilich sein muss. In der französischen Rechtsprechung war die Unabhängigkeit der Schiedsorganisation bereits Gegenstand einiger Entscheidungen. Das Tribunal de Grande Instance von Paris hat in einem Fall, in dem sich eine Schiedspartei mit der zuständigen Schiedsinstitution überworfen hatte, entschieden, dass der Vertrag zwischen der Schiedspartei und der Schiedsorganisation aufgrund der Differenzen und Spannungen hinfällig sei. Ein faires Verfahren i.S.d. Art. 6 EMRK[1148] sei im konkreten Fall angesichts der Schwere der Spannungen nicht mehr gewährleistet. Diese Feststellung führte nun nicht dazu, dass die Schiedsvereinbarung zwischen den Parteien gegenstandslos geworden und die entsprechende Streitigkeit vor einem ordentlichen Gericht beizulegen gewesen wäre. Vielmehr wurde das institutionelle Schiedsverfahren durch ein Ad-hoc-Schiedsverfahren ersetzt[1149]. Der Cour d'Appel Paris schränkte das vom Tribunal de Grande Instance von Paris gefundene Ergebnis in der Berufungsinstanz dahingehend ein, dass es auf die Befangenheit der Trägerorganisation dann nicht mehr ankomme, wenn das Schiedsgericht erst einmal konstituiert sei[1150]. Angesichts der Tatsache, dass die Schiedsorganisation, genauer die für diese tätigen Personen, vielfach Hilfstätigkeiten im Verlauf des Schiedsverfahrens wahrnehmen[1151], ist dieser Einschränkung in ihrer Allgemeinheit nicht zu folgen. Daher ist auch in diesem Fall die Unabhängigkeit der Schiedsorganisation zu fordern. In der deutschen Literatur neigt die wohl überwiegende Ansicht ebenfalls dazu, die für die Schiedsrichter geltenden Unabhängigkeitsanforderungen ebenso an die Schiedsorganisation anzulegen[1152]. Angesichts der hier vertretenen Ansicht, dass alle an der Administrierung eines Schiedsverfahrens beteiligten Personen das gleiche Maß an Unabhängigkeit und

---

[1148] Zu deren Anwendbarkeit vgl. Zweites Kapitel:

[1149] TGI Paris Rev. Arb. 1987, 371 ff.; siehe hierzu auch *Schlosser*, Internationale private Schiedsgerichtsbarkeit, Rn. 527, 590, der darauf hinweist, dass es bei diesem Ergebnis nicht bleiben kann, wenn die Partei, die sich auf die bestehenden Spannungen beruft, diese selbst heraufbeschworen hat. Dies würde obstruktionswilligen Parteien eine zusätzliche Möglichkeit bieten, das Schiedsverfahren zu torpedieren.

[1150] Kritisch dazu *Fouchard*, Rev. Arb. 1988, 677; *Schlosser*, a.a.O., Rn. 527.

[1151] Vgl. Viertes Kapitel:A. IV. 3. a) .

[1152] *Stein/Jonas/Schlosser*, ZPO, § 1036 Rn. 29; *ders.*, Internationale private Schiedsgerichtsbarkeit, Rn. 527; Ch. *Wolf*, Institutionelle Handelsschiedsgerichtsbarkeit, 1992, S. 172, 200 f.; *Heß*, ZZPInt 3 (1998), 457, 469 f.

Unparteilichkeit erfüllen müssen wie die Schiedsrichter selbst, ist es nur folgerichtig, dies auch für den Träger der Schiedsorganisation zu fordern.

Explizite Anforderungen an eine administrierende Schiedsorganisation sucht man im nationalen deutschen Schiedsverfahrensrecht vergeblich. Die bereits angesprochene Entscheidung des Schweizer Bundesgerichts im Fall Gundel hat die Problematik der Unabhängigkeit der Schiedsorganisation angesprochen. Nach Ansicht des Schweizer Bundesgerichts muss auch die Schiedsorganisation selbst eine hinreichende Unabhängigkeit von den Parteien aufweisen. Diesbezüglich hebt das Gericht ausdrücklich drei Facetten hervor. Dies sind die hinreichende Unabhängigkeit in personeller, organisatorischer und finanzieller Hinsicht[1153]. Im Fall Danilova und Latsutina wendet das Gericht diese Anforderungen auf das Verhältnis von IOC und ICAS an und attestiert Letzterem eine hinreichende Unabhängigkeit[1154]. In personeller Hinsicht sei nach Ansicht des Gerichts lediglich ein aktuelles und ein früheres Mitglied des IOC ebenfalls Mitglied im ICAS. Bei diesem Anteil aber könne das IOC keine Kontrolle über den ICAS ausüben. Auch eine strukturelle Abhängigkeit des ICAS vom IOC sei nicht gegeben. Zunächst gehöre der ICAS als unabhängige Stiftung nicht zur olympischen Bewegung gem. den IOC-Regeln. Der ICAS könne seine eigene Statuten abändern, unterstehe keinen Weisungen des IOC und sei auch nicht verpflichtet, Entscheidungen des IOC zu befolgen. Auch über die Finanzierung des ICAS habe das IOC keine völlige Kontrolle, da die Aktivitäten des ICAS nicht ausschließlich von dem IOC, sondern auch den Olympischen Sommer- und Wintersportverbänden und den NOC finanziert werden, die ihrerseits allesamt unabhängig vom IOC seien. Dass sämtliche Beiträge vom IOC aus den Einnahmen aus dem Verkauf der Fernsehrechte für die Olympischen Spiele stammen und von den an die genannten Organisationen auszukehrenden Geldern abgezogen werden, sei lediglich eine Zahlungsmodalität (Abzug an der Quelle), für die praktische Erwägungen sprächen. Zudem weist das Gericht darauf hin, dass die Art und Weise der Finanzierung des Gerichts nicht notwendigerweise dessen Unabhängigkeit beeinflusse. So werde die Unabhängigkeit der staatlichen Gerichte in Fällen, in denen der Staat selbst Partei ist, nicht in Frage gestellt, auch wenn die Gerichte vom Staat finanziert seien. Daher dürfe davon ausgegangen werden, dass auch die Schiedsrichter des Sportschiedsgerichts in der Lage sind, das IOC wie jede andere Partei zu behandeln, und zwar ohne Berücksichtigung der Tatsache, dass dieses das Gericht, welchem sie angehören, mitfinanziert.

Das Schweizer Bundesgericht fordert somit weder in finanzieller noch in personeller Hinsicht eine absolute Unabhängigkeit der Schiedsorganisation von den Parteien des Schiedsverfahrens. Den Schwerpunkt legt das Gericht auf die Sicherstellung der organisatorischen Unabhängigkeit. Erforderlich ist demnach, dass die Schiedsorganisation rechtlich unabhängig von der Partei organisiert ist,

---

[1153] BGE 119 II 271, 279 f.

[1154] BG SchiedsVZ 2004, 208, 210.

dass sie ihre Statuten selbst festlegen kann sowie keinen Weisungen einer Partei untersteht. Der Ansicht des Schweizer Bundesgerichts ist insbesondere im Hinblick auf die weniger strengen Anforderungen bei der Finanzierung der Schiedsorganisation zuzustimmen. Hierbei dürfen nicht allzu strenge Maßstäbe angelegt werden, da ein institutionelles Schiedsgericht in praktischer Hinsicht wohl kaum ohne die finanzielle Unterstützung der Sportverbände zu unterhalten ist. Anders ist dies im Falle personeller Überschneidungen. Diese sollten m.E. gänzlich vermieden werden, um Vorbehalten gegen die Schiedsorganisation zu begegnen.

Unter Berücksichtigung dieser Grundsätze erscheint es notwendig, bei der Einrichtung eines administrierten oder institutionellen Sportschiedsgerichts in Deutschland besonderes Augenmerk auf die organisatorische und personelle Unabhängigkeit des Trägers der Schiedsorganisation zu legen. Die Umstrukturierungsmaßnahmen des CAS, im Rahmen derer nunmehr eine Stiftung schweizerischen Rechts (ICAS) als Träger des CAS fungiert, und der nachfolgenden Anerkennung des CAS durch die Rechtsprechung des Schweizer Bundesgerichts als ausreichend unabhängig haben diesbezüglich einen gangbaren Weg aufgezeigt. So könnte ein institutionelles Sportschiedsgericht auch in Deutschland von einer selbständigen Stiftung getragen werden.

V. Ergebnis

- Ein administriertes oder institutionelles Schiedsgericht stellt die den Erfordernissen des Sports am besten entsprechende Schiedsgerichtsart dar. Die administrierenden Tätigkeiten der eingebundenen Schiedsorganisation tragen dazu bei, den Ablauf des Schiedsverfahrens zu straffen, um so die Verfahrensdauer zu verkürzen. Darüber hinaus kann eine Schiedsorganisation – etwa durch die Veröffentlichung der Schiedssprüche – einen wichtigen Beitrag für die notwendige Rechtsvereinheitlichung im internationalen Sport und die Entwicklung allgemeiner Rechtsgrundsätze leisten, womit auch eine gewisse Kontinuität der Spruchpraxis und eine bessere Voraussehbarkeit des Verfahrens für die Parteien einhergeht.
- Die Etablierung einer eigenen Sportschiedsorganisation zur Administrierung von Sportschiedsverfahren und die Entwicklung einer speziell auf die Bedürfnisse des Sports zugeschnittene Verfahrensordnung stellt gegenüber einer Administrierung durch eine allgemeine Schiedsinstitution die bessere Alternative dar.
- Die Schaffung oder gar die Unterhaltung einer institutionellen oder administrierten Sportschiedsgerichtsbarkeit durch eine Sportorganisation ist im Hinblick auf die Anforderungen an die Unabhängigkeit und Unparteilichkeit eines Schiedsgerichts nicht ganz unproblematisch.
- Bei einem administrierten oder institutionellen Schiedsgericht ist neben der hinreichenden Unabhängigkeit und Unparteilichkeit der einzelnen

Schiedsrichter und des Spruchkörpers in seiner Gesamtheit auch die Unabhängigkeit und Unparteilichkeit der Schiedsorganisation und der im Rahmen der Administration der Schiedsverfahren tätigen Personen zu beachten.

- Aus dem Gebot, dass niemand Richter in eigener Sache sein darf, folgt der Ausschluss der Vorstandsmitglieder eines Sportverbands oder -vereins vom Schiedsrichteramt, wenn der Sportverband oder -verein selbst Partei des Schiedsverfahrens ist. Mitglieder nicht vertretungsberechtigter Organe, insbesondere einfache Vereinsmitglieder, sind jedoch mangels einer ausgeprägten Interessensverflechtung generell nicht vom Schiedsrichteramt auszuschließen, so dass in diesen Fällen das Ablehnungsrecht wegen zu besorgender Befangenheit genügt. Eine Regelung in der Satzung eines Sportverbandes, die lediglich die Ernennung von Mitgliedern einer der angeschlossenen Vereine als Schiedsrichter erlaubt, ist mithin nach beiden Ansichten nicht zu beanstanden.
- Mit dem Grundsatz der Unanhängigkeit und Unparteilichkeit des Schiedsrichteramtes ist es unvereinbar, wenn Personen, die bei der Aufdeckung eines Dopingvergehens mitgewirkt haben, auch im Rahmen der schiedsrichterlichen Beilegung der Streitigkeit als Schiedsrichter tätig werden würden. Diese sind nicht mehr nichtbeteiligte Dritte und daher vom Schiedsrichteramt ausgeschlossen.
- Da die Verfahrensregelungen zur Bildung des Schiedsgerichts im Sportbereich meist von einem Sportverband einseitig entwickelt werden, besteht die Gefahr, dass sich dieser über die Verfahrensgestaltung einen Vorteil bei der Bildung des Schiedsgerichts verschafft. Berücksichtigt man zudem die Tatsache, dass ein Sportler aufgrund der Monopolstellung der Sportverbände die Schiedsvereinbarung mitsamt der darin enthaltenen Verfahrensordnung zwingend abschließen muss, will er am organisierten Sportgeschehen teilhaben, ist es notwendig, besonderes Augenmerk auf die Verfahrensregelung zur Bildung des Schiedsgerichts zu richten. Dem Schutz der Parteien vor abhängigen und parteiischen Schiedsgerichten dient insbesondere der Grundsatz der Waffengleichheit bei der Konstituierung des Schiedsgerichts.
- Anlass zur Kritik in Bezug auf die gleichmäßige Bestellung des Schiedsgerichts gibt das Prinzip der geschlossenen Schiedsrichterliste des CAS, trotz der hohen Zahl von derzeit über 260 wählbaren Schiedsrichtern, da diese vom ICAS bestimmt werden und dieser wiederum von den internationalen Sportorganisationen einseitig besetzt wird, ohne vergleichbare Rechte der Athleten zu berücksichtigen. Bei der Entwicklung eines Auswahlmechanismusses für ein Sportschiedsgericht in Deutschland ist diese Kritik einerseits im Hinblick auf eine geringe Akzeptanz eines solchen Schiedsgerichts bei den Sportlern und andererseits auch im

Hinblick auf die gesetzlich vorgesehene Korrekturmöglichkeit des § 1034 Abs. 2 ZPO, der die paritätische Bestellung des Schiedsgerichts sicherstellen möchte, zu beachten. Daher ist es zwingend notwendig, bei der Auswahl der Schiedsrichter sowohl für eine geschlossene Schiedsrichterliste aber insbesondere auch für den ständigen Spruchkörper eines institutionellen Schiedsgerichts keine der möglichen Streitparteien zu bevorzugen. Eine denkbare Möglichkeit ist, eine aus Aktivenvertretern und Vertretern der Sportverbände paritätisch besetzte Schiedsrichterwahlkommission mit der Auswahl der Schiedsrichter zu betrauen.

- An alle mit Hilfstätigkeiten betrauten Personen im Rahmen eines administrierten oder institutionellen Schiedsverfahrens sind die gleichen Anforderungen an Unabhängigkeit und Überparteilichkeit zu stellen wie für die Schiedsrichter selbst. Hilfstätigkeiten und schiedsrichterliche Tätigkeiten stehen in engem Zusammenhang. Das zeigt sich insbesondere, wenn die Hilfstätigkeiten direkt mit der Besetzung des Schiedsgerichts oder dem Schiedsspruch verknüpft sind. Da eine klare Unterscheidung zwischen rein administrierenden Tätigkeiten und teilweise rechtsprechenden Tätigkeiten nicht zu treffen ist, gelten die Anforderungen an die Unabhängigkeit und Unparteilichkeit nicht nur für Personen, deren Hilfstätigkeit im weitesten Sinne einer rechtsprechenden Tätigkeit zuzuordnen ist, sondern für sämtliche Hilfstätigkeiten.
- Auch die Trägerorganisation eines administrierten oder institutionellen Schiedsgerichts selbst muss hinreichend unabhängig und unparteilich sein. Die Umstrukturierungsmaßnahmen des CAS, im Rahmen derer nunmehr eine Stiftung schweizerischen Rechts (ICAS) als Träger des CAS fungiert, haben diesbezüglich einen gangbaren Weg aufgezeigt.

B. Kompetenzen des Schiedsgerichts

Ein Schiedsgericht ist befugt, einen ihm von den Schiedsvertragsparteien übertragenen Rechtsstreit endgültig zu entscheiden. Die Frage, welche Kompetenzen einem Schiedsgericht dabei oder möglicherweise sogar darüber hinaus übertragen werden können, wird kontrovers diskutiert. Für die schiedsrichterliche Beilegung von Sportstreitigkeiten sind zwei Facetten dieser Problematik von besonderer Bedeutung. In praktischer Hinsicht stellt sich die Frage, wie Schiedsgerichte in die Sportstrukturen eingebunden werden können[1155]. Darüber hinaus ist fraglich, ob Schiedsgerichte auch in dem in der Praxis bedeutsamen Bereich des einstweiligen Rechtsschutzes anstelle der staatlichen Gerichte entscheiden können[1156].

[1155] Vgl. Viertes Kapitel:B. I.

[1156] Vgl. Viertes Kapitel:B. II.

I. Verhängung von Verbandsstrafen

Die meisten Sportfachverbände nehmen nicht nur für sich in Anspruch, Verstöße gegen das anwendbare Regelwerk zu sanktionieren, sondern sehen auch vor, die verhängte Sanktion in einem verbandsinternen Rechtszug zu überprüfen. In der Praxis lassen sich hier zwischen den Regelwerken der Verbände mitunter erhebliche Unterschiede feststellen. Teilweise werden die Disziplinarmaßnahmen, beispielsweise im Zusammenhang mit Dopingstreitigkeiten, von besonderen Anti-Doping-Kommissionen oder aber generell vom Vorstand des Verbandes selbst verhängt. Teilweise sehen die Regelwerke auch eine Arbeitsteilung zwischen verschiedenen Organen vor. Danach hat ein Organ den Dopingverstoß festzustellen und ein anderes sodann auf dieser Grundlage die Verbandsstrafe zu verhängen. Auch die rechtsprechende Tätigkeit im Zusammenhang mit der Überprüfung von Verbandsentscheidungen ist in den Verbänden nicht einheitlich geregelt. Teilweise haben diese Spruchkörper lediglich eine Kognitions- und Kassationsbefugnis; in der Regel können die Spruchkörper aber auch im Falle der Kassation selbst eine Strafe anstelle des Verbandes aussprechen[1157]. Haben Sportler und Verband nun zur Überprüfung einer Verbandsmaßnahme die Zuständigkeit eines Schiedsgerichts vereinbart, stellt sich die Frage, ob ein Schiedsgericht in der Lage sein kann, nicht nur eine Verbandsstrafe zu überprüfen, sondern auch selbst zu verhängen[1158]. Dies würde einerseits voraussetzen, dass ein Schiedsgericht überhaupt rechtsgestaltend tätig werden kann und andererseits, dass es dies auch anstelle der Verbandsgerichte tun kann. Daher gilt es zu untersuchen, ob das Schiedsverfahrensrecht oder das Vereinsrecht einer solchen Befugnis Schranken setzen.

1. Befugnis des Schiedsgerichts zum Ausspruch von Verbandsstrafen

Gegenstand eines Schiedsverfahrens ist gem. § 1029 Abs. 1 ZPO eine Rechtsstreitigkeit[1159]. Da es sich bei der Schiedsgerichtsbarkeit um eine parteiautonome Alternative zur staatlichen Gerichtsbarkeit handelt, ist es Aufgabe des Schiedsgerichts, diese Rechtsstreitigkeit zu entscheiden. Die dem Schiedsgericht hierfür zur Verfügung stehenden Befugnisse sind grundsätzlich den Befugnissen eines staatlichen Richters entlehnt. Haben die Parteien nichts anderes vereinbart, kann daher das Schiedsgericht, wie auch der staatliche Richter, die Rechte der Par-

---

1157 *Stein/Jonas/Schlosser*, ZPO, § 1025 Rn. 5.

1158 Nach § 22 Nr. 1 Antidoping-Code des DLV (DLV-ADC) lautet der Antrag im Schiedsverfahren zur Ahndung eines Dopingverstoßes, die nach dem DLV-ADC zu verhängende Rechtsfolge gegen den Athleten auszusprechen; so geschehen in den Fällen Mensah und Ekpo-Umoh, abgedruckt in *Haas/Haug/Reschke*, SportR Dok. 13 24 28; 13 24 29; siehe allgemein zur Schiedsgerichtsbarkeit des DLV, *Haug*, SchiedsVZ 2004, S. 192 f.; hierzu.

1159 *Stein/Jonas/Schlosser*, ZPO, § 1025 Rn. 5; *Henn*, in FS Henckel, S, 173, 185.

teien feststellen und ihnen zur Durchsetzung verhelfen[1160]. Dagegen kann der Schiedsrichter – ebenso wie der staatliche Richter[1161] - grundsätzlich nicht Rechte der Parteien begründen oder diese verändern[1162], d.h. rechtsgestaltend tätig werden[1163]. Eine Ausnahme gilt nur insoweit, als auch ein staatlicher Richter hierzu im konkreten Fall kraft Gesetzes befugt wäre[1164]. Mithin kann, soweit die Parteien nichts Abweichendes vereinbart haben, das Schiedsgericht nicht die von dem zuständigen Verbandsorgan ausgesprochene Disziplinarmaßnahme abändern oder eine (eigene) Disziplinarmaßnahme anstelle des zuständigen Verbandsorgans verhängen.

Die Parteien sind jedoch im Rahmen der Ausgestaltung eines Schiedsverfahrens nicht darauf beschränkt, dem Schiedsgericht genau die Befugnisse zuzuweisen, die auch ein staatliches Gericht in einem vergleichbaren Fall hätte. Vielmehr gestattet das Schiedsverfahrensrecht dem Schiedsgericht auch solche Befugnisse zu übertragen, die einem staatlichen Richter fremd sind. Teilweise ist dies im Gesetz auch ausdrücklich vorgesehen. So können die Parteien etwa das Schiedsgericht ermächtigen, den Rechtsstreit nach Billigkeit zu entscheiden (§ 1051 Abs. 3 ZPO). Eine vergleichbare Befugnis hat der staatliche Richter weder kraft Gesetzes, noch können die Parteien ihn hierzu ermächtigen. Dem Schiedsgericht können auch jenseits dieser besonderen schiedsrichterlichen Befugnisse weitgehende Gestaltungsbefugnisse eingeräumt werden[1165]. Die Parteien können das Schiedsgericht beispielsweise auch dazu ermächtigen, über die Streitentscheidung hinaus auch die dem Fall zugrunde liegenden Tatsachen mit Bindungswirkung für die Parteien festzustellen und damit auch als Schiedsgutachter tätig zu werden. Die Parteien können das Schiedsgericht ebenso dazu berufen, zusätzlich als Schlichter tätig zu werden[1166]. Auch kann die Satzung eines Vereins einem Vereinsschiedsgericht die Auslegung der Satzung übertragen, wobei ein diesbezüglich ergehender Feststellungsschiedsspruch Rechtskraftwirkung hat[1167]. Ebenso zulässig ist es, wenn die Parteien dem Schiedsgericht die Befugnis ein-

[1160] Siehe etwa BGH BB 1982, 1077, 1078.

[1161] Siehe hierzu BayObLGZ 1959, 457, 468; *Reichert*, Rn. 1825; *Sauter/Schweyer*, Rn. 114, 351; siehe auch BGHZ 21, 370, 372.

[1162] Siehe etwa zur Verhängung von Vereinsstrafen, RGZ 151, 229, 231; 153, 193; *Haas/Gedeon*, SpuRt, 228, 231.

[1163] RG JW 1930, 1862, 1863; Reichert, Rn. 2561.

[1164] Z.B. im Rahmen einer Vertragsanpassung nach den Regeln des Wegfalls der Geschäftsgrundlage nach § 313 BGB oder nach § 315 Abs. 3 BGB bzw. § 319 BGB; nach Ansicht des OLG Hamm kann das zur Überprüfung einer vereinsrechtlichen Sanktion berufene ordentliche Gericht ein Ordnungsmittel nach Maßgabe der anzuwendenden Satzungsbestimmungen selbst festlegen, sofern ihm die Entscheidungsbefugnis durch die Parteien übertragen worden ist, vgl. SpuRt 2002, 115 ff.

[1165] BGH WM 1976, 910; *Reichert*, Rn. 2560 f.; *Haas/Gedeon*, SpuRt 2000, 228 ff.

[1166] BGH BB 1982, 1077 f.; OLG Nürnberg OLGZ 1975, 3437, 438 f.

[1167] *Reichert*, Rn. 302.

räumen, nicht nur die Disziplinarmaßnahme des Verbandes zu überprüfen, sondern eine eigene an die Stelle des Verbandes zu setzen[1168]. So kann das Schiedsgericht beispielsweise auch eine versagte Lizenz erteilen oder eine andere Spielwertung vornehmen, als es durch die Vereinsinstanz geschehen ist[1169]. Die Befugnisse der Schiedsrichter unterscheiden sich dann im Grunde nicht von denen gewöhnlicher verbandsinterner Spruchkörper. Die Parteien können das Verfahren auch so ausgestalten, dass das Schiedsgericht erstmals eine sportgerichtliche Maßnahme gegen den Sportler verhängt[1170].

2. Schranken aufgrund der Grundrechtrelevanz der Verbandsstrafe

Die Strafgewalt einer privaten Institution besteht nur für die tatsächliche Verwirklichung eines mit Strafe bedrohten Tatbestandes[1171], so dass allein die Gewissheit, den wahren Schuldigen zu treffen, einen Eingriff in dessen Rechtspositionen rechtfertigt. Daher bedarf es der Sicherstellung, dass Sanktionen in einem verbandsinternen Strafverfahren erst nach eingehender Überprüfung der tatsächlichen Vorgänge festgelegt werden[1172]. Der Verband hat also die Pflicht, den Sachverhalt ordnungsgemäß aufzuklären, bevor er eine Sanktion ausspricht[1173]. Dem ist umso mehr zuzustimmen als es sich bei den von einer Sanktion betroffenen Rechtspositionen eines Sportlers meist um grundrechtlich geschützte Positionen handelt[1174]. Zum Schutze der beschuldigten Sportler muss es daher unabdingbare Voraussetzung sein, dass der Sachverhalt anhand geeigneter Beweismittel erforscht wird[1175], um ihr möglichst nahe zu kommen[1176]. Wenn aber ein Schiedsgericht verbandsrechtliche Sanktionskompetenzen anstelle des Verbandes ausübt, also nicht nur über die Rechtmäßigkeit einer bereits verhängten Strafe befindet, sondern diese auch erstmalig ausspricht, muss es in der

---

[1168] RGZ 151, 229, 232; *Schlosser*, Vereins- und Verbandsgerichtsbarkeit, 1972, S. 119; *Adolphsen*, Internationale Dopingstrafen, S. 529 ff.; *Reichert*, Rn. 1869. So sieht beispielsweise R58 der Schiedsordnung des CAS-VO vor, dass in sogenannten appeal-proceedings das Schiedsgericht den Rechtsstreit auf der Grundlage der anwendbaren Regelwerke entscheidet. Siehe in diesem Zusammenhang etwa CAS 95/150 V. ./. FINA, Schiedsspruch vom 28.6.1996, Digest of CAS awards, Bd. 1, S. 265 Rn. 19: „It is not disputed that CAS has the authority to vary the sanction …"; siehe auch CAS 98/213 UCI ./. C. & FCI Schiedsspruch vom 24.2.1999, Digest of CAS awards, Bd. 2, S. 283 ff.

[1169] *Reichert*, Rn. 1869.

[1170] *Schlosser*, Vereins- und Verbandsgerichtsbarkeit, S. 119; a.A. *Reichert*, SpuRt 2004, 50 ff.

[1171] Vgl. *Merkel*, S. 166.

[1172] Vgl. *Buchberger*, S. 83.

[1173] Vgl. BGH JZ 1956, 665, 666; *Merkel*, S. 166.

[1174] Vgl. Erstes Kapitel:B. V. 2. b) .

[1175] Vgl. *Weber*, Beweisprobleme in der Sportrechtsprechung, S. 8, 25.

[1176] Vgl. *Kaufmann*, in Schroeder/Kaufmann (Hrsg.), Sport und Recht, S. 195, 207.

Lage sein, die dafür notwendigen, eingangs dargestellten Voraussetzungen einer Strafgewalt durch eine private Institution zu erfüllen. Daher muss ein Schiedsgericht, dem die vereins- oder verbandsrechtlichen Sanktionskompetenzen übertragen wurden, fähig sein, den einer Sanktion zugrunde liegenden Sachverhalt umfangreich aufzuklären. Dem kann ein Schiedsgericht dann nicht genügen, wenn es bei der Beweisführung an den Beibringungsgrundsatz des Zivilprozesses gebunden und nicht befugt ist, eigene Initiativen zur Sachverhaltsaufklärung zu ergreifen. Fraglich ist daher, ob ein Schiedsgericht von sich aus den Sachverhalt ermitteln kann[1177].

a) Geltung des eingeschränkten Untersuchungsgrundsatzes im Schiedsverfahren

Im Zivilprozess entscheiden allein die Parteien darüber, welchen Tatsachenstoff sie dem Gericht unterbreiten wollen. Dieser Verhandlungs- oder Beibringungsgrundsatz hat zur Folge, dass das Gericht von wenigen Ausnahmen abgesehen[1178] nicht selbst zur Sachverhaltsermittlung tätig werden darf. Daher bedarf es sowohl für die Ladung eines Zeugen (§ 373 ZPO) als auch für die Bestellung eines Sachverständigen (§ 403 ZPO) durch das Gericht grundsätzlich eines Antrags der beweispflichtigen Partei.

Nach § 1034 Abs. 1 Satz 1 ZPO a.F. haben die Schiedsrichter, bevor der Schiedsspruch erlassen wird, die Parteien zu hören und das dem Streit zugrunde liegende Sachverhältnis zu ermitteln, soweit sie die Ermittlung für erforderlich halten. Dieser Wortlaut sprach deutlich dafür, dass im Schiedsverfahren von dem eben dargestellten Beibringungsgrundsatz im Zivilprozess Abweichendes galt. Dementsprechend wurde auch ganz überwiegend vertreten, dass im Schiedsverfahren nicht der Beibringungsgrundsatz sondern ein sog. beschränkter Untersuchungsgrundsatz gelte, wonach ein Schiedsgericht die Pflicht und damit auch die Befugnis habe, den Sachverhalt quasi von Amts wegen zu ermitteln[1179].

Durch das SchiedsVG hat die Vorschrift des § 1034 Abs. 1 Satz 1 ZPO a.F. nicht nur eine neue Stellung sondern auch einen abweichenden Wortlaut erhalten, ohne dass die Gesetzesbegründung für letzteres eine Begründung enthält. § 1042 ZPO regelt neben der grundsätzlichen Geltung der elementaren Verfahrensgrundsätze auch das Beweisverfahren. Nach § 1042 Abs. 4 Satz 2 ZPO ist das Schiedsgericht nun berechtigt, über die Zulässigkeit einer Beweiserhebung zu entscheiden, diese durchzuführen und das Ergebnis frei zu würdigen. Einen ähnlich deutlichen Hinweis auf eine Pflicht oder die Befugnis des Schiedsgerichts, selbst Ermittlungen zur Sachverhaltsaufklärung anzustellen, enthält §

[1177] Vgl. ausführlich *Lionnet*, in FS Glossner, S. 209 ff.

[1178] Nach § 144 ZPO kann das Gericht die Begutachtung durch Sachverständige anordnen.

[1179] Vgl. BGH WM 1983, 1207; BGH NJW 1964, 595; kritisch *Lionnet*, in FS Glossner, S. 209.

1042 Abs. 4 Satz 2 ZPO anders als § 1034 Abs. 1 Satz 1 ZPO a.F. nicht mehr. Trotz dieser Änderung geht die überwiegende Ansicht weiterhin davon aus, dass eine sachliche Änderung gegenüber dem alten Recht nicht beabsichtigt war[1180], so dass ein Schiedsgericht auch nach neuem Recht eigeninitiativ Ermittlungen anstellen kann[1181]. Andererseits fühlen sich die schon zum alten Recht teilweise vorhandenen kritischen Stimmen zu einem Untersuchungsgrundsatz im Schiedsverfahren von der Änderung des Wortlauts in ihrem Sinne bestätigt und sehen nun keinen Anlass mehr, für das Schiedsverfahren von einem Untersuchungsgrundsatz auszugehen[1182]. Begründet wird dies damit, dass ein Untersuchungsgrundsatz nur dann erfolgreich sein könne, wenn die Richter auch zur Durchsetzung der zur Ermittlung des Sachverhalts notwendigen Maßnahmen befugt seien, woran es in der Schiedsgerichtsbarkeit jedoch mangele[1183]. Richtig ist, dass ein Schiedsgericht durch die ihm fehlende Zwangsgewalt bei der Ausführung der Beweiserhebung beschränkt ist[1184]. Insbesondere fehlt dem Schiedsgericht die Befugnis, das Erscheinen oder Aussagen von Zeugen oder Sachverständigen zwangsweise herbeizuführen[1185]. Zeugen oder Sachverständige sind daher nicht verpflichtet, vor dem Schiedsgericht zu erscheinen und auszusagen[1186]. Die fehlende Befugnis zur Ausübung eines Erscheinens- und Aussagezwanges wird jedoch durch die Möglichkeit des Aushilfeverfahrens nach § 1050 ZPO kompensiert[1187]. Erscheint ein Zeuge oder Sachverständiger nicht freiwillig, kann das Schiedsgericht durch die Anrufung des staatlichen Gerichts im Wege des Aushilfeverfahrens, wo Erscheinungs- und Aussagezwang gegen Zeugen und Sachverständige ausgeübt werden können[1188], Druck erzeugen. Ebenso hat das Schiedsgericht über das Aushilfeverfahren die Möglichkeit, die Vorlage von Urkunden, die sich im Besitz eines nicht herausgabebereiten Dritten befinden, zu erreichen[1189]. Die fehlenden Durchsetzungsbefugnisse sprechen daher nicht

---

1180 Vgl. *Lachmann*, Rn. 664.

1181 *Lachmann*, Rn. 798; *Stein/Jonas/Schlosser*, ZPO, § 1042 Rn. 9 ff.; *Schwab/Walter*, Kap. 15 Rn. 8.

1182 Lionnet/Lionnet, S. 359.

1183 Kommt der Untersuchungsgrundsatz entgegen der Regel im Zivilprozess zur Anwendung, ist eine gesetzliche Grundlage für die Befugnis des Gerichts, Ermittlungsmaßnahmen auch zwangsweise durchzusetzen, vorgesehen. Gem. §§ 380, 390 ZPO können Zeugen im ordentlichen Zivilprozess zum Erscheinen und zur Aussage gezwungen sowie Sachverständige gem. §§ 407, 409 ZPO zur Erstattung eines Gutachtens veranlasst werden.

1184 Vgl. *Schwab/Walter*, Kap. 15 Rn. 8, 11.

1185 Vgl. *Schwab/Walter*, Kap. 15 Rn. 13.

1186 Vgl. *Lachmann*, Rn. 806; *Schütze*, Schiedsgericht und Schiedsverfahren, Rn. 162.

1187 Ausführlich zum Aushilfeverfahren, *Lachmann*, Rn. 924 ff.; *Stein/Jonas/Schlosser*, ZPO, § 1050 Rn. 1 ff.

1188 Vgl. *Lachmann*, Rn. 807; *Schwab/Walter*, Kap. 17 Rn. 2, 6, 7; *Stein/Jonas/Schlosser*, ZPO, § 1050 Rn. 3.

1189 Vgl. *Lachmann*, Rn. 872, 925; *Schütze*, Schiedsgericht und Schiedsverfahren, Rn. 164. Das staatliche Gericht hat gem. § 142 ZPO die Möglichkeit, einen Dritten anzuweisen, eine in

gegen schiedsrichterliche Amtsermittlungsbefugnissse[1190]. Gegen den Untersuchungsgrundsatz im Schiedsverfahren wird zudem ein Kostenargument angeführt. Da es im Schiedsverfahren anders als im Zivilprozess keine Staatskasse als Kostenträger gibt sondern die Parteien Kostenträger des Verfahrens und damit auch des Beweisverfahrens sind, sei eine beweispflichtige Partei, die eine Zeugenvernehmung oder eine Sachverständigenbestellung aus Kostengründen zu beantragen unterlässt, schon gar nicht bereit, einen Vorschuss für diese Beweisaufnahme zu leisten, wodurch aber gleichzeitig die Möglichkeit dieser Beweisaufnahme entfalle. Eine Ermittlung des Sachverhalts durch das Schiedsgericht könne daher nur mit der Zustimmung der Parteien möglich sein, was gegen den Untersuchungsgrundsatz im Schiedsverfahren spreche[1191]. Die Parteien des Schiedsverfahrens haben freilich die Kosten der Beweisaufnahme zu tragen. Sie sind ebenso Gebührenschuldner eines möglicherweise notwendigen Aushilfeverfahrens[1192]. Aus diesem Grund muss es den Parteien nach der Gesetzesbegründung freistehen, die beispielsweise durch die Einholung eines Sachverständigengutachtens entstehenden Kosten zu vermeiden[1193]. Daher genießen Parteivereinbarungen, durch die die Einholung eines Sachverständigengutachtens ausgeschlossen werden soll, Vorrang. Ausgehend davon haben die Parteien des Schiedsverfahrens auch generell die Möglichkeit, den Höchstbetrag für die Sachverhaltsermittlung des Schiedsgerichts zu vereinbaren und somit die Ermittlungen des Schiedsgerichts zu beschränken. Unterlassen die Parteien allerdings solch einschränkende Vereinbarungen, brauchen die Schiedsrichter auf die Höhe der bei der Beweisaufnahme entstehenden Kosten grundsätzlich keine Rücksicht zu nehmen[1194]. Das Schiedsgericht wird lediglich dazu verpflichtet sein, beispielsweise bei der Auswahl von Sachverständigen, in Bezug auf die den Parteien entstehenden Kosten sorgfältig zu handeln[1195]. Das vorgetragene Kostenargument zeigt somit letztendlich nur auf, dass die Parteien den grundsätzlich bestehenden Untersuchungsgrundsatz durch Vereinbarungen einschränken können, nicht aber, dass es einen Untersuchungsgrundsatz im Schiedsverfahren nicht geben kann. Somit spricht das Kostenargument mithin nicht gegen einen Untersuchungsgrundsatz im Schiedsverfahren sondern konkretisiert ihn lediglich als beschränkten Untersuchungsgrundsatz. Nach alldem ist das Schiedsgericht somit nicht an die Beweisanträge der Parteien gebunden sondern kann auch dort Sachverhaltsaufklärungen durchführen, wo entsprechende Be-

---

seinem Besitz befindliche Urkunde vorzulegen und dies im Falle eines nicht herausgabebereiten Dritten zwangsweise durchzusetzen.

[1190] So auch *Stein/Jonas/Schlosser*, ZPO, § 1042 Rn. 9.

[1191] Vgl. *Lionnet/Lionnet*, S. 359.

[1192] Vgl. *Lachmann*, Rn. 936.

[1193] Vgl. BT-Drucks. 13/5274, S. 50.

[1194] Vgl. *Schwab/Walter*, Kap. 15 Rn. 13.

[1195] Vgl. *Lachmann*, Rn. 842.

weisanträge fehlen[1196]. Nur eine Ermittlung gegen den übereinstimmenden Willen der Schiedsparteien ist nicht möglich[1197].

Teilweise wird die Kompetenz des Schiedsgerichts zur eigenständigen Sachverhaltsaufklärung auch explizit in Schiedsordnungen vorgesehen[1198]. Auch die CAS-VO sieht in Art. R44.3 für das gewöhnliche Verfahren und in Artt. R57, R44.3 für das Berufungsverfahren die Beweiserhebung auf Anordnung des Schiedsgerichts ausdrücklich vor, wodurch die Spruchkörper des CAS in die Lage versetzt werden, die für den Ausspruch von Sanktionen gegen Sportler notwendige Sachverhaltsaufklärungen anzustellen.

b) Kostenvorschuss als praktisches Problem

Das im vorangegangenen Abschnitt erörterte Kostenargument lenkt den Blick auf ein damit verbundenes praktisches Problem. Nach überwiegender Ansicht sind die Parteien des Schiedsverfahrens Vertragspartner eines vom Schiedsgericht eingeschalteten Gutachters oder Zeugen[1199]. Sie werden beim Abschluss des Gutachtervertrages von den Schiedsrichtern vertreten, die ihre dazu erforderliche Vollmacht aus der Ermächtigung herleiten, alle erforderlichen Ermittlungen anzustellen[1200]. Das Fehlen einer Staatskasse wirft nun aber das Problem auf, wie die Sachverhaltsermittlung des Schiedsgerichts vorläufig zu bezahlen ist. Die Schiedsrichter werden regelmäßig nicht dazu bereit sein, die Ermittlung des Sachverhalts aus eigener Tasche vorzufinanzieren. Auch eine Schiedsinstitution wird sich hierzu nicht bereit erklären. Teilweise wird daher vorgeschlagen, dass die Schiedsrichter den Zeugen und Sachverständigen jeweils mitteilen, dass sie sich wegen ihrer Kosten an die Parteien halten müssen. Diese Vorgehensweise dürfte sich jedoch kaum positiv auf die Bereitschaft der Zeugen und Sachverständigen auswirken, am Schiedsverfahren mitzuwirken. Daher ist es aus praktischen Gründen vorzuziehen, dass die Parteien die Kosten der Sachverhaltsermittlung vorschießen. Als Möglichkeiten werden grundsätzlich entweder beide Parteien verpflichtet sein, die Kosten anteilig vorzuschießen oder wird lediglich die beweispflichtige Partei verpflichtet sein, die Kosten der Beweisführung vorzuschießen.

[1196] *Lachmann*, Rn. 665.

[1197] Vgl. § 1049 Abs. 1 ZPO.

[1198] Vgl. *Lachmann*, Rn. 667, mit einigen Beispielen.

[1199] Vgl. *Lachmann*, Rn. 842; *Lörcher/Lörcher*, Das Schiedsverfahren – national/international – nach deutschem Recht, Rn. 274; *Schütze*, Schiedsgericht und Schiedsverfahren, Rn. 163; *Schwab/Walter*, Kap. 15 Rn. 13; differenzierend *Stein/Jonas/Schlosser*, ZPO, § 1049 Rn. 2, wonach nur die beweisbelastete Partei Vertragspartner werde; a.A. MünchKommZPO/*Münch*, § 1049 Rn. 11, wonach Vertragspartner das Schiedsgericht werde.

[1200] Vgl. RGZ 74, 321, 323 f.; BGHZ 42, 313, 315; *Lachmann*, Rn. 842; *Schwab/Walter*, Kap. 15 Rn. 13.

Fraglich ist nun, ob die Übertragung vereins- oder verbandsrechtlichen Sanktionsbefugnisse auf das Schiedsgericht die Pflicht für den Verein oder Verband begründet, die Kosten für die Sachverhaltsaufklärung durch das Schiedsgericht allein vorzuschießen. Ohne die Übertragung von Sanktionskompetenzen auf ein Schiedsgericht ist der Verein oder Verband nach den eingangs dargestellten Grundsätzen verpflichtet, den Sachverhalt, der die Grundlage für eine Bestrafung des Sportlers darstellen soll, umfassend aufzuklären. Nach der Übertragung der Sanktionskompetenz muss sich nun das Schiedsgericht, welches eine Sanktion erstmals aussprechen soll, Gewissheit über die tatsächlichen Vorgänge wenn nötig durch eigene Ermittlungen verschaffen bevor es eine Sanktion gegen den Sportler aussprechen kann. Die Übertragung verbandsrechtlicher Sanktionsbefugnisse auf ein Schiedsgericht, aufgrund dessen das Schiedsgericht verpflichtet ist, den Sachverhalt, der als Basis für den Ausspruch einer Sanktion gegen den Sportler dienen soll, umfassender zu ermitteln, rechtfertigt es, dass der das Verfahren einleitende Sportverband die Kosten der Sachverhaltsermittlung vorzuschießen verpflichtet ist. Eine solche Regelung könnten die Parteien im Voraus vereinbaren. Aber auch bei Fehlen einer derartigen Regelung kann das Schiedsgericht, wenn es Zweifel an den Voraussetzungen für eine Bestrafung des Sportlers haben sollte, dem quasi anklagenden Verband aufgeben, weitere Zeugen, Sachverständige oder Urkunden vorzubringen, um die bestehenden Zweifel auszuräumen. Davon erfasst sein können auch Umstände, für die der Sportler nach den Beweislastregeln die Darlegungs- und Beweislast tragen würde. Denn das Schiedsgericht ist zwar an die Beweislastregeln gebunden, dennoch kann es Beweisaufforderungen, Erläuterungsersuchen und beweisrechtliche Offenbarungsansinnen ohne Rücksicht auf die Beweislast an jede Partei richten[1201]. Über die endgültige Kostentragungspflicht des Schiedsverfahrens entscheidet dann das Schiedsgericht[1202].

c) Zwischenergebnis

Ein Schiedsgericht ist im Beweisverfahren grundsätzlich freier als ein staatliches Gericht. Es kann Beweis erheben, ohne an die für die Beweiserhebung durch die staatlichen Gerichte vorgegebenen Vorschriften der ZPO gebunden zu sein, wobei es trotz aller Freiheit gleichwohl an einige Fundamentalprinzipien eines rechtsstaatlichen Beweisverfahrens gebunden bleibt[1203]. Die im Schiedsverfahrensrecht bestehenden Möglichkeiten erlauben es den Schiedsparteien, Gestaltungen der Beweisführung zu finden, die den Parteien das berechtigte Gefühl geben, dass der relevante Sachverhalt vom Schiedsgericht gründlich ermittelt wird[1204]. Solche Ermittlungsbefugnisse des Schiedsgerichts sind auch in Artt.

[1201] Vgl. *Stein/Jonas/Schlosser*, ZPO, § 1042 Rn. 13; siehe auch *Weigand*, RIW 1992, 361 ff.

[1202] Vgl. *Stein/Jonas/Schlosser*, ZPO, § 1042 Rn. 12.

[1203] Vgl. *Stein/Jonas/Schlosser*, ZPO, § 1042 Rn. 9, Anh. § 1061 Rn. 150.

[1204] Vgl. *Lachmann*, Rn. 796.

R57, R43.3 CAS-VO für CAS-Schiedsverfahren explizit vorgesehen. Ausgestattet mit eigenen Ermittlungsmöglichkeiten wird ein Schiedsgericht, dem vereins- oder verbandsrechtliche Sanktionsbefugnisse übertragen worden sind, in die Lage versetzt, die für den Ausspruch einer Sanktion gegen einen Sportler notwendige hinreichende Sachverhaltsermittlung anzustellen. Damit leistet der beschränkte Ermittlungsgrundsatz im Schiedsverfahren einen wesentlichen Beitrag zum Schutz der Sportler vor rechtswidrigen Sanktionen.

3. Schranken aufgrund des Vereinsrechts

Stehen der Übertragung besonderer Entscheidungsbefugnisse auf das Schiedsgericht keine schiedsverfahrensrechtlichen Einwendungen entgegen, stellt sich die Frage, ob gleiches auch aus vereinsrechtlicher Sicht gilt.

a) Kein Verstoß gegen den Gewaltenteilungsgrundsatz

Gegen eine zusätzliche Übertragung der Kompetenz, eine Vereins- oder Verbandsstrafe zu verhängen, könnte das Prinzip der Gewaltenteilung (Art. 20 Abs. 2 Satz 2 GG) sprechen. Im Rechtsstaat soll die Trennung der Staatfunktionen zu einer gegenseitigen Hemmung und Kontrolle führen[1205] und somit eine nicht erwünschte staatliche Machtkonzentration verhindern[1206]. Nach dem hier diskutierten Verfahren sollen Ausspruch und Kontrolle einer Sanktion durch dasselbe Schiedsgericht erfolgen. Darin könnte eine unzulässige Machtkonzentration liegen. Fraglich ist daher, ob der Grundsatz der Gewaltenteilung auch bei dem organisatorischen Aufbau eines privatrechtlichen Vereins zu beachten ist. Für eine Geltung des Gewaltenteilungsgrundsatzes könnte zunächst sprechen, dass dieser zu den tragenden rechtsstaatlichen Prinzipien zählt. Gegen eine Übertragung spricht aber eindeutig die gesetzliche Regelung über die notwendigen Organe im Verein. Notwendig sind gem. § 32 BGB die Mitgliederversammlung und gem. § 26 BGB der Vorstand[1207], wobei der Mitgliederversammlung als oberstem Vereinsorgan eine allgemeine Zuständigkeit zukommt[1208]. Eine Trennung von Rechtsprechungs- und sonstigen Verwaltungsaufgaben ist somit gesetzlich nicht vorgesehen[1209]. Die Mitgliederversammlung kann aber Kompetenzen auf andere Vereinsorgane übertragen und deren Zuständigkeitsbereich festlegen[1210]. Warum nun bei der Übertragung der Sanktionskompetenz auf ein Schiedsgericht eine vom Gesetz nicht vorgesehene Trennung zwischen Verwaltungs- und Rechtsprechungsaufgaben zu erfolgen hätte, ist nicht ersichtlich. Daher spricht der

[1205] Vgl. BVerfGE 68, 1, 86.

[1206] Vgl. BVerfGE 3, 225, 247 f.; 5, 85, 199 f.; 7, 183, 188.

[1207] Vgl. *Reichert*, Rn. 723 ff.

[1208] Vgl. *Reichert*, Rn. 741 f.

[1209] Vgl. auch *Hilpert*, BayVBl. 1988, 161, 164; *Schlosser*, Vereins- und Verbandsgerichtsbarkeit, S. 156.

[1210] Vgl. *Reichert*, Rn. 742.

Gewaltenteilungsgrundsatz nicht gegen eine Übertragung von Sanktionskompetenzen auf ein Schiedsgericht.

b) Keine unzulässige Entäußerung von Selbstbestimmungsrechten

Den Verbänden steht es grundsätzlich frei, wie sie die ihnen zufallende Sportgerichtsbarkeit organisieren. Unter Umständen könnte jedoch in der Auslagerung bestimmter – grundsätzlich dem Verband vorbehaltener – Befugnisse eine unzulässige Entäußerung von Selbstbestimmungsrechten liegen[1211]. Die Rechtsprechung hat schon verschiedentlich festgestellt, dass der einem Dritten eingeräumte Einfluss auf das Vereinsleben nur soweit gehen darf wie das Selbstbestimmungsrecht des Vereins bzw. Verbandes gewahrt bleibt[1212]. Fraglich ist, ob die Grenzen des zulässigen Dritteinflusses überschritten werden, wenn das Schiedsgericht nicht nur die Verbandsentscheidung kontrolliert, sondern selbst – auch erstmals – über die dopingrelevante Streitigkeit entscheidet. Der BGH hat in der "Reiterentscheidung" ausdrücklich festgestellt, dass die Autonomie des Verbandes, die ihm zufallende Sportgerichtsbarkeit zu organisieren, auch die Befugnis umfasst, die Sportgerichtsbarkeit auf eine von ihr bestimmte, geeignete (verbandsfremde) Institution zu übertragen[1213]. Dies gilt jedenfalls – so der BGH – solange und soweit wie der Verband dabei nicht willkürlich zum Nachteil der dieser Gerichtsbarkeit unterworfenen Beteiligten handelt[1214]. Zudem muss die Zuständigkeitsregelung so bestimmt gehalten sein, dass vom Betroffenen im voraus erkennbar ist, welche Stelle für die Verhängung der Disziplinarmaßnahme zuständig ist[1215]. Wenn aber die Übertragung der Vereinsgerichtsbarkeit auf vom Verein verschiedene Dritte unter diesen Umständen grundsätzlich zulässig ist, kann für eine Übertragung besonderer Entscheidungsbefugnisse auf ein unabhängiges, rechtsstaatlich gebundenes Schiedsgericht nichts anderes gelten[1216].

c) Keine willkürliche Benachteiligung der Beteiligten

Einen Nachteil könnte man nun darin erblicken, dass mit der Übertragung der Sanktionskompetenz auf ein Schiedsgericht ein erhöhtes Kostenrisiko für den

---

[1211] *Reichert*, Rn. 2561a; *ders.*, SpuRt 2004, 50 ff.; vgl. auch *Röhricht*, Sportgerichtsbarkeit, S. 19, 21 f.; *Steiner*, NJW 1991, 2729 ff.; *Vieweg/Röthel*, ZHR 166 (2002), 6 ff.

[1212] BVerfG NJW 1991, 2623, 2625; BayObLGZ 1979, 303, 308; KG OLGZ 1974, 385, 390; OLG Frankfurt NJW 1983, 2576; *Soergel/Hadding*, BGB, § 33 Rn. 7.

[1213] BGH NJW 1995, 583, 586 = *Haas/Haug/Reschke*, SportR, Dok. 10 31 1; *Steinbeck*, Vereinsautonomie und Dritteinfluß, S. 129; *Sauter/Schweyer*, Rn. 95; siehe auch BGH NJW-RR 1992, 507 ff., hierzu *Hadding/van Look*, ZGR 1996, 326, 331; anders *Reichert*, Rn. 2561a; *ders.*, SpuRt 2004, 50 ff.

[1214] BGH NJW 1995, 583, 586 = *Haas/Haug/Reschke*, SportR, Dok. 10 31 1.

[1215] BGH NJW 1995, 583, 586 = *Haas/Haug/Reschke*, SportR, Dok. 10 31 1.

[1216] A.A. aber BAG NJW 1981, 1799; *Reichert*, Rn. 2561a.; *ders.*, SpuRt 2004, 50 ff.

Athleten einhergeht, da die Kosten eines Schiedsgerichts höher sind als die Kosten eines Verbandsgerichts. Dem Athleten drohen zudem Kosten im Rahmen des Ausspruches einer Sanktion, wohingegen nach dem herkömmlichen Verbandsverfahren Kosten erst nach dem Ausspruch der Sanktion durch den Verband entstehen können, wenn er sich in einem verbandsinternen und/oder in einem Verfahren vor dem staatlichen Gericht gegen die Sanktion zur Wehr setzt. Das erhöhte Kostenrisiko besteht jedoch nicht einseitig, sondern trifft beide Seiten – Verband und Athlet – gleichermaßen. Zudem besteht die Möglichkeit, das Kostenrisiko gerecht auf beide Schultern zu verteilen. So sollte zunächst der das Verfahren einleitende Verband die Kosten tragen müssen, wenn der Athlet den sanktionsbewehrten Verstoß gegen die Verbandsregeln sofort eingesteht[1217]. Auch beim Obsiegen des Athleten im Schiedsverfahren hat der Verband die Kosten des Verfahrens zu tragen. In diesen eindeutigen Fällen, in denen der Athlet den Verstoß sofort eingesteht oder im Schiedsverfahren obsiegt, besteht somit keine Benachteiligung des Athleten. Aber auch in den weniger eindeutigen Fällen hat ein Schiedsgericht, das nicht zwingend an die Kostenregelung der §§ 91 ff. ZPO gebunden ist, grundsätzlich die Möglichkeit bei der Kostenentscheidung die Umstände des Einzelfalls zu berücksichtigen und eine gerechte Kostenregelung zu treffen, so dass keine unangemessene Benachteiligung für die Sportler zu erblicken ist.

Für dieses Ergebnis spricht auch ein Vergleich der Kostenrisiken für den Sportler bei einem Verbandsverfahren einerseits und einem Schiedsverfahren andererseits unter Berücksichtigung der unterschiedlichen Qualität der Rechtsschutzmöglichkeiten. Bei der Übertragung der Sanktionskompetenz auf ein Schiedsgericht tritt an die Stelle des Verbandsverfahrens ein echtes Schiedsgericht, das eine höhere Gewähr für ein rechtsstaatliches Verfahren und eine rechtmäßige Entscheidung bietet. Zudem entscheidet das Schiedsgericht, anders als die Verbandsgerichtsbarkeit, die Streitigkeit endgültig, was dem Interesse beider Parteien an einer schnellen Streitbeilegung entspricht[1218]. Mit der Übertragung der Sanktionskompetenz auf ein Schiedsgericht wird also ein im Sinne aller Beteiligter qualitativ besseres Verfahren vorgesehen, das zugleich das staatliche Verfahren ersetzt, während es nach dem herkömmlichen Streitbeilegungsmechanismus von vorgeschaltetem Verbandsverfahren und anschließender Kontrollmöglichkeit durch die staatlichen Gerichte häufig zweier Verfahren bis zur endgültigen Streitentscheidung bedarf[1219]. Das zunächst festgestellte, erhöhte Kostenrisiko erscheint somit in einem anderen Licht, wenn man auch die Möglichkeit einer anschließenden Kontrolle durch ein staatliches Gericht in den Ver-

---

[1217] Etwa im Sinne des § 93 ZPO; so auch § 14 Nr. 1 ADC des DLV.

[1218] Vgl. Erstes Kapitel:B. VI.

[1219] Freilich kann es auch nach der Entscheidung eines Schiedsgerichts noch zu einem anschließenden Aufhebungsverfahren vor einem staatlichen Gericht kommen. Dies dürfte aber nur in krassen Ausnahmefällen der Fall sein.

gleich mit einbezieht. Bei einem Vergleich der Kostenrisiken eines Verbandsverfahrens und staatlichen Kontrollverfahrens auf der einen und dem Schiedsverfahren auf der anderen Seite, erscheinen die Kostenrisiken beider Verfahrensalternativen nicht mehr so verschieden. Daher wird man in der Übertragung der Sanktionskompetenz auf ein Schiedsgericht bei einer entsprechend den dargestellten Grundsätzen ausgestalteten Schiedsgerichtsbarkeit keine Benachteiligung der Sportler sehen können.

4. Ergebnis

- Ein Schiedsgericht lässt sich sowohl aus der Sicht des Schiedsverfahrensrechts als auch aus der Sicht des Vereinsrechts in unterschiedlicher Weise in die Verbandsstrukturen integrieren.
- Denkbar ist ein Schiedsverfahren im Anschluss an ein verbandsinternes Rechtsbehelfsverfahren, in dem dann über die Rechtmäßigkeit der Verbandsmaßnahme mit oder ohne Novationsmöglichkeit entschieden wird. Statthaft ist es aber auch, dem Schiedsgericht Befugnisse einzuräumen, die sonst üblicherweise nur Verbandsorganen oder einem Verbandsgericht vorbehalten sind. In diesem letzten Fall könnte das Schiedsgericht dann auch bisher bestehenden Verbandsstrukturen ersetzen.
- Wird die verbandsrechtliche Sanktionskompetenz auf ein Schiedsgericht übertragen, muss die Zuständigkeitsregelung so bestimmt gehalten sein, dass vom Betroffenen im voraus erkennbar ist, welche Stelle für die Verhängung der Disziplinarmaßnahme zuständig ist.

II. Einstweiliger Rechtsschutz

Dem einstweiligen Rechtsschutz kommt im Sportbereich eine bedeutende Rolle in der Praxis zu[1220]. Dies zeigt ein Blick über Sportstreitigkeiten, in denen Sportler oder Vereine typischerweise die staatlichen Gerichte um den Erlass einer einstweiligen Verfügung ersuchen[1221]. So verschiedenartig die einzelnen Streitig-

---

[1220] Siehe auch *Schimke*, Einstweiliger Rechtsschutz im internationalen Sport, S. 59 ff.; *Hohl*, S. 51 ff.; *Wax*, S. 7 ff. Der im Sport ebenfalls häufig begehrte einstweilige Rechtsschutz in nachbarrechtlichen Streitigkeiten soll hier bewusst ausgeklammert werden, vgl. dazu *Wax*, a.a.O., S. 7, 9 ff.

[1221] Ein für den Trainingsbetrieb vom Trainer suspendierter Spieler begehrt die Teilnahme am Mannschaftstraining der Lizenzspieler, vgl. LAG Hamm, Beschluss vom 17.10.1984, Az.: 14 Sa 1629/84; ein vom Sportverband nicht nominierter Sportler möchte die Nominierung für einen Wettkampf erreichen, vgl. LG Frankfurt in *Haas/Haug/Reschke*, SportR, Dok. 13 29 1; OLG Frankfurt *Haas/Haug/Reschke*, SportR, Dok. 13 22 1; OLG Frankfurt a.M. *Haas/Haug/Reschke*, SportR, Dok. 13 24 15; LG Frankfurt a.M. *Haas/Haug/Reschke*, SportR, Dok. 13 29 1; OLG München *Haas/Haug/Reschke*, SportR, Dok. 13 38 2; ein Sportler beantragt die Aufhebung einer Suspendierung oder die Erteilung einer für die Teilnahme an einem bevorstehenden Wettkampf notwendigen Startberechtigung oder einer für die Teilnahme am Ligabetrieb notwendigen Lizenz, vgl. OLG Frankfurt a.M. *Haas/Haug/Reschke*, SportR, Dok. 13 24 21; LG Stuttgart, Beschluss vom 30.8.2000, Az.: 17 O 460/00; LG Darmstadt, Urteil vom 21.3.2001, Az.: 2 O 76/01; OLG Frankfurt a.M., Urteil vom 18.4.2001, Az.: 13 U 66/01; LG München, Urteil vom 29.2.2000, Az.: 7 O 3106/00; OLG München SpuRt 2001, 64 ff.; AG Neubrandenburg *Haas/Haug/Reschke*, Dok. 13 24 16; LG Neubrandenburg *Haas/Haug/Reschke*, SportR, Dok. 13 24 17; LG Darmstadt *Haas/Haug/Reschke*, SportR, Dok. 13 24 3; LG München *Haas/Haug/Reschke*, SportR, Dok. 13 24 3a; LG Darmstadt *Haas/Haug/Reschke*, SportR, Dok. 13 24 4; LG München *Haas/Haug/Reschke*, SportR, Dok. 13 24 5; Landgericht Saarbrücken *Haas/Haug/Reschke*, SportR, Dok. 13 32 2; AG Speyer *Haas/Haug/Reschke*, SportR, Dok. 13 32 3; LG Frankfurt a.M. *Haas/Haug/Reschke*, SportR, Dok. 13 49 4; ein Spieler, dem die nach dem Verbandsregelwerk für einen Wechsel zu einem neuen Verein notwendige Freigabeerklärung durch den alten Verein nicht erteilt wurde, versucht, da sein Wechsel aufgrund des Ablaufs der Wechselfrist zu scheitern droht, die Freigabeerklärung zu erlangen, vgl. LG Saarbrücken *Haas/Haug/Reschke*, SportR, Dok. 13 23 1; LG Lübeck *Haas/Haug/Reschke*, SportR, Dok. 14 16 23; LG Hagen *Haas/Haug/Reschke*, SportR, Dok. 14 16 28; ArbG Frankfurt a.M. *Haas/Haug/Reschke*, SportR, Dok. 14 16 34; LG Arnsberg *Haas/Haug/Reschke*, SportR, Dok. 14 16 25; AG Bochum *Haas/Haug/Reschke*, SportR, Dok. 14 16 26; ArbG Koblenz *Haas/Haug/Reschke*, SportR, Dok. 14 16 32; LG Dortmund *Haas/Haug/Reschke*, SportR, Dok. 14 16 35; AG Frankfurt *Haas/Haug/Reschke*, SportR, Dok. 14 16 36; AG Heidelberg *Haas/Haug/Reschke*, SportR, Dok. 14 16 37; ArbG Hannover *Haas/Haug/Reschke*, SportR, Dok. 14 16 38; ArbG Hanau *Haas/Haug/Reschke*, SportR, Dok. 14 16 39; ein Spieler möchte die Aufnahme in die Transferliste erwirken, vgl. LAG Berlin SpuRt 2001, 32 ff; ein Spieler beantragt die Erteilung eines vom Verband verweigerten Spielerausweises ohne Ausländerkennzeichnung, da sie die Chancen des Spieler, im Wettkampf eingesetzt zu werden, aufgrund der durch die in den meisten Verbandsregelwerken vorgesehenen zahlenmäßig limitierten Einsatzmöglichkeiten für ausländische Spieler pro Mannschaft, einschränkt (in den meisten Fällen dieser Art handelt es sich bei den betreffenden Spielern um Angehörige der EU oder Angehörige aus Drittstaaten mit denen ein sog. Assoziierungsabkommen mit Diskriminierungsklausel besteht), vgl. LG Dortmund SpuRt 1998, 32; ein Verein beantragt einem ihrer ausländischen Spielern, aus den eben dargestellten

keiten auch sein mögen, so weisen sie doch einige sporttypische Gemeinsamkeiten auf. Den Antragstellern geht es fast immer in irgendeiner Form um die Teilhabe am Wettbewerb. Abhängig ist diese Teilhabe meist von einer bestimmten Maßnahme des betreffenden Vereins oder Verbandes, die entweder darin besteht, eine im Verbandsregelwerk vorgesehene begünstigende Maßnahme vorzunehmen (Freigabeerklärung, Lizenzerteilung, Nominierungserklärung) oder eine belastende Maßnahme (Dopingsperre, Lizenzentzug) wieder aufzuheben. Eine weitere Gemeinsamkeit besteht darin, dass die Antragsteller die Klärung der sie betreffenden Streitigkeit durch das Hauptsacheverfahren häufig nicht abwarten können. Letzteres verwundert angesichts der Schnelllebigkeit des Sportgeschehens kaum. Steht beispielsweise für einen wegen eines vermeintlichen Dopingvergehens gesperrten Sportler ein wichtiger Wettkampf, vielleicht sogar der Saisonhöhepunkt, unmittelbar bevor oder befindet sich eine Ligamannschaft, der die Lizenz entzogen oder nicht mehr erteilt wurde, kurz vor dem Ligastart, kann die Klärung des Dopingvorwurfs oder der Lizenzverweigerung durch ein ordentliches Gericht im Hauptsacheverfahren häufig nicht abgewartet werden, da die Durchführung eines „normalen" Zivilprozesses nicht selten eine erhebliche Zeit dauert[1222]. Für die Teilnahme am Wettbewerb nützt dem Sportler oder der Ligamannschaft eine für sie günstige Entscheidung in der Hauptsache wenig, wenn der Wettkampf bereits stattgefunden oder die Ligasaison begonnen hat. Die einmal versagte Wettkampfteilnahme kann nicht mehr nachgeholt werden[1223]. Daher können die Sportler oder Vereine wirkungsvollen Rechtsschutz durch die staatlichen Gerichte in diesen Fällen auch nur im Verfahren des einstweiligen Rechtsschutzes erlangen[1224]. Damit geht einher, dass Sportstreitigkeiten häufig bereits durch den vorläufigen Rechtsschutz endgültig entschieden werden. Sollen Schiedsgerichte nun aber die einheitliche Durchsetzung der Sportregelwerke gewährleisten, müssen sie somit auch in dem in der Praxis so bedeutsamen Bereich des einstweiligen Rechtsschutzes anstelle der staatlichen Gerichte entscheiden. Besteht zwischen den Parteien eine Schieds-

---

Gründen, eine Lizenz ohne Ausländerkennzeichnung zu erteilen, vgl. LG Frankfurt a.M. SpuRt 1997, 170; OLG München SpuRt 1994, 89 ff.; OLG Frankfurt a.M. *Haas/Haug/Reschke*, SportR, Dok. 13 47 2; ein Verein beantragt den ausländischen Spielern die uneingeschränkte Teilnahme an den Ligaspielen zu ermöglichen, vgl. LG Hamburg SpuRt 1998, 74; ein Verein begehrt die Erteilung einer vom Verband verweigerten oder entzogenen Lizenz für die Teilnahme am Ligabetrieb einer bestimmten Spielklasse, vgl. LG Frankfurt a.M. NJW 1983, 761; OLG Frankfurt a.M. SpuRt 2001, 28 ff.; ein konkurrierender Verein ersucht den ausgangs getroffenen, später aber auf dem Rechtswege rückgängig gemachten Lizenzentzug wieder zu bestätigen, um statt des Konkurrenten am Ligabetrieb teilzunehmen, vgl. LG Dortmund SpuRt 2001, 24 ff.; OLG Frankfurt a.M., Beschluss vom 10.7.2002, Az.: 23 W 53/02; OLG Stuttgart, Beschluss vom 16.7.2002, Az.: 1 Sch 8/02.

[1222] Vgl. Erstes Kapitel:D. II.

[1223] Vgl. *Schilling*, S. 147.

[1224] Vgl. *Scherrer*, Einstweiliger Rechtsschutz im internationalen Sport, S. 1; *Schimke*, Einstweiliger Rechtsschutz im internationalen Sport, S. 56.

vereinbarung, ist daher zu erörtern, ob es bei der Kompetenz der staatlichen Gerichte für den Erlass einstweiliger Maßnahmen bleibt, oder nun das Schiedsgericht daneben oder exklusiv für den Erlass einstweiliger Maßnahmen zuständig ist.

1. Kompetenz des Schiedsgerichts zum Erlass einstweiliger Maßnahmen

Unter Geltung des alten Rechts war ein Schiedsgericht nach nicht unumstrittener, aber h.M. generell nicht zum Erlass einstweiliger Maßnahmen befugt[1225]. Danach konnten nur die staatlichen Gerichte einstweiligen Rechtsschutz gewähren[1226]. Mit der Reform des Schiedsverfahrensrechts ist jedoch eine bedeutsame Neuregelung in Kraft getreten. § 1041 Abs. 1 S. 1 ZPO sieht nun ausdrücklich vor, dass ein Schiedsgericht auf Antrag einer Partei vorläufige oder sichernde Maßnahmen anordnen kann, die es in Bezug auf den Streitgegenstand für erforderlich hält, wenn die Parteien nichts anderes vereinbart haben[1227]. Die in Ermangelung einer Parteivereinbarung gesetzlich angeordnete Kompetenz des Schiedsgerichts zur Anordnung vorläufiger oder sichernder Maßnahmen hat nicht nur den jahrelangen Streit um die Befugnis des Schiedsgerichts, einstweilige Maßnahmen anzuordnen[1228], erledigt, sondern der Schiedsgerichtsbarkeit ferner Spielräume eröffnet, die sich gerade im Bereich der Sportschiedsgerichtsbarkeit positiv auswirken können. Der Grund für die gesetzlich angeordnete

[1225] Zur Diskussion nach altem Recht vgl. *Baur*, Neuere Probleme, S. 22 ff.; *Bösch*, Einstweiliger Rechtsschutz in der internationalen Handelsschiedsgerichtsbarkeit; *Brinkmann*, Schiedsgerichtsbarkeit und Maßnahmen des einstweiligen Rechtsschutzes; *Erman*, in FS Möhring, S. 3 ff., *Herdegen*, RIW 1981, S. 304 f.; *Jeong-Ha*, Einstweilige Maßnahmen in der Schiedsgerichtsbarkeit; *Krimpenfort*, S. 13 ff.; *Laschet*, Probleme des einstweiligen Rechtsschutzes, S. 119 ff.; ders., ZZP 99 (1986), 271 ff.; *Lindacher*, ZGR 1979, S. 201; *Lüke*, S. 42 ff.; *Matsuura*, in FS Schwab, S. 321 ff.; *Nicklisch*, RIW 1978, S. 633 ff.; *Schlosser*, ZZP 99 (1986), S. 241; *H. Schmidt*, Die Einrede des Schiedsvertrages im Verfahren des einstweiligen Rechtsschutzes; *Schwab*, in FS *Bauer*, S. 627 ff.; *Vollkommer*, RdA 1982, 16 ff.

[1226] Dennoch haben Sportschiedsgerichte in der Praxis immer wieder einstweilige Maßnahmen erlassen, vgl. *Lüke*, S. 41.

[1227] Vgl. zur neuen Rechtslage vgl. *Bandel*, Einstweiliger Rechtsschutz im Schiedsverfahren; *Krimpenfort*, Vorläufige und sichernde Maßnahmen im schiedsrichterlichen Verfahren; *Gottwald/Adolphsen*, DStR 1998, S. 1017, 1020 f.; *Lachmann*, Rn. 1401 ff.; *Schütze*, BB 1998, S. 1650 ff.; *Thümmel*, DZWir 1997, S. 133 ff.; zur entsprechenden Regelung des Art. 183 Abs. 1 Schw. IPRG *Habscheid*, IPRax 1989, 134; *Roth*, Einstweiliger Rechtsschutz im internationalen Sport, S. 30 ff. Anders hingegen die Regelung des Art. 26 SchKonk, der dem Schiedsgericht lediglich erlaubt, den Parteien unverbindliche Empfehlungen im Bereich des einstweiligen Rechtsschutzes auszusprechen, denen sich die Parteien freiwillig unterziehen können. Art. 26 Abs. 1 SchKonk begründet für die Anordnung solcher Maßnahmen die alleinige Zuständigkeit des staatlichen Gerichts. § 26 SchKonk ist gem. § 1 Abs. 3 SchKonk zwingend.

[1228] Zur Frage, ob die Kompetenz des Schiedsgerichts zum Erlass einstweiliger Maßnahmen im Einzelfall auf die Schiedsvereinbarung der Parteien oder auf die gesetzliche Anordnung zurückgeht vgl. *Bandel*, S. 14 ff.

Möglichkeit der Gewährung schiedsrichterlichen einstweiligen Rechtsschutzes liegt in dem erheblichen praktischen Bedürfnis nach Eil- und Sicherungsmaßnahmen durch das sachnähere Schiedsgericht[1229]. Steht somit die Kompetenz der Schiedsgerichte zur Anordnung einstweiliger Maßnahmen fest, geht es nun darum, die vorgesehenen Möglichkeiten sinnvoll auszugestalten[1230]. Angesichts der vom Gesetzgeber vorgesehenen Kompetenz des Schiedsgerichts, einstweiligen Rechtsschutz zu gewähren, stellt sich nun die Frage, welche Rolle dem staatlichen einstweiligen Rechtsschutz beim Vorliegen einer Schiedsvereinbarung zukommt.

2. Grundsatz der Parallelkompetenz gem. § 1033 ZPO

§ 1032 ZPO gibt den Parteien eine Einrede an die Hand, aufgrund derer die staatlichen Gerichte die Klage einer Partei in Bezug auf einen von der Schiedsvereinbarung betroffenen Streitgegenstand als unzulässig abweisen müssen. Nach § 1033 ZPO dürfen die staatlichen Gerichte sowohl vor oder nach Beginn des schiedsrichterlichen Verfahrens vorläufige und sichernde Maßnahmen in Bezug auf einen Streitgegenstand des schiedsrichterlichen Verfahrens treffen, auch wenn eine Schiedsvereinbarung vorliegt[1231]. Damit gibt der Gesetzgeber den Parteien im einstweiligen Verfahren vor einem staatlichen Gericht gerade keine Einrede an die Hand, aufgrund derer das staatliche Gericht die Klage einer Partei in Bezug auf einen von der Schiedsvereinbarung betroffenen Streitgegenstand als unzulässig abweisen muss. Die Kompetenz der staatlichen Gerichte zur Gewährung einstweiligen Rechtsschutzes besteht nach der Gesetzesbegründung auch unabhängig davon, ob einstweiliger Rechtsschutz gleichzeitig beim Schiedsgericht beantragt werden kann[1232]. Eine Subsidiarität des staatlichen gegenüber dem schiedsrichterlichen einstweiligen Rechtsschutz besteht nicht[1233]. Begründet wird dies mit der geringeren Effektivität schiedsrichterlichen einstweiligen Rechtsschutzes aufgrund der gem. § 1041 Abs. 2 S. 1 ZPO notwendi-

---

[1229] BT-Drucks. 13/5274 S. 44 f.

[1230] *Bandel*, S. 3.

[1231] § 1033 ZPO entspricht nicht wörtlich aber inhaltlich Art. 9 UMG, vgl. BT-Drucks. 13/5274, S. 38.

[1232] Teilweise wird ein der Parallelkompetenz zwischen schiedsrichterlichem und staatlichem einstweiligen Rechtsschutz scheinbares Entgegenstehen des § 1026 ZPO festgestellt, vgl. *Krimpenfort*, S. 31 f. Nach § 1026 ZPO darf ein Gericht in den geregelten Fällen der §§ 1025-1061 ZPO nur dann tätig werden, soweit es das 10. Buch der ZPO vorsieht. Letzteres tut m.E. § 1033 ZPO, indem er die Zuständigkeit der staatlichen Gerichte im Bereich des einstweiligen Rechtsschutzes auch beim Vorliegen einer Schiedsvereinbarung vorsieht.

[1233] BT-Drucks. 13/5274, S. 38, S. 45; *Bandel*, S. 275; *Musilak/Voit*, ZPO, § 1033 Rn. 1, § 1041 Rn. 1; *Lachmann*, Rn. 1402. Dies entspricht auch der h.M. zu Art. 183 IPRG, obwohl eine dem § 1033 ZPO entsprechende Norm fehlt, vgl. *Habscheid*, IPRax 1989, S. 134, 136; Roth, Einstweiliger Rechtsschutz im internationalen Sport, S. 34 f.; a.A. *Bucher*, Rn. 213. A.A. zum alten Recht *Nicklisch*, RIW 1978, 639; *Schlosser*, ZZP 99 (1986), S. 241, 245.

gen Einbeziehung der staatlichen Gerichte zur Vollziehung einer angeordneten Maßnahme des Schiedsgerichts und aufgrund der Tatsache, dass ein Schiedsgericht regelmäßig erst gebildet werden müsse[1234]. Besondere Bedeutung hat diese parallele Befugnis der staatlichen Gerichte zur Anordnung vorläufiger oder sichernder Maßnahmen nicht nur für die nationale sondern auch für die internationale Schiedsgerichtsbarkeit, da sie gem. § 1025 Abs. 2 ZPO unabhängig davon besteht, ob es sich bei dem in Frage stehenden Schiedsverfahren um ein inländisches oder ausländisches Schiedsverfahren handelt[1235].

3. Folgen der Parallelkompetenz

Grundsätzlich bestehen der einstweilige schiedsrichterliche Rechtsschutz und der staatliche einstweilige Rechtsschutz gleichberechtigt nebeneinander. Fraglich ist, welche Folgen dieser Grundsatz der Parallelkompetenz von schiedsrichterlichem und staatlichem einstweiligen Rechtsschutz allgemein und für die schiedsrichterliche Beilegung von Sportstreitigkeiten im Besonderen hat.

a) Allgemeine Folgen der Parallelkompetenz

Die grundsätzlich vorgesehene Parallelkompetenz von schiedsrichterlichem und staatlichem einstweiligen Rechtsschutz eröffnet den Parteien einer Schiedsvereinbarung die Möglichkeit, ihr Begehren sowohl im schiedsrichterlichen als auch im staatlichen einstweiligen Rechtsschutz – gleichzeitig oder nacheinander – zu verfolgen[1236]. Parallele Verfahren bringen aber meist Abstimmungsprobleme mit sich und bergen die Gefahr widersprüchlicher Entscheidungen[1237], so dass aus dem Nebeneinander zweier Verfahren leicht ein Gegeneinander werden kann[1238]. Dieses Problem ist schon im Rahmen des staatlichen einstweiligen Rechtsschutzes bekannt, wo faktisch die Möglichkeit besteht, den gleichen Antrag auf den Erlass einstweiliger Maßnahmen bei mehreren zuständigen Gerichten zu stellen. Diese Vorgehensweise wird im Bereich des staatlichen einstweiligen Rechtsschutzes überwiegend als unzulässig angesehen, da einem zweiten Antrag die Rechtshängigkeit des ersten Antrags entgegenstehe[1239]. Für das

---

[1234] Vgl. BT-Drucks. 13/5274, S. 38.

[1235] Vgl. Zweites Kapitel:A. I. 2.

[1236] Zu der Möglichkeit eines solchen „Doppelversuchs“, *Stein/Jonas/Schlosser*, ZPO, § 1033 Rn. 2, der dies jedoch regelmäßig als rechtsmissbräuchlich ansieht, wenn beide Anträge von der gleichen Partei kommen.

[1237] Vgl. ausführlich *Bandel*, S. 287 ff.

[1238] Vgl. *Bandel*, S. 303 ff.

[1239] Vgl. zum Arrest MünchKommZPO/*Heinze*, Vor § 916 Rn. 36 f.; *Zöller/Vollkommer*, ZPO, Vor § 916 Rn. 5; *Stein/Jonas/Schlosser*, ZPO, vor § 916 Rn. 11; zur einstweiligen Verfügung *Stein/Jonas/Schlosser*, ZPO, vor § 935 Rn. 12, wobei er auf das Problem hinweist, dass hier kein genauer Antrag gestellt werden muss; nach anderer Begründung sei ein zweiter

Verhältnis zwischen schiedsrichterlichem und staatlichem einstweiligen Rechtsschutz stellt sich nun ein zusätzliches Abstimmungsproblem. Ob sich diesbezüglich die für parallele staatliche Verfahren geltenden Grundsätze einfach auf das Verhältnis von schiedsrichterlichem und staatlichem einstweiligen Rechtsschutz übertragen lassen, erscheint fraglich. So tritt nach überwiegender Ansicht eine vom staatlichen Gericht zu beachtende Rechtshängigkeit i.S.d. § 261 ZPO durch Klageerhebung beim Schiedsgericht gar nicht ein[1240]. Kontrovers wird auch die Frage der materiellen Rechtskraft von Schiedssprüchen diskutiert. Nach h.M. steht diese zur Disposition der Parteien und ist daher nur auf Einrede hin vom staatlichen Gericht zu beachten[1241]. Nach anderer Ansicht ist der Schiedsspruch generell[1242] oder erst nach rechtkräftiger Vollstreckbarerklärung von Amts wegen zu beachten[1243]. Auch die für die ne bis in idem-Wirkung von staatlichen Gerichtsurteilen sprechenden Gründe – die Gefahr des Erstreitens zweier gleichlautender Titel – besteht für Schiedssprüche jedenfalls solange nicht, bis eine rechtskräftige Vollstreckbarerklärung des Schiedsspruches vorliegt[1244]. Angesichts dieser im Hinblick auf die Wirkung von Schiedssprüchen kontrovers diskutierten Fragen ist es nicht zu erwarten, dass die oben dargestellten Grundsätze zur Verhinderung paralleler staatlicher Verfahren einfach auf das Verhältnis von schiedsrichterlichem und staatlichem einstweiligen Rechtsschutz übertragen werden können.

Um möglichen Abstimmungsproblemen entgegenzuwirken, enthält das Schiedsverfahrensrecht mit § 1041 Abs. 2 S. 1 ZPO aber eine eigene Regelung[1245], die der Abstimmung von schiedsrichterlichen und staatlichen einstweiligen Rechtsschutzverfahren dient. Diese Norm spricht den Vorrang einer bereits beim staatlichen Gericht beantragten Maßnahme gegenüber der Vollziehung einer vom Schiedsgericht angeordneten entsprechenden Maßnahme aus und möchte damit eine doppelte Befassung staatlicher Gerichte und differierende Entscheidungen im Verfahren des staatlichen einstweiligen Rechtsschutzes einerseits und im Vollziehungsverfahren nach § 1041 Abs. 2 ZPO andererseits verhindern[1246]. Probleme bereitet allerdings schon der Wortlaut des § 1041 Abs. 2 ZPO. Fraglich ist, wann eine „entsprechende Maßnahme" i.S.d. § 1041 Abs. 2 S. 1 ZPO vorliegt. Die Beantwortung dieser Frage kann deshalb Schwierigkeiten bereiten, weil das Schiedsgericht die Maßnahmen zur Gewährung einstweiligen Rechts-

---

Antrag rechtsmissbräuchlich, vgl. Bericht der Kommission für das Zivilprozessrecht, 1977, S. 217.

[1240] Vgl. *Schwab/Walter*, Kap. 16 Rn. 4; *Lachmann*, Rn. 768.

[1241] Vgl. *Stein/Jonas/Schlosser*, ZPO, § 1055 Rn. 5; *Lachmann*, Rn. 1026 f.

[1242] Vgl. *Schwab/Walter*, Kap. 21 Rn. 6; *Musilak/Voit*, ZPO, § 1055 Rn. 1.

[1243] Vgl. *Wagner*, S. 715.

[1244] Vgl. *Stein/Jonas/Schlosser*, ZPO, § 1055 Rn. 6 f.

[1245] Die zudem teilweise als rechtstechnisch verunglückt bezeichnet wird, vgl. *Lachmann*, Rn. 1422.

[1246] BT-Drucks. 13/5274, S. 45; *Lachmann*, Rn. 1403.

schutzes freier gestalten kann als das staatliche Gericht, das an den abschließenden Maßnahmekatalogs der §§ 916 ff. ZPO gebunden ist[1247]. Ein weiteres Problem besteht darin, dass § 1041 Abs. 2 S. 1 ZPO nur einen kleinen Ausschnitt einer Vielzahl möglicher Konstellationen der Parallelität zwischen staatlichem und schiedsrichterlichem einstweiligen Rechtsschutzverfahren regelt[1248] und damit viele Konstellationen unklar bleiben[1249].

Auch die Ermittlung des für den einstweiligen Rechtsschutz zuständigen staatlichen Gerichts kann beim Vorliegen einer Schiedsvereinbarung zu Problemen führen[1250]. So ist das i.S.d. §§ 919 1. Fall, 937 Abs. 1, 943 Abs. 1 ZPO für den einstweiligen Rechtsschutz zuständige staatliche Gericht der Hauptsache nicht auf Anhieb ausfindig zu machen, wenn das Gericht der Hauptsache, d.h. das Gericht, bei dem im Zeitpunkt der Antragstellung die Hauptsache entweder schon anhängig ist oder anhängig zu machen wäre, ein Schiedsgericht ist[1251]. In diesem Fall stellt sich auch die Frage, welches Gericht, das staatliche Gericht oder das Schiedsgericht in Verbindung mit dem Exequaturgericht, für die Aufhebung angeordneter Maßnahmen zuständig ist[1252]. Die mit diesen Fragen verbundene Rechtsunsicherheit kann für die Parteien einer Schiedsvereinbarung Motivation genug sein, sich auf nur einen Weg zur Erlangung einstweiligen Rechtsschutzes zu einigen und den anderen entsprechend auszuschließen[1253].

b) Folgen der Eilkompetenz staatlicher Gerichte für den Sportbereich

Gerade im Sportbereich bedrohen unterschiedliche Beurteilungen ein und desselben Sachverhalts die einheitliche Regeldurchsetzung gegenüber den Sportlern und gefährden somit die Chancengleichheit unter ihnen[1254]. Liegt nun die Kompetenz zur Anordnung einstweiliger Maßnahmen trotz Vereinbarung einer schiedsrichterlichen Streitbeilegung weiterhin bei den verschiedenen staatlichen

---

[1247] Für eine Beurteilung danach, ob der Antragsteller in beiden Verfahren inhaltlich dasselbe Rechtsschutzziel vorgibt, *Bandel*, S. 288.

[1248] Zu den möglichen Konstellationen der Parallelität siehe *Bandel*, S. 288 ff.

[1249] Unklar ist beispielsweise der Fall, dass eine Partei beim staatlichen Gericht zunächst um die Vollziehung einer Maßnahme des Schiedsgerichts ersucht, später aber entweder vor der Entscheidung über die Vollziehung der schiedsrichterlichen Maßnahme oder danach gleichgültig ihres Ergebnisses ebenfalls eine staatliche Maßnahme beantragt, vgl. *Bandel*, S. 289.

[1250] Vgl. *Lachmann*, Rn. 1410; *Stein/Jonas/Schlosser*, ZPO, § 1033 Rn. 3.

[1251] Vgl. OLG München SpuRt 2001, 64 ff.; *Engelbrecht*, AnwBl 2001, 637, 641. Nach einer Ansicht ist dann das Exequaturgericht zuständig, vgl. OLG Hamburg NJW 1997, 749; a.A. OLG Frankfurt a.M., NJW 1959, 1088, 1089; *Bandel*, S. 285; *Stein/Jonas/Schlosser*, ZPO, § 1033 Rn. 3; wohl auch *Lachmann*, Rn. 1410, nach denen das hypothetische Hauptsachegericht, teilweise auch nur mangels entgegenstehenden Parteiwillens, zuständig sein soll.

[1252] Vgl. ausführlich *Bandel*, S. 303 ff.

[1253] Vgl. auch zur nicht unproblematischen Anwendung des § 926 Abs. 2 ZPO *Stein/Jonas/Schlosser*, ZPO, § 1033 Rn. 4.

[1254] Vgl. Erstes Kapitel:D. I.

Gerichten, ist ein Hauptzweck der schiedsrichterlichen Beilegung von Sportstreitigkeiten, die einheitliche Regeldurchsetzung allen Sportlern gegenüber, in diesem in der Praxis bedeutsamen Bereich gefährdet[1255].

Problematisch erscheint darüber hinaus, dass über den Weg des einstweiligen Rechtsschutzes die Gefahr besteht, die Entscheidungskompetenz des Schiedsgerichts auszuhöhlen[1256]. Diesbezüglich wird insbesondere für die im Sportbereich häufig begehrten sog. Leistungs- oder Befriedigungsverfügungen darauf aufmerksam gemacht, dass durch den Erlass einstweiliger Verfügungen durch staatliche Gerichte die Durchführung der beabsichtigten sportschiedsgerichtlichen Verfahren praktisch überflüssig gemacht wird[1257]. Dieses Problem tritt jedoch nur ein, wenn Leistungs- oder Befriedigungsverfügungen in den hier relevanten Sportstreitigkeiten überhaupt zulässig sind. Die überwiegende Ansicht in Rechtssprechung und Literatur bejaht dies zwar grundsätzlich[1258]. Dennoch sind die Anträge der Vereine oder Sportler auf den Erlass einstweiliger Maßnahmen im Wettkampfbereich ganz überwiegend erfolglos. Dies liegt zunächst daran, dass nach h.M. im Hinblick auf die weitgehenden Eingriffe in den Vereins- und Verbandsbetrieb und der möglichen negativen, insbesondere wettbewerbsverzerrenden Folgen für die übrigen Wettbewerbsteilnehmer, äußerste Zurückhaltung bei der Anordnung von Leistungs- oder Befriedigungsverfügungen geboten ist und die staatlichen Gerichte dies in den allermeisten Fällen berücksichtigen[1259]. So kann bei einem erfolgreichen Antrag auf Zulassung zu einem Wettbewerb die einmal gewährte Teilnahme daran nicht mehr rückgängig gemacht werden[1260]. Durch die einmal gewährte Zulassung können auch andere Sportler oder

[1255] Vgl. zur Unterlaufung des mit einem Schiedsverfahren von den Parteien verfolgten Geheimhaltungszwecks, *Krimpenfort*, S. 47 f.

[1256] *Bandel*, S. 276; *Zöller/Geimer*, ZPO, § 1032 Rn. 9.

[1257] *Schlosser*, ZZP 99 (1986), 241, 243; vgl. auch *Bandel*, S. 269 f. Aus diesem Grund wird auch teilweise eine Einschränkung des § 1033 ZPO für Leistungsverfügungen vertreten, vgl. *Bandel*, S. 272.

[1258] Vgl. OLG Frankfurt *Haas/Haug/Reschke*, SportR, Dok. 13 24 21; Dok. 13 24 23; *Stein/Jonas/Grunsky*, ZPO, vor § 935 Rn. 29 a, 31 ff.; *Wax*, S. 25 ff.; *Grunsky*, Einstweiliger Rechtsschutz im Sport, S. 67 ff.; *Röhricht*, Sportgerichtsbarkeit, S. 38; *Engelbrecht*, AnwBl. 2001, 637, 641; vgl. dagegen Genfer tribunal de première instance SpuRt 1996, 166, dass einem Motorsport-Sportler die Teilnahme an einem Weltmeisterschaftswettbewerb auf dem Wege der einstweiligen Verfügung mit der Begründung verwehrt hat, dass die beantragte Maßnahme mit dem materiell-rechtlichen Anspruch verschmelze, dies aber nicht zulässig sei.

[1259] Vgl. *Musilak/Huber*, ZPO, § 940 Rn. 14; *Reichert*, Rn. 1847 ff.; OLG Frankfurt a.M., *Haas/Haug/Reschke*, SportR, Dok. 13 24 21; Dok. 13 24 23; LG Dortmund SpuRt 1998, 32. Ein weiterer Grund für die häufige Ablehnung einstweiliger Maßnahmen ist, als Ausdruck der Vereins- oder Verbandsautonomie, die eingeschränkte Kontrollmöglichkeit vereins- oder verbandsgerichtlicher Entscheidungen durch die staatlichen Gerichte, die ebenso auch im Verfahren des einstweiligen Rechtsschutzes gilt, vgl. dazu *Wax*, S. 17 f.; *Grunsky*, Einstweiliger Rechtsschutz im Sport, S. 65 ff.

[1260] Vgl. auch *Schimke*, Einstweiliger Rechtsschutz im internationalen Sport, S. 59 ff.

Vereine von der Teilnahme verdrängt werden, wodurch der Wettbewerb insgesamt in nicht wieder rückgängig zu machender Weise verfälscht wird[1261]. Daher sind Leistungs- oder Befriedigungsverfügungen mit Auswirkungen auf das Wettkampfgeschehen grundsätzlich unzulässig. Erlangt der Antragsteller nun trotz der gebotenen Zurückhaltung im Einzelfall die Aufhebung einer belastenden Verbandsmaßnahme (etwa die Nominierung eines anderen Sportlers), ist dies häufig nur ein Pyrrhussieg, da die begehrte Verbandsmaßnahme (eigene Nominierung) letztendlich ausbleibt[1262]. Die abstrakte Gefahr der Umgehung der Schiedsvereinbarung besteht mithin aufgrund der Zurückhaltung der staatlichen Gerichte in diesem Bereich nur in geringem Maß.

Die Gefahr einer Wettbewerbsverzerrung hingegen ist durch diese Zurückhaltung der staatlichen Gerichte keineswegs gebannt, da eine unberechtigte Zurückhaltung der staatlichen Gerichte bei dem Erlass der begehrten Maßnahme ebenso zu einer Verzerrung des sportlichen Wettbewerbs führen kann wie ihr unberechtigter Erlass[1263]. Dies verdeutlicht die schwierige Lage in der ein, über das einstweilige Rechtsschutzbegehren eines Sportlers oder Vereins befindender Spruchkörper letztendlich steckt. Gerade hier könnte sich jedoch die bessere Sachkompetenz eines Schiedsgerichts positiv auswirken. Die Frage nämlich, ob ein Antrag auf Erlass einer einstweiligen Verfügung unzulässigerweise auf die Vorwegnahme der Hauptsache gerichtet ist, kann schematisch nicht beantwortet werden[1264]. Bei der anzustellenden Beurteilung der Intensität und der Auswirkungen des absehbaren Schadens bei Erlass oder Nichterlass der beantragten Maßnahme[1265] kommt es maßgeblich auf sporttypische Gesichtspunkte an. So kann zu fragen sein, inwieweit die Teilnahme eines einzelnen Sportlers den konkreten Verlauf eines bestimmten Wettbewerbs individuell beeinflusst, so dass der durch dessen Einflussnahme entstandene Schaden durch eine nachträg-

---

1261 Vgl. OLG Frankfurt a.M. SpuRt 2001, 28 f.

1262 Siehe hierzu den zunächst erfolgreichen Antrag auf Erlass einer einstweiligen Verfügung eines Schwimmers gegen den nationalen Schwimmverband (DSV), ihn statt eines Konkurrenten für die Nominierung zu den Olympischen Spielen vorzuschlagen, woraufhin das letztendlich für die Nominierung zuständige Nationale Olympische Komitee (NOK) dennoch den Konkurrenten nominierte, siehe dazu OLG München *Haas/Haug/Reschke*, SportR, Dok. 13 38 2. Einen ähnlichen Verlauf nahm das Begehren eines Kanusportlers seine Nominierung zu den Olympischen Sommerspielen 1992 zu erreichen, siehe OLG Frankfurt a.M. *Haas/Haug/Reschke*, SportR, Dok. 13 22 1; vgl. dazu auch *Wax*, S. 18 f.; vgl. auch die Stellungnahme des Deutschen Olympiakomitees für Reiterei (DOKR) anlässlich der einstweiligen Verfügung der Reiterin Meredith Michaels-Beerbaum zur Erreichung ihrer Olympiateilnahme in Athen gegenüber der FAZ, wonach man die Reiterin bei einem gerichtlichen Erfolg zwar dem NOK vorgeschlagen hätte, Letzteres die Reiterin aber unter Berufung auf die Nominierungskriterien nicht nominiert hätte, vgl. FAZ vom 20.7.2004, S. 29.

1263 Vgl. *Wax*, S. 23 f.; *Grunsky*, Einstweiliger Rechtsschutz im Sport, S. 68.

1264 Vgl. *Schimke*, Einstweiliger Rechtsschutz im internationalen Sport, S. 61.

1265 Vgl. OLG Frankfurt a.M. *Haas/Haug/Reschke*, SportR, Dok. 13 24 21; *Schimke*, Einstweiliger Rechtsschutz im internationalen Sport, S. 61; *ders.*, SpuRt 1996, 168.

liche Disqualifizierung nicht mehr wieder gutzumachen ist. Ob ein Wettbewerb durch die Teilnahme eines einzelnen Teilnehmers in irreparabler Weise beeinflusst wird, hängt von den unterschiedlichsten Faktoren ab. Ein beschränktes Teilnehmerfeld z.B. führt regelmäßig zu irreparablen Konsequenzen, da die Zulassung des Antragstellers zugleich mit der Nichtzulassung eines anderen Konkurrenten verbunden ist[1266]. Ein offenes Teilnehmerfeld hingegen ist diesbezüglich weniger problematisch[1267]. Daneben können aber auch weitere sportspezifische Faktoren zu berücksichtigen sein. Eine durch den eigentlich nicht startberechtigten Teilnehmer verursachte Behinderung eines Konkurrenten oder gar dessen Ausfall beispielsweise ist grundsätzlich nachträglich nicht mehr zu beheben[1268]. Ob eine beantragte Maßnahme dennoch anzuordnen ist, kann nun von der Beurteilung abhängen, wie häufig es in einer bestimmten Sportart oder einem bestimmten Wettbewerbsmodus zu derartigen individuellen, irreparablen Auswirkungen kommen kann. Gerade in Einzeldisziplinen kann hier eine sehr differenzierte Betrachtungsweise erforderlich sein. So können beispielsweise in den Laufdisziplinen der Leichtathletik die zurückzulegende Distanz oder die regelmäßig zu erwartende Laufdramaturgie zu berücksichtigen sein. Diesbezüglich kann eine sportspezifische Fachkenntnis des Spruchkörpers von besonderem Nutzen sein. Dieser wesentliche Vorteil der schiedsrichterlichen Streitbeilegung[1269] spricht somit gerade im einstweiligen Rechtsschutz, angesichts der kurzen zur Verfügung stehenden Zeit und der schwierig anzustellenden, von sportspezifischen Faktoren abhängigen, Wertungen, für den schiedsrichterlichen einstweiligen Rechtsschutz.

c) Zwischenergebnis

Zu dem allgemeinen Interesse aus praktischer Sicht nur einen Weg für Maßnahmen des einstweiligen Rechtsschutzes zu beschreiten, spricht im Sportbereich einiges dafür, dem schiedsrichterlichen einstweiligen Rechtsschutz den Vorzug zu gewähren. Dafür lässt sich zunächst, gerade in diesem praktisch bedeutsamen Bereich, das Bedürfnis nach einheitlicher Durchsetzung der Sportregelwerke anführen, die durch die Zuständigkeit der staatlichen Gerichte gefährdet wird. Darüber hinaus drohen im Einzelfall durch eine Anrufung der staatlichen Gerichte im einstweiligen Rechtsschutz gerade im Hinblick auf die im Sportbereich beantragten Leistungsverfügungen Wettbewerbsverzerrungen. Hier kann sich die bessere Sachkompetenz des Schiedsgerichts gerade aufgrund der gebotenen Eile und der schwierig anzustellenden Einzelfallbetrachtung unter maßgeblicher Berücksichtigung sportspezifischer Wertungen positiv auswirken.

[1266] Vgl. OLG Düsseldorf, Beschluss vom 4.8.1995, Az.: 7 W 61/95.

[1267] Vgl. OLG Frankfurt, *Haas/Haug/Reschke*, SportR, Dok. 13 24 21; siehe auch *Grunsky*, S. 69 f.

[1268] Vgl. OLG Düsseldorf, Beschluss vom 4.8.1995, Az.: 7 W 61/95.

[1269] Vgl. Viertes Kapitel:A. II.

Diesem Ergebnis versuchen Schiedsordnungen aus dem Sportbereich zu entsprechen[1270]. Während einige lediglich die Möglichkeit schiedsrichterlichen einstweiligen Rechtsschutzes vorsehen[1271], enthalten andere einen Ausschluss des staatlichen einstweiligen Rechtsschutzes[1272]. Die mit der Parallelkompetenz von schiedsrichterlichem und staatlichem einstweiligen Rechtsschutz dargestellten allgemeinen und im Sportbereich besonderen Probleme werfen in der Tat die Frage auf, ob sich die Parteien der Schiedsvereinbarung auf einen Weg zur Erlangung einstweiligen Rechtsschutzes einigen können und ob es sich dabei auch um den schiedsrichterlichen einstweiligen Rechtsschutz handeln kann.

4. Ausschluss des schiedsrichterlichen einstweiligen Rechtsschutzes

Nach dem Vorrang der Parteivereinbarung gem. § 1041 Abs. 1 ZPO können die Parteien den schiedsrichterlichen einstweiligen Rechtsschutz ausschließen[1273]. Diese Möglichkeit beseitigt zwar teilweise die aufgrund der Parallelität zweier Verfahren entstehenden Probleme, lässt aber insbesondere das aus sportlicher Sicht schwerwiegendere Problem der Gefahr uneinheitlicher Regelanwendung und Wettbewerbsverzerrungen unberührt. Daher stellt sich die Frage, ob die dargestellte Parallelität von schiedsrichterlichem und staatlichem einstweiligen Rechtsschutz nur durch einen Ausschluss des schiedsrichterlichen Rechtsschutzes beseitigt werden kann oder ob auch der staatliche einstweilige Rechtsschutz durch eine dahingehende Vereinbarung der Parteien ausgeschlossen werden kann. Da § 1033 ZPO diesbezüglich schweigt, wird die Möglichkeit eines Ausschlusses staatlichen einstweiligen Rechtsschutzes durch die Parteien kontrovers diskutiert[1274].

[1270] Vgl. Art. R37 CAS-VO; Art. 14 CAS-ad-hoc-VO; § 7 Abs. 2 der Schiedsordnung für die Athletenvereinigung des DLV.

[1271] Vgl. § 7 Abs. 2 der Schiedsordnung für die Athletenvereinigung des DLV.

[1272] Vgl. Art. R37 CAS-VO für Eilmaßnahmen im Berufungsverfahren. Im ordentlichen Verfahren hingegen ist ein solcher Ausschluss nicht vorgesehen, vgl. dazu *Roth*, Einstweiliger Rechtsschutz im internationalen Sport, S. 39 ff. In Bezug auf innerschweizerische Streitigkeiten ist Art. R37 CAS-VO widerrechtlich, da nach dem zwingenden Art. 26 SchKonk die staatlichen Gerichte exklusiv für die Anordnung vorsorglicher Maßnahmen zuständig sind und abweichende Parteivereinbarungen unwirksam sind, vgl. *Schilling*, S. 149; *Roth*, a.a.O., S. 40.

[1273] Vgl. ausführlich *Bandel*, S. 16 ff.; *Krimpenfort*, S. 37 ff.; *Lachmann*, Rn. 1402.

[1274] Vgl. ausführlich *Bandel*, S. 309 ff.; *Krimpenfort*, S. 41 ff.

5. *Ausschluss staatlichen einstweiligen Rechtsschutzes*[1275]

Eine Schiedsvereinbarung führt nicht zum Ausschluss des staatlichen einstweiligen Rechtsschutzes. Dies ergibt sich nach neuem Recht aus der in § 1033 ZPO grundsätzlich angeordneten Parallelkompetenz zwischen schiedsrichterlichem und staatlichem einstweiligen Rechtsschutz[1276]. Aber auch unter der Geltung des alten Schiedsverfahrensrechts, wonach Schiedsgerichte nach h.M. gar nicht befugt waren einstweilige Maßnahmen zu erlassen[1277], bestand Einigkeit in Rechtsprechung und Literatur, dass eine Schiedsvereinbarung nicht zum Ausschluss des staatlichen einstweiligen Rechtsschutzes führt[1278]. Begründet wurde dies einerseits damit, dass die Verhältnisse, die einstweilige Maßnahmen nötig werden lassen, für die Parteien nicht vorhersehbar seien, andererseits dann aber im Falle ihrer Notwendigkeit das Erfordernis nach raschem Eingreifen bestehe[1279]. Diese Argumentation erscheint überzeugend angesichts der Tatsache, dass Schiedsgerichte einstweilige Maßnahmen nach h.M. gar nicht treffen konnten. Umso bemerkenswerter ist es aber, dass das OLG Marienwerder bereits 1918 eine ausdrückliche Vereinbarung der Parteien, den staatlichen einstweiligen Rechtsschutz auszuschließen, als zulässig erachtet hat[1280]. Die wohl überwiegende Ansicht in der Literatur hält einen vollständigen Ausschluss des staatlichen einstweiligen Rechtsschutzes hingegen sowohl unter Geltung des alten Rechts als auch nach neuem Recht für unwirksam[1281]. Begründet wird diese Ansicht mit dem durch den Verzicht auf staatlichen einstweiligen Rechtsschutz entstehenden Rechtsschutzdefizit[1282]. Dieses wird teilweise dahingehend näher konkretisiert, dass die Maßnahmen eines möglicherweise erst zu bildenden Schiedsgerichts zusätzlich noch der Vollstreckbarerklärung durch das staatliche Gericht

---

1275 Im Folgenden soll eine Ausschlussvereinbarung mit prozessualer Wirkung untersucht werden, d.h. einer Vereinbarung der Parteien, aufgrund derer sich ein wegen einer einstweiligen Maßnahme angerufenes staatliches Gericht ohne Prüfung in der Sache für unzuständig erklärt, vgl. dazu und zu weiteren Möglichkeiten einer Ausschlussvereinbarung zur Verhinderung einer Antragstellung, *Bandel*, S. 310 f. m.w.N; allgemein zur Wirkung von Prozessverträgen, *Wagner*, S. 212 ff.

1276 Vgl. Viertes Kapitel:B. II. 2.

1277 Vgl. Viertes Kapitel:B. II. 1.

1278 BGH NJW 1994, 136 f.; LG Frankfurt a.M. NJW 1983, 761 ff., DNotZ 1952, 40, 41; RG SeuffA. 75, 348. OLG München SpuRt 2001, 64, 65; *Schütze*, BB 1998, 1650; *Vollkommer*, NJW 1983, 726, 727.

1279 Vgl. RG SeuffA. 75, 348; zustimmende Anm. *Rosenthal*, JW 1921, 251.

1280 OLG Marienwerder, LZ 1919, S. 501; wohl auch LG Duisburg RIW 1989, 58; OLG Frankfurt a.M. SpuRt 2001, 28 ff.; *Haas/Haug/Reschke*, SportR, Dok. 13 24 21.

1281 *Berger*, Internationale Wirtschaftsschiedsgerichtsbarkeit, S. 245; *Krimpenfort*, S. 59 f.; *Lachmann*, Rn. 1402; MünchKommZPO/*Münch*, § 1033 Rn. 14; *Musilak/Voit*, ZPO, § 1033 Rn. 3; *Röhricht*, Sportgerichtsbarkeit, S. 37; *Stein/Jonas/Schlosser*, ZPO, § 1033 Rn. 1; *Thümmel*, DZWiR 1997, 133, 135; *Vollkommer*, RdA 1982, 16, 22; *ders.*, NJW 1983, 726.

1282 *Berger*, Internationale Wirtschaftschiedsgerichtsbarkeit, S. 245; *Krimpenfort*, S. 58 f.; *Thümmel*, DZWir 1997, 133, 135.

bedürfen, während die staatlichen Gerichte oftmals binnen weniger Stunden nach Einreichung eines Antrages einstweilige Maßnahmen gewähren können[1283]. Die Vereinbarung eines gegenüber dem staatlichen einstweiligen Rechtsschutz defizitären schiedsrichterlichen einstweiligen Rechtsschutzes sei aber angesichts des verfassungsrechtlich verankerten Anspruchs auf effektiven Rechtsschutz nicht möglich[1284]. Nach einer im Vordringen befindlichen Ansicht in der Literatur ist eine Vereinbarung der Parteien, den staatlichen einstweiligen Rechtsschutz auszuschließen, grundsätzlich zulässig[1285]. Für die grundsätzliche Zulässigkeit solcher Vereinbarungen spreche die Bedeutung der verfassungsrechtlich im Rahmen der allgemeinen Handlungsfreiheit gewährleisteten Privatautonomie[1286]. Ausgehend davon wird teilweise auf die Zulässigkeit einer privatautonomen Beschränkung oder eines Ausschlusses der Klagbarkeit eines Anspruchs abgestellt, um in einem erst-recht-Schluss die Zulässigkeit eines Ausschlusses des einstweiligen staatlichen Rechtsschutzes zu begründen[1287]. Im Mittelpunkt der Frage nach der Zulässigkeit einer Vereinbarung, den staatlichen einstweiligen Rechtsschutzes auszuschließen, steht somit die allgemeine Frage nach der Bedeutung und dem Umfang der Privatautonomie im Prozessrecht[1288]. Während früher die Ansicht vorherrschend war, dass Dispositionen über prozessuale Befugnisse generell unzulässig seien[1289], kann die Klagbarkeit eines Anspruchs nach heute überwiegender Ansicht gänzlich durch eine entsprechende

---

1283 Vgl. *Lachmann*, Rn. 1405.

1284 *Krimpenfort*, S. 59; *Stein/Jonas/Schlosser*, ZPO, § 1033 Rn. 1; *Vollkommer*, RdA 1982, 16, 22; *ders.*, NJW 1983, 726, 727; so auch im Hinblick auf eine Vereinbarung, dass vorläufiger Rechtsschutz ausschließlich dem zuständigen staatlichen Gericht am Sitz des Schiedsgerichtes (Stockholm) zugewiesen sein soll, OLG Köln GRUR-RR 2002, 309, 310.

1285 *Adolphsen*, Internationale Dopingstrafen, S. 579 ff.; *Bandel*, S. 323 ff.; *Engelbrecht*, AnwBl. 2001, 638, 641; *Lindacher*, ZGR 1979, 201, 214; *Schütze*, Schiedsgericht und Schiedsverfahren, Rn. 235; *ders.*, BB 1998, S. 1650; *Wolf*, DB 1999, 1001, 1103; *Oschütz*, S. 416; *ders.*, Schiedsgerichtsbarkeit im Sport, S. 43, 55 ff.; scheinbar auch OLG Frankfurt a.M. *Haas/Haug/Reschke*, SportR, Dok. 13 24 21.

1286 *Bandel*, S. 323 ff.; *Schütze*, BB 1998, S. 1650.

1287 *Adolphsen*, SpuRt 2000, 158, 159; *Lindacher*, ZGR 1979, 201, 214; vgl. auch *Niese*, Verträge über Prozesshandlungen, S. 91 ff.; *Schlosser*, Einverständliches Parteihandeln, S. 73; *Wagner*, S. 421; die jeweils im Zusammenhang mit der Möglichkeit des dauernden Klageverzichts auch die Möglichkeit, Rechtsbehelfe des einstweiligen Rechtsschutzes auszuschließen, andeuten.

1288 Nach *Wagner* lassen sich die verschiedenen Ansichten zur Zulässigkeit von Prozessverträgen danach einteilen, in welchem Umfang sie der Privatautonomie im Prozessrecht Raum geben, S. 48 f; zu den verschiedenen Ansätzen vgl. S. 49 ff.

1289 *Bülow*, AcP 64, 1, 62 ff.; *Hellwig*, System I, § 151 I, S. 451. Um dennoch zur Zulässigkeit von Vereinbarungen über prozessuale Befugnisse zu gelangen, bediente man sich teilweise der Umdeutung derartiger Vereinbarungen in materiellrechtliche Verpflichtungsverträge, vgl. für den antizipierten Rechtsmittelverzicht *Oertmann*, ZZP 45, 389, 419 ff., 424 ff.; für das Klagerücknahmeversprechen *Barz*, S. 13 ff.

Vereinbarung der Parteien abbedungen werden[1290]. Die allgemeine Handlungsfreiheit, auf die sich derartige privatautonome Vereinbarungen zurückführen lassen, ist jedoch nicht schrankenlos gewährleistet, sondern findet ihre Grenzen wiederum in der gesamten verfassungsrechtlichen Ordnung.

Daher soll zunächst untersucht werden, inwieweit der staatliche einstweilige Rechtsschutz unverzichtbar verfassungsrechtlich garantiert ist. Dies lässt sich in folgende Etappen aufteilen. Zunächst ist die Frage der verfassungsmäßigen Verankerung des staatlichen einstweiligen Rechtsschutzes zu klären[1291]. Sodann, falls es sie gibt, gilt es die Frage zu beantworten, in welchem Umfang der staatliche einstweilige Rechtsschutz verfassungsrechtlich geboten ist[1292] und insbesondere, ob dieser Umfang einer privatautonomen Ausschlussvereinbarung zugunsten des schiedsrichterlichen einstweiligen Rechtsschutzes entgegensteht[1293].

a) Verfassungsrechtliche Verankerung des einstweiligen Rechtsschutzes

Das Grundgesetz garantiert die Gewährung einstweiligen Rechtsschutzes in Zivilsachen nicht ausdrücklich. Dennoch besteht in Rechtsprechung[1294] und Literatur[1295] Einigkeit, dass das Grundgesetz gerichtlichen Rechtsschutz nicht nur gegen Akte öffentlicher Gewalt, sondern auch in Zivilsachen gewährt[1296]. Nur über die genaue Verankerung herrscht Uneinigkeit. Sie wird teilweise im Rechtsstaatsprinzip[1297], teilweise in den materiellen Grundrechten[1298] gesehen[1299]. Inhalt der verfassungsrechtlichen Garantie zur Gewährung gerichtlichen Rechtsschutzes ist ein Gebot zur Gewährung effektiven oder wirkungsvollen Rechtsschut-

---

1290 RG JW 1930, 1062; BGH NJW-RR 1989, 1048, 1049; NJW 1982, 2072, 2073; 1984, 669 f.; OLG Hamburg ZZP 50 (1926), S. 312 f.; OLG Celle NJW 1971, 288, 289; *Grunsky*, Grundlagen des Verfahrensrechts, S. 158 f.; *Rahmann*, S. 54; *Stein/Jonas/Schumann*, ZPO, Einl. Vor § 253 III Rn. 90.

1291 Vgl. Viertes Kapitel:B. II. 5. a) , b).

1292 Vgl. Viertes Kapitel:B. II. 5. c) .

1293 Vgl. Viertes Kapitel:B. II. 5. d) .

1294 BVerfGE 37, 132, 148; 49, 244, 251; 50, 1; 51, 146; 52, 203; 53, 115, 127; 54, 277, 291; 82, 126, 155; 84, 366, 369; 85, 337, 345; 88, 118, 123 f.; 96, 27, 39 ; BVerfG NJW 2000, 797 ; 2001, 214.

1295 Grundlegend *Dütz*, S. 133 f.; *Maunz/Dürig/Schmidt-Aßmann*, GG, Art. 19 Abs. 4 Rn. 16; *Stürner*, in FS Bauer, S. 647, 649.

1296 Noch zweifelnd BVerfGE 8, 174, 181.

1297 BVerfGE 54, 277, 291; 74, 228, 233; 82, 126, 155; 85, 337, 345; *Dütz*, S. 95 ff.; *Maunz/Dürig/Schmidt-Aßmann*, GG, Art. 19 Abs. 4 Rn. 16.

1298 BVerfGE 37, 132, 148; 49, 244, 251; 53, 115, 127; 80, 102, 107; 84, 366, 369; 88, 118, 123 f.

1299 Auch aus Art. 6 EMRK wird ein subjektives Recht auf wirkungsvollen Rechtsschutz abgeleitet. Eine Konkretisierung dieses Gebots lässt sich Art. 6 EMRK jedoch nicht entnehmen, vgl. *Bandel*, S. 316, 317.

zes[1300]. Ist es mithin, unabhängig von der genauen Anknüpfung, einhellige Ansicht, dass ein Gebot zur Gewährung effektiven und wirkungsvollen Rechtsschutzes im Bereich des Zivilrechts existiert, stellt sich die Frage, was genau unter effektivem oder wirkungsvollem Rechtsschutz zu verstehen ist.

b) Konkretisierung des Rechts auf effektiven Rechtsschutz

Ist die private Gewaltanwendung, das Faustrecht, zur Durchsetzung von Rechten, bei der oftmals nicht der Berechtigte, sondern der Stärkere als Sieger hervorgeht[1301], nicht mit rechtsstaatlichen Grundsätzen vereinbar und daher grundsätzlich untersagt[1302], muss der Staat dem Einzelnen bei der Durchsetzung seines Rechts helfend zur Seite stehen. Ist die Rechtslage aber unklar, besteht bei sofortiger Durchsetzung des behaupteten Rechts der einen Seite die Gefahr möglicherweise Rechte der anderen Seite zu beeinträchtigen. Da aber jedenfalls das Recht Gegenstand des (Rechts)schutzes ist, muss im Mittelpunkt jedes Verfahrens zur Gewährung von Rechtsschutz grundsätzlich die Feststellung der Rechtslage stehen. Das Gebot nach effektivem oder wirkungsvollem Rechtsschutz verlangt somit primär nach einem Verfahren, dass die Möglichkeit bietet, Gewissheit über die Rechtslage zu erlangen. Effektivität in zeitlicher Hinsicht ist demgegenüber grundsätzlich nachgeordnet. Im Sinne des Rechtsfriedens und der Rechtssicherheit ist das Verfahren zur Feststellung der Rechtslage jedoch möglichst schnell zu gestalten. Somit fordert das Gebot nach effektivem Rechtsschutz grundsätzlich ein Verfahren, das strittige Rechtsverhältnisse in angemessener Zeit klärt[1303]. Die Feststellung eines Rechtes, auch wenn sie in angemessener Zeit erfolgt, nützt dem Berechtigten freilich dann nichts, wenn es innerhalb dieser angemessenen Zeit nutzlos oder wertlos geworden ist. Daraus folgt, dass der Gesetzgeber vorläufigen Rechtsschutz gewähren muss, wenn ohne ihn unzumutbare, anders nicht abwendbare Nachteile entstünden, die bei Erfolg in der Hauptsache nicht mehr beseitigt werden könnten[1304]. Daher gehört zum effektiven Rechtsschutz, den Bestand eines Rechtes und seine Verwirklichung in bestimmten Fällen einstweilig zu sichern. Auch dies leistet einen Beitrag dazu, der Selbsthilfe durch die Parteien vorzubeugen[1305]. Erfasst mithin das Gebot zur Gewährung effektiven Rechtsschutzes auch den Auftrag an den Normgeber, in be-

---

[1300] BVerfGE 54, 277, 291; 82, 126, 155; 85, 337, 345; 88, 118, 123 f.; 96, 27, 39; *Maunz/Dürig/Schmidt-Aßmann*, GG, Art. 19 Abs. 4 Rn. 16; *Dütz*, S. 104 ff.; 111, 113, 115, 281 ff.; *Wagner*, S. 63, 407 f.

[1301] *Lüke*, Rn. 1.

[1302] Selbsthilfe ist aber dem Einzelnen in Ausnahmefällen gestattet, wenn dies zur Abwendung eines Rechtsverlustes zwingend geboten ist (§§ 227 bis 229, 562 b, 859, 904, 962 BGB).

[1303] BVerfG NJW 1997, S. 2811 f.; 2000, 797; *Bandel*, S. 319; *Dütz*, S. 122 ff.; *Maunz/Dürig-Schmidt-Aßmann*, GG, Art. 19 Abs. 4 Rn. 262 f.; *Otto*, Der Anspruch auf ein Verfahren innerhalb angemessener Zeit.

[1304] BVerfGE 35, 263, 274; 46, 166, 179; 65, 1 70; 79, 69, 74 f.; 93, 1, 13; 94, 166, 194, 216.

[1305] *Heinze*, S. 569 ff.

stimmten Fällen einstweiligen Rechtsschutz zu ermöglichen, ist damit aber noch nichts über seinen verfassungsmäßig gebotenen Umfang und eventuell bestehende parteiautonome Dispositionsmöglichkeiten ausgesagt.

c) Verfassungsmäßig gebotener Umfang einstweiligen Rechtsschutzes

Teilweise wird der schwierige Versuch unternommen, den verfassungsmäßig gebotenen Umfang einstweiligen Rechtsschutzes näher zu bestimmen[1306]. Auszugehen sei davon, dass jeder Eingriff zugunsten einer Seite, der sich auf eine unsichere Rechtslage stützt, die Gefahr mit sich bringt, Rechte der anderen Seite zu verletzen. Aus § 945 ZPO sei zu folgern, dass es im grundsätzlich weiten Gestaltungsspielraum des Gesetzgebers liege, dem Kläger statt dem Beklagten, die einstweilige Durchsetzung eines Rechts in der Regel zu verweigern und ihn auf Sekundäransprüche zu verweisen[1307]. Ausgehend davon sei der Gesetzgeber bei der in seinem Gestaltungsspielraum liegenden Regelung des staatlichen einstweiligen Rechtsschutzes gem. §§ 916 ff. ZPO über den verfassungsrechtlich gebotenen Umfang hinausgegangen. Daher seien Ausschlussvereinbarungen, die hinter dem staatlichen einstweiligen Rechtsschutz zurückbleiben, nicht per se wegen eines Verstoßes gegen das Gebot zur Gewährung effektiven Rechtsschutzes unzulässig, sondern im Einzelfall zu prüfen[1308]. Diese Ansicht liegt scheinbar auch einem Beschluss des BFH zu der in den § 361 Abs. 2 Satz 4 AO 1977 und in § 69 Abs. 2 FGO i.d.F. des JStG 1997 enthaltenen Beschränkung der Möglichkeit, die Vollziehung eines Steuerbescheides auszusetzen oder aufzuheben, zu Grunde. Danach habe das JStG 1997 zur Folge, dass ein Steuerpflichtiger die einstweilige Erstattung vorgeleisteter Steuerbeträge nur in Ausnahmefällen erreichen könne, selbst wenn sein Rechtsbehelf aussichtsreich ist. Diese einseitige Gewichtung zu Gunsten der staatlichen Interessen und der damit verbundenen Einschränkung des vorläufigen Rechtsschutzes sei nach Ansicht des BFH keine Verletzung der aus Art. 19 Abs. 4 GG folgenden Garantie zur Gewährung effektiven Rechtsschutzes[1309]. Danach ist es folglich ausreichend, den Steuerpflichtigen, von Härtefällen abgesehen, auf Erstattungszinsen zu verweisen. Somit spricht doch einiges dafür, dass die §§ 916 ff. ZPO nicht den verfassungsrechtlich gebotenen Umfang einstweiligen Rechtsschutzes darstellen, sondern darüber hinausgehen. Daher erscheint die Vereinbarung eines hinter den §§ 916 ff. ZPO zurückbleibenden schiedsrichterlichen einstweiligen Rechtsschutzes nicht per se ausgeschlossen, da möglicherweise der Schutzbereich des Gebots zur Gewährung effektiven Rechtsschutzes noch gar nicht berührt ist. Ohne diese Grenze nun genau bestimmen zu wollen, bleibt weiterhin

---

[1306] *Bandel*, S. 319 f.; *Vogg*, S. 51 f.

[1307] *Bandel*, S. 320; *Vogg*, S. 52.

[1308] *Bandel*, S. 321.

[1309] BFH DStR 2000, 153.

fraglich, ob auch eine Einschränkung des verfassungsrechtlichen Gebots zur Gewährung effektiven Rechtsschutzes in Zivilsachen möglich ist.

d) Privatautonome Einschränkungsmöglichkeit des Gebots zur Gewährung effektiven Rechtsschutzes

Vereinbarungen zwischen Parteien, auf gerichtliche Hilfe zu verzichten, finden sich in vielen Sachzusammenhängen. Im Arbeitsrecht steht die Ausgleichsquittung im Mittelpunkt der Diskussion, im Patentrecht wird über die Nichtangriffsabrede gestritten. Darüber hinaus existiert eine Reihe von weiteren, unterschiedlich bezeichneter Möglichkeiten, wie das pactum de non petendo, der Nichtangriffspakt, das Stillhalteabkommen, der Rechtswegausschluss, der Klageverzicht oder der Ausschluss der Klagbarkeit, um das eingangs beschriebene Ziel auf unterschiedlichem Weg zu erreichen[1310]. Möchte man die Zulässigkeit solcher Vereinbarungen im Hinblick auf das Gebot zur Gewährung effektiven Rechtsschutzes untersuchen, fällt zunächst auf, dass sich die Ausschlussvereinbarungen allesamt nicht unmittelbar an den zur Gewährung effektiven Rechtsschutzes verpflichteten Staat richten, sondern Vereinbarungen unter Privaten darstellen.

aa) Zulässigkeit grundrechtseinschränkender Abreden Privater

Nach Art. 9 Abs. 3 Satz 2 GG sind Abreden zwischen Privaten, die das Recht der Vereinigungsfreiheit einschränken oder zu behindern versuchen, nichtig. Ein solches ausdrückliches Verbot von Abreden Privater, die das Gebot zur Gewährung effektiven Rechtschutzes einschränken, sucht man im Grundgesetz vergeblich. Dies kann aber angesichts seiner umstrittenen Verortung innerhalb des Grundgesetzes nicht weiter verwundern. Auch Art. 6 EMRK hält keinen ausdrücklichen Hinweis diesbezüglich bereit.

Nach h.M. muss auf allgemeine Erwägungen über die Funktion der Grundrechte sowie insbesondere des in Frage stehenden Grundrechts zurückgegriffen werden, wenn eine explizite Regelung hinsichtlich einer Einschränkungsmöglichkeit durch private Abreden fehlt[1311]. Diesbezüglich lassen sich zwei Ansätze unterscheiden[1312]. Ein Ansatz begreift die Grundrechte als individuelle Freiheitsrechte des Bürgers gegen den Staat. Der Verzicht auf eine Grundrechtsposition kann aus diesem Verständnis heraus als Akt der Freiheitsausübung betrachtet werden, so dass er grundsätzlich als zulässig erachtet werden muss[1313]. Nach einem anderen Ansatz sind die Grundrechte wertentscheidende Grundsatznormen der gesamten Rechtsordnung[1314]. Da sie mithin über den Schutz des einzelnen Bürgers

---

[1310] Vgl. *Wagner*, S. 391.

[1311] Vgl. *Pieroth/Schlink*, Rn. 146.

[1312] Vgl. grundsätzlich *Böckenförde*, NJW 1974, 1529.

[1313] Vgl. *Dürig*, AöR 1956, 117, 152; *Geiger*, NVwZ, 173, 192 ff.

[1314] Vgl. BVerfGE 7, 198.

hinausgehen, können sie nicht zu dessen Disposition stehen[1315]. So strikt diese grundsätzlichen Ansätze klingen mögen, so machen sie doch beide in ihrer konkreten Anwendung Ausnahmen, so dass im Ergebnis beide die Frage der Verzichtbarkeit nicht pauschal beantworten, sondern auf den Einzelfall abstellen. Nach der Rechtsprechung des BVerfG, wonach die Grundrechte sowohl Abwehrrechte des Einzelnen als auch Elemente objektiver Ordnung sind, sind daher beim Grundrechtsverzicht auch beide Elemente zu berücksichtigen. Demnach darf die Verfügungsbefugnis des Einzelnen einerseits nicht zu einem Totalverzicht führen, andererseits darf die Freiheitsverwirklichung des Einzelnen nicht von vorhinein ausgeschlossen werden. Die Frage der Verzichtsmöglichkeit kann mithin auch nach der Rechtsprechung des BVerfG nicht allgemein beantwortet werden, sondern bedarf einer Betrachtung im Einzelfall. Dabei sind beide der eingangs erwähnten Ansätze einzubeziehen. So ist der Verzicht auf ein Grundrecht, das vornehmlich der persönlichen Entfaltungsfreiheit dient, eher möglich als wenn es in erster Linie Ausdruck der objektiven Werteordnung ist. Als weiteres Kriterium für die Beurteilung der Zulässigkeit eines Grundrechtsverzichts wird auch die Schwere eines Eingriffs genannt[1316].

(1) Gebot zur Gewährung effektiven Rechtsschutzes als Ausdruck individueller Freiheitsverwirklichung

Teilweise wird versucht, das Gebot zur Gewährung effektiven Rechtsschutzes des Einzelnen gegen den Staat umgekehrt in ein an den Bürger gerichtetes Verbot parteiautonomer Dispositionen über die Modalitäten des Rechtsschutzes zu wenden[1317]. Zur Begründung wird angeführt, dass das Gebot effektiven Rechtsschutzes insbesondere wichtigen Belangen und Rücksichten der staatlichen Gemeinschaft diene[1318], also Ausdruck der objektiven Werteordnung sei und mithin eine privatautonome Verzichtsmöglichkeit nicht in Frage kommt. Zuzustimmen ist dieser Ansicht insoweit, als dass der Zivilprozess auch objektiven Allgemeininteressen, wie der Bewährung der Rechtsordnung und der Sicherung des Rechtsfriedens durch einen weitgehenden Ausschluss der Selbsthilfe, dient. Diese Allgemeininteressen sind jedoch nicht Primärziele, sondern der Verwirklichung subjektiver privater Rechte nachgeordnet[1319]. Dieser Vorrang der Verwirklichung subjektiver Rechte gegenüber den Allgemeininteressen zeigt sich beispielsweise in dem Umstand, dass sich die Rechtsordnung erst bewähren kann, wenn eine Partei einen Rechtsstreit einleitet. Aber auch danach unterliegt

---

[1315] Vgl. *Sturm*, in FS Geiger, S. 173, 192 ff.

[1316] Vgl. *Sachs*, VerwArch 1985, 398, 422 ff.

[1317] *Dütz*, S. 156 ff.; vgl. dazu auch *Krimpenfort*, S. 54 ff., der untersucht, ob es sich bei den §§ 916 ff. ZPO um zwingende Prozessvorschriften handelt.

[1318] *Dütz*, S. 158; *Jeong-Ha*, S. 146..

[1319] *Bandel*, S. 324; *Bülow*, AcP 64, 1, 12 f.; *Krimpenfort*, S. 56 f.; *Rosenberg/Schwab/Gottwald*, § 1 II, S. 3 ff.; *Wagner*, S. 60.

der Streitgegenstand weiterhin in den weiten Grenzen der Dispositionsmaxime der Bestimmung durch die Parteien. Würde man nun die der Verwirklichung subjektiver privater Rechte nachgeordneten Allgemeininteressen zur generellen Begrenzung der privatautonomen Handlungsmöglichkeiten im Zivilprozess erklären, würde man die vorgegebene Rangfolge in ihr Gegenteil verkehren. Privatautonome Handlungsmöglichkeiten im Zivilprozess sind jedoch keine Ausnahme der umfassend gedachten verfassungsrechtlichen Rechtsschutzgarantie, sondern umgekehrt Ausdruck verfassungsrechtlicher Freiheitsverbürgung[1320]. Dient das Gebot zur Gewährung effektiven Rechtsschutzes im Privatrecht somit in erster Linie der persönlichen Entfaltungsfreiheit des Einzelnen, spricht dies gleichzeitig für die grundsätzliche Möglichkeit seiner Einschränkung durch private Abreden[1321].

(2) Kein schwerwiegender Eingriff in das Gebot zur Gewährung effektiven Rechtsschutzes durch eine Ausschlussvereinbarung

Die Reichweite des durch eine Ausschlussvereinbarung bewirkten Eingriffs in das Gebot zur Gewährung effektiven Rechtsschutzes wird in zweierlei Hinsicht begrenzt. Zunächst kann eine Ausschlussvereinbarung nicht dazu führen, den staatlichen Rechtsschutz gänzlich auszuschließen, da die staatlichen Gerichte weiterhin befugt und auch verpflichtet sind, die Wirksamkeit der Ausschlussvereinbarung selbst zu überprüfen. Darüber hinaus ist eine Ausschlussvereinbarung in dem hier diskutierten Sinne stets mit der Gewährung schiedsrichterlichen einstweiligen Rechtsschutzes verbunden, der zudem mit den staatlichen Gerichten eng verzahnt ist[1322]. Daher führt ein Ausschluss staatlichen einstweiligen Rechtschutzes keineswegs zu einem Totalverzicht auf das Gebot zur Gewährung effektiven Rechtsschutzes sondern höchstens zu einem Teilverzicht[1323]. Wie groß dieser Teilverzicht und damit auch die Schwere eines Verzichts auf das Gebot zur Gewährung effektiven Rechtsschutzes tatsächlich ist, hängt in erster Linie von der Frage ab, wie effizient der schiedsrichterliche einstweilige Rechtsschutz im Vergleich zum staatlichen einstweiligen Rechtsschutz ausgestaltet ist.

bb) Zwischenergebnis

Da das Gebot zur Gewährung effektiven Rechtsschutzes Ausdruck individueller Freiheitsverwirklichung ist, erscheint eine Verzichtsmöglichkeit auf den staatlichen Rechtsschutz nicht ausgeschlossen. Dies gilt umso mehr, als der Ausschluss des staatlichen einstweiligen Rechtsschutzes und dessen Ersetzung durch den schiedsrichterlichen einstweiligen Rechtsschutz lediglich zu einem Teilver-

[1320] *Wagner*, S. 64.
[1321] Vgl. *Krimpenfort*, S. 54 ff.
[1322] Vgl. Drittes Kapitel:C.
[1323] Vgl. *Bandel*, S. 324.

zicht führt. Die Schwere dieses Teilverzichts und damit auch die abschließende Abwägung über die Zulässigkeit eines Verzichts auf den staatlichen einstweiligen Rechtsschutz hängen auch von der Effektivität des schiedsrichterlichen einstweiligen Rechtsschutzes ab. Letzteres kann nicht pauschal für alle Fälle beantwortet werden, sondern bedarf einer Betrachtung der konkreten Ausgestaltung des schiedsrichterlichen Eilrechtsschutzes im Einzelfall. Der Untersuchung der Effektivität des nunmehr anerkannten schiedsrichterlichen einstweiligen Rechtsschutzes kommt daher maßgebliche Bedeutung zu.

e) Abhängigkeit von der Effektivität schiedsrichterlichen einstweiligen Rechtsschutzes

Das häufig vorgebrachte Argument, dass der schiedsrichterliche einstweilige Rechtsschutz gegenüber dem staatlichen einstweiligen Rechtsschutz defizitär sei, wird überwiegend auf den durch die Konstituierung des Schiedsgerichts entstehenden Zeitverlust zurückgeführt[1324]. Daneben wird als weiterer Effizienzverlust auf die dem Schiedsgericht fehlende Zwangsgewalt hingewiesen[1325]. Während der durch die Konstituierung des Schiedsgerichts auftretende Zeitverlust bei einem für den jeweiligen Einzelfall zu bildenden Ad-hoc-Schiedsgericht ohne Zweifel vorliegt, kann das bei einem institutionellen oder administrierten Schiedsgericht abweichend zu beurteilen sein[1326]. Auch könnte man zur Gewährung effektiven Rechtsschutzes über die Übertragung von Eilkompetenzen auf einen sog. Schnellschiedsrichter nachdenken. Der darüber hinaus vorgetragene Nachteil fehlender Zwangsgewalt wiederum wirkt sich selbstverständlich nur dort aus, wo sie zur Erlangung effektiven Rechtsschutzes von Nöten ist. Dies wiederum kann aber je nach der in Frage stehenden einstweiligen Maßnahme unterschiedlich zu beantworten sein. Zwischen der eingangs erwähnten Frage der Erreichbarkeit des Spruchkörpers und der zuletzt angedeuteten Frage der Durchsetzung der angeordneten Eilmaßnahmen mittels Zwangsgewalt, stehen weitere Fragen, die es zu beantworten gilt, will man eine begründete Aussage zur Effektivität schiedsrichterlichen einstweiligen Rechtsschutzes im Vergleich zum staatlichen einstweiligen Rechtsschutz treffen. So kann es für die um einstweiligen Rechtsschutz nachsuchende Parteien beispielsweise ebenso nachteilig sein, wenn das Schiedsgericht eine begehrte Maßnahme im Gegensatz zum staatlichen Gericht gar nicht oder nur unter erschwerten Voraussetzungen anordnen kann. Daher gilt es auch zu vergleichen, welche einstweiligen Maßnahmen von den jeweiligen Spruchkörpern unter welchen Voraussetzungen angeordnet werden können. Nachfolgend soll mithin die Frage nach der Effektivität

---

[1324] LG Frankfurt a.M. NJW 1983, 761, 762 f.; LG Dortmund SpuRt 2001, 26; OLG München SpuRt 2001, 64, 65; *Krimpenfort*, S. 19 f., 59; *Lachmann*, Rn. 1464; für das Schweizer Recht *Schilling*, S. 149.

[1325] Vgl. *Lachmann*, Rn. 1458 ff.; für das Schweizer Recht *Schilling*, S. 149.

[1326] Vgl. zu den verschiedenen Arten von Schiedsgerichten Viertes Kapitel:A. III.

schiedsrichterlichen einstweiligen Rechtsschutzes im Vergleich zum staatlichen einstweiligen Rechtsschutz für den Sportbereich, von der Erreichbarkeit des Spruchkörpers über deren Anordnungsmöglichkeiten und dafür nötigen Anordnungsvoraussetzungen bis hin zur Durchsetzung der angeordneten Maßnahmen, gesondert erörtert werden.

aa) Erreichbarkeit des Spruchkörpers

Als großes Manko schiedsrichterlichen einstweiligen Rechtsschutzes wird häufig der durch die Konstituierung des Schiedsgerichts entstehende Zeitverlust angeführt. Daher könne der schiedsrichterliche einstweilige Rechtsschutz gegenüber dem binnen weniger Stunden erreichbaren staatlichen einstweiligen Rechtsschutz[1327] nicht gleichsam effektiv sein. Das wird teilweise damit begründet, dass dem Schiedsgericht kein im Bereich von Eilentscheidungen eingespielter Apparat zur Verfügung stehe[1328]. Letzteres hängt aber in erster Linie von der Art des Schiedsgerichts ab.

(1) Abhängigkeit von der Art des Schiedsgerichts

Zweifellos tritt die beanstandete durch die Konstituierung des Schiedsgerichts auftretende Zeitverzögerung ein, wenn die Parteien für die Erledigung ihrer Streitigkeiten ein Ad-hoc-Schiedsgericht vorgesehen haben. Im Sportbereich sprechen jedoch zahlreiche Gründe, wie beispielsweise das Bedürfnis nach größtmöglicher Verfahrensbeschleunigung und das Ziel einheitlicher Regeldurchsetzung, für eine institutionelle oder administrierte Schiedsgerichtsbarkeit[1329]. Beim institutionellen Schiedsgericht, welches für einen festen Zeitraum gebildet ist, bedarf es einer zeitaufwendigen Konstituierung des Schiedsgerichts nicht in gleicher Weise wie bei einem Ad-hoc-Schiedsgericht. Trotzdem müsste man, um einen dem staatlichen einstweiligen Rechtsschutz gleich schnellen Rechtsschutz zu gewährleisten, darauf achten, dass die Schiedsrichter nicht nur fest bestimmt, sondern im Bedarfsfall auch jederzeit erreichbar sein müssen. Letzteres ließe sich bei einem ständigen Schiedsgericht durch hauptamtliche Schiedsrichter sicherstellen.

Das administrierte Schiedsgericht muss, wie auch das Ad-hoc-Schiedsgericht, regelmäßig erst gebildet werden. Daher scheint es im Vergleich zu den staatlichen Gerichten zwangsläufig langsamer zu sein. Dies gilt jedoch nicht zwangsläufig. So sehen einige Schiedsordnungen die sofortige Ernennung eines sog. „Schnellschiedsrichters“ vor, der für den Erlass einstweiliger Maßnahmen zuständig sein soll[1330]. Anstatt einen Schnellschiedsrichter erst im Bedarfsfalle zu

---

[1327] Vgl. *Lachmann*, Rn. 1405.
[1328] Vgl. *Lachmann*, Rn. 1464.
[1329] Vgl. ausführlich Viertes Kapitel:A. III. 2.
[1330] Vgl. *Laschet*, ZZP 99 (1986), 271, 284 ff.

ernennen, bestünde, um die durch die Ernennung entstehende Verzögerung zu verhindern, auch die Möglichkeit, eine Person oder ein Gremium der administrierenden Schiedsorganisation im vorhinein zu bestimmen, welches bis zur Konstituierung des Schiedsgerichts für die Gewährung einstweiligen Rechtsschutzes zuständig sein soll. Auf diese Weise würde sich, wie auch bei einem ständigen Schiedsgericht, der durch die Konstituierung entstehende Zeitaufwand völlig eliminieren lassen. Eine entsprechende Regelung sieht beispielsweise Art. R37 der CAS-VO vor, wonach der Präsident der Kammer vor der Weiterleitung der Akten an das Schiedsgericht vorläufige und rechtswahrende Maßnahmen anordnen kann[1331]. Dies wirft wiederum die Frage auf, ob Eilkompetenzen im Interesse schneller Entscheidungen überhaupt übertragen werden können.

(2) Übertragung von Eilkompetenzen

Gem. § 1041 Abs. 1 ZPO kann das Schiedsgericht vorläufige oder sichernde Maßnahmen anordnen. Die ausdrückliche Kompetenzzuweisung für einstweilige Maßnahmen an das Schiedsgericht scheint zunächst eine deutliche Sprache gegen die Möglichkeit zu sprechen, eine Person oder ein Gremium einer administrierenden Schiedsorganisation für Maßnahmen des einstweiligen Rechtsschutzes vorzusehen, da diese lediglich das Schiedsgericht administrieren, selbst aber nicht das Schiedsgericht sind. Teil des Spruchkörpers ist hingegen der Vorsitzende des Schiedsgerichts. Daher erscheint es auf den ersten Blick nicht gleichermaßen ausgeschlossen, Eilkompetenzen auf den Vorsitzenden eines institutionellen Schiedsgerichts zu übertragen[1332]. Dies hängt im wesentlichen von der Frage ab, ob mit dem Begriff des Schiedsgerichts zwingend der in der Hauptsache zuständige Spruchkörper und zwar in der hierfür vorgesehenen Besetzung gemeint ist oder ob für die Anordnung einstweiliger Maßnahmen im Interesse, rasche Entscheidungen zu erhalten, durch Parteivereinbarungen Abweichendes vereinbart werden kann.

Bei der Beantwortung dieser Frage hilft ein Blick auf § 1052 ZPO. Danach richtet sich das Zustandekommen der Entscheidung des Schiedsgerichts in erster Linie nach den Vereinbarungen der Parteien getroffen. Mangels einer solchen Vereinbarung sieht § 1052 ZPO ersatzweise eine Regelung für das Zustandekommen der Entscheidungen des Schiedsgerichts vor. Während § 1052 Abs. 1 ZPO, wonach die Entscheidungen des Schiedsgerichts mit der absoluten Mehrheit der Stimmen aller Mitglieder getroffen werden[1333], noch im Sinne einer notwendigen Entscheidung aller Schiedsrichter zu verstehen sein könnte, sprechen § 1052 Abs. 2 und 3 ZPO jedoch eindeutig dagegen. Abs. 2 regelt den Fall, dass ein Schiedsrichter die Teilnahme an der Abstimmung verweigert und Abs. 3 eröffnet die Möglichkeit, den Vorsitzenden zu ermächtigen über einzelne Verfah-

---

[1331] Siehe auch *Oschütz*, S. 404 f.

[1332] Vgl. *Lachmann*, Rn. 1432;

[1333] BT-Drucks. 13/5274, S. 53.

rensfragen allein zu entscheiden[1334]. Somit lässt sich den § 1052 Abs. 2 und Abs. 3 ZPO entnehmen, dass Entscheidungen des Schiedsgericht nicht nur Entscheidungen des Spruchkörpers in seiner vollen Besetzung sein können, sondern auch solche Entscheidungen, die ohne einen die Mitwirkung verweigernden Schiedsrichter oder nur durch den Vorsitzenden des Schiedsgerichts getroffen werden, als Entscheidungen des Schiedsgerichts gelten. Darüber hinaus scheint der in § 1052 ZPO zum Ausdruck kommende Vorrang der Parteiautonomie klar für die Möglichkeit zu sprechen, durch eine entsprechende Parteivereinbarung, Eilkompetenzen an den Vorsitzenden des Schiedsgerichts übertragen zu können.

Dagegen könnte aber sprechen, dass § 1041 ZPO möglicherweise die Identität des Spruchkörpers der Hauptsache und des einstweiligen Rechtsschutz gewährenden Spruchkörpers sicherstellen möchte, um auf diese Weise eine größtmögliche Entscheidungsharmonie zwischen den Entscheidungen im einstweiligen Rechtsschutz und in der Hauptsache zu erzielen. So obliegt der Erlass einstweiliger Verfügungen auch im staatlichen einstweiligen Rechtsschutz gem. § 937 Abs. 1 ZPO grundsätzlich dem Prozessgericht der Hauptsache. Dies bedeutet aber keineswegs, dass damit auch derselbe Spruchkörper in beiden Verfahren entscheidet. Welcher Spruchkörper im Verfahren des einstweiligen Rechtsschutzes oder in der Hauptsache entscheidet, hängt vielmehr vom jeweiligen Geschäftsverteilungsplan ab. Mit dem Grundsatz der Identität von Gericht im Verfahren des einstweiligen Rechtsschutzes und dem Gericht in der Hauptsache nicht zwangsläufig verbunden ist mithin die Identität der jeweiligen Spruchkörper[1335]. Gegen eine solche Intention des Gesetzgebers im Bereich des Schiedsverfahrens spricht zudem § 1033 ZPO, wonach die staatlichen Gerichte zum Erlass einstweiliger Maßnahmen zuständig bleiben. Eine Identität der Spruchkörper im Verfahren des einstweiligen Rechtsschutzes und der Hauptsache ist hier gänzlich ausgeschlossen. Daher scheint eine Identität der Spruchkörper i.S.d. Gewährleistung von Entscheidungsharmonie zwar vorteilhaft, wird aber vom Gesetzgeber nicht zwingend gefordert[1336]. Die Tatsache, dass ein an der Hauptsache unbeteiligtes Gericht zur Gewährung einstweiligen Rechtsschutzes zuständig sein kann, spricht mithin nicht nur für die Möglichkeit, Eilkompetenzen auf den Vorsitzenden des Schiedsgerichts übertragen zu können[1337], sondern sogar für die Möglichkeit, Eilkompetenzen durch eine entsprechende Parteivereinbarung auf einen vom Schiedsgericht der Hauptsache abweichenden Spruchkörper zu übertragen. Somit erscheint es nicht ausgeschlossen, Eilkompetenzen auf eine Person oder ein Gremium einer administrierenden Schiedsor-

---

[1334] Nach teilweise vertretener Ansicht fällt darunter auch die Ermächtigung des Obmanns, das Verfahren des einstweiligen Rechtsschutzes alleine durchzuführen, vgl. *Schwab/Walter*, Kap. 17a Rn. 17; *Stein/Jonas/Schlosser*, ZPO, § 1041 Rn. 12.

[1335] Vgl. dazu ausführlich *Bandel*, S. 80; *Otte*, ZIP 1991, S. 1048, 1051 f.

[1336] Vgl. *Bandel*, S. 80.

[1337] Vgl. *Bandel*, S. 81; *Lachmann*, Rn. 1432.

ganisation zu übertragen, wenn der vorgesehene Spruchkörper den Anforderungen an ein Schiedsgericht genügt. Auf diese Weise geht zwar die Entscheidungsharmonie zwischen der Entscheidung im einstweiligen Rechtsschutz und der Hauptsache ebenso völlig verloren, wie bei der Gewährung einstweiligen Rechtsschutzes durch ein staatliches Gericht. Jedoch hat die Vereinbarung eines vom Schiedsgericht der Hauptsache abweichenden Schiedsgerichts für die Gewährung einstweiliger Maßnahmen im Gegensatz einem staatlichen Spruchkörper den Vorteil, die positiven Eigenschaften schiedsrichterlicher Streitbeilegung den Parteien auch im einstweiligen Rechtsschutzverfahren zu erhalten.

(3) Zwischenergebnis

Sehen die Parteien generell oder bezogen auf Maßnahmen des einstweiligen Rechtsschutzes ein Verfahren vor, welches die Konstituierung des Schiedsgerichts überflüssig macht, geht der Vorwurf, schiedsrichterlicher einstweiliger Rechtsschutz sei gegenüber dem staatlichen einstweiligen Rechtsschutz weniger effektiv und sein Ausschluss aus diesem Grunde nicht möglich, ins Leere. Dies kann durch die Vereinbarung eines institutionellen Schiedsgerichts mit hauptamtlichen Schiedsrichtern ebenso erreicht werden, wie durch die Übertragung von Eilkompetenzen auf bestimmte, ständig erreichbare Personen oder Gremien eines institutionellen oder administrierten Schiedsgerichts. Eines der gegenüber dem staatlichen einstweiligen Rechtsschutz meist vorgebrachten Defizite schiedsrichterlichen einstweiligen Rechtsschutzes lässt sich mithin durch eine entsprechende Ausgestaltung des Schiedsgerichts ausräumen.

bb) Anordnungskompetenzen

Defizite des schiedsrichterlichen einstweiligen Rechtsschutzes können auch dann bestehen, wenn ein Schiedsgericht nicht in der Lage ist, die im Sportbereich beantragten einstweiligen Maßnahmen zu erlassen oder deren Wirkungen zu erzeugen. Ein derartig beschränkter schiedsrichterlicher einstweiliger Rechtsschutz würde den Parteien wenig nützen. Zunächst stellt sich daher die Frage, welche Maßnahmen die Anordnungskompetenz des Schiedsgerichts zur Gewährung einstweiligen Rechtsschutzes überhaupt umfasst.

(1) Umfang der Regelungskompetenz

Nach der Begründung zum SchiedsVfG soll der schiedsrichterliche einstweilige Rechtsschutz gegenüber dem der staatlichen Gerichte nicht eingeschränkt, sondern gleichwertig sein[1338].

Im Gegensatz zu den §§ 916 ff. ZPO hat der Gesetzgeber für den schiedsrichterlichen einstweiligen Rechtsschutz allerdings keine ausdrücklichen Regelungen bezüglich einzelner Maßnahmen oder des zu beachtenden Verfahrens getroffen,

---

[1338] BT-Drucks. 13/5274, S. 45; *Lachmann*, Rn. 1401.

was aber der grundsätzlichen Freiheit und Flexibilität des Schiedsverfahrens entspricht. Daraus folgt, dass das Schiedsgericht nicht an den Maßnahmenkatalog der staatlichen Gerichte gebunden ist, sondern auch dem staatlichen Recht unbekannte Maßnahmen anordnen kann[1339]. Der Überführung solcher dem staatlichen Gericht unbekannter Maßnahmen in die Typologie der staatlichen Zwangsvollstreckung dient § 1041 Abs. 2 Satz 2 ZPO, wonach das staatliche Gericht eine vom Schiedsgericht angeordnete Maßnahme abweichend fassen kann, wenn es zu deren Vollstreckung notwendig ist[1340]. Freilich beschränkt diese notwendige Transformation der vom Schiedsgericht angeordneten Maßnahmen in die durch die Typologie der staatlichen Zwangsvollstreckung vorgegebenen Formen die Freiheit und Flexibilität der Kompetenz des Schiedsgerichts[1341]. Festzuhalten bleibt aber, dass die Regelungskompetenz des Schiedsgerichts in Bezug auf die Anordnung einzelner einstweiliger Maßnahmen keinesfalls hinter der Kompetenz staatlicher Gerichte zurückbleibt, sondern darüber hinausgeht. Ein Schiedsgericht kann somit sämtliche im staatlichen einstweiligen Rechtsschutz vorgesehenen Maßnahmen, freilich auch die im Sport häufig beantragten Leistungs- oder Befriedigungsverfügungen, anordnen[1342]. Die größere Freiheit und Flexibilität des Schiedsgerichts bei der Anordnung einstweiliger Maßnahmen ist, trotz der Beschränkung durch eine möglicherweise notwendige Transformation, als Vorteil des schiedsrichterlichen einstweiligen Rechtsschutzes gegenüber dem staatlichen einstweiligen Rechtsschutz zu werten[1343].

(2) Wirkung der angeordneten Maßnahmen

Fraglich ist, ob eine Entscheidung des Schiedsgerichts im einstweiligen Rechtsschutz auch die gleichen Wirkungen wie eine Entscheidung des staatlichen Gerichts haben kann. Wie ein Schiedsspruch aufgrund des staatlichen Vollstreckungsmonopols von einem die Vollstreckung zulassenden Ausspruch des staatlichen Gerichts abhängig ist[1344], so ist auch die Vollziehung einer Entscheidung des Schiedsgerichts im einstweiligen Rechtsschutz von einem Ausspruch des staatlichen Gerichts abhängig. Dies bringen die §§ 1041 Abs. 2, Abs. 3,

---

[1339] Vgl. *Wolf*, DB 1999, 1101; *Krimpenfort*, S. 62 ff., 95 f.; *K. Schmidt*, ZHR 162 (1998), 265, 289; *Schwab/Walter*, Kap. 17 a Rn. 5; *Lachmann*, Rn. 1425. Zur entsprechenden Rechtslage in der Schweiz vgl. *Rüede/Hadenfeld*, S. 253; *Walter*, Internationale Schiedsgerichtsbarkeit in der Schweiz, S. 132; IPRG Kommentar/*Vischer*, Art. 183 Rn. 5; a.A. *Habscheid*, IPRax, 1989, 134, 135. Siehe ausführlich zu den einzelnen Maßnahmen schiedsrichterlichen einstweiligen Rechtsschutzes, *Bandel*, S. 131 ff.; *Krimpenfort*, S. 91 ff.

[1340] Vgl. BT-Drucks. 13/5274, S. 45.

[1341] Vgl. *Krimpenfort*, S. 73 f.

[1342] Vgl. *Bandel*, S. 190, 192 f.; *Krimpenfort*, S. 84 ff.; *Stein/Jonas/Schlosser*, § 1041 Rn. 5; a.A. *Lachmann*, Rn. 1429.

[1343] Zu den Grenzen der Freiheit und Flexibilität des Schiedsgerichts bei der Anordnung von Eilmaßnahmen, vgl. *Krimpenfort*, S. 78 ff.

[1344] *Schwab/Walter*, Kap. 26 Rn. 1; *Stein/Jonas/Schlosser*, § 1060 Rn. 1.

1062 Abs. 1 Nr. 3 ZPO zum Ausdruck[1345]. Angesichts der eingeschränkten gerichtlichen Kontrollmöglichkeit des § 1041 ZPO, der im Abs. 2 ZPO lediglich die Vollziehung einer Maßnahme auf Antrag einer Partei[1346] durch das staatliche Gericht und in seinem Abs. 3 ZPO die Änderung oder Aufhebung eines Beschlusses nach Abs. 2 regelt, werden teilweise Zweifel an der Gleichwertigkeit hinsichtlich der zu erzielenden Wirkungen schiedsrichterlicher einstweiliger Maßnahmen geäußert. Um nämlich einen nichtkontrollierten Bereich privater Schiedsgerichtsbarkeit zu verhindern, könne man aus der fehlenden Kontrollmöglichkeit nicht vollziehbarer Entscheidungen folgern, dass eine Entscheidung des Schiedsgerichts im einstweiligen Verfahren abweichend von den Wirkungen eines Schiedsspruchs keine Gestaltungs- oder Tatbestandswirkung haben könne[1347]. Gegen eine solche Sichtweise spricht jedoch eindeutig der Wille des Gesetzgebers, der von einer Gleichwertigkeit der Rechtsschutzmöglichkeiten ausgeht[1348]. Das Schiedsgericht muss daher grundsätzlich die gleichen Entscheidungswirkungen herbeiführen können wie das staatliche Gericht[1349]. Somit können die Maßnahmen schiedsrichterlichen einstweiligen Rechtsschutzes auch Gestaltungs- und Tatbestandswirkung entfalten[1350]. Demnach stehen schiedsrichterliche Entscheidungen im einstweiligen Rechtsschutz auch in ihren möglichen Entscheidungswirkungen den Entscheidungen staatlicher Spruchkörper in nichts nach.

cc) Anordnungsvoraussetzungen

Die weit reichenden Anordnungskompetenzen des Schiedsgerichts stellen eher einen Vorteil des schiedsrichterlichen einstweiligen Rechtsschutzes dar. Zu erörtern bleiben noch die Anordnungsvoraussetzungen für den Erlass einer Maßnahme im Verfahren des schiedsrichterlichen einstweiligen Rechtsschutzes.

1345 Die Entscheidung des Schiedsgerichts im einstweiligen Rechtsschutz nach § 1041 Abs. 1 ZPO ist kein Schiedsspruch, sondern eine Entscheidungsform eigener Art, vgl. *Bandel*, 64 ff.; *Krimpenfort*, S. 108 ff.; ebenso die Ansicht in der Schweiz zu Art. 181 Abs. 1 IPRG, vgl. *Bucher*, Rn. 211.

1346 Nach Art. 183 Abs. 2 IPRG findet die zwangsweise Durchsetzung einer Maßnahme nicht auf Antrag einer Partei sondern auf Ersuchen des Schiedsgerichts statt.

1347 So wohl *Lachmann*, Rn. 1427, 1429; dazu *Bandel*, S. 35 f.

1348 Vgl. BT-Drucks. 13/5274, S. 45.

1349 Vgl. ausführlich *Bandel*, S. 35 f., der als weiteres Argument die Entscheidungsvielfalt zur Gewährung ausgewogenen Rechtsschutzes anführt.

1350 Um die dargestellte Kontrolllücke zu schließen, wird teilweise vorgeschlagen, die Kompetenz des staatlichen Gerichts zur Überprüfung der Entscheidungen des Schiedsgerichts im Verfahren zur Gewährung einstweiligen Rechtsschutzes gem. § 1041 Abs. 2, Abs. 3 ZPO im Sinne der Gewährleistung staatlichen Mindestschutz auch auf Entscheidungen auszudehnen, die keiner Vollziehung bedürfen, vgl. *Bandel*, S. 35; vgl. dazu Viertes Kapitel:B. II. 5. e) ff) (4) (b) .

(1) Schiedsrichterliches Ermessen

Das staatliche Gericht muss eine Maßnahme im einstweiligen Rechtsschutz anordnen, wenn die gesetzlichen Voraussetzungen hierfür vorliegen. Ein Schiedsgericht kann demgegenüber gem. § 1041 Abs. 1 ZPO eine Maßnahme anordnen, wenn es sie in Bezug auf den Streitgegenstand für erforderlich hält. Eine Pflicht zur Anordnung einer Maßnahme besteht von Gesetzes wegen grundsätzlich nicht[1351]. Dies ist für den erfolglosen Antragsteller im Regelfall auch nicht weiter tragisch, da er sich aufgrund der gem. § 1033 ZPO grundsätzlich vorgesehenen Parallelkompetenz zwischen schiedsrichterlichem und staatlichem einstweiligen Rechtsschutz zusätzlich an das staatliche Gericht wenden kann, dem kein solch weiter Ermessensspielraum wie dem Schiedsgericht zur Verfügung steht. Ist dem Antragsteller der Weg zu den staatlichen Gerichten aufgrund einer Ausschlussvereinbarung, ihre Zulässigkeit einmal vorausgesetzt, aber verbaut, ist diese Erwägung nicht mehr zutreffend. Die Möglichkeit, Rechtsschutz durch die Anordnung einer einstweiligen Maßnahme zu erlangen, richtet sich dann nämlich nur noch nach den Voraussetzungen des § 1041 Abs. 1 ZPO. Dabei fallen im Gegensatz zu den Voraussetzungen für die Anordnung einstweiliger Maßnahmen durch die staatlichen Gerichte zwei deutliche Unterschiede auf. Dazu zählen einerseits die bereits dargestellte weite Umschreibung des Erforderlichhaltens einer Maßnahme und andererseits die Ausgestaltung des § 1041 Abs. 1 ZPO als Kann-Vorschrift.

(a) Erforderlichkeit einer Maßnahme i.S.d. § 1041 Abs. 1 Satz 1 ZPO

Die weite Umschreibung der Erforderlichkeit einer Maßnahme scheint dem Schiedsgericht einen weiten Ermessensspielraum für die Anordnung einstweiliger Maßnahmen zu geben[1352]. Dieser birgt freilich die Gefahr für den Antragsteller, den Ausgang eines Verfahrens schwerer abschätzen zu können. Die schlechte Vorhersehbarkeit des Ausgangs eines Verfahrens im schiedsrichterlichen einstweiligen Rechtsschutz könnte einen Nachteil für den um Rechtsschutz nachsuchenden Antragsteller darstellen. Ob dem so ist, hängt in erster Linie von der Konkretisierung der Umschreibung der Erforderlichkeit einer Maßnahme ab. Eine teilweise vertretene Ansicht zieht bei der Bestimmung der Erforderlichkeit einer schiedsrichterlichen Maßnahme gem. § 1041 Abs. 1 Satz 1 ZPO die §§ 916 ff. ZPO entsprechend heran[1353]. Folgt man dieser Ansicht bestünde in Bezug auf die Anordnungsvoraussetzungen kein Nachteil gegenüber den Voraussetzungen für einstweilige Maßnahmen eines staatlichen Gerichts. Die entsprechende Heranziehung der §§ 916 ff. ZPO widerspricht jedoch dem Wesen der

---

[1351] Vgl. BT-Drucks. 13/5274, S. 38 f.; MünchKommZPO/*Münch*, § 1041 Rn. 14; *Stein/Jonas/Schlosser*, ZPO, § 1041 Rn. 11; a.A. *Gottwald/Adolphsen*, DStR 1998, 1017, 1020; *Lachmann*, Rn. 1434.

[1352] Vgl. *Krimpenfort*, S. 96 f.

[1353] Vgl. *Schütze*, Schiedsgericht und Schiedsverfahren, Rn. 237.

Schiedsgerichtsbarkeit, da die weite Fassung der Anordnungsvoraussetzungen gem. § 1041 Abs. 1 Satz 1 ZPO gerade Ausdruck der wesensmäßigen Freiheit und Flexibilität des Schiedsverfahrens ist. Zudem wäre es auch für internationale Schiedsverfahren wenig praxisfreundlich, den ausländischen Rechtsanwender auf die entsprechende Anwendung nationaler Vorschriften zu verweisen. Daher ist die entsprechende Heranziehung der §§ 916 ff. ZPO zur Konkretisierung der Erforderlichkeit einer Maßnahme i.S.d. § 1041 Abs. 1 Satz 1 ZPO abzulehnen. Die Bestimmung der Erforderlichkeit einer Maßnahme hat vielmehr autonom zu erfolgen[1354].

Die autonome Bestimmung des Begriffs der Erforderlichkeit einer Maßnahme nun gleich als nachteilig für einen Antragsteller zu bezeichnen, erscheint voreilig. So kann sich der weite Begriff der Erforderlichkeit einer Maßnahme für den Antragsteller, beispielsweise hinsichtlich einer im Sportbereich häufig begehrten Leistungs- oder Befriedigungsverfügung, durchaus auch positiv auswirken. Die Anträge von Sportlern im Wettkampfbereich sind aufgrund der strengen Voraussetzungen für die Anordnung von Leistungs- und Befriedigungsverfügungen durch die staatlichen Gerichte überwiegend erfolglos[1355]. Mit dem weiten Begriff der Erforderlichkeit verbunden ist aber nun, dass Leistungs- und Befriedigungsverfügungen nicht an das strenge Korsett der Voraussetzungen der §§ 935 ff. ZPO gebunden sind und somit in größerem Umfang zulässig sein können als im staatlichen einstweiligen Rechtsschutz[1356].

Zudem steht es um die Vorhersehbarkeit von Entscheidungen im staatlichen einstweiligen Rechtsschutz gerade in Bezug auf die beantragten einstweiligen Verfügungen im Sportbereich nicht zum Besten, da sich für diese jede schematische Beurteilung verbietet, sie vielmehr in hohem Maße von einer schwer zu treffenden Einzelfallabwägung abhängen[1357]. Sieht man nun dennoch in dem Begriff der Erforderlichkeit einer Maßnahme einen Nachteil im Vergleich zu den Voraussetzungen der §§ 916 ff. ZPO, kann dem durch eine entsprechende Parteivereinbarung abgeholfen werden. Da § 1041 Abs. 1 Satz 1 ZPO zur Disposition der Parteien steht, bleibt es den Parteien unbenommen, sich auf be-

---

1354 Vgl. *Bandel*, S. 101; *Berger*, DZWir 1998, 45, 51; *Stein/Jonas/Schlosser*, ZPO, § 1041 Rn. 12. Teilweise wird versucht, die Voraussetzungen für die Anordnung schiedsrichterlicher Maßnahmen aus der Rechtsprechung des Iran-U.S. Claims Tribunal abzuleiten, vgl. dazu Bandel, S. 101; *Böckstiegel*, FS Uni Köln, S. 605, 615. In der Schweiz wird im Rahmen des Art. 183 Abs. 1 Satz 1 IPRG, der ebenso auf die Angabe konkreter Voraussetzungen verzichtet, darauf abgestellt, dass die Anordnung geboten sein muss, um den Eintritt eines für den Gesuchstellers nicht leicht wiedergutzumachenden Nachteils abzuwenden, vgl. IPRG-Kommentar/*Berti*, Art. 183 Rn. 7; *Kühn*, S. 85, 93.

1355 Vgl. Viertes Kapitel:B. II. 3. b) .

1356 Vgl. *Krimpenfort*, S. 96. Dennoch gebietet es der Wortlaut des § 1041 Abs. 1 ZPO, wenn er von vorläufigen oder sichernden Maßnahmen spricht, Befriedigungsverfügungen nur in Ausnahmefällen zu gestatten, vgl. dazu *Krimpenfort*, S. 84 ff.

1357 Vgl. Viertes Kapitel:B. II. 3. b) .

stimmte Voraussetzungen für die Anordnung einstweiliger Maßnahmen zu verständigen, wobei sie freilich auch auf die Voraussetzungen der §§ 916 ff. ZPO zurückgreifen und somit die gleichen Voraussetzungen aufstellen könnten wie im staatlichen einstweiligen Rechtsschutz. Sieht man mithin in dem weiten Begriff der Erforderlichkeit einer Maßnahme einen m.E. nicht bestehenden Nachteil gegenüber den Voraussetzungen der §§ 916 ff. ZPO, lässt sich dieser durch eine entsprechende Parteivereinbarung ausräumen.

(b) Kann-Vorschrift

Auch in der Ausgestaltung des § 1041 Abs. 1 Satz 1 ZPO als Kann-Vorschrift könnte man einen Nachteil erblicken[1358]. Muss ein staatliches Gericht beim Vorliegen der Voraussetzungen eine einstweilige Maßnahme anordnen, erscheint es für den Antragsteller demgegenüber nachteilig, wenn ein Schiedsgericht hingegen eine beantragte Maßnahme beim Vorliegen der Voraussetzungen erlassen kann[1359]. Der Rechtsschutzsuchende wäre doch in einer misslichen Lage, einerseits keinen Anspruch auf die beantragte schiedsrichterliche Eilmaßnahme beim Vorliegen der Voraussetzungen zu haben und andererseits auch nicht auf den staatlichen einstweiligen Rechtsschutz ausweichen zu können, wo er beim Vorliegen der Voraussetzungen einen Anspruch auf Erlass der beantragten Eilmaßnahme hätte. Diese Argumentation überzeugt dann nicht mehr, wenn man sich vor Augen führt, dass auch die Entscheidung eines staatlichen Gerichts im Rahmen der Anordnungsvoraussetzungen für eine begehrte einstweilige Maßnahme, insbesondere im Sportbereich, von einer wertenden Betrachtung des Einzelfalls abhängig ist, bei der die einzelnen Positionen im Rahmen einer Folgenabschätzung gegeneinander abzuwägen sind. Angesichts dessen scheint das Müssen der staatlichen Gerichte dem Können der Schiedsgerichte im Ergebnis näher zu sein als eingangs vermutet. Dies wird umso klarer, wenn man das Können der Schiedsgerichte lediglich als Reflex der Voraussetzung, des für Erforderlichhaltens, ansieht. Ist man hingegen der Ansicht, dass mit dem Können des Schiedsgerichts mehr an Ermessen zum Ausdruck gebracht wurde, als lediglich eine Entsprechung zum Begriff des Erforderlichhaltens einer Maßnahme, das Schiedsgericht sozusagen auch aus sachfremden Erwägungen die Anordnung einer Maßnahme unterlassen könnte, würde dies abstrakt gesehen einen Nachteil für einen um Rechtsschutz nachsuchenden Antragsteller darstellen.

§ 1041 Abs. 1 Satz 1 ZPO ist jedenfalls im Kontext mit dem Grundsatz der Parallelkompetenz zwischen schiedsrichterlichem und staatlichem einstweiligen Rechtsschutz zu sehen. Wenn ein weiterer Ermessensspielraum des Schiedsgerichts einstweilige Maßnahmen beim Vorliegen ihrer Voraussetzungen anordnen zu müssen, bestehen sollte, kann er nur in Verbindung mit der weiterhin beste-

---

[1358] Zur Rechtsfolge des § 1041 Abs. 1 Satz 1 ZPO, vgl. *Krimpenfort*, S. 108.

[1359] Vgl. *Lachmann*, Rn. 1434.

henden Möglichkeit, staatlichen einstweiligen Rechtsschutz erlangen zu können, verstanden werden. Der parteiautonome Ausschluss staatlichen einstweiligen Rechtsschutzes führt nun diesbezüglich zu veränderten Umständen. Die parteiautonome Umgestaltung der dem § 1041 Abs. 1 Satz 1 ZPO und seiner Formulierung als Kann-Vorschrift zugrunde liegenden Ausgangslage, die in § 1041 Abs. 1 Satz 1 ZPO ausdrücklich vorgesehen ist, kann bei der Frage, ob eine schiedsrichterliche einstweilige Maßnahme beim Vorliegen ihrer Voraussetzungen angeordnet werden kann oder muss, nicht unberücksichtigt bleiben. Eine privatautonome Ausschlussvereinbarung hinsichtlich des staatlichen einstweiligen Rechtsschutzes wäre daher regelmäßig dahingehend auszulegen, dass mit der Entbindung der staatlichen Gerichte eine Bindung des Schiedsgerichts begründet wird, einstweilige Maßnahmen zu erlassen, wenn es sie für erforderlich hält.

(2) Zwischenergebnis

Das in § 1041 Abs. 1 Satz 1 ZPO zum Ausdruck kommende schiedsrichterliche Ermessen im Hinblick auf die Anordnung einstweiliger Maßnahmen stellt gegenüber dem staatlichen einstweiligen Rechtsschutz keinen Nachteil dar. Einerseits unterliegen die im Sportbereich beantragten einstweiligen Maßnahmen staatlicher Gerichte einer wertenden Betrachtung im Einzelfall, so dass auch im staatlichen einstweiligen Rechtsschutz ein gewisses Maß an richterlichem Ermessen besteht. Sieht man andererseits in dem weiten Begriff des Erforderlichhaltens einer Maßnahme einen Nachteil gegenüber den Voraussetzungen der §§ 916 ff. ZPO, können die Parteien von der in § 1041 Abs. 1 Satz 1 ZPO vorgesehenen Möglichkeit, abweichendes zu vereinbaren, den grundsätzlich autonom zu bestimmenden Begriff der Erforderlichkeit einer Maßnahme durch die §§ 916 ff. ZPO konkretisieren. Ein möglicherweise in der als Kann-Vorschrift zum Ausdruck kommendes, über das Merkmal des Erforderlichhaltens hinausgehendes Ermessen des Schiedsgerichts i.S.d. § 1041 Abs. 1 Satz 1 ZPO könnte nur im Zusammenhang mit der grundsätzlich vorgesehenen Parallelkompetenz zwischen schiedsrichterlichem und staatlichem einstweiligen Rechtsschutz verstanden werden. Eine parteiautonome Ausschlussvereinbarung hinsichtlich des staatlichen einstweiligen Rechtsschutzes wäre mithin gleichzeitig als Verpflichtung für das Schiedsgericht auszulegen, einstweilige Maßnahmen beim Vorliegen ihrer Voraussetzung anzuordnen. M.E. ist das im Wortlaut des § 1041 Abs. 1 Satz 1 ZPO zum Ausdruck gebrachte Können jedoch lediglich eine Entsprechung zum Begriff des Erforderlichhaltens.

Ein Nachteil des schiedsrichterlichen einstweiligen Rechtsschutzes für die Parteien könnte sich auch dann ergeben, wenn die Voraussetzungen im schiedsrichterlichen Verfahren schwerer nachzuweisen wären als im Verfahren des staatlichen einstweiligen Rechtsschutzes. Diesbezüglich wird als Defizit des schiedsrichterlichen einstweiligen Rechtsschutzes teilweise auf die fehlende

Möglichkeit des Schiedsgerichts hingewiesen, eidesstattliche Versicherungen abzunehmen[1360].

dd) Beweisschwierigkeiten

Ein Verfahren zur Gewährung einstweiligen Rechtsschutzes erscheint zwecklos, wenn auch dort der volle Beweis für streitige Sachfragen entsprechend dem Hauptsacheverfahren zu erbringen wäre[1361]. Daher ist es im Eilverfahren vor staatlichen Gerichten gem. §§ 920 Abs. 2, 936, 294 Abs. 1 ZPO ausreichend, die streitigen Tatsachen glaubhaft zu machen[1362]. Obwohl § 1041 ZPO dies für den schiedsrichterlichen einstweiligen Rechtsschutz nicht ausdrücklich vorsieht, sind aufgrund der eingangs dargestellten allgemeinen Zweckmäßigkeitserwägungen die sachlichen Gründe für die Anordnung einer einstweiligen Maßnahme auch dort lediglich glaubhaft zu machen[1363]. Die Erweiterung des numerus clausus der Beweismittel auf die eidesstattliche Versicherung im staatlichen einstweiligen Rechtsschutz[1364] und die damit einhergehende Beweiserleichterung soll nach teilweise vertretener Ansicht einen Vorteil des staatlichen einstweiligen Rechtsschutzes gegenüber dem schiedsrichterlichen einstweiligen Rechtsschutz darstellen[1365], da das Schiedsgericht keine zur Abnahme von Eiden befugte Stelle ist und mithin die mit der Strafandrohung des § 156 StGB einhergehende erhöhte Glaubwürdigkeit der eidesstattlichen Versicherung entfällt[1366]. Demgegenüber wird zunächst vorgebracht, dass der Beweiswert der eidesstattlichen Versicherung allgemein nicht allzu hoch anzusetzen und eine vorsätzliche Falschaussage als Prozessbetrug strafbar seien[1367]. Darüber hinaus ist ein Schiedsgericht nicht auf das Strengbeweisverfahren der ZPO beschränkt[1368]. Es liegt vielmehr im Ermessen des Schiedsgerichts, welche Beweismittel es zulässt[1369]. Angesichts der teilweise geltend gemachten Einschränkungen im Hinblick auf den Beweiswert der eidesstattlichen Versicherung und der grundsätzlich weitergehenden Be-

---

1360 Vgl. *Lachmann*, Rn. 1435, 1466.

1361 Vgl. *Schwab*, in FS Baur, S. 627, 641.

1362 Vgl. *Hirtz*, NJW 1986, 110 ff.; *Lachmann*, Rn. 1411.

1363 Vgl. BT-Drucks. 13/5274, S. 45; vgl. auch *Bandel*, S. 103; *Krimpenfort*, S. 106. Zur entsprechenden Rechtslage zu Art. 183 schw. IPRG vgl. *Habscheid*, IPRax 1989, S. 134, 135.

1364 Vgl. BGH NJW 1988, 2045; vgl. dazu *Lachmann*, Rn. 1411.

1365 Vgl. *Lachmann*, Rn. 1466; *Erman*, in FS Möhring, S. 1, 15; *Jeong-Ha*, S. 76, 80; *Schwab*, in FS Baur, S. 627, 642; *Krimpenfort*, S. 18 f.

1366 Vgl. *Krimpenfort*, S. 106 f.; *Jeong-Ha*, S. 76 ff.; *Lachmann*, Rn. 1435; MünchKommZPO/*Münch*, § 1041 Rn. 15; *Schütze*, Schiedsgericht und Schiedsverfahren, Rn. 237; *ders.*, BB 1998, 1650, 1651; *Schwab/Walter*, Kap. 15 Rn. 23 f.; *Stein/Jonas/Schlosser*, ZPO, § 1041 Rn. 11.

1367 Vgl. *Bandel*, S. 104 m.w.N.

1368 Vgl. *Schwab/Walter*, Kap. 15 Rn. 11; *Smid*, DZWir 1996, 234, 236; *Zöller/Geimer*, ZPO, § 1042 Rn. 30 ff.

1369 *Stein/Jonas/Schlosser*, ZPO, § 1041 Rn. 11.

weiserhebungsmöglichkeiten des Schiedsgerichts ist die Beweisführung für die Parteien vor einem Schiedsgericht zumindest nicht schwieriger als vor einem staatlichen Gericht[1370].

ee) Ex parte Entscheidungen

Das staatliche Gericht entscheidet über eine begehrte einstweilige Maßnahme entweder ohne mündliche Verhandlung durch Beschluss oder aufgrund einer mündlichen Verhandlung durch Urteil[1371]. Grundsätzlich haben die Parteien auch im zivilrechtlichen Eilverfahren aus Art. 103 Abs. 1 GG einen Anspruch auf rechtliches Gehör[1372]. Entscheidet das Gericht ohne mündliche Verhandlung durch Beschluss, kann das staatliche Gericht einstweilige Maßnahmen in besonderen Fällen, in denen durch die Anhörung des Antragsgegners Zeit verloren gehen würde oder der Antragsgegner überrascht werden soll, auch ohne vorherige Anhörung des Antragsgegners anordnen[1373]. Der Anspruch auf rechtliches Gehör und die Interessen des Antragsgegners werden dadurch gewahrt, dass das rechtliche Gehör auf Widerspruch in gleicher Instanz nachgeholt wird und der Antragsgegner in diesem Nachverfahren die Aufhebung der vorläufigen Maßnahme bewirken kann[1374]. Ist nun das Schiedsgericht nicht in der Lage, ebenso einstweilige Maßnahmen anzuordnen ohne den Antragsgegner vorher anhören zu müssen, könnte dies für den Antragsteller einen Nachteil des schiedsrichterlichen einstweiligen Rechtsschutzes gegenüber dem staatlichen einstweiligen Rechtsschutz bedeuten[1375]. Die fehlende Möglichkeit, einstweilige Maßnahmen ohne vorherige Anhörung des Antragsgegners anordnen zu können, stellt für den Sportbereich jedoch keinen Nachteil dar, wenn sie praktisch bedeutungslos sind. Fraglich ist daher zunächst, welchen Stellenwert solche ex parte Entscheidungen im Sportbereich haben.

[1370] *Bandel*, S. 104; ebenso *Krimpenfort*, S. 18 f.

[1371] Vgl. *Lachmann*, Rn. 1412.

[1372] *Stein/Jonas/Grunsky*, ZPO, vor § 916 Rn. 38; *Waldner*, S. 198.

[1373] BVerfGE 9, 89, 98; *Waldner*, S. 199; *Zeuner*, in FS Nipperdey Bd. 1, S. 1013, 1032 f.

[1374] Vgl. *Rosenberg/Schwab/Gottwald*, § 86 IV, VI, S. 460. Die Einschränkung des Anspruchs auf rechtliches Gehör wird teilweise aus den §§ 921 Abs. 1, 936, 937 Abs. 2 ZPO, vgl. *Krimpenfort*, S. 19, teilweise aus kollidierendem Verfassungsrecht zwischen Art. 103 Abs. 1 GG und dem Recht des Antragstellers auf wirkungsvollen Rechtsschutz abgeleitet, vgl. *Bandel*, S. 9. Für letzteres spricht zunächst der Wortlaut der §§ 921 Abs. 1, 936, 937 Abs. 2 ZPO, die lediglich den Verzicht auf eine mündliche Verhandlung, nicht aber auf rechtliches Gehör zum Ausdruck bringen, vgl. *Walker*, Rn. 279. Auch in der Rechtsprechung des BVerfG steht die Abwägung des Rechts auf rechtliches Gehör mit ebenso schützenswerten Rechten im Vordergrund. Danach ist die Gefahr, den Menschen zum Objekt staatlichen Verfahrens zu machen nicht schon dann gegeben, wenn der Anspruch auf rechtliches Gehör Einschränkungen zum Schutz anderer Grundrechtsträger erleidet, die den Zweck des rechtlichen Gehörs im staatlichen Rechtsschutzsystem nicht in Frage stellen, zur Bewahrung ebenso schützenswerter Rechte aber unabdingbar sind, vgl. BVerGE 9, 89, 95.

[1375] Vgl. dazu *Krimpenfort*, S. 19.

Im Sportbereich werden überwiegend Leistungs- oder Befriedigungsverfügungen beantragt. Darüber kann jedoch grundsätzlich nicht ohne mündliche Verhandlung entschieden werden[1376]. Lediglich in dringenden Fällen (§ 937 Abs. 2 ZPO) ist eine stattgebende Entscheidung ohne mündliche Verhandlung erlaubt. Teilweise wird darüber hinaus einschränkend darauf hingewiesen, dass nachträgliches Gehör nur dann möglich und sinnvoll ist, wenn die zwischen den Parteien streitige Rechtsposition bis zur Gehörsgewährung im wesentlichen erhalten bleibt oder zumindest durch Sekundäransprüche wieder herstellbar ist, da dem Antragsgegner nur dann eine nachträglich Aufhebung der Maßnahmen Schutz gewährt[1377]. Diese Einschränkungen dürften für die im Sportbereich häufig beantragten Leistungs- und Befriedigungsverfügungen ein nur äußerst schwer zu überwindendes Hindernis darstellen, so dass die generelle Möglichkeit, ohne Anhörung des Gegners einstweilige Maßnahmen zu erlassen, für die im Sportbereich überwiegend beantragten Maßnahmen von eher geringer praktischer Bedeutung ist. Eine geringe Bedeutung in der Praxis heißt jedoch nicht, dass sie im Einzelfall nicht doch einmal relevant werden könnte. Um somit jedem möglichen Nachteil nachzugehen, soll nachfolgend die Möglichkeit schiedsrichterlicher ex Parte Entscheidungen im einstweiligen Rechtsschutz erörtert werden.

(1) Ex parte Entscheidungen durch das Schiedsgericht

§ 1042 Abs. 1 und Abs. 2 ZPO enthalten drei zwingende Verfahrensregeln. Neben dem Gebot, die Parteien gleich zu behandeln und dem Verbot, Rechtsanwälte als Bevollmächtigte zurückzuweisen, steht das Recht der Parteien auf rechtliches Gehör[1378]. Diese zwingenden Verfahrensregeln gelten nicht nur für das Hauptverfahren, sondern ebenso für das Verfahren des einstweiligen Rechtsschutzes[1379]. Somit ist den Parteien des Schiedsverfahrens gem. § 1042 Abs. 1 Satz 2 ZPO grundsätzlich vor Erlass einer einstweiligen Maßnahme rechtliches Gehör zu gewähren[1380]. Fraglich ist nun, ob in besonders dringlichen Fällen von diesem Grundsatz abgewichen werden kann und einstweilige Maßnahmen vom Schiedsgericht auch ohne vorherige Anhörung des Antragsgegners angeordnet werden können.

Schiedsrichterlichen ex parte Entscheidungen könnte zunächst § 1047 Abs. 2 und Abs. 3 ZPO entgegenstehen, wonach die Parteien von jeder Verhandlung und den von der jeweils anderen Partei vorgelegten Schriftsätzen in Kenntnis zu

[1376] MünchKommZPO/*Heinze*, § 937 Rn. 6 f.

[1377] *Walker*, Rn. 521.

[1378] Unter Geltung des alten Schiedsverfahrensrecht wurde aus den §§ 1034 Abs. 1, 1041 Abs. 1 Nr. 4 ZPO a.F. abgeleitet, dass im Schiedsverfahren die vorherige Anhörung des Antragsgegners stets nötig sei, vgl. BGH WM 1985, 1487 m.w.N.

[1379] *Bandel*, S. 90; *Krimpenfort*, S. 99; *Lachmann*, Rn. 1438.

[1380] Zur entsprechenden Anwendung des Art. 103 Abs. 1 GG, vgl. *Krimpenfort*, S. 104.

setzen sind[1381]. Aus dieser Vorschrift könnte man ableiten, dass ihre Anforderungen für jede Art schiedsrichterlicher Entscheidungen und mithin auch für solche im einstweiligen Rechtsschutz zu erfüllen sind[1382]. Der Anordnung überraschender Maßnahmen ohne vorherige Anhörung des Gegners durch ein Schiedsgericht wäre der Boden entzogen. Gegen die strikte Anwendung des § 1047 Abs. 2 und Abs. 3 ZPO im Eilverfahren spricht die Diskussion um Art. 24 UMG, aus dem § 1047 ZPO hervorgegangen ist, im Rahmen derer eine 40-Tages Frist für die vorgesehene Benachrichtigung der Parteien erwogen wurde[1383]. Eine derartige Erwägung verdeutlicht, dass im Rahmen des Art. 24 UMG nicht an schnell erforderliche einstweilige Maßnahmen gedacht wurde. Unterstützung findet diese Sichtweise durch die Aussage in der Gesetzesbegründung, wonach § 1047 Abs. 2 und Abs. 3 ZPO lediglich eine überflüssige Ausprägung des allgemeinen Gehörsgrundsatzes gem. § 1042 Abs. 1 ZPO darstellen soll[1384]. Zusammen mit der Aussage in der Gesetzesbegründung zum SchiedsVfG, wonach der schiedsrichterliche einstweilige Rechtsschutz dem staatlichen gegenüber gleichwertig sein soll[1385] und bei letzterem die Möglichkeit besteht, einstweilige Maßnahmen ohne vorherige Anhörung des Gegners anzuordnen, kann § 1047 Abs. 2 und Abs. 3 ZPO nicht gegen die Möglichkeit sprechen, dass auch das Schiedsgericht einstweilige Maßnahmen ohne vorherige Anhörung des Gegners anordnen und dem Gehörsgrundsatz durch eine unverzügliche nachträgliche Anhörung entsprechen kann[1386].

Für die Möglichkeit des Schiedsgerichts, Eilmaßnahmen in dringlichen Fällen auch ohne vorherige Anhörung des Antragsgegners anordnen zu können, spricht auch § 1063 Abs. 3 ZPO, der für eine Vollziehbarkeitsentscheidung hinsichtlich einer schiedsrichterlichen Eilmaßnahme durch den Vorsitzenden des Zivilsenates auch ohne vorherige Anhörung des Antragsgegners vorsieht. Versteht man § 1063 Abs. 3 ZPO in der Weise, dass der Gesetzgeber durch diese verkürzte Art der Vollziehung dem Bedürfnis nach schnellen und vor allem auch nach überraschenden Entscheidungen auch im schiedsrichterlichen Eilrechtsschutz Rechnung tragen wollte, so kann diese Möglichkeit nur dann in sinnvoller Weise bestehen, wenn auch das Schiedsgericht bei seiner Entscheidung von der grundsätzlichen Pflicht der vorherigen Anhörung des Antragsgegners im Einzelfall entbunden sein kann[1387].

1381 Vgl. *Bandel*, S. 97 f.

1382 *Thümmel*, DZWir 1997, S. 133, 135.

1383 UN-Doc. A/CN.9/232, Art. 24 II; UN-Doc. A/CN.9/245, para. 82; *Bandel*, S. 98; *Hußlein-Stich*, MG, S. 125.

1384 BT-Drucks. 13/5274, S. 49. Dies entspricht auch der Rechtsprechung des BVerfG, wonach die Information der Parteien durch das Gericht Teil der Gehörsgewährung ist, vgl. BVerfGE 67, 208, 211.

1385 BT-Drucks. 13/5274, S. 45.

1386 Zu den Gleichwertigkeitsgesichtspunkten vgl. *Krimpenfort*, S. 100 ff.

1387 Vgl. *Musilak/Voit*, ZPO, § 1041 Rn. 3; *Krimpenfort*, S. 103.

Um dem Gehörsgrundsatz durch eine unverzügliche nachträgliche Anhörung genügen zu können, muss das Schiedsgericht in der Lage sein, eine einmal möglicherweise fälschlich angeordnete Maßnahme auch wieder zu revidieren. Dies ist für ein Schiedsgericht nicht unproblematisch. Ob ein Schiedsgericht dazu in der Lage ist, hängt grundsätzlich von zwei Fragen, der nach der tatsächlichen Erreichbarkeit des Spruchkörpers einerseits und seiner rechtlichen Befugnis zur Abänderung einer angeordneten Maßnahme andererseits, ab[1388]. Die erste Frage nach der tatsächlichen Erreichbarkeit hängt von der Art des Schiedsgerichts ab. Bei einem institutionellen Schiedsgericht und bei einem administrierten Schiedsgericht, welches für den einstweiligen Rechtsschutz einen sog. Schnellschiedsrichter vorsieht, ist die Erreichbarkeit grundsätzlich nicht eingeschränkt[1389], so dass eine unverzügliche nachträgliche Anhörung möglich ist. Schwieriger ist die zweite Frage zu beantworten, ob das Schiedsgericht überhaupt rechtlich dazu befugt ist, eine einmal angeordnete Maßnahme wieder aufzuheben. Denn nur in diesem Fall ist eine nachträgliche Gehörsgewährung sinnvoll und in der Lage, dem Gehörsgrundsatz zu genügen. Das Gesetz schweigt zu einer solchen Befugnis des Schiedsgerichts. Darüber hinaus könnte man aus den §§ 1056 Abs. 1, 1058 ZPO, wonach ein einmal erlassener Schiedsspruch nachträglich vom Schiedsgericht nicht mehr geändert oder aufgehoben werden kann und der in § 1041 Abs. 3 ZPO ausdrücklich vorgesehenen Kompetenz des staatlichen Gerichts eine zur Vollziehung zugelassene Entscheidung des Schiedsgerichts zu ändern oder aufzuheben, schließen, dass dem Schiedsgericht diese Befugnis fehlt[1390]. Gegen eine solche Sichtweise sprechen jedoch gewichtige Gründe. Zunächst wäre es unbefriedigend, eine solche Kompetenz des Schiedsgerichts zu leugnen, da dieses die Umstände des Falls besser kennt als das staatliche Gericht[1391]. Auch der Blick auf die Schadenersatzregelung gem. § 1045 Abs. 4 ZPO spricht für diese Sichtweise. Nach § 1045 Abs. 4 ZPO kann das Schiedsgericht darüber befinden, ob eine angeordnete Maßnahme ungerechtfertigt war und daher Schadenersatz zu gewähren ist[1392]. Es wäre eine widersinnige Situation, wenn das Schiedsgericht zwar feststellen kann, ob eine angeordnete Maßnahme ungerechtfertigt war und in welchem Umfang der zu Unrecht benachteiligten Partei Schadenersatz zu gewähren ist, es aber nicht die Entstehung weiteren Schadens durch die Änderung oder Aufhebung einer einmal angeordneten Maßnahme verhindern könnte[1393]. Daneben spricht auch die vom Gesetzgeber vorgesehene Gleichwertigkeit zwischen schiedsrichterlichem und

---

[1388] Vgl. auch *Lachmann*, Rn. 1440.

[1389] Vgl. Viertes Kapitel:B. II. 5. e) aa) .

[1390] Vgl. ausführlich dazu *Lachmann*, Rn. 1451 f.

[1391] Vgl. *Lachmann*, Rn. 1452.

[1392] Vgl. dazu ausführlich *Bandel*, S. 231 ff.; *Krimpenfort*, S. 161 ff.; *Lachmann*, Rn. 1462.

[1393] Vgl. *Bandel*, S. 96.

staatlichem einstweiligen Rechtsschutz[1394] für die Möglichkeit des Schiedsgerichts, einmal angeordnete Maßnahmen, die es nun nicht mehr für erforderlich hält wieder aufzuheben[1395]. Steht somit die Aufhebungsbefugnis des Schiedsgerichts[1396] einerseits sowie die Erreichbarkeit des Schiedsgerichts für eine unmittelbare Gehörsgewährung bei entsprechender Ausgestaltung des Schiedsgerichts andererseits fest, sprechen keine durchgreifenden Gründe gegen die Möglichkeit des Schiedsgerichts, einstweilige Maßnahmen auch ohne vorherige Anhörung des Gegners zu treffen, da dem Gehörsgrundsatz wie auch im staatlichen einstweiligen Rechtsschutz durch eine unverzügliche nachträgliche Anhörung des Gegners genüge getan werden kann[1397].

(2) Zwischenergebnis

Zusammenfassend bleibt festzuhalten, dass ex parte Entscheidungen für die im Sportbereich im Wesentlichen begehrten Leistungs- und Befriedigungsverfügungen aufgrund der auch im staatlichen einstweiligen Rechtsschutz sehr eingeschränkten Möglichkeit, auf eine vorherige Anhörung des Antragsgegners verzichten zu können, eine geringere Rolle spielen. Sollte die Anordnung einer einstweiligen Maßnahme ohne vorherige Anhörung des Antragsgegners dennoch relevant sein, ist auch ein entsprechend ausgestaltetes Schiedsgericht in der Lage, einstweilige Maßnahmen in bestimmten Fällen ohne vorherige Anhörung des Antragsgegners anzuordnen und dem Gehörsgrundsatz durch eine unverzügliche nachträgliche Anhörung zu genügen.

ff) Vollziehung der angeordneten Maßnahme

(1) Fehlende Zwangsgewalt

Häufiges Argument, die fehlende Effizienz des schiedsrichterlichen einstweiligen Rechtsschutzes zu begründen, ist die fehlende Zwangsgewalt des Schiedsge-

---

[1394] BT-Drucks. 13/5274, S. 45.

[1395] Vgl. *Bandel*, S. 96, der diese Kompetenz des Schiedsgerichts auch aus der subjektiven Fassung des § 1041 Abs. 1 ZPO ableitet; so im Ergebnis auch *Krimpenfort*, S. 110; *Musilak-Voit*, ZPO, § 1041 Rn. 5; *Stein/Jonas/Schlosser*, ZPO, § 1041 Rn. 13; vgl. dazu auch Thür. OLG BB 2000, Beilage 12, 22, 23 a.A. *Lachmann*, Rn. 1453, 1455 f.; *Thümmel*, DZWir 1997, 133, 135. Die Befürwortung einer Kompetenz des Schiedsgerichts zur Aufhebung einmal angeordneter Maßnahmen entspricht auch der überwiegenden Ansicht zum schw. IPRG, das ebenso wenig eine dahingehende Norm enthält, vgl. Bucher, Rn. 211; IPRG-Kommentar/*Vischer*, Art. 183 Rn. 12.

[1396] Zu den Voraussetzungen und der Wirkung der Aufhebung oder Abänderung einer bereits angeordneten schiedsrichterlichen Maßnahme siehe *Bandel*, S. 224 ff.

[1397] Vgl. *Krimpenfort*, S. 105; *Bandel*, S. 98, der jedoch von einem derartigen Vorgehen aufgrund des dadurch drohenden Vertrauensverlustes der Parteien gegenüber dem Schiedsgericht und etwaiger Haftungsfolgen für die Schiedsrichter abrät; zu Letzterem vgl. auch *Lachmann*, Rn. 1441.

richts[1398]. Dies wirkt sich allerdings nur dann nachteilig aus, wenn Zwangsgewalt überhaupt benötig wird. Diesbezüglich wird häufig darauf hingewiesen, dass Schiedssprüche in der Regel freiwillig erfüllt werden[1399]. Mit dieser Erkenntnis könnte man sich auf den Standpunkt stellen, dass es dann auch gar keiner staatlichen Vollziehung bedürfe und die fehlende Zwangsgewalt des Schiedsgerichts keinen Nachteil darstellt. Freilich kann dieser Hinweis auf den Idealfall nicht ausreichen, die fehlende Zwangsgewalt für einen effektiven schiedsrichterlichen Rechtsschutz nicht als nachteilig anzusehen. Denn für die Frage, ob die fehlende Zwangsgewalt des Schiedsgerichts für die um einstweiligen Rechtsschutz nachsuchende Partei einen Nachteil darstellt, darf freilich nicht von dem Idealfall ausgegangen werden, dass der Antragsgegner freiwillig die schiedsrichterlich angeordnete Maßnahme erfüllt. Das Recht muss sich gerade dort bewähren, wo sich der Antragsgegner nicht ideal verhält. Daher ist für einen Effizienzvergleich zwischen schiedsrichterlichem und staatlichem einstweiligen Rechtsschutz die Frage zu beantworten, ob die fehlende Zwangsgewalt des Schiedsgerichts einen Nachteil darstellt, wenn der Antragsgegner die vom Schiedsgericht angeordnete Maßnahme nicht freiwillig erfüllt. Dabei sind die im Sportbereich begehrten und angeordneten Maßnahmen zu untersuchen. Daher ist die Durchsetzung der im Sportbereich beantragten Maßnahmen durch staatliche Eilmaßnahmen der Durchsetzung durch schiedsrichterliche Eilmaßnahmen gegenüberzustellen.

(2) Durchsetzung staatlicher Eilmaßnahmen im Sportbereich

Bei den eingangs bereits überblicksartig dargestellten beantragten Maßnahmen zur Gewährung einstweiligen Rechtsschutzes im Sportbereich (Nominierungserklärung, Freigabeerklärung, Erteilung einer Startberechtigung, Aufhebung einer Suspendierung, Lizenzerteilung etc.), handelt es sich entweder um die Vornahme einer im jeweiligen Verbandsregelwerk vorgesehenen Maßnahme oder um die Aufhebung einer in Umsetzung des Verbandsregelwerkes ergangenen Maßnahme. Damit begehren die Sportler und Vereine eine rechtsgestaltende Maßnahme, die in Ausübung der durch Art. 9 Abs. 1 GG geschützten Vereins- oder Verbandsautonomie ergeht. Einem Begehren hinsichtlich einer solchen Vereins- oder Verbandsmaßnahme kann das staatliche Gericht aber nur insoweit nachkommen als das Gesetz dies vorsieht. Weder das Vereinsrecht noch das Recht der Schuldverhältnisse sehen dies jedoch vor. Zwar wird teilweise eine entsprechende Anwendung der §§ 33, 241 ff. AktG auch für vereinsrechtliche

---

[1398] Vgl. dazu *Lachmann*, 1458 ff.

[1399] Vgl. *Berger*, Internationale Wirtschaftsschiedsgerichtsbarkeit, S. 233, 241; *Bucher*, Rn. 207; *Krimpenfort*, S. 130 f.; *Schimke*, Einstweiliger Rechtsschutz im internationalen Sport, S. 63. Aufgrund der Freiwilligkeit ihrer Erfüllung werden Maßnahmen, die ein Verhalten einer Partei anordnen, im Schiedsverfahren sogar als besonders zweckmäßig angesehen, vgl. *Bandel*, S. 135, m.w.N.

Beschlussmängelstreitigkeiten angenommen[1400]. Aufgrund der unterschiedlichen Zweckbestimmung, Größe und Bedeutung von Verein und AG wird eine entsprechende Anwendung der aktienrechtlichen Vorschriften auf den Verein von der ständigen höchstrichterlichen Rechtsprechung jedoch abgelehnt[1401]. Zudem wäre bei der Vornahme von rechtsgestaltenden Maßnahmen durch das staatliche Gericht äußerste Zurückhaltung geboten, um nicht in unzulässiger Weise in die von Art. 9 Abs. 1 GG geschützte Autonomie der Vereine oder Verbände einzugreifen. Somit fehlt den ordentlichen Gerichten im Rahmen vereinsrechtlicher Streitigkeiten ein hinreichendes Gestaltungsrecht, um die begehrten Maßnahmen umzusetzen. Sie sind lediglich dazu befugt, die Vereins- oder Verbandsmaßnahmen zu kontrollieren, nicht aber die Rechtsverhältnisse durch eine Aufhebung von rechtsgestaltenden Entscheidungen oder eine eigene Entscheidung selbst zu gestalten[1402].

Abgesehen von der fehlenden Gestaltungsmöglichkeit des staatlichen Gerichts in vereinsrechtlichen Streitigkeiten käme eine entsprechende Anwendung der aktienrechtlichen Vorschriften dann nicht in Betracht, wenn es an einer echten Mitgliedschaft des Antragstellers und somit einer vereinsrechtlichen Streitigkeit fehlt. Eine unmittelbare Mitgliedschaft der Sportler in den Sportverbänden gibt es in aller Regel nicht[1403]. Zwischen den Sportverbänden und den Sportlern bestehen, wenn überhaupt, nur vertragsrechtliche Beziehungen, beispielsweise in Form von sog. Athletenvereinbarungen. Die rechtliche Qualifizierung des durch eine derartige Vereinbarung zwischen Sportler und Verband entstehenden Rechtsverhältnisses ist umstritten. Bei dem mit einer solchen Vereinbarung zwischen Verband und Sportler entstehenden Rechtsverhältnis handelt es sich nach der wohl herrschenden Ansicht in Rechtsprechung und Literatur um ein mitgliedschaftsähnliches Rechtsverhältnis. Nach anderer Ansicht sei dieses Rechtsverhältnis hingegen ausschließlich vertragsrechtlich zu qualifizieren[1404]. Gleich ob der rechtlichen Qualifikation des Vertragsverhältnisses fehlt es mangels einer echten Mitgliedschaft in solchen Fällen an einer vereinsrechtlichen Streitigkeit, so dass in diesen Fällen eine entsprechende Anwendung der aktienrechtlichen Vorschriften gar nicht in Frage kommt. Einer Gestaltungsmöglichkeit des staatlichen Gerichts, in das Rechtsverhältnis zwischen Verband und Sportler einzuwirken, fehlt somit unabhängig von seiner umstrittenen Qualifizierung eine dahingehende gesetzliche Grundlage[1405].

[1400] *Grunewald*, S. 270 ff.

[1401] BGHZ 59, 369, 372; BGH NJW 1971, 879; 1975, 2101; OLG Schleswig NJW 1960, 1862; KG OLGZ 1971, 480, 481.

[1402] Vgl. Viertes Kapitel:B. I. 1.

[1403] Vgl. Erstes Kapitel:B. III.

[1404] Zur strittigen Einordnung der vertraglichen vereinbarten Regelgeltung zwischen Verband und Sportler, vgl. Drittes Kapitel:E. II. 2. b) cc) .

[1405] So kann beispielsweise die Festsetzung der Strafe nach § 315 BGB einem Dritten übertragen werden. Dieser Dritte kann aber kein ordentliches Gericht sein, da es nicht gestaltend in

Aufgrund der fehlenden Kompetenz des staatlichen Gerichts, die begehrten gestaltenden Maßnahmen, ob nun auf vereinsrechtlicher oder vertragsrechtlicher Basis selbst anzuordnen, wird in der Literatur empfohlen, über die Vornahme der unvertretbaren Handlung hinaus die Anordnung eines Zwangsgeldes für den Fall der Zuwiderhandlung zu beantragen[1406]. M.E. ist jedoch selbst dieser Antrag zu weitgehend, da das Gericht lediglich die Unwirksamkeit einer verbandsrechtlichen Maßnahme feststellen kann. Daher kann ein Antrag auch nur dahingehen, die Unwirksamkeit der umstrittenen Verbandsmaßnahme festzustellen.

(3) Durchsetzung schiedsrichterlicher Eilmaßnahmen im Sportbereich

Werden die angeordneten Maßnahmen des Schiedsgerichts nicht freiwillig erfüllt, hat der Antragsteller die Möglichkeit, gem. § 1041 Abs. 2 S. 1 ZPO die angeordnete Maßnahme durch eine Erklärung der staatlichen Gerichte für vollziehbar erklären zu lassen[1407]. Zuständig für die Vollziehung ist gem. § 1062 Abs. 1 Nr. 3 ZPO stets ein Oberlandesgericht[1408]. Die Vollziehbarerklärung[1409] steht dabei im Ermessen des Gerichts[1410]. Diese Kontrollmöglichkeit kann dem staatlichen Gericht jedoch nicht die Möglichkeit einräumen, seine möglicherweise abweichende Auffassung an Stelle der des Schiedsgerichts zu setzen[1411]. Das Gericht hat seine Kontrollbefugnis lediglich darauf zu beschränken, ob das Schiedsgericht die Erforderlichkeit ohne Abwägungsfehler festgestellt hat, insbesondere ob das Schiedsgericht keine willkürliche Maßnahmen angeordnet hat[1412]. Die in § 1041 Abs. 2 ZPO für die Vollziehung einer vom Schiedsgericht angeordneten Maßnahme notwendige Erklärung durch das staatliche Gericht wird häufig als Nachteil des schiedsrichterlichen einstweiligen Rechtsschutzes gegenüber dem staatlichen einstweiligen Rechtsschutz angesehen. Da sich die staatlichen Gerichte auf diese Weise ohnehin mit der Sache beschäftigen müssen, könne ein Antragsteller seinen Antrag, um Zeit zu sparen, auch gleich beim staatlichen Gericht stellen. Daher wird dem schiedsrichterlichen einstweiligen

---

Verträge der Parteien eingreifen und deren Dispositionsfreiheit ersetzen kann, vgl. BAG DB 1981, 533.

[1406] *Schimke*, Einstweiliger Rechtsschutz im internationalen Sport, S. 63.

[1407] Vgl. ausführlich *Bandel*, S. 197 ff.; *Krimpenfort*, S. 129 ff.

[1408] Zur örtlichen Zuständigkeit siehe ausführlich *Bandel*, S. 200 f.

[1409] Zum Begriff und Gegenstand der Vollziehbarerklärung vgl. *Bandel*, S. 197 ff. In der Schweiz wird gem. Art. 183 Abs. 2 IPRG nicht die schiedsrichterliche Maßnahme vollstreckungsfähig gemacht, sondern der staatliche Richter um Mitwirkung im einstweiligen Rechtsschutz durch den Erlass eigener Maßnahmen ersucht.

[1410] Vgl. BT-Drucks. 13/5274, S. 45. Siehe ausführlich zum Ermessen des Gerichts *Bandel*, S. 215 ff.; *Krimpenfort*, S. 135 ff., 138 f.; *Stein/Jonas/Schlosser*, ZPO, § 1041 Rn. 14.

[1411] Vgl. *Bandel*, S. 220.

[1412] *Schimke*, Einstweiliger Rechtsschutz im internationalen Sport, S. 64; für eine grundsätzlich umfassende Nachprüfungsbefugnis, *Krimpenfort*, S. 142.

Rechtsschutz in großen Teilen der Literatur die Praxistauglichkeit abgesprochen[1413].

(a) Vollziehung inländischer schiedsrichterlicher Eilmaßnahmen in Deutschland

Der durch eine Vollziehbarerklärung gem. § 1041 Abs. 2 ZPO entstehende Zeitverlust dürfte jedoch als gering einzuschätzen sein. Gem. § 1063 Abs. 1 Satz 1 ZPO entscheidet das Gericht über die Zulassung der Vollziehung einer vom Schiedsgericht angeordneten Maßnahme stets durch Beschluss[1414]. Zwar ist der Antragsgegner gem. § 1063 Abs. 1 Satz 2 ZPO grundsätzlich vor einer Entscheidung zu hören, was ohne Zeitverlust nicht zu bewerkstelligen ist. In dringenden Fällen hat der Vorsitzende des Zivilsenats gem. § 1063 Abs. 3 ZPO jedoch die Möglichkeit, ohne vorherige Anhörung des Antragsgegners eine Entscheidung über die Vollziehung zu treffen[1415]. Diese vorgesehenen Beschleunigungsmöglichkeiten erfahren eine herbe Einschränkung, wenn die Einschränkung gem. § 1063 Abs. 3 Satz 2 ZPO, wonach die vom Vorsitzenden angeordnete Zwangsvollstreckung aus dem Schiedsspruch nicht über Maßnahmen zur Sicherung hinausgehen dürfen, auch für die Vollziehung der schiedsrichterlichen Eilmaßnahme gilt[1416]. Fraglich ist daher, ob § 1063 Abs. 3 Satz 2 ZPO auch die Vollziehung einer Eilmaßnahme erfasst. Gegen diese Sichtweise spricht jedoch zunächst der Wortlaut, der eben gerade nicht die Vollziehung vorläufiger oder sichernder Maßnahmen erfasst. Dies wäre aber grundsätzlich nötig, da es sich bei den schiedsrichterlichen Eilmaßnahmen nicht um Schiedssprüche, sondern um Maßnahmen eigener Art handelt. Diese Sichtweise findet auch ihre Bestätigung in § 1063 Abs. 3 Satz 1 ZPO, der die Zwangsvollstreckung aus dem Schiedsspruch und die Vollziehung vorläufiger und sichernder Maßnahmen nebeneinander aufführt. Gegen eine Anwendung des § 1063 Abs. 3 Satz 2 ZPO spricht auch der Wille des Gesetzgebers, einen dem staatlichen Rechtsschutz gleichwertigen schiedsrichterlichen Rechtsschutz zu ermöglichen. Da Maßnahmen im staatlichen einstweiligen Rechtsschutz bei besonderer Dringlichkeit ohne vorherige Anhörung des Gegners durchaus möglich sind, kann der Wille des Gesetzgebers angesichts der beabsichtigten Gleichwertigkeit nur dahin gehen, die Einschränkung des § 1063 Abs. 3 Satz 1 ZPO nicht auf vorläufige oder sichernde Maßnahmen zu erstrecken. Auch der Sinn und Zweck des § 1063 Abs. 3 ZPO, in dringenden Fällen eine schnelle Vollstreckung aus dem Schiedsspruch, insbesondere aber die schnelle Vollziehung einer Eilmaßnahme zu ermöglichen, spricht gegen eine Übertragung der Einschränkung des § 1063 Abs.

[1413] Vgl. anschaulich *Schütze*, BB 1998, 1650, 1653, der im schiedsrichterlichen einstweiligen Rechtsschutz zwar keinen juristischen Papiertiger sieht, ihm jedoch ziemlich stumpfe Krallen attestiert.

[1414] Vgl. BT-Drucks. 13/5274, S. 64.

[1415] Vgl. *Krimpenfort*, S. 150.

[1416] So *Bandel*, S. 203.

3 Satz 2 ZPO auf die Anordnung der Vollziehung schiedsrichterlicher einstweiliger Anordnungen in besonders dringlichen Fällen. Somit kann der Vorsitzende grundsätzlich alle vom Schiedsgericht angeordneten Maßnahmen ohne vorherige Anhörung des Antragsgegners zur Vollziehung zulassen[1417]. Dem Gehörsgrundsatz wird dadurch genügt, dass § 1063 Abs. 3 Satz 1 ZPO nach einer unverzüglichen Anhörung die Möglichkeit einer neuen Entscheidung durch das Gericht auf Grundlage dieser Anhörung vorsieht[1418]. Der durch die Vollziehbarerklärung entstehende Zeitverlust ist mithin angesichts der in § 1063 Abs. 3 ZPO vorgesehenen Möglichkeit, dass der Vorsitzende schiedsrichterliche einstweilige Maßnahmen ohne vorherige Anhörung des Antragsgegners zur Vollziehung zulassen kann, gering. Festzuhalten bleibt jedoch, dass das Notwendigwerden einer Vollziehbarerklärung in zeitlicher Hinsicht einen Nachteil für die Effektivität des schiedsrichterlichen Eilrechtsschutzes darstellen kann. Darüber hinaus sind eine nachträgliche Anhörung und eine neue Entscheidung auf dieser Grundlage nur dann sinnvoll und im Hinblick auf den Gehörsgrundsatz wirkungsvoll, wenn durch die Vollziehung nicht schon endgültige Verhältnisse geschaffen werden. Daher bestehen gerade im Hinblick auf die im Sportbereich häufig begehrten Leistungs- und Befriedigungsverfügungen für die in § 1063 Abs. 3 ZPO grundsätzlich vorgesehene beschleunigte Anordnungsmöglichkeit Einschränkungen.

(b) Grenzüberschreitende Vollziehung schiedsrichterlicher Eilmaßnahmen

Größere Probleme entstehen bei der grenzüberschreitenden Vollziehung schiedsrichterlicher Eilmaßnahmen. Die grenzüberschreitende Vollziehung schiedsrichterlicher Eilmaßnahmen richtet sich, wie auch die grenzüberschreitende Vollstreckung von Schiedssprüchen, in erster Linie nach den jeweils einschlägigen mulilateralen und bilateralen Staatsverträgen. Die Suche nach einschlägigen Staatsverträgen gestaltet sich jedoch schwierig. Besonders problematisch für den Bereich der schiedsrichterlichen einstweiligen Maßnahmen ist, dass das für die internationale Schiedsgerichtsbarkeit so wichtige UNÜ nach h.M. auf schiedsrichterliche Maßnahmen des einstweiligen Rechtsschutzes nicht anwendbar ist[1419]. Aber auch andere Übereinkommen erfassen diesen Bereich nicht[1420]. Eine Regelung zum grenzüberschreitenden einstweiligen Rechtsschutz

[1417] Im Ergebnis ebenso *Bandel*, S. 207 f.; a.A. *Stein/Jonas/Schlosser*, ZPO, § 1041 Rn. 15.

[1418] Zu einem Beschluss kommt es nach einer Anordnung des Vorsitzenden nur dann, wenn der Antragsgegner bei seiner Anhörung kund tut, mit der Zulassung der Vollziehung nicht einverstanden zu sein. Anderenfalls ist eine erneute Entscheidung des Gerichts entbehrlich, vgl. *Bandel*, S. 204.

[1419] Vgl. *Bandel*, S. 356; *Berger*, Internationale Wirtschaftsschiedsgerichtsbarkeit, S. 241 f.; *ders.*, DZWir 1998, S. 45, 51; *Laschet*, ZZP 99 (1986), S. 271, 278, 288; *Roth*, Einstweiliger Rechtsschutz im internationalen Sport, S. 36; a.A. *Kohl*, S. 169 ff. Ausführlich zum Streitstand *Bandel*, S. 342 ff.

[1420] Vgl. *Bandel*, S. 356 ff.

enthält die EGVVO[1421], nimmt jedoch in Art. 1 Abs. 2 d die Schiedsgerichtsbarkeit ausdrücklich aus[1422]. Ist mithin die Suche nach Staatsverträgen, die eine Vollziehung schiedsrichterlicher Eilmaßnahmen regeln, erfolglos, richtet sich die grenzüberschreitende Vollziehung von Schiedssprüchen nach dem jeweiligen nationalen Recht des Staates, in dem die Maßnahme vollzogen werden soll. Insbesondere in den Ländern, deren Schiedsverfahrensrecht die Möglichkeit schiedsrichterlicher Eilmaßnahmen vorsieht, deren Vollziehung aber von der Mithilfe der staatlichen Gerichte abhängig ist, bietet sich eine entsprechende Anwendung der vorgesehenen staatlichen Vollziehungsverfahren an. Demzufolge wird die Frage, ob ausländische schiedsrichterliche Eilmaßnahmen im Inland mithilfe der staatlichen Gerichte vollzogen werden können, sowohl für den § 1041 ZPO[1423] als auch in der Schweiz in Bezug auf Art. 183 Abs. 2 IPRG kontrovers diskutiert[1424]. Trotz der eine entsprechende Anwendung des Vollziehungsverfahrens befürwortenden Stimmen[1425] wird man derzeit angesichts der Vorbehalte gegenüber einer grenzüberschreitenden Vollziehung schiedsrichterlicher Eilmaßnahmen eine Gleichwertigkeit in diesem Bereich nicht feststellen können. Ist nach alldem eine Vollziehung der begehrten Eilmaßnahme im Ausland erforderlich, erscheint der Gang zum staatlichen Gericht an dem Ort, wo der Rechtsschutz benötigt wird, der effektivere Weg zu sein, gegenüber dem Weg über eine schiedsrichterliche Eilmaßnahme, deren Vollziehung im Ausland derzeit nicht sichergestellt ist.

(4) Übertragung vereins- oder verbandsrechtlicher Gestaltungskompetenzen auf das Schiedsgericht

Ist eine Vollziehung der schiedsrichterlichen Eilmaßnahmen erforderlich, bestehen gegenüber dem staatlichen einstweiligen Rechtsschutz Nachteile. Fraglich ist nun aber, ob nicht die Schiedsgerichtsbarkeit Handlungsspielräume bereithält, diesen Nachteil für die im Sportbereich häufig beantragten Maßnahmen zu kompensieren. Zielt eine beantragte Maßnahme nun auf die Anordnung, Änderung oder Aufhebung einer Verbandsmaßnahme, wie eine vorläufige Suspendierung einer Wettkampfsperre oder die vorläufige Zulassung zu einem Wettkampf, handelt es sich bei der beantragten Maßnahme um eine gestaltende Maßnahme.

[1421] Ebenso Art. 1 Satz 3 Nr. 4 EuGVÜ und LugÜ. Das EugVVO trat am 1.3.2002 im Verhältnis der Mitgliedsstaaten der EU außer Dänemark in Kraft, vgl. Art. 1 Abs. 3 EuGVVO. Gegenüber Dänemark gilt daher weiterhin das EuGVÜ, vgl. allgemein zum Anwendungsbereich *Piltz*, NJW 2002, 789, 790 f.; *Micklitz/Rott*, EuZW 2001, 325 f.; *Kohler*, in FS Geimer, S. 461, 468 ff.

[1422] Vgl. EuGH, Urt. Vom 17.11.1998, Az.: Rs. C-391/95), Nr. 23 f.; *Roth*, Einstweiliger Rechtsschutz im internationalen Sport, S. 26 ff.

[1423] Vgl. ausführlich *Bandel*, S. 361 ff.

[1424] Vgl. *Bandel*, S. 360; *Roth*, Einstweiliger Rechtsschutz im internationalen Sport, S. 36, jeweils m.w.N.

[1425] Vgl. *Bandel*, S. 369.

Dies gilt unabhängig davon, ob es sich bei der in Frage stehenden Streitigkeit um eine vereinsrechtliche Streitigkeit oder eine vertragsrechtliche Streitigkeit handelt. Während aus diesem Grund ein Antrag vor dem staatlichen Gericht lediglich dahin gehen kann, festzustellen, dass die angegriffene Maßnahme unwirksam ist, kann einem Schiedsgericht die Kompetenz übertragen werden, nicht nur eine vereins- oder verbandsrechtliche Sanktion beispielsweise zu überprüfen sondern selbst auszusprechen und somit gestaltend tätig zu werden[1426]. Kann das Schiedsgericht aber nun selbst gestaltend tätig werden, erscheint es fraglich, ob die gestaltende Maßnahme des Schiedsgerichts gegenüber dem Ausspruch des staatlichen Gerichts, mit Hilfe eines Zwangsgeldes den Verein oder Verband zu einer solchen gestaltenden Entscheidung zu bewegen, weniger effizient ist. Auch im Bereich des Gesellschaftsrechts, wo häufig gestaltende einstweilige Maßnahmen, wie Interimsregelungen von Geschäftsführungsbefugnissen, Vertretungsmacht oder Stimmrechtsausübungen notwendig werden, waren schon unter Geltung des alten Rechts viele Autoren bereit, einer schiedsrichterlichen Anordnung, auf unterschiedlichem Wege zwar, aber doch im Ergebnis den Vorrang vor dem staatlichen einstweiligen Rechtsschutz einzuräumen[1427]. Dem ist umso mehr zuzustimmen, wenn die Gestaltungswirkung der schiedsrichterlichen Entscheidung keiner Vollziehbarerklärung durch das staatliche Gericht mehr bedarf, sondern sofort eintritt. Daher soll die Frage nach dem Eintritt der gestaltenden Wirkung einer schiedsrichterlichen Maßnahme im einstweiligen Rechtsschutz nachfolgend erörtert werden[1428].

(a) Eintritt der Gestaltungswirkung bedarf keiner Vollziehung

Zur Frage, wann eine Anordnung im schiedsrichterlichen einstweiligen Rechtsschutz Gestaltungswirkung entfaltet, schweigen sowohl § 1041 ZPO als auch die Gesetzesbegründung zum SchiedsVfG. Zwar ist die Anordnung einer Maßnahme im einstweiligen Rechtsschutz durch das Schiedsgericht kein Schiedsspruch, sondern eine Entscheidung eigener Art. Dennoch kann ein Blick auf die umstrittene Frage, wann ein gestaltender Schiedsspruch seine Gestaltungswirkung entfaltet, für die entsprechende Frage nach dem Eintritt der Gestaltungswirkung gestaltender Verfügungen im schiedsrichterlichen einstweiligen Rechtsschutz fruchtbar gemacht werden. Nach überwiegender Meinung tritt die Gestaltungswirkung von Schiedssprüchen ohne das Zutun eines staatlichen Ge-

---

[1426] Vgl. Viertes Kapitel:B. I.

[1427] *Erman*, in FS Möhring, S. 3 ff.; *Lindacher*, ZGR 1979, 201 ff.; *Schlosser*, ZZP 99 (1986), S. 241, 265.

[1428] Zur ebenfalls umstrittenen Frage, wann die Gestaltungswirkung von Schiedssprüchen eintritt, vgl. *Lachmann*, Rn. 1029; *Loritz*, ZZP 105 (1992), S. 1, 17 ff.; *K. Schmidt*, ZGR 1988, S. 523, 535 f.; *Walter*, in FS Schwab, S. 539 ff.; *Schwab/Walter*, Kap. 21 Rn. 12.

richts ein[1429]. Da die Vollstreckbarerklärung einem Schiedsspruch Vollstreckbarkeit verleihen soll, bedürfe es einer Vollstreckbarerklärung des Schiedsspruchs dann nicht, wenn die Rechtsänderung auch ohne Zwangsvollstreckung durch staatliche Organe eintritt[1430]. Für diese Ansicht spreche die in § 1055 ZPO angeordnete Gleichwertigkeit von Schiedssprüchen und Urteilen[1431]. Zwar fehlt eine dem § 1055 ZPO vergleichbare Norm für Anordnungen des Schiedsgerichts im einstweiligen Rechtsschutz. Jedoch hat der Gesetzgeber auch für diesen Bereich ausdrücklich auf die Gleichwertigkeit der beiden Rechtsschutzalternativen hingewiesen[1432], so dass sich dieses Argument auch auf den Bereich des einstweiligen Rechtsschutzes übertragen lässt.

Die Gegenansicht verlangt für den Eintritt der Gestaltungswirkung eines Schiedsspruches eine Vollstreckbarerklärung durch ein staatliches Gericht[1433]. Sie argumentiert, dass erst durch die Vollstreckbarerklärung die Gefahr der Aufhebung nach § 1059 ZPO entfiele und dem Schiedsspruch zuvor die nötige Bestandskraft fehle[1434]. Dieses Argument kann gerade im Bereich des einstweiligen Rechtsschutzes wenig überzeugen[1435], da gestaltende Verfügungen eines staatlichen Gerichts im Verfahren des einstweiligen Rechtsschutzes Gestaltungswirkung im Augenblick der Bekanntgabe der einstweiligen Verfügung an den Antragsgegner und damit schon vor dem Eintritt der Rechtskraft entfalten können[1436]. Als weiteres Argument gegen die h.M. wird vorgebracht, dass nur eine Entscheidung des staatlichen Gerichts die Gestaltungswirkung des Schiedsspruches über die Parteien des Schiedsverfahrens hinaus legitimieren könne[1437].

[1429] *Lindacher*, ZGR 1979, 201, 209; *Schwab/Walter*, Kap. 21 Rn. 12; *Stein/Jonas/Schlosser*, ZPO, § 1055 Rn. 1; *Vollmer*, BB 1984, 1774, 1776 f.; *Walter*, RIW 1988, 945, 947; *ders.*, in FS Schwab, S. 539, 552 ff.

[1430] *Lachmann*, Rn. 1029; *Lindacher*, ZGR 1979, 201, 209; *Schwab/Walter*, Kap. 21 Rn. 12; *Stein/Jonas/Schlosser*, § 1042 Rn. 2; *Vollmer*, BB 1984, 1774, 1776 f.; *Walter*, RIW 1988, 945, 947; *ders.*, in FS Schwab, S. 539, 552 ff.

[1431] *Lachmann*, Rn. 1029; *Lindacher*, ZGR 1979, 201, 209; *Schwab/Walter*, Kap. 21 Rn. 12; *Stein/Jonas/Schlosser*, § 1042 Rn. 2; *Vollmer*, BB 1984, S. 1774, 1776 f.; *Walter*, RIW 1988, S. 945, 947; *ders.*, in FS Schwab, S. 539, 552 ff.

[1432] BT-Drucks. 13/5274, S. 45.

[1433] *K. Schmidt*, ZGR 1988, 523, 535 f.; *ders.*, JZ 1989, 1077, 1083; *Baumbach/Lauterbach/Albers*, ZPO, § 1055 Rn. 7.

[1434] Das Argument erforderlicher Bestandskraft findet sich auch im Hinblick auf das Erfordernis einer Exequaturentscheidung für Entscheidungen ausländischer Gerichte, die im Inland vollstreckt werden sollen. So dürfe eine einmal gegebene Vollstreckbarkeit nicht vom Bestand der ausländischen Entscheidung abhängen, sondern vom Bestand eines inländischen Rechtsaktes, der inländischen Exequaturentscheidung, vgl. *Geimer*, Anerkennung, S. 163 f.; *ders.*, IZPR, Rn. 3101.

[1435] Vgl. *Bandel*, S. 119 m.w.N; auch für Schiedssprüche ablehnend *Schwab/Walter*, Kap. 21 Rn. 12; *Walter*, in FS Schwab, S. 523, 539 ff.

[1436] RGZ 102, 197, 199 f.; *Stein/Jonas/Grunsky*, ZPO, § 938 Rn. 15 m.w.N.

[1437] *K. Schmidt*, ZGR 1988, 523, 535 f.

Dagegen wird zwar teilweise angeführt, dass eine entsprechende Gestaltungswirkung auch ohne die Entscheidung eines staatlichen Gerichts durch eine dahingehende Parteivereinbarung erreicht werden könne[1438]. Die Argumentation ist jedoch dann überzeugend, wenn der Sinn und Zweck der Vollstreckbarerklärung eines Schiedsspruches durch ein staatliches Gericht nicht nur die Verleihung der Vollstreckbarkeit und Legitimation staatlicher Zwangsanwendung ist, wie es der Begriff vermuten lässt, sondern die Verleihung staatlicher Legitimation für jede belastende schiedsrichterliche Entscheidungswirkung. Hiergegen spricht aber die Ausgestaltung der Kontrolle inländischer Schiedssprüche durch die staatlichen Gerichte. Diese unterliegen keiner umfassenden staatlichen Kontrolle[1439]. Nach § 1059 ZPO haben die Parteien des Schiedsverfahrens lediglich die Möglichkeit, einen Schiedsspruch durch Aufhebungsklage rückwirkend zu beseitigen[1440]. Bis zu einer Aufhebung ist der Schiedsspruch rechtsbeständig[1441] und sind eventuell bestehende Aufhebungsgründe in anderen Verfahren nicht inzident zu prüfen[1442]. Wird kein Aufhebungsverfahren angestrebt, besteht die Möglichkeit, dass ein Schiedsspruch seine gestaltende Wirkung entfaltet, ohne dass ein staatliches Gericht dieser möglicherweise auch belastenden Wirkung für eine Partei eine entsprechende Legitimation erteilen musste. Der Gesetzgeber geht also davon aus, dass ein Schiedsspruch grundsätzlich Wirkungen entfaltet und zu beachten ist und legt davon ausgehend einer belasteten Partei die Initiativlast für die Beseitigung eines Schiedsspruches auf. Bedarf es nun aber, entgegen der regelmäßig freiwillig vonstatten gehenden Erfüllung von Schiedssprüchen durch die Parteien, der zwangsweisen Durchsetzung eines Schiedsspruches, hat der Gesetzgeber gem. § 1060 ZPO ein spezielles Anerkennungs- und Vollstreckungsverfahren für Schiedssprüche vorgesehen, welches der Gläubiger anzustrengen hat. In diesem Verfahren werden die Aufhebungsgründe des § 1059 Abs. 2 ZPO von Amts wegen selbst dann noch geprüft, wenn die Frist zu ihrer Geltendmachung im Aufhebungsverfahren bereits abgelaufen ist. Die Notwendigkeit einer Vollstreckbarerklärung durch das staatliche Gericht lässt sich darauf zurückführen, dass bei der Zwangsvollstreckung in jedem Fall öffentliche Interessen berührt werden und die Duldung der Schiedsgerichtsbarkeit eben dort aufhört. Daher behält sich der Staat das Recht vor, den Schiedsspruch durch ein entsprechendes Verfahren zu einem vollstreckbaren Titel zu machen[1443]. Eine

---

[1438] Vgl. *Vollmer*, BB 1984, 1775 f.

[1439] BT-Drucks. 13/5274, S. 60; *Stein/Jonas/Schlosser*, ZPO, § 1055 Rn. 2.

[1440] *Schwab/Walter*, Kap. 25 Rn. 2. Die Aufhebbarkeit eines Schiedsspruches ist gem. § 1059 Abs. 3 ZPO auf einen Zeitraum von drei Monaten nach Empfang des Schiedsspruches begrenzt.

[1441] Vgl. *Stein/Jonas/Schlosser*, ZPO, § 1055 Rn. 2; anders ist dies lediglich zu beurteilen, wenn die Parteien ein schiedsrichterliches Berufungsverfahren vereinbart haben, vgl. *Stein/Jonas/Schlosser*, a.a.O.; *Schwab/Walter*, Kap. 22 Rn. 12.

[1442] *Zöller/Geimer*, ZPO, § 1059 Rn. 18.

[1443] *Schwab/Walter*, Kap. 26 Rn. 1.

Begründung für diese intensivere Kontrolle von Schiedssprüchen, die zum Anlass von Zwangsmaßnahmen genommen werden sollen, findet sich auch in der Gesetzesbegründung. Dort wird darauf hingewiesen, dass die Nichtaufhebbarkeit des Schiedsspruches im Gegensatz zu dessen Vollstreckung für den Schuldner noch keine unmittelbaren Nachteile mit sich bringt[1444]. Fraglich ist, was diese Aussage für gestaltende Entscheidungen bedeutet, die sich unmittelbar nachteilig für eine Partei auswirken. Die obige Aussage in der Gesetzesbegründung ergibt nur dann einen Sinn, wenn nur durch die Vollstreckung eines Schiedsspruches unmittelbar nachteilige Wirkungen für eine Partei erzeugt werden können. Da aber nicht nur vollstreckbare Entscheidungen, sondern beispielsweise auch gestaltende Entscheidungen unmittelbar nachteilige Wirkungen für die Parteien zeitigen können, müsste der Begriff der Vollstreckung entsprechend auf alle Fälle ausgedehnt werden, in denen unmittelbar nachteilige Wirkungen für eine Partei entstehen. Eine „Vollstreckung" mithilfe eines Exequaturverfahrens wäre mithin auch für gestaltende Schiedssprüche notwendig, die sich unmittelbar nachteilig für eine Partei auswirken. Der Sinn und Zweck des Exequaturverfahrens bestünde somit in einer staatlichen Kontrolle aller für eine Partei nachteilige Wirkungen erzeugenden Schiedssprüche[1445]. Diese Auslegung der Aussage in der Gesetzesbegründung ist jedoch mit der grundsätzlich vorgesehenen Initiativlast für die belastende Partei, die Aufhebung eines Schiedsspruches innerhalb von drei Monaten zu erwirken, nicht vereinbar. Auch sprechen dogmatische Gründe gegen das Erfordernis einer Exequaturentscheidung für den Eintritt der gestaltenden Wirkung eines Schiedsspruches[1446]. Daher entfalten gestaltende Schiedssprüche ihre Gestaltungswirkung ohne das Hinzutreten eines staatlichen Hoheitsaktes.

(b) Kontrolle über § 1041 Abs. 2 ZPO

Das Vollziehungsverfahren für schiedsrichterliche Entscheidungen im einstweiligen Rechtsschutz gem. § 1041 Abs. 2 ZPO bildet das Vollstreckungsverfahren für Schiedssprüche in verkleinerter Form nach. Auch § 1041 Abs. 2 ZPO umfasst nach seinem Wortlaut lediglich die Vollziehung einer vom Schiedsgericht angeordneten Maßnahme. Dies würde parallel zum Vollstreckungsverfahren von Schiedssprüchen dafür sprechen, dass Maßnahmen, die einer Vollziehung nicht bedürfen, auch keines Vollziehungsverfahren bedürfen, d.h. gestaltende Maßnahmen ihre Gestaltungswirkung ohne eine Vollziehbarkeitserklärung durch das staatliche Gericht entfalten.

Gegen eine solche Übertragung auf schiedsrichterliche Eilmaßnahmen könnte sprechen, dass es auf den ersten Blick einen dem Aufhebungsverfahren für Schiedssprüche gem. § 1059 ZPO ähnlichen Rechtsbehelf für schiedsrichterliche

---

1444 BT-Drucks. 13/5274, S. 60.

1445 Vgl. *Bandel*, S. 124.

1446 Vgl. *Lachmann*, Rn. 1029.

Eilmaßnahmen nicht gibt, der einer belasteten Partei die Initiativlast für die Beseitigung einer Eilmaßnahme auferlegt[1447]. § 1041 Abs. 2 ZPO sieht lediglich auf Antrag einer Partei die Vollziehung einer Maßnahme nach § 1041 Abs. 1 ZPO oder ihre abweichende Fassung vor, wenn dies zur Vollziehung notwendig ist. Dementsprechend bezieht sich auch § 1041 Abs. 3 ZPO lediglich auf die Änderung oder die Aufhebung eines Beschlusses nach § 1041 Abs. 2 ZPO. Eine Überprüfung von schiedsrichterlichen Eilmaßnahmen, die keiner Vollziehung bedürfen, scheint somit nicht vorgesehen. Einer durch eine schiedsrichterliche gestaltende Eilmaßnahme belasteten Partei stünde mithin kein Rechtsbehelf zur Verfügung, sich gegen die belastende Wirkung einer schiedsrichterlichen gestaltenden Eilmaßnahme zur Wehr zu setzen. Um diese Lücke zu schließen und dem Schutzbedürfnis des Antragsgegners zu entsprechen, sollen nach teilweise vertretener Ansicht auch gestaltende Maßnahmen, die eigentlich keiner Vollziehung bedürfen, ihre Wirkung erst nach einer Vollziehbarerklärung durch das staatliche Gericht gem. § 1041 Abs. 2 ZPO entfalten[1448]. Daneben wird alternativ vorgeschlagen das in § 1059 ZPO für Schiedssprüche vorgesehene Aufhebungsverfahren in diesen Fällen entsprechend heranzuziehen[1449]. Mit der entsprechenden Anwendung des Aufhebungsverfahrens würde dem Eilinteresse der antragstellenden Partei freilich besser gedient als durch eine obligatorische Vollziehungserklärung, da die Initiativlast bei dem durch die einstweilige Maßnahme belasteten Antragsgegner läge.

Gegen eine entsprechende Heranziehung des § 1059 ZPO spricht jedoch, dass es an einer planwidrigen Regelungslücke fehlt, die für eine analoge Anwendung des § 1059 ZPO erforderlich wäre[1450]. Dies spricht für die zuerst genannte Ansicht, die der Anwendung des § 1041 Abs. 2 ZPO den Vorzug einräumt. Zum Schutze des Antragsgegners bedarf es jedoch keineswegs eines obligatorischen Vollziehungsverfahrens für nachteilige gestaltende schiedsrichterliche Eilmaßnahmen, das zu Lasten der Eilbedürftigkeit im einstweiligen Rechtsschutz geht. § 1041 Abs. 2 Satz 1 ZPO sieht eine Antragsbefugnis für eine Vollziehbarerklärung durch das staatliche Gericht nicht nur für den Antragsteller einer schiedsrichterlichen Eilmaßnahme vor, sondern für jedwede beteiligte Schiedspartei. Daraus lässt sich ableiten, dass das Vollziehungsverfahren nicht lediglich ein Instrumentarium ist, um eine schiedsrichterliche Eilmaßnahme vollstreckbar zu machen, sondern auch in gewisser Hinsicht ein staatliches Kontrollverfahren darstellt[1451]. Die beiderseitige Antragsmöglichkeit nach § 1041 Abs. 2 Satz 1 ZPO eröffnet nun aber gleichzeitig die Möglichkeit auch im Rahmen der Voll-

---

[1447] Vgl. *Krimpenfort*, S. 110.

[1448] Vgl. *Bandel*, S. 125 f.; *Stein/Jonas/Schlosser*, ZPO, § 1041 Rn. 14.

[1449] Vgl. *Bandel*, S. 125 f., der jedoch einer Ausdehnung des § 1041 Abs. 2 ZPO den Vorzug einräumt.

[1450] So ausdrücklich *Krimpenfort*, S. 110; *Bandel*, S. 126.

[1451] Vgl. *Krimpenfort*, S. 145.

ziehung schiedsrichterlicher Eilmaßnahmen einen systematischen Gleichlauf mit der Regelung zur Aufhebung und Vollstreckung von Schiedssprüchen zu erzielen. Wie auch gestaltende Schiedssprüche zeitigen gestaltende schiedsrichterliche Eilmaßnahmen ihre Wirkung ohne das Hinzutreten der staatlichen Gerichte. Zum Schutz ihrer Interessen hat eine durch die gestaltende schiedsrichterliche Eilmaßnahme belastete Partei die Möglichkeit, diese gem. § 1041 Abs. 2 ZPO einer Kontrolle durch die staatlichen Gerichte zu unterziehen. Ihr obliegt, wie auch im Verfahren zur Aufhebung von Schiedssprüchen, die Initiativlast zur Beseitigung der schiedsrichterlichen Eilmaßnahme. Diese am Regelungsmodell zur Aufhebung und Vollstreckung von Schiedssprüchen orientierte Auslegung des § 1041 Abs. 2 ZPO entspricht einerseits den dem einstweiligen Rechtsschutz immanenten Eilinteressen des Antragsstellers und andererseits dem Schutzbedürfnis des Antragsgegners, belastende gestaltende schiedsrichterliche Eilmaßnahmen einer Kontrolle durch die staatlichen Gerichte unterziehen zu können.

(5) Zwischenergebnis

Im Bereich der im Sportbereich häufig notwendig werdenden einstweiligen Maßnahmen kann nicht pauschal aufgrund der fehlenden Zwangsgewalt des Schiedsgerichts von einem gegenüber dem staatlichen einstweiligen Rechtsschutz weniger effektiven schiedsrichterlichen einstweiligen Rechtsschutz gesprochen werden. Die fehlende Zwangsgewalt des Schiedsgerichts ist insbesondere dann kein Nachteil, wenn dem Schiedsgericht vereins- oder verbandsrechtliche Gestaltungsbefugnisse übertragen wurden, da die Gestaltungswirkung schiedsrichterlicher Entscheidungen ohne Hinzutreten der staatlichen Gerichte eintritt.

gg) Ergebnis

Abschießend bleibt festzuhalten, dass die in der Gesetzesbegründung vorgesehene Gleichwertigkeit von schiedsrichterlichem und staatlichem einstweiligen Rechtsschutz bei einer entsprechenden Ausgestaltung der Schiedsgerichtsbarkeit möglich ist. Insbesondere bietet die Schiedsgerichtsbarkeit vielfältige Handlungsspielräume, einen gleichwertigen oder annähernd gleichwertigen einstweiligen Rechtsschutz zu gewährleisten, so dass der Ausschluss der staatlichen Gerichte für den Bereich des einstweiligen Rechtsschutzes und dessen Ersetzung durch einen schiedsrichterlichen einstweiligen Rechtsschutz zu einer, wenn überhaupt geringen Einschränkung des Rechtsschutzes führt. Angesichts der geringen Schwere einer Beeinträchtigung der Effektivität des Rechtsschutzes für die Parteien kann eine Ausschlussvereinbarung somit nicht als unzulässiger Verzicht auf das Gebot zur Gewährung effektiven Rechtsschutzes betrachtet werden. Da das Gebot zur Gewährung effektiven Rechtsschutzes im Zivilrecht aber in erster Linie der persönlichen Entfaltungsfreiheit des Einzelnen dient, sind m.E. parteiautonome Ausschlussvereinbarungen sogar dann anzuerkennen, wenn sie mit deutlicheren Effizienzeinbußen verbunden sind.

f) Grenzen eines Grundrechtsverzichts

Auch wenn eine Ausschlussvereinbarung hinsichtlich des staatlichen einstweiligen Rechtsschutzes bei einer entsprechenden Ausgestaltung des schiedsrichterlichen einstweiligen Rechtschutzes grundsätzlich möglich ist, unterliegt er dennoch Grenzen. Eine bindende Verfügung über Grundrechtspositionen setzt die Freiwilligkeit des Verfügenden voraus[1452]. Davon kann aber keine Rede sein, wenn der über eine Grundrechtsposition Verfügende den Gegenstand seines Verzichts und seine Folgen nicht absehen kann[1453]. Damit setzt auch das Kriterium der Überschaubarkeit einer grundrechtsrelevanten Verfügung Grenzen. Alle privatautonomen Vereinbarungen sind Ausdruck der verfassungsmäßig durch Art. 2 Abs. 1 GG garantierten allgemeinen Handlungsfreiheit. Diese ist jedoch nicht grenzenlos gewährleistet, sondern findet ihre Beschränkung in den Rechten anderer, der verfassungsmäßigen Ordnung und dem Sittengesetz. Wesentliche Bedeutung innerhalb dieser Schrankentrias kommt insbesondere der verfassungsmäßigen Ordnung zu[1454]. Die verfassungsmäßige Ordnung i.S.d. Art. 2 Abs. 1 GG ist die verfassungsmäßige Rechtsordnung, d.h. die Gesamtheit der Normen, die formell und materiell der Verfassung gemäß sind. Viele dieser einfachgesetzlichen Normen erfassen die eingangs erwähnten allgemeinen Anforderungen an eine bindende Verfügung über Grundrechtspositionen, wie beispielsweise die Sicherung der Freiwilligkeit beim Eingehen rechtsgeschäftlicher Verpflichtung oder auch die Sicherstellung ihrer Überschaubarkeit und stellen somit einfachgesetzliche Ausprägungen der allgemeinen Anforderungen dar. Daher soll zunächst untersucht werden, inwieweit die einfachgesetzlichen Vorschriften einer Ausschlussvereinbarung hinsichtlich des staatlichen einstweiligen Rechtsschutzes Grenzen setzen und die verfassungsrechtlich gebotenen Anforderungen an eine wirksame grundrechtsrelevante Verfügung sicherstellen.

aa) §§ 38-40 ZPO, Art. 23 EGVVO[1455]

Nach teilweise vertretener Ansicht können aus den Vorschriften über die Gerichtsstandsvereinbarungen Grenzen für die Zulässigkeit einer Ausschlussvereinbarung abgeleitet werden[1456]. Zur Begründung wird auf die identische Wirkung von Ausschlussvereinbarung und Gerichtsstandsvereinbarung hingewiesen. Danach stelle die Ausschlussvereinbarung, die darauf gerichtet ist, das Ge-

---

[1452] Vgl. *Geimer*, Schiedsgerichtsbarkeit und Verfassung, S. 113, 161; vgl. zum Schutz der Freiwilligkeit Drittes Kapitel:E. IV.

[1453] *Jarass*, GG, Vorb. Vor Art. 19 Abs. 4 Rn. 27.

[1454] BVerfGE 6, 32.

[1455] Das EugVVO trat am 1.3.2002 im Verhältnis der Mitgliedsstaaten der EU außer Dänemark in Kraft, vgl. Art. 1 Abs. 3 EuGVVO. Gegenüber Dänemark gilt daher weiterhin das EuGVÜ (Art. 17 EugVÜ), vgl. allgemein zum Anwendungsbereich *Piltz*, NJW 2002, 789, 790 f.; *Micklitz/Rott*, EuZW 2001, 325 f.; *Kohler*, in FS Geimer, S. 461, 468 ff.

[1456] Vgl. *Bandel*, S. 328 ff.

such nach einstweiligem Rechtsschutz vor einem staatlichen Gericht ganz oder teilweise unzulässig zu machen, im Gegensatz zu einer Gerichtsstandsvereinbarung zwar lediglich eine isolierte Derogation staatlicher Gerichte dar. Jedoch führe auch eine Gerichtsstandsvereinbarung automatisch zu einer Derogation anderer Gerichtsstände, so dass es gerechtfertigt sei, eine Ausschlussvereinbarung hinsichtlich des staatlichen einstweiligen Rechtsschutzes auch den Grenzen zu unterwerfen, die das Gesetz den Gerichtsstandsvereinbarungen zieht[1457]. Die Übertragung der für Gerichtsstandsvereinbarungen geltenden Vorschriften begegnet jedoch einigen grundsätzlichen Bedenken.

Eine Ausschlussvereinbarung hinsichtlich des staatlichen einstweiligen Rechtsschutzes begründet die ausschließliche Zuständigkeit eines Schiedsgerichts für Maßnahmen des einstweiligen Rechtsschutzes, die im Rahmen bestimmter einem Schiedsgericht zur Entscheidung übertragener Streitigkeiten erforderlich werden. Eine Ausschlussvereinbarung ist mithin Ausdruck der Wahl eines zum staatlichen einstweiligen Rechtsschutz alternativen Wegs zur Erlangung einstweiligen Rechtsschutzes. Eine derartige Ausschlussvereinbarung steht somit einer Schiedsvereinbarung, die für die Entscheidung der Streitigkeit in der Hauptsache die ausschließliche Zuständigkeit eines Schiedsgerichts begründet, erheblich näher als einer Gerichtsstandsvereinbarung. Gerichtsstandsvereinbarungen und Schiedsvereinbarungen sind trotz teilweise übereinstimmender Wirkung grundverschiedene Möglichkeiten, durch privatautonome Vereinbarungen unmittelbar auf die Zulässigkeit einer Klage vor einem staatlichen Gericht Einfluss zu nehmen. Dabei ist die in einer Schiedsvereinbarung zum Ausdruck kommende Wahl der schiedsrichterlichen Streitbeilegung eine Entscheidung zwischen zwei unterschiedlichen Streitbeilegungsmechanismen, während die Gerichtsstandsvereinbarung lediglich den staatlichen Streitbeilegungsmechanismus modifiziert. Da auch die Ausschlussvereinbarung eine Wahl zwischen verschiedenen Systemen zur Erlangung einstweiligen Rechtsschutzes und nicht lediglich eine Modifikation des staatlichen einstweiligen Rechtsschutzes darstellt, sind nicht die Zulässigkeitsvoraussetzungen für Gerichtsstandsvereinbarungen, sondern die Zulässigkeitsvoraussetzungen für Schiedsvereinbarungen nach möglichen Begrenzungen für Ausschlussvereinbarungen zu untersuchen.

bb) Überschaubarkeit des Verzichts auf staatlichen einstweiligen Rechtsschutz

Das Problem der Überschaubarkeit bei der Eingehung von grundrechtlich relevanten Bindungen im Bereich des Zivilprozesses versucht die überwiegend herrschende Meinung in der prozessrechtlichen Literatur mit dem Kriterium der Bestimmbarkeit zu bewältigen, das auch im Rahmen des 1029 Abs. 1 ZPO der

[1457] Vgl. *Bandel*, S. 330.

Möglichkeit, Streitigkeiten schiedsrichterlich beizulegen, Grenzen setzt[1458]. Steht nun eine Ausschlussvereinbarung im unmittelbaren Zusammenhang mit einer Schiedsvereinbarung, gewährleistet das Bestimmtheitserfordernis des § 1029 Abs. 1 ZPO ebenso die Überschaubarkeit der Folgen einer Entscheidung für einen ausschließlichen schiedsrichterlichen einstweiligen Rechtsschutz. Im Hinblick auf die Absehbarkeit der Folgen einer Ausschlussvereinbarung, die im Zusammenhang mit einer konkreten Schiedsvereinbarung steht, bedarf es mithin keiner besonderen Anforderungen.

cc) Formanforderung des § 1031 ZPO

Nach § 1031 ZPO müssen Schiedsvereinbarungen bestimmten Formanforderungen genügen[1459]. Fraglich ist, ob diese Formanforderungen auch für eine Ausschlussvereinbarung zu beachten sind. Die Formanforderungen des § 1031 ZPO gelten für die Schiedsvereinbarung, d.h. die Vereinbarung der Parteien eine bestimmte Streitigkeit unter Ausschluss der staatlichen Gerichte schiedsrichterlich beilegen zu wollen. Vereinbarungen jenseits dieses Mindestinhalts, sog. Schiedsverfahrensvereinbarungen, sind formfrei möglich. Somit sind Ausschlussvereinbarungen vom Schriftformerfordernis des § 1031 ZPO nicht direkt erfasst. Eine Ausschlussvereinbarung ist eine Vereinbarung der Parteien für Maßnahmen des einstweiligen Rechtsschutzes, die im Rahmen bestimmter einem Schiedsgericht zur Entscheidung übertragener Streitigkeiten erforderlich werden, die ausschließliche Zuständigkeit des Schiedsgerichts vorzusehen. Eine Ausschlussvereinbarung ist mithin eine „Schiedsvereinbarung" für den Bereich des einstweiligen Rechtsschutzes. Aufgrund des vergleichbaren Sachverhalts und der für Ausschlussvereinbarungen fehlenden Regelung könnten die für Schiedsvereinbarungen geltenden Formerfordernisse auch für Ausschlussvereinbarungen entsprechend anzuwenden sein. Für eine entsprechende Anwendung der Formerfordernisse des § 1031 ZPO für Ausschlussvereinbarungen könnten zunächst die verfassungsmäßigen Vorgaben für grundrechtsrelevante Verfügungen sprechen, da § 1031 ZPO, insbesondere aber die Verbrauchervorschrift des § 1031 Abs. 5 ZPO, nicht nur dem Nachweis der Schiedsvereinbarung dient, sondern nach überwiegender Ansicht auch Warn- und Schutzfunktionen verfolgt. So soll § 1031 ZPO sicherstellen, dass eine Schiedsvereinbarung nicht unbemerkt abgeschlossen wird, nach teilweise vertretener Ansicht sogar die Freiwilligkeit der Schiedsvereinbarung gewährleisten[1460]. Die von § 1031 ZPO ausgehenden Warn- und Schutzfunktionen sind m.E. jedoch keineswegs so

---

1458 Vgl. *Wagner*, S. 51 m.w.N. Vgl. zum Bestimmtheitserfordernis auch Drittes Kapitel:E. I. 2.

1459 Vgl. ausführlich Drittes Kapitel:E. III.

1460 Nach Ansicht des BGH soll das Schriftformerfordernis sogar die Freiwilligkeit einer Schiedsvereinbarung sichern, vgl. ausführlich Drittes Kapitel:F. III. 2. b) aa) .

weit reichend, wie überwiegend angenommen[1461]. Wesentlich bedeutsamer im Hinblick auf den Schutz der Parteien vor einem unbewussten oder unfreiwilligen Verzicht auf grundrechtlich geschützte Positionen ist eine Überprüfung der Vereinbarung anhand der abschlusskontrollierenden Vorschriften des Vertragsrechts. Mithin ist eine entsprechende Anwendung des § 1031 ZPO zum Schutze der Parteien nicht zwingend erforderlich. Für eine Einhaltung der Formvorschrift spricht jedoch ihre Beweisfunktion. Daher sollte eine Ausschlussvereinbarung unabhängig von der Frage der analogen Anwendung des § 1031 ZPO stets in einer zweifelsfrei nachweisbaren Form abgeschlossen werden, um so Streitigkeiten um das Vorliegen der Ausschlussvereinbarung vorzubeugen.

dd) Keine Beschränkung von Ausschlussvereinbarungen durch § 1033 ZPO

Teilweise wird als Schranke für eine Ausschlussvereinbarung auf die zwingende Natur des § 1033 ZPO hingewiesen, der, geht man von seiner formellen und materiellen Verfassungsmäßigkeit aus, als Bestandteil der öffentlichen Ordnung eine Schranke des Art. 2 Abs. 1 GG darstellen soll[1462]. § 1033 ZPO bezieht sich aber nur auf die Wirkungen einer Schiedsvereinbarung und enthält keine Aussage über die Zulässigkeit einer Ausschlussvereinbarung[1463]. Gegen die Unzulässigkeit von Ausschlussvereinbarungen spricht auch, dass Art. 9 UMG die Frage ihrer Zulässigkeit offengelassen hat[1464]. Daher kann aus § 1033 ZPO nicht zwingend geschlossen werden, dass ein Ausschluss des staatlichen einstweiligen Rechtsschutzes unzulässig ist. Infolgedessen kann in ihm auch keine einfachgesetzliche Schranke der durch Art. 2 Abs. 1 GG geschützten Privatautonomie erblickt werden.

ee) Entgegenstehen des Art. 31 EuGVVO (24 EuGVÜ)[1465]

Nach der Sondervorschrift des Art. 31 EuGVVO können die in dem Recht eines Vertragsstaates vorgesehenen einstweiligen Maßnahmen bei den Gerichten dieses Staates auch dann beantragt werden, wenn für die Entscheidung in der Hauptsache das Gericht eines anderen Vertragsstaates aufgrund dieses Übereinkommens zuständig ist. Fraglich ist, ob die angeordnete Kompetenz der staatli-

---

[1461] Vgl. Drittes Kapitel:F. III. 2. b) bb)

[1462] *Krimpenfort*, S. 46, 49.

[1463] *Adolphsen*, SpuRt 2000, 158, 159; *Bandel*, S. 312, 327; *Gottwald/Adolphsen*, DStR 1998, 1017, 1020.

[1464] UN-Doc. A/CN.9/SR.312, §§ 42, 43, 46; *Holtzmann/Neuhaus*, S. 333; *Bandel*, S. 312, 327; *Krimpenfort*, S. 44 f.

[1465] Das EuGVVO trat am 1.3.2002 im Verhältnis der Mitgliedsstaaten der EU außer Dänemark in Kraft, vgl. Art. 1 Abs. 3 EuGVVO. Gegenüber Dänemark gilt daher weiterhin das EuGVÜ (Art. 24 EugVÜ), vgl. allgemein zum Anwendungsbereich *Piltz*, NJW 2002, 789, 790 f.; *Micklitz/Rott*, EuZW 2001, 325 f.; *Kohler*, in FS Geimer, S. 461, 468 ff.

chen Gerichte für den Erlass einstweiliger Maßnahmen gegen die Zulässigkeit eines Ausschlusses des staatlichen einstweiligen Rechtsschutzes spricht. Nach der Rechtsprechung des EuGH sind die Gerichte, die aufgrund der Verordnung für die Hauptsache zuständig sind, immer auch für den Erlass einstweiliger und sichernder Maßnahmen zuständig. Durch eine Schiedsvereinbarung entfalle jedoch eine Hauptsachezuständigkeit nach dem EuGVVO, so dass die Gerichte ihre internationale Zuständigkeit nur nach nationalem Recht gem. Art. 31 EuGVVO bestimmen könnten[1466]. Damit hat der EuGH zwar entschieden, dass eine Schiedsvereinbarung für die Hauptsache nicht die Zuständigkeit der staatlichen Gerichte für Maßnahmen des einstweiligen Rechtsschutzes ausschließt. Die Frage nach der Zulässigkeit von Ausschlussvereinbarungen musste der EuGH jedoch nicht klären[1467]. Der Hinweis auf das nationale Recht der Vertragsstaaten zur Bestimmung ihrer Zuständigkeit für den Erlass einstweiliger und sichernder Maßnahmen spricht aber jedenfalls dafür, dass ein nationales Gericht an dem Erlass einer einstweiligen Maßnahme gehindert ist, wenn es nach seinem autonomen Recht zu dem Ergebnis kommt, dass eine Ausschlussvereinbarung der Parteien im Hinblick auf den staatlichen einstweiligen Rechtsschutz wirksam ist, so dass seine eigene Zuständigkeit wegen der Vereinbarung der Parteien entfällt[1468]. Daher ergeben sich aus der EuGVVO selbst keine Beschränkungen für die Zulässigkeit einer Ausschlussvereinbarung.

ff) Abschlusskontrollierende Vorschriften des Vertragsrechts

Das Zustandekommen einer Ausschlussvereinbarung richtet sich nach den allgemeinen Vorschriften über das Zustandekommen von Verträgen[1469]. Ausschlussvereinbarungen unterliegen somit den Wirksamkeitsvoraussetzungen des Vertragsrechts, insbesondere der §§ 134, 138, 242 und 305 ff. BGB. Diese allgemeinen Grenzen der Vertragsfreiheit dienen der Sicherstellung der Freiwilligkeit einer Ausschlussvereinbarung[1470], die im Hinblick auf die grundgesetzliche Relevanz der Ausschlussvereinbarung zwingend geboten ist[1471]. Für die Kontrolle einer Ausschlussvereinbarung gelten mithin keine anderen Maßstäbe als für die Kontrolle einer Schiedsvereinbarung[1472].

Insbesondere das im Sportbereich regelmäßig bestehende Problem der gestörten Vertragsparität zwischen Sportler und Sportverband ist auch im Rahmen einer Ausschlussvereinbarung von erheblicher Bedeutung. Hier gelten aber keine anderen Grundsätze als für den Abschluss von Schiedsvereinbarungen. Danach

---

1466 Vgl. EuGHE 1998, I-7091, 7131 (noch zum EuGVÜ).

1467 Vgl. *Adolphsen*, Internationale Dopingstrafen, S. 570.

1468 Vgl. für Gerichtsstandsvereinbarungen *Adolphsen*, Internationale Dopingstrafen, S. 475.

1469 Vgl. *Bandel*, S. 334 f.; *Wagner*, S. 278 ff.

1470 Vgl. *Wagner*, S. 93.

1471 Vgl. *Bandel*, S. 335.

1472 Vgl. dazu Drittes Kapitel:E. IV.

hängt die Zulässigkeit einer Ausschlussvereinbarung zwischen Sportverband und Sportler von einer wertenden Betrachtung des Einzelfalls ab[1473]. Eine Ausschlussvereinbarung dient wie auch die Schiedsvereinbarung der für den Sportbereich lebensnotwendigen einheitlichen Durchsetzung der Sportregelwerke gegenüber allen am sportlichen Wettkampf beteiligten Sportlern und somit der Schaffung von Chancengleichheit unter den Sportlern. Die Ausschlussvereinbarung liegt somit im gemeinsamen Interesse aller am wettkampfmäßig betrieben Sport beteiligten Sportler[1474]. Diese sportspezifischen Besonderheiten sind bei der anzustellenden Abwägung maßgeblich zu berücksichtigen. Ein weiterer wichtiger Faktor bei der Beurteilung der Wirksamkeit einer Ausschlussvereinbarung zwischen Sportverband und Sportler ergibt sich aus der Gesetzesbegründung zur Streichung der Überlegenheitsklausel des § 1025 Abs. 2 ZPO a.F. Die Streichung der strengen Unwirksamkeitsfolge des § 1025 Abs. 2 ZPO a.F. wird mit der Gleichwertigkeit von schiedsrichterlichem und staatlichem Rechtsschutz begründet[1475]. Je größer also ein mit der Ausschlussvereinbarung verbundener Effizienzverlust ist, desto eher wird eine Ausschlussvereinbarung zwischen Sportverband und Sportler unwirksam sein. Sind die Rechtsschutzalternativen hingegen gleichwertig ausgestaltet, ist der Einsatz wirtschaftlicher oder sozialer Macht hinsichtlich des Abschlusses einer Ausschlussvereinbarung unschädlich.

gg) Ergebnis

- Der einstweilige Rechtsschutz besitzt im Sportbereich einen überragenden Stellenwert. Mit dem SchVfG wurde der Streit um die Kompetenz des Schiedsgerichts zum Erlass einstweiliger Maßnahmen zu Gunsten einer schiedsrichterlichen Eilkompetenz geklärt (§ 1041 ZPO), die es nun sinnvoll auszugestalten gilt.
- Im Ausgangspunkt besteht für den Bereich des einstweiligen Rechtsschutzes eine Parallelkompetenz zwischen schiedsrichterlichem und staatlichem einstweiligen Rechtsschutz (§ 1033 ZPO). Mit der gesetzlich vorgegebenen Parallelkompetenz von schiedsrichterlichem und staatlichem einstweiligen Rechtsschutz sind zahlreiche ungeklärte Abstimmungsprobleme verbunden. Insbesondere im Sportbereich gefährdet die Parallelkompetenz die gleichmäßige Durchsetzung der Sportregelwerke gegenüber den am Wettkampfsport beteiligten Sportlern und damit die notwendige Chancengleichheit unter ihnen. Auch droht bei den im Sportbereich häufig beantragten Leistungs- und Befriedigungsverfügungen eine Umgehung der Schiedsvereinbarung. Die mit der schiedsrichterlichen

[1473] So im Ergebnis auch Oschütz, S. 405; vgl. auch Drittes Kapitel:E. IV. 2. d) .
[1474] Vgl. Erstes Kapitel:B. II.
[1475] Vgl. BT-Drucks. 13/5274, S. 34.

Streitbeilegung verbundenen Hoffnungen wären mithin in einem praktisch so bedeutsamen Bereich wie dem einstweiligen Rechtsschutz gefährdet.

- Abhilfe kann diesbezüglich eine Ausschlussvereinbarung hinsichtlich des staatlichen einstweiligen Rechtsschutzes zu Gunsten des schiedsrichterlichen einstweiligen Rechtsschutzes schaffen. Die Möglichkeit einer Ausschlussvereinbarung zu Gunsten des staatlichen einstweiligen Rechtsschutzes kann § 1041 ZPO entnommen werden. Die Möglichkeit einer Ausschlussvereinbarung zu Gunsten des schiedsrichterlichen einstweiligen Rechtsschutzes ist ungeregelt. Insbesondere kann aus § 1033 ZPO, der lediglich die Wirkung der Schiedsvereinbarung regelt, kein Verbot von Ausschlussvereinbarungen zu Gunsten des schiedsrichterlichen einstweiligen Rechtsschutzes abgeleitet werden.
- Bei der Zulässigkeit einer Ausschlussvereinbarung gilt es das verfassungsmäßig verankerte Gebot effektiven Rechtsschutzes als Bestandteil des Justizgewährungsanspruchs des Staates zu beachten. Ohne den verfassungsmäßig gebotenen Umfang einstweiligen Rechtsschutz genau feststellen zu können, handelt es sich bei einem Verzicht auf staatlichen einstweiligen Rechtsschutz um eine Verfügung mit grundrechtlicher Relevanz. Grundrechtlich relevante Verfügungen sind jedoch nicht grundsätzlich ausgeschlossen, sondern bedürfen einer Beurteilung im Einzelfall. Ihre Zulässigkeit richtet sich in erster Linie danach, ob ein Grundrecht vornehmlich der persönlichen Entfaltungsfreiheit des Einzelnen dient oder eher als Element der objektiven Werteordnung angesehen werden muss. Da das Gebot nach effektivem Rechtsschutz im Bereich des Zivilrechts in erster Linie der persönlichen Entfaltungsfreiheit des Einzelnen dient, ist ein privatautonomer Verzicht auf staatlichen einstweiligen Rechtsschutz nicht ausgeschlossen.
- Bei der Beurteilung der Zulässigkeit eines Verzichts über grundrechtliche Positionen gilt es insbesondere die Schwere des Verzichts zu berücksichtigen. Die Schwere des Verzichts auf den staatlichen Rechtsschutz hängt in erster Linie von der Effektivität schiedsrichterlichen einstweiligen Rechtsschutzes ab. Ein diesbezüglicher Effizienzvergleich zwischen schiedsrichterlichem und staatlichem einstweiligen Rechtsschutz kann nicht pauschal beantwortet werden, sondern richtet sich nach den Umständen des Einzelfalls.
- Die Frage der Erreichbarkeit des Spruchkörpers hängt von der Art des vereinbarten Schiedsgerichts ab. Haben die Parteien ein institutionelles Schiedsgericht mit hauptamtlichen Schiedsrichtern vereinbart oder Eilkompetenzen auf eine ständig erreichbare Person oder ein ständig erreichbares Gremium übertragen, ist schiedsrichterlicher einstweiliger Rechtsschutz ebenso schnell zu erhalten wie einstweiliger Rechtsschutz durch die staatlichen Gerichte.

- Hinsichtlich der Anordnungskompetenzen und den Anordnungsvoraussetzungen in Bezug auf einzelne Eilmaßnahmen ist der schiedsrichterliche einstweilige Rechtsschutz dem staatlichen einstweiligen Rechtsschutz, wie es auch die Gesetzesbegründung zum Ausdruck bringt, gleichwertig.

- Nachteile bei der Durchsetzung angeordneter Eilmaßnahmen, die oftmals mit der fehlenden Zwangsgewalt des Schiedsgerichts begründet werden, können für bestimmte Maßnahmen durch die in der Schiedsgerichtsbarkeit bestehenden Handlungsmöglichkeiten kompensiert werden. Die im Sportbereich begehrten einstweiligen Maßnahmen zielen überwiegend auf die Vornahme einer im Vereins- oder Verbandsregelwerk vorgesehenen Maßnahme oder deren Aufhebung. Bei diesen Maßnahmen handelt es sich allesamt um gestaltende Maßnahmen, die in Ausübung der Vereins- oder Verbandsautonomie ergehen. Während das staatliche Gericht nur im Rahmen der gesetzlich geregelten Fälle in der Lage ist rechtsgestaltend tätig zu werden, besteht in der Schiedsgerichtsbarkeit die Möglichkeit, dem Schiedsgericht Gestaltungskompetenzen zu übertragen. Überträgt ein Sportverein oder -verband dem Schiedsgericht vereins- oder verbandsrechtliche Gestaltungsbefugnisse, beispielsweise für den vereins- oder verbandsrechtlichen Sanktionsbereich, hat die Entscheidung des Schiedsgerichts mithin unmittelbar gestaltende Wirkung, womit eine zwangsweise Durchsetzung der vom Schiedsgericht angeordneten Eilmaßnahme entbehrlich wird. Die fehlende Zwangsgewalt des Schiedsgerichts wirkt sich somit im Bereich gestaltender Eilmaßnahmen dann nicht nachteilig aus, wenn dem Schiedsgericht vereins- oder verbandsrechtliche Gestaltungsbefugnisse übertragen worden sind. Festzuhalten bleibt, dass ein Schiedsgericht bei der entsprechenden Ausgestaltung dem staatlichen einstweiligen Rechtsschutz gleichwertig sein kann.

- Die Schwere eines Verzichts auf den staatlichen einstweiligen Rechtsschutz ist demnach bei einer entsprechenden Ausgestaltung des schiedsrichterlichen einstweiligen Rechtsschutzes als gering zu bewerten und ein Verzicht auf den staatlichen einstweiligen Rechtschutz mithin aus grundrechtlicher Sicht möglich.

- Die Grenzen eines derartigen privatautonomen Verzichts auf staatlichen einstweiligen Rechtsschutz ergeben sich aus den für Schiedsvereinbarungen geltenden Grenzen. Der Überschaubarkeit des Verzichts dient das Erfordernis der Bestimmbarkeit des § 1029 ZPO. Die aus verfassungsrechtlicher Sicht gebotene Freiwilligkeit eines Verzichts auf staatlichen einstweiligen Rechtsschutz wird durch die abschlusskontrollierenden Vorschriften des allgemeinen Vertragsrechts nach §§ 134, 138, 242 und 305 ff. BBG ausreichend geschützt. Eine entsprechende Heranziehung des Formerfordernisses des § 1031 ZPO bedarf es zur Absicherung der Freiwilligkeit der Ausschlussvereinbarung nicht. Genügt eine Ausschlussvereinbarung zu Gunsten des schiedsrichterlichen einstweiligen Rechtsschutzes diesen Anforderungen, hat das staatliche Gericht das Gesuch nach einstweiligem Rechtsschutz als unzulässig abzuweisen. Dennoch sollten die Parteien einer Ausschlussvereinbarung aus Gründen der Nachweisbarkeit auf die Schriftform achten.

C. Abgrenzung des Schiedsgerichts von Vereins- oder Verbandsgerichten

In der Praxis ist die Unterscheidung zwischen den Vereins- und Verbandsgerichten der Sportvereine und –verbände und echten Schiedsgerichten von großer Bedeutung[1476]. Gegen den Spruch eines Vereins- oder Verbandsgerichts steht den Betroffenen nach Ausschöpfung des vereinsinternen Rechtsweges der Weg zu den staatlichen Gerichten offen. Anders als ein Vereins- oder Verbandsgericht kann ein echtes Schiedsgericht die staatlichen Gerichte weitgehend ausschließen und damit die einheitliche Durchsetzung der Sportregelwerke gewährleisten[1477]. Fraglich ist, wann ein Vereins- oder Verbandsgericht und wann ein echtes Schiedsgericht vorliegt. Das Gesetz enthält weder eine Definition des Vereins- oder Verbandsgerichts noch des echten Schiedsgerichts[1478]. Dementsprechend ist der Meinungsstand in Rechtsprechung und Literatur zu der Frage facettenreich und unübersichtlich[1479].

I. Meinungsstand

Einigkeit besteht insoweit, als dass die Bedeutung der Bezeichnung des Spruchkörpers[1480] jedenfalls nicht über eine Indizwirkung hinausgeht[1481]. In der älteren Literatur wird insbesondere die Unabhängigkeit und Unparteilichkeit des Spruchkörpers als entscheidendes Kriterium für das Vorliegen eines echten Schiedsgerichts betont[1482]. Teilweise werden als weitere Kriterien das Erforder-

---

[1476] Vgl. *Fenn*, in FS Henckel, S. 173, 185; *Haas/Gedeon*, SpuRt 2000, 228; *Adolphsen*, Internationale Dopingstrafen, S. 499 ff.; zur vergleichbaren Fragestellung in der Schweiz siehe *Schilling*, S. 37 ff.; 126 ff.; *Walter*, Schiedsgerichtsbarkeit und Sport, S. 179 ff.

[1477] Vgl. ausführlich *Adolphsen*, Internationale Dopingstrafen, S. 499 f.

[1478] Vgl. *Haas/Gedeon*, SpuRt 2000, 228; zum UNÜ vgl. *Weigand/Haas*, Part 3 Rn. 50.

[1479] Vgl. *Fenn*, in FS Henckel, S. 173, 179; *Haas/Gedeon*, SpuRt 2000, 228; jeweils m.w.N.; für die Schweiz siehe *Schilling*, S. 37 ff.; 126 ff., der im wesentlichen auf der Ansicht von Fenn, a.a.O. aufbaut; *Walter*, Schiedsgerichtsbarkeit und Sport, S. 179 ff.

[1480] Sie heißen „Bundesgericht“, „Sportgericht“, „Rechtsausschuss“, „Ehrenrat“ oder „Schiedsgericht“, vgl. *Deutsch*, VersR 1990, 1; *Hilpert*, BayVBl. 1988, 161, 162.

[1481] Vgl. *Fenn*, in FS Henckel, S. 173, 179; *Haas/Gedeon*, SpuRt 2000, 228; *Adolphsen*, Internationale Dopingstrafen, S. 500; für die Schweiz siehe LGVE 1984 I S. 48; *Schilling*, S. 37 f. (Fn. 7) m.w.N.

[1482] Vgl. *Meyer-Cording*, S. 131 f.; *Vollmer*, S. 143 ff.

nis einer echten Rechtsentscheidung[1483] oder der satzungsmäßig verankerte Ausschluss des ordentlichen Rechtsweges genannt[1484]. Auch die Beachtung unerlässlicher Verfahrensgarantien oder eine an den §§ 1025 ff. ZPO ausgerichtete Verfahrensgestaltung werden vereinzelt als Kriterien angeführt[1485]. Die heute überwiegende Ansicht leitet die maßgeblichen Kriterien für das Vorliegen eines echten Schiedsgerichts aus der Definition der Schiedsvereinbarung ab[1486]. Echte Schiedsgerichtsbarkeit ist danach die Entscheidung einer Rechtsstreitigkeit anstelle der ordentlichen Gerichte durch einen unabhängigen und unparteiischen Spruchkörper[1487]. Uneinigkeit besteht aber nicht nur im Hinblick auf die Frage, welche Kriterien zur Bestimmung eines echten Schiedsgerichts heranzuziehen sind, sondern auch hinsichtlich ihrer Gewichtung. Nach teilweise vertretener Ansicht sollen die Kriterien gleichberechtigt nebeneinander stehen[1488], teilweise wird ein Kriterium als maßgebliches hervorgehoben, für dessen Vorliegen den anderen eine Indizwirkung zukommt[1489]. Die Rechtsprechung stellt eine Gesamtwürdigung der Satzungsbestimmungen an, bei der die dargestellten Merkmale als Indizien zu berücksichtigen sind[1490].

II. Abgrenzungskriterien

Nach § 1066 ZPO finden die §§ 1025 ff. ZPO auf außervertragliche Schiedsgerichte entsprechende Anwendung. Daher ist es zunächst überzeugend aus der Definition der Schiedsvereinbarung in § 1029 Abs. 1 ZPO die maßgeblichen Kriterien für das Vorliegen eines echten Schiedsgerichts abzuleiten. So soll nachfolgend zunächst untersucht werden, welche Kriterien § 1029 Abs. 1 ZPO zu entnehmen sind, um in einem zweiten Schritt zu erörtern, inwieweit sie sich für eine Abgrenzung zwischen Vereins- oder Verbandsgerichten und echten Schiedsgerichten eignen.

1483 Vgl. LG Trier NJW 1974, 1774; OLG Oldenburg DVBl 1967, 941, 941 f.; *Vollmer*, S. 116.

1484 Vgl. OLG Oldenburg DVBl 1967, 941, 941 f.; *Vollkommer*, in FS Nagel, S. 474, 489.

1485 Vgl. OLG Frankfurt NJW 1970, 2250, 2251.

1486 Vgl. Drittes Kapitel:E. I.

1487 Vgl. BGH, SchiedsVZ 2004, 205, 207; *Fenn*, in FS Henckel, S. 173, 185; *Stein/Jonas/Schlosser*, ZPO, vor § 1025 Rn. 5.

1488 *Fenn*, in FS Henckel, S. 173, 185, 198.

1489 Vgl. *Schwab/Walter*, Kap. 32 Rn. 342, der als maßgebliches Kriterium hervorhebt, ob der Spruchkörper an Stelle des staatlichen Gerichts entscheiden soll; ähnlich *Vollkommer*, in FS Nagel, S. 474, 489, die allerdings beide die Unabhängigkeit und Unparteilichkeit für sich genommen als unerlässlich ansehen.

1490 Vgl. BGH SchiedsVZ 2004, 205, 207 f.; OLG Köln NVwZ 1991, 1116; OLG Frankfurt NJW 1970, 2250, 2251.

1. Entscheidung einer Rechtsstreitigkeit

Gegenstand eines Schiedsverfahrens ist gem. § 1029 Abs. 1 ZPO grundsätzlich die Entscheidung einer Rechtsstreitigkeit[1491]. Ausgehend davon wird vereinzelt die Ansicht vertreten, dass ein echtes Schiedsgericht nur dann vorliegt, wenn es über solche Rechtsstreitigkeiten entscheidet, deretwegen ansonsten auch der staatliche Richter angerufen werden könnte[1492]. Nach einer in der älteren Literatur vertretenen Ansicht kommt diesem Abgrenzungskriterium eine entscheidende Rolle zu[1493]. Danach seien jedenfalls Spruchkörper, die erstmals Vereinsstrafen verhängen, keine Schiedsgerichte im Sinne der ZPO. Nach anderer Ansicht bestehe zu dieser Einschränkung kein Anlass, wenn man das Wesen der Rechtssprechung mit dem BVerfG auch außerhalb der Strafgerichtsbarkeit allgemein als Gesetzesanwendung auf einen Pflichtwidrigkeitstatbestand begreift[1494]. Gegen diese Einschränkung spricht ferner, dass einem Schiedsgericht auch solche Befugnisse übertragen werden können, die einem staatlichen Richter fremd sind, u.a. auch die Befugnis zum Ausspruch von Verbandsstrafen[1495]. Können dem Schiedsgericht somit auch solche Streitigkeiten übertragen werden, deretwegen der staatliche Richter nicht angerufen werden kann, spricht aus schiedsverfahrensrechtlicher Sicht nichts dafür, die Möglichkeit einer Entscheidung durch die ordentlichen Gerichte für die übertragene Streitigkeit für das Vorliegen eines echten Schiedsgerichts zu fordern[1496]. Somit erweist sich das

---

1491 *Fenn*, in FS Henckel, 1995, S. 173, 185; *Haas/Gedeon*, SpuRt 2000, 228, 231; *Stein/Jonas/Schlosser*, ZPO, vor § 1025 Rn. 5; vgl. Viertes Kapitel:B. I. 1.

1492 Vgl. *Ernemann*, S. 29 ff.; vgl. für die Schweiz *Rüede/Hadenfeldt*, S. 3; *Schilling*, S. 37. In diesem Zusammenhang wird in der Schweizer Literatur teilweise erörtert, ob die im Bereich des Sportrechts diskutierte Abgrenzung zwischen Spiel- und Rechtsregel (vgl. *Kummer*, Spielregel und Rechtsregel) zu beachten ist. Sind nämlich nach dieser Unterscheidung nur Rechtsregeln gerichtlich überprüfbar, könne echte Schiedsgerichtsbarkeit dort nicht vorliegen, wo das Schiedsgericht Streitigkeiten über Spielregeln entscheidet vgl. *Schilling*, S. 41 ff.; *Walter*, Schiedsgerichtsbarkeit im Sport, S. 173 f; 183 f. Dieser Zweiteilung steht jedoch die im Vordringen befindliche Ansicht kritisch gegenüber, vgl. *Schilling*, S. 44 ff.; zuletzt hat auch die Rechtssprechung in der Schweiz eine Abkehr von der strikten Unterscheidung zwischen Spiel- und Rechtsregel vollzogen, vgl. BGE 120 II 369 (Danach komme der Abgrenzung zwischen Spiel- und Rechtsregel keine Bedeutung zu, wo Persönlichkeitsrechte verletzt seien.); anders noch BGE 118 II 12. Für Deutschland siehe *Oschütz*, S. 138 ff.; anders *Pfister*, in FS Lorenz, S. 171, 181 ff.; *ders.*, SpuRt 1998, 221 ff., der zwischen sport-typischen und weniger sport-typischen Regeln unterscheidet.

1493 Vgl. RG JW 1936, 2548, 2550 mit Anm. *Jonas*; *Henke*, S. 103 f.

1494 Vgl. *Schlosser*, Vereins- und Verbandsgerichtsbarkeit, S. 118 ff.; *Stein/Jonas/Schlosser*, ZPO, vor § 1025 Rn. 5; *Fenn*, in FS Henckel, 1995, S. 173, 186.

1495 vgl. *Haas/Gedeon*, SpuRt 2000, 228, 231; *Adolphsen*, Internationale Dopingstrafen, S. 528 ff.; ausführlich oben Viertes Kapitel: B I.

1496 Folglich ist auch die Frage der Überprüfbarkeit von Spiel- oder Rechtsregeln durch die ordentlichen Gerichte für das Vorliegen echter Schiedsgerichtsbarkeit unerheblich. Auch der CAS erklärte sich schon grundsätzlich für zuständig, über eine Spielregel zu befinden, vgl.

Merkmal der Entscheidung einer Rechtsstreitigkeit als ungeeignet Vereins- oder Verbandsgerichte von echten Schiedsgerichten zu unterscheiden[1497], da die Befugnisse eines Schiedsgerichts durchaus denen eines Vereins- oder Verbandsgerichts angenähert sein können[1498].

2. Ausschluss der ordentlichen Gerichte

Nach der Definition der Schiedsvereinbarung besteht die Funktion des Spruchkörpers wie bereits dargestellt darin, eine parteiautonome Alternative zur staatlichen Gerichtsbarkeit zu sein, welche die staatlichen Gerichte zeitlich unbegrenzt ausschließt, um an deren Stelle über die übertragene Streitigkeit zu entscheiden[1499]. Vereinbaren die Parteien hingegen, dass die Entscheidung des Spruchkörpers mittels eines außerhalb des Schiedsverfahrensrechts vorgesehenen Rechtsbehelfs durch ein ordentliches Gericht überprüft werden kann, liegt nur eine Güte- oder Schlichtungsstelle und nicht ein Schiedsgericht vor[1500]. Damit handelt es sich nur dann um ein echtes Schiedsgericht, wenn die staatlichen Gerichte, abgesehen von den schiedsverfahrensrechtlichen Rechtsbehelfen, dauerhaft ausgeschlossen werden[1501].

Vereins- oder Verbandsgerichte weisen demgegenüber ein anderes Verhältnis zur staatlichen Gerichtsbarkeit auf. Den Vereinsgerichten obliegt regelmäßig die Hauptaufgabe, die dem Verein kraft Vereinsautonomie zustehende Disziplinargewalt auszuüben[1502]. Die Entscheidungen der Spruchkörper drücken die interne Willensbildung des Verbandes aus und unterliegen nach allgemeiner Auffassung der inhaltlichen Überprüfung durch die staatlichen Gerichte[1503]. Merkmal der Vereinsgerichte ist mithin, dass sie keine ausschließende Alternative zur staatlichen Gerichtsbarkeit darstellen, sondern lediglich der staatlichen Gerichtsbarkeit

---

Kaufmann-Kohler, Bull.ASA 1996, S. 443 ff.; *Reeb*, Digest of CAS Awards 1986-1998, S. 409 ff.

[1497] Vgl. *Fenn*, in FS Henckel, 1995, S. 173, 186; *Haas/Gedeon*, SpuRt 2000, 228, 231.

[1498] Vgl. *Haas/Gedeon*, SpuRt 2000, 228, 231; vgl. Viertes Kapitel:B. I.

[1499] Vgl. Drittes Kapitel:E. I. 1.

[1500] BGH BB 1982, 1077, 1078; RGZ 146, 262, 264 ff.; OLG Düsseldorf MDR 1956, 750; OLG Nürnberg OLGZ 1975, 437, 438; *Fenn*, in FS Henckel, 1995, S. 173, 191; *Prütting*, ZZP 99 (1986), 97.

[1501] BGH NJW 1995, 583, 587 = *Haas/Haug/Reschke*, SportR, Dok. 10 31 1; *Stein/Jonas/Schlosser*, vor § 1025 Rn. 5; *Fenn*, in FS Henckel, S. 173, 191 f.; *Schwab/Walter*, Kap. 32 Rn. 17; *Reichert*, Rn. 2531; *Vollkommer*, in FS Nagel, S. 474, 489; *Haas/Gedeon*, SpuRt 2000, 228; ebenso für die Schweiz, vgl. *Schilling*, S. 127, 128 f.

[1502] *Stein/Jonas/Schlosser*, ZPO, vor § 1025 Rn. 5; *Fenn*, in FS Henckel, S. 173; *Lindemann*, SpuRt 1994, 17 f.; *Buchberger*, S. 55; vgl. Erstes Kapitel:B. V. 1.

[1503] RGZ 49, 150 ff.; BGHZ 47, 351 ff.; 87, 337 ff.; 102, 265 ff.; BGH NJW 1995, 583 ff. = *Haas/Haug/Reschke*, SportR, Dok. 10 31 1; *Röhricht*, Sportgerichtsbarkeit, S. 21 ff.; *Haas/Gedeon*, SpuRt 2000, 228, 229; *Summerer*, PHB, S. 179 f.; oben Erstes Kapitel:B. V. 2. b) ; für die Schweiz BGE 119 II 276; *Schilling*, S. 38; *Kummer*, S. 51 f.

vorgeschaltet sind. Ein zeitlich unbegrenzter Ausschluss der staatlichen Gerichte ist mit der Vereinsgerichtsbarkeit mithin nicht verbunden[1504].

Vereinsgerichte und echte Schiedsgerichte unterscheiden sich somit hauptsächlich durch die dem Spruchkörper durch die Parteien zugedachte Funktion[1505]. Dabei handelt es sich lediglich dann um ein echtes Schiedsgericht, wenn der Spruchkörper endgültig anstelle der ordentlichen Gerichte entscheiden soll. Dieser Wille muss sich entweder explizit[1506] oder mittels Auslegung ergeben[1507].

3. Unabhängigkeit und Unparteilichkeit des Spruchkörpers

Aus der Definition der Schiedsvereinbarung in § 1029 Abs. 1 ZPO folgt zunächst nur, dass die Entscheidung der Streitigkeit auf ein Schiedsgericht übertragen werden muss. Unmittelbar lässt sich das Kriterium der Unabhängigkeit und Unparteilichkeit des Spruchkörpers aus dem Wortlaut des § 1029 Abs. 1 ZPO nicht herleiten. Aus der Tatsache, dass Schiedsrichter Rechtsprechung im materiellen Sinne ausüben, folgt jedoch, dass auch Schiedsgerichte hinreichend unabhängig und unparteilich sein müssen[1508]. Fraglich ist aber, welches Maß an Unabhängigkeit und Unparteilichkeit an den Spruchkörper zu stellen ist. Hierzu hat der BGH in einer jüngeren Entscheidung Stellung genommen[1509]. Sie soll aus Ausgangspunkt der weiteren Erörterung dienen.

a) Ansicht des BGH

Der BGH geht im Grundsatz davon aus, dass ein Spruchkörper, um echtes Schiedsgericht zu sein, - satzungsmäßig - als unabhängige und unparteiliche Stelle organisiert sein müsse. Demgegenüber liege Organhandeln vor, wenn in der Satzung Abhängigkeiten angelegt seien oder das Schiedsverfahren gar auf ein Richten in eigener Sache hinauslaufe. In einem solchen Fall sei es unzureichend, die benachteiligte Partei auf Rechtsbehelfe zu den staatlichen Gerichten gem. §§ 1034 ff. ZPO zu verweisen. Die vorgesehenen Rechtsbehelfe seien nur dann anwendbar, wenn eine Schiedsvereinbarung vorliege, die aber grundsätzlich auf eine Streitentscheidung durch ein unabhängiges und unparteiisches

---

[1504] BGHZ 21, 370, 375 f.; 29, 352, 354; 36, 107, 109; OLG Celle WM 1988, 495 f.; für die Schweiz BGE 119 II 276; vgl. Erstes Kapitel:B. V. 2. b) .

[1505] *Fenn*, in FS Henckel, S. 173, 191 ff.; *Vollkommer*, in FS Nagel, S. 474, 489; *Haas/Gedeon*, SpuRt 2000, 228, 231; für die Schweiz vgl. *Schilling*, S. 127, der von dem Kristallisationspunkt spricht, welcher die Verbands- und echte Schiedsgerichtsbarkeit eindeutig abgrenzt. Ebenso für den Anwendungsbereich des UNÜ, *Adolphsen*, Internationale Dopingstrafen, S. 507 f.

[1506] So beispielsweise § 20 Nr. 1 DSB-Satzung.

[1507] Vgl. *Haas/Gedeon*, SpuRt 2000, 228, 231; für die Schweiz vgl. *Schilling*, S. 128, der insbesondere auf Schwierigkeiten bei unklar formulierten Verbandsstatuten hinweist.

[1508] Vgl. Viertes Kapitel:A. IV.

[1509] Vgl. BGH SchiedsVZ 2004, 205 ff.

Schiedsgericht ausgerichtet sei. Daher scheide eine Anwendbarkeit der § 1025 ff. ZPO insgesamt aus, falls satzungsmäßig von vornherein nicht Streitentscheidung durch ein wirkliches Schiedsgericht vorgezeichnet sei.

b) Stellungsnahme

Die Ansicht des BGH entspricht weitestgehend der h.M. unter Geltung des alten Schiedsverfahrensrechts[1510]. Danach muss ein Spruchkörper so organisiert sein, dass er eine unabhängige und unparteiliche Rechtsprechung gewährleiste. Daher dürfen keine Abhängigkeiten des Spruchkörpers zu einer Partei vorgezeichnet sein, die von vornherein eine überparteiliche Rechtssprechung nicht erwarten lassen[1511]. Anderenfalls sei einem solchen Spruchkörper die Qualität eines Schiedsgerichts abzusprechen[1512]. Der Gesetzgeber hat nun bei der Erneuerung des Schiedsverfahrensrechts einige bedeutsame Änderungen vorgenommen, um die Unabhängigkeit und Unparteilichkeit des Spruchkörpers sicherzustellen[1513]. Daher ist fraglich, ob die früher h.M., die auch der Ansicht des BGH zugrunde liegt, unter Geltung des neuen Schiedsverfahrensrechts noch Bestand haben kann.

aa) Mängel in der Person des Schiedsrichters

Die befristete Ablehnungsmöglichkeit der §§ 1036, 1037 ZPO lassen, angesichts der Qualifizierung der in § 1037 ZPO vorgesehenen Fristen als Präklusionsfristen, darauf schließen, dass ein in der Person eines Schiedsrichters bestehender Ablehnungsgrund nicht zu den Anforderungen an ein echtes Schiedsgericht gehört. Ein nicht geltend gemachter Ablehnungsgrund kann dem später ergangenen Schiedsspruch daher grundsätzlich nicht die Qualität eines Schiedsspruches eines echten Schiedsgerichts nehmen. Anders ist dies lediglich für den Fall, dass eine Partei Richter in eigener Sache ist. Dieser Mangel ist nach überwiegender Ansicht so gravierend, dass von einem echten Schiedsgericht nicht mehr gesprochen werden kann. Insofern hat das neue Recht im Vergleich zur alten Rechtslage keine wesentlichen Änderungen erfahren[1514].

bb) Mängel im Bestellungsverfahren

Im Hinblick auf den Grundsatz der paritätischen Besetzung des Schiedsgerichts hat das neue Schiedsverfahrensrecht im Vergleich zum alten Recht eine bemerkenswerte Neuerung gebracht. Nach § 1025 Abs. 2 ZPO a.F. war eine Schiedsvereinbarung nichtig, wenn eine Partei ihre wirtschaftliche oder soziale Überle-

---

[1510] Vgl. statt aller *Fenn*, FS Henckel, S. 173, 187 ff.

[1511] Vgl. *Fenn*, a.a.O.

[1512] Vgl. *Fenn*, S. 173, 188 f.

[1513] Vgl. Viertes Kapitel:A. IV. 2.

[1514] Vgl. Viertes Kapitel:A. IV. 1. c) .

genheit dazu ausgenutzt hat, den anderen Teil zur Annahme von Bedingungen zu nötigen, die ihr bei der Benennung der Schiedsrichter ein Übergewicht über den anderen Teil einräumt[1515]. Die Sicherstellung der paritätischen Bestellung des Schiedsgerichts war dem Gesetzgeber von 1933 so wichtig, dass von einer Verletzung dieses Gebots gem. § 1025 Abs. 2 ZPO a.F. die Grundentscheidung der Parteien für eine schiedsrichterliche Erledigung ihrer Streitigkeiten betroffen war. Angesichts dieser vom Gesetzgeber vorgesehenen schweren Folgen eines Verstoßes gegen das Gebot der paritätischen Bestellung des Schiedsgerichts verwundert es nicht, dass die überwiegende Ansicht einem derartigen Spruchkörper auch die Qualität eines Schiedsgerichts abgesprochen hat[1516].

Die Streichung des § 1025 Abs. 2 ZPO a.F. und dessen Ersetzung durch § 1034 Abs. 2 ZPO könnten diesbezüglich nun zu einer von der früheren Rechtslage abweichenden Beurteilung führen. Das neue Schiedsverfahrensrecht stellt den Parteien für den Fall einer Verletzung des Gebots der paritätischen Schiedsrichterbestellung ein schiedsverfahrensrechtliches Instrument zur Verfügung (§ 1034 Abs. 2 ZPO), um diesen Mangel zu beheben. Die Grundentscheidung der Parteien für die Schiedsgerichtsbarkeit bleibt somit auch in diesem Fall bestehen[1517]. § 1034 Abs. 2 ZPO sieht demnach eine weitaus weniger schwerwiegende Rechtsfolge vor als noch § 1025 Abs. 2 ZPO a.F. Aufgrund der nun vorgesehenen Korrekturmöglichkeiten wäre es systematisch verfehlt, einem nicht nach dem Gebot der paritätischen Besetzung des Schiedsgerichts besetzten Spruchkörper die Qualität eines echten Schiedsgerichts abzusprechen[1518]. Wäre nämlich die paritätische Besetzung des Schiedsgerichts eine Anforderung an ein echtes Schiedsgericht, würde eine befristete Ablehnungsmöglichkeit keinen Sinn machen. Eine benachteiligte Partei könnte sich nämlich dann auch noch nach Ablauf der Frist auf die fehlende Qualität des Schiedsgerichts berufen, um so dem Schiedsspruch, falls ihr dieser im Ergebnis nicht zusagt, seine Qualität als Schiedsspruch zu nehmen. Da die Parteien aber weiterhin an die Schiedsvereinbarung gebunden blieben, wäre nun die erneute Bildung eines paritätisch besetzten, echten Schiedsgerichts erforderlich. Die Frist des § 1034 Abs. 2 S. 2 ZPO wäre überflüssig. Daher muss eine Berufung auf die einseitige Bestellung des Schiedsgerichts durch die benachteiligte Partei nach Ablauf der Frist ausgeschlossen sein. Infolge dessen handelt es sich bei der Frist des § 1034 Abs. 2 Satz 2 ZPO um eine Präklusionsfrist, deren Nichteinhaltung zum Verlust des

---

[1515] Vgl. ausführlich Viertes Kapitel:A. IV. 2..

[1516] RGZ 151, 229, 232 f.; OLG Nürnberg OLGZ 1975, 437, 440; OLG Oldenburg DVBl 1967, 941, 942; *Fenn*, in FS Henckel, 1995, S. 173, 188 f.; *Vollkommer*, in FS Nagel, 1997, S. 474, 494 f.

[1517] Auch eine Umgehung dieser gesetzgeberischen Wertung über die Unwirksamkeitsgründe der §§ 134 i.V.m. Art. 97 GG, 138 BGB oder §§ 305 ff. BGB ist nach der hier vertretenen Ansicht ausgeschlossen, vgl. ausführlich Fünftes Kapitel:B. II. 2. a) . a).

[1518] Vgl. *Haas/Gedeon*, SpuRt 2000, 228, 229 f.; *Adolphsen*, Internationale Dopingstrafen, S. 507.

Ablehnungsrechts führt[1519]. Sachlich gerechtfertigt ist diese Regelung, um die Schnelligkeit des Schiedsverfahrens zu gewähren und Sabotageversuche durch die Verzögerung bei der Schiedsrichterbestellung zu vermeiden[1520]. Gerade auch die Tatsache, dass die Schnelligkeit des Schiedsverfahrens einen der wesentlichen Beweggründe der Parteien bei ihrer Entscheidung für die Schiedsgerichtsbarkeit darstellt, spricht für diese Sichtweise. Unterstützung findet sie zudem in der höchstrichterlichen Rechtsprechung zu Fällen, in denen zunächst eine paritätische Besetzungsregelung vorliegt, aber bei Versäumung der vorgesehenen Ernennungsfrist durch eine der Parteien eine unparitätische Regelung zur Besetzung des Schiedsgerichts eingreift, etwa wenn das Ernennungsrecht einer Partei nach Verstreichen der Ernennungsfrist auf die andere Partei übergeht und diese dann allein die Schiedsrichter bestellt[1521]. Nicht zu beanstanden ist gleichermaßen eine Regelung, die nach Verstreichen der Ernennungsfrist einen von der Gegenseite ernannten Schiedsrichter zum neutralen Einzelschiedsrichter aufsteigen lässt[1522]. Zwar besteht in solchen Fällen kein von vornherein gegebenes Übergewicht einer Partei, sondern es entsteht nachträglich durch die Säumnis einer Partei. Die Gemeinsamkeit besteht jedoch darin, dass die Parteien nicht schlechthin vor einem einseitig besetzten Schiedsgericht geschützt werden, sondern lediglich die Möglichkeit haben, sich innerhalb einer bestimmten Frist gegen ein derart unparitätisch besetztes Schiedsgericht zu wehren. Diese Wertungen des Gesetzgebers würde man aber unterlaufen, wenn man einem derartigen Spruchkörper die Qualität eines Schiedsgerichts abspricht. Daher ist die Regelung des § 1034 Abs. 2 ZPO mit einer liberaleren Auslegung des Begriffs des Schiedsgerichts i.S.d. §§ 1025 ff. ZPO verbunden. Die paritätische Bestellung des Spruchkörpers gehört somit nach neuem deutschen Schiedsverfahrensrecht nicht mehr zu den Anforderungen an ein echtes Schiedsgericht.

cc) Zwischenergebnis

Weder Mängel in der Person des Schiedsrichters noch Mängel des Konstituierungsverfahrens nehmen einem Spruchkörper, der nach der Definition in § 1029 ZPO Streitigkeiten anstelle der staatlichen Gerichte entscheiden soll, grundsätzlich die Qualität eines echten Schiedsgerichts, da das neue deutsche Schiedsverfahrensrecht für beide Mängel schiedsverfahrensrechtliche Instrumente bereithält, um diese Mängel zu korrigieren. Die Entscheidung eines solchen Spruch-

---

[1519] Dies entspricht auch der Qualifizierung der Fristen des § 1037 ZPO als Präklusionsfristen, vgl. Viertes Kapitel:A. IV. 1. c) .

[1520] Diese Intention des Gesetzgebers ergibt sich auch aus der Verweisung in § 1034 Abs. 2 Satz 3 ZPO auf § 1032 Abs. 3 ZPO, wonach das Schiedsgericht das Verfahren auch im Falle eines Antrags nach § 1034 Abs. 2 ZPO gleichwohl fortsetzen kann.

[1521] Für einen Auslandsfall vgl. BGHZ 98, 70, 73; mit zustimmender Anm. auch für Inlandsfälle, *Walter*, JZ 1987, 154; a.A. für einen Inlandsfall nach altem Recht BGHZ 54, 392.

[1522] Für einen Auslandsfall vgl. BGH, 1. 2. 2001 – III ZR 332/99 besprochen von *Sandrock*, IPRax 2001, 550 ff; a.A. für einen Inlandsfall nach altem Recht BGHZ 54, 392.

körpers ist mithin regelmäßig als echter Schiedsspruch zu qualifizieren. Die Entscheidungen eines Vereins- oder Verbandsspruchkörpers, der Rechtsstreitigkeiten nach der Satzung abschließend und unter Ausschluss des staatlichen Richters abschließend entscheiden soll, können daher auch dann als Schiedssprüche zu qualifizieren sein, wenn sie die Anforderungen an eine ausreichende Unabhängigkeit und Unparteilichkeit nicht erfüllen, das Vereins- oder Verbandsmitglied sich aber nicht fristgemäß darauf berufen hat. Fraglich ist, ob diese Sichtweise auch im internationalen Vergleich Bestätigung findet, womit gleichzeitig der Blick auf die Frage gerichtet wird, welchen Anforderungen ein Schiedsspruch für die Eröffnung des Anwendungsbereichs des UNÜ und damit für die Sicherstellung der beinahe weltweiten Anerkennungs- und Vollstreckungsfähigkeit des Schiedsspruches genügen muss.

c) Anforderung im internationalen Vergleich

In der Schweiz bestehen nach dem SchKonk explizit zwei Möglichkeiten, dem Grundsatz der Unabhängigkeit und Unparteilichkeit des Schiedsgerichts zur Geltung zu verhelfen. Dies sind die Ablehnungsmöglichkeit wegen der Befangenheit eines Schiedsrichters (Art. 18 SchKonk) und wegen der unparitätischen Bestellung des Schiedsgerichts (Art. 19 Abs. 1 SchKonk). Umstritten ist, welche Auswirkungen der Ablauf der Ablehnungsfrist des Art. 20 SchKonk hinsichtlich der Geltendmachung der betreffenden Mängel hat, wenn die betroffene Partei den Mangel nicht fristgerecht gerügt hat. Einerseits könnte die Geltendmachung des Mangels nach Ablauf der Frist nicht mehr möglich sein, wenn man die Frist als Präklusionsfrist versteht. Andererseits wäre es möglich, den Grundsatz der Unabhängigkeit und Unparteilichkeit des Schiedsgerichts als so wesentlich anzusehen, dass dessen Fehlen, sei es aufgrund eines befangenen Schiedsrichters oder aufgrund einer unparitätischen Schiedsrichterbestellung, auch nach Ablauf der Frist, beispielsweise im Rahmen einer Nichtigkeitsbeschwerde gegen den Schiedsspruch (Art. 36 lit. a SchKonk) oder über eine Verletzung der öffentlichen Ordnung im Verfahren auf Erteilung der Vollstreckbarkeitsbescheinigung (Art. 44 SchKonk) geltend gemacht werden kann[1523]. Nach der Rechtsprechung des Schweizer Bundesgerichts ist die Parität der Parteien bei der Bestellung des Schiedsgerichts Bestandteil der öffentlichen Ordnung[1524]. Ein Verzicht darauf im Vorfeld ist nicht möglich[1525]. Die Partei kann aber die mangelnde Unabhängigkeit selbst dann noch geltend machen, wenn sie sowohl bei der Bestellung des Schiedsgerichts mitgewirkt hat und sich auf das Schiedsgericht vorbehaltlos eingelassen hat, als auch ein Ablehnungsgesuch nicht gestellt hat[1526]. Nach der Auffassung des Schweizer Bundesgerichts kann eine Partei somit zunächst den

---

[1523] Vgl. dazu *Schilling*, S. 117 ff.

[1524] BGE 57 I 200, 205; BGE 67 I 210, 216; BGE 80, 336, 343; BGE 107 Ia 155, 162.

[1525] BGE 107 Ia 155, 161.

[1526] BGE 67 I 210, 216; BGE 72 I 86, 91; BGE 80 I 336, 343; BGE 107 Ia 155, 162.

Schiedsspruch abwarten und erst dann entscheiden, ob sie diesen gelten lassen will oder nicht[1527]. Zwar hat auch das Schweizer Bundesgericht in einer Entscheidung Zweifel an dieser Sichtweise geäußert[1528], ist aber dann doch nicht von dieser Rechtsprechung abgekehrt[1529].

Anders ist dies unter Geltung des IPRG für internationale Schiedsverfahren. Dort muss ein Ablehnungsgrund unverzüglich nach Kenntnisnahme geltend gemacht werden. War der Ablehnungsgrund schon zu einem früheren Zeitpunkt bekannt, ist dieser im Anfechtungsverfahren nach Art. 190 IPRG unbeachtlich[1530]. Aber auch unter Geltung des IPRG ist eine Geltendmachung eines Ablehnungsgrundes für den Fall möglich, dass der Entscheid des über die Ablehnung befindenden Gremiums Gegenstand des Anfechtungsverfahrens ist[1531]. Dies wird umso verständlicher, wenn man bedenkt, dass im Gegensatz zum deutschen Recht nach dem Gesetzeswortlaut keine letztinstanzliche Zuständigkeit des staatlichen Gerichts im Ablehnungsverfahren besteht[1532], sondern das staatliche Gericht nur subsidiär in Ermangelung eines parteiautonom bestimmten Ablehnungsverfahrens eingreift (Art. 180 Abs. 2 und 3 IPRG). Ob eine Anfechtung auch dann noch möglich ist, wenn ein staatliches Gericht über die Ablehnung entschieden hat, ist umstritten[1533].

Aus der Rechtsprechung des Schweizer Bundesgerichts ergeben sich hohe Anforderungen an die Qualität eines Schiedsgerichts. Die Entscheidungen eines Spruchkörpers sind nur dann als Schiedssprüche eines echten Schiedsgerichts zu qualifizieren, wenn der Spruchkörper eine hinreichende Gewähr für eine unabhängige Rechtsprechung bietet[1534]. Im Hinblick auf die Unterscheidung von Verbandsgerichten und echten Schiedsgerichten hat das Schweizer Bundesgericht im Fall Gundel festgestellt, dass durch Organe gefällte Entscheidungen nur einfache Willenskundgebungen der betreffenden Vereinigung darstellen und es nicht möglich sei, sie als Schiedssprüche i.S.d. SchKonk oder IPRG zu qualifizieren[1535]. Die strengen Anforderungen des Schweizer Bundesgerichts an die Qualität eines Schiedsgerichts werden teilweise in der Literatur angesichts der bestehenden Ablehnungsmöglichkeiten (Artt. 18, 19 SchKonk, Art. 180 Abs. 1

1527 BGE 67 I 216; BGE 81 I 328.

1528 BGE 84 I 61 f.

1529 BGE 107 Ia 161 f.; BGE 111 Ia 261 f.

1530 BGE 119 II 271 ff.; *Bucher*, Internationale Schiedsgerichtsbarkeit, S. 70; *Schilling*, S. 123.

1531 BGE 118 II 359, 361.

1532 Vgl. aber § 1037 Abs. 3 ZPO.

1533 Endgültig ist die Entscheidung des Gerichts über die Ablehnung eines Schiedsrichters nach deutschem Recht (§ 1062 Abs. 1 Nr. 1 i.V.m. § 1065 Abs. 1 S. 2 ZPO).

1534 BGE 117 Ia 166, 168; BGE 107 Ia 155, 158 ff.; BGE 97, 488, 489 f.; BGE 84 I 39, 42; BGE 80 I 336, 340; BGE 76 I 87, 92.

1535 BGE 119 II 176.

lit. c IPRG) zu Recht kritisiert[1536]. Gegen die Sichtweise des Schweizer Bundesgerichts, diese Mängel auch nach Ablauf der Ablehnungsfrist noch zu berücksichtigen, sprechen die zu § 1034 Abs. 2 ZPO dargestellten Erwägungen. Stehen zur Behebung eines Mangels schiedsverfahrensrechtliche Instrumente zur Verfügung, so obliegt es den Parteien des Schiedsverfahrens, solche Mängel zu rügen. Sind diese vorgesehenen Rügemöglichkeiten im Sinne der Schnelligkeit des Schiedsverfahrens befristet und macht eine Partei von ihrem Ablehnungsrecht innerhalb der vorgesehenen Frist keinen Gebrauch, würde die mit der Frist verfolgte Intention des Gesetzgebers dadurch unterlaufen, dass man den Mangel in einem anderen Verfahren geltend macht und dem Spruchkörper aufgrund des Mangels die Qualität eines Schiedsgerichts abspricht[1537].

Abschließend zeigt sich die Rechtslage in der Schweiz somit wieder einmal zweigeteilt[1538]. Während das Schweizer Bundesgericht für inländische Schiedsverfahren unter Geltung des SchKonk die Geltendmachung eines Mangels der Unabhängigkeit und Unparteilichkeit auch nach Ablauf der Ablehnungsfrist für möglich hält, gilt dies für internationale Schiedsverfahren unter Geltung des IPRG nur mit der Einschränkung, dass sich eine Partei gegen einen ihr bekannten Ablehnungsgrund unverzüglich gewehrt hat. Anderenfalls ist der Spruch dieses Spruchkörpers, ohne Rücksicht auf die möglicherweise daraus resultierende fehlende Unabhängigkeit und Unparteilichkeit, als echter Schiedsspruch zu qualifizieren. Eine weitere Zweiteilung in der Rechtsprechung des Schweizer Bundesgerichts zu den Anforderungen an ein echtes Schiedsgericht ergibt ein Vergleich zwischen in- und ausländischen Schiedsgerichten. Bei Streitigkeiten zwischen Mitgliedern und Nichtmitgliedern sei bei ausländischen Verfahren auch zu berücksichtigen, ob und inwieweit ein Verband, dessen Organe die Schiedsrichter bestimmen, mitgliederübergreifende Interessen verfolge. Auch reiche ein abstraktes Übergewicht einer Partei bei der Bildung des Schiedsgerichts nicht aus, um einen Verstoß gegen die öffentliche Ordnung zu begründen[1539]. Damit überträgt das Schweizer Bundesgericht die, für inländische Verbands- und Schiedsverfahren entwickelten Grundsätze nicht gleichermaßen auf die Spruchkörper ausländischer Schiedsverfahren[1540]. Das Schweizer Bundesgericht stellt mithin an die Unabhängigkeit und Unparteilichkeit des Spruchkörpers für Schiedsgerichte mit Sitz in der Schweiz strenge und für ausländische Schiedsgerichte liberalere Anforderungen[1541].

[1536] *Schilling*, S. 101 f. m.w.N.

[1537] Vgl. zur Kritik in der Schweizer Literatur vgl. *Rüede/Hadenfelt*, S. 142.

[1538] Vgl. zu den verschiedenen Formanforderungen für nationale und internationale Schiedsverfahren in der Schweiz, oben Drittes Kapitel:E. III. 3.

[1539] BGE 84 I 39, 48; BGE 84 I 56, 61.

[1540] Vgl. *Haas*, ZEuP 1999, 355, 367 f.

[1541] Vgl. zu den unterschiedlichen Anforderungen an die Qualität eines Schiedsgerichts für in- und ausländische Schiedsverfahren in der deutschen Rechtsprechung: BGH NJW 1986, 3027, 3028 f.; BGHZ 52, 184, 191.

Eine allgemein liberalere Auslegung des Begriffs eines Schiedsgerichts findet sich teilweise in anderen Rechtsordnungen. Die Kriterien nach englischem Recht an ein echtes Schiedsgericht erhellt eine Entscheidung des englischen High Court zu einer Verbandsgerichtsentscheidung des IAAF[1542]. Der englische High Court hat keine Bedenken, die Entscheidung des damaligen Verbandssportgerichts des Internationalen Leichtathletikverbandes (IAAF) in einer Disziplinarstreitigkeit zwischen dem Verband und einer Athletin als Schiedsspruch zu qualifizieren. Dabei war das Schiedsgericht nach einem strengen Rotationsprinzip aus einer Liste von Schiedsrichtern zu bilden, die von der Mitgliederversammlung des Verbandes bestellt worden waren. Nach dieser Ansicht genügt ein abstraktes Übergewicht einer Partei bei der Bestellung nicht, um der Entscheidung des Spruchkörpers die Qualität eines Schiedsspruches zu nehmen[1543]. Ähnlich hat auch ein amerikanisches Gericht, der US District Court - Southern District of Ohio -, das Verbandsgericht des IAAF in der Sportstreitigkeit des 400-Meter Läufers Harry Reynolds beurteilt[1544]. Die dargestellten Ansichten zeigen, dass international zwar kein Konsens besteht, welchen Anforderungen ein echtes Schiedsgericht genügen muss. Jedoch ist zumindest in der internationalen Schiedsgerichtsbarkeit der Trend hin zu einer liberalen Auslegung des Begriffs des Schiedsgerichts zu erkennen. Die unterschiedlichen Anforderungen werfen die Frage nach den Anforderungen an einen nach dem UNÜ anerkennungs- und vollstreckungsfähigen Schiedsspruch auf.

d) Anforderungen des UNÜ

Sollen die Schiedssprüche des CAS in einem ausländischen Vertragsstaat, etwa in Deutschland, anerkannt oder vollstreckt werden, muss der ausländische Richter das UNÜ berücksichtigen. Der Anwendungsbereich des UNÜ geht dann dem autonomen Recht des Staates, in dem die Anerkennung und Vollsteckung begehrt wird, vorbehaltlich einer günstigeren nationalen Regelung vor[1545]. Bezüglich der Voraussetzungen an einen echten Schiedsspruch oder an ein echtes Schiedsgericht enthält das UNÜ keine explizite Regelung[1546]. Ob eine Entscheidung als Schiedsspruch i.S.d. UNÜ zu qualifizieren ist, wird nach h.M. autonom bestimmt[1547]. Dabei sprechen sowohl Sinn und Zweck, die Anerkennung und Vollstreckung ausländischer Schiedssprüche weitestgehend zu för-

---

1542 Sandra Gasser ./. Henry Hunter Stinson and John Byron Holt, 15.6.1988, englischer High Court, No.Ch-88-g-2191, 32 ff.; vgl. *Haas*, ZEuP 1999, 355, 366.

1543 *Haas*, ZEuP 1999, 355, 367.

1544 US District Court, Southern District of Ohio, 13. 7.1993, YCA 1996, 715, 717.

1545 Vgl. *Haas*, ZEuP 1999, 355, 365; vgl. oben Zweites Kapitel:C.

1546 *Stein/Jonas/Schlosser*, ZPO, Anh. § 1061 Rn. 6.

1547 BGH NJW 1982, 1224, 1225; *Stein/Jonas/Schlosser*, ZPO, Anh. § 1061 Rn. 6 ff., 9; *Weigand/Haas*, Part 3 Rn. 27; *ders.*, ZEuP 1999, 355, 365; *Adolphsen*, Internationale Dopingstrafen, S. 502 f.

dern, als auch die Entstehungsgeschichte des Übereinkommens für eine anerkennungsfördernde Tendenz und gegen die Berücksichtigung erschwerender nationaler Besonderheiten[1548]. Demnach sind im Bereich des UNÜ von dem Begriff der Schiedsgerichtsbarkeit alle Entscheidungen über Streitigkeiten erfasst, die ihrem äußeren Ablauf nach das Ergebnis eines gerichtsähnlichen Verfahrens darstellen[1549]. Für die Qualifizierung eines Schiedsgerichts als echtes Schiedsgericht gelten somit auf nationaler und internationaler Ebene verschiedene Maßstäbe[1550].

Als Mindestvoraussetzung muss der Schiedsspruch, um dessen Anerkennung und Vollstreckung nachgesucht wird, jedoch nach dem Heimatrecht als Schiedsspruch zu qualifizieren sein, da nur derart existierende Schiedssprüche auch im Ausland vollstreckbar sind[1551]. Die nationalen Anforderungen an die Unabhängigkeit und Unparteilichkeit eines echten Schiedsgerichts können auch bei der Vollstreckung eines Schiedsspruches im Anwendungsbereich des UNÜ im Rahmen des ordre public-Vorbehalts nach Art. V Abs. 2 lit. b UNÜ bedeutsam werden. Gehören bestimmte Anforderungen an die Unabhängigkeit und Unparteilichkeit eines Schiedsgerichts zum Bestandteil der öffentlichen Ordnung eines Staates, kann sich dies gegenüber liberaleren ausländischen Ansichten durchsetzen. Wie bereits erwähnt, kritisiert eine teilweise vertretene Ansicht das Prinzip der geschlossenen, von der ICAS bestimmten, Schiedsrichterliste des CAS trotz ihrer Erweiterung[1552], da die ICAS von den internationalen Sportorganisationen einseitig besetzt wird, ohne vergleichbare Rechte der Athleten zu berücksichtigen[1553]. Dabei ist richtig, dass den Sportverbänden im Verhältnis zu den Athleten ein abstraktes Übergewicht über die Schiedsorganisation zukommt[1554]. Angesichts der hohen Zahl von über 260 wählbaren Schiedsrichtern dürfte die Unabhängigkeit und Unparteilichkeit des so ermittelten Schiedsgerichtes jedoch hinreichend gewahrt sein[1555], so dass ein Verstoß gegen den deutschen ordre public wohl ausscheidet.

Teilweise wird einschränkend darauf aufmerksam gemacht, dass diese Beurteilung der Unabhängigkeit und Überparteilichkeit des CAS im Rahmen der ad-

---

[1548] *Haas*, ZEuP 1999, 355, 367; *Stein/Jonas/Schlosser*, ZPO, Anh. § 1061 Rn. 9.

[1549] *Stein/Jonas/Schlosser*, ZPO, Anh. § 1061 Rn. 9; Weigand/*Haas*, Part 3 Rn. 27; *ders.*, ZEuP 1999, 355, 367.

[1550] *Haas/Prokop*, JR 1998, 45, 51; anders im Fall Krabbe OLG München SpuRt 1996, 113 ff. (insoweit nicht abgedruckt); *Haas*, ZEuP 1999, 355, 367.

[1551] *Haas*, ZEuP 1999, 355, 367; *Adolphsen*, Internationale Dopingstrafen, S. 502 f.

[1552] Vgl. *Summerer*, PHB, S. 480.

[1553] Art. S4 des Statuts für die an der Beilegung von Streitigkeiten in Sportsachen beteiligten Organe sieht für die Bestimmung 1/5 Schiedsrichtern lediglich eine angemessene Konsultation zur Wahrung der Interessen der Athleten vor.

[1554] Vgl. Viertes Kapitel:A. IV. 2. e)

[1555] *Heß*, ZZPInt 3 (1998), 457, 470 f.

hoc-Schiedsgerichtsbarkeit anlässlich der Olympischen Spiele abweichend ausfallen könnte[1556]. In Atlanta und in Nagano gab es beispielsweise Listen mit einer Anzahl von nur 12 bzw. 6 Schiedsrichtern. Sie wurden aus der Liste der damals noch 150 Schiedsrichter vom ICAS ausgewählt. Für die Schiedsverfahren wurden die konkreten Schiedsrichter ohne Zutun der Parteien von dem Präsidenten der ad-hoc-Kammer bestimmt[1557]. Den Parteien verblieb lediglich ein Ablehnungsrecht, über das wiederum der Präsident der ad-hoc-Kammer entschied[1558]. Die Parteien hatten auf diese Weise keinen Einfluss bei der Konstituierung des Schiedsgerichts[1559]. Zur Bestätigung der Unabhängigkeit des Schiedsgerichts haben die Schiedsrichter und der Präsident des Ad-hoc-Schiedsgerichts lediglich eine Erklärung ihrer Unabhängigkeit zu unterzeichnen und jeden Umstand zu offenbaren, der geeignet ist, ihre Unabhängigkeit in Zweifel zu ziehen[1560]. Für diese Art der Konstituierung des Schiedsgerichts spricht die Notwendigkeit im Rahmen der Olympischen Spiele, schnell zu einer Entscheidung zu kommen[1561]. Angesichts der liberalen Anforderungen an die Unabhängigkeit und Unparteilichkeit eines echten Schiedsgerichts nach neuem deutschen Schiedsverfahrensrecht und unter Berücksichtigung der Tatsache, dass die Rechtsprechung in Deutschland ebenfalls zwischen dem strengeren nationalen und liberaleren internationalen ordre-public unterscheidet, dürften auch die Schiedssprüche eines anlässlich der Olympischen Spiele gebildeten Ad-hoc-Schiedsgerichts des CAS in Deutschland nicht unter den ordre public-Vorbehalt des Art. V Abs. 2 lit. b UNÜ fallen[1562].

III. Ergebnis

- Taugliches Kriterium für die Abgrenzung von Vereins- und Verbandsgerichte zu echten Schiedsgerichten ist die Funktion des Spruchkörpers. Dient er der Entscheidung einer Rechtsstreitigkeit anstelle der staatlichen Gerichte, ist er als Schiedsgericht zu qualifizieren.
- Die Befugnisse des Spruchkörpers sind zur Abgrenzung wenig geeignet, da die Befugnisse von Schiedsgerichten, insbesondere im Hinblick auf den Ausspruch von Vereins- oder Verbandsstrafen, denen eines Vereins- oder Verbandsgericht entsprechen können.

[1556] Vgl. *Heß*, a.a.O.

[1557] Vgl. Art. 11 CAS ad-hoc-Satzung.

[1558] Vgl. Art. 13 CAS-ad-hoc-Satzung.

[1559] Vgl. *Heß*, a.a.O.

[1560] Vgl. Art. 12 CAS-ad-hoc-Satzung.

[1561] Das Erfordernis schneller Entscheidungen wird auch durch eine kurze Entscheidungsfrist unterstützt, wonach das Schiedsgericht die Entscheidung grundsätzlich binnen 24 Stunden nach Einreichung der Klage erlässt, wenn nicht die Frist durch den Präsidenten der ad-hoc-Kammer verlängert wird, vgl. Art. 18 CAS-ad-hoc-Satzung.

[1562] Anders wohl *Heß*, a.a.O., der dringend Verbesserungen anmahnt.

- Entspricht ein Spruchkörper nicht den Anforderungen an die persönliche Unabhängigkeit und Unparteilichkeit der Schiedsrichter oder dem Grundsatz der Waffengleichheit bei der Bestellung des Schiedsverfahrens, folgt daraus nicht schon, dass eine Entscheidung dieses Spruchkörpers nicht als Spruch eines echten Schiedsgerichts anerkannt und vollstreckt werden kann. Die Anforderungen an einen echten Schiedsspruch ergeben sich erst aus einer Zusammenschau mit den schiedsverfahrensrechtlichen Instrumenten zur Korrektur etwaiger Mängel. Die befristeten Ablehnungsmöglichkeiten – der §§ 1036, 1037 ZPO für die Sicherstellung hinreichender Unabhängigkeit und Unparteilichkeit der Person des Schiedsrichters und des § 1034 Abs. 2 Satz 2 ZPO zur Sicherstellung der paritätischen Bestellung des Spruchkörpers – lassen, angesichts der Qualifizierung der vorgesehenen Fristen zur Geltendmachung etwaiger Mängel als Präklusionsfristen, darauf schließen, dass weder ein in der Person eines Schiedsrichters bestehender Ablehnungsgrund noch die paritätische Bestellung des Schiedsgerichts zu den Anforderungen an ein echtes Schiedsgericht gehören. Die Sprüche eines Vereins- oder Verbandsspruchkörpers, der Rechtsstreitigkeiten nach der Satzung abschließend und unter Ausschluss des staatlichen Richters entscheiden soll, können daher auch dann als Schiedssprüche zu qualifizieren sein, wenn sie die Anforderungen an eine ausreichende Unabhängigkeit und Unparteilichkeit nicht erfüllen, das Vereins- oder Verbandsmitglied sich aber nicht fristgemäß darauf berufen hat.
- International gibt es derzeit keinen Konsens im Hinblick auf die Anforderungen an die Unabhängigkeit und Unparteilichkeit eines echten Schiedsgerichts. Die Rechtslage in der Schweiz ist zweigeteilt. Für nationale Schiedsverfahren unter Geltung des SchKonk ist die Geltendmachung eines Mangels der Unabhängigkeit und Unparteilichkeit auch nach Ablauf der Ablehnungsfrist möglich. Für internationale Schiedsverfahren unter Geltung des IPRG gilt dies mit der Einschränkung, dass sich eine Partei gegen einen ihr bekannten Ablehnungsgrund unverzüglich gewehrt hat. Für Schiedsgerichte mit Sitz im Ausland gelten hinsichtlich der Unabhängigkeit und Unparteilichkeit des Spruchkörpers generell liberalere Anforderungen. In besonderen Fällen reicht in Auslandsfällen ein abstraktes Übergewicht einer Partei bei der Bildung des Schiedsgerichts nicht aus, um einen Verstoß gegen die öffentliche Ordnung zu begründen. Eine ähnliche, aber insgesamt liberalere Auslegung des Begriffs eines Schiedsgerichts findet sich im englischen und US-amerikanischen Recht. Dort genügt ein abstraktes Übergewicht einer Partei bei der Bestellung nicht, um der Entscheidung des Spruchkörpers die Qualität eines Schiedsspruches zu nehmen.
- Die Anforderungen an ein echtes Schiedsgericht i.S.d. UNÜ sind autonom zu bestimmen. Unter Berücksichtigung von Sinn und Zweck des UNÜ,

die Anerkennung und Vollstreckung ausländischer Schiedssprüche weitestgehend zu fördern, sind im Bereich des UNÜ von dem Begriff der Schiedsgerichtsbarkeit alle Entscheidungen über Streitigkeiten erfasst, die ihrem äußeren Ablauf nach das Ergebnis eines gerichtsähnlichen Verfahrens darstellen. Als Mindestvoraussetzung muss der Schiedsspruch, um dessen Anerkennung und Vollstreckung nachgesucht wird, jedoch nach dem Heimatrecht als Schiedsspruch zu qualifizieren sein. Für die Qualifizierung eines Schiedsgerichts als echtes Schiedsgericht gelten somit auf nationaler und internationaler Ebene verschiedene Maßstäbe.

- Die nationalen Anforderungen an die Unabhängigkeit und Unparteilichkeit eines echten Schiedsgerichts können jedoch bei der Vollstreckung eines Schiedsspruches im Anwendungsbereich des UNÜ im Rahmen des ordre public-Vorbehalts nach Art. V Abs. 2 lit. b UNÜ bedeutsam werden, wenn bestimmte Anforderungen an die Unabhängigkeit und Unparteilichkeit eines Schiedsgerichts zum Bestandteil der öffentlichen Ordnung eines Staates gehören. Angesichts der liberalen Anforderungen an die Unabhängigkeit und Unparteilichkeit eines echten Schiedsgerichts nach neuem deutschen Schiedsverfahrensrecht und unter Berücksichtigung der Tatsache, dass die Rechtsprechung in Deutschland zwischen dem strengeren nationalen und liberaleren internationalen ordre-public unterscheidet, dürfte die Anerkennung und Vollstreckung der Schiedssprüche des CAS in Deutschland, trotz der vielfach kritisierten geschlossenen Schiedsrichterliste, nicht am ordre public-Vorbehalt scheitern.

Fünftes Kapitel: Das Schiedsverfahren

A. Grundsatz der Parteiautonomie

Normative Grundlage eines jeden Schiedsverfahrens ist zunächst das anwendbare nationale Schiedsverfahrensrecht. Dieses beinhaltet Verfahrensregeln – zwingender und dispositiver Art[1563]. Für Sportschiedsverfahren mit einem deutschen Schiedsort, die nach dem in Deutschland geltenden Territorialitätsgrundsatz in das deutsche Schiedsverfahrensrecht eingebettet sind, geben die zwingenden Verfahrensregeln des 10. Buches der ZPO die normativen Rahmenbedingungen vor[1564].

Das deutsche Schiedsverfahrensrecht gewährt wie die meisten Rechtsordnungen weitestgehend Raum für eine Verfahrensgestaltung durch die Parteien[1565]. Gewöhnlich geschieht dies aus praktischen Gründen durch die Bezugnahme auf

---

[1563] Vgl. zu den Rechtsquellen der Schiedsgerichtsbarkeit oben Zweites Kapitel:

[1564] Vgl. ausführlich Zweites Kapitel:A. I.

[1565] Vgl. dazu *Lachmann*, Rn. 737 ff.; *Stein/Jonas/Schlosser*, ZPO, § 1042 Rn. 3.

eine Verfahrensordnung, die im deutschen Schiedsverfahrensrecht in § 1042 Abs. 3 ZPO ausdrückliche Erwähnung findet[1566]. Nicht nur die explizite Bezugnahme auf eine bestimmte Verfahrensordnung bringt diese zur Anwendung, sondern auch die Übertragung einer Streitigkeit auf eine bestehende Schiedsinstitution. Dadurch gilt die Schiedsordnung der jeweiligen Schiedsinstitution als vereinbart[1567]. Auch bei einer Übertragung der Streitbeilegung auf den CAS richtet sich das Verfahren automatisch nach der CAS-VO[1568]. Dennoch begeben sich die Parteien auch mit der Vereinbarung einer bestimmten Verfahrensordnung nicht sämtlicher Gestaltungsmöglichkeiten, da auch die Verfahrensordnungen der Schiedsinstitutionen den Parteien hierfür meist noch großen Raum einräumen.

Abgerundet wird das mehrstufige Regelungsgebilde, das den Ablauf eines Schiedsverfahrens bestimmt, durch die Festlegung von Verfahrensregeln durch das Schiedsgericht nach seinem freien Ermessen. Dies ist in § 1042 Abs. 4 Satz 1 ZPO ausdrücklich vorgesehen[1569]. Dies ermöglicht dem Schiedsgericht einerseits größtmögliche Flexibilität bei der Durchführung des Schiedsverfahrens zu erhalten[1570] und andererseits möglicherweise noch bestehende Lücken innerhalb der Schiedsverfahrensregeln zu schließen[1571]. Das Ermessen des Schiedsgerichts ist nach deutschem Schiedsverfahrensrecht subsidiär gegenüber den darin enthaltenen dispositiven Verfahrensregelungen[1572]. Nach der Regelung des Art. 182 Abs. 2 Schweizer IPRG hingegen müssen die Schiedsrichter das dispositive nationale Verfahrensrecht nicht vorrangig vor ihrem eigenen Ermessen anwenden. Die Verfahrensregelung besteht hier nicht aus vier, sondern nur aus drei Ebenen[1573]. Gleichgültig aber, ob das Schiedsverfahrensregelwerk nun drei- oder vierstufig ausgestaltet ist, liegt der Schwerpunkt dieses mehrstufigen Regelwerks jeweils auf der Verfahrensgestaltung durch die Parteien, was wiederum nichts anderes als ein Ausdruck des Grundsatzes der Parteiautonomie ist. Fraglich ist, wo sich diese Gestaltungsmöglichkeiten positiv auf die Beilegung von Sportstreitigkeiten auswirken können.

[1566] Zu den Vorteilen einer Bezugnahme auf eine Verfahrensordnung vgl. Viertes Kapitel:A. III. 1.

[1567] Vgl. *Stein/Jonas/Schlosser*, ZPO, § 1042 Rn. 3.

[1568] Zur CAS-VO siehe unter www.cas.org; abgedruckt bei Haas/Haug/Reschke, SportR, C IV 3, 4.

[1569] Vgl. dazu *Lachmann*, Rn. 740 f.; *Stein/Jonas/Schlosser*, ZPO, § 1042 Rn. 1 ff. Im ordentlichen Zivilprozess ist eine Verfahrensgestaltung durch das Gericht nach billigem Ermessen lediglich in sehr engen Grenzen vorgesehen, vgl. § 495 a ZPO.

[1570] Vgl. *Lachmann*, Rn. 740.

[1571] Lionnet/Lionnet, S. 295.

[1572] Vgl. zur Zusammensetzung und Rangfolge der Regelung des Schiedsverfahrens nach deutschem Schiedsverfahrensrecht § 1042 Abs. 3 und 4 ZPO.

[1573] Vgl. ausführlich zum Aufbau und Zusammenspiel der Verfahrensbestandteile im Schiedsverfahrensrecht, *Lionnet/Lionnet*, S. 294 ff.

I. Vermittlung zwischen verschiedenen Verfahrenskulturen

Die Parteien von Sportstreitigkeiten kommen nicht selten aus verschiedenen Ländern. Treffen Parteien aus verschiedenen Ländern in einem Verfahren zur Beilegung ihrer Streitigkeiten aufeinander, können damit gleichermaßen verschiedene rechtliche Kulturen aufeinander stoßen. Während den Parteien eines Verfahrens vor dem staatlichen Richter je nach Ort des Verfahrens die dort geltenden Verfahrensgrundsätze aufgezwungen werden, besteht in der Schiedsgerichtsbarkeit aufgrund der freien Gestaltungsmöglichkeiten die Chance, einen Verfahrensmodus zu vereinbaren oder durch eine neutrale Instanz vorgeben zu lassen, die keine der Parteien benachteiligt[1574]. Die Verfahrensgestaltungsmöglichkeiten in der Schiedsgerichtsbarkeit können somit die Streitparteien durch die Vermittlung zwischen deren unterschiedlichen Verfahrenskulturen auf eine allseits akzeptierte Basis bringen, die gleichsam keine der Parteien bevorzugt oder benachteiligt.

II. Freie Wahl einer Verfahrenssprache

Dem Ziel, eine gemeinsame Basis für die Durchführung des Verfahrens zu schaffen, wenn die Streitparteien aus verschiedensprachigen Ländern kommen, dient auch die Vereinbarung einer Verfahrenssprache. Die Parteien können gem. § 1045 Abs. 1 Satz 1 ZPO die Sprache oder die Sprachen, die im schiedsrichterlichen Verfahren zu verwenden sind, frei vereinbaren[1575]. Eine solche Möglichkeit besteht für ein Verfahren vor einem staatlichen Richter nicht. Dort ist gem. § 184 GVG die Gerichtsprache deutsch. Diese im Schiedsverfahren bestehende Möglichkeit stellt insbesondere dann einen Vorteil dar, wenn die Parteien aus Ländern mit verschiedener Sprache kommen[1576]. Dies ist häufig in Schiedsverfahren vor dem CAS gegeben. So sieht auch die CAS-VO in Art. R29 grundsätzlich die Wahl einer Verfahrenssprache durch die Parteien vor. Besondere Bedeutung erhält die Möglichkeit der Wahl einer Verfahrenssprache auch dadurch, dass die Beherrschung der Sprache durch die Beteiligten, bedenkt man die Berührungspunkte mit dem rechtlichen Gehör, von besonderer Bedeutung ist[1577]. Dadurch kann darüber hinaus ein ansonsten notwendig werdender Übersetzungsaufwand vermieden werden, was wiederum zu einer Kostenerspar-

---

[1574] Vgl. *Lachmann*, Rn. 143, 663. Beispielhaft für die Schaffung vermittelnder Verfahrensregeln in der Schiedsgerichtsbarkeit sind die IBA Rules of Evidence, die einen Kompromiss zwischen den verschiedenen Ansichten über die Beweisaufnahme im Civil und Common Law darstellen, vgl. dazu *Lionnet/Lionnet*, S. 298 ff.

[1575] Treffen die Parteien keine Vereinbarung, legt das Schiedsgericht gem. § 1045 Abs. 1 S. 2 ZPO die Sprache oder Sprachen fest. Zur Frage, ob die Parteien auch nach einer Festlegung der Verfahrenssprache durch das Schiedsgericht hiervon noch einverständlich abweichen können, vgl. zustimmend *Lachmann*, Rn. 750; a.A. MünchKommZPO/*Münch*, § 1045 Rn. 3.

[1576] *Lachmann*, Rn. 144.

[1577] Lionnet/Lionnet, S. 332 f.

nis für die Parteien führen kann. In Bezug darauf enthält die CAS-VO allerdings eine differenzierte Regelung. Während die Parteien englisch und französisch grundsätzlich kostenfrei vereinbaren können, müssen sie bei der Wahl einer anderen Verfahrenssprache die Übersetzungskosten tragen. Eine unangemessene Benachteiligung irgendeiner Partei wird man in der Bevorzugung der englischen und französischen Sprache durch die CAS-Regelung noch nicht erblicken können, da internationale Streitigkeiten meist in englischer Sprache ausgetragen werden[1578], die zugleich die amtliche Sprache der meisten internationalen Sportregelwerke ist.

III. Freie Wahl des Rechtsbeistandes

Die Parteien eines Schiedsverfahrens sind bei der Wahl ihres Anwalts frei und nicht auf einen bei einem bestimmten Gericht zugelassenen Anwalt beschränkt. Sie können sich daher stets durch einen Anwalt ihres Vertrauens vertreten lassen[1579]. Die Parteien eines Schiedsverfahrens haben sogar die Möglichkeit, auf anwaltliche Vertretung gänzlich zu verzichten, da eine Pflicht, anwaltlich vertreten sein zu müssen, im Schiedsverfahren nicht besteht[1580]. So sieht auch Art. R30 CAS-VO vor, dass sich die Parteien durch Personen ihrer Wahl Beistand leisten oder vertreten lassen können. Die Wahl einer mit Schiedsverfahren nicht vertrauten Person oder gar ein Verzicht auf einen Beistand ist den Parteien aber keinesfalls zu empfehlen. Zwar können durch den Verzicht auf eine anwaltliche Vertretung Kosten eingespart werden. Die Parteien würden jedoch ein nicht unerhebliches Risiko eingehen, das Schiedsverfahren zu verlieren, wenn die Gegenseite durch schiedsverfahrensrechtlich versierte Anwälte vertreten ist. Um diese Nachteile gegenüber dem Streitgegner zu verhindern, werden daher in der Schiedsverfahrenspraxis überwiegend Anwälte eingeschaltet[1581]. Da die Parteien eines Schiedsverfahrens angesichts der zahlreichen Besonderheiten der Schiedsgerichtsbarkeit gut damit beraten sein werden, einen mit Schiedsverfahren vertrauten Anwalt auszuwählen[1582], schränkt dies die grundsätzlich gegebene freie Anwaltswahl faktisch doch wieder ein, so dass sie im Ergebnis keinen allzu großen Vorteil für die Schiedsparteien darstellt. Vorteilhaft ist aber die fehlende Beschränkung hinsichtlich einer Anwaltszulassung für bestimmte Gerichte.

[1578] Vgl. *Lionnet*, S. 333.

[1579] Vgl. *Lachmann*, Rn. 126.

[1580] Vgl. *Lachmann*, Rn. 125, 736, der sogar von einem „Overlawyering“ in Schiedsverfahren spricht.

[1581] Vgl. *Lachmann*, Rn. 125.

[1582] Zur entsprechenden Vorgehensweise in der Praxis vieler Unternehmen, vgl. *Lachmann*, Rn. 736; *Lörcher/Lörcher*, Rn. 162.

IV. Vertraulichkeit des Verfahrens

Verhandlungen vor staatlichen Gerichten sind gem. § 169 Satz 1 GVG grundsätzlich öffentlich. Aus der privaten Natur der Schiedsverfahren folgt, dass diese nicht öffentlich, sondern eben privat sind. Der an Schiedsverfahren teilhabende Personenkreis beschränkt sich daher regelmäßig auf die Parteien und die zur Durchführung des Schiedsverfahrens notwendigen Personen. Fremde dürfen nur mit der Zustimmung der Parteien am Schiedsverfahren teilnehmen[1583]. Den Grundsatz der Vertraulichkeit des Schiedsverfahrens beinhaltet beispielsweise auch Art. R43 der CAS-VO für das gewöhnliche Schiedsverfahren. Danach sind die Parteien, die Schiedsrichter und der CAS selbst verpflichtet, Dritten keine Tatsachen oder andere Informationen bezüglich der Streitigkeit und des Verfahrens bekannt zu geben. Die Vertraulichkeit des Schiedsverfahrens führt nicht nur dazu, dass Schiedsverfahren unter Ausschluss der Öffentlichkeit geführt werden, sondern auch dazu, dass die gefällten Schiedssprüche der Öffentlichkeit grundsätzlich nicht zugänglich gemacht werden[1584]. Auch nach Art. R43 der CAS-VO findet eine Veröffentlichung der Schiedssprüche im gewöhnlichen Verfahren nur statt, wenn es der Schiedsspruch vorsieht oder alle Parteien zustimmen. Im Berufungsverfahren ist es umgekehrt. Dort wird der Schiedsspruch grundsätzlich veröffentlicht, es sei denn die Parteien vereinbaren seine Vertraulichkeit (Art. R59 CAS-VO). Diese Vertraulichkeit der Streitbeilegung kann sich gerade im Sportbereich positiv auswirken.

1. Geringerer Imageschaden für die Parteien

Die grundsätzlich gegebene Teilhabemöglichkeit der Öffentlichkeit an einer vor einem staatlichen Gericht ausgetragenen Streitigkeit zwischen Sportverband und Sportler ermöglicht eine umfangreiche Berichterstattung in den Medien. Zwar verbietet § 169 Satz 2 GVG zur Vermeidung einer der Sache schädigenden Selbstdarstellung von Verfahrensbeteiligten die Fertigung von Rundfunk- und Fernsehaufnahmen aus einer mündlichen Verhandlung, so dass auch der Journalist im Gerichtssaal nur Zuhörer ist[1585]. Dennoch eröffnet die Teilnahmemöglichkeit am Verfahren eine unmittelbare Informationsquelle, die angesichts des großen öffentlichen Interesses am Sportgeschehen und den darin involvierten Sportpersönlichkeiten in aller Regel auch ausgeschöpft wird. Letzteres kann für die Beteiligten schwerwiegende Folgen haben. So bleibt eine umfangreiche Berichterstattung von Dopingstreitigkeiten nicht ohne Ansehensverlust für den Sportler, den Verband und letztendlich auch die gesamte Sportart. Dem Imageschaden können wirtschaftliche Einbußen nachfolgen, da ein beschädigtes Ansehen des Sportlers, des Verbandes und der gesamten Sportart einen positiven

---

[1583] Vgl. *Lionnet/Lionnet*, S. 455.

[1584] Vgl. *Lachmann*, Rn. 134; *Lionnet/Lionnet*, S. 456.

[1585] Vgl. BVerfG NJW 2001, 1633; *Jauernig*, § 27 VI.

Imagetransfer und damit auch die Teilhabemöglichkeiten an Werbe- und Sponsoringverträgen einschränkt[1586]. Dies ist umso bedauerlicher, als dass zu diesem Zeitpunkt lediglich ein Dopingvorwurf im Raum steht und ein Dopingvergehen noch gar nicht endgültig festgestellt wurde. Zwar zeigt ein Blick auf die Medienpraxis, dass vielfach schon über den Dopingverdacht gegen einen Sportler, gerade gegen einen prominenten Sportler, umfangreich berichtet wird, so dass auch ein Ausschluss der Öffentlichkeit vom Verfahren zur Streitbeilegung einen Imageschaden nicht völlig verhindern kann. Jedoch kann die Einschränkung einer umfangreichen verfahrensbegleitenden Berichterstattung möglicherweise dazu beitragen, den Imageschaden für die Beteiligten vor der endgültigen Feststellung eines Dopingvergehens einzuschränken.

2. Geringere Belastungen für das Verhältnis zwischen den Streitparteien

Im Sportbereich bestehen zwischen Sportler und Verband überwiegend langandauernde Beziehungen, die durch eine wechselseitige Abhängigkeit gekennzeichnet sind[1587]. Die Parteien einer Sportstreitigkeit sind daher in der Regel dazu gezwungen, auch nach der Beilegung ihrer Streitigkeiten weiter zusammenzuarbeiten. Daraus erwächst für Sportler und Verband ein gesteigertes Bedürfnis nach einem Streitbeilegungsmechanismus, der ihre auf Dauer angelegten Beziehungen trotz der bestehenden Streitigkeit nicht gänzlich zerstört, sondern ihnen nach der Streitbeilegung eine weitere Zusammenarbeit ermöglicht. Diesem Bedürfnis könnte eine vertrauliche Streitbeilegung dienen.

Eine umfangreiche Gegenwart von Pressevertretern in den für eine breite Öffentlichkeit interessanten Sportstreitigkeiten kann zur Folge haben, dass das Niveau der sachlichen Erörterung zu Gunsten von Bestrebungen der Parteien leidet, negative Berichte zu vermeiden[1588]. Die Tatsache, sich nicht öffentlich verteidigen zu müssen, soll zudem dazu führen, dass die Einleitung eines Schiedsverfahrens nicht in gleicher Weise als unfreundlicher Akt angesehen wird wie eine Klage vor einem staatlichen Gericht[1589]. Jedenfalls wird die Beseitigung solcher öffentlicher Nebenschauplätze am Rande des eigentlichen Verfahrens dazu beitragen, zusätzliche Belastungen für das Verhältnis zwischen den Streitparteien zu vermeiden. Darüber hinaus genießt ein besonders ausgewähltes sachkundiges Schiedsgericht im Regelfall größeres Vertrauen bei den Schiedsparteien als ein nach einem Geschäftsverteilungsplan besetztes ordentli-

---

[1586] Vgl. Vgl. *Fesenmair*, 2. Internationaler Sport-Recht Kongress, S. 123, 128. Teilweise werden die unter Dopingversacht stehenden Athleten erst gar nicht zu Sportmeetings eingeladen, vgl. FAZ vom 29.5.2004, S. 31.

[1587] Vgl. Erstes Kapitel:B. VI. 2.

[1588] Vgl. *Lachmann*, Rn. 113.

[1589] *Lionnet/Lionnet*, S. 77; *Diedrich*, JuS 1998, 158; *Jagenburg*, in FS Oppenhoff, 1985, S. 147, 156.

ches Gericht[1590]. Einen Hinweis für ein besseres Verhandlungsklima in Schiedsverfahren liefert die relativ hohe Vergleichsrate in Schiedsverfahren[1591]. Auch wenn die Parteien keinen Vergleich schließen, kann die Sachkunde der parteiernannten Schiedsrichter zu einer gesteigerten Akzeptanz hinsichtlich der Entscheidung des Schiedsgerichts beitragen[1592]. Der damit insgesamt höhere Befriedungseffekt einer schiedsrichterlichen Streitbeilegung ist geeignet, die zwischen Sportler und Verband für eine weitere Zusammenarbeit notwendige Vertrauensgrundlage zu erhalten oder die gestörte Vertrauensgrundlage zwischen Sportler und Verband wieder herzustellen[1593].

V. Verfahrensbeschleunigung

Zu den Erfordernissen der Sportbranche zählt insbesondere das Bedürfnis nach einem schnellen Verfahren zur Beilegung von Sportstreitigkeiten[1594]. Schiedsverfahren sehen in aller Regel nur eine Instanz vor[1595]. Der Schnelligkeitsvorteil des schiedsrichterlichen Verfahrens im Vergleich zu Verfahren vor den ordentlichen Gerichten tritt daher umso deutlicher hervor, wenn das Verfahren vor den ordentlichen Gerichten durch zwei oder mehr Instanzen geführt wird[1596]. Prominente Verfahren im Sportbereich vor ordentlichen Gerichten haben immer wieder gezeigt, dass die von einer sportgerichtlichen Sanktion betroffenen Sportler häufig durch alle Instanzen ziehen, um die Rechtswidrigkeit einer Verbandsmaßnahme feststellen zu lassen[1597]. Dies kann nicht verwundern, bedenkt man,

---

1590 *Böckstiegel*, DRiZ 1996, 267.

1591 In der Literatur ist teilweise zu lesen, dass etwa 60 % aller Schiedsverfahren mit einem Vergleich enden, vgl. *Raeschke-Kessler/Berger*, Rn. 820; *Hesse*, in FS Böckstiegel, S. 277, 285; kritisch zu diesen Zahlen, im Ergebnis aber zustimmend, *Lachmann*, Rn. 130 f.

1592 Vgl. oben Viertes Kapitel: A II.

1593 Vgl. *Diedrich*, JuS 1998, 158.

1594 Siehe Erstes Kapitel:B. VI.

1595 *Stumpf*, in FS Bülow, S. 217, 224. Zur dennoch bestehenden Möglichkeit der Vereinbarung eines schiedsrichterlichen Rechtsmittelverfahrens, vgl. *Stein/Jonas/Schlosser*, ZPO, § 1042 Rn. 4.

1596 *Stumpf*, in FS Bülow, S. 217, 219; *Lachmann*, Rn. 121 m.w.N. Der Anteil der innerhalb von 6 Monaten erledigten erstinstanzlichen Verfahren vor den Amtsgerichten beträgt im Durchschnitt ca. 75 %, der innerhalb von 12 Monaten erledigten Verfahren ca. 95 %; langsamer werden die erstinstanzlichen Verfahren vor den Landgerichten erledigt: innerhalb von sechs Monaten ca. 65 %, innerhalb von 12 Monaten ca. 85 %. Bezieht man eine Rechtsmittelinstanz in die Betrachtung der Erledigungsdauer mit ein, werden ca. 40 % der Verfahren vor den Landgerichten (2. Instanz) innerhalb von 12 Monaten und 90 % der Verfahren innerhalb von 24 Monaten erledigt, bei den Oberlandesgerichten (2. Instanz) werden ca. 25 % der Verfahren innerhalb von 12 Monaten und ca. 70 % innerhalb von 24 Monaten erledigt, siehe www.bibl.fh-köln.de. CAS-Schiedsverfahren dauern hingegen zwischen drei bis sechs Monaten, vgl. FAZ vom 10.8.2004, S. 30.

1597 Beispielhaft hierfür sind die Rechtsstreitigkeiten zwischen den Leichtathleten Dieter Baumann und Katrin Krabbe und dem nationalen bzw. internationalen Leichtathletikverband, mit

dass die Sportausübung für viele Sportler nicht nur Zeitvertreib ist, sondern der Erhaltung ihrer Lebensgrundlage dient. Freilich verbietet es sich, aufgrund von Einzelfällen allzu sehr verallgemeinernde Aussagen zu treffen. Dennoch lässt sich wohl schlussfolgern, dass je mehr die Parteien in ihrer beruflicher Lebensführung und wirtschaftlichen Lebensgrundlage betroffen sind, desto größer wird ihre Bereitschaft sein, die Klärung einer Streitigkeit durch alle Instanzen eines ordentlichen Verfahrens zu verfolgen[1598]. Daher wird die schiedsrichterliche Streitbeilegung eher in den kommerzialisierten und professionellen Sportbereichen zu einer rascheren Streitentscheidung führen können. Dieser Vorteil einer rascheren schiedsrichterlichen Streitbeilegung wird freilich dann geringer, wenn eine schiedsrichterliche Berufungsmöglichkeit vereinbart wird[1599].

Einen wesentlichen Einfluss auf die Schnelligkeit des Verfahrens hat nicht nur die Ausgestaltung des Instanzenzuges, sondern insbesondere auch die Dauer von Fristen für bestimmte Verfahrenshandlungen. So könnte etwa ein administriertes oder institutionelles Sportschiedsgericht bei der Ausgestaltung der Verfahrensordnung besonderes Augenmerk auf einen schnellen Verfahrensablauf legen und Fristen kürzer gestalten als die im Zivilprozess vorgesehenen Fristen[1600]. Auch auf diese Weise ließe sich der Verfahrensablauf beschleunigen.

B. Schutz der Parteien

Die parteiautonomen Regelungsmöglichkeiten in der Schiedsgerichtsbarkeit können für die beteiligten Parteien nicht nur Segen, sondern gerade in der bestehenden strukturellen Ungleichgewichtslage zwischen Sportverbänden und Sportlern auch eine Gefahr für den schwächeren Sportler darstellen, wenn letzterem einseitig ungünstige Regelungen aufgezwungen werden. Dass das Schiedsverfahrensrecht Mechanismen zum Schutze der schwächeren Partei bereithält, wurde bereits mehrfach deutlich. Daher liegt die Erwartung nicht fern, dass der Gestaltung des Schiedsverfahrens bestimmte Grenzen zur Sicherung eines fairen Verfahrens und zum Schutze der Schiedsparteien gesetzt sind.

---

denen sich die staatlichen Gerichte verschiedener Instanzen über mehrere Jahre hinweg beschäftigt haben, vgl. zum Fall Baumann, *Haug*, SpuRt 2000, 238; Sechstes Kapitel:B. II. 1. ; zum Fall Krabbe, *Summerer*, SpuRt 2002, 233 ff.

[1598] Vgl. *Haas*, Rechte der Athleten, S. 60.

[1599] Vgl. zu den Vorteilen einer Berufungsmöglichkeit im Hinblick auf den internationalen Entscheidungseinklang, Sechstes Kapitel:C. I. 2. c) .

[1600] CAS-Schiedsverfahren werden zwischen drei und sechs Monaten erledigt, vgl. FAZ vom 10.8.2004, S. 30.

I. Geltung zwingender Verfahrensgrundsätze

Auch die privaten Schiedsgerichte sind an fundamentale Grundsätze eines rechtsstaatlichen Verfahrens gebunden[1601]. Das deutsche Schiedsverfahrensrecht schreibt für jedes Schiedsverfahren mit Sitz in Deutschland einige grundlegende Verfahrensregeln fest, um den Parteien ein faires, an rechtsstaatlichen Grundsätzen ausgerichtetes, Verfahren zu gewährleisten.

1. Gleichbehandlungsgrundsatz

§ 1042 Abs. 1 ZPO bringt zunächst die Geltung des Gleichbehandlungsgrundsatzes zum Ausdruck. Bei diesem Grundsatz, wonach die Parteien eines Schiedsverfahrens gleich zu behandeln sind, handelt es sich eigentlich um ein selbstverständliches Verfahrensprinzip[1602]. Trotzdem wird er in § 1042 Abs. 1 Satz 1 ZPO ausdrücklich verankert. Seine besondere Bedeutung hat sich gerade bei der Konstituierung des Schiedsgerichts gezeigt, wo er dementsprechend in der Regelung des § 1034 Abs. 2 ZPO eine eigene Ausprägung gefunden hat. Die ausdrückliche Regelung an dieser Stelle neben dem allgemeinen Grundsatz in § 1042 Abs. 1 Satz 1 ZPO ist sinnvoll, da ein Schiedsgericht, welches die Parteien im Rahmen des schiedsrichterlichen Verfahrens ungleich behandeln könnte, zu diesem Zeitpunkt noch gar nicht existiert. Auf diese Weise wird der Gleichbehandlungsgrundsatz von der Konstituierung des Schiedsgerichts bis hin zum Erlass des Schiedsspruches verbindlich festgeschrieben[1603].

2. Grundsatz des rechtlichen Gehörs

Neben dem Gleichbehandlungsgrundsatz schreibt § 1042 Abs. 1 Satz 2 ZPO auch den Grundsatz des rechtlichen Gehörs, den Art. 103 Abs. 1 GG für jedes gerichtliche Verfahren verfassungsrechtlich gewährleistet[1604], im Schiedsverfahren fest[1605]. Die Anforderungen des § 1042 Abs. 1 Satz 2 ZPO an die Gewährung rechtlichen Gehörs decken sich mit denen des Art. 103 Abs. 1 GG[1606]. Der im

---

[1601] Vgl. *Stein/Jonas/Schlosser*, ZPO, § 1042 Rn. 6.

[1602] Vgl. *Lachmann*, Rn. 671. Teilweise wird auch ausdrücklich darauf hingewiesen, dass die Praxis diesbezüglich keine Defizite offenbart habe, vgl. *Stein/Jonas/Schlosser*, ZPO, § 1042 Rn. 7a.

[1603] Als Bestandteile des Gleichbehandlungsgrundsatzes werden genannt, dass das Schiedsgericht auf die Anliegen der Parteien, beispielsweise das Gesuch nach einer Fristverlängerung, gleichermaßen zu reagieren hat und den Informationsstand der Parteien auf gleichem Niveau zu halten hat, vgl. *Lachmann*, Rn. 671.

[1604] Vgl. BVerfGE 9, 89, 95; BVerfG NJW 2000, 1709. Zur Geltung und den Anforderungen an die Gewährung rechtlichen Gehörs in den Verfahren der Sportverbandsgerichtsbarkeit, vgl. LG München, SpuRt 1995, 162, 167; LG Gießen SpuRt 1997, 104; *Buchberger*, S. 72 f.

[1605] Zur Bedeutung des Gehörsgrundsatzes im Schiedsverfahren, vgl. BGHZ 3, 215, 219; 85, 288, 291; 96, 40, 47.

[1606] Vgl. *Stein/Jonas/Schlosser*, ZPO, § 1042 Rn. 7.

Schiedsverfahren gewährte Umfang rechtlichen Gehörs beinhaltet demnach Informationspflichten[1607] sowie die Pflicht den Parteien Gelegenheit zur Äußerung zu geben[1608] und diese zu berücksichtigen[1609]. Anders als im Zivilprozess bestehen allerdings Hinweis-, Frage- und Aufklärungspflichten ebenso wenig wie eine generelle Pflicht zum Rechtsgespräch mit den Beteiligten[1610]. Der im Schiedsverfahren zu beachtende Gehörsgrundsatz bleibt somit, vorbehaltlich abweichender Vereinbarungen durch die Parteien[1611] hinter dem im staatlichen Zivilprozess gewährten Umfang zurück[1612]. Damit spricht die Geltung des Grundsatzes des rechtlichen Gehörs im Schiedsverfahren nicht per se gegen die Setzung von Fristen, die kürzer als die im Zivilprozess vorgesehenen Fristen bemessen sind.

3. Gewährleistung anwaltlicher Vertretung

§ 1042 Abs. 2 ZPO bestimmt – ebenso zwingend – darüber hinaus[1613], dass Rechtsanwälte als Bevollmächtigte nicht von dem schiedsrichterlichen Verfahren ausgeschlossen werden dürfen[1614], wovon ebenso ein Schutz für die Schiedsparteien ausgeht. Abschließend bleibt festzuhalten, dass das Schiedsverfahrensrecht in § 1042 ZPO trotz der den Parteien großzügig eingeräumten Verfahrensgestaltungsfreiheiten die Geltung der wichtigsten allgemeinen Verfahrensgrundsätze ausdrücklich vorsieht. Neben diesen ausdrücklich genannten zwingenden Verfahrensgrundsätzen gebietet auch Art. 6 Abs. 1 EMRK, der auch im Schiedsverfahren zu beachten ist[1615], die Durchführung eines fairen Verfahrens.

II. Materiellrechtliche Inhaltskontrolle in Ungleichgewichtslagen

Die Geltung und Absicherung der dargestellten prozessualen Mindeststandards wirkt der Gefahr einer einseitigen Verfahrensgestaltung in strukturellen Un-

---

1607 Zu den Informationspflichten siehe auch § 1047 Abs. 2 und 3 ZPO. Ausführlich *Lachmann*, Rn. 683 ff.

1608 Vgl. dazu ausführlich *Lachmann*, Rn. 704 ff.

1609 Vgl. dazu ausführlich *Lachmann*, Rn. 710 ff.

1610 Vgl. BGH NJW 1990, 3210, 3211; BGHZ 31, 43, 46; 85, 288, 291 f.; *Lachmann*, Rn. 676 ff.; für die Anwendbarkeit des § 139 ZPO *Schwab/Walter*, Kap. 15 Rn. 5.

1611 Vgl. dazu *Lachmann*, Rn. 680.

1612 Vgl. *Lachmann*, Rn. 676 ff.; *Stein/Jonas/Schlosser*, ZPO, § 1042 Rn. 7; a.A. BGH NJW 1990, 2199; BGH RIW 1985, 970; BGH NJW 1983, 867; BGHZ 31, 43; *Schwab/Walter*, Kap. 15 Rn. 1, wonach im Wesentlichen die gleichen Anforderungen an die Gewährung rechtlichen Gehörs gestellt werden sollen wie im staatlichen Gerichtsverfahren.

1613 Vgl. *Lachmann*, Rn. 733; *Schütze*, Schiedsgericht und Schiedsverfahren, Rn. 82.

1614 Vgl. zu letzterem Grundsatz ausführlich *Lachmann*, Rn. 733 ff.; *Stein/Jonas/Schlosser*, ZPO, § 1042 Rn. 16.

1615 Vgl. dazu *Matscher*, in FS Nagel, S. 227, 235 ff.; *Geimer*, Integritätsprobleme, S. 113, 158 ff.; *Habscheid*, in FS Henkel, S. 341 ff.; vgl. Zweites Kapitel:.

gleichgewichtslagen entgegen und gewährleistet den Schiedsparteien ein an rechtsstaatlichen Grundsätzen ausgerichtetes Verfahren. Fraglich ist jedoch, welche Schutzmechanismen eingreifen, wenn ein Sportverband dem strukturell unterlegenen Sportler nachteilige Verfahrensregelungen aufzwingt. Ausgangspunkt der Erörterung sind zunächst solche Verfahrensregelungen, die den Sportler bei der Bildung des Schiedsgerichts benachteiligen, da diese sowohl nach dem alten als auch nach dem neuen Schiedsverfahrensrecht eine eigenständige Regelung erfahren haben.

1. Alte Rechtslage in Deutschland

Der Einsatz wirtschaftlicher oder sozialer Macht zur Begründung eines Übergewichts bei dem Verfahren zur Bildung des Schiedsgerichts hatte nach § 1025 Abs. 2 ZPO a.F. die Unwirksamkeit der Schiedsvereinbarung zur Folge[1616]. Daneben konnte sich die Unwirksamkeit einer solchen Schiedsvereinbarung auch schon aus den verfassungsrechtlichen Anforderungen an eine überparteiliche Rechtspflege ergeben, die erheblich über den damaligen § 1025 Abs. 2 ZPO a.F. hinausgingen[1617]. Daher hat die h.M. die Unwirksamkeit der Schiedsvereinbarung teilweise auch aus § 134 BGB i.V.m. Art. 97 GG, § 138 BGB abgeleitet[1618].

2. Neue Rechtslage

Während § 1025 Abs. 2 1. Alt. ZPO a.F. ersatzlos weggefallen ist, greift das neue Recht diesen Teilaspekt des § 1025 Abs. 2 2. Alt. ZPO a.F. in § 1034 Abs. 2 Satz 1 ZPO auf. Danach kann bei Gericht beantragt werden, den Schiedsrichter abweichend von der erfolgten Ernennung oder der vereinbarten Ernennungsregelung zu bestellen, sofern einer Partei durch die Schiedsvereinbarung ein Übergewicht bei der Zusammensetzung des Schiedsgerichts gegeben wird, welches die andere Partei benachteiligt. Nach der Intention des Gesetzgebers ist eine Schiedsvereinbarung, die einer Partei ein Übergewicht bei der Zusammensetzung des Schiedsgerichts einräumt, nunmehr grundsätzlich wirksam[1619]. Die benachteiligte Partei hat lediglich die Möglichkeit, binnen zwei Wochen nach Bekanntgabe der Besetzung des Schiedsgerichts eine hiervon abweichende Besetzung zu beantragen (§ 1034 Abs. 2 Satz 2 ZPO). Die grundlegende Entscheidung für eine schiedsrichterliche Streiterledigung wird mithin auch bei der Be-

---

[1616] Zur Benennung aller Schiedsrichter durch eine Partei vgl. BGHZ 54, 392, 395; *Stein/Jonas/Schlosser*, ZPO, § 1034 Rn. 2.

[1617] *Stein/Jonas/Schlosser*, ZPO, 21. Aufl., § 1025 Rn. 21; siehe auch *Stein/Jonas/Schlosser*, ZPO, § 1029 Rn. 26.

[1618] BGHZ 51, 255, 258; BGH JZ 1989, 588, 589; OLG Hamburg MDR 1975, 415 ff.; MünchKommZPO/*Maier*, § 1025 Rn. 11; *Hilpert*, BayVBl 1988, 161, 169.

[1619] *Stein/Jonas/Schlosser*, ZPO, § 1034 Rn. 2; *Schütze*, Schiedsgericht und Schiedsverfahren, Rn. 100; *Haas*, SpuRt 2000, 228, 230.

nachteiligung einer Partei bei der Konstituierung des Schiedsgerichts aufrechterhalten[1620]. Damit stellt sich die Frage, ob § 1034 Abs. 2 ZPO in seinem Anwendungsbereich andere Vorschriften zum Schutz der benachteiligten Partei verdrängt oder, ob neben § 1034 Abs. 2 ZPO weitere Vorschriften zum Schutz der benachteiligten Partei eingreifen, aus denen sich sogar die Unwirksamkeit der Schiedsvereinbarung aus den dort aufgeführten Gründen ergeben könnte.

a) Grundsätzlicher Vorrang der speziellen Schutzvorschrift des § 1034 Abs. 2 ZPO

Eine Möglichkeit die benachteiligte Partei zu schützen, liegt in der Anwendung der § 134 BGB i.V.m. Art. 97 GG, § 138 BGB, die früher neben § 1025 Abs. 2 ZPO a.F. herangezogen wurden[1621]. Ebenso könnte in den speziell geregelten Ungleichgewichtslagen zwischen Unternehmer und Verbraucher bzw. zwischen AGB-Verwender und seinem Vertragspartner die verbraucherrechtliche Inhaltskontrolle oder die AGB-Inhaltskontrolle am Maßstab der §§ (310 Abs. 3,) 307 ff. BGB neben § 1034 Abs. 2 ZPO eingreifen. Gegen eine generelle Anwendung dieser Vorschriften spricht jedoch, dass auf diese Weise die in § 1034 Abs. 2 ZPO grundsätzlich zum Ausdruck kommende gesetzliche Wertung umgangen werden würde[1622]. Nach der Kommission zur Neuordnung des Schiedsverfahrens soll nämlich die neue gesetzliche Regelung den Interessen der Parteien besser gerecht werden als die Unwirksamkeit der Schiedsvereinbarung[1623]. Es wäre widersprüchlich, wenn ein Mangel, der in einem gesetzlich vorgesehenen Verfahren behoben werden kann, gleichzeitig die Unwirksamkeit der Schiedsvereinbarung begründen würde[1624]. Für dieses Ergebnis spricht auch die grundsätzliche Trennung von Schiedsvereinbarung und Schiedsverfahrensvereinbarung[1625]. Trotz des missverständlichen Wortlauts des § 1034 Abs. 2 ZPO kann nicht die Schiedsvereinbarung, sondern nur eine zur Schiedsvereinbarung gehörende Schiedsverfahrensvereinbarung einer Partei ein Übergewicht bei der Zusammensetzung des Schiedsgerichts einräumen. Ist Letzteres der Fall, bleibt nach dem gesetzgeberischen Modell die Schiedsvereinbarung bestehen und lediglich die dazugehörige Schiedsverfahrensvereinbarung wird auf Antrag der benachteiligten Partei ersetzt. Nach der Konzeption des Gesetzgebers besteht somit kein Anlass, der Schiedsvereinbarung, weder unter Anwendung der § 134 BGB i.V.m. Art. 97 GG, § 138 BGB noch der §§ 307 ff. BGB die Wirksamkeit zu versagen, auch wenn die Schiedsvereinbarung einer Partei bei der Zusammen-

---

[1620] Vgl. *Lachmann*, Rn. 576; *Stein/Jonas/Schlosser*, ZPO, § 1029 Rn. 26; § 1034 Rn. 2.

[1621] Vgl. MünchKommZPO/*Münch*, § 1034 Rn. 8; *Musilak/Voit*, § 1034 Rn. 5; *Lachmann*, BB 2000, 1633, 1635.

[1622] *Lachmann*, BB 2000, 1633, 1635; *Haas*, SpuRt 2000, 228, 230.

[1623] *Berger*, DZWiR 1998, 45, 50; *Musilak/Voit*, ZPO, § 1034 Rn. 3.

[1624] *Haas*, SpuRt 2000, 228, 230.

[1625] Vgl. Drittes Kapitel:B. II.

setzung des Schiedsgerichts ein Übergewicht gibt[1626]. Der Vorrang der spezielleren Schutzvorschrift des § 1034 Abs. 2 ZPO vor anderen Schutzvorschriften ist daher grundsätzlich zu beachten.

b) Ausnahme Verbraucherschutz

Der Grundsatz vom generellen Vorrang des § 1034 Abs. 2 ZPO vor anderen Schutzvorschriften soll nach teilweise vertretener Ansicht nicht ausnahmslos gelten. Nach einer Ansicht müsse die Rechtsprechung Wege finden, in krassen Fällen des Ungleichgewichts der benachteiligten Partei auch dann zu helfen, wenn die zweiwöchige Frist zur Stellung eines Ablehnungsantrages verstrichen sei[1627]. Ist etwa ein Verbraucher Partei der Schiedsvereinbarung, sei der Vorrang des § 1034 Abs. 2 ZPO zu bezweifeln. Von einem Verbraucher könne nämlich nicht erwartet werden, dass er den auch den meisten Juristen nicht geläufigen Rechtsbehelf des § 1034 Abs. 2 ZPO kennt und daher fristgerecht nützt[1628]. Ebenso einen grundsätzlichen Schutz im Falle der Verbraucherbeteiligung befürwortend, kommt eine andere Ansicht zu dem Ergebnis, dass neben § 1034 Abs. 2 ZPO zusätzlich zum Schutze des Verbrauchers die §§ 310 Abs. 3, 307 ff. BGB zur Anwendung kommen. Dies folge aus einer richtlinienkonformen Auslegung des § 310 Abs. 3 BGB unter Berücksichtigung der EG-Richtlinie 93/13 des Rates vom 5.4.1993 über missbräuchliche Klauseln in Verbraucherverträgen[1629]. Nach der Richtlinie müssen die Mitgliedsstaaten sicherstellen, dass Verträge zwischen Gewerbetreibenden und Verbrauchern keine missbräuchlichen Klauseln enthalten. Missbräuchlich im Sinne der Ziffer 1 Buchstabe q des Anhangs der Richtlinie sind aber beispielsweise Klauseln mit dem Ziel, dem Verbraucher die Möglichkeit, Rechtsbehelfe bei Gericht einzulegen, zu nehmen oder zu erschweren, und zwar insbesondere dadurch, dass er ausschließlich auf ein nicht unter die rechtlichen Bestimmungen fallendes Schiedsgerichtsverfahren verwiesen wird. Mit dem Hinweis- und Beispielcharakter der im Anhang genannten Klausel vertrage es sich nach dieser Ansicht nicht, wenn § 1034 Abs. 2 ZPO, der eine Inhaltskontrolle nur auf Antrag der benachteiligten Partei vorsehe, gegenüber §§ 310 Abs. 3, 307 BGB teilweise oder insgesamt der Vorrang eingeräumt werde. Der von den Richtlinien gewährte Verbraucherschutz erfordere, dass das Gericht die Missbräuchlichkeit von Amts wegen prüfen könne. Daher müsse im Anwendungsbereich der Richtlinie neben § 1034 Abs. 2 ZPO

[1626] Vgl. *Stein/Jonas/Schlosser*, ZPO, § 1034 Rn. 2.

[1627] *Lachmann*, Rn. 578.

[1628] *Lachmann*, BB 2000, 1633, 1638 f.

[1629] Vgl. *Haas/Hauptmann*, SchiedsVZ 2004, 175, 178 f.: zur EG-Richtlinie 93/13, Abl. Nr. L 95 vom 21.4.1993 bereits Drittes Kapitel:E. IV. 2. d) dd) ; teilweise abgedruckt bei *Stein/Jonas/Schlosser*, ZPO, § 1029 Rn. 26

eine Inhaltskontrolle nach §§ 310 Abs. 3, 307 ff. BGB im Verhältnis zwischen Verbraucher und Unternehmer in vollem Unfang zur Anwendung kommen[1630].

Gegen die zuerst genannte Ansicht, den vom Gesetzgeber intendierten Vorrang des § 1034 Abs. 2 ZPO in allen Fällen krassen Ungleichgewichts zu umgehen, spricht zunächst, dass unklar ist, in welchen Fällen ein beachtliches, krasses Ungleichgewicht vorliegt und wann das Ungleichgewicht gerade noch erträglich ist. Eine solche Differenzierung nach dem Ausmaß des Übergewichts führt zwangsläufig zu erheblicher Rechtsunsicherheit und ist daher abzulehnen[1631]. Auch die Anwendung des §§ 310 Abs. 3, 307 ff. BGB im Verhältnis zwischen Unternehmer und Verbraucher auf den von § 1034 Abs. 2 ZPO erfassten Fall widerspricht der grundsätzlichen Konzeption des Gesetzgebers. Dennoch spricht einiges dafür, dass der Vorrang des § 1034 Abs. 2 ZPO aus einer richtliniekonformen Auslegung des § 310 Abs. 3 BGB heraus eine Einschränkung im Verhältnis zwischen Unternehmer und Verbraucher erfahren muss.

Auf Schiedsvereinbarungen zwischen Sportverbänden und Sportlern hat diese Einschränkung jedoch nur geringe Auswirkungen, da Schiedsvereinbarungen im Zusammenhang mit den Regelanerkennungsvereinbarungen nach der hier vertretenen Ansicht der Bereichsausnahme des § 310 Abs. 4 BGB unterfallen[1632]. Greift die Bereichsausnahme des § 310 Abs. 4 BGB allerdings nicht, so dürfte die Schiedsverfahrensvereinbarung einer umfassenden Inhaltsprüfung nach den §§ 307 ff. BGB unterliegen. Im Rahmen der Generalklausel des § 307 Abs. 1 BGB sind die Interessen des Unternehmers und die des Verbrauchers einander gegenüberzustellen, wobei eine Klausel, die dem Unternehmer ein Übergewicht bei der Besetzung des Schiedsgerichts einräumt, den Verbraucher in jedem Falle unangemessen benachteiligen wird. Fraglich ist aber, welche Rechtsfolge sich daraus ergibt. Man könnte einerseits der Ansicht sein, dass zusammen mit der benachteiligenden Besetzungsklausel die Schiedsvereinbarung insgesamt unwirksam ist. Andererseits wäre es aber auch denkbar, dass zwar die betreffende Besetzungsklausel bzw. alle weiteren damit im Zusammenhang stehenden Verfahrensbestimmungen oder gar sämtliche Schiedsverfahrensvereinbarungen unwirksam sind, jedoch die Schiedsvereinbarung als solche wirksam bleibt und die zu beanstandenden Verfahrensregeln durch die gesetzlich vorgesehenen Verfahrensregeln ersetzt werden. Letzteres hätte den Vorteil einerseits die gesetzgeberische Konzeption der grundsätzlichen Trennung von Schiedsvereinbarung und Schiedsverfahrensvereinbarung weitestgehend zu beachten und andererseits den aus einer richtlinienkonformen Auslegung des § 310 Abs. 3 ZPO gebotenen Schutz des Verbrauchers zu verwirklichen. Damit ist eine Schiedsvereinbarung, weder unter Anwendung der § 134 BGB i.V.m. Art. 97 GG, § 138 BGB noch der §§ 307 ff. BGB die Wirksamkeit zu versagen, wenn die Schiedsvereinba-

---

1630 Vgl. *Haas/Hauptmann*, SchiedsVZ 2004, 175, 179.

1631 *Haas*, SpuRt 2000, 228, 230.

1632 Vgl. Drittes Kapitel:E. IV. 2. e) aa)

rung eine Schiedsverfahrensvereinbarung beinhaltet, die einer Partei bei der Zusammensetzung des Schiedsgerichts ein Übergewicht gibt[1633]. Eine andere davon zu trennende Frage ist, ob der daraus hervorgegangene Schiedsspruch in jeden Fall anerkannt und vollstreckt werden kann[1634].

c) *Materiellrechtliche Inhaltskontrolle außerhalb der Spezialvorschrift des § 1034 Abs. 2 ZPO*

Nicht nur eine Klausel zur Besetzung des Schiedsgerichts kann rechtlich bedenklich sein, sondern auch verschiedene andere Verfahrensregeln. Außerhalb des Anwendungsbereiches des § 1034 Abs. 2 ZPO unterliegen Schiedsverfahrensvereinbarungen der oben dargestellten Inhaltskontrolle zum Schutze der unterlegenen Partei in Ungleichgewichtslagen (§§ 310 Abs. 3, 307 ff. BGB; §§ 138, 242 BGB)[1635]. Hier sind die jeweiligen Verfahrensregelungen einer Einzelfallabwägung zu unterziehen, im Rahmen derer die Interessen des Sportverbandes den Interessen des Sportlers gegenüberzustellen sind. Ist eine einzelne Verfahrensregelung nach der jeweils anwendbaren Vorschrift unangemessen nachteilig, missbräuchlich oder sittenwidrig, führt dies grundsätzlich aber lediglich zur Unwirksamkeit der jeweiligen Schiedsverfahrensvereinbarung, des jeweiligen Regelungskomplexes oder der Schiedsverfahrensregelungen insgesamt, nicht jedoch automatisch zur Unwirksamkeit der Schiedsvereinbarung. Dies ergibt sich aus der gesetzgeberischen Wertung innerhalb des § 1034 Abs. 2 ZPO. Wenn der Gesetzgeber selbst bei einer nachteiligen Verfahrensregelung im Kernbereich rechtsstaatlicher Verfahrensgrundsätze, wie der Waffengleichheit der Parteien bei der Zusammensetzung des Schiedsgerichts, von der Wirksamkeit der Schiedsvereinbarung ausgeht, wird man diese Wertung auch im Schutzbereich anderer Vorschriften grundsätzlich beachten müssen.

d) *Vorgehensweise zur Ermittlung nachteiliger Verfahrensvorschriften*

Ausgangspunkt für die Feststellung, ob eine Verfahrensregelung Nachteile für eine Partei mit sich bringt, ist in erster Linie die einzelne in Frage stehende Klausel. Eine Verfahrensregelung, die einer Partei etwa erlaubt, sämtliche Schiedsrichter zu bestellen, ist offensichtlich nachteilig für die andere Partei. Diese Feststellung lässt sich aber nicht immer so leicht treffen, wie folgendes Beispiel verdeutlicht[1636]. Ein vorformuliertes Vertragsregelwerk, welches neben einer Schiedsklausel auch zahlreiche Verfahrensregelungen enthält, sieht eine Besetzungsregel vor, bei der beide Parteien gleich viele Schiedsrichter benennen dürfen, wobei aber nur Sachverständige eines bestimmten Fachgebietes zum

---

[1633] Vgl. So im Ergebnis auch *Stein/Jonas/Schlosser*, ZPO, § 1034 Rn. 2.
[1634] Vgl. *K. Schmidt*, ZHR 162 (1998), 265, 281; vgl. Siebentes Kapitel:C.
[1635] Vgl. Drittes Kapitel:E. IV. 2.
[1636] Vgl. BGH NJW 1992, 575 ff.

Schiedsrichter benannt werden dürfen. Diese Besetzungsregel erscheint für sich betrachtet neutral. Das von einer Partei verwendete vorformulierte Vertragsregelwerk enthält jedoch zahlreiche Regelungen, die einer AGB-Kontrolle nicht standhalten. Eine kritische Prüfung der AGB am Maßstab der §§ 307 ff. BGB durch die Schiedsrichter, die aufgrund der Besetzungsregel wohl mehr über Fachverstand als juristische Sachkenntnis verfügen werden, ist eher unwahrscheinlich[1637]. Die Gefahr eines Nachteils für den Vertragspartner des AGB-Verwenders folgt in diesem Fall somit erst aus der Besetzungsregel in der Zusammenschau mit der konkreten Ausgestaltung des Vertragsregelwerks. Der BGH hat in einem solchen Fall eine Gefährdung der Belange des Vertragspartners aufgrund der konkreten Ausgestaltung des Vertragsregelwerks und damit eine entgegen den Grundsätzen von Treu und Glauben unangemessene Benachteiligung gem. § 307 BGB festgestellt und damit die Schiedsklausel als unwirksam erachtet[1638]. Diese Vorgehensweise des BGH ist nicht unproblematisch, da grundsätzlich der Hauptvertrag, die Schiedsvereinbarung sowie die Schiedsverfahrensvereinbarungen getrennt voneinander zu beurteilen sind[1639]. Die grundsätzliche rechtliche Selbständigkeit, die auch schon vor Inkrafttreten des neuen Schiedsverfahrensrechts galt[1640], hat der BGH bei der nach § 307 BGB anzustellenden Inhaltsprüfung durchbrochen. Aus diesem Grund ist die Rechtsprechung des BGH nicht ohne Kritik geblieben[1641]. Teilweise wird die Durchbrechung des Trennungsgrundsatzes im Rahmen der Inhaltskontrolle des § 307 BGB aber auch befürwortet[1642]. Eine Durchbrechung sei unausweichlich, wolle man keine Schutzlücken in Ungleichgewichtslagen in Kauf nehmen. Insbesondere könne eine nachträgliche Kontrolle des Schiedsspruches im Wege der Aufhebungsklage am Maßstab des ordre public (§ 1059 Abs. 2 Nr. 2b ZPO) den Schutz der schwächeren Partei nicht ausreichend gewährleisten, da sie keine vollwertige Rechtmäßigkeitskontrolle darstelle[1643]. Für die zuletzt genannte Ansicht spricht, dass die grundsätzlich vorgesehene Trennung von Schiedsvereinbarung, Hauptvertrag und Schiedsverfahrensvereinbarung inhaltlich meist keine Entsprechung findet. Vielmehr nehmen Hauptvertrag, Schiedsvereinbarung und Schiedsverfahrensvereinbarung inhaltlich aufeinander Bezug. Derartige Zusammenhänge zwischen Schiedsverfahrensvereinbarung und Hauptvertrag hat

---

1637 Dem liegt die Erwartung zugrunde, dass die Sachverständige nicht gleichzeitig auch Juristen sind und sich nicht im Hinblick auf die mangelnde juristische Sachkenntnis juristischen Sachverständigenrat einholen, wie es umgekehrt aber ebenso erforderlich wäre.

1638 Vgl. BGH NJW 1992, 575, 576; siehe auch BGHZ 29, 120, 125; BGH NJW 1991, 2215; OLG Düsseldorf NJW-RR 1997, 372, 373.

1639 Vgl. Drittes Kapitel:B.

1640 BGHZ 53, 315, 318 f.; BGH NJW 1979, 2567, 2568; NJW 1991, 2215, 2216.

1641 Vgl. *Schlosser*, Neues Recht der Schiedsgerichtsbarkeit, S. 163, 189 f.

1642 Vgl. *Sieg*, RIW 1998, 102, 107; *Wagner*, S. 597; *Haas/Hauptmann*, SchiedsVZ 2004, 175, 179 f.

1643 Vgl. *Wagner*, S. 597; *Haas/Hauptmann*, SchiedsVZ 2004, 175, 179.

das eingangs dargestellte Beispiel bereits eingehend verdeutlicht. Auch an anderer Stelle zeigt sich dies[1644]. Wenn eine Schiedsvereinbarung für alle aus einem Vertragsregelwerk entstehende Streitigkeiten die schiedsrichterliche Streitbeilegung vorsieht, lässt sich ohne Blick auf den Hauptvertrag nicht feststellen, ob eine bestimmte Streitigkeit von der Schiedsvereinbarung erfasst ist oder nicht. Daher ist zumindest für die Auslegung der einzelnen Bestandteile eine Ausnahme von dem grundsätzlichen Trennungsprinzip zu machen, da sich ohne eine Zusammenschau der Wille der Parteien oder der hinter einer Regelung stehende Sinn im Einzelfall gar nicht erfassen lässt. Eine andere Sichtweise würde letztendlich nur inhaltlich zusammengehörige und aufeinanderbezogene Regelungskomplexe unnatürlich aufspalten. Eine andere davon zu trennende Frage ist, welche Auswirkungen nun eine, aufgrund der Gesamtschau erkannte, nachteilige Verfahrensregelung hat. In diesem Punkt wird man unter der Geltung des neuen Schiedsverfahrensrecht der noch zum alten Schiedsverfahrensrecht ergangenen Rechtsprechung des BGH die Gefolgschaft verweigern müssen, da die Unwirksamkeit einer Verfahrensregel nicht automatisch die Unwirksamkeit der Schiedsvereinbarung nach sich zieht. Insofern ist an der Trennung von Schiedsvereinbarung und Schiedsverfahrensvereinbarung grundsätzlich festzuhalten.

C. Ergebnis

- Der hohe Stellenwert der Parteiautonomie in der Schiedsgerichtsbarkeit ermöglicht es den Parteien das Schiedsverfahren an vielen Stellen den konkreten Anforderungen der beteiligten Parteien der Sportbranche anzupassen.
- Schiedsverfahren können die Streitparteien durch die Vermittlung zwischen deren unterschiedlichen Verfahrenskulturen auf eine allseits akzeptierte Basis bringen, die keine der Parteien bevorzugt oder benachteiligt.
- Die freie Vereinbarung einer Verfahrenssprache stellt insbesondere in Sportstreitigkeiten mit internationaler Beteiligung einen großen Vorteil dar.
- Die freien Gestaltungsmöglichkeiten in der Schiedsgerichtsbarkeit erlauben die Schaffung eines schnellen Verfahrens zur Beilegung von Sportstreitigkeiten. Der Vorteil an Schnelligkeit schrumpft jedoch, wenn zusätzliche schiedsrichterliche Rechtsmittelverfahren vereinbart werden.
- Die Vertraulichkeit des Schiedsverfahrens ist ein Vorteil der privaten Schiedsgerichtsbarkeit, der sich gerade in Sportstreitigkeiten, die regelmäßig mit einem großen Medieninteresse verbunden sind, positiv auswirken kann.

[1644] Vgl. Sechstes Kapitel:C. I. 2. a) aa) .

- Die Geltung und Absicherung von prozessualen Mindeststandards wirkt der Gefahr einer einseitigen Verfahrensgestaltung in strukturellen Ungleichgewichtslagen entgegen und gewährleisten den Schiedsparteien ein an rechtsstaatlichen Grundsätzen ausgerichtetes Verfahren.
- Zum Schutze der Parteien in Ungleichgewichtslagen unterliegen Schiedsverfahrensvereinbarungen grundsätzlich einer materiellrechtlichen Inhaltskontrolle. Ansatzpunkte hierfür sind die verbraucherrechtliche Inhaltskontrolle, die AGB-Inhaltskontrolle sowie eine Inhaltskontrolle nach den §§ 138, 242 BGB. Eine Ausnahme besteht jedoch im Bereich des § 1034 Abs. 2 Satz 2 ZPO. Danach hat eine benachteiligte Partei grundsätzlich nur die Möglichkeit binnen zwei Wochen nach Bekanntgabe der Besetzung des Schiedsgerichts eine hiervon abweichende Besetzung zu beantragen. Nur im Verhältnis zwischen Unternehmer und Verbraucher greift nach dem Ablauf der Frist zum Schutz des Verbrauchers die Inhaltskontrolle am Maßstab der §§ 310 Abs. 3, 307 ff. BGB, die zur Unwirksamkeit der benachteiligenden Verfahrensregel führen kann. Bei der Ermittlung, ob eine Verfahrensregelung nachteilig für eine Partei ist, ist nicht nur die in Frage stehende Regelung isoliert zu betrachten, sondern im Einzelfall in der Zusammenschau mit dem gesamten Vertragsregelwerk.

Sechstes Kapitel: Mehrparteienschiedsverfahren

A. Begriff des Mehrparteienschiedsverfahrens

Im Regelfall steht auf jeder Seite des Schiedsverfahrens entweder eine natürliche oder juristische Person. In der Schiedsgerichtsbarkeit haben sich, spiegelbildlich zu den immer größer und komplizierter werdenden Projekten unter Einbeziehung einer Vielzahl von Parteien im grenzüberschreitenden Handel, auch Verfahren entwickelt, an denen mehr als zwei Parteien beteiligt sind[1645]. Diese nennt man Mehrparteienschiedsverfahren[1646]. Solche Schiedsverfahren bieten die Möglichkeit eine in tatsächlicher oder rechtlicher Hinsicht mehrere Parteien betreffende Streitigkeit in einem einzigen Schiedsverfahren zu verhandeln. Dies erspart Zeit, Kosten und verhindert einander widersprechende Entscheidungen[1647]. Auch im Rahmen der vorliegenden Erörterung besteht die Notwendigkeit, auf diesen Schiedsverfahrenstyp näher einzugehen, da die im Sportbereich

---

[1645] Vgl. *Markfort*, S. 7 ff.; *Massuras*, S. 5 f.; 14ff.

[1646] Vgl. dazu ausführlich *Massuras*, Dogmatische Strukturen der Mehrparteienschiedsgerichtsbarkeit, 1998; *Markfort*, Mehrparteien-Schiedsgerichtsbarkeit, 1994. Eingehend zur Begriffsbestimmung, *Massuras*, S. 58 ff.

[1647] *Nicklisch*, in FS Glossner, 1994, S. 221, 229; *Massuras*, S. 22.

auftauchenden Streitigkeiten regelmäßig mehrere Beteiligte tangieren und das Bedürfnis nach einer einheitlichen Entscheidung für alle Beteiligten besteht.

Der internationale Wettkampfsport ist dadurch gekennzeichnet, dass verschiedene Beteiligte auf verschiedenen Ebenen, Sportler, nationale und internationale Sportverbände zur Durchführung der Wettkämpfe, über satzungsmäßige oder vertragliche Bindungsmodelle miteinander verbunden sind[1648]. Aufgrund dieser Organisationsstruktur erscheinen Streitigkeiten, welche mehrere Parteien berühren, vorprogrammiert. Dabei kommt der Sicherstellung einheitlicher Entscheidungen in sachlich zusammenhängenden Sportstreitigkeiten eine ganz zentrale Bedeutung zu. Sowohl den Sportregelwerken selbst als auch ihrer individualvertraglich vereinbarten Geltung liegt nämlich die Intention zugrunde, für alle Wettkampfteilnehmer im Sinne der Chancengleichheit gleiche Rahmenbedingungen zu schaffen[1649]. Dies verlangt aber, dass die Regelwerke allen Wettkampfteilnehmern gegenüber gleichmäßig zur Anwendung gebracht werden, was unterschiedliche Entscheidungen in sachlich gleichgelagerten oder zusammenhängenden Streitigkeiten verbietet. Somit könnte die im organisierten Sport grundsätzlich bestehende Ausgangssituation für die Notwendigkeit zur Durchführung von Mehrparteienschiedsverfahren sprechen. Fraglich ist nun, ob es im organisierten Sport typische Mehrparteienkonstellationen gibt, die sich durch ein Mehrparteienschiedsverfahren lösen lassen.

B. Mehrparteienkonstellationen im organisierten Sport

In der Literatur zur Mehrparteienschiedsgerichtsbarkeit wird versucht, Mehrparteienschiedsverfahren nach der materiellen Ausgangslage zwischen den Parteien zu unterscheiden. Maßgeblich nach diesem materiellrechtlichen Ansatz sind die vertraglichen Beziehungen der Beteiligten zueinander[1650]. Diese können zunächst dergestalt sein, dass mehrer Personen an einem gemeinsamen Vertrag beteiligt sind und für die Streitfälle aus dem Vertragsverhältnis die schiedsrichterliche Streitbeilegung vereinbart haben. Dies wird teilweise als horizontale

[1648] Vgl. ausführlich zu den Strukturen im internationalen Sportgeschehen Erstes Kapitel:B. III. , IV., Drittes Kapitel:D.

[1649] Vgl. zur Notwendigkeit einheitlicher Rahmenbedingungen Erstes Kapitel:B. II.

[1650] *Massuras*, S. 20 f.; *Schwab/Walter*, Kap. 7 Rn. 29. Unterschieden wird auch teilweise nach der prozessualen Struktur des Mehrparteienverfahrens. Konstellationen, die etwa der Streitgenossenschaft des Zivilprozesses entsprechen, werden als Mehrparteienschiedsgerichtsbarkeit im engeren Sinn bezeichnet. Die Zweiparteienstruktur des Zivilprozesses bleibt in dieser Form des Mehrparteienschiedsverfahrens erhalten, vgl. *Lionnet/Lionnet*, S. 431. Soll hingegen ein Streitkomplex, der mehrere Parteien mit unterschiedlichen Ansprüchen erfasst, in einem Mehrparteienschiedsverfahren einheitlich beigelegt werden (beispielsweise bei der Beteiligung von Streitigkeiten zwischen Kunde, Generalunternehmer und Subunternehmer beim Anlagenbau) wird die Zweiparteienstruktur des Zivilprozesses durchbrochen. Dieses Verfahren wird auch als Mehrparteienschiedsgerichtsbarkeit im weiteren Sinne verstanden, vgl. *Massuras*, S. 69 ff.; *Lachmann*, Rn. 1365; *Lionnet/Lionnet*, S. 431.

Mehrparteilichkeit bezeichnet[1651]. Eine solche Mehrparteienkonstellation besteht beispielsweise im Falle einer Gesellschaft, deren Gesellschaftsvertrag eine Schiedsvereinbarung enthält. Die Notwendigkeit einer einheitlichen Entscheidung allen Gesellschaftern gegenüber wird insbesondere bei Streitigkeiten über die Wirksamkeit von Gesellschafterbeschlüssen deutlich[1652]. Von einer vertikalen Mehrparteilichkeit hingegen wird gesprochen, wenn der Grund für ein Mehrparteienverfahren darin liegt, dass zwischen verschiedenen Parteien zwar unterschiedliche selbstständige Vertragsbeziehungen bestehen, jedoch alle Verträge einem gemeinsamen wirtschaftlichen Ziel oder Zweck dienen[1653]. Besteht nun zwischen den einzelnen Rechtsverhältnissen aus tatsächlichen oder wirtschaftlichen Verknüpfungen ein Zusammenhang, kann dies das Bestreben einer oder mehrerer Parteien rechtfertigen, den gesamten komplexen Streitfall in einem einzigen Verfahren einer Entscheidung zuzuführen[1654]. Nach der materiellen Ausgangslage der Parteien können auch im organisierten Sport eine horizontale und eine vertikale Mehrparteienkonstellation unterschieden werden.

I. Horizontale Mehrparteilichkeit

Der Lebenssachverhalt „sportlicher Wettkampf" bringt typische horizontale Mehrparteienkonstellationen hervor. Ein Wettkampf ist durch eine Vielzahl von Wettkampfteilnehmern gekennzeichnet, die in sportlicher Konkurrenz zueinander stehen. Eine Vielzahl von Wettbewerbern benötigt zur Durchführung der Wettkämpfe gemeinsame Regeln[1655]. Deren Geltung für alle Wettkampfteilnehmer und die Kompetenz des Verbandes, sie durchzusetzen, ergeben sich entweder auf korporationsrechtlicher Basis oder in jüngerer Zeit vermehrt aus expliziten vertraglichen Vereinbarungen zwischen den Wettkampfteilnehmern und dem für die jeweilige Sportart zuständigen Sportverband[1656]. Beide Wege hin zur gleichmäßigen Bindung aller Wettkampfteilnehmer an die Sportregelwerke, ob korporationsrechtlich oder individualvertraglich, erzeugen unter den Beteiligten eine Wettkampfgemeinschaft auf Grundlage der vereinbarten Sportregelwerke. Diese Wettkampfgemeinschaft ist gekennzeichnet durch eine Vielzahl nebeneinander bestehender gleichartiger Rechtsverhältnisse – mitgliedschaftliche oder mitgliedschaftsähnliche –, deren gemeinsamer Schnittpunkt der jeweilige Sportverband und dessen Sportregelwerk ist. Aus dieser sternförmigen Struktur der Wettkampfgemeinschaft folgen ganz typische Mehrparteienkonstellationen.

Aus dem Nebeneinander gleichartiger Rechtsverhältnisse zu ein und demselben Rechtssubjekt folgt immer auch die Möglichkeit, dass mehrere Personen aus

---

[1651] Raeschke-Kessler, S. 218; Szasz, S. 77.

[1652] Vgl. BGHZ 132, 278 ff.; *Raeschke-Kessler*, S. 218.

[1653] Raeschke-Kessler, S. 217; Szasz, S. 77.

[1654] Vgl. *Laschet*, in FS Bülow, S. 88.

[1655] Vgl. Erstes Kapitel:B. II.

[1656] Vgl. Drittes Kapitel:D.

dem gleichen tatsächlichen oder rechtlichen Grunde berechtigt oder verpflichtet sind. Eine Verbandsregel beispielsweise, die lediglich eine bestimmte Anzahl an ausländischen Spielern pro Mannschaft zulässt, beschränkt alle Mitglieder der Wettkampfgemeinschaft gleichermaßen. Damit besteht auch immer die Möglichkeit, dass mehrere Mitglieder die betreffende Verbandsregel gerichtlich überprüfen lassen wollen[1657]. Neben den Streitigkeiten um die Verbandsregeln selbst sind meist Entscheidungen in Anwendung des für die jeweilige Sportart geltenden Regelwerks Ausgangspunkt von Sportstreitigkeiten. Aber auch hier können mehrere Mitglieder der Wettkampfgemeinschaft von einer Entscheidung in Anwendung des Regelwerks gleichermaßen betroffen sein. Dies ist etwa der Fall, wenn mehrere Sportler gemeinsam und auf die gleiche Art und Weise gegen eine Verbandsregel verstoßen, woraufhin der Verband alle beteiligten Sportler gleichermaßen bestraft. Damit verbunden ist wiederum die Möglichkeit, dass mehrere Sportler diese Verbandsentscheidung gerichtlich überprüfen lassen wollen[1658]. Eine Wettkampfgemeinschaft, deren Mitglieder gleichermaßen berechtigt und verpflichtet sind, ist somit stets geeignet, eine Mehrheit von Klägern hervorzubringen, die aufgrund eines, zumindest im Kern identischen Streitstoffes gegen denselben Beklagten – den Sportverband – vorgehen. Besonders in den Fällen, in denen der Verband seine Sanktionskompetenz auf ein Schiedsgericht übertragen hat, ist es möglich, dass der Verband als Kläger aufgrund eines im Kern identischen Streitstoffes ein Verfahren gegen mehrere Beklage anstrebt. Eine Mehrheit von Klägern oder Beklagten und damit möglicherweise auch eine Mehrheit von Verfahren ist eine typische Verfahrenssituation, die in einer Wettkampfgemeinschaft regelmäßig entsteht, in der sich alle Mitglieder gleichermaßen auf vertraglichem oder korporativem Weg an die Regeln eines Sportverbandes gebunden haben.

Eine weitere ganz typische Verfahrenssituation, die eine Wettkampfgemeinschaft hervorbringt, ist die der Drittwirkung. Die Tatsache, dass die Mitglieder der Wettkampfgemeinschaft in Konkurrenz zueinander stehen, hat zur Folge, dass der Ausgang einer Streitigkeit zwischen einem Mitglied der Wettkampfgemeinschaft und dem Sportverband häufig Auswirkungen auf andere Mitglieder der Wettkampfgemeinschaft hat. So kann die gegenüber einem der Beteiligten ausgeübte Disziplinargewalt des Sportverbandes die Position der Mitbewerber verbessern oder auch verschlechtern. Bestes Beispiel für solche Drittwirkungen sind Streitigkeiten um ein und denselben Wettkampfstartplatz. Eine beschränkte Anzahl an Startplätzen auf der einen Seite, aber eine größere Anzahl an Bewerbern auf der anderen Seite bringt typische Konkurrentenstreitigkeiten hervor, in der die positive Auswahlentscheidung für einen Bewerber gleichzeitig mit der

---

[1657] Vgl. beispielsweise OLG Frankfurt a.M. *Haas/Haug/Reschke*, SportR, Dok. 13 47 2; LG Frankfurt a.M., *Haas/Haug/Reschke*, SportR, Dok. 13 47 3.

[1658] Vgl. AG Neubrandenburg, *Haas/Haug/Reschke*, SportR, Dok. 13 24 16; LG Neubrandenburg, *Haas/Haug/Reschke*, SportR, Dok. 13 24 17.

Nichtberücksichtigung anderer Bewerber verbunden sind und umgekehrt. Solche Konkurrentenstreitigkeiten sind in der Praxis sehr häufig anzutreffen.

1. Der Fall Raguz

Der australische Judosportverband nominierte für die Olympischen Spiele in Sydney gegenüber dem australischen NOK eine Sportlerin namens Angela Raguz. Diese Nominierung focht eine andere Sportlerin, Rebecca Sullivan, zunächst vor dem internen Verbandsgericht des Judoverbandes ohne Erfolg an. Sodann beantragte sie - mit Erfolg - eine Überprüfung der Verbandsentscheidung durch den CAS in Lausanne. Ein Schiedsgericht des CAS sprach den Startplatz schließlich ihr und nicht ihrer Konkurrentin Raguz zu[1659]. Da der zunächst nominierte Sportler mit dem Obsiegen des Konkurrenten seinen Startplatz wieder verliert, stellt sich die Frage, ob und mit welchen verfahrensrechtlichen Mitteln er seine Interessen an der eigenen Nominierung gegen den Angriff des oder der Konkurrenten verteidigen kann.

2. Der Fall Eintracht Frankfurt

Eine ähnliche Situation aber mit umgekehrten Vorzeichen besteht, wenn ein Wettkampfteilnehmer aufgrund einer Verbandsentscheidung zwangsweise ausgeschlossen wird und ein anderer laut Regelwerk nachrückt, wie im Fall des Fußballbundesligisten Eintracht Frankfurt. Der Liga-Fußballverband e.V. verweigerte der Fußball-Aktiengesellschaft Eintracht Frankfurt die Lizenzerteilung für den Spielbetrieb in der zweiten Bundesliga in der Saison 2002/03, da ihr die Finanzierung des Spielbetriebs nicht ausreichend abgesichert erschien. Von der Lizenzverweigerung profitiert hätte die sportlich aus der zweiten Bundesliga abgestiegene Spielvereinigung Unterhaching. Sie wäre aufgrund des Zwangsabstiegs von Eintracht Frankfurt in der zweiten Fußballbundesliga verblieben. Nach der Anrufung des DFB-Schiedsgerichts[1660] erhielt Eintracht Frankfurt doch noch nachträglich die Lizenz für den Spielbetrieb der zweiten Bundesliga[1661]. Damit gab sich nun wiederum die Spielvereinigung Unterhaching nicht zufrieden und verlangte die Aufhebung des Schiedsspruches des DFB-Schiedsgerichts, was sie unter anderem auf die mangelnde Beteiligung der Spielvereinigung Unterhaching am Schiedsverfahren stützte[1662]. Letztendlich haben sowohl das von der Spielvereinigung angerufene OLG Stuttgart[1663] als auch das

---

[1659] Vgl. Supreme Court of New South Wales, Court of Appeal vom 1.9.2000, Bull. ASA 2001, 355.

[1660] Vgl. *Haas/Haug/Reschke*, SportR, Dok. 12 16 5.

[1661] Vgl. FAZ vom 4.7.2002, S. 36.

[1662] Vgl. FAZ vom 6.7.2002, S. 34. Der Verein ist dem Schiedsverfahren als Streithelfer des Schiedsbeklagten beigetreten, vgl. *Haas/Haug/Reschke*, SportR, Dok. 12 16 5.

[1663] Vgl. OLG Stuttgart *Haas/Haug/Reschke*, SportR, Dok. 12 16 7; SchiedsVZ 2003, 84 ff., mit Anm. Geimer.

OLG Frankfurt[1664] den Schiedsspruch des DFB-Schiedsgerichts bestätigt, womit der Abstieg Unterhachings in die Regionalliga besiegelt war[1665]. Auch in diesem Fall stellt sich die Frage, ob und wie der vom Ausgang des Verfahrens betroffene Konkurrent, der etwa im Vertrauen auf sein Nachrücken weitere Spieler verpflichtet oder neue Werbeverträge abgeschlossen hat, seine Interessen bereits im Schiedsverfahren verfolgen kann.

3. Der Fall Mühlegg

Auch von einer nachträglichen Aberkennung einer Wettkampfplatzierung, etwa einer Goldmedaille aufgrund eines nach dem Wettkampf festgestellten Dopingvergehens, profitieren die nachrückenden Konkurrenten. Daher können die von der Entscheidung betroffenen Sportler ein Interesse daran haben, an dem Verfahren zur Entscheidung dieser Streitigkeit beteiligt zu werden. Dies hat die wohl prominenteste Dopingstreitigkeit der Olympischen Spiele von Salt Lake City, die des Skilangläufers Johann Mühlegg, deutlich aufgezeigt[1666]. Nach einer positiven Dopingkontrolle während der Olympischen Spiele[1667], wurde Johann Mühlegg der Olympiasieg über 50 km aberkannt. Da die Kontrollen erst nach den Langlaufwettbewerben über 30 km und dem Verfolgungsrennen stattfanden, durfte er die beiden dort gewonnenen Goldmedaillen behalten. Das norwegische Olympische Komitee und der norwegische Sportbund forderten wenig später das Internationale Olympische Komitee auf, Johann Mühlegg sämtliche Goldmedaillen abzuerkennen. Das Nationale Olympische Komitee Norwegens reichte dann beim CAS eine Klage mit der Forderung ein, dass Johann Mühlegg sämtliche errungenen Medaillen abgeben müsse[1668]. Auch Johann Mühlegg reichte beim CAS Klage gegen die gegen ihn verhängte zweijährige Sperre des Internationalen Skiverbandes ein, um im Erfolgsfalle damit die aberkannte Goldmedaille über 50 km wieder zu erlangen[1669]. Die nachträgliche Aberkennung sämtlicher Goldmedaillen ließ zwei vorher zeitgleich zweitplatzierte Nor-

---

[1664] Vgl. OLG Frankfurt *Haas/Haug/Reschke*, SportR, Dok. 12 16 6.

[1665] Vgl. FAZ vom 17.7.2002, S. 31; FAZ vom 18.7.2002, S. 33.

[1666] Vgl. dazu die umfassende Berichterstattung in der Presse, FAZ vom 25.2. 2002, S. 35, 36; FAZ vom 26.2.2002, S. 41; FAZ vom 28.2.2002, S. 42; FAZ vom 2.3.2002, S. 40; FAZ vom 6.3.2002, S. 40; FAZ vom 14.3.2002, S. 42; FAZ vom 15.3.2002, S. 48; FAZ vom 19.3.2002, S. 44; FAZ vom 17.10.2002, S. 31; FAZ vom 30.11.2002, S. 31; FAZ vom 12.12.2002, S. 32.

[1667] Die Analyse der Blutproben ergab einen Missbrauch der Substanz Darbepoetin alfa. Die unter dem Handelsnamen Aranesp vertriebene Substanz wurde für Nierenkranke entwickelt, vgl. FAZ vom 26.2.2002, S. 41.

[1668] Vgl. FAZ vom 14.3.2002, S. 40.

[1669] Vgl. FAZ vom 19.3.2002, S. 44. Wie in den ähnlich gelagerten Fällen der russischen Skilangläuferinnen Larissa Lazutina und Olga Danilowa, vgl. FAZ vom 30.11.2002, S. 31, wurde auch die zweijährigen Sperre von Johann Mühlegg durch den CAS bestätigt, vgl. FAZ vom 25.1.2003, S. 30.

weger gemeinsam zu Olympiasiegern werden, was auch den Ländermedaillenspiegel veränderte[1670].

Der Fall Mühlegg zeigt, dass eine Dopingstreitigkeit mit nachträglichen Auswirkungen auf das Wettkampfergebnis regelmäßig eine Vielzahl von Personen betrifft. Die Entziehung einer Platzierung führt zunächst dazu, dass die nachfolgenden Sportler eine Platzierung aufrücken. Je nach vorheriger Platzierung können diese Auswirkungen für die betroffenen Sportler erheblich sein. Soll beispielsweise eine Goldmedaille wie im Fall Mühlegg entzogen werden, geht es für den vorher Zweitplatzierten um den nachträglichen Olympiasieg, für den Viertplazierten um das Aufrücken in die Medaillenränge. Aber auch für weiter hinten platzierte Sportler kann es von Bedeutung sein, wenn er sich einen Rang verbessert. Hängt beispielsweise die Förderung des Sportlers durch den nationalen Verband oder die Teilnahmemöglichkeit an weiteren Wettbewerben vom Erreichen einer Platzierung unter den besten zehn ab, kann ein vorher Elftplazierter durchaus ein gesteigertes Interesse daran haben, am Ausgangsschiedsverfahren beteiligt zu werden. Neben dem Interesse an einer Verfahrensbeteiligung der am Wettkampf beteiligten Sportler selbst können auch die nationalen Verbände, deren Sportler von dem Ausgangsverfahren profitieren könnten, ein Interesse daran haben, am Verfahren beteiligt zu werden. Denn auch die nationalen Verbände stehen untereinander im Wettbewerb und die Verteilung von Geldern durch den internationalen Verband. Ebenso hängt die Vergabe öffentlicher Mittel an die nationalen Verbände von den Platzierungen der angehörigen Sportler ab. Strengt nun der einstige Goldmedaillengewinner ein Verfahren gegen die Aberkennung der Medaille an, stellt sich aufgrund der zahlreichen Drittwirkungen der Entscheidung auf die Nachrücker wieder die Frage, ob und mit Hilfe welcher verfahrensrechtlicher Mittel die Drittbetroffenen ihre Interessen verfolgen können.

4. Zwischenergebnis

Der vorstehende Überblick hat einige typische horizontale Mehrparteienkonstellationen aufgezeigt, die in einer Wettkampfgemeinschaft auf der Grundlage eines Sportverbandsregelwerks entstehen können. Zum einen kommt es wegen der Vielzahl gleichermaßen berechtigter und verpflichteter Mitglieder innerhalb der Wettkampfgemeinschaft häufiger zu Klagen mehrerer Mitglieder oder zu Klagen gegen mehrere Mitglieder aufgrund desselben tatsächlichen oder rechtlichen Grundes. Weiteres typisches Merkmal von Streitigkeiten innerhalb der Wettkampfgemeinschaft ist, dass meist der für ein Mitglied der Wettkampfgemeinschaft positive Ausgang eines Verfahrens andere negativ betrifft und umgekehrt.

[1670] Vgl. FAZ vom 7.3.2002, S. 42.

II. Vertikale Mehrparteilichkeit

Typisch für die Organisationsstrukturen im Sport sind nicht nur die Vielzahl gleichermaßen an das Verbandsregelwerk gebundene Wettkampfmitglieder, sondern auch der pyramidale Aufbau der Sportverbände. Diese Struktur bringt eine weitere typische Mehrparteienkonstellation hervor. Dazu kommt es, wenn verschiedene Verbände auf unterschiedlichen Hierarchiestufen jeweils für sich in Anspruch nehmen, ihr Regelwerk gegenüber dem Sportler durchzusetzen. In diesen Fällen berührt mithin ein (behaupteter) Dopingverstoß eines Athleten nicht nur die Interessen eines nationalen Verbandes, sondern auch die des internationalen Verbandes. Behält sich ein internationaler Verband das Recht vor, die Entscheidungen der nationalen Mitgliedsverbände zu überprüfen und gegebenenfalls an ihrer Stelle zu entscheiden, so ist das dahinter stehende Interesse, nämlich weltweit nicht nur gleiche Regeln zu setzen, sondern diese auch einheitlich anzuwenden, sicherlich legitim. Besteht aber zwischen nationalem Verband und internationalem Verband eine parallele Regelungs- und Sanktionshoheit, drohen konkurrierende und voneinander prozessual unabhängige Sanktionsverfahren „in der selben Sache", mit der Gefahr sich widersprechender Entscheidungen. Diese können den nationalen Sportverband in arge Bedrängnis bringen, wenn dieser aufgrund seiner Mitgliedschaft im internationalen Dachverband anders gebunden wird als aufgrund der „nationalen Entscheidung" gegenüber dem Athleten. Welche negativen Auswirkungen sich widersprechende Entscheidungen auf nationaler Ebene einerseits und internationaler Ebene andererseits für die am internationalen Wettkampfsport Beteiligten mit sich bringen können, hat unlängst die Dopingstreitigkeit zwischen Dieter Baumann und dem nationalen sowie dem internationalen Leichtathletikverband aufgezeigt.

1. *Der Fall Baumann*[1671]

Nach zwei Trainingskontrollen bei dem Leichtathleten Dieter Baumann, ergaben die Urinuntersuchungen jeweils einen positiven Nandrolonbefund über dem erlaubten Grenzwert[1672]. Aufgrund einer von Dieter Baumann in Auftrag gegebenen Schamhaaranalyse, deren Untersuchungsergebnis negativ ausfiel, wurde die zunächst ausgesprochene Suspendierung Dieter Baumanns durch den Rechtsausschuss des DLV ausgesetzt. Dieter Baumann erreichte dann die vom DLV geforderte Olympianorm über 5000 Meter. Wenig später wurde auch der Antrag des Präsidiums des DLV auf eine zweijährige Sperre wegen Dopings durch den Rechtsausschuss abgewiesen[1673]. Da sich Dieter Baumann bei den Ausscheidungswettkämpfen qualifiziert hatte, wurde er vom DLV für die deut-

---

[1671] Siehe dazu *Haug*, SpuRt 2000, 238; *Heß*, Sportrecht damals und heute, S. 69, 70 f.

[1672] Nandrolon und seine Metaboliten gehören zu der Gruppe der anabolen androgenen Steroide, die nach den IAAF Procedural Guidelines zu den als Dopingsubstanzen verbotenen Wirkstoffen gehören.

[1673] Rechtsausschuss des DLV, RA 1/00, SpuRt 2000, 206 ff.

sche Olympiamannschaft vorgeschlagen und vom Nationalen Olympischen Komitee nominiert.

Nun schaltete sich der internationale Fachverband (IAAF) in die Streitigkeit ein. In der Leichtathletik unterwirft sich ein (Spitzen-)Athlet nämlich nicht nur dem Regelwerk des nationalen Dachverbandes (DLV), sondern auch dem Regelwerk des internationalen Fachverbandes (IAAF)[1674]. In dem IAAF-Statut heißt es u.a. in Regel 59 Nr. 4, dass ein Sportler, der des Dopings überführt wurde, zu sperren ist. Hat der nationale Verband die Dopingkontrolle durchgeführt, ist er zunächst auch für den Ausspruch der Sperre zuständig. Der nationale Verband kann nach Regel 59 Nr. 5 i.V.m. Regel 21 die Entscheidung über die Sperre einer verbandsinternen oder externen Disziplinarkommission oder aber auch einem externen Schiedsgericht übertragen. Für den Fall aber, dass der nationale Verband zuständig ist, behält sich die IAAF zur Absicherung einer weltweit einheitlichen Regelanwendung vor[1675], selbst die Sperre gegenüber dem Sportler auszusprechen, wenn der Verband oder die Institution, der der Verband die Sanktionshoheit übertragen hat, das Regelwerk nicht richtig angewandt hat[1676]. Die IAAF hielt die nationale Entscheidung im Fall Baumann für nicht richtig und rief gem. IAAF Regel 21.3 (i.i.) sein internationales Verbandsgericht, das IAAF-Panel, an. An diesem Verfahren waren gem. Regel 21.2 (i.i) die IAAF und der DLV beteiligt, nicht jedoch der Athlet selbst. Entgegen der Entscheidung des DLV wurde Dieter Baumann durch das Verbandsgericht des IAAF für 2 Jahre gesperrt[1677], woraufhin das IOC die olympische Akkreditierung von Dieter Baumann zurückforderte.

Daraufhin beantragte der Athlet, die Entscheidung des Rechtsausschusses des DLV umzusetzen und ihm eine nationale Startberechtigung zu erteilen. Im Wege einer einstweiligen Verfügung beantragte Dieter Baumann vor dem Landgericht Darmstadt, ihm die Teilnahme zunächst an den Deutschen Hallenmeisterschaften und des Weiteren an den Deutschen Crossmeisterschaften sowie beim Hansaplast-Marathon nicht zu untersagen. Durch Beschluss des Rechtsausschusses des DLV erlangte Dieter Baumann die Startberechtigung zur Teilnahme an den Deutschen Hallenmeisterschaften. Die Entscheidung wurde durch die Entscheidung des OLG Frankfurt für vorläufig vollstreckbar erklärt.

[1674] Vgl. OLG Frankfurt *Haas/Haug/Reschke*, SportR, Dok. 13 24 23; *Haas/Prokop*, JR 1998, 45, 51; *Adolphsen*, IPRax 2000, 81, 85; kritisch dazu, ob aufgrund dieser Unterwerfung dem internationale Verband überhaupt eine Sanktionshoheit gegenüber dem Sportler eingeräumt wird, *Heß*, Sportrecht damals und heute, S. 69, 74.

[1675] Der nationale Verband informiert den internationalen Verband bereits von dem Vorliegen einer positiven Dopingprobe, vgl. Regel 61.1 IAAF-Statut.

[1676] Vgl. *Heß*, Sportrecht damals und heute, S. 69, 72 f.

[1677] Gem. Regel 60.2 IAAF-Statut wurden mit der Sperre alle zwischenzeitlich erzielten Wettkampfergebnisse, u.a. auch die Qualifizierung zu den Olympischen Spielen, annulliert.

Die IAAF reagierte gem. der IAAF Regel 53.1. (i.i.) auf die erfolgreiche Teilnahme Dieter Baumanns an den Deutschen Hallenmeisterschaften mit einer vorläufigen Sperre der übrigen Athleten, die an dem Lauf teilgenommen hatten. Der in diesem Rennen Zweitplazierte und für die vom IAAF veranstaltete Hallenweltmeisterschaft qualifizierte deutsche Sportler erhielt daraufhin keine Starterlaubnis für diese Veranstaltung. Nach der für ihn erfolgreichen Teilnahme auf nationaler Ebene versuchte Dieter Baumann einen weiteren Start auf nationaler Ebene beim Hansaplast-Marathon sowie sein internationales Startrecht zu erwirken. Den Antrag auf Erlass einer einstweiligen Verfügung in diesem Sinne wies das Landgericht Darmstadt jedoch zurück[1678]. Das Urteil wurde durch das OLG Frankfurt bestätigt[1679]. Der nationale Verband, der die Sperre gegen den Läufer zunächst aufgehoben hatte, stand in der Folgezeit in dem Interessenkonflikt, einerseits dem aus Sicht des nationalen Verbandes nicht mehr gesperrten Läufer das Startrecht auf nationaler Ebene zu verschaffen, andererseits aber, den anderen deutschen Athleten, denen der Verband ebenso verpflichtet ist, nicht zu schaden. Eine solche Schädigung anderer Athleten drohte aber durch die internationale Sperre, welche die IAAF für jene Läufer vorsieht, die mit einem international gesperrten Läufer im gleichen Lauf teilnehmen. Die Aufhebung der Sperre von Dieter Baumann auf nationaler Ebene war mithin gegen die Entscheidung der IAAF, aufgrund der drohenden weit reichenden Konsequenzen für die anderen Athleten, faktisch nicht durchsetzbar.

2. Möglichkeiten zur Harmonisierung paralleler Sanktionskompetenzen

Der Fall Baumann verdeutlicht anschaulich, dass die Notwendigkeit einer einheitlichen Streitbeilegung zwischen Sportler, nationalem und internationalem Verband besteht, um die dargestellten Auswirkungen unterschiedlicher Entscheidungen für die unmittelbar und mittelbar Beteiligten zu vermeiden. Damit stellt sich die Frage, wie die Einheitlichkeit der Streitentscheidung auf allen Ebenen sichergestellt werden kann, um Konflikte zwischen den Beteiligten (Sportler, nationaler und internationaler Verband) auszuschließen. Zur Lösung dieses Problems sind verschiedene Wege denkbar. So könnte etwa das nationale Verfahrensergebnis unter der Prämisse stehen, dass der internationale Verband nicht anders entscheidet. Ist Letzteres der Fall, hebt diese Entscheidung formalrechtlich zwar nicht die nationale Entscheidung auf, macht sie aber gegenstandslos[1680]. Neben diesem materiellrechtlichen Lösungsansatz wäre es auch denkbar, dass Sportler, nationaler Verband und internationaler Verband ein Mehrparteienschiedsverfahren durchführen, um auf prozessualem Weg widersprüchliche Entscheidungen zu verhindern. Die vertikale Mehrparteilichkeit, die

---

[1678] Vgl. LG Darmstadt *Haas/Haug/Reschke*, SportR, Dok. 13 24 22; SpuRt 2001, 114 ff.
[1679] Vgl. OLG Frankfurt *Haas/Haug/Reschke*, SportR, Dok. 13 24 23; SpuRt 2001, 159 ff.
[1680] Vgl. OLG Frankfurt *Haas/Haug/Reschke*, SportR, Dok. 13 24 23; SpuRt 2001, 159 ff.

sich aus dem nebeneinander unabhängiger Sanktionskompetenzen von nationalem und internationalem Sportverband gegenüber dem Sportler ergeben kann, stellt somit eine weitere mögliche Mehrparteienkonstellation im organisierten Sport dar, bei der die Durchführung eines Mehrparteienschiedsverfahrens einheitliche Entscheidungen sicherstellen könnte.

III. Ergebnis

Nicht nur Streitigkeiten aus dem Wettkampfbereich, etwa um den Platz in einem begrenzten Starterfeld oder eine Platzierung im Endklassement eines Wettkampfes (horizontale Mehrparteilichkeit), sondern auch das Bedürfnis nach einer Harmonisierung von nationaler und internationaler Sanktionsentscheidungen (vertikale Mehrparteilichkeit) zeigen die Notwendigkeit, sich mit den Voraussetzungen der Beteiligung Dritter am Schiedsverfahren zu beschäftigen. Die Einsatzchancen der schiedsrichterlichen Streitbeilegung sind somit auch mit der Frage verknüpft, ob und unter welchen Voraussetzungen die Schiedsgerichtsbarkeit diese Mehrparteienkonstellationen zufrieden stellend für die am Sportgeschehen beteiligten Parteien lösen kann.

C. Voraussetzungen des Mehrparteienschiedsverfahrens

Der deutsche Gesetzgeber hat für die Mehrparteienschiedsgerichtsbarkeit wie das UNCITRAL Modell Law und die überwiegende Zahl der nationalen Schiedsverfahrensrechte[1681] keine Sonderregelungen vorgesehen[1682]. Aus der Regierungsbegründung zum Schiedsverfahrensneuregelungsgesetz geht jedoch hervor, dass Mehrparteienschiedsverfahren keinesfalls ausgeschlossen werden sollten. Eine Regelung dieses Problemkomplexes sollte aber ausdrücklich der Rechtsprechung überlassen bleiben[1683]. Aufgrund der Komplexität der Probleme im Falle der Beteiligung mehrerer Parteien war es lange fraglich, ob es überhaupt möglich ist, eine allgemein anerkannte Regelung zu finden[1684]. Dennoch gibt es mittlerweile kaum noch eine Neufassung einer Schiedsgerichtsordnung, die keine Regelung zur Durchführung eines Mehrparteienschiedsverfahrens ent-

---

[1681] Eine Ausnahme bilden unter anderem die Regeln Art. 1046 ZPO der Niederlande; Art. 28 SchKonk, zu weiteren vgl. *Markfort*, S. 49; *Massuras*, S. 29 f.; zu den Gründen der fehlenden Regelung des Mehrparteienschiedsverfahrens durch die nationalen Gesetzgeber oder der UNCITRAL, vgl. *Massuras*, S. 31 m.w.N.

[1682] Zur Anwendung der Vorschriften des ordentlichen Gerichtsverfahrens auf das Schiedsverfahren, vgl. *Markfort*, S. 53 ff.; *Massuras*, S. 341 ff.

[1683] Vgl. BT-Drucks. 13/5274, S. 26.

[1684] Vgl. *Raeschke-Kessler*, S. 218.

hält[1685]. Fraglich ist, unter welchen Voraussetzungen ein Mehrparteienschiedsverfahren durchgeführt werden kann.

I. Legitimationsgrundlage

Die Schiedsgerichtsbarkeit ist als eine private Streiterledigung fast ausschließlich durch eine Vereinbarung der Schiedsparteien legitimiert. Die Schiedsvereinbarung entfaltet ihre Wirkung grundsätzlich nur unter den Vertragsparteien[1686]. Dies folgt aus dem Grundsatz der Relativität der Rechtsgeschäfts- und Vertragswirkungen[1687]. Eine Schiedsvereinbarung zwischen zwei Parteien kann somit grundsätzlich nicht einer dritten Partei ein Schiedsverfahren aufzuzwingen[1688]. Ausgangspunkt jedes Mehrparteienschiedsverfahrens ist demnach grundsätzlich die Einigung aller Parteien dahingehend, sich überhaupt der schiedsrichterlichen Streitbeilegung zu unterwerfen.

Dieser Grundsatz gilt jedoch nach ganz überwiegender Meinung nicht ausnahmslos[1689]. Einigkeit besteht insoweit, dass die Gesellschafter einer OHG[1690] sowie die persönlich haftenden Gesellschafter einer KG[1691] an eine von der Gesellschaft vereinbarten Schiedsklausel gebunden sind. Auch Gesamtrechtsnachfolger bleiben an eine Schiedsvereinbarung gebunden. So erstreckt sich eine vom Erblasser abgeschlossene Schiedsvereinbarung auf den Erben, wenn ihre Reichweite nicht ausdrücklich auf den Erblasser beschränkt wurde[1692]. Nach h.M. bleiben ebenso Sonderrechtsnachfolger, sowohl beim gesetzlichen als auch beim rechtsgeschäftlichen Übergang des den Streitgegenstand bildenden Rechtsverhältnisses an eine diesbezüglich abgeschlossene Schiedsvereinbarung gebunden[1693]. Zudem erstreckt sich nach überwiegender Ansicht eine Schiedsvereinba-

---

[1685] Vgl. aus dem Sportbereich Art. R41 der CAS-VO. Dort finden sich Regelungen für die Mehrheit von Klägern oder Beklagten (R41.1), die Streitverkündung (R41.2 und R41.4) und die Intervention (R41.3 und R41.4).

[1686] BGH NJW 1991, 423, 424; *Schwab/Walter*, Kap. 7 Rn. 22.

[1687] *Massuras*, S. 255 ff.

[1688] *Markfort*, S. 46; *Osterthun*, TranspR 1998, 177, 182; vgl. *Schwab/Walter*, Kap. 7 Rn. 22, der die Wirkung der Schiedsvereinbarung nur zwischen den Vertragspartnern mit der Unwirksamkeit von Verträgen zu Lasten Dritter begründet.

[1689] Zur Durchbrechung dieses Grundsatzes vgl. *Massuras*, S. 99 ff.

[1690] Vgl. KG JZ 1961, 175 f.; OLG Köln NJW 1961, 176 f.; *Stein/Jonas/Schlosser*, ZPO, § 1029 Rn. 34; *Schwab/Walter*, Kap. 7 Rn. 35.

[1691] Vgl. BayObLG DB 2004, 302, 303; LG Berlin KTS 1965, 176; *Schwab/Walter*, Kap. 7 Rn. 35; zur Fortgeltung eines mit einem Gesellschaftsvertrag verbundenen Schiedsvertrag für einen ausgeschiedenen Kommanditisten vgl. BGH IHR 2003, 90.

[1692] Vgl. RAGE 6, 237; *Stein/Jonas/Schlosser*, ZPO, § 1029 Rn. 35; *Schwab/Walter*, Kap. 7 Rn. 30.

[1693] Vgl. BGH ZZP 75 (1967), 261 ff. (Pfändungspfandgläubiger); BGHZ 71, 162 ff; BGH NJW 1998, 3716 (Zessionar); BGHZ 68, 356, 359; BGH NJW 1979, 2567 (Erwerb von Gesellschaftsanteilen); BGH RIW 1979, 289 (Vertragsübernahme); BGH NJW 2000, 2346 (gerung des Gemeinschuldners oder Erblassers auf den Insolvenzverwalter oder Testamentsvollstrecker[1694]. Ganz allgemein sind Dritte an eine Schiedsvereinbarung gebunden, die aus einem Vertrag, der eine Schiedsklausel enthält, unmittelbar Rechte herleiten, da die Schiedsvereinbarung dann lediglich eine Modifizierung der dem Dritten verliehenen Rechte darstellt[1695]. Das zur Durchführung des Wettkampfes notwendige Sportregelwerk könnte einen solchen Vertrag darstellen, aus dem die Sportler unmittelbar Rechte, nämlich die Teilhabe am organisierten Wettkampfsport, herleiten, so dass eine im Sportregelwerk enthaltene Schiedsklausel zur Beilegung von Wettkampfstreitigkeiten lediglich die Modifizierung der gewährten Rechte darstellt. In diesem Fall wäre auch ein, weder vertraglich noch satzungsmäßig an das Regelwerk gebundener Wettkampfteilnehmer zur Durchführung eines Schiedsverfahrens verpflichtet. Die Erstreckung einer Schiedsvereinbarung auf Dritte bedeutet jedoch nicht gleichzeitig auch die hinreichende Legitimation zur Durchführung eines Mehrparteienschiedsverfahrens. Diese muss vielmehr eine Einigung sämtlicher Parteien dahingehend enthalten, sich einem einheitlichen Prozessrechtsverhältnis zu unterwerfen[1696].

1. Ausdrückliche Mehrparteienschiedsvereinbarung

Die Einigung aller Parteien, sich einem einheitlichen Prozessrechtsverhältnis zu unterwerfen, kann in einer gemeinsamen vertraglichen Vereinbarung enthalten sein. Als einfachster Fall kommt somit eine Mehrparteienschiedsvereinbarung als Basis für ein Mehrparteienschiedsverfahren in Betracht. Solche Vereinbarungen werden in der Praxis aber selten getroffen. Probleme diesbezüglich bereitet im Sportbereich die Vielzahl und Unbestimmtheit möglicher Beteiligter. Zwar bleibt den von der Streitentscheidung Betroffenen auch die Möglichkeit, nach dem Entstehen der Streitigkeit eine gemeinsame Mehrparteienschiedsvereinbarung abzuschließen. Jedoch ist dies angesichts der nicht fern liegenden Erwartung, dass unter Streitenden eine Einigung nur schwer zu erzielen sein dürfte, eher theoretischer Natur. Daher sind explizite Mehrparteienschiedsvereinbarungen für die Mehrparteiensituation in der Sportpraxis eher selten.

---

setzlicher Forderungsübergang gem. § 571 BGB); *Stein/Jonas/Schlosser*, ZPO, § 1029 Rn. 36; *Schwab/Walter*, Kap. 7 Rn. 31 f.

[1694] Vgl. RGZ 137, 109; BGHZ 24, 15; BGH 1979, 2567; BGH 2000, 2346; *Stein/Jonas/Schlosser*, ZPO, § 1029 Rn. 35; *Schwab/Walter*, Kap. 7 Rn. 33.

[1695] Vgl. RGZ 108, 374; BayObLGZ 1999, 255, 267; *Stein/Jonas/Schlosser*, ZPO, § 1029 Rn. 32; *Vollmer*, S. 76; *Massuras*, S. 108; *Schwab/Walter*, Kap. 7 Rn. 36.

[1696] Vgl. *Lionnet/Lionnet*, S. 437; *Koussoulis*, ZZP 107 (1994), S. 195, 197; *Schwab*, in FS Habscheid, S. 291 ff.

2. Stillschweigende Mehrparteienschiedsvereinbarung

Immer häufiger anzutreffen sind im Sportbereich bilaterale Schiedsvereinbarungen als Bestandteil der vertraglichen Vereinbarungen zwischen Verband und Sportler[1697]. Das wirft die Frage auf, ob auch mehrere bilaterale Schiedsvereinbarungen gemeinsam die Basis für ein Mehrparteienschiedsverfahren bilden können. Zweiseitige Schiedsvereinbarungen bringen isoliert betrachtet zum Ausdruck, dass diese beiden Parteien bestimmte Streitigkeiten unter Ausschluss der ordentlichen Gerichte durch die Entscheidung eines Dritten beilegen wollen. Aus dem Grundsatz der Relativität der Vertragswirkungen ergibt sich grundsätzlich die subjektive Reichweite der Schiedsvereinbarung. Die Schiedsvereinbarung enthält mit der notwendigen Bestimmung der dem Schiedsgericht übertragenen Streitigkeiten zudem eine Aussage über ihre objektive Reichweite. Dementsprechend ist jede einzelne Schiedsvereinbarung Grundlage für ein ihren objektiven und subjektiven Grenzen entsprechendes eigenständiges Schiedsverfahren[1698]. Möchten nun die Parteien einer zweiseitigen Schiedsvereinbarung bestimmte Streitigkeiten schiedsrichterlich beilegen, lassen sich diese Streitigkeiten aber nur für eine Vielzahl von Beteiligten einheitlich entscheiden, liegt eine Situation vor, in der die objektive Reichweite der Schiedsvereinbarung über deren subjektive Reichweite hinausgeht. Haben sich nun aber alle weiteren Beteiligten in zweiseitigen Schiedsvereinbarungen auch für die schiedsrichterliche Erledigung der betreffenden Streitigkeiten ausgesprochen, wäre die Durchführung eines Mehrparteienschiedsverfahrens nur notwendige Folge der Ausgangsentscheidung aller Parteien für die schiedsrichterliche Streitbeilegung bestimmter Streitigkeiten. Betrifft also eine bestimmte Streitigkeit, wie regelmäßig im Sportbereich, Dritte und haben sich diese auch in zweiseitigen Schiedsvereinbarungen für eine schiedsrichterliche Streitbeilegung dieser Streitigkeiten ausgesprochen, liegt der Gedanke nahe, diese zweiseitigen Schiedsvereinbarungen zusammen als einheitliche Grundlage für eine Mehrparteienschiedsgerichtsbarkeit zu verstehen. So herrscht auch insoweit Übereinstimmung, dass unter Zuhilfenahme verschiedener Anhaltspunkte eine Einigung auf ein Mehrparteienschiedsverfahren auch dann vorliegen kann, wenn mehrere zweiseitige Schiedsklauseln vorliegen. Dies könnte man auch als stillschweigende Mehrparteienschiedsvereinbarung begreifen. Welche Anforderungen an die Ermittlung eines dahingehenden Parteiwillens zu stellen sind, wird kontrovers diskutiert.

[1697] Vgl. Drittes Kapitel:D. I. 2. , II.

[1698] *Massuras*, S. 266 ff.

a) Ermittlung des gemeinsamen Willens zur Durchführung eines Mehrparteienschiedsverfahrens

Die Frage, wie der Wille der Parteien mehrerer bilateraler Schiedsvereinbarungen zu ermitteln ist, hatte auch die Cour d' Appel in Paris im „Dutco-Verfahren" zu beantworten[1699]. Gegenstand der Streitigkeit war eine Schadensersatzklage einer Partei gegen zwei weitere Parteien eines multilateralen Konsortialvertrages, welcher eine Standardschiedsklausel enthielt. Das Gericht stellte hierbei fest, dass sich allein aus der Aufnahme der Schiedsvereinbarung in einen Konsortialvertrag eine Mehrparteiennatur der Schiedsvereinbarung ergebe und damit die stillschweigende Einigung der Parteien auf ein Mehrparteienschiedsverfahren vorliege[1700]. Nach überwiegender Ansicht aber drückt eine Standardschiedsklausel in einen Vertrag mit mehreren Parteien keineswegs eine Einigung auf ein Mehrparteienschiedsverfahren aus[1701]. Die Ansicht der Cour d' Appel wird in der Literatur u.a. auch deswegen abgelehnt, weil das Gericht die Schiedsklausel unter Zuhilfenahme des Hauptvertrages ausgelegt habe und damit der Grundsatz der Unabhängigkeit der Schiedsklausel vom Hauptvertrag verletzt worden sei[1702]. Fraglich ist, ob die rechtliche Selbständigkeit auch bei der Ermittlung des Parteiwillens zwingend zu berücksichtigen ist.

aa) Struktur des Hauptvertrages als Indiz

Grundsätzlich ist die Wirksamkeit der Schiedsvereinbarung unabhängig vom Hauptvertrag zu beurteilen[1703]. Danach ist die Schiedsvereinbarung von der Nichtigkeit oder Unwirksamkeit des Hauptvertrages nicht automatisch betroffen. Auch können Schiedsvereinbarung und Hauptvertrag in internationalen Konstellationen unterschiedlichen Rechtsordnungen unterliegen[1704]. Diese grundsätzlich getrennte Beurteilung darf jedoch nicht soweit gehen, beide Teile gänzlich isoliert voneinander zu betrachten und sie mithin in völlig unnatürlicher Weise aufzuspalten. Da die Schiedsvereinbarung der schiedsrichterlichen Erledigung meist aller oder zumindest bestimmter aus dem Hauptvertrag entstehender

---

[1699] BKMI Industrieanlagen GmbH et Siemens AG v. Dutco Constructions Co. (Pvt.) Ltd, Cour d'Appel de Paris vom 5.5.1989, Rev. Arb. 1989, 723.

[1700] Die Entscheidung der Cour d' Appel wurde später vom Cour de Cassation aufgehoben, jedoch mit der Begründung, dass das Schiedsgericht wegen einer Verletzung des Grundsatzes der Gleichheit der Parteien nicht ordnungsgemäß zusammengesetzt gewesen sei, vgl. dazu *Berger*, RIW 1993, 703, 704 f.; *Diesselhorst*, S. 79 ff.; *Koussoulis*, ZZP 107 (1994), 195 ff.; *Markfort*, S. 138 ff.; *Massuras*, S. 299 ff.

[1701] *Lionnet/Lionnet*, S. 437; *Schwab/Walter*, Kap. 10 Rn. 15; *Schlosser*, Rn. 561; a.A. *Laschet*, FS Bülow, 1981, S. 85, 87 f.; *Reiner*, S. 85 ff.

[1702] *Lionnet/Lionnet*, S. 437; vgl. zur grundsätzlichen Trennung von Schiedsklausel und Hauptvertrag oben Drittes Kapitel: B I.

[1703] Vgl. Drittes Kapitel:B. I.

[1704] Vgl. Drittes Kapitel:B. I.

Streitigkeiten dient, besteht zwischen Schiedsvertrag und Hauptvertrag durchaus eine Verbindung. Diese in der Zweckbestimmung der Schiedsvereinbarung liegende Verbindung ist der Schiedsvereinbarung immanent, so dass die Struktur des Hauptvertrages durchaus bei der Ermittlung des Willens der Beteiligten zur Durchführung eines Mehrparteienschiedsverfahrens zu beachten sein kann, ohne die grundsätzliche Unabhängigkeit von Schiedsvereinbarung und Hauptvertrag zu verletzen.

Die Ansicht der Cour d' Appel überdehnt aber den durch Auslegung der Schiedsvereinbarung zu ermittelnden Parteiwillen. Es gilt zu bedenken, dass die Durchführung eines Mehrparteienschiedsverfahrens dort zu Problemen führen kann, wo sie besonderen Abreden der Parteien über die Ausgestaltung des Verfahrens zuwiderläuft. So kann von der Erweiterung des Beteiligtenkreises sowohl die Bildung des Schiedsgerichts als auch die Vertraulichkeit des Verfahrens tangiert werden[1705]. Beides aber, die Möglichkeit auf die Auswahl der Schiedsrichter Einfluss zu nehmen und die Vertraulichkeit des Verfahrens, gehört zu den wesentlichen Vorteilen der schiedsrichterlichen Streitbeilegung. Daher sind an die Einigung der Parteien in Bezug auf eine Mehrparteienschiedsgerichtsbarkeit erhöhte Anforderungen anzulegen. Die Verbindung der Parteien in einem gemeinsamen Vertrag kann daher lediglich als Indiz für eine Einigung der Parteien auf ein Mehrparteienschiedsverfahren aufgefasst werden. Daneben bedarf es weiterer Anhaltspunkte für die Ermittlung eines dahingehenden Parteiwillens[1706].

bb) Struktur der Parteibindung als Indiz

Während die Anforderungen an die Ermittlung einer Einigung zur Durchführung eines Mehrparteienschiedsverfahrens schon bei der Beteiligung aller Parteien an einem gemeinsamen Vertrag nach den dargestellten Grundsätzen hoch sind, gilt dies um so mehr, wenn die Parteien zwar ein gemeinsames Ziel verfolgen, aber lediglich durch unterschiedliche Rechtsverhältnisse miteinander verbunden sind. Nach teilweise vertretener Ansicht bedarf es in diesen Fällen stets einer ausdrücklichen Einigung der Parteien auf ein Mehrparteienschiedsverfahren[1707]. Richtig ist, dass die Verbindung der Parteien durch einen gemeinsamen Vertrag ein starkes Indiz für die Ermittlung eines gemeinsamen Willens hinsichtlich der Durchführung eines Mehrparteienschiedsverfahrens darstellt[1708]. Zweifelhaft ist jedoch, ob auch der Umkehrschluss zutrifft, dass sich aus der Auslegung verschiedener bilateraler Schiedsvereinbarungen kein gemeinsamer Wille hinsichtlich der Durchführung eines Mehrparteienschiedsverfahrens ergeben kann, wenn

[1705] Vgl. Sechstes Kapitel:C. II.

[1706] *Schlosser*, Internationale private Schiedsgerichtsbarkeit, Rn. 561.

[1707] Lionnet/Lionnet, S. 444.

[1708] Vgl. *Massuras*, S. 305 f., der diesem Merkmal Vermutungswirkung zukommen lässt.

die Parteien nicht Vertragspartner desselben Hauptvertrages sind und sie ein Mehrparteienschiedsverfahren nicht ausdrücklich vereinbart haben.

Im Sportbereich bestehen beispielsweise, einer gemeinsamen vertraglichen Bindung durchaus vergleichbar, enge Verbindungen zwischen den Beteiligten. Im Ausgangspunkt verfolgen alle Beteiligten im Sportbereich ein gemeinsames Hauptziel. Sie wollen die jeweilige Sportart fördern und Wettkämpfe auf allen räumlichen Ebenen ermöglichen[1709]. Notwendiger Ausgangspunkt hierfür ist die einheitliche Bindung aller Beteiligten an das für eine bestimmte Sportart jeweils geltende Sportregelwerk[1710]. Diese notwendige einheitliche Regelbindung wird in der Sportpraxis auf verschiedene Wege umgesetzt. Zu dem schon lange praktizierten satzungsmäßigen Bindungsmodell treten in jüngerer Zeit, aufgrund der damit verbundenen praktischen Schwierigkeiten, alle Sportler auf diese Weise an die Regeln zu binden, zunehmend vertragliche Vereinbarungen zwischen den Sportlern und Verbänden. Sie enthalten neben der Unterwerfung unter das jeweilige Sportregelwerk häufig auch eine Verweisung auf eine im Regelwerk enthaltene Schiedsklausel oder eine eigene gesonderte Schiedsklausel[1711]. Zwar existiert auf diese Weise kein einheitliches Vertragsverhältnis aller Beteiligten unter Einbeziehung einer einheitlichen Schiedsklausel. Die am Sportgeschehen einer Sportart Beteiligten sind somit formal betrachtet nicht Partner eines gemeinsamen Vertrages. Dies können sie aber aus praktischen Gründen auch nicht sein. Dennoch führen die einzelnen, zwischen Verband und den Sportlern abgeschlossenen, bilateralen vertraglichen Unterwerfungserklärungen zwischen den Beteiligten zu einer, bildlich gesprochen, sternförmigen Verbindung auf Grundlage des jeweils geltenden Sportregelwerkes. Enthalten nun die bilateralen Vereinbarungen zudem allesamt die Entscheidung für die schiedsrichterliche Erledigung der im Zusammenhang mit der vertraglichen Vereinbarung auftauchenden Streitigkeiten oder enthält das vereinbarte Sportregelwerk eine Schiedsklausel, stellt dies ebenso eine sternförmige Mehrparteienschiedsvereinbarung dar. Diese, einem gemeinsamen Vertrag ähnlich enge Verbindung der Parteien, kann somit ebenfalls ein Indiz für die Ermittlung eines gemeinsamen Willens der Parteien zur Durchführung eines Mehrparteienschiedsverfahrens sein. Treten daneben noch weitere Indizien können die bestehenden zweiseitigen Schiedsvereinbarungen durchaus auch die Basis für eine Mehrparteienschiedsvereinbarung bilden.

cc) Notwendigkeit einheitlicher Entscheidung als maßgebliches Indiz

Nach überwiegender Ansicht soll sich ein übereinstimmender Wille der Parteien zur Durchführung eines Mehrparteienschiedsverfahrens erst dann ergeben, wenn die Parteien vorausgesehen haben oder voraussehen mussten, dass auftretende

---

[1709] Vgl. Erstes Kapitel:B. I.

[1710] Vgl. Erstes Kapitel:B. II.

[1711] Vgl. Drittes Kapitel:D.

Streitigkeiten nicht auch durch mehrere zweiseitige Schiedsverfahren gleichermaßen erledigt werden können[1712]. Davon ist regelmäßig auszugehen, wenn die Natur des Vertrages zwangsläufig eine Mehrparteiennatur aufweist. Davon ist aber auch dann auszugehen, wenn die Natur der Streitigkeit eine einheitliche Entscheidung erfordert. Dies trifft sowohl auf die horizontale als auch auf die vertikale Mehrparteilichkeit im Sportbereich zu[1713].

dd) Vereinbarkeit der Schiedsverfahrensvereinbarungen als Indiz

Als weiteres Indiz wird teilweise auch die Vereinbarkeit der Schiedsverfahrensvereinbarungen genannt[1714]. Ein Hinweis auf den Willen der Parteien, ein Mehrparteienschiedsverfahren durchführen zu wollen, könne sich beispielsweise daraus ergeben, dass die Parteien für die Erledigung von Streitigkeiten auf die gleiche Verfahrensordnung Bezug nehmen oder die gleiche Schiedsorganisation vorsehen. Dagegen soll die Bezugnahme auf diverse Schiedsordnungen, die Bestimmung von Schiedsorten in verschiedenen Staaten und Abweichungen in der Wahl des anwendbaren Rechts hingegen regelmäßig gegen einen gemeinsamen Willen der Parteien, ein Mehrparteienschiedsverfahren durchführen zu wollen, sprechen[1715].

Zwar sind Schiedsvereinbarung und Schiedsverfahrensvereinbarung grundsätzlich ebenso getrennt voneinander zu beurteilen wie Schiedsvereinbarung und Hauptvertrag[1716]. Dies spricht jedoch nicht grundsätzlich dagegen, dass auch die Verfahrensvereinbarungen der Parteien Indizien für die Ermittlung eines gemeinsamen Willens zur Durchführung eines Mehrparteienschiedsverfahrens liefern können. Dennoch sind die Verbindung zwischen Schiedsverfahrensvereinbarungen und Schiedsvereinbarung deutlich geringer als die zwischen Hauptvertrag und Schiedsvereinbarung, wo eine Verbindung bereits dadurch gegeben ist, dass die Bestimmbarkeit der übertragenen Streitigkeiten zum notwendigen Bestandteil der Schiedsvereinbarung zählt, eine Bestimmung ohne den Hauptvertrag jedoch häufig gar nicht möglich ist. Daher erscheint es fraglich, ob die gemeinsame Bezugnahme auf die gleiche Verfahrensordnung oder Schiedsorganisation ein Hinweis für das Vorliegen einer stillschweigenden Mehrparteienschiedsvereinbarung sein kann. Dagegen könnte man schlicht einwenden, dass die Parteien von dem gewöhnlichen zweiseitigen Verfahrensschema ausgegangen sind und beim Abschluss der Schiedsvereinbarung nicht an die Notwendig-

---

[1712] *Schlosser*, Internationale private Schiedsgerichtsbarkeit, Rn. 561; *Diesselhorst*, S. 144; *Berger*, RIW 1993, 703, 705; abweichend *Schwab/Walter*, Kap. 10 Rn. 15, der eine gleichgerichtete Interessenlage der Beklagten fordert, wie sie im Fall gesamthänderischer Bindung und im Einzelfall bei gesamtschuldnerischer Verantwortlichkeit gegeben sei.

[1713] Vgl. Sechstes Kapitel:B.

[1714] *Massuras*, S. 273.

[1715] *Massuras*, S. 273; *Diesselhorst*, S. 149; *Markfort*, S. 27 f.

[1716] Vgl. Drittes Kapitel:B. II.

keit einer Mehrparteienkonstellation gedacht haben. Dieser Einwand greift jedoch dann nicht, wenn die Parteien voraussehen konnten und mussten, dass bestimmte Streitigkeiten nicht in angemessener Weise durch mehrere Zweiparteienschiedsverfahren erledigt werden können. In diesem Fall kann die gemeinsame Bezugnahme auf die gleiche Verfahrensordnung eine zusätzliche Stütze bei der Feststellung eines gemeinsamen Willen zur Durchführung eines Mehrparteienschiedsverfahrens sein. Die davon ausgehende Indizwirkung ist jedoch nicht allzu groß.

Fraglich ist des weiteren, ob es gegen die Durchführung eines Mehrparteienschiedsverfahrens spricht, wenn die Parteien bestimmte auf ein Zweiparteienschiedsverfahren abgestimmte Verfahrensvereinbarungen getroffen haben, die bei der Durchführung eines Mehrparteienschiedsverfahrens der veränderten Konstellation angepasst werden müssten[1717]. Dies soll am Beispiel der üblichen Regelung zur Bildung eines Dreierschiedsgerichts, bei der jede Partei einen Schiedsrichter bestellt und sich die auf diese Weise Bestellten, auf einen dritten, vorsitzenden Schiedsrichter einigen, verdeutlicht werden. Stehen auf der Kläger- oder Beklagtenseite mehrere Parteien kann die Regelung nur mit der Modifikation aufrechterhalten werden, dass sich Kläger- und Beklagtenseite auf einen Schiedsrichter einigen. Dies bedeutet, dass sich mehrere auf einer Seite befindliche Personen auf einen Schiedsrichter einigen müssen, was eine Beeinträchtigung der ursprünglich vereinbarten Möglichkeit zur eigenen Schiedsrichterbestellung bedeutet. Darüber hinaus wird eine Aushilfsregelung für den Fall nötig, dass sich die Parteien nicht auf einen Schiedsrichter einigen können. Aushilfsregelungen, welche eine Ersatzbestellung eines nicht fristgerecht ernannten Schiedsrichters durch eine neutrale dritte Stelle vorsehen, halten aber auch die meisten Schiedsordnungen oder nationalen Schiedsverfahrensregelungen bereit. Diese Regelungen ließen sich grundsätzlich auch auf den Fall der fehlenden fristgemäßen Einigung mehrerer Parteien auf einen Schiedsrichter übertragen. Eine Übertragung der Regelungen geht aber ebenso nicht ohne eine inhaltliche Modifikation. Die fristgebundenen Aushilfsregelungen möchten eigentlich verhindern, dass eine Partei das Schiedsverfahren durch die Weigerung der Ernennung eines Schiedsrichters gänzlich torpediert oder durch eine unangemessen lange Ernennungsdauer übermäßig verzögert. Der Verlust der Möglichkeit der eigenen Schiedsrichterbestellung ist mithin Folge der eigenen zögerlichen Ernennung des Schiedsrichters. Der Regelungszweck, die Verhinderung übermäßiger Verzögerungen bei der Durchführung der Konstitution des Schiedsgerichts, bleibt auch in der Mehrparteienkonstellation gleich. Die Ersatzbestellung und somit der Verlust der Möglichkeit einen eigenen Schiedsrichter zu bestellen, ist jedoch nicht mehr Folge des eigenen (Fehl-)Verhaltens, sondern Folge des Verhaltens aller gemeinsam auf einer Seite stehenden Parteien. Somit kann der

[1717] Vgl. auch den Fall BKMI Industrieanlagen GmbH et Siemens AG v. Dutco Constructions Co. (Pvt.) Ltd, Cour d'Appel de Paris vom 5.5.1989, Rev. Arb. 1989, 723.

Verlust des Auswahlrechts auch durch das Verhalten anderer ausgelöst werden. Diese nicht unerheblichen Modifikationen führen dazu, dass das Verfahren nicht mehr der ursprünglichen Verfahrensvereinbarung der Parteien entsprochen hat. Dies wirft auch die Frage auf, ob die Modifikationen der ursprünglich getroffenen Parteivereinbarung zur Versagung der Anerkennung und Vollstreckung des Schiedsspruches (§ 1059 Abs. 2 Nr. d ZPO, Art. V Abs. 1 lit. d UNÜ) führen können. Dies dürfte maßgeblich von der Aussagekraft der von den Parteien getroffenen Verfahrensvereinbarung abhängen. Zu fragen ist, ob die Verfahrensvereinbarung aufgrund fehlender Voraussicht lediglich hinter dem in der Schiedsvereinbarung zum Ausdruck kommenden Willen, bestimmte Streitigkeiten, die eine Mehrparteienkonstellation erfordern, schiedsrichterlich beizulegen, zurückbleibt und somit lückenhaft und ergänzungsbedürftig ist oder ob die Verfahrensvereinbarung der Parteien, die auf ein Zweiparteienschiedsverfahren zugeschnitten ist, eine solch wesentliche Bedeutung für die Parteien hat, dass sie den Willen der Parteien, bestimmte Streitigkeiten schiedsrichterlich beizulegen, an die Voraussetzung knüpft, dass die Streitigkeiten in Zweiparteienschiedsverfahren beigelegt werden können. Haben die Parteien eine Verfahrensregelung explizit getroffen, wird man sich schwerer darüber hinwegsetzen können, als in dem Fall, dass die Parteien lediglich auf eine Verfahrensordnung Bezug genommen haben oder lediglich einen bestimmten Schiedsort vereinbart haben. War jedoch in beiden Fällen bereits bei Abschluss der Schiedsvereinbarung für die Parteien zu erkennen, dass die in der Schiedsvereinbarung bestimmten Streitigkeiten nur durch ein Mehrparteienschiedsverfahren beizulegen sind, dürfte dies auch die Zustimmung zu den notwendigen Modifizierungen der getroffenen Verfahrensregelungen beinhalten[1718]. Eine Indizwirkung der Verfahrensvereinbarung ist somit wiederum nicht allzu stark.

b) Stillschweigende Mehrparteienschiedsvereinbarung anlässlich Olympischer Spiele

Anlässlich Olympischer Spiele schließt das IOC mit jedem teilnehmenden Sportler eine Schiedsvereinbarung ab. Sie bringt zum Ausdruck, die im Zusammenhang mit den Olympischen Spielen auftretenden Streitigkeiten durch den CAS entscheiden zu lassen. Die zahlreichen Unterwerfungserklärungen verbinden alle Sportler sternförmig im gemeinsamen Sportregelwerk. Diese Verbindung ist ein Indiz dafür, dass die bilateralen Schiedsvereinbarungen dahingehend auszulegen sind, dass sie auch die Einigung auf ein Mehrparteienschiedsverfahren erfassen. Dies wird zusätzlich dadurch untermauert, dass für die Beteiligten zudem vorhersehbar ist, dass sich Sportstreitigkeiten, insbesondere im Wettkampfbereich (horizontale Mehrparteilichkeit), nur durch ein gemeinsames Mehrparteienschiedsverfahren beilegen lassen. Schließlich spricht auch die Kompatibilität aller bilateralen Schiedsvereinbarungen für das Vorliegen eines

[1718] Vgl. *Massuras*, S. 314.

gemeinsamen Willens aller Beteiligten zur Durchführung eines Mehrparteienschiedsverfahrens, da sie alle die Streitbeilegung durch die gleiche administrierte Schiedsinstitution, den CAS, vorsehen und dessen Verfahrensordnung zudem Regeln zur Durchführung von Mehrparteienschiedsverfahren bereithält. Somit bilden die mit allen Sportlern anlässlich der Olympischen Spiele abgeschlossenen bilateralen Schiedsvereinbarungen nicht nur die Basis zur Durchführung zweiseitiger Schiedsverfahren, sondern auch für die Durchführung von Mehrparteienschiedsverfahren. Für die Sportpraxis lässt sich daraus folgern, dass gleichmäßige bilaterale Vereinbarungen zwischen Sportverbänden und Sportlern, die eine gleichartige Schiedsvereinbarung enthalten, gerade im Hinblick auf die Beilegung von Wettkampfstreitigkeiten genügen, um die Basis für die gemeinsame Durchführung eines Mehrparteienschiedsverfahrens zu bilden[1719].

c) Stillschweigende Mehrparteienschiedsvereinbarung im Falle der vertikalen Mehrparteilichkeit im organisierten Sport

Die Ermittlung eines gemeinsamen Willens der Parteien zur Durchführung eines Mehrparteienschiedsverfahrens im Hinblick auf die Harmonisierung nationaler und internationaler Entscheidungen (vertikale Mehrparteilichkeit) erscheint schwieriger. Dies liegt insbesondere daran, dass sich auf internationaler Ebene einerseits der CAS zur Beilegung internationaler Sportstreitigkeiten in den Regelwerken der internationalen Verbände und deren vertraglichen Vereinbarungen mit den Sportlern immer mehr durchsetzt, sich andererseits auf nationaler Ebene eigene Sportschiedsgerichte entwickeln.

Vereinbart ein bestimmter internationaler Fachverband mit den in seinen Tätigkeitsbereich fallenden Sportlern die Zuständigkeit des CAS zur Beilegung bestimmter Sportstreitigkeiten, ist der Sitz des Schiedsgerichtes Lausanne[1720]. Das Regelwerk der CAS-Schiedsgerichtsbarkeit richtet sich primär nach der CAS-VO und subsidiär nach schweizerischem Schiedsverfahrensrecht. Vereinbart nun der entsprechende deutsche Fachverband mit den deutschen Sportlern für die Beilegung bestimmter nationaler Sportstreitigkeiten die Zuständigkeit eines nationalen Schiedsgerichts, wird dessen Sitz regelmäßig in Deutschland sein[1721]. Das Regelwerk dieses nationalen Sportschiedsverfahrens ergibt sich aus - soweit vorhanden - einer eigenen Verfahrensordnung und subsidiär dem deutschen Schiedsverfahrensrecht. Hinsichtlich der Durchführung eines gemeinsamen Mehrparteienschiedsverfahrens zur Beilegung einer alle Beteiligten betreffenden Sportstreitigkeit, wie etwa einer Dopingstreitigkeit, erweisen sich die verschie-

[1719] Vgl. auch *Schlosser*, in FS Geimer, S. 947, 955.

[1720] Vgl. Art. 28 CAS-VO.

[1721] Nach § 3 der DLV-Schiedsordnung für die Athletenvereinbarung ist der Sitz des Schiedsgerichts Frankfurt, vgl. Rechte der Athleten, S. 39.

denen Schiedsvereinbarungen als nicht kompatibel. Fraglich ist, ob sich die Schiedsverfahren dennoch aufeinander abstimmen lassen.

Die einfachste Lösung wäre sicherlich, den internationalen Verband schon im Rahmen des Schiedsverfahrens auf nationaler Ebene zu beteiligen, mit der Folge, dass die dort ergehende Entscheidung auch ihm gegenüber bindend würde. Hieran wird jedoch ein weltweit agierender internationaler Dachverband schon aufgrund der damit einhergehenden Kosten kaum ein Interesse haben. Darüber hinaus wäre eine solche Vorgehensweise auch nicht sachgerecht, würde hiermit doch die grundsätzlich föderative Arbeitsteilung zwischen nationalem und internationalem Verband wieder aufgehoben. Ebenso wenig sachgerecht wäre die sofortige Durchführung eines gemeinsamen Mehrparteienschiedsverfahrens vor dem CAS, da auch dies die föderative Arbeitsteilung zwischen den Verbänden aufheben würde und zudem die Entscheidungen auf nationaler Ebene in der Mehrzahl der Fälle vom internationalen Sportverband gar nicht beanstandet werden. Kann die Einigung zwischen den beteiligten Parteien aber nicht erzielt werden, müssen die Schiedsverfahren getrennt durchgeführt werden. Dann aber stellt sich die Frage, wie eine Harmonisierung der Schiedsverfahren auf anderem Wege möglich ist, um die Gefahr sich widersprechender Entscheidung zu begegnen.

Um das Problem konkurrierender Verfahren in den Griff zu bekommen, tendieren die Sportorganisationen zunehmend dazu, Berufung gegen Entscheidungen nationaler Schiedsgerichte zuzulassen. So sieht beispielsweise das Regelwerk der US-amerikanischen Anti-Doping-Agentur (USADA), die – anders als die NADA – auch die Sanktionshoheit gegenüber den Sportlern ausübt, vor, dass der Sportler eine gegen ihn verhängte Sanktion vor einem nach den „AAA"-Verfahrensregeln[1722] entscheidenden Sportschiedsgericht anfechten kann. Verfahrensbeteiligte in diesem Verfahren sind allein die USADA und der Sportler. Von diesem Verfahren wird u.a. auch der internationale Sportverband informiert. Letzterer kann an dem Verfahren als Partei oder aber als „Beobachter" teilnehmen[1723]. Unabhängig davon aber, ob und in welcher Art sich der internationale Verband an dem Schiedsverfahren beteiligt hat, soll er berechtigt sein, die Entscheidung des „AAA-Schiedsgerichts" gegenüber dem Sportler vor dem CAS anzufechten[1724].

[1722] Regeln der American Arbitration Association.

[1723] Auch aus deutscher Sicht gibt es keine strikten Modelle für die Art der Beteiligung Dritter an einem Schiedsverfahren, siehe hierzu *Schlosser*, in FS Geimer, 2002, S. 947, 952.

[1724] Eine ähnliche Lösung sieht auch das Regelwerk der IAAF vor, siehe Rule 21 Nr. 2-10. Zur Zulässigkeit einer solchen Berufungsinstanz im Rahmen der Schiedsgerichtsbarkeit, siehe *Weber*, in FS Geimer, 2002, S. 1445; *Schwab/Walter*, Kap. 22 Rn. 1. Zur Frage, ob und inwieweit solche Berufungsverfahren bei institutionellen Schiedsgerichten gebräuchlich sind, siehe *Weber*, aaO, S. 1445, 1451 ff.

Für eine derartige Vorgehensweise – nämlich eines Schiedsvertrages zu Gunsten des internationalen Verbandes – spricht zunächst, dass sie die tatsächlichen Strukturen im internationalen Sportgeschehen beachtet. Sie entspricht einerseits der Delegation von Entscheidungsfunktionen auf die nationalen Verbände, andererseits aber gleichzeitig der Absicherung der im Interesse weltweit einheitlicher Regelanwendung notwendigen Vorrangstellung des internationalen Verbandes[1725]. Es stellt sich aber die Frage, ob die Einräumung eines derartigen „Rechtsmittels“ zugunsten des internationalen Verbandes mit dem Grundsatz der prozessualen Waffengleichheit vereinbar ist[1726]; denn hat der Sportler etwa in dem erstinstanzlichen Verfahren gegenüber der nationalen Sanktionsbehörde obsiegt, kann ihn der internationale Verband, der in der ersten Instanz nicht Verfahrensbeteiligter war, sofort vor das nächste Schiedsgericht zerren. Die Zubilligung eines „Rechtsmittels“ zugunsten eines Dritten, der nicht zu dem in erster Instanz formal beteiligten Personenkreis zählt, könnte daher den Sportler unangemessen benachteiligen[1727]. Letzteres erscheint jedoch in einem anderen Licht, führt man sich die derzeitige Situation vor Augen. Dort sieht sich der Sportler zweierlei Verfahren gegenüber, einerseits gegenüber dem nationalen Verband und andererseits gegenüber dem internationalen Verband. Hat sich mithin der internationale Sportverband eine eigene Sanktionshoheit (wirksam) vorbehalten, dann spielt es aus der Sicht des Sportlers keine Rolle, ob der internationale Verband ein paralleles Verfahren anstrengt oder aber im Sinne eines „materiell Beteiligten“ des Ausgangsverfahrens ein „Rechtsmittel“ gegen die erstinstanzliche Entscheidung und damit die Rechtsstellung eines "Quasi"-Beteiligten im Ausgangsverfahren eingeräumt bekommt[1728]. Durch die Gewährung einer Beteiligtenstellung im nationalen Schiedsverfahren verbunden mit einer Berufungsmöglichkeit lässt sich die internationale Ebene am ehesten in ein nationales Schiedsverfahren einbinden. Auf diese Weise lassen sich die Schiedsvereinbarungen zwischen Sportler und nationalem Verband sowie zum internationalen Verband aufeinander abstimmen.

3. Ergebnis

Grundsätzliche Voraussetzung für ein Mehrparteienschiedsverfahren ist die vertragliche Einigung der beteiligten Parteien, sich einem einheitlichen Prozessrechtsverhältnis zu unterwerfen. Die in theoretischer Hinsicht einfachste Form

---

[1725] Vgl. *Niese*, Schiedsgerichte bei Dopingstreitigkeiten, S. 7, 18.

[1726] Siehe hierzu insbesondere auch *Heß*, Sportrecht damals und heute, S. 69, 74 ff.

[1727] Einen unangemessenen Nachteil könnte man etwa in einem erhöhten Prozessrisiko für den jeweiligen Sportler erblicken.

[1728] Siehe auch *Niese*, Schiedsgerichte bei Dopingstreitigkeiten, S. 7, 19; *Kaufmann-Kohler*, Arbitration at the Olympics, 2001, S. 36. Dies gilt um so mehr, wenn man der Ansicht folgt, dass ein derart materiell, nicht aber formell im Ausgangsverfahren Beteiligter den Schiedsspruch anfechten könnte; denn § 1059 ZPO stellt insoweit nicht auf die Parteistellung im Schiedsverfahren ab, siehe *Schlosser*, in FS Geimer, 2002, S. 947, 963.

dies auszudrücken, eine explizite Mehrparteienschiedsvereinbarung, wird in der Praxis aber selten getroffen. Übereinstimmung herrscht jedoch insoweit, dass unter Zuhilfenahme verschiedener Anhaltspunkte eine stillschweigende Einigung auf ein Mehrparteienschiedsverfahren dann vorliegen kann, wenn mehrere zweiseitige Schiedsklauseln vorliegen. An die Feststellung einer stillschweigenden Einigung der Parteien auf eine Mehrparteienschiedsgerichtsbarkeit sind dann aber strenge Maßstäbe anzulegen.

Bringen zweiseitige Schiedsvereinbarungen zwischen den am Sportgeschehen beteiligten Parteien zum Ausdruck, dass sie bestimmte Streitigkeiten nicht durch die ordentlichen Gerichte, sondern schiedsrichterlich beilegen wollen, ist dieses, aus bilateralen Vereinbarungen bestehende sternförmige Gebilde, Indiz für die Ermittlung eines gemeinsamen Willens zur Durchführung eines Mehrparteienschiedsverfahrens. In Bezug auf zahlreiche Wettkampfstreitigkeiten, wie etwa Lizenz- oder Nominierungsstreitigkeiten, ist es darüber hinaus für die Parteien voraussehbar, dass diese nicht in angemessener Weise durch mehrere Zweiparteienschiedsverfahren erledigt werden können. Auch dies spricht für den Willen zur Durchführung eines Mehrparteienschiedsverfahrens. Weiteres, wenn auch schwaches Indiz ist die Kompatibilität der bilateralen Schiedsvereinbarungen, die im Falle gleichmäßiger Vereinbarung einer Schiedsinstitution (beispielsweise den CAS) vorliegt. In diesen Fällen bringen zweiseitigen Schiedsvereinbarungen im Sportbereich zusammengenommen auch den Willen der Parteien zur Durchführung eines Mehrparteienschiedsverfahrens zum Ausdruck.

Sind die verschiedenen Schiedsvereinbarungen nicht kompatibel, wie im Falle der vertikalen Mehrparteilichkeit im organisierten Sport, stellt sich die Frage wie Verfahren aufeinander abgestimmt werden können. Ein Mehrparteienschiedsverfahren kann auch durch ein System hintereinander geschalteter, aufeinander bezogener Schiedsverfahren durchgeführt werden, in dem man dem internationalen Verband im ersten nationalen Verfahren eine Beteiligtenstellung verbunden mit einem Berufungsrecht einräumt, was dann im Falle seiner Ausübung zu einem weiteren, für alle Beteiligten endgültigen, Schiedsverfahren führt.

II. Bildung des Schiedsgerichts

Die Einigung der Parteien auf ein gemeinsames Mehrparteienschiedsverfahren ist nur eine der Hürden, die die Parteien zu bewältigen haben. Auch bei der Bildung des Schiedsgerichts in der Mehrparteienkonstellation müssen sie zwingende Vorgaben beachten[1729]. Einigkeit besteht insoweit, dass die Parteien dabei

[1729] Die Bildung des Schiedsgerichts in der Mehrparteienkonstellation wird überwiegend als problematisch angesehen, vgl. BGH ZIP 1996, 830, 831; *Berger*, RIW 2001, 13; *Lionnet/Lionnet*, S. 432; *Massuras*, S. 323.

den Grundsatz der Waffengleichheit beachten müssen[1730]. Dieser Grundsatz hat im nationalen deutschen Schiedsverfahrensrecht seinen Ausdruck in der Vorschrift des § 1034 ZPO gefunden. In der sog. Dutco-Entscheidung[1731] zählte die französische Cour de Cassation den Grundsatz der Waffengleichheit bei der Bestellung des Schiedsgerichts sogar zum ordre public. Nach teilweise vertretener Ansicht muss darüber hinaus das Recht der Parteien auf einen eigenen Schiedsrichter beachtet werden[1732]. Da es an einer gesetzlichen Verankerung dieses Grundsatzes fehlt[1733], stellt sich die Frage, ob es überhaupt ein zwingend zu beachtendes Recht der Parteien auf die Bestellung eines eigenen Schiedsrichters gibt.

1. Kein Grundrecht der Parteien auf Bestellung eines eigenen Schiedsrichters

Gegen das Recht der Parteien ihren eigenen Schiedsrichter bestellen zu dürfen, spricht zunächst, dass eine positivrechtliche Verankerung eines derartigen Grundsatzes fehlt. Zwar ist es zutreffend, dass die Möglichkeit der Parteien, durch die Wahl ihres eigenen Schiedsrichters Einfluss auf die Qualität des Schiedsgerichts zu nehmen, einen der wesentlichen Vorteile der privaten Schiedsgerichtsbarkeit ausmacht. Dies allein reicht jedoch nicht, diesem grundsätzlich bestehenden Vorteil den Rang eines „Grundrechts der Schiedsgerichtsbarkeit“ zuzusprechen[1734]. Teilweise wird der Grundsatz, einen eigenen Schiedsrichter bestellen zu können, mit dem Grundsatz der Waffengleichheit der Parteien verknüpft. Dabei wird betont, dass die Bestellung eines Schiedsrichters aus dem Rechtskreis, dem die Parteien angehören, gerade in internationalen Konstellationen dem Grundsatz der prozessualen Waffengleichheit der Parteien zur Wirksamkeit verhelfe und es daher ein Recht auf die Bestellung eines eigenen Schiedsrichters gebe[1735]. Mag ersteres teilweise richtig sein, so gilt das für die daraus gezogene Schlussfolgerung nicht. Richtig wäre sie nur dann, wenn Bestellung eines eigenen Schiedsrichters durch jede Partei die einzige Möglichkeit wäre, dem Grundsatz der prozessualen Waffengleichheit zu entsprechen[1736]. Dies

---

[1730] Vgl. *Berger*, RIW 1993, 702, 706; *Rabe*, in FS Rowedder, S. 399, 406. Er wird daher teilweise auch zum ordre public gezählt, vgl. *Stein/Jonas/Schlosser*, ZPO, § 1034 Rn. 6; *Schlosser*, Internationale Schiedsgerichtsbarkeit, Rn. 580.

[1731] Cour de Cassation vom 7. 1.1992 Siemens AG und BKMI ./. Dutco Construction, Industrieanlagenbau GmbH ./. Siemens AG, RdA 1992, 470; BB 1992, Beilage 15, 27; eingehend Berger, RIW 1993, 703, 704 f.; Koussoulis, ZZP 107 (1994), 195 ff.

[1732] Vgl. *Schwab*, BB 1992, Beilage 15, 17, 18; *ders.*, in FS Habscheid, S. 285, 290; *ders.*, in FS Gaul, S. 729; *Schwab/Walter*, Kap. 10 Rn. 14 ff.; *Laschet*, in FS Bülow, S. 85, 109; *Berger*, RIW 1993, 702, 706; *Lachmann*, 1. Aufl., Rn. 655.

[1733] *Markfort*, S. 98; *Massuras*, S. 323; *Reiner*, S. 93 f.

[1734] Vgl. *Massuras*, S. 324 f.

[1735] Vgl. *Berger*, RIW 1993, 702, 706.

[1736] Vgl. *Massuras*, S. 325.

ist aber nicht der Fall, da auch die Bildung eines Schiedsgerichts durch eine neutrale dritte Stelle den Grundsatz der prozessualen Waffengleichheit beachtet.

Gegen das Bestehen eines im Voraus unverzichtbaren Rechts auf die Bestellung eines eigenen Schiedsrichters spricht zudem ein Vergleich mit der Bestellung des Schiedsgerichts im Zweiparteienschiedsverfahren. Dort ist ein Verzicht der Parteien auf ein Auswahlrecht vor dem Entstehen der Streitigkeit nichts Ungewöhnliches. Vereinbaren die Parteien beispielsweise für die Beilegung künftiger Streitigkeiten ein institutionelles Schiedsgericht oder verweisen sie auf eine Schiedsordnung, wonach das Schiedsgericht durch eine dritte Stelle bestellt wird, verzichten sie vor dem Entstehen der Streitigkeit auf das Recht, einen eigenen Schiedsrichter zu bestellen. Zu Einschränkungen des Rechts auf die Wahl eines eigenen Schiedsrichters im Voraus kommt es auch bei der Vereinbarung eines Ein-Mann-Schiedsgerichts für die Beilegung künftiger Streitigkeiten. Nach der herkömmlichen Regelung zur Bildung eines Einzelschiedsgerichts verlieren die Parteien ihr Auswahlrecht, wenn sie keine Einigung erzielen können. Dann wird der Schiedsrichter durch eine neutrale dritte Stelle benannt. Auch das deutsche Schiedsverfahrensrecht enthält mit § 1035 Abs. 3 S. 1 ZPO eine entsprechende Ersatzregelung für die Bildung eines Einzelschiedsgerichts. Zwar verzichten die Parteien in diesen Fällen nicht gänzlich auf das Recht, einen eigenen Schiedsrichter zu bestellen, jedoch schränken sie es dadurch ein, dass beide Parteien den gleichen Schiedsrichter bestellen müssen. Kommt diese Einigung der Parteien auf einen Schiedsrichter nicht zustande, verlieren sie ihr Recht auf eine eigene Bestellung. Somit wird das Recht der eigenen Schiedsrichterbestellung in diesen Fällen im Voraus von der einschränkenden Bedingung einer gemeinsamen Schiedsrichterwahl abhängig gemacht, was einen teilweisen Verzicht darstellt. Das deutsche Schiedsverfahrensrecht sieht mithin Konstellationen vor, in denen nicht jede Partei das Recht auf die Bestellung eines eigenen Schiedsrichters hat. Ein Grundrecht der Parteien auf Bestellung eines eigenen Schiedsrichters ist daher abzulehnen[1737].

2. Grundsatz der Waffengleichheit der Parteien bei der Bestellung des Schiedsgerichts

Während es ein Recht der Parteien auf einen eigenen Schiedsrichter nicht gibt, muss der Grundsatz der Waffengleichheit der Parteien bei der Bestellung des Schiedsgerichts nach einhelliger Ansicht beachtet werden[1738]. Danach müssen die Parteien den gleichen Einfluss auf die Bestellung des Schiedsgerichts haben. Fraglich ist, wie eine Regelung zur Bestellung des Schiedsgerichts in der Mehr-

---

[1737] *Markfort*, S. 100, *Massuras*, 323 ff.; *Reiner*, S. 93 f.; *Schlosser*, Neues Recht der Schiedsgerichtsbarkeit, S. 163, 208; nun auch *Lachmann*, 2. Aufl., Rn. 1374.

[1738] Vgl. *Berger*, RIW 1993, 702, 706; *Rabe*, in FS Rowedder, S. 399, 406. Er wird daher teilweise auch zum ordre public gezählt, vgl. *Stein/Jonas/Schlosser*, ZPO, § 1034 Rn. 6; *Schlosser*, Internationale Schiedsgerichtsbarkeit, Rn. 580.

parteiensituation ausgestaltet sein muss, um dem Grundsatz der Waffengleichheit zu genügen.

Solange eine Zweiparteienstruktur des Verfahrens erhalten bleibt und lediglich auf Kläger- oder Beklagtenseite mehrere Beteiligte stehen, lassen sich die üblichen Regeln zur Bildung eines Schiedsgerichts grundsätzlich übertragen. Unproblematisch ist der Fall, dass sich die Parteien auf einen Einzelschiedsrichter einigen. Sind drei Schiedsrichter vorgesehen, wäre es denkbar, dass sich jeweils die auf einer Seite stehenden Parteien auf einen Schiedsrichter einigen müssen, die dann den Vorsitzenden bestimmen. Können sich die gemeinsam auf einer Seite stehenden Parteien nicht einigen, wird eine Ersatzbestellung notwendig, soll das Schiedsverfahren nicht an der Konstituierung des Schiedsgerichts scheitern. Eine derartige Ersatzbestellung ist durchaus üblich. Im deutschen Schiedsverfahrensrecht etwa ist sie vorgesehen, wenn eine Partei mit der Ernennung ihres Schiedsrichters in Verzug gerät[1739]. Dieses Modell zur Bildung des Schiedsgerichts bei einer Mehrheit von Klägern oder Beklagten war in der Praxis durchaus verbreitet[1740].

In der bereits angesprochenen Dutco-Entscheidung[1741] sah die französische Cour de Cassation das Prinzip der Waffengleichheit jedoch als verletzt an, wenn mehrere Parteien auf der Kläger- oder Beklagtenseite einen Schiedsrichter gemeinsam bestimmen müssen, während die auf der anderen Seite stehende Partei ihren Schiedsrichter autonom bestimmen darf. Dies führe zu einem Übergewicht derjenigen Partei, die ihr Benennungsrecht autonom ausüben darf, während die auf der anderen Seite stehenden Parteien sich auf einen Schiedsrichter einigen müssen oder im Falle der Nichteinigung aufgrund der Ersatzbestellung eines Dritten gänzlich ihre Benennungsmöglichkeit verlieren. Es erscheint fraglich, ob eine derartige Regelung das Prinzip der Waffengleichheit tatsächlich in jedem Fall verletzt.

Vergleicht man die Einflussmöglichkeiten der Beteiligten miteinander, so stellt die Bedingung, sich mit anderen auf einen Schiedsrichter einigen zu müssen oder aber das Ernennungsrecht zu verlieren, gegenüber demjenigen, der einen eigenen Schiedsrichter bestellen darf, zweifellos eine Einschränkung dar. Die Einzelpartei hat gegenüber den einzelnen Beteiligten der Kläger- oder Beklagtenmehrheit einen größeren Einfluss bei der Bildung des Schiedsgerichts. Haben nun aber alle Beteiligten den gleichen Einfluss auf die Bildung des Schiedsgerichts, etwa im einfachsten Fall das Recht jeweils einen eigenen Schiedsrichter zu benennen, ist die Parität zwischen Kläger- und Beklagtenseite nicht mehr

[1739] Vgl. § 1035 Satz 3 ZPO.

[1740] Vgl. auch Art. R41.1 CAS-VO a.F.

[1741] Cour de Cassation vom 7. 1.1992 Siemens AG und BKMI ./. Dutco Construction, Industrieanlagenbau GmbH ./. Siemens AG, RdA 1992, 470; BB 1992, Beilage 15, 27; eingehend Berger, RIW 1993, 703, 704 f.; Koussoulis, ZZP 107 (1994), 195 ff.

zwangsläufig gewahrt[1742]. Zwar sind die parteiernannten Schiedsrichter in der Regel keine Interessenvertreter der sie ernennenden Partei. Es ist aber auch nicht gänzlich auszuschließen, dass sie deren Interessen verstärkt berücksichtigen[1743]. Dies lässt Zweifel daran aufkommen, ob alle Beteiligten nach dem Grundsatz der Waffengleichheit im Schiedsverfahren in jedem Fall den gleichen Einfluss auf die Bildung des Schiedsgerichts haben müssen. Möglicherweise ist der größere Einfluss einzelner Beteiligter in bestimmten Fällen gerade die einzige Möglichkeit, das notwendige Gleichgewicht zwischen Kläger- und Beklagtenseite zur Bildung eines sachlich unabhängigen Spruchkörpers zu gewährleisten. Der Grundsatz der Waffengleichheit der Parteien dient nämlich auch der Sicherstellung der Unabhängigkeit des Spruchkörpers im Hinblick auf den Verfahrensausgang. Dies kann sich aber sinnvoller Weise nur auf die auf Kläger- bzw. Beklagtenseite stehenden Interessen am Verfahrensausgang beziehen, d.h. auf die aus dem Streitgegenstand hervorgehende Interessenkonstellation. Haben Kläger- und Beklagtenseite jeweils die gleiche Einflussmöglichkeit auf die Bildung des Schiedsgerichts, wird die Neutralität des Spruchkörpers gegenüber den Kläger- bzw. Beklagteninteressen gleichermaßen gewahrt. Dies gilt ebenso, wenn sich zwar die Anzahl an Kläger- oder Beklagten verändert, die Interessenkonstellation hinsichtlich des Verfahrensausgangs aber die gleiche ist. Daran kann nur dann nicht mehr festgehalten werden, wenn mehrere Beteiligte auf Kläger- bzw. Beklagtenseite verschiedene Interessen verfolgen. Müssen dann die, zwar zusammen auf einer Seite stehenden, aber gegenläufige Interessen verfolgenden, Parteien zusammen einen gemeinsamen Schiedsrichter bestellen, während die Einzelpartei einen eigenen Schiedsrichter bestellt, kann eben dessen Interesse im Schiedsgericht gegenüber den Interessen der anderen stärker vertreten sein. Daher ist der Grundsatz der Waffengleichheit in dem Sinne zu verstehen, dass die dem Streitgegenstand zugrunde liegenden Interessen der Beteiligten bei der Konstituierung des Schiedsgerichts gleichmäßige Berücksichtigung finden müssen[1744]. Diese Grundsätze gelten auch dann, wenn die Zweiparteienstruktur von Kläger- und Beklagtenseite aufgelöst wird.

3. Möglichkeiten zur Bestellung eines Mehrparteienschiedsgerichts im Sport

Die im Dutco-Verfahren kritisierte Regelung zur Bildung des Schiedsgerichts bei einer Mehrheit von Klägern und Beklagten ist in all denjenigen Fällen bedenklich, in denen die auf dem Streitgegenstand aufbauenden Interessen der auf Kläger- oder Beklagtenseite zusammenstehenden Parteien nicht gleichgerichtet sind. Für den Großteil der Sportstreitigkeiten, nämlich die Maßnahmen, die zur

---

[1742] Vgl. *Massuras*, S. 307 f.

[1743] *Schlosser*, ZZP (1980), 121 ff.; *Jagenburg*, in FS Oppenhoff, S. 147, 158 ff.; *Franzen*, NJW 1986, 299 ff.

[1744] Vgl. *Koussoulis*, ZZP 107 (1994), 195, 209 f.; *Massuras*, S. 328.

Durchsetzung der Sportregelwerke getroffen werden, wird jedoch regelmäßig eine Situation vorliegen, in der die Interessen der Parteien entweder auf die Aufrechterhaltung einer Verbandsmaßnahme oder auf deren Aufhebung gerichtet sind. In diesen Fälle verletzt die Verpflichtung zur gemeinsamen Schiedsrichterernennung der auf einer Verfahrensseite stehenden Parteien nicht den Grundsatz der Waffengleichheit der Parteien, da auch bei der Verpflichtung mehrerer Kläger oder Beklagten einen gemeinsamen Schiedsrichter zu benennen, die gleichmäßige Neutralität gegenüber den in Frage stehenden Interessen gewahrt wird[1745]. Bestehen auf einer Seite des Schiedsverfahrens jedoch keine gleichgerichteten Interessen und werden die Parteien dennoch zur gemeinsamen Bestellung eines Schiedsrichters gezwungen oder wird lediglich der Schiedsrichter ersatzweise bestellt, auf den sich die Mehrheit von Klägern- oder Beklagten nicht einigen konnten, würde der Grundsatz der Waffengleichheit bei der Bestellung des Schiedsgerichts verletzt. In diesen Fällen bedarf es einer anderen Regelung zur Konstituierung des Schiedsgerichts.

Nach der Entscheidung des französischen Cour de Cassation haben die meisten Schiedsordnungen Regelungen zur Schiedsrichterbestimmung in Mehrparteienverfahren aufgenommen[1746]. Um eine Gleichbehandlung der Parteien zu gewährleisten, werden verschiedene Lösungen vorgeschlagen. Ein Vorschlag sieht die Einigung aller Parteien auf einen Einzelschiedsrichter vor[1747]. Die gemeinsame Einigung auf einen Schiedsrichter setzt aber einerseits einen Verzicht aller Parteien auf die Möglichkeit, ihren eigenen Schiedsrichter zu benennen, voraus und ist andererseits gerade im Streitfall zwischen allen Parteien schwer zu erzielen. Daher dürfte regelmäßig eine Ersatzbestellung des Schiedsrichters erforderlich sein. Ein anderer Vorschlag sieht für die Bildung des Schiedsgerichts eine Negativauslese vor. Jede Partei erhält von der Schiedsorganisation eine Liste, die für den Fall eines Einzelschiedsgerichts einen Namen mehr als die Zahl der Parteien enthält. Jede Partei erhält das Recht, eine Person von der Liste zu streichen. Entweder wird die übrig bleibende Person oder im Falle mehrerer übrig bleibender Personen die von der Schiedsorganisation ausgewählte Person zum Schiedsrichter bestellt. Dieser Vorschlag führt zunächst durch je nach Parteienanzahl geringe Vorauswahl der Schiedsrichter durch die Schiedsorganisation in jedem Fall zu einer Einschränkung der Wahlfreiheit der Parteien[1748]. Darüber hinaus ist die mit der Streichungsmöglichkeit einer Person verbundene Einflussmöglichkeit der Parteien auf die Bildung des Schiedsgerichts generell sehr beschränkt. Ein anderer Vorschlag sieht vor, dass sämtliche Schiedsrichter oder sämtliche Parteischiedsrichter von einer neutralen dritten Stelle, beispielsweise

[1745] Vgl. auch das Beispiel bei *Massuras*, S. 331.

[1746] Vgl. Art. 10 ICC Rules, § 13 DIS SchGO, Art. 6 Abs. 5 AAA Int. Arb. Rules, Art. 8 LCIA Rules, Art. 16 Abs. 3 SCC Rules, Art. 18 WIPO Arb. Rules.

[1747] *Schwab*, in FS Habscheid, S. 290 f.; *ders.*, BB 1992, Beilage 15, 18.

[1748] Vgl. *Markfort*, S. 95.

der Schiedsorganisation, ausgewählt und ernannt werden[1749]. Diese Regelung wird auch in der Literatur überwiegend empfohlen[1750]. Mit dieser Regelung verlieren jedoch alle Parteien gänzlich die in der Schiedsgerichtsbarkeit wichtige Möglichkeit, auf die Besetzung des Schiedsgerichts Einfluss nehmen zu können[1751]. Daher würde es sich anbieten, diese Möglichkeit lediglich als Ersatzregelung vorzusehen, wenn es den auf einer Seite stehenden Parteien nicht gelingt, sich auf einen gemeinsamen Schiedsrichter zu einigen. So bleibt die Möglichkeit des parteiernannten Schiedsgerichts jedenfalls grundsätzlich erhalten.

Eine differenzierte Regelung enthält beispielsweise die CAS-VO zur Bildung des Schiedsgerichts im Falle einer Mehrheit von Klägern oder Beklagten. Nach Art. R41.1 richten sich die Anzahl der Schiedsrichter und das Verfahren zu deren Bestellung vorrangig nach den Vereinbarungen der Parteien. Fehlt eine Vereinbarung wird die Anzahl der Schiedsrichter abhängig von der Höhe des Streitwertes und dem Schwierigkeitsgrad des Falles vom Präsidenten der Kammer bestimmt (Art. R41.1., R40.1 CAS-VO). Für den Einzelschiedsrichter ist eine Ersatzbestellung durch den Präsidenten der Kammer vorgesehen, wenn sich die Parteien nicht auf einen Schiedsrichter einigen können (Art. R41.1., R40.2 CAS-VO). Bei einem Dreierschiedsgericht ist eine Ersatzbestellung der parteiernannten Schiedsrichter durch den Präsidenten der Kammer vorgesehen, wenn sich mehrere Kläger oder Beklagte nicht auf einen Schiedsrichter einigen können (Art. R41.1, R40.2 CAS-VO). Bei einer Beteiligung von drei oder mehr Parteien mit divergierenden Interessen ist ebenfalls eine Ersatzbestellung durch den Präsidenten der Kammer vorgesehen, falls sich die Parteien nicht auf zwei Schiedsrichter verständigen können (Art. R41.1, R40.2 CAS-VO). Die Regelung der CAS-VO beachtet somit auf diese Weise den Grundsatz der Waffengleichheit bei der Bestellung des Schiedsgerichts, ohne den Parteien schon im Voraus die Möglichkeit zur Bestellung eines Schiedsrichters zu nehmen.

4. Ergebnis

- Ein Recht der Parteien auf die Bestellung eines eigenen Schiedsrichters gibt es nicht. Zwingend beachtet werden muss hingegen der Grundsatz der Waffengleichheit.
- Der Grundsatz der Waffengleichheit der Parteien bei der Bildung des Schiedsgerichts wird verletzt, wenn das Verfahren zur Bestellung des

[1749] Vgl. Art. 10 ICC Rules; § 13 DIS SchGO; Art. 8 LCIA Rules und Art. 6 Abs. 5 AAA Int. Arb. Rules; Art. 18 WIPO-Regeln.

[1750] *Berger*, ZHR 164 (2000), 295, 305; *Lachmann*, Rn. 1374, *Massuras*, S. 316 jeweils m.w.N.

[1751] Vgl. *Lachmann*, Rn. 1374. Zu der dadurch entstehenden Charakteränderung der Schiedsgerichtsbarkeit vgl. *Massuras*, S. 316 f.

Schiedsgerichts nicht gewährleistet, dass der gebildete Spruchkörper den Interessen aller Beteiligten gegenüber in gleichem Maße unabhängig ist. Eine Verpflichtung, dass sich mehrere zusammen auf Kläger- oder Beklagtenseite zusammenstehende Parteien auf einen gemeinsamen Schiedsrichter zu einigen haben, verstößt nur dann nicht gegen den Grundsatz der Waffengleichheit, wenn sie gleichgerichtete Interessen haben. Letzteres entspricht der Interessenlage eines Großteils der Sportstreitigkeiten um die Wirksamkeit von Verbandsmaßnahmen. Dort kann das Interesse der Beteiligten lediglich für oder gegen die Verbandsmaßnahme sprechen.

- Liegt hingegen keine gleichgerichtete Interessenlage auf Kläger- oder Beklagtenseite vor, dürfen die gemeinsam auf Kläger- oder Beklagtenseite stehenden Parteien nicht verpflichtet werden, gemeinsam einen Schiedsrichter zu benennen. Dann bleibt nur die Möglichkeit entweder sämtliche Schiedsrichter oder wenigstens sämtliche Parteischiedsrichter durch einen neutralen Dritten bestimmen zu lassen.

III. Durchführung des Verfahrens

Erfüllt ein Sportschiedsgericht die bisher dargestellten Grundvoraussetzungen – Legitimation durch eine Mehrparteienschiedsvereinbarung, sachliche Unabhängigkeit des Schiedsgerichts – besitzt es die notwendige, aber auch hinreichende Legitimation durch die Parteien, die von der Schiedsvereinbarung erfassten Sportstreitigkeiten für sämtliche davon betroffenen Parteien beizulegen. Nun gilt es noch zu klären, wie das Verfahren aussehen kann, um Sportstreitigkeiten für alle Beteiligte einheitlich und verbindlich in einem gemeinsamen Mehrparteienschiedsverfahren beizulegen. Mit anderen Worten geht es um die Frage, mit Hilfe welcher verfahrensrechtlicher Mittel ein solcher Streitkomplex einheitlich beigelegt werden kann.

1. Mittel zur einheitlichen Beilegung von Sportstreitigkeiten

Soll eine Streitigkeit einheitlich beigelegt werden, ist zwingend erforderlich, dass alle Beteiligte an eine Entscheidung gebunden werden. In Zivilprozess ist dies eine Frage der materiellen Rechtskraft.

a) Materielle Rechtskraft zur Verhinderung widersprüchlicher Entscheidungen

Die materielle Rechtskraft eines Urteils (§ 322 ZPO) bedeutet, dass ein Streitgegenstand wie er im Urteilstenor zum Ausdruck kommt, unter den durch die Rechtskraft gebundenen Personen endgültig festgestellt ist[1752]. Diese endgültige Feststellung hat nach h.M. zur Folge, dass eine zweite Klage mit identischem

[1752] Vgl. *Heintzmann*, S. 103.

Streitgegenstand als unzulässig abzuweisen ist. Die Rechtskraft ist insofern negative Prozessvoraussetzung jeder weiteren Klage[1753]. Ist der Streitgegenstand beider Rechtsstreitigkeiten nicht identisch, hat aber der frühere Streitgegenstand ein präjudizielles Rechtsverhältnis des Folgeprozesses zum Gegenstand, steht die Rechtskraft des Urteils zwar der Zulässigkeit des Folgeprozesses nicht entgegen, die Entscheidung des Vorprozesses erzeugt aber eine Bindungswirkung gegenüber dem Folgeprozess[1754]. In beiden Fällen ist die materielle Rechtskraft von Amts wegen zu beachten[1755]. Damit dient sie der Verhinderung widersprüchlicher Entscheidungen zu ein und demselben Streitgegenstand.

Die materielle Rechtskraft staatlicher Urteile kann einheitliche Entscheidungen aber nur in begrenztem Umfang gewährleisten[1756]. In objektiver Hinsicht ergibt sich diese Beschränkung zunächst aus der Anknüpfung an den umstrittenen Begriff des Streitgegenstandes, der nach überwiegender Ansicht aus dem Klageantrag und dem ihm zugrunde liegenden Lebenssachverhalt, aus dem der Kläger die begehrte Rechtsfolge herleitet, besteht[1757]. Stellt der Kläger also einen anderen Antrag liegt bereits ein geänderter Streitgegenstand vor, dem die Rechtskraft des ersten Urteils grundsätzlich nicht entgegensteht. Eine weitere Beschränkung ergibt sich daraus, dass sich die Rechtskraft lediglich auf den Tenor, nicht aber auf den Tatbestand und die Entscheidungsgründe erstreckt[1758]. Problematischer aber im Hinblick auf die einheitliche Streitbeilegung von Sportstreitigkeiten ist die beschränkte subjektive Reichweite der materiellen Rechtskraft. In subjektiver Hinsicht entfaltet das Urteil gem. § 325 Abs. 1 ZPO seine Rechtskraft nämlich grundsätzlich nur zwischen den Parteien des Rechtsstreits (§ 325 Abs. 1 ZPO)[1759]. Es gibt allerdings eine Reihe von Ausnahmefällen, in denen sich die Rechtskraft eines Urteils über die formal am Verfahren Beteiligten hinaus auf Dritte erstreckt[1760], wobei eine dieser Ausnahmen durchaus auch für die einheitliche Beilegung von Sportstreitigkeiten bedeutsam ist. Im Vereinsrecht besteht in Rechtsprechung und Literatur im Ergebnis weitgehend Einigkeit darüber, dass die erfolgreiche Klage eines Vereinsmitgliedes gegen einen Versammlungsbeschluss in Abweichung zu § 325 Abs. 1 ZPO Rechtskraft nicht nur

---

[1753] Vgl. *Zöller/Vollkommer*, ZPO, Vor § 322 Rn. 19, 21; *Schellhammer*, Rn. 835.

[1754] *Zöller/Vollkommer*, ZPO, Vor § 322 Rn. 19, 22. Zur Frage wie die Bindungswirkung eines Urteils für ein späteres Verfahren zu erklären ist (materiellrechtliche Rechtskrafttheorie oder prozessuale Theorie), vgl. *Musielak*, Rn. 537; *Lüke*, Rn. 358 f.; *Jauernig*, § 62 II.

[1755] Vgl. *Zöller/Vollkommer*, ZPO, Vor § 322 Rn. 20.

[1756] Vgl. auch *Leipold*, S. 6.

[1757] Vgl. zum Streitgegenstand *Thomas/Putzo/Reichold*, Einl. II, Rn. 1; *Zöller/Vollkommer*, ZPO, Einl. Rn. 60 ff., m.w.N.; zum Einfluss der Rechtsprechung des EuGH auf den Begriff des Streitgegenstandes, vgl. *Rüßmann*, ZZP 111 (1998), 399, 414 ff.; *Walker*, ZZP 111 (1998), 429, 434 ff.

[1758] Vgl. *Lüke*, Rn. 364.

[1759] Vgl. *Zöller/Vollkommer*, ZPO, § 325 Rn. 3.

[1760] Vgl. *Zöller/Vollkommer*, ZPO, § 325 Rn. 28.

zwischen den formalen Parteien des Verfahrens entfaltet, sondern allgemein alle Vereinsmitglieder bindet[1761]. Jenseits dieser Ausnahmen ist die Rechtskraft eines staatlichen Urteils auf die die formal am Verfahren Beteiligten beschränkt. Diese beschränkte Reichweite der Rechtskraft im staatlichen Verfahren muss im Schiedsverfahren angesichts des Stellenwertes der Parteiautonomie in der Schiedsgerichtsbarkeit nicht gleichermaßen vorliegen. Daher stellt sich die Frage, welche Rolle die Rechtskraft für die einheitliche schiedsrichterliche Beilegung von Sportstreitigkeiten spielen kann.

aa) Materielle Rechtskraft von Schiedssprüchen

Gem. § 1055 ZPO hat ein Schiedsspruch unter den Parteien die Wirkung eines rechtskräftigen gerichtlichen Urteils. Das lässt vermuten, dass die Ausführungen zur Rechtskraft eines staatlichen Urteils ohne weiteres auf den Schiedsspruch eines Sportschiedsgerichts zu übertragen sind. Die Besonderheiten der Schiedsgerichtsbarkeit aber, insbesondere der Stellenwert der Parteiautonomie, führen zu deutlichen Abweichungen. So ist zunächst umstritten, ob ein Schiedsspruch von Amts wegen[1762] oder nur auf Einrede hin im Folgeprozess zu beachten ist[1763], wobei die praktischen Auswirkungen dieses Streits wohl eher begrenzt sind. Zunächst kann ein nachfolgendes staatliches Gericht den Schiedsspruch von Amts wegen freilich nur beachten, wenn es auf irgendeine Weise Kenntnis vom Schiedsspruch erlangt hat, was aber regelmäßig erst durch eine entsprechende Einrede der Partei erfolgen dürfte, die sich der Rechtskraft des Schiedsspruches bedienen möchte. Lediglich in den Fällen, in denen das nachfolgende staatliche Gericht nicht durch die Einrede einer Partei Kenntnis vom Schiedsspruch erlangt hat, wird der Streit relevant. Hauptanwendungsfall dürfte die Konstellation sein, wenn sämtliche Parteien den Schiedsspruch ignorieren und ihren Streit nun ein-

---

[1761] Die Begründung dieser inter-omnes-Wirkung ist umstritten. Nach e.A. sollen die für aktienrechtliche Anfechtungs- und Nichtigkeitsklagen geltenden Vorschriften der §§ 241 ff. AktG auch im Vereinsrecht gelten, vgl. *Grunewald*, Ausschluss, S. 270; *Noack*, S. 86; MünchKommBGB/*Reuter*, § 32 Rn. 34; *K. Schmidt*, in FS Stimpel, S. 217 ff. Die inter-omnes-Wirkung der Anfechtungs- und Nichtigkeitsurteile folgt dann aus der entsprechenden Anwendung der §§ 248 Abs. 1 S. 1, 249 Abs. 1 S. 1 AktG. Nach a.A. ist die den Vereinsmitgliedern zur Verfügung stehende Feststellungsklage gegen den Verein mit der prozessualen Besonderheit ausgestattet, dass die Rechtskraft des der Feststellungsklage stattgebenden Urteils nicht nur zwischen den formalen Parteien des Rechtsstreites wirkt sondern allgemein innerhalb des Vereins, was mit praktischen Gründen und Gründen der Rechtssicherheit begründet wird, vgl. ausführlich *Reichert*, Rn. 1135 ff., 1727 ff.; *Soergel/Hadding*, BGB, § 32 Rn. 40, jeweils m.w.N.

[1762] Vgl. *Schwab/Walter*, Kap. 21 Rn. 6; *Zöller/Geimer*, ZPO, § 1055 Rn. 8.

[1763] Vgl. *Lachmann*, Rn. 1027; MünchKommZPO/*Münch*, § 1055 Rn. 8; *Stein/Jonas/Schlosser*, ZPO, § 1055 Rn. 5.

verständlich im staatlichen Verfahren austragen wollen[1764]. Da die Parteien bei ihrem Versuch nach einer schiedsrichterlichen Streitbeilegung Justizressourcen meist nur in geringem Umfang in Anspruch nehmen und der Rechtsfrieden bei einem einvernehmlichen Vorgehen der Parteien ebenso wenig in Gefahr ist, besteht aus öffentlichem Interesse heraus kein Grund, dass ein staatliches Gericht den Schiedsspruch wider den einvernehmlichen Willen der Parteien berücksichtigten sollte. Daher ist die Rechtskraft des Schiedsspruches anders als die Rechtskraft staatlicher Urteile aus systematischen Gründen an die Einredeobliegenheit geknüpft[1765]. Wird die Einrede der materiellen Rechtskraft des Schiedsspruches aber erhoben, sind abweichende Entscheidungen in der gleichen Streitsache nicht möglich[1766]. Damit kann grundsätzlich auch die Rechtskraft eines Schiedsspruches zur Sicherstellung einheitlicher Entscheidungen in Sportstreitigkeiten beitragen. Ihr Beitrag wäre jedoch nicht allzu groß, wenn die Reichweite der Rechtskraft eines Schiedsspruches ebenso beschränkt wäre wie die eines staatlichen Urteils. Daher stellt sich die Frage nach den Grenzen der Rechtskraft eines Schiedsspruches.

bb) Parteiautonome Grenzbestimmung der Rechtskraft

Der größere Stellenwert der Parteiautonomie in der Schiedsgerichtsbarkeit lässt zunächst vermuten, dass auch die für staatliche Urteile bestehenden Beschränkungen hinsichtlich der objektiven und subjektiven Reichweite der Rechtskraft für einen Schiedsspruch nicht in gleicher Weise gelten. So sollen in objektiver Hinsicht nach teilweise vertretener Ansicht weder solche Einschränkungen bestehen, die sich aus der engen Auslegung des Begriffs des Streitgegenstandes im staatlichen Verfahren ergeben[1767], noch soll die Rechtskraft auf den Tenor des Schiedsspruches beschränkt sein[1768]. Auch die subjektive Reichweite der Rechtskraft eines Schiedsspruches sei anders zu bestimmen als die eines staatlichen Urteils, da sich die Bindung an die Entscheidungsgewalt des Spruchkörpers nicht aus der staatlichen Hoheitsgewalt, sondern aus der mit der Schiedsvereinbarung privatautonom übertragenen Entscheidungsgewalt ergebe[1769]. Daher soll sich die Rechtskraft eines Schiedsspruches nach überwiegender Ansicht einfach nach der Reichweite der Schiedsvereinbarung richten[1770]. Nach anderer Ansicht

---

[1764] Freilich ist auch der Fall denkbar, in dem es eine Partei versäumt, sich auf den Schiedsspruch zu berufen. Da die Einrede aber bis zur letzten mündlichen Tatsachenverhandlung erhoben werden kann, vgl. *Schwab/Walter*, Kap. 21 Rn. 6, werden solche Fälle eher selten sein.

[1765] Vgl. *Stein/Jonas/Schlosser*, ZPO, § 1055 Rn. 5.

[1766] Zur ne bis in idem-Wirkung und zur Präjudizialität, vgl. *Stein/Jonas/Schlosser*, ZPO, § 1055 Rn. 6 ff.

[1767] Vgl. *Stein/Jonas/Schlosser*, ZPO, § 1055 Rn. 10.

[1768] Vgl. *Stein/Jonas/Schlosser*, ZPO, § 1055 Rn. 11.

[1769] Vgl. *Stein/Jonas/Schlosser*, ZPO, § 1055 Rn. 18.

[1770] Vgl. *Lachmann*, Rn. 1028; *Massuras*, S. 449; MünchKommZPO/*Münch*, § 1055 Rn. 12.

sind die §§ 322 ff., 325 ff. ZPO für die objektiven und subjektiven Grenzen eines deutschen Schiedsspruches entsprechend anzuwenden[1771]. Der Parteiautonomie wird allerdings auch nach dieser Ansicht der Vorrang gewährt, so dass eine Rechtskrafterstreckung auf Dritte durch eine entsprechende Parteivereinbarung möglich sein soll[1772]. Somit besteht zumindest Einigkeit dahingehend, dass in der Schiedsgerichtsbarkeit anders als im staatlichen Verfahren Dispositionen über die Rechtskraft möglich sind. Mit dieser Dispositionsmöglichkeit eröffnet sich gleichzeitig die Chance, dass die Rechtskraft des Schiedsspruches in der Sportschiedsgerichtsbarkeit eine weitaus größere Rolle für die einheitliche Beilegung von Sportstreitigkeiten spielen kann, als im staatlichen Verfahren. Haben nämlich alle Teilnehmer einer Wettkampfgemeinschaft die schiedsrichterliche Beilegung der aus der Anwendung des Sportregelwerks entstehenden Streitigkeiten vereinbart, ergibt sich eine inter omnes Wirkung entweder bereits aus der Bindung der Wettkampfteilnehmer an die Schiedsvereinbarung oder aus einer zusätzlichen ausdrücklichen Vereinbarung, dass Schiedssprüche zu Streitigkeiten aus dem Wettkampfgeschehen eine inter omnes Wirkung unter den Schiedsvertragsparteien haben.

Soll der Schiedsspruch eines Sportschiedsgerichtes eine derartige inter omnes Wirkung haben, muss das Schiedsverfahren aber besonderen Anforderungen entsprechen. Dies ergibt sich allein schon aus dem Grundsatz des rechtlichen Gehörs. Denn nach der Rechtsprechung des BVerfG ist sogar demjenigen rechtliches Gehör zu gewähren, der zwar selbst nicht am Prozess beteiligt ist, demgegenüber aber die richterliche Entscheidung materiellrechtlich wirkt[1773]. Nachfolgend gilt es daher zu untersuchen, welche verfahrensrechtlichen Vorkehrungen für das Schiedsverfahren getroffen werden müssen, damit dem Schiedsspruch eines Sportschiedsgerichts die gewünschte inter omnes Wirkung innerhalb der Wettkampfgemeinschaft zukommen kann.

b) Voraussetzungen für eine inter omnes Wirkung von Schiedssprüchen

Die inter omnes Wirkung von Schiedssprüchen wurde insbesondere im Zusammenhang mit der Anfechtung von GmbH-Gesellschafterbeschlüssen diskutiert[1774]. Da auch die Entscheidung einer GmbH-Beschlussmängelstreitigkeit ihrer Natur nach allen Gesellschaftern gegenüber nur einheitlich ergehen kann, ist die Diskussion um die schiedsrichterliche Beilegung von GmbH-Beschlussmängelstreitigkeiten auch für die Frage von Bedeutung, ob und unter welchen Voraussetzungen Sportstreitigkeiten allen Beteiligten gegenüber einheitlich beige-

---

[1771] Vgl. *Zöller/Geimer*, ZPO, § 1055 Rn. 7.

[1772] Vgl. *Zöller/Geimer*, a.a.O.

[1773] Vgl. BVerfGE 60, 7, 13.

[1774] BGH NJW 1996, 1753 ff.; Anm. *Schlosser*, JZ 1996, 1020 ff.; vgl. im Anschluss an diese Entscheidung OLG Celle NZG 1999, 167 ff.; OLG Köln SpuRt 2004, 110, 111.

legt werden können[1775]. Der BGH hatte die Wirksamkeit einer Schiedsvereinbarung verneint, nach der über die Anfechtung eines GmbH-Gesellschafterbeschlusses ein Schiedsgericht entscheiden sollte[1776]. Begründet hat der BGH seine Ansicht damit, dass GmbH-Gesellschafterbeschlüsse nicht vor einem Schiedsgericht angefochten werden können, weil es in der Schiedsgerichtsbarkeit an einer gesetzlichen Regelung fehle, welche die in § 248 Abs. 1 Satz 1 AktG[1777] statuierte Rechtskrafterstreckung auf die am Verfahren nicht beteiligten Dritten im Falle einer schiedsrichterlichen Entscheidung vorschreibe[1778]. Letztere sei Folge der in § 246 Abs. 3 Satz 3 AktG vorgesehenen Konzentrationswirkung vor ein und demselben Spruchkörper und könne daher nicht aus dem engen Zusammenhang mit einer Entscheidung durch staatliche Gerichte herausgelöst und auf die Wirkung von Schiedssprüchen übertragen werden[1779]. Dies führe dazu, dass es bei der Anfechtung von Gesellschafterbeschlüssen vor einem Schiedsgericht bei der in § 1055 ZPO angeordneten inter partes Wirkung von Schiedssprüchen bleiben müsse und eine Bindungswirkung des Schiedsspruches gegenüber den nicht am Schiedsverfahren beteiligten Gesellschaftern nicht eintrete[1780]. Die Reaktionen auf die Ansicht des BGH in der Literatur sind geteilt[1781]. Überwiegend besteht Übereinstimmung dahingehend, dass die Möglichkeit einer Schiedsvereinbarung über die Anfechtung von GmbH-Gesellschafterbeschlüssen prinzipiell besteht[1782], was jedoch voraussetze, dass die vom BGH geäußerten Bedenken durch eine entsprechende Ausgestaltung der Schiedsvereinbarung ausgeräumt werden[1783]. Dabei geht es in erster Linie um die Frage, welche

---

1775 Auch in der Literatur wird teilweise eine Vergleichbarkeit von Konkurrentenklagen im Sport im Zusammenhang mit der Zulassung zu internationalen Sportveranstaltungen und Beschlussmängelstreitigkeiten angedeutet, vgl. *Stein/Jonas/Schlosser*, ZPO, § 1042 Rn. 28; *ders.*, in FS Geimer, S. 948, 960.

1776 Anders die Vorinstanz, vgl. OLG Karlsruhe WiB 1995, 999 ff. m. Anm. *Jäger*, WiB 1995, 999, 1000 f.

1777 Die §§ 241 ff. AktG gelten nach allgemeiner Ansicht für die Anfechtung von GmbH-Gesellschafterbeschlüssen analog, vgl. BGHZ 11, 231, 235; 51, 209, 210; vgl. schon RGZ 85, 311, 313; 131, 141, 144.

1778 BGH NJW 1996, 1753, 1755; ebenso dies als ausschlaggebendes Argument ansehend, *Lüke/Blenske*, ZGR 1998, 253, 255; *K. Schmidt*, ZHR (1998), 265, 286; *Bosch*, WiB 1996, 718; *Zilles*, S. 42.

1779 BGH NJW 1996, 1753, 1755.

1780 BGH NJW 1996, 1753, 1755.

1781 Zustimmend *Bork*, ZHR 160 (1996), 374, 377 ff.; *Schlosser*, JZ 1996, 1020; ablehnend *Ebenroth/Bohne*, BB 1996, 1393, 1398; *Timm/Witzorrek*, EwiR 1996, 481, 482; *Trittmann*, ZGR 1999, 340, 351 ff.

1782 Vgl. *K. Schmidt*, BB 2001, 1857, 1857 ff.; *ders.*, ZHR 162 (1998), 265, 269; *Bork*, ZHR 160 (1996), 374, 382 ff.; *Zilles*, S. 38; a.A. *Bosch*, WiB, 718, 720.

1783 Vgl. *Berger*, ZHR 164 (2000), 295, 298; *ders.*, RIW 2001, 7, 13; *Lachmann*, Rn. 1392 ff.; *Zilles*, S. 38. Vorschläge für die Ausgestaltung einer solchen Satzungsklausel finden sich bei *Bredow*, DStR 1996, 1653, 1655; *Ahlers*, AnwBl. 1999, 308, 310; *Zilles*, S. 43 ff.; *ders.*, Beilage 4 zum BB II/1999, 2 ff.

verfahrensrechtlichen Vorkehrungen für das Schiedsverfahren getroffen werden müssen, dass der Schiedsspruch eine inter omnes Wirkung haben kann. Im Mittelpunkt dieser notwendigen verfahrensrechtlichen Vorkehrungen steht die vom BGH geforderte Konzentrationswirkung vor ein und demselben Spruchkörper als Voraussetzung für eine Rechtskrafterstreckung. Gelingt eine solche Verfahrenskonzentration auch im Schiedsverfahren, spricht dies nicht nur für die Möglichkeit GmbH-Beschlussmängelstreitigkeiten schiedsrichterlich beizulegen, sondern auch für die Möglichkeit Sportstreitigkeiten innerhalb einer Wettkampfgemeinschaft einheitlich beizulegen.

aa) Verfahrenskonzentration

Welche Regelungen für eine Verfahrenskonzentration bei der schiedsrichterlichen Beilegung von Sportstreitigkeiten notwendig sind, hängt zunächst von der Art des Schiedsgerichts ab, welches die Parteien zur Beilegung ihrer Streitigkeiten vereinbart haben. So hat ein Ad-hoc-Schiedsgericht den großen Nachteil, dass eine verfahrenskoordinierende Stelle bis zur Konstitution des Schiedsgerichts fehlt. Daher ist eine Verfahrenskonzentration vor ein und demselben Spruchkörper weitaus schwieriger zu erreichen[1784] als bei einem institutionellen oder administrierten Schiedsgericht, wo die Schiedsinstitution als einheitliche Anlaufstelle aller Schiedsverfahren verfahrenskoordinierende Aufgaben übernehmen kann[1785]. Da ein administriertes oder institutionelles Schiedsgericht den Interessen der Beteiligten im Sportbereich am besten entspricht[1786], wird den nachfolgenden Erörterungen das administrierte oder institutionelle Schiedsverfahren zugrunde gelegt.

(1) Legitimation eines Spruchkörpers

Grundvoraussetzung für eine Verfahrenskonzentration ist die Legitimation ein und desselben Spruchkörpers allen Beteiligten gegenüber[1787]. Ein administriertes oder institutionelles Sportschiedsgericht, dem eine Sportstreitigkeit durch eine Mehrparteienschiedsvereinbarung zur Entscheidung übertragen wurde, besitzt diese hinreichende Legitimation allen Schiedsvertragsparteien gegenüber, wenn

---

[1784] Siehe aber die Vorschläge von *Bredow*, DStR 1996, 1653, 1655; *Ahlers*, AnwBl. 1999, 308, 310; *Zilles*, S. 43 ff.; *ders.*, Beilage 4 zum BB II/1999, 2 ff.

[1785] Freilich könnte in praktischer Hinsicht auch der jeweilige Sportverband im Rahmen eines ad-hoc-Schiedsverfahrens verfahrenskoordinierende Tätigkeiten bei der Durchführung eines Mehrparteienschiedsverfahrens übernehmen, da der Sportverband stets an allen Sportschiedsverfahren beteiligt sein wird und er damit ebenso Schnittstelle aller Verfahren ist. Koordinierende Tätigkeiten einer Schiedspartei im Rahmen eines Mehrparteienschiedsverfahrens sind jedoch im Hinblick auf die Anforderungen an die Unabhängigkeit und Unparteilichkeit des Schiedsgerichts abzulehnen, vgl. Viertes Kapitel:A. IV. 3.

[1786] Vgl. Viertes Kapitel:A. III. 2.

[1787] Vgl. *Lachmann*, Rn. 1394.

alle Beteiligten den gleichen Einfluss auf die Bildung des Spruchkörpers haben[1788].

(2) Verhinderung paralleler Verfahren über denselben Streitstoff

Ausgangspunkt jeder schiedsrichterlichen Beilegung von Sportstreitigkeiten durch ein administriertes oder institutionelles Schiedsgericht ist die Einleitung eines Schiedsverfahrens. Eine Verfahrenskonzentration verlangt, dass parallele Verfahren über denselben Streitstoff entweder nicht mehr eingeleitet werden können oder parallele Verfahren miteinander verbunden werden. Zahlreiche Vorschriften, inner- und außerhalb der ZPO haben eine solche Verfahrenskonzentration zum Gegenstand. Wieder sollen sie als Ausgangspunkt dienen, um zu ermitteln wie sich eine Verfahrenskonzentration bei der schiedsrichterlichen Beilegung von Sportstreitigkeiten herbeiführen lässt.

(a) Rechtshängigkeitssperre

Die Rechtshängigkeitssperre des § 261 Abs. 3 Nr. 1 ZPO, wonach die rechtshängige Streitsache von keiner Partei anderweitig anhängig gemacht werden kann, soll grundsätzlich verhindern, dass dieselbe Streitsache gleichzeitig in verschiedenen Prozessen ausgetragen wird. Die Vorschrift dient einerseits dem Schutze des Beklagten, vom Kläger nicht in derselben Streitsache mit mehreren Prozessen überzogen zu werden, andererseits der Prozessökonomie und der Vermeidung sich widersprechender Entscheidungen[1789]. Der Wirkungsgrad der Vorschrift im Hinblick auf das erstrebte Ziel, sich widersprechende Entscheidungen zu verhindern, ist allerdings beschränkt. Wie weit diese Beschränkung in objektiver Hinsicht reicht, hängt maßgeblich von der Auslegung des Begriffs der Streitsache ab. Nach überwiegender Ansicht setzt die Rechtshängigkeitssperre voraus, dass beide Klagen denselben Streitgegenstand aufweisen[1790]. Nach dem überwiegend prozessual verstandenen Streitgegenstandsbegriff fehlt es an demselben Streitgegenstand aber schon dann[1791], wenn in beiden Klagen unterschiedliche Anträge gestellt werden[1792]. Fehlt eine Identität der Anträge, etwa wenn der Erstprozess lediglich eine Vorfrage für das zweite Verfahren klärt oder zwischen Erst- und Zweitverfahren lediglich ein inhaltlicher Zusammenhang besteht, drohen einander widersprechende Entscheidungen. Der Wirkungsgrad des § 261 Abs. 3 Nr. 1 ZPO ist daher in objektiver Hinsicht eng begrenzt[1793]. In subjektiver Hinsicht ist für die Rechtshängigkeitssperre die Identi-

---

[1788] Vgl. Sechstes Kapitel:C. II.

[1789] Vgl. *Haas*, in FS Ishikawa, S. 165; *Leipold*, S. 17.

[1790] Vgl. *Zöller/Greger*, ZPO, § 261 Rn. 9.

[1791] Vgl. *Haas*, in FS Ishikawa, S. 165, 166; *Jauernig*, § 63 III 6; *Leipold*, S. 17.

[1792] Vgl. *Haas*, in FS Ishikawa, S. 165, 166; *Leipold*, S. 17.

[1793] Vgl. *Haas*, in FS Ishikawa, S. 165, 166. Um den Wirkungsgrad der Rechtshängigkeitssperre zu erhöhen, soll sich der Begriff der Streitsache i.S.d. § 261 Abs. 3 Nr. 1 ZPO nach

tät der Parteien erforderlich. Sie besteht soweit die Rechtskraft der Entscheidung reicht und unterliegt damit denselben Beschränkungen wie die Reichweite der Rechtskraft, womit auch die Rechtshängigkeit im staatlichen Verfahren nicht gänzlich verhindern kann, dass über denselben Streitstoff mehrere Verfahren eingeleitet werden.

Im schiedsrichterlichen Verfahren tritt eine Rechtshängigkeit i.S.d. § 261 ZPO nach h.M. gar nicht ein[1794]. Eine später vor einem staatlichen Gericht eingeleitete Klage wird aber auf die Schiedseinrede hin als unzulässig abgewiesen. Nach überwiegender Ansicht ist aber auch die Erhebung einer Schiedsklage nicht ohne Wirkungen, so dass sich auch im Schiedsverfahren der Begriff der Schiedshängigkeit etabliert hat[1795]. Als Wirkungen der Schiedshängigkeit werden im Wesentlichen die der Klageerhebung vor einem ordentlichen Gericht ähnlichen materiellrechtlichen Wirkungen genannt[1796]. Teilweise wird aber auch darauf hingewiesen, dass einem zweiten Schiedsverfahren über dieselbe Sache die Rechtshängigkeit des zuerst eingeleiteten Schiedsverfahrens entgegenstehe[1797]. Die in der Schiedsgerichtsbarkeit bestehenden Gestaltungsmöglichkeiten sprechen m.E. sogar dafür, dass die Sperrwirkung der Schiedshängigkeit in einer Schiedsordnung entsprechend einer Disposition über die Rechtskraft eines Schiedsspruches gegenüber § 261 Abs. 3 Nr. 1 ZPO weitergehend geregelt werden kann. So könnte die Schiedsordnung eines Sportschiedsgerichts etwa ein Verbot beinhalten, weitere Streitigkeiten einzuleiten, die im Kern denselben Streitstoff betreffen[1798]. Damit ließe sich sehr effektiv verhindern, dass über eine Verbandsentscheidung, die zum Gegenstand eines Schiedsverfahrens gemacht wird, in einem anderen Schiedsverfahren ebenfalls entschieden werden kann[1799]. Die entsprechende Ausgestaltung einer Schiedshängigkeitssperre in der Schiedsordnung eines administrierten Sportschiedsgerichts würde somit prinzipiell zur

---

einer im Vordringen befindlichen Meinung, in Anlehnung an das Verständnis des EuGH zur Rechtshängigkeitssperre des Art. 27 EugVVO (21 EugVÜ), nach dem sachlichen Kernpunkt des Verfahrens richten, vgl. *Haas*, in FS Ishikawa, S. 165 ff.; *Leipold*, S. 16 ff.; a.A. *Zeuner*, in FS Lüke, S. 1017 f.; *Rüßmann*, ZZP 111 (1998), 399, 414 ff.; *Walker*, ZZP 111 (1998), 429, 434 ff.

[1794] Vgl. *Lachmann*, Rn. 768; *Schwab/Walter*, Kap. 16 Rn. 4; *Stein/Jonas/Schlosser*, ZPO, § 1044 Rn. 3; a.A. *Bosch*, S. 196 ff.

[1795] Vgl. *Lachmann*, Rn. 768; *Stein/Jonas/Schlosser*, ZPO, § 1044 Rn. 4.

[1796] Vgl. im einzelnen *Lachmann*, Rn. 768; *Schwab/Walter*, Kap. 16 Rn. 5; *Stein/Jonas/Schlosser*, ZPO, § 1044 Rn. 4.

[1797] Vgl. Schwab/Walter, Kap. 16 Rn. 4; Stein/Jonas/Schlosser, ZPO, § 1044 Rn. 4, der zudem darauf hinweist, dass einem zweiten Schiedsverfahren das Rechtsschutzbedürfnis fehle, wenn Ansprüche auch durch Klageerweiterung oder Widerklage im anhängigen Schiedsverfahren geltend gemacht werden könnten.

[1798] So auch die Kernpunkttheorie des EuGH, vgl. dazu *Haas*, in FS Ishikawa, S. 165 ff.; *Leipold*, S. 16 ff.

[1799] Freilich kann es ein solches Verbot schon aus dem Grundsatz des rechtlichen Gehörs heraus nicht ohne eine Beteiligungsmöglichkeit am Ausgangsverfahren geben, vgl. unten bb.

Gewährleistung ausreichen, dass lediglich ein Schiedsverfahren über einen bestimmten Streitstoff geführt werden kann.

(b) Aussetzung und Verbindung parallel eingeleiteter Verfahren

Werden parallele Verfahren über denselben Streitstoff nicht schon durch eine umfassend ausgestaltete Rechtshängigkeitssperre verhindert, gibt es weitere Möglichkeiten, die Entscheidung über ein und denselben Streitstoff bei einem Spruchkörper zu konzentrieren. Die ZPO hält verschiedene Regelungen bereit, die trotz der Einleitung mehrerer Verfahren über ein und denselben Streitstoff die Entscheidung darüber bei einem Gericht konzentrieren wollen. Dazu zählt sowohl die Möglichkeit einer Verfahrensverbindung nach § 147 ZPO als auch die Aussetzung nach § 148 ZPO. Nach letzterem kann ein Gericht die Aussetzung einer Verhandlung bis zur Erledigung eines anderen Rechtsstreits anordnen, wenn die Entscheidung des Rechtsstreits ganz oder teilweise von dem Bestehen oder Nichtbestehens eines Rechtsverhältnisses abhängt, das den Gegenstand eines anderen Rechtsstreits bildet. Auch diese Vorschrift dient, wie auch § 261 Abs. 3 Nr. 1 ZPO, der Prozessökonomie und der Verhinderung sich widersprechender Entscheidungen[1800]. Der Anwendungsbereich des § 148 ZPO ist sowohl in subjektiver als auch objektiver Hinsicht wesentlich großzügiger als der des § 261 Abs. 3 Nr. 1 ZPO. So ist nach § 148 ZPO weder eine Identität der Parteien für eine Aussetzung des Verfahrens notwendig[1801] noch bedarf es für eine Aussetzung in objektiver Hinsicht der Identität des Streitgegenstandes. Voraussetzung in objektiver Hinsicht ist lediglich, dass ein Verfahren für ein anderes vorgreiflich ist. Dies liegt dann vor, wenn im anderen Verfahren über ein Rechtsverhältnis entschieden wird, dessen Bestehen für den vorliegenden Rechtsstreit präjudizielle Bedeutung hat[1802]. Nicht ausreichend ist es hingegen, wenn die im anderen Verfahren zu erwartende Entscheidung nur geeignet ist, die Entscheidung des auszusetzenden Verfahrens zu beeinflussen[1803]. Gleiches gilt für parallele Verfahren, in denen gleichförmige Ansprüche geltend gemacht werden[1804]. Somit umfassen die Tatbestandsvoraussetzungen für eine Aussetzung des Verfahrens durch ein staatliches Gericht wiederum nicht alle Fälle, in denen einander widersprechende Entscheidungen zu ein und demselben Streit-

---

[1800] Vgl. *Haas*, in FS Ishikawa, S. 165, 174; *Stein/Jonas/Roth*, ZPO, § 148 Rn. 4; *Walker*, ZZP 111 (1998), 429, 445; *Zöller/Greger*, ZPO, § 148 Rn. 1.

[1801] Vgl. *Zöller/Greger*, ZPO, § 148 Rn. 5.

[1802] Vgl. *Haas*, in FS Ishikawa, S. 165, 175; *Musielak/Stadler*, ZPO, § 148 Rn. 5; *Zöller/Greger*, ZPO, § 148 Rn. 5.

[1803] Vgl. *Haas*, in FS Ishikawa, S. 165, 175; *Musielak/Stadler*, ZPO, § 148 Rn. 5; *Zöller/Greger*, ZPO, § 148 Rn. 5; *Stein/Jonas/Roth*, ZPO, § 148 Rn. 22.

[1804] Vgl. *Haas*, in FS Ishikawa, S. 165, 175; *Zöller/Greger*, ZPO, § 148 Rn. 5.

stoff drohen. Dies setzt sich auch darin fort, dass die Entscheidung über die Aussetzung eines Verfahrens grundsätzlich im Ermessen des Gerichts liegt[1805].

Nach überwiegender Ansicht steht die Anwendung der Vorschriften über die Aussetzung eines Schiedsverfahrens nach den Vorschriften der ZPO im Ermessen des Schiedsgerichts[1806]. Die Entscheidung über eine Aussetzung eines Verfahrens, dessen Streitstoff von einem anderen bereits eingeleiteten Verfahren abhängt, darf allerdings dann keine Ermessensentscheidung sein, wenn die Entscheidung des Ausgangsverfahrens eine inter omnes Wirkung haben soll. Denn in diesem Fall müssen anderer Verfahren, deren Entscheidung vom Ausgangsverfahren abhängen, zwingend ausgesetzt werden. Wird die Einleitung paralleler Verfahren über ein und denselben Streitstoff nicht ausgeschlossen, bedarf es somit zur Sicherstellung der für eine inter omnes Wirkung notwendigen Verfahrenskonzentration einer Verfahrensregelung, die nicht die Möglichkeit sondern eine Verpflichtung zur Verfahrensaussetzung enthält, wenn derselbe Streitstoff bereits Gegenstand eines zuvor eingeleiteten Schiedsverfahrens ist.

Zwar ließe sich mittels einer Aussetzung jedes nach dem Ausgangsverfahren eingeleiteten Verfahrens die für eine inter omnes Wirkung eines Schiedsspruches notwendige Verfahrenskonzentration sicherstellen. Eine sinnvollere Maßnahme als die Aussetzung parallel eingeleiteter Verfahren ist jedoch deren Verbindung, da auf diese Weise die Parteien, denen gegenüber der Schiedsspruch Bindungswirkung entfalten soll, auch gleich in das Verfahren einbezogen werden können. Die Verfahrensverbindung im Zivilprozess zum Gegenstand hat § 147 ZPO[1807], wonach das Gericht mehrere bei ihm anhängige Prozesse derselben oder verschiedener Parteien zum Zwecke der gleichzeitigen Verhandlung und Entscheidung anordnen kann, wenn zwischen den geltend gemachten Ansprüchen ein rechtlicher Zusammenhang besteht oder sie in einer Klage hätten geltend gemacht werden können. Ein rechtlicher Zusammenhang besteht schon dann, wenn die Ansprüche aus einem gemeinsamen Rechtsverhältnis hervorgehen oder die Voraussetzungen für eine objektive (§ 260 ZPO) oder eine subjektive Klagehäufung (§§ 59, 60 ZPO) vorliegen[1808]. Der Anwendungsbereich für eine Verfahrensverbindung ist somit mithin noch breiter angelegt als der des § 148 ZPO, was aus dem geringeren Eingriff in die Rechtspositionen der Betroffenen heraus zu verstehen ist[1809]. Die Entscheidung über eine Verbindung der Verfahren liegt allerdings wie auch nach § 148 ZPO grundsätzlich im Ermessen

[1805] Nur wenn eine Sachentscheidung nicht möglich ist, weil deren Voraussetzungen im vorliegenden Prozess nicht geklärt werden können, ist das Ermessen des Gerichts auf null reduziert, vgl. BGH NJW 1986, 1744; *Zöller/Greger*, ZPO, § 148 Rn. 7.

[1806] Vgl. *Schwab/Walter*, Kap. 16 Rn. 48 ff.; *Stein/Jonas/Schlosser*, ZPO, § 1042 Rn. 35.

[1807] Vgl. *Haas*, in FS Ishikawa, S. 165, 176; *Zöller/Greger*, ZPO, § 147 Rn. 1.

[1808] Vgl. *Haas*, in FS Ishikawa, S. 165, 177; *Zöller/Greger*, ZPO, § 147 Rn. 3; *Musielak/Stadler*, ZPO, § 147 Rn. 2.

[1809] Vgl. *Haas*, in FS Ishikawa, S. 165, 177.

des Gerichts. Ein Konzentrationszwang besteht lediglich dann, wenn andere Vorschriften eine Verfahrensverbindung zwingend anordnen. Eine dieser Vorschriften ist der § 246 Abs. 3 AktG, der eine Verfahrensverbindung von später eingeleiteten Verfahren über denselben Streitgegenstand mit dem zuerst eingeleiteten Verfahren zwingend vorsieht. Da dies nach Ansicht des BGH notwendige Grundlage für die Rechtskrafterstreckung des § 248 Abs. 1 S. 1 AktG ist, müsste auch die Schiedsordnung eines administrierten oder institutionellen Sportschiedsgerichts eine dem § 246 Abs. 3 AktG entsprechende Regelung enthalten, die eine derartige Verfahrensverbindung zwingend vorschreibt, wenn über einen Streitstoff für alle Mitglieder einer Wettkampfgemeinschaft nur einheitlich entschieden werden kann[1810].

bb) Recht auf Verfahrensbeteiligung

Eine Verfahrenskonzentration nach den dargestellten Grundsätzen verhindert, dass in parallelen Verfahren unterschiedliche Entscheidungen ergehen. Dies alleine reicht jedoch noch nicht aus, um alle Beteiligten an eine Entscheidung zu binden. Aus dem Grundsatz des rechtlichen Gehörs folgt nämlich, dass grundsätzlich niemand von der Bindungswirkung eines Schiedsspruches erfasst werden kann, dem nicht die Möglichkeit einer Beteiligung am Schiedsverfahren eröffnet wurde[1811]. Daher ist jedem, der an einen Schiedsspruch gebunden werden soll, das Recht einer Verfahrensbeteiligung einzuräumen. Wird letzteres aber in einer den Gehörsgrundsatz ausfüllenden Weise gewährleistet, stehen einem Verbot, weitere Schiedsverfahren über den gleichen Streitstoff einzuleiten oder einer entsprechend ausgestalteten Rechtshängigkeitssperre keine durchgreifenden Bedenken entgegen[1812].

cc) Recht auf rechtzeitige Information

Das Recht einer Verfahrensbeteiligung kann nur wirksam ausgeübt werden, wenn der von der Streitentscheidung Betroffene von dem anhängigen Schiedsverfahren rechtzeitig informiert wird[1813]. Diese Voraussetzung kommt auch in der Regelung des § 246 Abs. 4 AktG zum Ausdruck, der die unverzügliche (§ 121 Abs. 1 Satz 1 BGB) Veröffentlichung einer Anfechtungsklage gegen einen Hauptversammlungsbeschluss in den Gesellschaftsblättern zwingend vor-

---

[1810] Vgl. zur Möglichkeit mehrere Schiedsverfahren zu verbinden *Lachmann*, Rn. 1383 ff.; *Massuras*, S. 286 ff.; *Raeschke-Kessler/Berger*, Rn. 779.

[1811] Vgl. *Stein/Jonas/Schlosser*, ZPO, § 1042 Rn. 28. Nach der Rechtsprechung des BVerfG erstreckt sich der vom Gehörsgrundsatz erfasste Personenkreis auf all diejenigen, denen gegenüber die richterliche Entscheidung materiellrechtlich wirkt, vgl. BVerfGE 60, 7, 13.

[1812] Vgl. auch den Vorschlag von *Ebbing*, NZG 1998, 281, 286.

[1813] Vgl. *Lachmann*, Rn. 1395.

sieht[1814]. Die Bekanntmachung hat gem. § 25 Satz 1 AktG zwingend im Bundesanzeiger zu erfolgen[1815]. Fraglich ist, wie eine entsprechende Information für die Mitglieder einer Wettkampfgemeinschaft zu erfolgen hat. Für GmbH-Beschlussmängelstreitigkeiten wird überwiegend, ohne dies näher zu konkretisieren, auf eine dem § 246 Abs. 4 AktG entsprechende Informationspflicht hingewiesen[1816]. Auch in der Rechtsprechung des BGH heißt es einfach, dass der Anspruch auf rechtliches Gehör der Gesellschafter nicht verletzt ist, wenn die Klageerhebung in den Gesellschaftsblättern einer AG bekannt gemacht worden ist oder der Geschäftsführer einer GmbH seine Informationspflicht gegenüber den Gesellschaftern erfüllt hat[1817]. Einigkeit besteht insoweit, dass eine Veröffentlichung der Klageerhebung im Bundesanzeiger für die GmbH ohne Bedeutung ist[1818]. Überwiegend wird vorgeschlagen, alle von der Streitigkeit betroffenen Personen jeweils einzeln mittels eingeschrieben Briefes zu informieren[1819]. Die Praktikabilität des eingeschriebenen Briefes als Informationsmedium hängt jedoch in erster Linie von der Größe des zu informierenden Personenkreises ab. Die Versendung von eingeschriebenen Briefen an sämtliche Mitglieder einer Wettkampfgemeinschaft eines Wettkampfes kann, je nach Größe des Teilnehmerfeldes eines Wettkampfes, mit einem nicht unerheblichen Aufwand verbunden sein. So wird etwa für eine entsprechende Informationspflicht in großen Vereinen auch eine Bekanntmachung in öffentlichen Blättern vorgeschlagen[1820]. Zwar bleibt Letzteres im Hinblick auf die Möglichkeit der Kenntnisnahme hinter dem Informationsmedium des eingeschriebenen Briefes deutlich zurück. Für die Zulässigkeit einer solchen Vorgehensweise spricht jedoch ein Vergleich mit der in § 246 Abs. 4 AktG zwingend vorgeschriebene Veröffentlichung im Bundesanzeiger, von der eine Informationswirkung für die Betroffenen nur in geringem Maße ausgeht. Im Hinblick auf die Intensität der Informationspflicht lässt sich daher aus dem in § 246 Abs. 4 AktG zwingend geforderten Informationsmedium lediglich folgern, dass der zu informierende Personenkreis eine sichere und nachweisbare Möglichkeit der Kenntnisnahme haben muss. Dies lässt sich aber auch durch eine Bekanntmachung in öffentlichen Blättern erreichen. Als Infor-

[1814] Vgl. *Hüffer*, AktG, § 246 Rn. 40; zur entsprechenden Anwendung des § 246 Abs. 4 AktG für GmbH-Beschlussmängelstreitigkeiten, vgl. *Hachenburg/Raiser*, GmbHG, Anh. § 47 Rn. 200; *Scholz/Schmidt*, GmbHG, § 45 Rn. 156, 173.

[1815] Gem. § 25 Abs. 2 AktG kann die Satzung eine Bekanntmachung neben der Veröffentlichung im Bundesanzeiger auch in anderen Blättern (wie etwa in einer der in Deutschland erscheinenden Tages-, Wochen- oder Monatszeitschriften) oder elektronischen Informationsmedien (wie etwa Internet) vorsehen, vgl. *Hüffer*, AktG, § 25 Rn. 3.

[1816] Vgl. *Hachenburg/Raiser*, GmbHG, Anh. § 47 Rn. 200; *Rowedder/Schmidt-Leithoff/Koppensteiner*, GmbHG, § 47 Rn. 144; *Scholz/Schmidt*, GmbHG, § 45 Rn. 156, 173.

[1817] BGH NJW 1986, 2051 f.

[1818] Vgl. Rowedder/Schmidt-Leithoff/Koppensteiner, GmbHG, § 47 Rn. 144 m.w.N.

[1819] Vgl. *Ahlers*, AnwBl. 1999, 308, 310; *Bredow*, DStR 1996, 1653, 1655; *Zilles*, S. 44.

[1820] Vgl. *Reichert*, 8. Aufl., Rn. 1731.

mationsmedium in Sportschiedsverfahren würde sich beispielsweise der Artikel- und Informationsdienst des Deutschen Sportbundes anbieten (DSB Presse). Im Zeichen der zunehmenden Verbreitung elektronischer Informationsmedien wäre es zudem denkbar, die Einleitung von Sportstreitigkeiten zusätzlich auf der Internetseite des DSB bekannt zu machen[1821]. Auch der Gesetzgeber stellt in § 25 Abs. 2 AktG neben die Bekanntmachung in öffentlichen Blättern (wie etwa in einer der in Deutschland erscheinenden Tages-, Wochen- oder Monatszeitschriften) die Bekanntmachung über elektronische Informationsmedien (wie etwa Internet). Auf diese Weise wird den Mitgliedern der Wettkampfgemeinschaft eine sichere und nachweisbare Möglichkeit der Kenntnisnahme eröffnet, die in ihrem Wirkungsgrad keinesfalls hinter einer Veröffentlichung im Bundesanzeiger nach § 246 Abs. 4 AktG, wie sie für die aktienrechtlichen Anfechtungs- und Nichtigkeitsklagen gefordert wird, zurückbleibt sondern wohl eher darüber hinausgeht. Die Mitglieder der Wettkampfgemeinschaft müssen freilich über diese Informationsquelle wiederum in Kenntnis gesetzt werden. Dies sollte aus Transparenzgründen beim Abschluss der Schiedsvereinbarung in einem ergänzenden Teil zur Schiedsvereinbarung erfolgen. Ein bloßer Hinweis auf die Schiedsordnung, die ihrerseits eine Regelung über die Art und Weise der Bekanntmachung von Sportstreitigkeiten enthält, wäre freilich denkbar, angesichts der Berührungspunkte mit dem elementaren Gehörsgrundsatz aber abzulehnen. Werden die Mitglieder der Wettkampfgemeinschaft auf diese Art und Weise von der Einleitung eines Schiedsverfahrens informiert, was ihnen gleichsam die Möglichkeit einer Verfahrensbeteiligung eröffnet, so kann der die Streitigkeit entscheidende Schiedsspruch auch denen gegenüber Bindungswirkung erzeugen, die sie sich nicht am Verfahren beteiligt haben.

dd) Anordnung der Rechtskrafterstreckung

Eine Rechtskrafterstreckung dürfte sich regelmäßig schon aus der Bindung der Parteien an eine gemeinsame Schiedsvereinbarung ergeben. Da es aber an einer gesetzlich angeordneten Rechtskrafterstreckung fehlt, sollte die Schiedsvereinbarung oder wenigstens die Schiedsordnung eines Sportschiedsgerichts eine entsprechende Regelung beinhalten[1822]. Einen entsprechenden Hinweis auf die Bindung der Mitglieder der Wettkampfgemeinschaft an den Schiedsspruch eines eingeleiteten Schiedsverfahrens sollte aus Transparenzgründen auch die Mitteilung über das eingeleitete Schiedsverfahren enthalten.

ee) Ergebnis

- Sportstreitigkeiten müssen allen Wettkampfteilnehmern gegenüber einheitlich entschieden werden. Einheitliche Entscheidungen werden im

---

[1821] Unter www.dsb.de werden täglich aktuelle Meldungen veröffentlicht.

[1822] Vgl. *Lachmann*, Rn. 1398; *Zilles*, S. 62.

staatlichen Verfahren in erster Linie durch die materielle Rechtskraft des Urteils erreicht. Dort ist die Reichweite der materiellen Rechtskraft aber sowohl in objektiver als auch subjektiver Hinsicht sehr beschränkt. Im Schiedsverfahren besteht hingegen aufgrund des Stellenwertes der Parteiautonomie die Möglichkeit, Einfluss auf die Reichweite der materiellen Rechtskraft von Schiedssprüchen zu nehmen.

- Mit der Übertragung der sich aus einem Wettkampf ergebenden Streitigkeiten durch alle Mitglieder der Wettkampfgemeinschaft auf ein administriertes oder institutionelles Schiedsgericht kommt schon deren Wille zum Ausdruck, dass ein Schiedsspruch in Streitigkeiten, die nur allen Mitgliedern gegenüber einheitlich entschieden werden können, auch alle Mitglieder einheitlich binden soll. Dies muss erst recht dann gelten, wenn die Schiedsvereinbarung oder die vereinbarte Schiedsordnung eine entsprechende Rechtskrafterstreckung explizit zum Ausdruck bringt.
- Ausgehend von der Rechtsprechung des BGH zur Schiedsfähigkeit gesellschaftsrechtlicher Beschlussmängelstreitigkeiten bedarf es für eine inter omnes Wirkung von Schiedssprüchen eines Sportschiedsgerichtes neben dem Vorliegen einer Mehrparteienschiedsvereinbarung und dem gleichen Einfluss aller Verfahrensbeteiligten auf die Bildung des Schiedsgerichts auch der Konzentration aller Verfahren vor ein und demselben Spruchkörper. Ein administriertes oder institutionelles Sportschiedsgericht bietet hierfür die besten Ausgangsvoraussetzungen, da sämtliche Schiedsverfahren über die Schiedsorganisation einzuleiten sind und die Schiedsorganisation verfahrenskoordinierend tätig werden kann. Dies setzt aber Regelungen in der Schiedsordnung voraus, die entweder die Einleitung mehrerer Verfahren über denselben Streitstoff verhindern oder eine Verbindung mehrerer anhängiger Verfahren vorsehen.
- Ausgehend von den in der ZPO vorgesehenen Mitteln zur Verhinderung paralleler Verfahren – der Rechtshängigkeitssperre sowie der Aussetzung oder Verbindung von Verfahren – erlauben es die parteiautonomen Gestaltungsmöglichkeiten in der Schiedsgerichtsbarkeit die in der ZPO vorgesehenen Mittel nicht nur einfach ins Schiedsverfahren zu übertragen, sondern auch effektiver auszugestalten. So kann die Vereinbarung einer Rechtshängigkeitssperre nach dem Vorbild der Kernpunkttheorie des EuGH die Einleitung weiterer Verfahren zum selben Streitstoff gänzlich verhindern. Mit dem gleichen Ziel könnte die Schiedsordnung eines Sportschiedsgerichtes auch eine Regel in Anlehnung an den § 246 Abs. 3 AktG enthalten, die eine Verfahrensverbindung von mehreren eingeleiteten Verfahren über denselben Streitstoff vorsieht.
- Der Grundsatz des rechtlichen Gehörs fordert, dass jedem, der von der Bindungswirkung des Schiedsspruches erfasst ist, ein Recht auf eine Verfahrensbeteiligung zustehen muss. Um diesem Recht Wirksamkeit zu

verleihen, müssen alle Schiedsvertragsparteien von der Einleitung des Verfahrens informiert werden. Dies könnte in praktischer Hinsicht über das Informationsmedium des Artikel und Informationsdienstes des Deutschen Sportbundes (DEB-Presse) und über die Internetseite des DSB erfolgen. Die Informierung der Schiedsvertragsparteien und die damit verbundene Beteiligungsmöglichkeit am Schiedsverfahren rechtfertigt sowohl eine Rechtshängigkeitssperre als auch ein ausdrückliches Verbot in der Schiedsordnung eines Sportschiedsgerichtes, weitere Verfahren über denselben Streitstoff einzuleiten. Ist somit gewährleistet, dass nur ein Schiedsspruch über denselben Streitstoff gefällt werden kann, ist der Raum für eine Rechtskrafterstreckung des Schiedsspruches auf alle Schiedsvertragsparteien eröffnet. Da es insoweit an einer gesetzlichen Regelung fehlt, sollte Letztere ausdrücklich sowohl in der Schiedsordnung als auch in der Mitteilung der Parteien über die Einleitung des Schiedsverfahrens enthalten sein.

2. Beteiligungsformen im Mehrparteienschiedsverfahren

Standen bisher die Voraussetzungen für eine einheitliche Bindung aller Beteiligten einer Wettkampfgemeinschaft an die schiedsrichterliche Entscheidung einer Wettkampfstreitigkeit im Mittelpunkt der Erörterung, gilt es nachfolgend die Frage zu klären, in welcher Form die von der Bindungswirkung des Schiedsspruches erfassten Mitglieder der Wettkampfgemeinschaft am Schiedsverfahren beteiligt werden können oder gar beteiligt werden müssen. Die ZPO gibt für das staatliche Verfahren bestimmte Formen der Beteiligung mehrerer Personen am Zivilprozess vor. Dazu zählen die Streitgenossenschaft (§§ 59 ff. ZPO), die Hauptintervention (§§ 64 f. ZPO), die Nebenintervention (§§ 66 ff. ZPO), die Streitverkündung (§§ 72 ff. ZPO) und der Prätendentenstreit (§ 75 ZPO). Den vorgegebenen Formen liegt eine grundsätzliche Zweiteilung zugrunde. Dritte haben entweder eine eigene Parteistellung inne (§§ 59 ff., 64 f. ZPO) oder sind lediglich Streithelfer einer der beiden Hauptparteien des Verfahrens (§§ 66 ff., 72 ff. ZPO). Die unterschiedliche Stellung der Beteiligten hat einerseits unterschiedliche Beteiligungsmöglichkeiten am Verfahren und andererseits auch unterschiedliche Bindungswirkungen der Beteiligten an die Entscheidung des Gerichts zur Folge.

Ähnliche gesetzliche Regelungen für die Beteiligung Dritter am Schiedsverfahren sucht man nicht nur im deutschen Schiedsverfahrensrecht sondern auch in der Mehrzahl aller nationalen Schiedsverfahrensrechte vergebens[1823]. Obwohl

[1823] Eine Ausnahme stellt das niederländische Schiedsverfahrensrecht dar, das mit Art. 1045 b.r.v. eine spezielle Regelung für die Beteiligung Dritter am Schiedsverfahren enthält, vgl. die Übersetzung bei *Schlosser*, in FS Geimer, S. 947, 951; eine weitere Ausnahme bildet das

die Vorschriften der ZPO außerhalb des 10. Buches der ZPO grundsätzlich nicht auf das Schiedsverfahren anwendbar sind[1824], wird hinsichtlich der Formen eines Mehrparteienschiedsverfahrens überwiegend die Übertragung der in der ZPO vorgesehenen Modelle diskutiert[1825]. Da es in der Literatur nicht an Stimmen fehlt, welche die in der ZPO vorgesehener Formen als zu „starr und überdogmatisiert" kritisieren[1826], stellt sich die Frage, welche Rolle die in der ZPO vorgesehenen Modelle für die schiedsrichterliche Beilegung von Sportstreitigkeiten nach dem bisher erarbeiteten Modell eines Mehrparteienschiedsverfahrens spielen.

a) Streitgenossenschaft

Die §§ 59 ff. ZPO regeln die gemeinsame Klage mehrerer Personen (aktive Streitgenossenschaft) oder die Klage gegen mehrere Personen (passive Streitgenossenschaft)[1827]. Gemeinsame Klagen von mehreren Wettkampfteilnehmern gegen einen Sportverband oder Klagen eines Sportverbandes gegen mehrere Wettkampfteilnehmer sind in der Struktur der Wettkampfgemeinschaft angelegt und kommen daher auch in der Praxis häufiger vor[1828]. Bei der Streitgenossenschaft nach den §§ 59 ff. ZPO wird die Mehrheit von Prozessen nicht aufgegeben. Sie werden lediglich zur gemeinschaftlichen Verhandlung, Beweisaufnahme und Entscheidung zusammengeführt[1829]. Jeder Streitgenosse ist in seiner Prozessführung selbständig, so dass Prozesshandlungen eines Streitgenossen einem anderen Streitgenossen weder zum Vorteil noch zum Nachteil gereichen (§ 61 ZPO). Dementsprechend können grundsätzlich auch unterschiedliche Entscheidungen ergehen[1830]. Kann es für die Streitgenossen hingegen nur eine

---

SchKonk, das mit Art. 28 eine ausdrückliche Bestimmung über die Nebenintervention und die Streitverkündung im Schiedsverfahren enthält, vgl. *Markfort*, S. 128 f.

[1824] Vgl. Fünftes Kapitel:.

[1825] Siehe insbesondere *Markfort*, S. 55 ff.; *Massuras*, S. 341 ff.; aber auch *Lachmann*, Rn. 1364 ff.; *Schwab/Walter*, Kap. 16 Rn. 15 ff.

[1826] Vgl. zur Nebenintervention *Schlosser*, FS Weber, S. 947, 948.

[1827] Vgl. *Lindacher*, JuS 1986, S. 379.

[1828] Vgl. Sechstes Kapitel:B. Auch die CAS-VO berücksichtigt eine Mehrheit von Klägern und Beklagten in Art. R41.1, wobei Regelungsgegenstand allein die Konstituierung des Schiedsgerichts bei Vorliegen einer Streitgenossenschaft ist. Da die Konstituierung des Schiedsgerichts aber kein spezielles Problem der Mehrheit von Klägern und Beklagten darstellt sondern alle Drittbeteiligungsformen im Schiedsverfahren gleichermaßen betrifft, ist eine spezielle Regelung zur Konstituierung des Schiedsgerichts bei Vorliegen einer Streitgenossenschaft entbehrlich, vgl. ausführlich zur Konstituierung des Schiedsgerichts bei Beteiligung Mehrerer, Sechstes Kapitel:C. II.

[1829] Vgl. *Jauernig*, § 81 III; *Lindacher*, JuS 1986, 379; *Schellhammer*, Rn. 1586.

[1830] Vgl. *Jauernig*, § 81 III; *Lindacher*, JuS 1986, 379; *Schellhammer*, Rn. 1596; *Zöller/Vollkommer*, ZPO, § 61 Rn. 9.

einheitliche Entscheidung geben, ordnet § 62 ZPO für diese Fälle der sog. notwendigen Streitgenossenschaft besondere Rechtsfolgen an[1831].

aa) Einfache Streitgenossenschaft

Der Anwendungsbereich der einfachen Streitgenossenschaft ist sehr weit gefasst. Das Gesetz erlaubt ihre Bildung auf Kläger- oder Beklagtenseite sowohl bei Vorliegen einer Rechtsgemeinschaft und bei Berechtigung oder Verpflichtung aus demselben rechtlichen oder tatsächlichen Grund (§ 59 ZPO) als auch bei gleichartigen und auf im Wesentlichen gleichartigem Grund beruhenden Ansprüchen (§ 60 ZPO). Dieser großzügige Anwendungsbereich ist nicht verwunderlich, erspart die gemeinsame Verhandlung sachlich zusammenhängender Streitigkeiten doch Zeit, Arbeit und Kosten. Damit erschließt sich auch der Zweck der einfachen Streitgenossenschaft (§§ 59, 60 ZPO), der in erster Linie in der Prozessökonomie zu erblicken ist[1832]. So wünschenswert oder zweckmäßig die Bildung einer einfachen Streitgenossenschaft aus diesem Grunde auch sein mag, einen Zwang zur Bildung einer einfachen Streitgenossenschaft gibt es nicht[1833]. Die Einbeziehung mehrerer Parteien in ein gemeinsames Verfahren nach dem Modell der einfachen Streitgenossenschaft liegt immer in der Hand des oder der Kläger[1834]. Zwar sieht § 147 ZPO als Korrekturmöglichkeit auch eine Verbindung mehrerer Verfahren durch das staatliche Gericht vor, die ebenso mehrere Kläger und Beklagten zu Streitgenossen macht[1835]. Eine solche Verfahrensverbindung nach § 147 ZPO ist jedoch freilich erst dann möglich, wenn überhaupt mehrere Verfahren eingeleitet wurden[1836]. Damit ist das Modell der einfachen Streitgenossenschaft mithin nicht Ausdruck eines Konzentrationszwanges, sondern vielmehr Ausdruck einer Konzentrationsfreiheit[1837]. Dementsprechend wird aus der fehlenden Notwendigkeit zur Bildung einer einfachen Streitgenossenschaft im staatlichen Verfahren auch überwiegend gefolgert, dass die einfache Streitgenossenschaft der ZPO bei Vorliegen einer Mehrparteienschiedsvereinbarung in das Schiedsverfahren übertragen werden kann, nicht

[1831] Vgl. ausführlich zur notwendigen Streitgenossenschaft *Gottwald*, JA 1982, 64, 66 ff.; *Lindacher*, JuS 1986, 379, 381 ff.

[1832] Vgl. *Hahn*, Materialien, S. 171; *Jauernig*, § 81 III; *Gottwald*, JA 1982, 64, 64 f.; *Lindacher*, JuS 1986, 379; *Stein/Jonas/Bork*, ZPO, § 59 Rn. 2. Daneben wird als weiterer Zweck genannt, dass die gleichmäßige Beurteilung eines einheitlichen Sachverhalts auch zur Gewährung erhöhter Rechtssicherheit beiträgt, vgl. *Hahn*, Materialien, S. 171.

[1833] Vgl. *Gottwald*, JA 1982, 64.

[1834] Bei den §§ 59, 60 ZPO handelt es sich jeweils um eine Kann-Vorschrift.

[1835] Vgl. *Zöller/Greger*, ZPO, § 147 Rn. 8.

[1836] Insofern liegt eine Verfahrenskonzentration nach dem Modell der Streitgenossenschaft nicht nur im Falle der einfachen, sondern auch im Falle der notwendigen Streitgenossenschaft stets in der Hand der Kläger.

[1837] Vgl. *Leipold*, S. 7 ff.

aber übertragen werden muss[1838]. Haben die Parteien keine entsprechenden Regelungen getroffen, liegt die Entscheidung über eine Beteiligung Dritter nach dem Modell der einfachen Streitgenossenschaft im Ermessen der Schiedsrichter[1839]. Fraglich ist daher, welche Rolle das Modell der einfachen Streitgenossenschaft in der Schiedsgerichtsbarkeit allgemein und in der Sportschiedsgerichtsbarkeit nach dem oben erörterten Verfahrensmodell im Besonderen spielt.

Ein Interesse der Schiedsparteien an einer Ersparnis an Zeit, Arbeit und Kosten dürfte grundsätzlich auch in der Schiedsgerichtsbarkeit für eine gemeinsame Verhandlung sachlich zusammenhängender Streitigkeiten sprechen. Gegen eine gemeinsame Verhandlung könnte jedoch das individuelle Bedürfnis einzelner Parteien nach einer vertraulichen Durchführung des Verfahrens sprechen. Denn je größer das Interesse der Parteien an Vertraulichkeit ist, desto geringer wird ihr Interesse sein, sachlich zusammenhängende Verfahren aus ökonomischen Gründen in einem einheitlichen Verfahren beizulegen. Überwiegt das Interesse an Vertraulichkeit gegenüber den ökonomischen Interessen, wird es zur Bildung einer Streitgenossenschaft auf Initiative der Parteien hin erst gar nicht kommen. Für die Bildung einer nachträglichen Streitgenossenschaft auf Initiative des Gerichts mittels der Verbindung mehrerer getrennt eingeleiteter Verfahren besteht in der privaten Schiedsgerichtsbarkeit grundsätzlich kein Anlass, da die Gründe der Prozessökonomie, die für eine Verbindung staatlicher Verfahren sprechen, für die private Schiedsgerichtsbarkeit nicht in gleichem Maße gelten. Ein öffentliches Interesse am ökonomischen Einsatz knapper Justizressourcen besteht in der Schiedsgerichtsbarkeit grundsätzlich nicht. Eine Verschwendung personeller und sachlicher Justizressourcen durch die Schiedsgerichtsbarkeit ist nur in äußerst geringem Umfang zu befürchten, da die staatlichen Gerichte nur im Rahmen der wenigen, ausdrücklich vorgesehenen Schnittstellen zwischen Schiedsverfahren und staatlichen Gerichten tätig werden[1840]. Fehlen aber öffentliche Interessen zur Bildung einer Streitgenossenschaft, ist der Wille der Parteien einzig und allein ausschlaggebender Faktor für die Verbindung mehrerer sachlich zusammenhängender Verfahren. Da dieser Wille in der Schiedsgerichtsbarkeit häufiger auf eine vertrauliche Streitbeilegung abzielt, kommt einer Verfahrensverbindung aus prozessökonomischen Gründen nach dem Modell der einfachen Streitgenossenschaft in der Schiedsgerichtsbarkeit allgemein eine deutlich geringere Bedeutung zu als in staatlichen Verfahren. Für Sportschiedsverfahren nach dem oben erarbeiteten Modell im Besonderen hat die Verfahrenskonzentration aus prozessökonomischen Gründen, neben der notwendigen Verfahrenskonzentration zur Vorbereitung der inter omnes Wirkung der Schiedssprüche, ohnehin keine eigenständige Bedeutung. Die einfache Streitge-

---

[1838] Vgl. *Massuras*, S. 349 m.w.N.; *Schwab/Walter*, Kap. 16 Rn. 15.

[1839] Vgl. *Massuras*, S. 350.

[1840] Vgl. zu den Schnittstellen zwischen Schiedsgerichtsbarkeit und staatlichem Verfahren Drittes Kapitel:C.

nossenschaft ist somit für Schiedsverfahren allgemein wenig bedeutsam und für das hier erarbeitete Verfahrensmodell zur einheitlichen Beilegung von Sportstreitigkeiten weitgehend bedeutungslos.

bb) Notwendige Streitgenossenschaft

Von größerer Bedeutung für die Sportschiedsgerichtsbarkeit scheint aber die Regelung des § 62 ZPO über die notwendige Streitgenossenschaft zu sein, deren Dreh- und Angelpunkt die notwendig einheitliche Entscheidung ist. § 62 ZPO enthält für die Fälle der notwendigen Streitgenossenschaft besondere Rechtsfolgen. Dabei handelt es sich um eine abschließende und zwingende Regelung, deren Rechtsfolgen im Zivilprozess vor den ordentlichen Gerichten nicht abbedungen werden können und vom Gericht von Amts wegen zu beachten sind[1841]. Anders als bei der einfachen Streitgenossenschaft, bei der gegenüber jedem Streitgenossen eine andere Entscheidung ergehen kann, steht bei der notwendigen Streitgenossenschaft die Notwendigkeit einer einheitlichen Entscheidung im Mittelpunkt der Vorschrift. Das macht § 62 ZPO auch für die schiedsrichterliche Beilegung von Sportstreitigkeiten interessant, wo die einheitliche Entscheidung von Sportstreitigkeiten gegenüber allen Wettkampfteilnehmern im Mittelpunkt des Interesses steht. In der Literatur zur Bedeutung der notwendigen Streitgenossenschaft im Schiedsverfahren wird hauptsächlich die Problematik einer teilweisen schiedsvertraglichen Bindung der notwendigen Streitgenossen kontrovers erörtert[1842]. Diese Diskussion hat für die Sportschiedsgerichtsbarkeit dann keine Bedeutung, wenn alle Wettkampfteilnehmer an die schiedsrichterliche Beilegung der zwischen ihnen entstehenden Streitigkeiten gebunden werden. Da nur die umfassende Bindung aller Wettkampfteilnehmer an die schiedsrichterliche Streitbeilegung die Chancengleichheit unter den Wettkampfteilnehmern herzustellen vermag, haben Sportverbände in der Praxis den Weg eingeschlagen, die Wettkampfteilnahme von der Unterzeichnung einer Schiedsvereinbarung abhängig zu machen[1843]. Mit einer umfassenden Bindung aller Wettkampfteilnehmer an die gemeinsame schiedsrichterliche Streitbeilegung der aus dem Wettkampf entstehenden Streitigkeiten verliert die Problematik einer partiellen Bindung notwendiger Streitgenossen an die Schiedsvereinbarung im Rahmen der Sportschiedsgerichtsbarkeit ihre Bedeutung und bedarf daher hier keiner weiteren Vertiefung. Von größerem Interesse ist die Frage, ob § 62 ZPO angesichts seines zwingenden Gehaltes im staatlichen Verfahren auch in Schiedsverfahren zwingend zu berücksichtigen ist, wenn sich alle notwendigen Streitgenossen einem Mehrparteienschiedsverfahren unterworfen haben.

[1841] Vgl. BAGE 42, 398, 401; *Zöller/Vollkommer*, ZPO, § 62 Rn. 1.

[1842] Vgl. *Massuras*, S. 379 ff.; *Schwab/Walter*, Kap. 16 Rn. 16 f.; *Stein/Jonas/Schlosser*, ZPO, § 1029 Rn. 33 f.

[1843] Vgl. zur Möglichkeit die Teilnahme am Wettbewerb mit dem Abschluss einer Schiedsvereinbarung zu verbinden Drittes Kapitel:E. IV.

(1) Tatbestandsvoraussetzungen des § 62 ZPO

§ 62 ZPO sieht für die notwendige Streitgenossenschaft in Abweichung zur einfachen Streitgenossenschaft nicht nur besondere Rechtsfolgen vor, sondern umschreibt zunächst, wann es sich überhaupt um eine notwendige Streitgenossenschaft handelt. Dies ist der Fall, wenn das streitige Rechtsverhältnis entweder nur einheitlich festgestellt werden kann (§ 62 Abs. 1 1. Alt. ZPO) oder die Streitgenossenschaft aus einem sonstigen Grunde (§ 62 Abs. 1 2. Alt. ZPO) eine notwendige ist. Während über die grobe Einteilung der Fälle notwendiger Streitgenossenschaft in solche aus prozessualen Gründen (§ 62 Abs. 1 1. Alt. ZPO) und solche aus materiellrechtlichen Gründen (§ 62 Abs. 1 2. Alt. ZPO) weitgehend Einigkeit besteht[1844], ist im Detail vieles umstritten. Einerseits wird auf grundsätzliche Verschiedenheit der beiden Alternativen hingewiesen[1845], andererseits aber die Notwendigkeit einheitlicher Sachentscheidung als gemeinsames Merkmal aller Fälle der notwendigen Streitgenossenschaft betont[1846]. Fälle der materiellrechtlich notwendigen Streitgenossenschaft sind solche, in denen die Streitgenossen nach materiellem Recht nur gemeinsam zur Verwaltung oder Verfügung über ein Recht befugt sind[1847]. Zu den Fällen einer notwendigen Streitgenossenschaft aus prozessualen Gründen zählen diejenigen, in denen die in einem Verfahren zu treffende Entscheidung Rechtskraft- oder Gestaltungswirkung auch für das andere Verfahren hätte[1848]. Im staatlichen Verfahren besteht eine notwendige Streitgenossenschaft aus prozessualen Gründen in Sportstreitigkeiten, in denen sich mehrere Vereinsmitglieder mit der vereinsrechtlichen Feststellungsklage oder in entsprechender Anwendung der aktienrechtlichen Anfechtungs- oder Nichtigkeitsklage gegen den Beschluss der Mitgliederversammlung oder die Entscheidung eines anderen Vereinsorgans wenden, da sich die Rechtskraft sowohl des Anfechtungs- als auch des Feststellungsurteils im Falle der Rechtswidrigkeit des angegriffenen Beschlusses auf alle Vereinsmitglieder erstreckt[1849]. Besteht mit der vereinbarten Rechtskraft-

---

[1844] Vgl. *Gottwald*, JA 1982, 64, 67; *Lindacher*, JuS 1986, 379; *Schwab*, in FS Lent, S. 271, 272.

[1845] Vgl. *Lent*, JherJb 90 (1942), 27; *Gottwald*, JA 1982, 64, 67.

[1846] Vgl. nur *Lindacher*, JuS 1986, 379. Die Notwendigkeit einer einheitlichen Entscheidung wird teils als Voraussetzung, teils als Zweck oder gar gleichermaßen als Voraussetzung und Zweck der von § 62 ZPO umfassten Fälle verstanden, vgl. ausführlich zu den verschiedenen Ansätzen *Massuras*, S. 352 ff.

[1847] Vgl. *Musielak*, Rn. 221; *Zöller/Vollkommer*, ZPO, § 62 Rn. 11.

[1848] Vgl. *Jauernig*, § 82 II; *Lindacher*, JuS 1986, 379, 382; *Musielak/Weth*, ZPO, § 62 Rn. 3; *Stein/Jonas/Bork*, ZPO, § 62 Rn. 5; *Zöller/Vollkommer*, ZPO, § 62 Rn. 31.

[1849] Die Rechtskrafterstreckung im Rahmen der vereinsrechtlichen stattgebenden Feststellungsklage wird lediglich mit praktischer Notwendigkeit und Rechtssicherheit begründet, vgl. oben 1 a. Dadurch werden mehrere Kläger im staatlichen Verfahren zu notwendigen Streitgenossen aus prozessualen Gründen. Für das Vorliegen einer notwendigen Streitgenossenschaft soll aber die Notwendigkeit einer einheitlichen Entscheidung aus Gründen der Logik oder weil sie wünschenswert erscheint nicht ausreichen, vgl. BGH NJW 1985, 385 f.

erstreckung im Schiedsverfahren aber eine Konstellation, die im staatlichen Verfahren den Anwendungsbereich des § 62 ZPO eröffnen würde, ist die Frage von Interesse, ob die von § 62 ZPO für das staatliche Verfahren zwingend angeordneten Rechtsfolgen auch im Schiedsverfahren zwingend zu beachten sind.

(2) Rechtsfolgen des § 62 ZPO

Vereinzelt wird in der Literatur die Geltung der Vorschriften über die notwendige Streitgenossenschaft im Schiedsverfahren erörtert, wenn alle Streitgenossen an die Schiedsvereinbarung gebunden sind[1850]. Teilweise beschränkt sich die Erörterung auf die Feststellung, dass die notwendige Streitgenossenschaft im Bereich des Schiedsverfahrens keine Schwierigkeiten bereitet[1851]. Andere lehnen die Anwendbarkeit des § 62 ZPO im Schiedsverfahren grundsätzlich ab, da weder Zweck noch Wirkung des § 62 ZPO seine Anwendung notwendig mache[1852]. Ausgehend von dieser Argumentation ist zunächst fraglich, worin überhaupt die Wirkung des § 62 ZPO besteht und welchen Zweck der Gesetzgeber mit der Norm verfolgt.

(a) Wirkung und Zweck des § 62 ZPO

Der Regelungsgehalt des § 62 ZPO besteht darin, dass diejenigen Streitgenossen, welche Fristen oder Termine versäumen, durch den nicht Säumigen als vertreten angesehen werden (§ 62 Abs. 1 ZPO). Letztere sind dann auch im weiteren Verfahren hinzu zu zuziehen (§ 62 Abs. 2 ZPO). Über den Zweck der Vorschrift besteht Uneinigkeit. Während ihn einige im Schutz des tätigen Streitgenossen vor den belastenden Folgen der Säumnis anderer Streitgenossen erblicken[1853], sehen andere den Zweck der Vorschrift in der Sicherstellung einheitlicher Entscheidungen[1854]. Letzteres kann nicht überzeugen, da die Notwendigkeit einheitlicher Entscheidungen den Fallgruppen der notwendigen Streitgenossenschaft immanent und damit schon Voraussetzung für die Anwendung des § 62 ZPO ist. Die Notwendigkeit für den staatlichen Richter, einheitlich entscheiden zu müssen, folgt bereits aus materiellrechtlichen oder prozessualen Gründen. Das Problem, welches § 62 ZPO für die notwendige Streitgenossenschaft des staatlichen Verfahrens wenn auch sehr lückenhaft[1855] zu lösen versucht, besteht

---

[1850] Vgl. *Kisch*, S. 52 f.; *Markfort*, S. 118 f.; *Massuras*, S. 365 ff.

[1851] Vgl. *Markfort*, S. 119.

[1852] Vgl. *Kisch*, S. 52 f.; *Massuras*, S. 365 ff., der allerdings die zwingende Beachtung des § 62 ZPO im Schiedsverfahren dann bejaht, wenn die Parteien ein Versäumnisverfahren ausdrücklich vereinbart haben.

[1853] Vgl. *Fenge*, in FS Mitsopolous, S. 483; *Massuras*, S. 358; *Schlosser*, Zivilprozessrecht I, Rn. 274.

[1854] Vgl. *Lent*, JherJb 90 (1942), 27, 97 f.; *Schwab*, in FS Lent, S. 271, 275 f.; *Stein/Jonas/Bork*, ZPO, § 62 Rn. 14; *Thomas/Putzo*, ZPO, § 62 Rn. 1.

[1855] Vgl. *Zöller/Vollkommer*, ZPO, § 62 Rn. 22.

doch darin, dass der Zwang, einheitlich entscheiden zu müssen, mit dem Grundsatz des § 61 ZPO kollidiert, wonach jeder Streitgenosse seinen Prozess allein führt und seine Prozesshandlungen anderen Streitgenossen weder zum Vor- noch zum Nachteil gereichen. Knüpft das Gesetz aber an das Verhalten einer Streitpartei zwingende Folgen für den Ausgang der Streitigkeit[1856], steht das Gericht bei Vorliegen einer notwendigen Streitgenossenschaft, bei der es nur eine einheitliche Entscheidung in der Sache gegenüber allen Streitgenossen geben kann, vor einer schwierigen Frage. Fraglich ist nämlich, ob das Verhalten nur eines oder einzelner Streitgenossen die gesetzlich vorgesehenen Rechtsfolgen für alle Streitgenossen auslöst, ob das Verhalten der anderen Streitgenossen maßgeblich ist oder, ob das jeweilige Verhalten der Streitgenossen isoliert betrachtet werden kann. Grundsätzlich ließe sich diese Frage auch mit Hilfe der Überlegung beantworten, aus welchem Grunde die Streitigkeit einheitlich entschieden werden muss. So führt beispielsweise die Klagerücknahme eines Streitgenossen bei der prozessual notwendigen Streitgenossenschaft nur zum Ausscheiden dieser Partei aus dem Prozess, während sie bei der materiellrechtlich notwendigen Streitgenossenschaft zur Abweisung der Klage insgesamt führt, da den übrigen Streitgenossen nun die Prozessführungsbefugnis fehlt[1857]. Für die Versäumung von Fristen und Terminen aber enthält § 62 ZPO eine einheitliche, zwingend zu beachtende Regelung, für diese bestimmte Kollisionssituation. In dieser besteht im Hinblick auf die Notwendigkeit einer einheitlichen Entscheidung eine unvereinbare Kollision zwischen den Rechtsfolgen, die der untätige Streitgenosse auslöst und denjenigen, die der tätige Streitgenosse auslöst. § 62 räumt den Rechtsfolgen, die der tätige Streitgenosse auslöst, den Vorrang ein. Die einheitliche Entscheidung der Streitigkeit ließe sich jedoch genauso gut umgekehrt sicherstellen. § 62 ZPO dient somit nicht der Sicherstellung der einheitlichen Entscheidung der Streitigkeit, sondern entscheidet nur, welcher von zwei möglichen Wegen hin zur einheitlichen Entscheidung einzuschlagen ist[1858]. Mit der zwingend angeordneten Vertretungsfiktion bezweckt § 62 ZPO somit lediglich die Auflösung einer im Gesetz angelegten Kollisionssituation[1859].

[1856] Beispielsweise beim Geständnis (§ 288 ZPO), Anerkenntnis (§ 307 ZPO), Verzicht (§ 306 ZPO) oder der Säumnis (§§ 330 ff. ZPO).

[1857] Vgl. *Lüke*, Rn. 448; *Musielak*, Rn. 227; a.A. *Jauernig*, § 82 IV.

[1858] § 62 ZPO sichert eine einheitliche Entscheidung insofern ab, wie der staatliche Richter diese Kollisionsfälle zu behandeln hat, nicht aber die einheitliche Entscheidung der Streitigkeit in der Sache.

[1859] Da § 62 ZPO die im Rahmen der Säumnis von Fristen und Terminen entstehenden Kollisionssituationen zu Gunsten des tätigen Streitgenossen auflöst und den Rechtsfolgen den Vorrang einräumt, die er auslöst, ist es durchaus naheliegend, den Zweck des § 62 ZPO auch im Schutz des tätigen Streitgenossen vor den nachteiligen Folgen der Säumnis der anderen Streitgenossen zu erblicken, So auch *Fenge*, in FS Mitsopolous, S. 483; *Massuras*, S. 358; *Schlosser*, Zivilprozessrecht I, Rn. 274.

(b) Mangelnde Notwendigkeit der Anwendung des § 62 ZPO im Schiedsverfahren

Auch bei einem Mehrparteienschiedsverfahren können einzelne Schiedsparteien Fristen und Termine versäumen. Kann das Schiedsgericht nur allen Streitgenossen gegenüber einheitlich entscheiden, stellt sich im Falle der Säumnis eines Streitgenossen auch für das Schiedsgericht die Frage, wie das Verhalten des säumigen Streitgenossen und das des tätigen Streitgenossen zu bewerten ist. Ausgehend von seinem Zweck, Kollisionssituationen auflösen zu wollen, besteht eine Notwendigkeit, § 62 ZPO im Schiedsverfahren anzuwenden nur dann, wenn durch die Versäumung von Fristen und Terminen nur eines Streitgenossen im Schiedsverfahren überhaupt Kollisionssituationen wie im staatlichen Verfahren drohen.

Unter Geltung des alten Schiedsverfahrensrechts gab es im Schiedsverfahren kein Versäumnisverfahren im Sinne der ZPO[1860]. Die Schiedsrichter hatten die Säumnis einer Partei nach ihrem freien Ermessen zu würdigen[1861]. Das neue Schiedsverfahrensrecht enthält hingegen mit § 1048 ZPO eine Regelung zu den Folgen der Säumnis, wobei das Versäumnisverfahren der ZPO wieder keine Entsprechung gefunden hat[1862]. Aber auch § 1048 ZPO sieht die Möglichkeit vor, an die schuldhafte Säumnis einer Partei[1863] nachteilige Folgen zu knüpfen[1864]. Zwar dürfte das Interesse der Schiedsparteien nach einer schnellen Streitbeilegung insbesondere in Sportstreitigkeiten regelmäßig verhindern, dass Präklusionsvorschriften überhaupt zur Anwendung gelangen, ausgeschlossen ist dies jedoch nicht. Nach § 1048 Abs. 1 ZPO hat das Schiedsgericht das Verfahren zu beenden, wenn es der Kläger versäumt, seine Klage nach § 1046 Abs. 1 ZPO fristgerecht einzuleiten[1865]. Handelt es sich um einen Fall der materiellrechtlich notwendigen Streitgenossenschaft, sind die Streitgenossen nur gemeinsam zur Verwaltung und Verfügung über ein Recht befugt. In diesem Fall müssen die Streitgenossen somit notwendig einheitlich klagen, so dass die Klage nur eines Streitgenossen bereits aus diesem Grund als unzulässig abzuweisen wäre[1866]. Die Frage, wie die verfristete Klageeinreichung nur eines Streitgenossen gegenüber der fristgemäßen Klageeinreichung eines anderen Streitge-

---

[1860] Vgl. *Schwab/Walter*, Kap. 16 Rn. 53.

[1861] Vgl. *Schwab/Walter*, Kap. 16 Rn. 53; *Massuras*, S. 367; *Breetzke*, BB 1972, 560.

[1862] Vgl. *Lachmann*, Rn. 889; *Stein/Jonas/Schlosser*, ZPO, § 1048 Rn. 1; *Schwab/Walter*, Kap. 16 Rn. 53.

[1863] Vgl. zum Erfordernis des Verschuldens, *Lachmann*, Rn. 897.

[1864] Solche Regelungen schränken zwar die Gewährung rechtlichen Gehörs ein, sind aber verfassungsrechtlich grundsätzlich unbedenklich, vgl. *Lachmann*, Rn. 889, der aber wegen der Berührungspunkte mit dem Gehörsgrundsatz zu einer Anwendung mit Augenmaß anhält.

[1865] Die Beendigung des Verfahrens durch das Schiedsgericht erfolgt als Beschluss gem. § 1056 Abs. 2 Nr. 1 a ZPO, vgl. ausführlich *Lachmann*, Rn. 899 f.

[1866] Vgl. *Musielak*, Rn. 221.

nossen zu bewerten ist, stellt sich daher erst gar nicht. Müssen die Streitgenossen nicht schon aus materiellrechtlichen Gründen gemeinschaftlich klagen, können mehrere Klagen parallel eingeleitet werden. Auch die Mitglieder einer Wettkampfgemeinschaft sind, ob nun vereinsrechtlich oder durch eine Vielzahl bilateraler Vereinbarungen verbunden, nicht verpflichtet, gemeinschaftlich gegen eine Verbandsregel oder gegen eine auf einer Verbandsregel beruhenden Entscheidung vorzugehen, sondern können vielmehr unabhängig voneinander klagen. Aus dieser Unabhängigkeit folgt, dass die Beendigung eines Verfahrens gem. § 1048 Abs. 1 ZPO, weil ein Kläger die fristgerechte Einleitung der Klage versäumt hat, für die fristgerecht eingeleitete Klage eines anderen Klägers ohne Folgen bleibt[1867]. Da das Gericht nur in der Sache notwendig einheitlich entscheiden muss, entsteht durch die Anwendung des § 1048 Abs. 1 ZPO auf mehrere tätige und untätige Kläger keine Kollisionssituation. Die Säumnisfolgen, die § 1048 Abs. 1 ZPO an eine verfristete Klageeinleitung knüpft, werfen somit in der Mehrparteiensituation keinerlei Kollisionssituationen auf, die mittels einer Vertretungsfiktion i.S.d. § 62 ZPO gelöst werden müssten.

Leitet umgekehrt ein Sportverband eine gemeinsame Klage gegen mehrere Wettkampfteilnehmer ein, stellt sich die Frage, welche Folgen die Säumnis eines Beklagten auslöst. Die Folgen der Säumnis des Beklagten bei der Klagebeantwortung regelt § 1048 Abs. 2 ZPO. Versäumt es danach der Beklagte die Klage fristgerecht zu beantworten, setzt das Schiedsgericht gem. § 1048 Abs. 2 ZPO das Verfahren fort, ohne die Säumnis als Zugeständnis der Behauptungen des Klägers zu behandeln. Das Schiedsgericht kann das Verfahren entweder durch den Erlass eines Schiedsspruches nach den bisher vorliegenden Erkenntnissen fortsetzen, wobei die Säumnis des Beklagten nach freiem Ermessen zu würdigen ist[1868] oder die bisherigen Erkenntnisse durch eine weitere Aufklärung des Sachverhalts erweitern[1869], um anschließend auf dieser Basis einen Schiedsspruch zu fällen. Der Fortgang des Verfahrens darf jedenfalls nicht durch das säumige Verhalten des Beklagten blockiert werden[1870]. Die Säumnis einer beklagten Schiedspartei bringt somit keinerlei zwingende Rechtsfolgen für den Ausgang der Streitigkeit hervor. Damit können diese Rechtsfolgen auch nicht mit denjenigen kollidieren, welche die tätigen Streitgenossen auslösen. Deren Vorbringen ist vom Schiedsgericht vollumfänglich zu berücksichtigen. Damit bringt auch § 1048 Abs. 2 ZPO keine Kollisionssituationen hervor, die eine Anwendung des § 62 ZPO erfordern würde.

Gleiches gilt, gleichgültig ob es sich um aktive oder passive notwendige Streitgenossen handelt, wenn eine Partei nicht zur mündlichen Verhandlung erscheint

---

1867 Vgl. auch *Lachmann*, Rn. 900, der selbst eine identische Klage desselben Klägers nicht ausschließt.

1868 Vgl. *Lachmann*, Rn. 901; *Schwab/Walter*, Kap. 16 Rn. 53; *Massuras*, S. 367.

1869 Vgl. zum eingeschränkten Ermittlungsgrundsatz Viertes Kapitel:B. I. 2. a) .

1870 Vgl. *Lachmann*, Rn. 901; MünchKommZPO/*Münch*, § 1048 Rn. 5.

oder es versäumt, innerhalb einer festgesetzten Frist ein Schriftstück zum Beweis vorzulegen (§ 1048 Abs. 3 ZPO). Auch in diesem Fall setzt das Schiedsgericht das Verfahren durch eine weitere Aufklärung des Sachverhalts oder durch einen Schiedsspruch nach dem derzeitigen Erkenntnisstand fort. Die Möglichkeit, ein Versäumnisurteil zu erwirken, besteht im Schiedsverfahren grundsätzlich nicht[1871]. Somit zeitigt auch die Anwendung des § 1048 Abs. 3 ZPO auf das säumige Verhalten eines Streitgenossen in der mündlichen Verhandlung oder bei der Vorlage von Beweismitteln keinerlei Folgen, die mit dem Verhalten des tätigen Streitgenossen kollidieren könnten.

Anderes könnte lediglich dann gelten, wenn die Parteien ausdrücklich oder durch die Bezugnahme auf die Schiedsordnung eines Sportschiedsgerichts eine von § 1048 ZPO abweichende Säumnisregelung vereinbaren würden (vgl. § 1048 Abs. 4 S. 2 ZPO), die als Folge der Versäumung von Fristen und Terminen grundsätzlich den Erlass eines Versäumnisurteils nach dem Vorbild der §§ 330 ff. ZPO anordnen würde[1872]. Dann stellt sich freilich auch für das Mehrparteienschiedsverfahren die Frage, welche Folgen die Säumnis eines Streitgenossen auslöst, wenn sich andere am Schiedsverfahren beteiligen, da mit der Vereinbarung der Säumnisfolgen nach dem Vorbild der §§ 330 ff. ZPO die in den staatlichen Vorschriften angelegte Kollisionssituation auch ins Schiedsverfahren übertragen werden würde. Der Anwendung des § 62 ZPO im Schiedsverfahren zur Auflösung dieser Kollisionssituation bedarf es aber auch dann nicht. Dass es beim Vorliegen einer Streitgenossenschaft im Schiedsverfahren kein Versäumnisurteil gegen alle Streitgenossen geben kann, wenn nur ein Streitgenosse tätig wird, folgt bereits aus dem Grundsatz des rechtlichen Gehörs. Würde das Schiedsgericht im Falle der Säumnis eines Streitgenossen ein Säumnisurteil gegen alle Streitgenossen erlassen, wäre der Gehörsgrundsatz den übrigen tätigen Streitgenossen gegenüber verletzt und der auf diese Weise ergangene Schiedsspruch aufhebbar[1873]. Der Grundsatz des rechtlichen Gehörs zwingt somit das Schiedsgericht dazu, das Vorbringen der tätigen Streitgenossen zu berücksichtigen, so dass das Schiedsgericht in der Mehrparteiensituation schon beim Tätigwerden nur eines Streitgenossen kein Versäumnisurteil erlassen kann, auch wenn die Parteien den Erlass eines Versäumnisurteils nach den §§ 330 ff. ZPO grundsätzlich vereinbart haben. Lässt sich die vorliegende Kollisionssituation mithin schon durch die Heranziehung des allgemeinen Gehörsgrundsatzes lösen, bedarf es der Anwendung des § 62 ZPO aus diesem Grunde nicht. Als Ausdruck des Gehörsgrundsatzes kann auch die Regelung des § 62 Abs. 2 ZPO verstanden werden, wonach der säumige Streitgenosse auch im weiteren Verfahren stets

---

[1871] Vgl. *Lachmann*, Rn. 903; MünchKommZPO/*Münch*, § 1048 Rn. 6.

[1872] Vgl. zu dieser Möglichkeit *Lachmann*, Rn. 913; *Stein/Jonas/Schlosser*, ZPO, § 1048 Rn. 6; *Zöller/Geimer*, ZPO, § 1048 Rn. 5; *Massuras*, S. 371 ff.; a.A. *Schwab/Walter*, Kap. 18 Rn. 16.

[1873] Vgl. ausführlich zur Geltung des Gehörsgrundsatzes im Schiedsverfahren Fünftes Kapitel:B. I. 2.

hinzu zu ziehen ist. Die gleiche Verpflichtung, den säumigen Streitgenossen bei der Fortsetzung des Verfahrens weiterhin zu informieren, ihm Gelegenheit zur Äußerung zu geben und ihn zu weiteren Terminen zu laden, ergibt sich somit im Schiedsverfahren auch ohne Heranziehung des § 62 Abs. 2 ZPO bereits aus dem Grundsatz des rechtlichen Gehörs[1874]. Bezogen auf die Absicherung des Gehörsgrundsatzes durch die Verhinderung eines Säumnisurteils zu Ungunsten des tätigen Streitgenossen und die weitere Hinzuziehung des Säumigen im weiteren Verfahren enthält die Regelung des § 62 ZPO, quasi als eine spezielle Ausprägung des allgemeinen Gehörsgrundsatz, einen zwingenden Gehalt.

(c) Unvereinbarkeit des § 62 ZPO mit dem eingeschränkten Untersuchungsgrundsatz im Schiedsverfahren

Die Erörterung der Säumnisfolgen, die ein Streitgenosse im Schiedsverfahren auslöst, hat bis hierher aufgezeigt, dass Kollisionssituationen, wie sie in den Vorschriften der ZPO angelegt sind und deren Auflösung § 62 ZPO dient, erst dann im Schiedsverfahren drohen, wenn ein Versäumnisverfahren nach dem Vorbild der §§ 330 ff. ZPO für das Schiedsverfahren vereinbart wurde. Aber auch dann bedarf es der Anwendung des § 62 ZPO nicht, um die Säumnisfolgen für die tätigen Streitgenossen abzuwehren, da bereits der Gehörsgrundsatz das Schiedsgericht dazu zwingt, das Vorbringen tätiger Streitgenossen zu berücksichtigen und den Erlass eines Versäumnisurteils verhindert. Ebenso folgt aus dem Gehörsgrundsatz, dass der säumige Streitgenosse weiterhin hinzu zu ziehen ist, so dass es auch im Hinblick auf die von § 62 Abs. 2 ZPO vorgesehene Rechtsfolge der Anwendung des § 62 ZPO im Schiedsverfahren nicht bedarf. Wurde die Frage nach der Anwendbarkeit des § 62 ZPO bisher im Hinblick auf die fehlenden Folgen der Säumnis eines Streitgenossen abgelehnt, sollen nun die Handlungen der tätigen Streitgenossen näher betrachtet werden. Dabei stellt sich insbesondere die Frage, ob die Vertretungsfiktion des § 62 ZPO mit schiedsverfahrensrechtlichen Grundsätzen überhaupt vereinbar ist.

§ 62 ZPO fingiert, dass derjenige, der den Termin wahrnimmt, diejenigen vertritt, die ihn versäumen. Das Verhalten der tätigen Streitgenossen wirkt in diesen Fällen für und gegen den Abwesenden[1875]. Während Anerkenntnis oder Verzicht, dem sich die anderen Streitgenossen nicht angeschlossen haben[1876], normalerweise unbeachtlich sind, entfalten sie ihre Wirkung aber schon dann, wenn sie durch alle anwesenden Streitgenossen erfolgen[1877]. Ebenso müsste sich das Schiedsgericht, würde die Vertretungsfiktion des § 62 ZPO auch im Schiedsverfahren gelten, an das Vorbringen der tätigen Streitgenossen halten und das Vor-

---

[1874] Vgl. *Massuras*, S. 367 f.

[1875] Vgl. *Zöller/Vollkommer*, ZPO, § 62 Rn. 28.

[1876] Vgl. *Lüke*, Rn. 448; *Jauernig*, § 82 IV.

[1877] Vgl. *Zöller/Vollkommer*, ZPO, § 62 Rn. 26. Anders, wenn der untätige Streitgenosse Berufung einlegt, vgl. *Stein/Jonas/Bork*, ZPO, § 62 Rn. 34; *Thomas/Putzo*, ZPO, § 62 Rn. 20.

gebrachte auch dem untätigen Streitgenossen zurechnen. Diese Vorgehensweise wäre mit dem eingeschränkten Ermittlungsgrundsatz im Schiedsverfahren sicherlich nicht vereinbar. Aus dem eingeschränkten Ermittlungsgrundsatz im Schiedsverfahren folgt vielmehr, dass das Vorbringen der tätigen Streitgenossen keinerlei verbindliche Wirkungen für die Entscheidung des Schiedsgerichtes haben kann. Es ist vielmehr vom Schiedsgericht frei zu würdigen. Gleiches gilt für Anerkenntnis oder Verzicht, denen lediglich eine Indizfunktion über Wahrheit und Unwahrheit bestimmter Tatsachen zukommen kann[1878]. Die in § 62 ZPO normierte Vertretungsfiktion spricht daher sogar gegen seine Anwendung im Schiedsverfahren, da sie mit dem eingeschränkten Untersuchungsgrundsatz im Schiedsverfahren nicht vereinbar ist.

(d) Einlegen von Rechtsbehelfen

Eine Kollisionssituation, in der das Tätigwerden eines Streitgenossen mit dem Untätigsein anderer kollidieren kann, wurde bisher vernachlässigt. Sie betrifft die Einlegung eines Rechtsbehelfs. Im Regelfall ist im Schiedsverfahren kein Berufungsschiedsverfahren vorgesehen, so dass als Rechtsbehelf nur das Aufhebungsverfahren nach § 1059 ZPO gegeben ist. Im Sportbereich besteht jedoch die Notwendigkeit, Sportregelwerke sowohl auf nationaler als auch internationaler Ebene einheitlich durchzusetzen. Zwar wäre es am einfachsten den internationalen Verband schon am Schiedsverfahren auf nationaler Ebene zu beteiligen. Hieran wird jedoch ein weltweit agierender internationaler Dachverband schon aufgrund der damit einhergehenden Kosten kaum ein Interesse haben. Darüber hinaus wäre eine solche Vorgehensweise auch nicht sachgerecht, würde hiermit doch die grundsätzlich föderative Arbeitsteilung zwischen nationalem und internationalem Verband wieder aufgehoben. Daher ist es sachgerecht, im Anschluss an das nationale Schiedsverfahren eine Berufungsmöglichkeit, etwa zum CAS vorzusehen, die auch die internationalen Sportverbände wahrnehmen können[1879]. Mit der Möglichkeit einen Rechtsbehelf gegen den Schiedsspruch einzulegen, stellt sich aber auch die Frage, wie die fristgerechte Einlegung eines Rechtsbehelfs nur eines Streitgenossen zu behandeln ist. Im staatlichen Verfahren löst § 62 ZPO diese Kollisionssituation mithilfe der Vertretungsfiktion. Wenn nur ein notwendiger Streitgenosse die Rechtsbehelfsfrist wahrt, wird fingiert, dass er die anderen dabei vertritt. Damit werden auch für sie die Fristen gewahrt und die Folgen der Fristversäumung abgewendet. Der Rechtsbehelf nur eines Streitgenossen wirkt daher für alle. Er verhindert den Eintritt der Rechtskraft, bringt alle Prozesse in die nächste Instanz und erhält allen Streitgenossen

[1878] Vgl. *Kisch*, S. 53; *Massuras*, S. 370.
[1879] Vgl. Sechstes Kapitel:C. I. 2. c) .

die Parteistellung für das weitere Verfahren[1880]. Wie die isolierte Einlegung eines Rechtsbehelfs gegen den Schiedsspruch zu behandeln ist, soll nachfolgend zunächst für eine zweite schiedsrichterliche Instanz und dann für das Aufhebungsverfahren gem. § 1059 ZPO erörtert werden.

Haben die Parteien zur Kontrolle des Schiedsspruches eine zweite schiedsrichterliche Instanz vereinbart, stellt sich die Frage, welche Wirkungen die isolierte Einlegung der Berufung durch einen notwendigen Streitgenossen hat. Aus der privaten Natur des Schiedsverfahrens folgt bereits, dass die Berufung nur eines notwendigen Streitgenossen die anderen Streitgenossen nicht ohne eine entsprechende Vereinbarung zu Parteien des Berufungsschiedsverfahrens machen kann. Die Anwendung des § 62 ZPO würde in diesem Fall der privaten Natur des Schiedsverfahrens widersprechen. Da die Streitgenossen aber von der inter omnes Wirkung des Schiedsspruches erfasst werden, kann ihnen das Recht einer Beteiligungsmöglichkeit im Berufungsschiedsverfahren nicht verwehrt werden[1881].

Während § 62 ZPO im Schiedsverfahren auch im Bereich schiedsverfahrensrechtlicher Rechtsmittel unanwendbar ist, muss dies für das Aufhebungsverfahren gem. §1059 ZPO keineswegs genauso sein, da es sich dabei um ein staatliches Verfahren handelt. Antragsberechtigt, ein Aufhebungsverfahren gem. § 1059 ZPO einzuleiten, sind grundsätzlich alle, die durch die prozessualen Wirkungen des Schiedsspruches beschwert sind[1882], auch wenn derjenige im Schiedsverfahren weder Kläger noch Beklagter war[1883]. Fraglich ist, welche Folgen der Aufhebungsantrag eines notwendigen Streitgenossen hat, wenn die anderen untätig bleiben. Wird ein Antrag auf Aufhebung eines Schiedsspruches gestellt, ist dies meist die erste und einzige Situation, in der das staatliche Gericht mit dem Schiedsverfahren in Berührung kommt[1884]. Daher könnte man der Ansicht sein, dass die Situation der Aufhebungsklage mit der Situation der Klageerhebung vergleichbar ist. Handelt es sich unter Zugrundelegung dieser Sichtweise um eine Streitgenossenschaft aus materiellrechtlichen Gründen, könnten nur alle notwendigen Streitgenossen gemeinsam die Aufhebung des Schiedsspruches beantragen. Bei einer Streitgenossenschaft aus prozessualen Gründen hingegen wäre das isolierte Aufhebungsbegehren nur eines Streitgenossen möglich. Sind aber nach § 1059 ZPO selbst diejenigen berechtigt, die

[1880] Vgl. BGH NJW 1985, 385; *Stein/Jonas/Bork*, ZPO, § 62 Rn. 40; *Thomas/Putzo*, ZPO, § 62 Rn. 24; *Zöller/Geimer*, ZPO, § 62 Rn. 32; a.A. für diejenigen Streitgenossen, deren Rechtsmittelfrist bereits abgelaufen war, RG 157, 33.

[1881] Die CAS-VO sieht eine Beteiligungsmöglichkeit in Form der Nebenintervention gem. den Artt. R41.3 und R41.4 vor.

[1882] Zur Voraussetzung der Beschwer siehe ausführlich *Lachmann*, Rn. 1250 f.

[1883] Vgl. *Lachmann*, Rn. 1250; *Schwab/Walter*, Kap. 24 Rn. 2; *Stein/Jonas/Schlosser*, ZPO, § 1059 Rn. 9; *Zöller/Geimer*, ZPO, § 1059 Rn. 3.

[1884] Zu anderen Schnittstellen zwischen Schiedsverfahren und staatlicher Gerichtsbarkeit vgl. Drittes Kapitel:C.

Einhaltung elementarer rechtsstaatlicher Grundsätze durch das staatliche Gericht überprüfen zu lassen, die im Schiedsverfahren weder Kläger noch Beklagter waren, so muss dass erst recht auch für sämtliche Streitgenossen gelten und zwar unabhängig davon, ob es sich um materiellrechtlich oder prozessual notwendige Streitgenossen handelt. Daher sind im Mehrparteienschiedsverfahren alle von der prozessualen Wirkung des Schiedsspruches beschwerten Beteiligten berechtigt, die Aufhebung des Schiedsspruches nach § 1059 ZPO zu beantragen. Kann demnach in jedem Falle bereits ein Streitgenosse die Aufhebung des Schiedsspruches beantragen, stellt sich die Frage, welche Stellung die anderen notwendigen Streitgenossen im Aufhebungsverfahren haben. Da es sich beim Aufhebungsverfahren um ein staatliches Verfahren handelt, könnte das Gericht bei Vorliegen einer Streitgenossenschaft im Schiedsverfahren § 62 ZPO für das Aufhebungsverfahren entsprechend heranziehen. Danach wäre der Rechtsbehelf eines jeden Streitgenossen gesondert zu beurteilen[1885]. Wahrt aber nur ein Streitgenosse die Frist des § 1059 Abs. 3 S. 1 ZPO, würde § 62 ZPO fingieren, dass die Fristen auch für die untätigen Streitgenossen gewahrt und die Folgen der Säumnis abgewendet werden. Alle notwendigen Streitgenossen würden dann die volle Parteistellung für das Aufhebungsverfahren erhalten[1886]. Demnach wären alle Streitgenossen im Aufhebungsverfahren zu laden und jeder Streitgenosse könnte Prozesshandlungen vornehmen. Zwingend ist die Anwendung des § 62 ZPO in diesem Fall jedoch nicht, da eine notwendige Streitgenossenschaft im staatlichen Verfahren nie bestanden hat, sondern erst mit einer gemeinsamen Antragstellung aller Streitgenossen im Fall der materiellrechtlich notwendigen Streitgenossenschaft oder im Falle der prozessual notwendigen Streitgenossenschaft wenigstens einiger Streitgenossen entstehen würde. Daher könnte das staatliche Gericht auch nur denjenigen Streitgenossen die volle Parteistellung einräumen, die den Aufhebungsantrag fristgerecht gestellt haben. Denn wo lediglich die Sachentscheidung einheitlich erfolgen muss, ist die Abweisung einzelner Aufhebungsanträge unproblematisch möglich. Aber auch in diesen Fällen kann den von der Entscheidung des Gerichts betroffenen Streitgenossen das Recht auf rechtliches Gehör nicht versagt werden. Für sie muss dann immer noch die Möglichkeit bestehen, sich am Aufhebungsverfahren, etwa als Nebenintervenient, zu beteiligen.

(3) Zwischenergebnis

Gemeinsame Klagen mehrerer Wettkampfteilnehmer gegen einen Sportverband oder die Klage eines Sportverbandes gegen mehrere Wettkampfteilnehmer sind in der Struktur der Wettkampfgemeinschaft angelegt und kommen auch in der

---

1885 Vgl. *Thomas/Putzo*, ZPO, § 62 Rn. 23; *Zöller/Geimer*, ZPO, § 62 Rn. 32.

1886 Vgl. BGH NJW 1985, 385; *Stein/Jonas/Bork*, ZPO, § 62 Rn. 40; *Thomas/Putzo*, ZPO, § 62 Rn. 24; *Zöller/Geimer*, ZPO, § 62 Rn. 32; a.A. für diejenigen Streitgenossen, deren Rechtsmittelfrist bereits abgelaufen war, RG 157, 33.

Praxis häufiger vor. Auch wenn die Verbindung mehrerer Verfahren nach dem Modell der Streitgenossenschaft von der Initiative der Parteien abhängt und damit Ausdruck einer Konzentrationsfreiheit ist, kann sie doch schon einen gewissen Beitrag zur Verfahrenskonzentration leisten, die für die einheitliche Beilegung von Sportstreitigkeiten allen Wettkampfteilnehmern gegenüber notwendig ist. Daher sollte auch im Schiedsverfahren die Möglichkeit bestehen, dass mehrere Wettkampfteilnehmer gemeinsam ein Schiedsverfahren gegen einen Sportverband einleiten können oder, dass ein Sportverband ein Schiedsverfahren gegen mehrere Wettkampfteilnehmer einleiten kann.

Auch die CAS-VO berücksichtigt die Mehrheit von Klägern und Beklagten in Art. R41.1, wobei Regelungsgegenstand allein die Konstituierung des Schiedsgerichts beim Vorliegen einer Streitgenossenschaft ist. Da die Konstituierung des Schiedsgerichts aber kein spezielles Problem der Mehrheit von Klägern und Beklagten darstellt, sondern alle Drittbeteiligungsformen im Schiedsverfahren gleichermaßen betrifft, ist eine spezielle Regelung zur Konstitution des Schiedsgerichts bei Vorliegen einer Streitgenossenschaft entbehrlich. Darüber hinaus bereitet die Streitgenossenschaft bei einer Bindung aller Streitgenossen an die Schiedsvereinbarung im Schiedsverfahren keine weiteren Probleme. Die Vorschriften der ZPO über die einfache Streitgenossenschaft können ins Schiedsverfahren übertragen werden, zwingend ist dies aber nicht.

Zur Sicherstellung einer einheitlichen Entscheidung bedarf es einer Anwendung des § 62 ZPO im Schiedsverfahren nicht, da im Schiedsverfahren weder die Säumnis eines Streitgenossen noch die Handlungen des tätigen Streitgenossen verbindliche Folgen für den Ausgang des Schiedsverfahrens auslösen. Die Säumnis eines Streitgenossen wie auch das Vorbringen des tätigen Streitgenossen sind vom Schiedsgericht vielmehr frei zu würdigen. Auch bei ausdrücklicher parteiautonomer Vereinbarung eines Versäumnisverfahrens nach dem Vorbild der §§ 330 ff. ZPO verhindert bereits der Gehörsgrundsatz den Erlass eines Versäumnisurteils beim Tätigwerden nur eines Streitgenossen. Die Anwendung des § 62 ZPO im Schiedsverfahren ist mithin nicht erforderlich. Gegen die Anwendbarkeit des § 62 ZPO im Schiedsverfahren spricht darüber hinaus, dass die Vertretungsfiktion des § 62 ZPO mit dem eingeschränkten Ermittlungsgrundsatz im Schiedsverfahren kollidiert.

Die entsprechende Heranziehung des § 62 ZPO erscheint allerdings im staatlichen Aufhebungsverfahren möglich, wenn nur ein notwendiger Streitgenosse den Antrag auf Aufhebung des Schiedsspruches nach § 1059 ZPO stellt, während die anderen die Aufhebungsfrist verstreichen lassen. Zwingend ist dies jedoch nicht.

b) Hauptintervention

Die Hauptintervention (§ 64 ZPO) ermöglicht einem Dritten durch selbständige Klage (Interventionsklage) die Geltendmachung eines Anspruchs, über den bereits ein Rechtsstreit zwischen anderen Personen anhängig ist (Hauptprozess). Im zweiten selbständigen Interventionsprozess, für den das Gericht erster Instanz ausschließlich örtlich und sachlich zuständig ist[1887], werden die Parteien des Hauptprozesses zu passiven Streitgenossen[1888], bei Vorliegen eines Tatbestandes des § 62 ZPO zu notwendigen[1889]. Der Hauptprozess kann gem. § 65 ZPO auf Antrag einer Partei ausgesetzt[1890] oder der Interventionsprozess gem. § 147 ZPO mit dem Hauptprozess verbunden werden[1891], was aber im Ermessen des Gerichts liegt[1892]. Die Verfahren können mithin auch völlig getrennt voneinander durchgeführt werden. Der Hauptintervenient ist nicht am Hauptprozess beteiligt[1893]. Das im Interventionsprozess ergehende Urteil wirkt auch nur zwischen dem Hauptintervenienten und den Parteien des Hauptprozesses, nicht aber zwischen den Parteien des Hauptprozesses[1894]. Die Hauptintervention dient in erster Linie der Verfahrenskonzentration, da die Interventionsklage vor demselben Gericht erhoben werden muss, bei dem auch der Hauptprozess anhängig ist und das Gericht zudem die Verfahren verbinden oder den Hauptprozess aussetzen kann. Dadurch wiederum können einander widersprechende Entscheidungen verhindert werden, was teilweise auch als weiterer Zweck der

---

[1887] Vgl. *Musielak/Weth*, ZPO, § 65 Rn. 3; *Stein/Jonas/Bork*, ZPO, § 64 Rn. 14; *Zöller/Vollkommer*, ZPO, § 64 Rn. 4. Da die Interventionsklage bei dem Gericht erhoben werden muss, vor dem der Hauptprozess anhängig gemacht wurde, ist die Erhebung einer Interventionsklage beim ordentlichen Gericht unzulässig, wenn der Hauptprozess bei einem Schiedsgericht anhängig ist, vgl. *Musielak/Weth*, ZPO, § 65 Rn. 3; *Massuras*, S. 388. Sind darüber hinaus alle Mitglieder einer Wettkampfgemeinschaft an die schiedsrichterliche Beilegung der betreffenden Streitigkeit gebunden, wäre ohnehin jedes Vorgehen einer Schiedspartei vor einem staatlichen Gericht der Schiedseinrede ausgesetzt. Die Aufspaltung der Rechtsverfolgung im Schiedsverfahren einerseits und staatlichen Verfahren andererseits bedarf daher keiner Erörterung. Ohne Bedeutung für die schiedsrichterliche Beilegung von Sportstreitigkeiten ist damit ebenfalls die Frage, ob ein nicht an die Schiedsvereinbarung gebundener Dritter das Recht auf eine Hauptintervention haben muss; zu recht ablehnend *Massuras*, S. 390 ff., 398; *Stein/Jonas/Bork*, ZPO, § 64 Rn. 4c. Gleiches gilt nach Art. 28 SchKonk in der Schweiz. Danach setzen Intervention und Streitverkündung eine Schiedsabrede zwischen dem Dritten und den Streitparteien voraus. Die Regelung des SchKonk findet im IPRG zwar keine Entsprechung, jedoch gelten auch dort dieselben Grundsätze, vgl. *Rüede/Hadenfeldt*, § 35 II 2 a (S. 256).

[1888] Vgl. *Musielak/Weth*, ZPO, § 65 Rn. 2; *Thomas/Putzo*, ZPO, § 64 Rn. 1; *Zöller/Vollkommer*, ZPO, § 64 Rn. 1.

[1889] Vgl. *Stein/Jonas/Bork*, ZPO, § 64 Rn. 16; *Thomas/Putzo*, ZPO, § 64 Rn. 1; *Zöller/Vollkommer*, ZPO, § 64 Rn. 5.

[1890] Ebenso möglich ist eine Aussetzung von Amts wegen gem. § 148 ZPO, vgl. *Musielak/Weth*, ZPO, § 64 Rn. 6.

[1891] Vgl. *Thomas/Putzo*, ZPO, § 64 Rn. 1; *Zöller/Vollkommer*, ZPO, § 64 Rn. 1.

[1892] *Stein/Jonas/Bork*, ZPO, § 64 Rn. 17; *Musielak/Weth*, ZPO, § 65 Rn. 6, wonach regelmäßig aber kein Raum für eine Ermessensentscheidung bestehen soll, so dass der Hauptprozess auf Antrag einer Partei ausgesetzt werden muss.

[1893] Vgl. *Musielak/Weth*, ZPO, § 65 Rn. 6; *Thomas/Putzo*, ZPO, § 64 Rn. 4.

[1894] Vgl. *Musielak/Weth*, ZPO, § 65 Rn. 6; *Zöller/Vollkommer*, ZPO, § 64 Rn. 6.

Hauptintervention genant wird[1895]. Obwohl die Bedeutung der Hauptintervention im staatlichen Verfahren eher gering ist[1896], ist es nicht auszuschließen, dass die Wettkampfgemeinschaft Konstellationen hervorbringt, in denen ein Mitglied der Wettkampfgemeinschaft als Dritter ein Recht für sich beansprucht, das Gegenstand eines Rechtsstreites zwischen zwei weiteren Parteien ist. So wäre es durchaus denkbar, dass ein nicht nominierter Sportler ein Verfahren gegen einen Sportverband anstrebt (Hauptprozess) und der zunächst nominierte oder ein weiterer nicht nominierter Sportler gegen beide Parteien des Hauptprozesses vorgehen will, um seinen behaupteten Nominierungsanspruch geltend zu machen (Interventionsprozess). Daher lohnt es sich, genauer auf das Modell der Hauptintervention i.S.d. §§ 64 f. ZPO zu schauen.

Die Frage nach der Bedeutung der Hauptintervention im Schiedsverfahren wird in der Literatur kaum erörtert, was aber angesichts der geringen Bedeutung der Hauptintervention in der Praxis kaum verwundern kann. Überwiegend begnügt man sich mit der Feststellung, dass die Hauptintervention im Schiedsverfahren zulässig sei, wenn die Zustimmung der Hauptparteien und des Schiedsgerichts vorliegen. Unter diesen Voraussetzungen unterwerfe sich der Hauptintervenient wirksam dem Schiedsverfahren[1897]. Vereinzelt aber wird auch die Bedeutung der Hauptintervention im Schiedsverfahren ausführlicher erörtert[1898]. Nach der dort vertretenen Ansicht ergeben sich weder aus dem Zweck der Hauptintervention noch aus einem sonstigen Grund ein rechtlicher Zwang, das Modell der Hauptintervention in die Schiedsgerichtsbarkeit zu übertragen[1899]. Ausgehend von dem fehlenden Zwang, die Hauptintervention ins Schiedsverfahren übertragen zu müssen, ist aber auch nach dieser Ansicht eine Übertragung der Hauptintervention ins Schiedsverfahren möglich, wobei aber zwischen dem positiv rechtlich normierten Modell der Hauptintervention i.S.d. §§ 64 f. ZPO und lediglich einer Beitrittsmöglichkeit des Dritten zur Geltendmachung eigener Rechte differenziert werden müsse[1900]. Das Modell der Hauptintervention nach den §§ 64 f.

1895 Vgl. *Musielak/Weth*, ZPO, § 65 Rn. 1; *Stein/Jonas/Bork*, ZPO, § 64 Rn. 1; *Zöller/Vollkommer*, ZPO, § 64 Rn. 1. Zwingend ist die einheitliche Entscheidung in Haupt- und Interventionsprozess allerdings nicht, so dass man die Verhinderung einheitlicher Entscheidungen wohl eher als nicht zwingender Nebeneffekt ansehen muss, vgl. *Stein/Jonas/Bork*, ZPO, § 64 Rn. 20. Nach einer weitergehenden Ansicht soll § 64 ZPO zudem der Verwirklichung des materiellen Rechts des Dritten gegenüber den Hauptparteien dienen, vgl. *Koussoulis*, ZZP 100 (1987), S. 211, 217 ff.

1896 Vgl. *Musielak/Weth*, ZPO, § 65 Rn. 1; *Thomas/Putzo*, ZPO, § 64 Rn. 1.

1897 Vgl. *Musielak/Weth*, ZPO, § 65 Rn. 3; *Schwab/Walter*, Kap. 16 Rn. 20; *Stein/Jonas/Bork*, ZPO, § 64 Rn. 4c; abweichend *Schütze*, Rn. 56, der nur auf die Zustimmung der Parteien abstellt. In der Schweiz ist nach Art. 28 SchKonk die Zustimmung der Schiedsrichter erforderlich.

1898 Vgl. *Massuras*, S. 385 ff.

1899 Vgl. *Massuras*, S. 388 ff.; 390.

1900 Vgl. *Massuras*, S. 397.

ZPO habe, so diese Ansicht weiter, im Schiedsverfahren generell keinen Platz, was einerseits auf die fehlende Legitimation des Schiedsgerichts des Erstprozesses für die Entscheidung des Interventionsprozesses und andererseits auf den fehlenden Zwang für das Schiedsgericht, die Interventionsklage annehmen zu müssen, zurückzuführen sei[1901]. Daher sei das aus Haupt- und Interventionsprozess besehende Modell der Hauptintervention i.S.d. §§ 64 f. ZPO nicht ohne tief greifende Anpassungen in das Schiedsverfahren zu übertragen, die mit einer Verwässerung des Instituts der Hauptintervention verbunden seien[1902]. Grundsätzlich ist dieser Argumentation, insbesondere für ad hoc Schiedsverfahren und auch für die Mehrzahl der administrierten Schiedsverfahren, zuzustimmen[1903]. Ein institutionelles Schiedsgericht aber könnte die §§ 64 f. ZPO nach einer entsprechenden Parteivereinbarung ohne größere Anpassungen anwenden. Zusammenfassend lässt sich somit festhalten, dass das Modell der Hauptintervention nicht ins Schiedsverfahren übertragen werden muss, aber abhängig von der vereinbarten Schiedsgerichtsart mit mehr oder weniger großen Anpassungen übertragen werden kann. Für ein administriertes oder institutionelles Sportschiedsgericht stellt sich daher die Frage, welche Rolle die Hauptintervention für die schiedsrichterliche Beilegung von Sportstreitigkeiten nach dem oben erörterten Modell spielen kann.

Der Zweck der Hauptintervention macht ihre Übertragung in die schiedsrichterliche Beilegung von Sportstreitigkeiten nicht erforderlich. Zwar spielt die Verfahrenskonzentration zur Verhinderung widersprechender Entscheidungen bei der einheitlichen schiedsrichterlichen Beilegung von Sportstreitigkeiten eine entscheidende Rolle. Die von § 64 ZPO vorgesehene Verfahrenskonzentration vor ein und demselben Geicht ergibt sich in dem bisher erarbeiteten Modell aber bereits aus der Übertragung der Sportstreitigkeiten auf ein einheitlich zuständiges Schiedsgericht durch sämtliche Schiedsparteien. Darüber hinaus wird die Verfahrenskonzentration entweder über eine entsprechend ausgestaltete Rechtshängigkeitssperre oder durch eine zwingend angeordnete Verfahrensverbindung parallel eingeleiteter Verfahren sichergestellt[1904]. Zwar verlangen die Einschränkungen, die sich aus der Rechtshängigkeitssperre für die Schiedsparteien ergeben, als notwendige Voraussetzung für den Eintritt der vorgesehenen inter omnes Wirkung von Schiedssprüchen eine Beteiligungsmöglichkeit aller Schiedsvertragsparteien am Ausgangsschiedsverfahren[1905]. Aber auch hierfür ist das Modell der Hauptintervention gem. §§ 64 f. ZPO in seiner vorgesehenen Form un-

---

[1901] Vgl. *Massuras*, S. 398 ff.

[1902] Vgl. *Massuras*, S. 400.

[1903] Denkbar wäre aber, dass ein Schiedsgericht bei Vorliegen einer alle Parteien umfassenden Schiedsvereinbarung speziell für die Beilegung einer Mehrparteienstreitigkeit durch eine neutrale Instanz gebildet wurde, so dass der Spruchkörper über die hinreichende Legitimation sowohl für einen Haupt- als auch einen Interventionsprozess verfügen würde.

[1904] Vgl. Sechstes Kapitel:C. III. 1. b) aa) (2) .

[1905] Vgl. Sechstes Kapitel:C. III. 1. b) bb) .

geeignet, da es keine Beteiligungsmöglichkeit am Hauptverfahren eröffnet, sondern ein zusätzliches, eigenständiges Interventionsverfahren herbeiführt. Es fehlt zwar nicht an Hinweisen darauf, dass die Parteien eine Hauptinterventionsmöglichkeit auch abweichend von dem Modell der §§ 64 f. ZPO gestalten können, wobei ein Festhalten an dem Modell der zwei Verfahren – Hauptprozess und Interventionsprozess – für ebenso wenig erforderlich gehalten wird wie die herkömmliche Zweiparteienstruktur des Zivilprozesses[1906]. Von einer Hauptintervention nach dem Vorbild der ZPO kann aber dann keine Rede mehr sein. Auch im Hinblick auf den begrenzten Anwendungsbereich der Hauptintervention wären Modifikationen notwendig, sollte das Modell der Hauptintervention das bisher erarbeitete Schiedsverfahrensmodell ergänzen. Zwar ist seine Anwendbarkeit in Sportstreitigkeiten nicht ganz ausgeschlossen. Sportstreitigkeiten über ein und denselben Anspruch stellen aber nur einen kleinen Teil von vielen möglichen Sportstreitigkeiten dar, die eine einheitliche Streitbeilegung für alle Mitglieder der Wettkampfgemeinschaft verlangen. Wesentlich häufiger als Streitigkeiten über ein und denselben Teilhabeanspruch sind Streitigkeiten über Verbandsentscheidungen, die ein Mitglied der Wettkampfgemeinschaft belasten, andere Wettkampfteilnehmer aber gleichzeitig begünstigen[1907], wobei es den begünstigten Wettkampfteilnehmern nicht um die Geltendmachung eines behaupteten Anspruchs für sich selbst, sondern um die Aufrechterhaltung der ursprünglichen Verbandsentscheidung und der damit verbundenen Vorteile geht[1908]. Aber auch für diese Fälle muss es eine Interventionsmöglichkeit geben, da ansonsten eine inter omnes Wirkung der Schiedssprüche dort nicht eintreten könnte[1909]. Aufgrund des begrenzten Anwendungsbereiches der Hauptintervention einerseits und der mit dem vorgesehenen Streitbeilegungsmechanismus unverträglichen Struktur von Haupt- und Interventionsverfahren andererseits ist das Modell der Hauptintervention nach den §§ 64 f. ZPO für die einheitliche Beilegung von Sportstreitigkeiten ungeeignet. Attraktiver als das Modell der Hauptintervention scheint das Modell der Nebenintervention zu sein, da sie nicht zu einem weiteren selbständigen Interventionsverfahren führt, sondern dem Dritten die Beteiligung an einem fremden Verfahren ermöglicht und zudem einen im Vergleich zur Hauptintervention wesentlich weiteren Anwendungsbereich aufweist.

[1906] Vgl. *Heim*, S. 42; *Massuras*, S. 398 ff.; siehe auch *Stein/Jonas/Schlosser*, ZPO, § 1042 Rn. 20.

[1907] Vgl. Sechstes Kapitel:B. I.

[1908] Schaut man sich die Nominierungsstreitigkeiten genauer an, geht es auch dort dem Dritten – meist dem zunächst nominierten Sportler – um die Aufrechterhaltung der ursprünglichen Nominierungsentscheidung. Lediglich für den Fall, dass ein weiterer nicht nominierter Sportler einen Nominierungsanspruch für sich geltend machen will, geht es dem intervenierenden Dritten nicht um die Aufrechterhaltung der ursprünglichen Verbandsentscheidung.

[1909] Vgl. Sechstes Kapitel:C. III. 1. b) bb) .

c) Nebenintervention

Die Nebenintervention i.S.d. § 66 ff. ZPO ist die Beteiligungsmöglichkeit eines Dritten an der Führung eines fremden Rechtsstreits zur Unterstützung einer Partei (Hauptpartei), an deren Obsiegen der Nebenintervenient ein eigenes rechtliches Interesse hat[1910]. Mit der Beteiligungsmöglichkeit als Nebenintervenient kann ein von dem Rechtsstreit anderer Parteien betroffener Dritter Einfluss auf deren Rechtsstreit nehmen[1911], wobei er als Nebenintervenient weder Partei des Verfahrens noch Vertreter der unterstützten Hauptpartei wird[1912]. Der Nebenintervenient muss sich zu Beginn seiner Intervention entscheiden, welcher Hauptpartei er seine Unterstützung zukommen lassen will[1913]. Er ist nach § 67 ZPO berechtigt, Angriffs- und Verteidigungsmittel geltend zu machen und alle Prozesshandlungen wirksam vorzunehmen. Beschränkt sind die Handlungsmöglichkeiten des Nebenintervenienten aber insoweit, als dass seine Erklärungen und Handlungen nicht mit Erklärungen und Handlungen der von ihm unterstützten Hauptpartei in Widerspruch stehen dürfen. Als Folge der Nebenintervention muss sich die unterstütze Hauptpartei die Prozesshandlung des Nebenintervenienten zurechnen lassen, wenn er ihnen nicht unverzüglich widerspricht. Weitere Folge der Nebenintervention ist die sog. Interventionswirkung des § 68 ZPO. Danach kann der Nebenintervenient einerseits gegenüber der Hauptpartei die Richtigkeit des Urteils nicht bestreiten und andererseits steht ihm die Einrede der mangelhaften Prozessführung nur eingeschränkt zu. Die Interventionswirkung ist eine Entscheidungswirkung eigener Art[1914]. Sie tritt zum einen nur zwischen der unterstützten Hauptpartei und dem Intervenienten ein und zum anderen nur zu Gunsten der Hauptpartei[1915]. In objektiver Hinsicht umfasst die Interventionswirkung, anders als die materielle Rechtskraft auch die Feststellung von Tatsachen und Rechtslagen[1916]. Die Interventionswirkung entfällt mit der Geltendmachung mangelhafter Prozessführung gem. § 68 2. Hs. ZPO. Auch insoweit unterscheidet sie sich von der materiellen Rechtskraft[1917]. Die Streitverkündung gem. §§ 72 ff. ZPO ist in der Praxis der häufigste Anlass für eine Nebenintervention des Dritten[1918]. Der Beitritt des Dritten aus eigenem

---

[1910] Vgl. *Musielak/Weth*, ZPO, § 66 Rn. 1; *Thomas/Putzo*, ZPO, § 66 Rn. 1; *Stein/Jonas/Bork*, ZPO, § 66 Rn. 1.

[1911] Vgl. *Musielak/Weth*, ZPO, § 66 Rn. 1; *Thomas/Putzo*, ZPO, § 66 Rn. 1.

[1912] Vgl. *Stein/Jonas/Bork*, § 66 Rn. 1; *Thomas/Putzo*, ZPO, § 66 Rn. 1.

[1913] Vgl. BGH NJW 1955, 1316; KG NJW-RR 2000, 514; *Stein/Jonas/Bork*, ZPO, § 66 Rn. 3.

[1914] MünchKommZPO/*Schilken*, § 68 Rn. 6; *Musielak/Weth*, ZPO, § 68 Rn. 3.

[1915] BGHZ 100, 260 ff.; BGH NJW 1997, 2387 ff.; MünchKommZPO/*Schilken*, § 68 Rn. 7 ff.; *Musielak/Weth*, ZPO, § 68 Rn. 5; abweichend *Stein/Jonas/Bork*, ZPO, § 68 Rn. 12.

[1916] BGHZ 116, 95, 102; *Musielak/Weth*, ZPO, § 68 Rn. 4; *Stein/Jonas/Bork*, ZPO, § 68 Rn. 5.

[1917] Vgl. *Musielak/Weth*, ZPO, § 68 Rn. 3, 6.

[1918] Vgl. *Musielak/Weth*, ZPO, § 66 Rn. 1; *Thomas/Putzo*, ZPO, § 66 Rn. 1.

Antrieb kommt hingegen seltener vor[1919]. Als Zweck der Nebenintervention wird überwiegend angeführt, dem Dritten die Möglichkeit einzuräumen, Einfluss auf einen zwischen anderen Parteien anhängigen Prozess durch Unterstützung einer Partei zu nehmen, wenn sich die Entscheidung dieses Prozesses auf seine Rechtsstellung negativ auswirken kann[1920]. Daneben soll insbesondere die Interventionswirkung zur Verringerung von Prozessen und zur Verhinderung einander widersprechender Entscheidungen beitragen und somit der Prozessökonomie und Rechtssicherheit dienen[1921]. Grundvoraussetzung für eine Nebenintervention ist ein rechtliches Interesse des Dritten am Obsiegen der unterstützten Hauptpartei. Ein rechtliches Interesse ist dann vorhanden, wenn die Entscheidung des Rechtsstreites, ihr Inhalt oder ihre Vollstreckbarkeit aufgrund einer Rechtsbeziehung des Dritten zu den Parteien oder dem Gegenstand des Prozesses in irgendeiner Weise auf seine Rechtsverhältnisse rechtlich, nicht nur tatsächlich oder wirtschaftlich, einwirken können[1922]. Nach überwiegender Ansicht ist es dabei unerheblich, ob der Dritte durch die Niederlage der Hauptpartei einen Nachteil erleiden oder von deren Sieg profitieren würde[1923]. Im Übrigen ist der Begriff des rechtlichen Interesses weit auszulegen[1924]. Unstreitig erfasst sind Fälle, in denen sich die Rechtskraft des Urteils auf den Dritten erstreckt[1925]. Soll nun auch der Spruch eines Sportschiedsgerichts nach dem bisher erarbeiteten Modell eine Rechtskrafterstreckung auf alle Parteien des Schiedsvertrages haben, ist es somit für die schiedsrichterliche Beilegung von Sportstreitigkeiten von besonderem Interesse, welche Bedeutung der Nebenintervention i.S.d. §§ 66 ff. ZPO im Schiedsverfahren zukommt.

[1919] Vgl. *Musielak/Weth*, ZPO, § 66 Rn. 1.

[1920] Vgl. *Hahn*, Materialien, S. 176; MünchKommZPO/*Schilken*, § 66 Rn. 1; *Thomas/Putzo*, ZPO, § 66 Rn. 1.

[1921] Vgl. *Stein/Jonas/Bork*, ZPO, § 66 Rn. 3, 12; MünchKommZPO/*Schilken*, § 66 Rn. 1; *Musielak/Weth*, ZPO, § 66 Rn. 1.

[1922] Vgl. *Musielak/Weth*, ZPO, § 66 Rn. 5; *Thomas/Putzo*, ZPO, § 66 Rn. 5; *Zöller/Vollkommer*, ZPO, § 66 Rn. 8.

[1923] Vgl. *Musielak/Weth*, ZPO, § 66 Rn. 5; *Thomas/Putzo*, ZPO, § 66 Rn. 5; *Zöller/Vollkommer*, ZPO, § 66 Rn. 8; a.A. *Rosenberg/Schwab/Gottwald*, § 50 II 2.

[1924] Vgl. MünchKommZPO/*Schilken*, § 66 Rn. 7; *Musielak/Weth*, ZPO, § 66 Rn. 5; *Zöller/Vollkommer*, ZPO, § 66 Rn. 8.

[1925] Vgl. MünchKommZPO/*Schilken*, § 66 Rn. 11; *Musielak/Weth*, ZPO, § 66 Rn. 7; *Zöller/Vollkommer*, ZPO, § 66 Rn. 11. Weitere Hauptanwendungsfälle sind solche, in denen der Dritte von der Gestaltungswirkung des Urteils betroffen wird, vgl. MünchKommZPO/*Schilken*, § 66 Rn. 12; *Musielak/Weth*, ZPO, § 66 Rn. 7; *Stein/Jonas/Bork*, ZPO, § 66 Rn. 19; *Zöller/Vollkommer*, ZPO, § 66 Rn. 11, in denen aus dem Urteil gegen den Dritten vollstreckt werden kann, vgl. *Musielak/Weth*, ZPO, § 66 Rn. 7; *Zöller/Vollkommer*, ZPO, § 66 Rn. 12, oder im Hauptprozess über ein Rechtsverhältnis entschieden wird, das vorgreiflich für ein Rechtsverhältnis des Dritten zu einer Partei ist, vgl. *Musielak/Weth*, ZPO, § 66 Rn. 7; *Zöller/Vollkommer*, ZPO, § 66 Rn. 13.

In der Literatur wird die Bedeutung der Nebenintervention im Schiedsverfahren in der jüngeren Vergangenheit verstärkt und unter vielerlei Gesichtspunkten erörtert[1926]. Überwiegend wird diskutiert, ob und unter welchen Voraussetzungen die Nebenintervention nach den §§ 66 ff. ZPO ins Schiedsverfahren übertragen werden kann. Diesbezüglich hat sich als überwiegende Ansicht herausgebildet, dass die Nebenintervention im Schiedsverfahren möglich sei, was aber die Zustimmung sowohl der Parteien als auch der Schiedsrichter voraussetze[1927]. Die notwendige Zustimmung der Parteien könne aber nicht nur für das konkrete Interventionsbegehren eines Dritten, sondern vielmehr auch allgemein und im Voraus in Form einer alle Parteien umfassenden Schiedsvereinbarung erteilt werden[1928]. Auch die Zustimmung der Schiedsrichter braucht dann nicht ausdrücklich erteilt werden, sondern ergebe sich konkludent aus der Übernahme des Amtes bei einer derart weit gefassten Schiedsvereinbarung[1929]. Unter Zugrundelegung dieser h.M. ist eine Übertragung der einfachen Nebenintervention i.S.d. §§ 66 ff. ZPO ins Schiedsverfahren mithin möglich, wenn alle Mitglieder einer Wettkampfgemeinschaft an eine gemeinsame Schiedsvereinbarung gebunden sind. Fraglich ist aber, welchen Zweck eine Beteiligungsmöglichkeit der Mitglieder der Wettkampfgemeinschaft nach dem Modell der Nebenintervention i.S.d. §§ 66 ff. ZPO im Schiedsverfahren erfüllen könnte. Ausgehend von dem Zweck der Nebenintervention, der Verfahrenskonzentration zu dienen und damit auch sich widersprechende Entscheidungen zu verhindern, erscheint deren Übertragung in die Schiedsgerichtsbarkeit allgemein[1930] und im besonderen in das bisher erarbeitete Modell zur schiedsrichterlichen Beilegung von Sportstreitigkeiten keinesfalls zwingend. Zwar spielt die Verfahrenskonzentration zur Sicherstellung der inter omnes Wirkung auch in dem bisher erarbeiteten Modell eine zentrale Rolle. Sie wird aber umfänglich auf anderem Weg, nämlich durch eine umfassend ausgestaltete Rechtshängigkeitssperre und zwingende Verfahrensverbindung sichergestellt, so dass für eine Übertragung der Nebenintervention aus diesem Grund gar kein Bedürfnis mehr besteht[1931].

1926 Vgl. *Schlosser*, FS Geimer, S. 947; *Markfort*, S. 53 ff.; *Massuras*, S. 405 ff. Stellungnahmen der Rechtsprechung hierzu gibt es hingegen wenige, vgl. *Schlosser*, a.a.O.; *Massuras*, S. 413.

1927 Vgl. *Lachmann*, Rn. 1378; *Markfort*, S. 58 ff.; *Mohrbutter*, KTS 1957, 33 f.; *Schwab/Walter*, Kap. 16 Rn. 18; *Stein/Jonas/Bork*, ZPO, § 66 Rn. 6b. Die gleichen Voraussetzungen gelten in den Niederlanden gem. Art. 1045 b.r.v., vgl. *Schlosser*, FS Geimer, S. 947, 951, und in der Schweiz gem. Art. 28 SchKonk, vgl. *Rüede/Hadenfeldt*, § 35 II 2, 3 (S. 256 f.); *Markfort*, S. 128.

1928 Vgl. *Markfort*, S. 63 f.; *Mohrbutter*, S. 33, 34; ebenso zur Rechtslage in der Schweiz *Rüede/Hadenfeldt*, § 35 II 2a (S. 256).

1929 Vgl. *Mohrbutter*, S. 33, 34.

1930 Vgl. *Massuras*, S. 438 f.

1931 Vgl. Sechstes Kapitel:C. III. 1. b) aa) (2) .

Anders könnte diese Beurteilung aber im Lichte des überwiegend genannten Zwecks der Nebenintervention ausfallen, der darin besteht, dem von dem Rechtsstreit betroffenen Dritten eine Möglichkeit zu eröffnen, Einfluss auf den Ausgang des Rechtsstreites zu nehmen, da diese Beteiligungsmöglichkeit teilweise auch als Ausdruck des Grundrechtes des Dritten auf rechtliches Gehör angesehen wird[1932]. Letzteres macht die Nebenintervention für das vorliegend erarbeitete Modell zur einheitlichen Beilegung von Sportstreitigkeiten dann doch interessant, da der von der Bindungswirkung des Schiedsspruches unmittelbar Betroffene ein verfassungsmäßiges Recht auf rechtliches Gehör hat[1933]. Aufgrund dieser Berührungspunkte der Nebenintervention mit dem Gehörsgrundsatz wird dann auch vereinzelt erörtert, ob die Nebenintervention unter bestimmten Voraussetzungen nicht nur ins Schiedsverfahren übertragen werden kann, sondern, ob sie vielmehr unter bestimmten Umständen ins Schiedsverfahren übertragen werden muss[1934]. Aufbauend auf die Ansicht, dass die Nebenintervention i.S.d. §§ 66 ff. ZPO ein Instrument zur Gewährleistung rechtlichen Gehörs darstellt, soll die analoge Anwendung der §§ 66 ff. ZPO im Schiedsverfahren notwendig sein, wenn sowohl die Parteien als auch der Dritte von der Wirkung des Schiedsspruches, insbesondere der Rechtskrafterstreckung erfasst werden[1935]. Da die Nebenintervention i.S.d. §§ 66 ff. ZPO insofern eine verfassungsrechtliche Existenzberechtigung besitze, müsse sie auch im Schiedsverfahren sämtlichen von der Schiedsvereinbarung erfassten Personen in analoger Anwendung der §§ 66 ff. ZPO zur Verfügung stehen[1936]. Da auch das bisher erarbeitete Modell eines Schiedsverfahrens zur einheitlichen Beilegung von Sportstreitigkeiten, bei dem sich die Rechtskraft der Schiedssprüche eines Sportschiedsgerichts auf alle Mitglieder der Wettkampfgemeinschaft erstrecken soll, aus dem Gehörsgrundsatz heraus eine Beteiligungsmöglichkeit der Mitglieder am Schiedsverfahren verlangt[1937], erscheint eine Beteiligungsmöglichkeit der Mitglieder als Nebenintervenienten i.S.d. § 66 ff. ZPO im Lichte der zuletzt dargestellten Ansicht, das vorgesehene Modell zur einheitlichen schiedsrichterlichen Beilegung von Sportstreitigkeiten zu ergänzen. Dies kann aber nur dann der Fall sein, wenn die Nebenintervention i.S.d. § 66 ff. ZPO den Gehörsgrundsatz auch vollumfänglich gewährleisten kann. Daran werden teilweise zu Recht

---

[1932] Vgl. AK-ZPO/*Koch*, § 66 Rn. 1; *Massuras*, S. 442 ff.; MünchKommZPO/*Schilken*, § 66 Rn. 1; *Musielak/Weth*, ZPO, § 66 Rn. 1.

[1933] Vgl. *Maunz/Dürig/Schmidt-Aßmann*, GG, Art. 103 Abs. 1 Rn. 40 f.; Sechstes Kapitel:C. III. 1. b) bb) .

[1934] Vgl. *Massuras*, S. 435 ff.

[1935] Vgl. *Massuras*, S. 455.

[1936] Vgl. *Massuras*, S. 455 f. Daraus folge schließlich auch, dass die Interventionsmöglichkeit des an die Schiedsvereinbarung gebundenen Dritten neben den für den Zivilprozess geltenden Voraussetzungen nicht noch zusätzlich von der Zustimmung der Parteien oder der Schiedsrichter abhängen könne, vgl. *Massuras*, S. 456.

[1937] Vgl. Sechstes Kapitel:C. III. 1. b) bb) .

Zweifel geäußert[1938]. Diese beziehen sich zum einen auf die Veranlassung des Dritten zum Beitritt als Nebenintervenient. Denn der Nebenintervenient wird nicht von Amts wegen über den anhängigen Prozess und seinen Verlauf informiert, so dass sein Beitritt als Nebenintervenient meist von seiner zufälligen Kenntnisnahme abhängt. Verlangt aber der Gehörsgrundsatz eine tatsächliche Möglichkeit zur Verfahrensbeteiligung, kann die Möglichkeit der Kenntnisnahme diesen Anforderungen nicht genügen[1939]. Dieser für den ordentlichen Zivilprozess beachtliche Einwand gilt nicht auch für das bisher erarbeitete Schiedsverfahrensmodell, da nach diesem Modell alle Wettkampfteilnehmer, die von der Bindungswirkung des Schiedsspruches erfasst werden sollen, von der Einleitung des Schiedsverfahrens mit dem Hinweis auf ihre Beteiligungsmöglichkeit am Verfahren in Kenntnis gesetzt werden und sie damit eine tatsächliche Möglichkeit zur Verfahrensbeteiligung haben[1940]. Beachtlich ist aber ein zweiter Einwand, der sich auf die Stellung des Nebenintervenienten im Verfahren bezieht. Wie bereits dargestellt kann der Nebenintervenient gem. § 67 ZPO Angriffs- und Verteidigungsmittel nur mit der Einschränkung geltend machen, dass seine Erklärungen und Handlungen nicht mit denen der Hauptpartei in Widerspruch stehen. Diese beschränkten Befugnisse des Nebenintervenienten bleiben aber hinter dem aus Art. 103 Abs. 1 GG folgenden Recht des Anhörungsberechtigten, Anträge zu stellen, zurück[1941]. Aus diesem Grund kann die Nebenintervention i.S.d. §§ 66 ff. ZPO nicht das vom Gebot rechtlichen Gehörs geforderte Maß ausfüllen[1942]. Insofern kann auch das Modell der Nebenintervention i.S.d. §§ 66 ff. ZPO für das vorgesehene Modell zur einheitlichen schiedsrichterlichen Beilegung von Sportstreitigkeiten gegenüber allen Mitgliedern der Wettkampfgemeinschaft keine ausreichende Beteiligungsmöglichkeit für die von der Bindungswirkung des Schiedsspruches erfassten Mitglieder darstellen. Mit der Einrichtung einer Beteiligungsmöglichkeit aber, die den Anspruch auf rechtliches Gehör der Mitglieder der Wettkampfgemeinschaft vollumfänglich ausfüllt, entfällt gleichzeitig die Bedeutung der einfachen Nebenintervention für das vorliegend erörterte Schiedsverfahrensmodell. Daher kann es im Rahmen dieser Arbeit dahingestellt bleiben, ob die einfache Nebenintervention i.S.d. §§ 66 ff. ZPO nur aufgrund ihrer Berührungspunkte mit dem Gehörsgrundsatz ins Schiedsverfahren übertragen werden muss. Auf der Suche nach dieser umfassenderen Beteiligungsmöglichkeit wird man noch innerhalb der Regeln über die Nebenintervention, bei der Regelung über den sog. streitgenössischen Nebenintervenienten i.S.d. § 69 ZPO, fündig.

[1938] *W. Lüke*, S. 212; *Schlosser*, Gestaltungsklagen, S. 207; *Waldner*, Rn. 441.

[1939] Vgl. *W. Lüke*, S. 212.

[1940] Vgl. Sechstes Kapitel:C. III. 1. b) cc) .

[1941] Vgl. *Waldner*, Rn. 441; *W. Lüke*, a.a.O.

[1942] Vgl. *W. Lüke*, a.a.O.; *Schlosser*, Gestaltungsklagen, S. 207; *Waldner*, a.a.O.

d) Streitgenössische Nebenintervention

Die streitgenössische Nebenintervention liegt vor, wenn eine Rechtsbeziehung im Verhältnis zwischen dem Nebenintervenienten und dem Gegner der Hauptpartei besteht, für die die Entscheidung des Hauptprozesses Wirksamkeit beansprucht[1943]. Als Voraussetzungen für eine streitgenössische Nebenintervention müssen zunächst die Voraussetzungen des § 66 ZPO und darüber hinaus die des § 69 ZPO erfüllt sein[1944]. Welche dies sind ist umstritten. Nach h.M. bedarf es neben einer Rechtsbeziehung zum Gegner der unterstützten Hauptpartei[1945] zudem einer Einwirkung auf dieses Rechtsverhältnis durch die Rechtskraft-[1946], Gestaltungs- oder erweiterte Vollstreckungswirkung der Entscheidung des Hauptprozesses[1947]. Aufgrund der unmittelbaren Betroffenheit des Dritten in seiner Rechtsbeziehung zu dem Gegner der Hauptpartei ist seine Beteiligung am Rechtsstreit, abweichend von der Stellung des einfachen Nebenintervenienten gem. § 67 ZPO, aus Gründen des Art. 103 Abs. 1 GG in selbständiger Stellung geboten[1948]. Gem. § 69 ZPO gilt der Nebenintervenient als Streitgenosse der Hauptpartei i.S.d. § 61 ZPO. Liegen die Voraussetzungen des § 62 ZPO vor, gilt er als notwendiger Streitgenosse[1949]. Er wird aber nicht Partei, sondern bleibt Streithelfer der Hauptpartei[1950] und führt damit einen fremden Rechtsstreit, den er in der Lage annehmen muss, in der er ihn zur Zeit seines Beitritts vorfindet[1951]. Aus der Stellung als Nebenintervenient folgt, dass er die Klage nicht ändern oder zurücknehmen kann und Angriffs- und Verteidigungsmittel nicht aus eigenem Recht geltend machen kann[1952]. Auch trifft ihn, neben Rechtskraft- oder Gestaltungswirkung, die Interventionswirkung des § 68 ZPO, die er aber, soweit

---

[1943] Vgl. Rosenberg/Schwab/Gottwald, § 50 VI 1.

[1944] Vgl. *Musielak/Weth*, ZPO, § 69 Rn. 2; *Zöller/Vollkommer*, ZPO, § 69 Rn. 1.

[1945] Vgl. BGHZ 92, 275, 276 f.; BGH NJW 2001, 1355; *W. Lüke*, S. 213; *Musielak/Weth*, ZPO, § 69 Rn. 3; MünchKommZPO/*Schilken*, § 69 Rn. 4; a.A. *Wieser*, ZZP 112 (1999), 439, 440 f.

[1946] Nach dem Wortlaut des § 69 ZPO ist die Wirkung der Rechtskraft nach den Vorschriften des bürgerlichen Rechts oder des Prozessrechts einziger Anwendungsfall. Nach h.M. ist dieser Wortlaut allerdings zu eng, vgl. BGHZ 92, 275, 277; MünchKommZPO/*Schilken*, § 69 Rn. 5; *Musielak/Weth*, ZPO, § 69 Rn. 4; *Zöller/Vollkommer*, ZPO, § 69 Rn. 1.

[1947] Vgl. MünchKommZPO/*Schilken*, § 69 Rn. 5 ff.; *Musielak/Weth*, ZPO, § 69 Rn. 4; *Stein/Jonas/Bork*, ZPO, § 69 Rn. 3; *Zöller/Vollkommer*, ZPO, § 69 Rn. 2 ff.

[1948] Vgl. *Zöller/Vollkommer*, ZPO, § 69 Rn. 1. Teilweise wird sogar im Falle erkennbarer Unkenntnis des Dritten vom Verfahren eine Beiladungspflicht entsprechend den § 65 VwGO, § 75 SGG, § 60 FGO erwogen, vgl. *Vollkommer*, FG BGH Bd. III, S. 127, 142 ff.

[1949] *W. Lüke*, S. 216 ff.; *Musielak/Weth*, ZPO, § 69 Rn. 6; *Zöller/Vollkommer*, ZPO, § 69 Rn. 5; a.A. MünchKommZPO/*Schilken*, § 69 Rn. 9, der immer von einer notwendigen Streitgenossenschaft ausgeht.

[1950] Vgl. *W. Lüke*, S. 215; *Musielak/Weth*, ZPO, § 69 Rn. 6.

[1951] Vgl. *Musielak/Weth*, ZPO, § 69 Rn. 7; *Zöller/Vollkommer*, ZPO, § 69 Rn. 6.

[1952] *Musielak/Weth*, ZPO, § 69 Rn. 7; *Thomas/Putzo*, ZPO, § 69 Rn. 6; *Zöller/Vollkommer*, ZPO, § 69 Rn. 8.

die Rechtskraft reicht, nicht mit der Einrede der mangelhaften Prozessführung beseitigen kann[1953]. Anders als der einfache Nebenintervenient kann der streitgenössische Nebenintervenient Angriffs- und Verteidigungsmittel vorbringen, die im Widerspruch zu den Handlungen und Erklärungen der Hauptpartei stehen[1954]. Aufgrund dieser selbständigen Stellung des streitgenössischen Nebenintervenienten wird sie, anders als die einfache Nebenintervention, überwiegend als prozessrechtliche Ausformung des Gehörsgrundsatzes anerkannt[1955].

Wurde teilweise schon die zwingende Übertragung der Regeln über die einfache Nebenintervention gem. §§ 66 ff. ZPO angesichts ihrer Berührungspunkte mit dem Gehörsgrundsatz, ins Schiedsverfahren gefordert[1956], kann es nicht verwundern, dass dies erst recht für die streitgenössische Nebenintervention verlangt wird[1957]. Die Grenze sei allerdings, wie schon für die einfache Nebenintervention, dort zu ziehen, wo der Kreis der an die Schiedsvereinbarung gebundenen Personen aufhört, da nur diese Personen von dem Schiedsspruch in rechtlich relevanter Weise betroffen werden[1958]. Somit soll jedenfalls derjenige, der im Zivilprozess im Falle seines Beitrittes die Stellung eines streitgenössischen Nebenintervenienten einnehmen würde, das Recht haben, auch dem Schiedsverfahren in der Weise beizutreten, dass er als Streitgenosse der Hauptpartei anzusehen sei, wobei es einer besonderen Zustimmung der Verfahrensparteien oder der Schiedsrichter nicht mehr bedürfe[1959]. Soll nun die Rechtskraft des Schiedsspruches eines Sportschiedsgerichts allen Mitgliedern einer Wettkampfgemeinschaft gegenüber wirken, müsste nach dieser Ansicht das Modell der notwendigen Streitgenossenschaft i.S.d. § 69 ZPO zwingend in das vorgesehene Schiedsverfahrensmodell zur einheitlichen Beilegung von Sportstreitigkeiten übertragen werden. Damit wäre gleichzeitig auch die Beteiligungsform zwingend vorgegeben wäre, die das vorgesehene Schiedsverfahrensmodell zur einheitlichen schiedsrichterlichen Beilegung von Sportstreitigkeiten mittels einer das Gebot rechtlichen Gehörs ausfüllenden Beteiligungsmöglichkeit für die Mitglieder der Wettkampfgemeinschaft komplettieren würde.

Warum aber die streitgenössische Nebenintervention nun als Ganzes zwingend ins Schiedsverfahren zu übertragen sein soll, ist m.E. nicht ersichtlich. Denn zwingend an der streitgenössischen Nebenintervention sind doch lediglich diejenigen Elemente, die den zwingend gebotenen Verfahrensgrundsatz des rechtli-

---

[1953] Vgl. *Musielak/Weth*, ZPO, § 69 Rn. 7; *Stein/Jonas/Bork*, ZPO, § 69 Rn. 13; *Thomas/Putzo*, ZPO, § 69 Rn. 7; *Zöller/Vollkommer*, ZPO, § 69 Rn. 9.

[1954] Vgl. *Musielak/Weth*, ZPO, § 69 Rn. 8; *Zöller/Vollkommer*, ZPO, § 69 Rn. 7.

[1955] Vgl. Vgl. *W. Lüke*, S. 219 ff.; *Maunz/Dürig/Schmidt-Aßmann*, GG, Art. 103 Abs. 1 Rn. 43; MünchKommZPO/*Schilken*, § 69 Rn. 1; *Schlosser*, Gestaltungsklagen, S. 206 ff.

[1956] Vgl. Sechstes Kapitel:C. III. 2. c) .

[1957] Vgl. *Massuras*, S. 488 ff.; *K. Schmidt*, ZGR 1988, 523, 532.

[1958] Vgl. *Massuras*, S. 489.

[1959] Vgl. *Massuras*, S. 490 f.

chen Gehörs ausfüllen. Dazu zählen nach der bisherigen Erörterung aber nur, dass der von der Bindungswirkung des zu ergehenden Schiedsspruches erfasste Dritte von dem Verfahren informiert werden muss, ihm eine zwingende Beteiligungsmöglichkeit einzuräumen ist und er eine gegenüber den Hauptparteien selbständige Stellung im Verfahren haben muss, die es ihm erlaubt, ohne durch das Vorbringen der Hauptparteien beschränkt zu sein, Anträge zu stellen. Können diese zwingenden Elemente aber auch in einer anderen Beteiligungsform im Schiedsverfahren realisiert werden, besteht kein Anlass, darüber hinaus auch die nicht zwingenden Elemente der streitgenössischen Nebenintervention ins Schiedsverfahren zu übertragen. Dies erscheint nicht zuletzt daher wünschenswert, als dass die Nebenintervention der ZPO teilweise auch als starr und überdogmatisiert kritisiert wird[1960]. Insbesondere die Übertragung der kompliziert ausgestalteten, von der materiellen Rechtskraft des Schiedsspruches streng zu trennende Interventionswirkung des § 68 ZPO erscheint angesichts der subjektiven und objektiven Reichweite eines Schiedsspruches weder zwingend noch wünschenswert. Mit der fehlenden Interventionswirkung ist es ebenso entbehrlich, dass sich der Dritte für die Unterstützung einer der beiden Seiten entscheiden muss. Denn der Zwang für den Nebenintervenienten nach dem Modell der ZPO, sich für die Unterstützung einer der beiden Seiten entscheiden zu müssen, hängt in erster Linie damit zusammen, dass die Interventionswirkung nur zum Vorteil der unterstützten Partei eintreten soll. Fehlt es aber in der Schiedsgerichtsbarkeit an einer dem § 68 ZPO entsprechenden Norm und ist diese auch nicht zwingend zu übertragen, kann ein Dritter auch unabhängig von der kontradiktorischen Stellung der Hauptparteien beteiligt werden. Gerade im Hinblick auf internationale Streitigkeiten wird teilweise darauf hingewiesen, dass sich eine zwingende Übertragung der Nebenintervention i.S.d. §§ 66 ff. ZPO als problematisch erweisen kann, da viele ausländische Prozessgesetze eine derartig ausdifferenzierte Form der Beteiligung Dritter am Rechtsstreit nicht kennen[1961]. Die zwingende Übertragung einerseits unbekannter und andererseits derart ausdifferenzierter Drittbeteiligungsformen ins Schiedsverfahren widerspricht nicht nur dem Grundanliegen der Schiedsgerichtsbarkeit, ein einfacher Streitbeilegungsmechanismus sein zu wollen, sondern macht zudem den Schiedsort Deutschland unattraktiv für ausländische Schiedsparteien. Die Tatsache, dass das Modell der Nebenintervention i.S.d. §§ 66 ff. ZPO vielen ausländischen Rechtsordnungen fremd ist, obwohl dort freilich auch dieselben oder wenigstens im Kern dieselben Verfahrensgrundsätze für die Durchführung eines rechts-

---

[1960] Vgl. *Schlosser*, in FS Geimer, S. 947, 948.

[1961] Vgl. *Schlosser*, in FS Geimer, S. 947, 949 ff. Beispielhaft genannt werden die Drittbeteiligung in den Commen Law-Rechtsordnungen, wo am Verfahren beteiligte Dritte schlicht als „third parties“ angesehen werden, die intervention accessoire nach französischem Recht gem. Art. 330 n.c.pr.c., die zwar den Beitritt eines Dritten auf einer der beiden Seiten, jedoch keine Interventionswirkung kennt und sich die Rechtskraft des Urteils einfach auf den Intervenienten, der zu einem zusätzlichen Kläger oder Beklagten des Verfahrens wird, erstreckt.

staatlichen Verfahrens gelten, spricht darüber hinaus dafür, dass die Regelung der Nebenintervention nach dem Muster der deutschen ZPO nicht die aus der Natur der Sache folgende zwingende Form der Beteiligung Dritter am Verfahren ist[1962]. Unterstützung findet diese These abschließend auch in dem eingangs dieses Kapitels dargestellten Grundsatz, dass die Vorschriften außerhalb des 10. Buches der ZPO in der Regel keine Anwendung auf Schiedsverfahren finden. Somit bleibt abschließend festzuhalten, dass die Parteien einer Schiedsvereinbarung außerhalb der dargestellten zwingend zu beachtenden Verfahrensgrundsätze frei sind, die Beteiligung Dritter am Schiedsverfahren abweichend von den in der ZPO vorgesehenen Formen zu regeln. Damit ist aber auch schon die Frage, wie diese Beteiligungsmöglichkeit aussehen könnte, gestellt.

e) Beiladung

Viele Rechtsordnungen halten bei der Durchführung eines Mehrparteienverfahrens an der dialektischen Struktur des Verfahrens fest. Die Beteiligung des Dritten setzt dann immer voraus, sich der Dritte vor seinem Beitritt für eine der beiden Seiten entscheidet, die er unterstützen möchte. In den allermeisten Fällen ist dies nicht weiter von Bedeutung, da die Unterstützung einer der beiden Seiten regelmäßig auch das Motiv für eine Beteiligung an einem fremden Verfahren ist. Auch in Sportstreitigkeiten um die Wirksamkeit einer Verbandsentscheidung werden die von einer negativen Verbandsentscheidung gegen einen ihrer Konkurrenten Begünstigten regelmäßig den Sportverband unterstützen wollen, um mit der Aufrechterhaltung der Verbandsentscheidung die damit verbundenen Vorteile für sich zu erhalten. In Nominierungsstreitigkeiten kann dies aber auch anders sein. Zwar wird der zunächst vom Verband nominierte und damit von der Verbandsentscheidung begünstigte Sportler in dem Streit zwischen dem nominierenden Verband und einem nicht nominierten Sportler regelmäßig den Verband unterstützen wollen, um die für ihn positive Verbandsentscheidung aufrecht zu erhalten. Möchte sich aber auch ein weiterer nicht nominierter Sportler am Verfahren beteiligen, um den Nominierungsanspruch für sich geltend zu machen, kann er sich nicht einfach einer Seite des Verfahrens anschließen, um seinen Nominierungsanspruch durchzusetzen. Solche Streitigkeiten, bei denen mehrere Personen ein und denselben Anspruch geltend machen können, verlangen nach einer Beteiligungsmöglichkeit, die sich nicht an der dialektischen Form des Verfahrens orientiert. So verfuhr auch ein in Australien nach schweizerischem Schiedsrecht geführtes Schiedsgericht des CAS, bei dem die Konkurrentin einer um ihre Teilnahme an den Olympischen Spielen streitende Sportlerin schlicht „third party" in diesem Schiedsverfahren wurde[1963].

[1962] Vgl. *Schlosser*, in FS Geimer, S. 947, 952.

[1963] Vgl. *Schlosser*, in FS Geimer, S. 947, 950 f.; vgl. zum Fall Raguz Sechstes Kapitel:B. I. 1.

In der schiedsverfahrensrechtlichen Literatur taucht in jüngerer Zeit vermehrt der Begriff der Beiladung als mögliche Drittbeteiligungsform auf[1964]. Das Modell der Beiladung ist auch die Regelung der VwGO für die Beteiligung Dritter am Verwaltungsgerichtsverfahren (§§ 65 f. VwGO). Sie bezweckt, Dritte in das Verfahren als Beteiligte einzubeziehen, die weder Kläger noch Beklagte sind, um sie an die Entscheidung zu binden. Durch die Beiladung soll dem Dritten Gelegenheit gegeben werden, Äußerungen zur Sach- und Rechtslage zu machen und eigene Rechte geltend zu machen, womit die Beiladung auch Ausfluss des Gehörsgrundsatzes ist[1965]. Ein beigeladener Dritte muss sich nicht für die Unterstützung einer Partei entscheiden. Der Beigeladene ist selbständiger Dritter, d.h. er vertritt seine Interessen selbständig, notfalls auch gegen Kläger und Beklagten[1966]. Der Dritte wird mit der Beiladung einfach Beteiligter des Verfahrens und kann daher alle Rechte eines Beteiligten ausüben wie sie die VwGO vorsieht, d.h. beispielsweise alle Prozesshandlungen vornehmen, an der Erforschung des Sachverhaltes mitwirken, Einsicht in die Akten nehmen, an allen Verhandlungen teilnehmen, Angriffs- und Verteidigungsmittel uneingeschränkt vortragen und Beweisanträge stellen. Mit dieser selbständigen Stellung des Beigeladenen ist das Modell der Beiladung in der Lage, den Gehörsgrundsatz vollumfänglich auszufüllen. Die gleichberechtigte Stellung des Beigeladenen im Verfahren, macht eine Unterscheidung nach Interventionswirkung und Rechtskraftwirkung der Entscheidung entbehrlich. Die Rechtskraft der Entscheidung bindet schlicht alle Beteiligten gem. § 121 VwGO[1967]. Insbesondere die Einfachheit der Beiladung entspricht genau den Bedürfnissen der Schiedsgerichtsbarkeit nach einem möglichst unkomplizierten Streitbeilegungsmechanismus. Teilweise wird jedoch gegen eine Beteiligung des Dritten in Form der Beiladung eingewandt, dass der Dritte auf diese Weise die Möglichkeit habe, mal die eine Seite und mal die Gegenseite zu unterstützen, je nach dem was ihm am ehesten nützt[1968]. Dem wird aber zu Recht begegnet, dass dies unschädlich für die Verfahrensintegrität oder ein gerechtes Verfahren ist[1969]. Daher bestehen m.E. keine durchgreifenden Bedenken das einfache Modell der Beiladung generell ins Schiedsverfahren und im Besonderen in das bereits erörterte Modell zur einheitlichen Beilegung der

---

[1964] Vgl. *Schlosser*, in FS Geimer, S. 947 ff.; *Zöller/Geimer*, ZPO, § 1042 Rn. 43.

[1965] Vgl. BVerwG NJW 1967, 492; *Eyermann/Fröhler*, VwGO, § 65 Rn. 1; *Kopp/Schenke*, VwGO, § 65 Rn. 1, der zumindest die notwendige Beiladung u.a. als eine zwingende Folge aus Art. 103 Abs. 1 GG ansieht.

[1966] Vgl. *Eyermann/Fröhler*, VwGO, § 66 Rn. 1.

[1967] Vgl. *Eyermann/Fröhler*, VwGO, § 65 Rn. 1.

[1968] Vgl. Raeschke-Kessler/Berger, Rn. 778.

[1969] Vgl. *Schlosser*, in FS Geimer, S. 947, 952, m.w.N., der zudem darauf hinweist, dass es auch im Rahmen der Nebenintervention der ZPO möglich sei, zunächst die eine Partei zu unterstützen, dieser später die Unterstützung aufzukündigen, um dann die andere Partei zu unterstützen. Zudem könne es faktisch nicht verhindert werden, dass der Nebenintervenient Angaben zu Gunsten des Gegners der unterstützten Partei macht.

innerhalb einer Wettkampfgemeinschaft entstehenden Streitigkeiten zu übertragen.

aa) Voraussetzungen für eine Beiladung im Schiedsverfahren

Während es einer Zustimmung der Hauptparteien für die Beteiligung eines Dritten am Verfahren vor einem staatlichen Gericht nicht bedarf, wird teilweise aus der Vertraulichkeit des Schiedsverfahrens geschlossen, dass die Hauptparteien eines Schiedsverfahrens, um ihre Streitigkeit vertraulich beizulegen, den Beitritt eines Dritten selbst dann ablehnen könnten, wenn er Partei der Schiedsvereinbarung sei[1970]. Dies wirft die Frage auf, ob die Hauptparteien eines Schiedsverfahrens der Beteiligung eines Dritten zustimmen müssen. Nicht nur die Zustimmung der Parteien kann erforderlich sein. Fraglich ist ferner, ob nicht auch die Schiedsrichter einer Beteiligung Dritter am Schiedsverfahren zustimmen müssen[1971]. Zu klären bleibt dann noch der umgekehrte Fall, wenn nicht der Dritte am fremden Verfahren teilnehmen möchte, sondern ihn die Parteien mit in das Verfahren einbeziehen wollen. Auch hier ist die Frage zu klären, ob dessen Zustimmung notwendige Voraussetzung seiner Beteiligung sein muss.

(1) Zustimmung der Hauptparteien

Grundsätzlich ist die Beteiligung eines Dritten am Schiedsverfahren nur mit dem Einverständnis der Parteien möglich. Dies folgt schon aus der privaten Natur des Schiedsverfahrens. Zwar wird teilweise vertreten, dass lediglich die Zustimmung der vom Dritten zu unterstützen beabsichtigten Partei erforderlich sei[1972]. Dies würde jedoch dazu führen, dass der nicht unterstützten Partei ein weiterer Gegner möglicherweise gegen ihren Willen aufgedrängt werden könnte, wofür es aber einer gesetzlichen oder vertraglichen Grundlage bedürfe[1973]. Daher ist stets die Zustimmung beider Parteien erforderlich.

Die Zustimmung der Parteien kann auf zwei Wegen erfolgen. Einerseits können die Parteien dem Wunsch eines Dritten, am Schiedsverfahren beteiligt zu werden, für jeden Fall gesondert zustimmen. Auf diese Weise wird der Dritte nachträglich an der Schiedsvereinbarung beteiligt. Es erscheint jedoch zweifelhaft, ob im Streitfall zwischen den Parteien deren Zustimmung zur Beteiligung eines Dritten zu erhalten ist. Insbesondere wird die Partei, die sich nun möglicherweise einem weiteren Gegner gegenübersieht, der Beteiligung des Dritten die Zustimmung verweigern. Die Zustimmung der Parteien kann jedoch andererseits auch vorab in der Schiedsvereinbarung der Parteien enthalten sein. Deckt die Auslegung der Schiedsvereinbarung auch die Beteiligung des Dritten am

---

[1970] *Massuras*, S. 460 f.

[1971] Vgl. Schlosser, FS Geimer, S. 947, 948.

[1972] Vgl. Markfort, S. 63 f.

[1973] Vgl. Massuras, S. 424 ff.

Schiedsverfahren, gilt die Zustimmung der Parteien als erteilt. Dies kann sich nicht nur aus einem gemeinsamen Vertrag der Parteien, der eine Schiedsklausel enthält, ergeben, sondern auch aus der Auslegung mehrerer zweiseitiger Schiedsvereinbarungen. Dies gilt insbesondere dann, wenn die Schiedsvereinbarungen kompatibel sind und alle Beteiligten vorhersehen konnten und mussten, dass die von der Schiedsvereinbarung betroffenen Streitigkeiten nur einheitlich allen Beteiligten gegenüber beigelegt werden können. Diese Voraussetzungen liegen beispielsweise im Sportbereich vor, wenn zwischen einem Sportverband und allen an einem Wettkampf beteiligten Sportlern zweiseitige Schiedsvereinbarungen bestehen, die die Streitbeilegung von Wettkampfstreitigkeiten durch dieselbe Schiedsinstitution vorsehen[1974]. Einer nachträglichen Zustimmung der Hauptparteien für die Beteiligung eines Wettkampfkonkurrenten am Schiedsverfahren bedarf es dann nicht mehr[1975].

(2) Zustimmung der Schiedsrichter

Ist die Beteiligung eines Dritten am Schiedsverfahren von den Vereinbarungen der Parteien gedeckt, bleibt nun die Frage zu klären, ob die Verfahrensbeteiligung eines Dritten möglicherweise von einer zustimmenden Entscheidung des Schiedsgerichts abhängt. Grundsätzlich wird man diese Frage bejahen müssen, da zwischen dem Dritten und den Schiedsrichtern ebenso wie mit den Parteien des Schiedsverfahrens ein Schiedsrichtervertrag abgeschlossen werden muss. Denkbar wäre es daher, dass ein Schiedsrichter sich einfach weigert mit dem Dritten einen Schiedsrichtervertrag abzuschließen[1976]. Denkbar wäre aber auch, dass der Beitritt eines Dritten für den Schiedsrichter einen Grund darstellt, z.B. wegen unvorhergesehener Arbeitsmehrbelastung, vom Schiedsrichteramt zurückzutreten oder den Schiedsrichtervertrag zu kündigen. Diese theoretisch denkbaren Möglichkeiten kommen dann nicht in Betracht, wenn die Schiedsvereinbarungen der Parteien auch das Mehrparteienschiedsverfahren umfassen. Der Abschluss eines Schiedsrichtervertrages mit den Hauptparteien wird dann regelmäßig die Verpflichtung für die Schiedsrichter beinhalten, auch mit beitretenden Dritten einen Schiedsrichtervertrag abzuschließen. Da die Möglichkeit einer Arbeitsmehrbelastung durch die Beteiligung Dritter am Schiedsverfahren in einer derartigen Schiedsvereinbarung angelegt ist, werden dann die Schiedsrichter nicht berechtigt sein, den Schiedsvertrag aus diesem Grund zu kündigen.

Abgesehen von der Entscheidung über den Abschluss des Schiedsrichtervertrages stellt sich die Frage, ob das Schiedsgericht nicht auch ein Entscheidungsermessen dahingehend innehat, die Verfahrensbeteiligung eines Dritten zuzulassen oder aber abzulehnen. In den deutschen Verfahrensgesetzen ist die Beteiligung Dritter am Verfahren stets von der Erfüllung der dafür notwendigen Vorrausset-

---

[1974] Vgl. ausführlich Sechstes Kapitel:C. I. 2.

[1975] Vgl. *Schlosser*, FS Geimer, S. 947, 955.

[1976] Vgl. dazu *Massuras*, S. 472 ff.

zungen gebunden. § 66 ZPO verlangt ein rechtliches Interesse am Obsiegen einer Partei. § 65 VwGO fordert, dass rechtliche Interessen durch die Entscheidung berührt werden. Fehlen nun entsprechende Regeln sowohl im anwendbaren nationalen Schiedsverfahrensrecht als auch in einer vereinbarten Verfahrensordnung kommt zur Schließung der Lücken das schiedsrichterliche Ermessen bei der Verfahrensgestaltung zur Anwendung[1977]. Erstreckt sich die Rechtskraft des Dritten auf alle Mitglieder der Wettkampfgemeinschaft, wird das Ermessen der Schiedsrichter regelmäßig auf Null reduziert sein.

bb) Ergebnis

- Die in der ZPO vorgesehenen Modelle zur Mehrheit Klägern oder Beklagten oder zur Beteiligung Dritter am Rechtsstreit sind nicht zwingend ins Schiedsverfahren zu übertragen.
- Soweit das in Anlehnung an das Modell zur schiedsrichterlichen Beilegung von gesellschaftsrechtlichen Beschlussmängelstreitigkeiten erarbeitete Modell eines Mehrparteienschiedsverfahrens aus dem Grundsatz des rechtlichen Gehörs heraus eine Beteiligungsmöglichkeit für die von der Rechtskraft des Schiedsspruchs erfassten Wettkampfmitglieder verlangt, kann lediglich als zivilprozessuales Modell lediglich die streitgenössische Nebenintervention die Anforderungen an den Gehörsgrundsatz ausfüllen.
- Die Berührungspunkte mit dem Gehörsgrundsatz erfordern es jedoch nicht, das Modell der Nebenintervention zwingend ins Schiedsverfahren zu übertragen, wenn das verfassungsrechtlich gebotene Substrat der Nebenintervention auch durch eine andere Beteiligungsform ausgefüllt werden kann.
- Die Beiladung nach dem Modell der §§ 65 f. VwGO füllt den Gehörsgrundsatz vollumfänglich aus. Gegenüber der eher unflexiblen Regelung der streitgenössischen Nebenintervention der ZPO harmoniert das einfache Modell der Beiladung in idealer Weise mit dem Grundgedanken der Schiedsgerichtsbarkeit ein einfacher Weg der Streitbeilegung sein zu wollen.
- Die Voraussetzungen für die Beteiligung eines Dritten in Form der Beiladung, die Zustimmung der Parteien sowie der Schiedsrichter, sind erfüllt, wenn die Mitglieder einer Wettkampfgemeinschaft die aus dem Wettkampf entstehenden Streitigkeiten einem Schiedsgericht übertragen und die Schiedsrichter das Schiedsrichteramt übernommen haben.

[1977] Vgl. *Schlosser*, FS Geimer, S. 947, 956 f.

Siebentes Kapitel: Der Schiedsspruch

Die Urteilsfindung leitet den letzten Abschnitt des Schiedsverfahrens ein. Am Ende des Entscheidungsprozesses steht regelmäßig der Erlass eines Schiedsspruches[1978].

A. Das auf die Sachentscheidung anwendbare Recht

Soll der Einsatz von Schiedsgerichten die einheitliche Durchsetzung der Sportregelwerke gewährleisten, ist es erforderlich, dass sämtliche Streitigkeiten nach einheitlichen Regeln entschieden werden. Dies wirft die Frage auf, welche Möglichkeiten die Parteien haben, das in der Sache anwendbare Recht festzulegen. Aus § 1051 Abs. 1 ZPO ergibt sich, dass die Parteien das auf die Sache anwendbare Recht festlegen können[1979]. Nach § 1051 Abs. 3 ZPO haben die Parteien sogar die Möglichkeit, das Schiedsgericht zu ermächtigen, die Streitigkeit nach billigem Ermessen zu entscheiden[1980]. Haben die Parteien weder ein anwendbares Recht bestimmt noch das Schiedsgericht dazu ermächtigt, nach Billigkeit zu entscheiden, hat das Schiedsgericht das Recht desjenigen Staates anzuwenden, mit dem der Gegenstand des Verfahrens die engste Verbindung aufweist (§ 1051 Abs. 2 ZPO)[1981]. Auch einige Schiedsordnungen enthalten vergleichbare Regeln zur Bestimmung des anwendbaren Rechts. Sie gehen als Parteivereinbarung der gesetzlichen Regelung zur Bestimmung des anwendbaren Rechts vor. Haben die Parteien einer Sportstreitigkeit beispielsweise die Verfahrensordnung des CAS vereinbart, richtet sich das anwendbare Recht im ordentlichen CAS-Verfahren nach Art. R45 CAS-VO und im CAS-Berufungsverfahren nach Art. R58 CAS-VO. Nach beiden Regelungen aber ist eine Parteivereinbarung vorrangig zu beachten. Haben die Parteien keine Rechtswahl getroffen, kommt im ordentlichen CAS-Verfahren stets Schweizer Recht zur Anwendung (Art. R45 CAS-VO). Im CAS-Berufungsverfahren hingegen ist statt der Anwendung Schweizer Rechts das Recht desjenigen Staates vorgesehen, in dem der Verband, die Vereinigung oder die Sportorganisation ihren Sitz hat (Art. R58 CAS-VO). Aufgrund der Vielzahl von in der Schweiz ansässigen internationalen Sportverbänden dürfte jedoch auch hier in der Mehrzahl der Fälle Schweizer Recht zur Anwendung kommen[1982]. Auch eine Entscheidung „ex ae-

[1978] Möglich ist auch eine Beendigung durch Beschluss gem. § 1056 Abs. 2 ZPO, vgl. *Lachmann*, Rn. 1145 ff.; *Schwab/Walter*, Kap. 23 a Rn. 4 ff.

[1979] Ebenso Art. 187 Schweizer IPRG.

[1980] Sog. Entscheidung „ex aequo et bono", vgl. ausführlich *Lionnet/Lionnet*, S. 371 ff.

[1981] Ebenso Art. 187 Abs. 1 Schweizer IPRG.

[1982] In Berufungsschiedsverfahren zwischen nationalen Sportverbänden und Sportlern kommt hingegen automatisch das Recht desjenigen Staates zur Anwendung, in dem der nationale Sportverband seinen Sitz hat.

quo et bono" ist in beiden Verfahrensarten mittels einer entsprechenden Ermächtigung durch die Parteien möglich.

Im Hinblick auf die Rechtsvereinheitlichung im internationalen Sport und eine vorhersehbare Sportrechtsprechung ist den Parteien von der Möglichkeit, das Schiedsgericht zu einer Entscheidung nach billigem Ermessen zu ermächtigen, jedoch abzuraten[1983]. Von größerer Bedeutung im Hinblick auf die einheitliche Durchsetzung der Sportregelwerke könnte die Bestimmung eines anwendbaren Rechts durch die Parteien sein. Dabei sind die Parteien im Anwendungsbereich des § 1051 Abs. 1 ZPO nicht darauf beschränkt, eine Gesamtrechtsordnung zu vereinbaren. Sie können vielmehr auch bestimmte Rechtsvorschriften, sogar aus verschiedenen Rechtsordnungen, auswählen[1984]. Auch die Wahl anderer rechtlicher Maßstäbe, etwa der sog. „lex mercatoria" ist möglich[1985]. Demzufolge ist es nicht ausgeschlossen, dass die Parteien dem Schiedsgericht vorgeben, nach der „lex sportiva" [1986], d.h. nach dem für eine bestimmte Sportart oder sämtliche Sportarten getenden Sportregelwerk, zu entscheiden[1987]. Ließe sich auf diese Weise die einheitliche Durchsetzung der Sportregelwerke absichern, birgt die Lösung von staatlichem Recht aber auch die Gefahr, die Rechte der Sportler zu beschneiden[1988]. Daher stellt sich die Frage, welche Grenzen der Vereinbarung einer „lex sportiva" gesetzt sind.

Bei der Frage, welche Grenzen die Schiedsrichter bei ihrer Entscheidung zwingend zu beachten haben, werden verschiedene Ansätze vertreten. Einigkeit besteht insoweit, dass die Schiedsrichter in ihrer Entscheidungsfindung nicht völlig frei sind. Nach teilweise vertretener Ansicht besteht eine Einschränkung dahingehend, dass die Richter nicht willkürlich entscheiden dürfen und zudem anerkannte Rechtsgrundsätze, wie im Sportbereich das Recht auf Teilnahme am Wettkampfbetrieb, zu beachten haben[1989]. Nach überwiegender Ansicht sind die Schiedsrichter an die guten Sitten und die öffentliche Ordnung gebunden[1990]. Der deutsche Gesetzgeber geht davon aus, dass Schiedsgerichte die zwingenden Vorschriften des Kartellrechts ebenso zu beachten haben wie die staatlichen Ge-

---

[1983] Vgl. auch *Lionnet/Lionnet*, S. 272 f., der als weiteres Argument gegen eine Ermächtigung zur Billigkeitsentscheidung versicherungsrechtliche Aspekte anführt.

[1984] Vgl. *Lachmann*, Rn. 939; *Lionnet/Lionnet*, S. 373.

[1985] Vgl. BT-Drucks. 13/5274, S. 52; *Stein/Jonas/Schlosser*, § 1051 Rn. 1; *Kronke*, RIW 1998, 257, 262 f.; *Labes/Lörcher*, MDR 1997, 420, 424.

[1986] Vgl. zur Entwicklung einer einheitlichen lex sportiva, *Pfister*, PHB, S. 7; siehe auch *Haas* in *Haas/Haug/Reschke*, SportR, B 2. Kapitel Rn. 5 f.; *Oschütz*, S. 351 ff.

[1987] Vgl. ausführlich *Adolphsen*, Internationale Dopingstrafen, S. 597 ff.

[1988] Vgl. zum Schutz der Individualinteressen durch das staatliche Recht ausführlich Erstes Kapitel:B. V. 2. b) .

[1989] Vgl. *Netzle*, Sportgerichtsbarkeit, S. 15.

[1990] Vgl. *Lionnet/Lionnet*, S. 371; *Schwab/Walter*, Kap. 19 Rn. 14.

richte etwa auch im Rahmen des Aufhebungs- und Vollstreckungsverfahrens[1991]. Eine Pflicht der staatlichen Gerichte einer Aufhebungsklage stattzugeben, wenn sie der Ansicht sind, dass der Schiedsspruch EG-Kartellrecht widerspreche, sieht auch der EuGH[1992]. Somit wird ein Schiedsgericht auch die Vorschriften des EG-Kartellrechts zu beachten haben, soll der Schiedsspruch nicht von der Aufhebung bedroht sein[1993]. Aus den selben Gründen wird man eine mittelbare faktische Bindung des Schiedsgerichts an diejenigen Rechtsnormen annehmen müssen, die zum materiell rechtlichen ordre public zählen[1994].

B. Veröffentlichung von Schiedssprüchen zur Rechtsvereinheitlichung

Der Ausgang von Verfahren vor den ordentlichen Gerichten ist meist aufgrund der dort angestrebten Kontinuität der Rechtsprechung relativ gut vorhersehbar. Als Nachteil der schiedsrichterlichen Streitbeilegung wird hingegen die mangelnde Vorhersehbarkeit schiedsrichterlicher Entscheidungen angeführt[1995]. Als Ursache für die mangelnde Vorhersehbarkeit schiedsrichterlicher Entscheidungen wird teilweise auf die fehlende Präzedenzwirkung von Schiedssprüchen hingewiesen[1996], die einerseits auf das Fehlen einer rechtsvereinheitlichenden höheren Instanz und andererseits auf die Tatsache gestützt wird, dass selten das gleiche Schiedsgericht über gleichartige Streitigkeiten entscheidet[1997]. Für ein Ad-hoc-Schiedsgericht leuchtet dies ein, da ein jeweils für einen Streitfall gebildetes Schiedsgericht eine kontinuierliche Spruchpraxis freilich nicht zu entwickeln vermag[1998]. Für ein administriertes oder institutionelles Schiedsverfahren gilt dies nicht gleichermaßen. Die angeführten Ursachen entfallen größten Teils, wenn es sich wie beim CAS um eine ständige Schiedsgerichtsorganisation handelt, deren erklärtes Ziel die Entwicklung allgemeiner Rechtsgrundsätze und einer Rechtsvereinheitlichung im Sport ist. Unter diesen Umständen dürfte den bereits gefällten Schiedssprüchen der Sportschiedsgerichtsinstitution durchaus ein gewisses Maß an Bindungswirkung zukommen, die sich zusätzlich verstärken ließe, wenn die nationalen Sportschiedsgerichte den CAS als Berufungsin-

---

[1991] Vgl. BT-Drucks. 13/5274, S. 71; zum materiellen ordre public vgl. Siebentes Kapitel:C. II. 2.

[1992] EuGHE 1999 I-3079, 3094 = EuZW 1999, 565 ff.

[1993] Vgl. EuGH EuZW 1999, 565 ff.. mit Anm. Spiegel; *Adolphsen*, Internationale Dopingstrafen, S. 651 f.; *Lörcher/Lörcher*, S. 59.

[1994] Vgl. *Adolphsen*, Internationale Dopingstrafen, S. 654 ff.; siehe dazu Siebentes Kapitel:C. II. 2.

[1995] Lionnet/Lionnet, S. 82; Lachmann, Rn. 136.

[1996] Vgl. *Schütze*, Rn. 15; *Lachmann*, Rn. 134.

[1997] Vgl. *Lachmann*, a.a.O.

[1998] *Lachmann*, Rn. 136.

stanz vorsehen. Auf diese Weise ließe sich die Vorhersehbarkeit schiedsrichterlicher Entscheidungen wesentlich verbessern.

Aber auch im administrierten oder institutionellen Schiedsverfahren erschwert die Vertraulichkeit des Schiedsverfahrens die Vorhersehbarkeit der schiedsrichterlichen Entscheidung. Die Vertraulichkeit des Schiedsverfahrens führt grundsätzlich dazu, dass die gefällten Schiedssprüche der Öffentlichkeit nicht zugänglich gemacht werden[1999]. Die Geheimhaltung der Schiedssprüche wurde nicht zuletzt auch im Hinblick auf die vom CAS angestrebte Rechtsvereinheitlichung im internationalen Sport und die Entwicklung allgemeiner Rechtsgrundsätze kritisiert und ein öffentlicher Zugang zu den Schiedssprüchen des CAS gefordert[2000]. Mittlerweile werden Schiedssprüche in der Schiedsgerichtspraxis mehr und mehr in anonymisierter Weise veröffentlicht. Diesen Weg geht auch der CAS, der regelmäßig Übersichten seiner Rechtsprechung veröffentlicht[2001]. Die Veröffentlichung der Schiedssprüche kann nicht nur die Grundlage für die vom CAS angestrebte Rechtsvereinheitlichung im internationalen Sport und die Entwicklung allgemeiner Rechtsgrundsätze darstellen, sondern auch die Voraussehbarkeit des Verfahrensausgangs für die Parteien verbessern.

C. Gerichtliche Kontrolle des Schiedsspruchs

Das Schiedsverfahren wird in der Regel durch einen Schiedsspruch beendet. Dieser wird in den allermeisten Fällen freiwillig erfüllt[2002]. Manchmal kann sich jedoch an das Schiedsverfahren noch ein staatliches Verfahren anschließen. Dies sind zum einen das Aufhebungsverfahren und zum anderen das Verfahren zur Anerkennung und Vollstreckung des Schiedsspruches. Bei der Aufhebung handelt es sich um einen Rechtsbehelf vor den ordentlichen Gerichten am Schiedsort, den eine Partei einlegt, um einen Schiedsspruch zu beseitigen oder überprüfen zu lassen. Das Verfahren zur Anerkennung und Vollstreckung des Schiedsspruchs hingegen stellt den Übergang von der privaten auf die staatliche Gerichtsbarkeit dar. Die Vollstreckung des Schiedsspruches setzt immer seine Anerkennung durch die staatlichen Gerichte desjenigen Landes voraus, in dem er vollstreckt werden soll.

Während zahlreiche internationale Übereinkommen im Bereich der Schiedsgerichtsbarkeit, insbesondere das UNÜ, weitgehend einheitliche Maßstäbe für die Anerkennung und Vollstreckung von Schiedssprüchen aufgestellt haben, kommen für das Aufhebungsverfahren je nach Schiedsort verschiedene Maßstäbe

---

[1999] Vgl. *Lachmann*, Rn. 134; *Lionnet/Lionnet*, S. 456.

[2000] *Netzle*, Sportgerichtsbarkeit, S. 15; *Scherrer*, SpuRt 2003, 127, 128.

[2001] Vgl. etwa *Reeb* (Hrsg.), Digests of CAS Awards 1986-1998; Digests of CAS Awards 1998-2000; CAS/TAS (Hrsg.), CAS Awards – Sydney 2000; ausgewählte Sprüche des CAS sind auch abgedruckt in *Haas/Haug/Reschke*, SportR.

[2002] Vgl. *Lachmann*, Rn. 1167; *Lionnet/Lionnet*, S. 417.

zur Anwendung, da die gerichtliche Kontrolle von Schiedssprüchen von Land zu Land unterschiedlich ist. Die Möglichkeit eines Aufhebungsverfahrens nach § 1059 ZPO besteht nur für Schiedssprüche eines inländischen Sportschiedsgerichts[2003]. Schiedssprüche des CAS hingegen können nur von einem ordentlichen Gericht in der Schweiz aufgehoben werden[2004]. Ist im Anschluss an ein nationales Sportschiedsverfahren eine Berufungsmöglichkeit zum CAS vorgesehen[2005], ist für die Durchführung des Aufhebungsverfahrens somit die Frage von Bedeutung, ob der Ausgangsschiedsspruch des nationalen Sportschiedsgerichts oder erst der Berufungsschiedsspruch des CAS Gegenstand einer gerichtlichen Kontrolle sein kann.

I. Gegenstand der gerichtlichen Kontrolle bei mehrstufig ausgestalteter Sportschiedsgerichtsbarkeit

Voraussetzung für die Kontrolle eines Schiedsspruches im Rahmen eines Aufhebungs- oder Vollstreckbarerklärungsverfahrens ist das Vorliegen eines Schiedsspruches. Schiedsspruch i.S.d. §§ 1054 f. ZPO ist nämlich nur der das Verfahren endgültig abschließende und nicht mehr abänderbare Schiedsspruch[2006]. Das bedeutet, dass erst ein formal rechtkräftiger Schiedsspruch durch die staatlichen Gerichte überprüfbar ist[2007]. Besteht mithin eine mehrstufige Schiedsgerichtsbarkeit[2008], kann der Schiedsspruch in einem Aufhebungsverfahren erst dann überprüft werden, wenn er im Instanzenzug der Schiedsgerichtsbarkeit nicht mehr angegriffen werden kann. Gegenstand einer gerichtlichen Kontrolle ist somit grundsätzlich die abschließende Entscheidung der obersten schiedsrichterlichen Instanz. Dabei ist nach überwiegender Ansicht danach zu differenzieren, ob das Berufungsschiedsgericht einen eigenen Schiedsspruch an die Stelle des Schiedsspruches der unteren Instanz gesetzt oder lediglich den Schiedsspruch der unteren Instanz bestätigt hat. Im ersten Fall ist der Schiedsspruch des Oberschiedsgerichtes maßgeblich, während im zweiten Fall auf den Schiedsspruch der unteren Instanz abzustellen ist[2009]. Setzt also der CAS einen eigenen Schiedsspruch an die Stelle desjenigen des nationalen Sportschiedsgerichts, ist Gegenstand der gerichtlichen Kontrolle der Schiedsspruch des CAS.

[2003] Vgl. *Lachmann*, Rn. 1170.

[2004] Dabei gelten für rein schweizerische Schiedsverfahren andere Maßstäbe (Art. 36 SchKonk) als für internationale Schiedsverfahren (Art. 190 IPRG), vgl. Zweites Kapitel:A. II.

[2005] Zu den Vorteilen einer mehrstufigen Schiedsgerichtsbarkeit im Sport, vgl. Sechstes Kapitel:C. I. 2. c) .

[2006] Vgl. *Lachmann*, Rn. 1176; *Schwab/Walter*, Kap. 22 Rn. 1; *Stein/Jonas/Schlosser*, ZPO, § 1042 Rn. 4.

[2007] Vgl. dazu und zu weiteren Voraussetzungen für die Überprüfbarkeit von Schiedssprüchen *Lachmann*, Rn. 1174 ff.

[2008] Vgl. ausführlich *Schwab/Walter*, Kap. 22 Rn. 1 ff.

[2009] Vgl. *Schwab/Walter*, Kap. 22 Rn. 12 ff.; *Stein/Jonas/Schlosser*, ZPO, § 1042 Rn. 4.

Bestätigt der CAS hingegen den Schiedsspruch des nationalen Schiedsgerichts, ist dieser maßgeblich. Die Aufhebung des Schiedsspruches ist mithin im ersten Fall vor den ordentlichen Gerichten in der Schweiz[2010] und im zweiten Fall vor den ordentlichen Gerichten in Deutschland durchzuführen[2011].

II. Aufhebung, Anerkennung und Vollstreckung von Schiedssprüchen in Deutschland

Die Aufhebung von Schiedssprüchen ist in § 1059 ZPO[2012] geregelt. Nach § 1059 Abs. 1 ZPO kann gegen einen Schiedsspruch Antrag auf gerichtliche Aufhebung nach § 1059 Abs. 2 und 3 ZPO gestellt werden. Das Aufhebungsverfahren gibt den Parteien ein Mittel in die Hand, das Schiedsverfahren dahingehend überprüfen zu lassen, ob die elementaren Grundsätze eines jeden Schiedsverfahrens eingehalten wurden. Die Aufhebungsklage ist eine Gestaltungsklage, mit der die rückwirkende Vernichtung eines Schiedsspruches begehrt wird[2013]. Das Aufhebungsverfahren ist allerdings kein Rechtsmittel und hat daher keine aufschiebende Wirkung[2014]. Obwohl der Schiedsspruch nach seiner Übersendung an die Parteien die Wirkung eines gerichtlichen Urteils hat, kann aus ihm noch nicht vollstreckt werden, da die Vollstreckbarkeit des Schiedsspruches von seiner Rechtskraft zu trennen ist[2015]. Soll ein Schiedsspruch in Deutschland vollstreckt werden, muss die staatliche Gerichtsbarkeit, d.h. das jeweils zuständige Oberlandesgericht (§ 1062 Abs. 1 Nr. 4 ZPO), diesen für vollstreckbar erklären. Dies ist ein Vorverfahren, welches die Voraussetzungen für die Vollstreckung des Schiedsspruches schafft[2016]. Die staatliche Gerichtsbarkeit muss den Schiedsspruch für dessen Vollstreckbarkeit anerkennen. Für die Anerkennung und Vollstreckung von Schiedssprüchen ist zwischen in- und ausländischen Schiedssprüchen zu differenzieren. Nach § 1060 ZPO muss die Anerkennung inländischer Schiedssprüche erfolgen, wenn gem. § 1060 Abs. 2 ZPO keiner der in § 1059 Abs. 2 ZPO normierten Aufhebungsgründe vorliegt. Einheitlicher Prüfungsmaßstab für die Anerkennung und Vollstreckung inländischer Schiedssprüche und für deren Aufhebung sind somit die in § 1059 Abs. 2 ZPO abschließend aufgezählten Gründe. Sie können mithin entweder mit dem Aufhebungsantrag nach §

[2010] Vgl. Siebentes Kapitel:C. III.

[2011] Vgl. Siebentes Kapitel:C. II.

[2012] Zum Verfahrensablauf vgl. ausführlich *Schwab/Walter*, Kap. 25.

[2013] Vgl. *Lachmann*, Rn. 1172; *Schwab/Walter*, Kap. 25 Rn. 2; *Stein/Jonas/Schlosser*, ZPO, § 1059 Rn. 3.

[2014] Vgl. *Lionnet/Lionnet*, S. 408. Anders ist dies aber, wenn eine schiedsrichterliche Berufungsinstanz vorgesehen ist. Dann tritt die formelle Rechtskraft erst mit dem Ablauf der Berufungsfrist oder dem Erlass eines Berufungsschiedsspruches ein, vgl. Siebentes Kapitel:C. I.

[2015] Vgl. *Lionnet/Lionnet*, S. 395

[2016] Vgl. *Schwab/Walter*, Kap. 26 Rn. 1; zum Verfahrensablauf ausführlich *Schwab/Walter*, a.a.O.

1059 ZPO oder einredeweise im Verfahren auf Vollstreckbarerklärung nach § 1060 Abs. 2 ZPO geltend gemacht werden[2017]. Nach § 1061 Abs. 1 ZPO richtet sich die Anerkennung und Vollstreckung ausländischer Schiedssprüche nach dem UNÜ. Mit dem Ziel einer weitgehenden Harmonisierung mit dem UNÜ hat sich der Gesetzgeber bei der Ausgestaltung der Aufhebungsgründe des § 1059 Abs. 2 ZPO an Art. V UNÜ ausgerichtet[2018], der solche Gründe auflistet, bei deren Vorliegen einem ausländischen Schiedsspruch die Anerkennung und Vollstreckung versagt werden kann. Die in § 1059 Abs. 2 ZPO genannten Aufhebungsgründe sind daher sowohl für in- als auch ausländische Schiedssprüche maßgeblich.

1. Überblick über die Aufhebungsgründe des § 1059 Abs. 2 ZPO

§ 1059 ZPO enthält einen Katalog an Aufhebungsgründen, die nach dem Willen des Gesetzgebers abschließend sein sollen[2019]. § 1059 Abs. 2 ZPO unterscheidet zwei Gruppen von Aufhebungsgründen. Während die erste Gruppe an Aufhebungsgründen nur auf Rüge hin zu berücksichtigen ist (§ 1059 Abs. 2 Nr. 1 ZPO), sind die unter § 1059 Abs. 2 Nr. 2 ZPO aufgeführten Aufhebungsgründe von Amts wegen zu beachten. Die Aufhebungsgründe beziehen sich auf die Nichtbeachtung der elementaren Voraussetzungen eines jeden Schiedsverfahrens. Dazu zählen das Fehlen einer gültigen Schiedsvereinbarung (§ 1059 Abs. 2 Nr. 1 a 2. Alt. ZPO) oder die Nichtbeachtung ihrer inhaltlichen Grenzen (§ 1059 Abs. 2 Nr. 1 c ZPO), die fehlende subjektive (§ 1059 Abs. 2 Nr. 1 a 1. Alt ZPO) oder objektive (§ 1059 Abs. 2 Nr. 2 a ZPO) Schiedsfähigkeit[2020], sowie die Nichtbeachtung elementarer Verfahrensprinzipien. Hat nach § 1059 Abs. 2 Nr. 1 d ZPO das Schiedsverfahren einer Bestimmung dieses Buches nicht entsprochen, führt dies zur Aufhebung des Schiedsspruches, wenn anzunehmen ist, dass sich dies auf den Schiedsspruch ausgewirkt hat. Die Verletzung des in § 1042 ZPO festgeschriebenen Gleichheitsgrundsatzes etwa kann somit zur Aufhebung des Schiedsspruches führen, wenn sie sich auf ihn ausgewirkt hat[2021]. Ebenso stellt die Beeinträchtigung des in § 1042 ZPO festgeschriebenen Gehörsgrundsatzes einen Grund für die Aufhebung des Schiedsspruches nach § 1059 Abs. 2 Nr. 1 d ZPO dar, wenn die Verletzung das Entscheidungsergebnis ernsthaft be-

---

[2017] Vgl. *Lionnet/Lionnet*, S. 408; *Schwab/Walter*, Kap. 24 Rn. 2.

[2018] Vgl. BT-Drucks. 13/5274, S. 58. Die gleichen Aufhebungsgründe finden sich im Ergebnis auch in Art. 190 Schweizer IPRG.

[2019] Vgl. BT-Drucks. 13/5274, S. 58. Der BGH leitet allerdings aus einer Analogie zu § 826 BGB einen weiteren Aufhebungsgrund ab, vgl. *Lachmann*, Rn. 1241 ff.

[2020] Da beim Fehlen der objektiven Schiedsfähigkeit wichtige öffentliche Belange tangiert werden, ist sie anders als die subjektive Schiedsfähigkeit von Amts wegen zu prüfen, vgl. BT-Drucks. 13/5274, S. 59.

[2021] Vgl. *Lachmann*, Rn. 671; MünchKommZPO/*Münch*, § 1042 Rn. 12.

einflussen konnte[2022]. Der Gehörsgrundsatz ist zusätzlich durch den Aufhebungsgrund des § 1059 Abs. 2 Nr. 1 b ZPO abgesichert, der immer die Aufhebung des Schiedsspruches vorsieht, wenn eine Partei von der Bestellung eines Schiedsrichters oder von dem schiedsrichterlichen Verfahren nicht gehörig in Kenntnis gesetzt worden ist oder wenn sie aus einem anderen Grund ihre Angriffs- oder Verteidigungsmittel nicht hat geltend machen können. Ein Schiedsspruch kann auch nach § 1059 Abs. 2 Nr. 2 b ZPO aufgehoben werden, wenn die Anerkennung oder Vollstreckung des Schiedsspruchs zu einem Ergebnis führt, das der öffentlichen Ordnung (ordre public) widerspricht. Dazu gehört auch die Verletzung prozessualer Mindeststandards (sog. prozessualer ordre public), wie der Gehörsgrundsatz, der Grundsatz der prozessualen Waffengleichheit der Parteien und die Möglichkeit, Beweisanträge zu stellen und Beweismittel vorbringen zu können[2023]. Überprüft ein Sportschiedsgericht die Entscheidung eines Sportfachverbandes, gehört zum prozessualen Mindeststandard auch die hinreichende Nachprüfung der Tatsachenermittlung und des Subsumtionsergebnisses des Verbandsorgans[2024]. Dies gilt erst recht, wenn das Schiedsgericht eine Verbandssanktion selbst verhängt[2025].

Die in § 1059 Abs. 2 ZPO genannten Aufhebungsgründe sind nicht nur im Aufhebungsverfahren selbst, sondern auch im Anerkennungs- und Vollstreckungsverfahren sowohl in- (§ 1060 Abs. 2 ZPO) als auch ausländischer Schiedssprüche (§ 1061 Abs. 1 ZPO, Art. V Abs. 1 UNÜ) zu beachten. Im Hinblick auf die Anerkennung oder Vollstreckung ausländischer Schiedssprüche sichert die Verankerung der prozessualen Mindeststandards des Exequaturstaates in § 1059 Abs. 2 Nr. 2b ZPO, Art. V Abs. 2 lit. b UNÜ neben § 1059 Abs. 2 Nr. 1 b und d ZPO als Anerkennungs- und Vollstreckungshindernis deren Geltung mittelbar auch gegenüber ausländischen Schiedsverfahren ab, die nicht nach einem ausländischen Schiedsverfahrensrecht geführt wurden. Damit müssen auch die Schiedsverfahren des CAS den in Deutschland geltenden genannten prozessualen Mindestanforderungen entsprechen, sollen seine Schiedssprüche in Deutschland anerkannt und vollstreckt werden[2026]. Insbesondere der Aufhebungsgrund des ordre public Verstoßes wird in der sportrechtlichen Literatur als Hürde für die Etablierung einer Sportschiedsgerichtsbarkeit angesehen[2027].

2022 *Lachmann*, Rn. 730 ff.; *Stein/Jonas/Schlosser*, ZPO, § 1042 Rn. 7.

2023 Vgl. *Heß*, ZZPInt 3 (1998), 457, 471.

2024 Vgl. *Schlosser*, in FS Zeuner, S. 467, 479; *Heß*, ZZPInt 3 (1998), 457, 471.

2025 Vgl. Viertes Kapitel:B. I. 2.

2026 Die Schieds- und Verfahrensordnung des CAS wird diesbezüglich als unbedenklich angesehen, vgl. *Heß*, ZZPInt 3 (1998), 457, 471 mit Beispielen aus der Praxis des CAS.

2027 Vgl. *Prokop*, 2. Internationaler Sportrechtskongress, S. 140, 149 f. und S. 264, 265.

2. Ordre public Kontrolle und Verbot der révision au fond

Die monopolartigen Strukturen im organisieren Sport[2028] bringen es mit sich, dass sich Sportler u.a. darauf berufen, dass die Aufrechterhaltung einer Verbandssanktion gegen deutsches oder europäisches Kartellrecht verstoße[2029]. Daher bergen zunächst die kartellrechtlichen Vorbehalte[2030] die Gefahr einer umfassenden inhaltlichen Überprüfung von Schiedssprüchen in Sportstreitigkeiten und einer Rückverlagerung der Konfliktlösung auf die staatlichen Gerichte[2031]. Verbandssanktionen, insbesondere Dopingsperren, beeinträchtigen den Sportler aber auch in seiner Berufsausübung. Aufgrund der relativ kurzen Dauer sportlicher Laufbahnen kann eine Wettkampfsperre einen schwerwiegenden Eingriff darstellen, womit der Schutzbereich des Art. 12 GG eröffnet ist[2032]. Darüber hinaus hat nicht zuletzt das Bosman-Urteil sowie weitere Urteile des EuGH in Sportstreitigkeiten die Beachtlichkeit der europäischen Grundfreiheiten, der Freizügigkeit gem. Art. 39 EGV und der Dienstleistungsfreiheit gem. Art. 49 EGV, hervorgehoben[2033]. Auf Seiten der Sportverbände ist das Grundrecht der Vereinigungsfreiheit gem. Art. 9 Abs. 1 GG zu berücksichtigen[2034]. Ob nun eine Verbandsmaßnahme rechtmäßig bzw. rechtswidrig erfolgte, ist das Ergebnis einer komplexen Interessenabwägung, bei der die Berufsfreiheit sowie die europäischen Grundfreiheiten auf Seiten des Sportlers und die Vereinigungsfreiheit auf Seiten des Verbandes einzubeziehen sind. Diese Grundrechtsgemengelage eröffnet nun ein weiteres mögliches Einfallstor für eine intensive inhaltliche Nachprüfung von Schiedssprüchen durch die ordentlichen Gerichte[2035]. Daher stellt sich die Frage nach der Intensität dieser inhaltlichen Nachprüfung.

Der Überblick über die Aufhebungsgründe des § 1059 Abs. 2 ZPO hat gezeigt, dass die mit dem Aufhebungsverfahren beabsichtigte Kontrolle der Schiedsgerichtsbarkeit durch die staatlichen Gerichte schwerpunktmäßig auf das Schiedsverfahren, d.h. auf die Einhaltung der elementaren Verfahrensgrundsätze eines jeden Schiedsverfahrens abzielt[2036]. Die Sachentscheidung hingegen unterliegt

---

2028 Vgl. Erstes Kapitel:B. III. , IV.

2029 Vgl. *Heß*, ZZPInt 1 (1996), 371, 388 ff.; *Haas/Prokop*, JR 1998, 45, 47; siehe auch Erstes Kapitel: B. V. 2. b) .

2030 Zur Möglichkeit kartellrechtliche Streitigkeiten nach Streichung des § 91 GWB schiedsrichterlich beizulegen, vgl. Drittes Kapitel:E. II. 2. a) .

2031 Vgl. *Prokop*, 2. Internationaler Sportrechtskongress, S. 140, 149 und S. 264, 265; Heß, ZZPInt 3 (1998), 457, 472 ff.

2032 Vgl. Erstes Kapitel:B. V. 2. b) .

2033 Vgl. Erstes Kapitel:B. V. 2. b) .

2034 Vgl. Erstes Kapitel:B. V. 1.

2035 Vgl. *Prokop*, 2. Internationaler Sportrechtskongress, S. 140, 149 und S. 264, 265; Heß, ZZPInt 3 (1998), S. 457, 472 ff.

2036 Siehe dazu *Trappe*, BB 2000, Beilage 8, 7, 8.

nur einer ordre public Kontrolle[2037]. Zum ordre public zählen diejenigen zwingenden Vorschriften, welche die Grundlage des staatlichen oder wirtschaftlichen Lebens berühren sowie die elementaren Gerechtigkeitsvorstellungen[2038], d.h. ein Mindeststandart an Verfahrensgerechtigkeit[2039], die Grundprinzipien des deutschen Rechts, insbesondere die Grundrechte, die europäischen Grundfreiheiten, die guten Sitten[2040] sowie das deutsche und europäische Kartellrecht[2041].

Der BGH hat im Hinblick auf die gerichtliche Überprüfung von Schiedssprüchen wiederholt ausgeführt, dass das staatliche Gericht bei der Beurteilung eines ordre public Verstoßes weder an die tatsächlichen Feststellungen noch an die Rechtsauffassung des Schiedsgerichts gebunden sei, sondern selbstständig zu prüfen habe, ob ein solcher Verstoß vorliege[2042]. Gegen eine derart weitgehende Überprüfung von Schiedssprüchen bestehen gewichtige Bedenken. Zum einen wird auf diese Weise der Zweck einer jeden Schiedsabrede, zu einer schnellen, sachkundigen Entscheidung unter Ausschluss eines langen Instanzenweges zu gelangen, vereitelt[2043]. Zum anderen wird das Schiedsgericht zu einer bloßen Vorinstanz degradiert, was aber in unvereinbarem Widerspruch zum Wesen der Schiedsgerichtsbarkeit als gleichwertige Rechtsprechungsalternative steht[2044]. Die ordre public Kontrolle wird auf diese Weise zu einer révision au fond missbraucht[2045]. Aus diesen Gründen ist ein Schiedsverfahren grundsätzlich nicht vor einem staatlichen Gericht ein zweites Mal aufzurollen, selbst wenn das Schiedsgericht eine falsche Entscheidung getroffen hat[2046]. Insoweit gilt das Verbot der révision au fond[2047]. Eine Inhaltskontrolle des Schiedsspruches, wie sie in Deutschland für Verbandsentscheidungen von Sportverbänden anhand des Prüfungsmaßstabes der §§ 138, 242 BGB praktiziert wird, findet somit nicht statt. Die gerichtliche Überprüfung bleibt auf eine Ergebniskontrolle anhand des ordre public beschränkt[2048]. Ein Schiedsspruch kann danach nur aufgehoben werden,

---

2037 Vgl. BT-Drucks. 13/5274, S. 58 f.; *Lachmann*, Rn. 1183; *Schwab/Walter*, Kap. 24 Rn. 1; zum geschichtlichen Hintergrund des ordre public Vorbehaltes vgl. *Schwab/Walter*, Kap. 24 Rn. 32.

2038 Vgl. *Lachmann*, Rn. 1224; *Stein/Jonas/Schlosser*, ZPO, Anhang § 1061 Rn. 135.

2039 Vgl. dazu *Lachmann*, Rn. 1224.

2040 Vgl. dazu *Schwab/Walter*, Kap. 24 Rn. 36.

2041 Vgl. BGHZ 46, 365 ff.; *Lachmann*, Rn. 1226; *Schwab/Walter*, Kap. 24 Rn. 43 ff.

2042 Vgl. BGHZ 27, 949; 46, 365; BGH NJW 1972, 2180; BGH NJW 1973, 98.

2043 Vgl. *von Brunn*, NJW 1969, 823 ff.

2044 Vgl. *Zöller/Geimer*, ZPO, § 1059 Rn. 75.

2045 Vgl. *Habscheid*, KTS 1967, 5.

2046 Vgl. *Sandrock*, BB 2001, 2173, 2177 ff.

2047 Vgl. dazu ausführlich *Trappe*, BB 2000, Beilage 8, 7 ff.; siehe auch OLG Hamburg OLG Report 2000, 19 ff.

2048 Vgl. *Heß*, ZZPInt 3 (1998), 457, 472; *Haas/Prokop*, JR 1998, 45, 52; *Lionnet/Lionnet*, S. 410 ff.; siehe auch *Röhricht*, Sportgerichtsbarkeit, S. 41 f. Anders ist dies nach Art. 36 lit. f SchKonk, wonach gegen den Schiedsspruch Nichtigkeitsbeschwerde beim oberen ordentliwenn er zu einem Ergebnis führt, dass der öffentlichen Ordnung widerspricht. Eine andere Beurteilung würde die Vorteile der Schiedsgerichtsbarkeit wieder zunichte machen[2049].

3. Differenzierung zwischen ordre public national und ordre public international

Bei den Schiedssprüchen des CAS handelt es sich aus deutscher Sicht um ausländische Schiedssprüche. Soll ein Schiedsspruch des CAS in Deutschland anerkannt oder vollstreckt werden, richtet sich die gerichtliche Kontrolle nach den Vorschriften des UNÜ. Wie § 1059 Abs. 2 Nr. 2 ZPO ermöglicht Art. V Abs. 2 lit. b UNÜ eine ordre public-Kontrolle. Nach überwiegender Ansicht wird der für inländische Schiedssprüche geltende Maßstab weiter zurückgenommen, wenn es sich um einen ausländischen Schiedsspruch handelt. Für diese gilt der Maßstab des ordre public international[2050]. Dieser wird nur verletzt, wenn die Entscheidung des ausländischen Schiedsgerichts aufgrund eines Verfahrens ergangen ist, das von den Grundprinzipien des deutschen Verfahrensrechts in einem solchen Maße abweicht, dass sie nach der deutschen Rechtsordnung nicht als in einem geordneten rechtsstaatlichen Verfahren ergangen angesehen werden kann, weil sie an einem schwerwiegenden, die Grundlagen des staatlichen und wirtschaftlichen Lebens berührenden Mangel leidet[2051]. Im Rahmen des materiellrechtlichen ordre public ist Prüfungsmaßstab, ob das Ergebnis des Schiedsspruches mit den Grundprinzipien in Deutschland vereinbar ist[2052]. Demnach ist ein Schiedsspruch im Vollstreckungsverfahren nicht in allen Einzelheiten auf seine materiellrechtliche Richtigkeit hin zu überprüfen, sondern lediglich darauf, ob er die elementaren Grundlagen der Rechtsordnung verletzt[2053]. Die derzeitige Rechtsprechungspraxis des CAS gibt keinen Anlass, daran zu zweifeln, dass einem seiner Schiedssprüche die Anerkennung und Vollstreckung in Deutschland zu versagen wäre[2054].

---

chen Zivilgericht des zuständigen Kantons erhoben werden kann, um geltend zu machen, dass der Schiedsspruch willkürlich sei, weil er auf offensichtlich aktenwidrigen tatsächlichen Feststellungen beruht oder weil er eine offenbare Verletzung des Rechts oder der Billigkeit enthält.

2049 Vgl. *Geimer*, Integritätsprobleme, S. 113, 180.

2050 Vgl. BGHZ 48, 327 ff., 331; 98, 70 ff., 73 f.; BGH BB 2001, Beilage 6, 14 ff.; OLG Schleswig RIW 2000, 706, 708 f.; *Haas*, Anerkennung und Vollstreckung, S. 219 ff.; siehe auch BT-Drucks. 13/5274, S. 59.

2051 Vgl. Hanseatisches OLG Bremen, BB 2000, Beilage 12, 18 ff.

2052 Vgl. BGH BB 1999, Beilage 8, 12 f.

2053 Vgl. OLG Köln, Beschluss vom 15.2.2000, Az.: 9 Sch 13/99.

2054 So im Ergebnis auch *Heß*, ZZPInt 3 (1998), 457, 475, der auf die großen Fortschritte der Sportschiedsgerichtsbarkeit in den letzten Jahren hinweist.

4. Präklusion von Aufhebungsgründen

Ein Schiedsspruch ist grundsätzlich einer doppelten Kontrollmöglichkeit durch die staatlichen Gerichte ausgesetzt[2055]. Für die Einleitung des Aufhebungsverfahrens sehen die meisten Schiedsverfahrensgesetze eine bestimmte Frist vor, um nach Ablauf dieser Frist Klarheit über die Bestandskraft des Schiedsspruches zu haben[2056]. Nach § 1059 Abs. 3 ZPO beträgt diese Frist drei Monate. Fraglich ist welche Auswirkungen der Ablauf dieser Frist für das Vollstreckbarerklärungsverfahren hat.

Nach § 1060 Abs. 2 Satz 3 ZPO sind Aufhebungsgründe nach § 1059 Abs. 2 Nr. 1 ZPO nicht mehr zu berücksichtigen, wenn die Dreimonatsfrist abgelaufen ist, ohne dass der Antragsteller einen Antrag auf Aufhebung des Schiedsspruches gestellt hat. Nach Ablauf der Dreimonatsfrist müssen lediglich die Aufhebungsgründe des § 1059 Abs. 2 Nr. 2 ZPO im Vollstreckbarerklärungsverfahren noch geprüft werden, da die Parteien über diese Aufhebungsgründe im Aufhebungsverfahren nicht verfügen können[2057]. Generell nicht mehr zu berücksichtigen sind nach § 1060 Abs. 2 Satz 2 ZPO diejenigen Aufhebungsgründe, über die ein auf sie gestützter Aufhebungsantrag im Zeitpunkt der Entscheidung über die Vollstreckbarerklärung bereits rechtskräftig abgewiesen ist. Diese Regelung dient der Prozessökonomie, da sie eine doppelte Entscheidung der Gerichte über ein und denselben Aufhebungsgrund verhindert. Einer Abstimmung der Verfahren bedarf es aber auch dann, wenn beide Verfahren gleichzeitig eingeleitet werden. In diesen Fällen sollte das Gericht, bei dem die Vollstreckbarerklärung eines Schiedsspruches begehrt wird, das Verfahren analog § 148 ZPO aussetzen bis über das Aufhebungsbegehren entschieden worden ist. Diese Vorgehensweise ist aus systematischer Sicht geboten, weil nach der Aufhebung des Schiedsspruches nichts mehr für vollstreckbar erklärt werden kann[2058].

Besteht im Anschluss an ein nationales Schiedsverfahren eine Berufungsmöglichkeit zum CAS, stellt sich die Frage, welche Folgen es hat, wenn die Parteien von der Anrufung der schiedsrichterlichen Berufungsinstanz absehen. Nach einer Ansicht soll dieses Verhalten zur Folge haben, dass Mängel des erstinstanzlichen Verfahrens nicht mehr mit der Aufhebungsklage geltend gemacht werden können, da die Vereinbarung eines Instanzenzuges regelmäßig so zu deuten ist, dass alle nicht geltend gemachten Mängel, ausgenommen solcher, deren Rügbarkeit im schiedsrichterlichen Berufungsverfahren nicht sichergestellt waren,

---

[2055] Das Schweizer Schiedsverfahrensrecht kennt für inländische Schiedssprüche allerdings nur die Aufhebungsklage. Schiedssprüche werden ohne ein kontrollierendes Verfahren für vollstreckbar erklärt, wenn die Frist für einen Aufhebungsantrag abgelaufen oder ein Aufhebungsantrag abgewiesen worden ist, vgl. *Rüede/Hadenfeldt*, S. 313.

[2056] Vgl. BT-Drucks. 13/5274, S. 61.

[2057] Vgl. *Lionnet/Lionnet*, S. 419.

[2058] Vgl. *Lionnet/Lionnet*, S. 419.

präkludiert werden[2059]. Nach anderer Ansicht begibt sich eine Partei, die von der Anrufung der schiedsrichterlichen Berufungsinstanz absieht, nicht der Möglichkeit, Mängel im Wege der Aufhebungsklage oder im Vollstreckbarerklärungsverfahren geltend zu machen[2060]. M.E. ist entsprechend den Erwägungen über ein Verstreichenlassen der Aufhebungsfrist des § 1059 Abs. 3 ZPO danach zu differenzieren, ob die Parteien über die Aufhebungsgründe disponieren können oder nicht. Handelt es sich demnach um solche Gründe, die vom staatlichen Gericht nur auf Einrede hin geprüft werden, sind sie im Aufhebungsverfahren präkludiert, wenn sie in der schiedsrichterlichen Berufungsinstanz nicht geltend gemacht worden sind. Die von Amts wegen zu prüfenden Aufhebungsgründe des § 1059 Abs. 2 Nr. 2 ZPO sind hingegen auch dann zu prüfen, wenn von der Anrufung der vorgesehenen schiedsrichterlichen Berufungsinstanz abgesehen wurde.

III. Vergleich mit der Rechtslage in der Schweiz

Die Aufhebung eines Schiedsspruches kann nur von den ordentlichen Gerichten am Schiedsort erfolgen. Schiedssprüche des CAS sind daher vor den Gerichten in der Schweiz anzufechten. Abgesehen von innerschweizerischen Streitigkeiten[2061] können Schiedssprüche des CAS mit der Aufhebungsklage gem. Art. 190 IPRG angefochten werden. Nach Art. 191 Abs. 1 IPRG muss das Aufhebungsverfahren gegen Schiedssprüche des CAS innerhalb eines Monats eingeleitet werden. Als Beschwerdeinstanz sieht Art. 191 IPRG das Schweizer Bundesgericht vor.

1. Überblick über die Aufhebungsgründe des Art. 190 Abs. 2 IPRG

Die Gründe, welche eine Anfechtung eines Schiedsentscheids begründen, sind in Art. 190 Abs. 2 IPRG enthalten. Sie entsprechen im Wesentlichen denen des Art. V UNÜ. Ein Schiedsentscheid kann gem. Art. 190 Abs. 2 lit. a IPRG angefochten werden, wenn der Einzelschiedsrichter vorschriftswidrig ernannt oder das Schiedsgericht vorschriftswidrig zusammengesetzt worden ist[2062]. Art. 190 Abs. 2 lit. b IPRG bezieht sich auf die Entscheidungskompetenz des Schiedsgerichts. Darunter fallen insbesondere Fragen des Bestehens und der Tragweite einer gültigen Schiedsvereinbarung, u.a. auch Fragen der subjektiven oder objektiven Schiedsfähigkeit. Nach Art. 190 Abs. 2 lit. c IPRG kann ein Schiedsentscheid angefochten werden, wenn das Schiedsgericht über Streitpunkte ent-

2059 Vgl. *Stein/Jonas/Schlosser*, ZPO, § 1042 Rn. 4.

2060 Vgl. *Schwab/Walter*, Kap. 22 Rn. 2.

2061 Für sie gilt das SchKonk, vgl. dazu Zweites Kapitel:A. II.

2062 Dieser Grund der vorschriftswidrigen Bestellung des Schiedsgerichts findet seine Entsprechung in Art. 36 lit a SchKonk.

schieden hat, die ihm nicht unterbreitet wurden oder wenn es ein Rechtsbegehren unbeurteilt gelassen hat. Dieser Grundsatz des ne ultra oder infra petita ist eng verwandt mit der Verletzung des Gehörsgrundsatzes, der in Art. 190 Abs. 2 lit. d IPRG als weiterer Anfechtungsgrund genannt ist. Letzter Anfechtungsgrund ist wie auch nach deutschem Recht eine ordre public Verletzung (Art. 190 Abs. 2 lit. e IPRG)[2063].

2. Zurückhaltende ordre public Kontrolle durch das Bundesgericht

Über den ordre public Vorbehalt besteht auch in der Schweiz die grundsätzliche Möglichkeit einer nachträglichen inhaltlichen Kontrolle von Schiedssprüchen und gleichsam auch die Gefahr einer Rückverlagerung der Streitentscheidung auf die staatlichen Gerichte. Nach der Rechtsprechung des Schweizer Bundesgerichts liegt ein Verstoß gegen die öffentliche Ordnung nur dann vor, wenn die schiedsrichterliche Entscheidung fundamentale Rechtsgrundsätze verletzt und diese daher mit der schweizerischen Rechts- und Wertordnung schlechthin unvereinbar wäre[2064]. Unter Zugrundelegung dieses Prüfungsmaßstabs zeigt sich das Schweizer Bundesgericht äußerst zurückhaltend bei der inhaltlichen Überprüfung von Schiedssprüchen[2065]. Eine Rückverlagerung der Streitentscheidung ist somit nach der Rechtsprechung des Bundesgerichts nicht zu erwarten.

3. Präklusion von Aufhebungsgründen

Bei den Schiedssprüchen des CAS erfolgt die doppelte Kontrolle von Aufhebungs- und Vollstreckbarerklärungsverfahren nicht durch die Gerichte eines Landes, sondern durch die staatlichen Gerichte verschiedener Länder. So kann ein Schiedsspruch des CAS nur von einem Schweizer Gericht in einem Aufhebungsverfahren nach Schweizer Recht aufgehoben werden, aber durch die Gerichte all derjenigen Länder überprüft werden, in denen er vollstreckt werden soll. Auch hier stellt sich die Frage nach dem Verhältnis zwischen Aufhebungsverfahren am Schiedsort und dem jeweiligen Vollstreckbarerklärungsverfahren.

In all denjenigen Ländern, in denen ausländische Schiedssprüche nach dem UNÜ vollstreckt werden, ist die Präklusion der Versagungsgründe nicht möglich, da das vorrangig zu beachtende UNÜ das Aufhebungsverfahren nicht re-

---

[2063] Vgl. ausführlich zum ordre public Verständnis in der Schweiz, *Karrer/Imhoff-Scheier*, IPRax 1996, 282 ff.; *Schnyder/Dreifuss*, in FS Geimer, 965, 973 ff.

[2064] Vgl. BGE 117 II 606 f.; 126 III 249, 252. Strenger ist hingegen Art. 36 lit. f SchKonk. Er sieht die Rüge vor, ein Schiedsspruch sei willkürlich, weil er auf offensichtlich aktenwidrigen tatsächlichen Feststellungen beruhe oder eine offenbare Verletzung des Rechts oder der Billigkeit enthalte.

[2065] Vgl. *Schnyder/Dreifuss*, in FS Geimer, 965, 975, nach deren Angaben seit Inkrafttreten des IPRG keine ordre public Beschwerde wegen einer Verletzung des materiellrechtlichen ordre public Erfolg hatte.

gelt, aber das Vollstreckbarkeitsverfahren uneingeschränkt vorsieht[2066]. Danach hat eine Partei, die sich gegen die Vollstreckung eines Schiedsspruches wehren will, grundsätzlich die Wahl zwischen zwei Verteidigungsstrategien. Sie kann einerseits versuchen, die Aufhebung des Schiedsspruches im Erlassland zu bewirken, was zur Folge hat, dass der aufgehobene Schiedsspruch im Vollstreckungsland nicht mehr für vollstreckbar erklärt werden kann, da es nichts mehr gibt, was für vollstreckbar erklärt werden könnte[2067]. Im Vollstreckungsstaat muss sich die Partei aber noch darauf berufen, dass der Schiedsspruch im Erlassland aufgehoben sei oder seine Aufhebung dort betrieben werde[2068]. Als zweite Verteidigungsstrategie kann sich die Partei gegen eine drohende Vollstreckung wehren, indem sie den Schiedsspruch im Erlassland nicht angreift, sich aber im Vollstreckungsland gegen die Vollstreckung wehrt. Einem im Erlassland anerkannten Schiedsspruch kann nämlich im Vollstreckungsland immer noch die Vollstreckung versagt werden.

Der BGH hat diese grundsätzliche Freiheit bei der Wahl der Verteidigungsstrategie allerdings für die Ablehnung eines Schiedsrichters eingeschränkt. Nach der Rechtsprechung des BGH können im Verfahren der Anerkennung und Vollstreckung ausländischer Schiedssprüche unter dem Gesichtspunkt des ordre public – vor oder während des Schiedsverfahrens bekannt gewordene – Gründe für die Befangenheit eines Schiedsrichters nur dann geltend gemacht werden, wenn es der betroffenen Partei nicht möglich oder nicht zumutbar gewesen ist, die im Schiedsverfahren selbst oder vor den Gerichten des Erlassstaates bestehenden Rechtsschutzmöglichkeiten zu nutzen[2069]. Somit ist nicht auszuschließen, dass Gründe, die im Aufhebungsverfahren nicht geltend gemacht wurden, im Vollstreckungsverfahren präkludiert sind. Diese Sichtweise ist nicht zuletzt im Hinblick auf die Prozessökonomie sinnvoll.

IV. Ergebnis

- Der ordre public Vorbehalt kann sich als Achillesferse für die erfolgreiche Etablierung einer Sportschiedsgerichtsbarkeit darstellen, wenn er im Er-

---

2066 Vgl. BT-Drucks. 13/5274, S. 61.

2067 Vgl. *Lionnet/Lionnet*, S. 419; a.A. aber die französische Rechtsprechung im Hilmarton Fall und die US Rechtsprechung im Chromalloy Fall, siehe *Lionnet/Lionnet*, S. 111 ff.; ausführlich dazu *Weihnacht*, ZvglRWiss 98 (1999), 139 ff.

2068 Der bloße Antrag, einen Schiedsspruch vor dem nationalen Gericht im Erlassland aufzuheben, kann die Vollstreckung des Schiedsspruches hemmen. Art. V Abs. 1 lit. e UNÜ gibt Gerichten die Möglichkeit, die Anerkennung und Vollstreckung zu versagen, falls der Schiedsspruch für die Parteien noch nicht verbindlich geworden ist oder von einer zuständigen Behörde des Landes, in dem oder nach dessen Recht er ergangen ist, in seinen Wirkungen einstweilig gehemmt worden ist. Vgl. in der Schweiz BGE 110 1b 191, wonach dem Vollzug des Schiedsspruches trotz eines anhängigen Rechtsmittelverfahrens vor einem ausländischen Gericht stattgegeben werden kann.

2069 Vgl. BGH BB 2001, Beilage 6, 14 ff.

gebnis zu einer Rückverlagerung der Streitentscheidung auf die staatlichen Gerichte führt, da auf diese Weise die mit der Schiedsgerichtsbarkeit gewonnenen Vorteile verloren gingen.

- Das Verbot einer révision au fond verhindert grundsätzlich ein Wiederaufrollen der Streitigkeit im Rahmen der gerichtlichen Kontrolle eines Schiedsspruches, selbst wenn das Schiedsgericht sachlich falsch entschieden hat. Die vom Gesetzgeber zum Ausdruck gebrachte Gleichwertigkeit zwischen staatlicher Gerichtsbarkeit und Schiedsgerichtsbarkeit erfordert die Beachtung dieses Verbots einer révision au fond.
- Die Rechtsprechung zur Anerkennung und Vollstreckung von Schiedssprüchen in Deutschland sowie zur Aufhebung von internationalen Schiedssprüchen in der Schweiz lassen die Befürchtungen einer Rückverlagerung der Streitentscheidung in Sportstreitigkeiten auf die staatlichen Gerichte derzeit als unbegründet erscheinen.
- Schiedsrichterliche Rechtsbehelfe sind ebenso wie solche des staatlichen Kontrollverfahrens grundsätzlich auszuschöpfen, da ansonsten die Präklusion von Aufhebungsgründen droht.

Achtes Kapitel: Zusammenfassung der wesentlichen Ergebnisse

- Von Seiten des organisierten Sports wird zunehmend der Wunsch nach Einführung einer Sportschiedsgerichtsbarkeit geäußert. Dieser Wunsch wird in der Praxis vermehrt umgesetzt. Ob der Einsatz von Schiedsgerichten im organisierten Sport gegenüber der staatlichen Gerichtsbarkeit mehr Vor- als Nachteile bieten kann, hängt in erster Linie von der Typizität der sportrechtlichen Streitigkeiten ab. Auch wenn es den typischen Sportrechtsfall nicht gibt, finden sich doch einige charakteristische Kriterien. Dies sind die Internationalität des Sachverhalts, der umfassende Geltungsanspruch der Sportregelwerke, die von der pyramidalen und monopolistischen Struktur des organisierten Sports ausgehende Gefahr von Ungleichgewichtslagen, die Anwendung zwingenden staatlichen Rechts zum Schutz von Individualinteressen sowie die Notwendigkeit schnellen Rechtsschutzes. Verfahren vor staatlichen Gerichten weisen demgegenüber einige Defizite auf. Sowohl auf nationaler als auch auf internationaler Ebene steht der Einfluss des staatlichen Rechts mit dem umfassenden Geltungsanspruch der Sportregelwerke in einem Spannungsverhältnis. Nachteilig ist darüber hinaus die lange Verfahrensdauer vor staatlichen Gerichten. Ob nun die Schiedsgerichtsbarkeit eine bessere Alternative zur Beilegung von Sportstreitigkeiten sein kann, hängt von der konkreten Ausgestaltung des Schiedsverfahrens ab. Die der Schiedsgerichtsbarkeit zugrunde liegende Parteiautonomie gibt den Parteien nämlich nicht nur Chancen an die Hand, sondern birgt auch Gefahren.

- Die Parteiautonomie ist stets in einen rechtlichen Rahmen eingebettet. Dieser ergibt sich sowohl aus dem nationalen sowie dem zwischenstaatlichen Recht. Das deutsche Schiedsverfahrensrecht folgt dem Territorialitätsprinzip. Danach bildet das 10. Buch der ZPO den Rahmen des Schiedsverfahrens, wenn der Sitz des Schiedsgerichts in Deutschland ist. Der Sitz des Schiedsgerichts ist formal zu interpretieren. Er richtet sich nach der Vereinbarung der Parteien. Diese Sichtweise entspricht auch der Rechtslage in der Schweiz. Ein Unterschied des Schweizer Rechts zum deutschen Schiedsverfahrensrecht besteht jedoch darin, dass nicht das Territorialitätsprinzip alleine über den anwendbaren rechtlichen Rahmen des Schiedsverfahrens entscheidet. Das Schweizer Recht unterscheidet nämlich zusätzlich zwischen nationalen und internationalen Fällen, wobei Ersteres der Fall ist, wenn beide Schiedsparteien ihren Sitz im Innland haben. Für solche nationalen Sachverhalte kommt das Konkordat über die Schiedsgerichtsbarkeit zur Anwendung. Hat eine der Schiedsparteien hingegen ihren Sitz im Ausland gibt das wesentlich liberalere IPRG die rechtlichen Rahmenbedingungen vor. Nicht nur das jeweils anwendbare nationale Schiedsverfahrensrecht bildet den rechtlichen Rahmen der Schiedsgerichtsbarkeit, sondern auch einige Staatsverträge. Dazu zählen in erster Linie das New Yorker Übereinkommen von 1958 (UNÜ) und das europäische Übereinkommen über die Schiedsgerichtsbarkeit von 1961 (EÜ). Das UNÜ regelt die Teilbereiche der Anerkennung und Vollstreckung ausländischer Schiedssprüche sowie die Anerkennung von Schiedsvereinbarungen. Sein Anwendungsbereich ist im Hinblick auf beide Regelungsbereiche eröffnet, wenn der Sitz des Schiedsgerichts im Ausland liegt, wobei der Sitz nach ähnlichen Kriterien zu bestimmen ist wie im deutschen und schweizerischen Recht. Das EÜ hat im Vergleich zum UNÜ abgesehen von kleinen Überschneidungen im Bereich der Anerkennung von Schiedsvereinbarungen einen anderen Regelungsbereich. Auch richtet sich die Anwendbarkeit des UNÜ nicht nach dem Territorialitätsprinzip, sondern danach, ob die Schiedsparteien ihren gewöhnlichen Aufenthalt oder Sitz in verschiedenen Vertragsstaaten haben. Aufgrund der geringen Überschneidungen der Regelungsbereiche ist das Konkurrenzverhältnis zwischen den beiden Staatsverträge wenig problematisch. Im Verhältnis zum nationalen Recht gehen die Staatsverträge vor. Sie enthalten jedoch beide Öffnungsklauseln, die dem nationalen Schiedsverfahrensrecht den Vorrang einräumen, soweit dies liberaler ist.

- In der Sportpraxis sind im Wesentlichen drei verschiedene Wege anzutreffen, wie sich die Parteien der schiedsrichterlichen Streitbeilegung unterwerfen. Der erste Weg besteht darin, dass das Verbandsregelwerk eine Schiedsklausel enthält und sich der Sportler mitgliedschaftlich dem

Verbandsregelwerk unterwirft. Sportler und Verband können aber auch einen Regelanerkennungsvertrag schließen, in dem eine Schiedsklausel enthalten ist. Schließlich kann sich der Sportler über einen Regelanerkennungsvertrag dem Verbandsregelwerk unterwerfen, das seinerseits eine Schiedsklausel enthält. Abhängig von der Art der Unterwerfung, müssen unterschiedliche Wirksamkeitsvoraussetzungen eingehalten werden.

- Für isolierte vertragliche Schiedsvereinbarungen sowie Schiedsklauseln in Regelanerkennungsverträgen kommen die Wirksamkeitsvoraussetzungen der §§ 1029 ff. ZPO zur Anwendung. Zu den besonderen Wirksamkeitsvoraussetzungen der Schiedsvereinbarung zählen der Mindestinhalt der Schiedsvereinbarung, die subjektive und objektive Schiedsfähigkeit sowie die Form der Schiedsvereinbarung.

- Aus der Schiedsvereinbarung muss mindestens hervorgehen, dass die Parteien einen Dritten mit der Streitbeilegung unter Ausschluss der staatlichen Gerichte beauftragen. Zudem müssen die übertragenen Rechtsstreitigkeiten hinreichend bestimmbar sein. Hinreichend bestimmbar ist etwa die Übertragung der aus einem Regelanerkennungsvertrag entstehenden Streitigkeiten.

- Die subjektive Schiedsfähigkeit meint die Fähigkeit eine Schiedsvereinbarung abschließen zu können. Sie ist regelmäßig unproblematisch. Lediglich im Falle eines minderjährigen Sportlers ist die Einwilligung der Eltern erforderlich.

- Grundsätzlich sind nach deutschem Recht alle vermögensrechtlichen Ansprüche objektiv schiedsfähig. Nicht vermögensrechtliche Ansprüche sind zudem dann schiedsfähig, wenn die Parteien berechtigt sind, über den Streitgegenstand einen Vergleich zu schließen (§ 1030 Abs. 1 ZPO). Ausnahmsweise behält sich der Gesetzgeber für besonders sensible Rechtsbereiche ein Rechtsprechungsmonopol vor (§ 1030 Abs. 2 und Abs. 3 ZPO). Dazu zählten lange Zeit kartellrechtliche Streitigkeiten. Nach § 91 Abs. 1 GWB a.F. waren Schiedsvereinbarungen aus bestimmten wettbewerbsbeschränkenden Verträgen oder aus Ansprüchen i.S.d. § 35 GWB a.F. nichtig, wenn sie den Parteien nicht das Recht einräumten, zwischen einem Schiedsgericht und einem Verfahren vor dem ordentlichen Gericht zu wählen. Diese Regelung war geeignet, den Einsatz von Schiedsgerichten im organisierten Sport einzuschränken, da staatliche Gerichte angesichts der monopolistischen Strukturen im organisierten Sport im Rahmen von Sportstreitigkeiten u.a. auch das Kartellrecht als Prüfungsmaßstab herangezogen haben. Zusammen mit der Neuregelung des Schiedsverfahrensrechts ist der § 91 GWB a.F. ersatzlos gestrichen worden, womit sich die Einsatzmöglichkeiten von Schiedsgerichten im organisierten Sport erheblich erweitert haben.

Ein weiterer sensibler Rechtsbereich, in dem der Gesetzgeber die Einsatzmöglichkeiten von Schiedsgerichten erheblich eingeschränkt hat, sind arbeitsrechtliche Streitigkeiten. Handelt es sich um eine arbeitsrechtliche Streitigkeit i.S.d. § 4 ArbGG finden nach § 101 Abs. 3 ArbGG die §§ 1025 ff. ZPO keine Anwendung. Nur wenn der Arbeitnehmer einerseits einem eng begrenzten Personenkreis angehört und andererseits eine tarifliche Öffnungsklausel besteht, können diese Streitigkeiten schiedsrichterlich entschieden werden. Da diese persönlichen und sachlichen Voraussetzungen für eine arbeitsrechtliche Schiedsgerichtsbarkeit im organisierten Sport fehlen, sind den Einsatzmöglichkeiten von Schiedsgerichten im organisierten Sport Grenzen gesetzt. Handelt es sich bei dem Sportler um einen Arbeitnehmer, können arbeitsrechtliche Streitigkeiten im Verhältnis zum Arbeitgeber gem. § 101 ArbGG nicht schiedsrichterlich entschieden werden. Arbeitgeber im organisierten Sport ist grundsätzlich nur der den Sportler anstellende Verein oder der in anderer Rechtsform organisierte Sportclub. Regelmäßig kein Arbeitgeber ist hingegen der Sportverband. Auch wenn dieser in das Rechtsverhältnis zwischen Sportler und Verein einwirken kann, kommt ihm deshalb noch keine (Teil-)Arbeitgeberstellung zu, noch rechtfertigt es eine entsprechende Anwendung des § 101 ArbGG.

Außerhalb dieser sensiblen Rechtsbereiche kommt die Grundregel des § 1030 Abs. 1 ZPO zur Anwendung. Schiedsfähig sind danach zunächst vermögensrechtliche Streitigkeiten, wovon im organisierten Sport regelmäßig schon bei einer geringen Kommerzialisierung der betreffenden Sportart auszugehen ist. Berührt eine Streitigkeit hingegen ausnahmsweise nur den privaten Bereich eines Sportlers, handelt es sich um eine nicht vermögensrechtliche Streitigkeit. Aber auch diese Streitigkeiten sind objektiv schiedsfähig, wenn die Parteien berechtigt sind einen Vergleich darüber zu schließen. Diese Vergleichsberechtigung besteht für alle Streitigkeiten im organisierten Sport, selbst wenn es sich um Streitigkeiten im Zusammenhang mit Disziplinarmaßnahmen handelt.

- Zu den besonderen Wirksamkeitsvoraussetzungen der Schiedsvereinbarung zählen auch die Formanforderungen des § 1031 ZPO. Die Vorschrift differenziert im Hinblick auf die zu beachtende Form danach, ob ein Verbraucher an der Schiedsvereinbarung beteiligt ist. Ist dies der Fall müssen die strengen Anforderungen des § 1031 Abs. 5 ZPO beachtet werden. Für die Einordnung unter den Verbraucherbegriff kommt es darauf an, ob das der Schiedsvereinbarung zugrunde liegende Rechtsgeschäft privaten Zwecken dient. Währen der Sportler einer nicht kommerzialisierten Mannschaftssportart diese Verbrauchereigenschaft erfüllen könnte, wird die Grenze zum Unternehmer in kommerzialisieren Individualsportarten früh überschritten sein, da es auf den Umfang der Tätigkeit für den Unternehmerbegriff nicht ankommt. Ob die strenge Formvorschrift des §

1031 Abs. 5 ZPO im Rahmen von Schiedsvereinbarungen im organisierten Sport zu beachten ist, kann daher nicht pauschal beantwortet werden, sondern ist eine Frage des Einzelfalls. Eine Differenzierung zwischen Schiedsvereinbarungen mit und ohne Verbraucherbeteiligung kennt die Formvorschrift des UNÜ (Art. 2 Abs. 2 UNÜ) nicht. Hier gelten einheitliche Formanforderungen für sämtliche Schiedsvereinbarungen. Diese sind im Vergleich zur Verbrauchervorschrift des § 1031 Abs. 5 ZPO liberaler, im Vergleich zu den § 1031 Abs. 2 und Abs. 4 ZPO teilweise auch strenger.

- Da eine Schiedsvereinbarung mit einem teilweisen Verzicht auf den Justizgewährungsanspruch verbunden ist, muss sie freiwillig erfolgen. Eine materielle Wirksamkeitsvoraussetzung der Schiedsvereinbarung ist mithin ihre Freiwilligkeit. Aufgrund der zwischen Sportverband und Sportler bestehenden Ungleichgewichtslage ist diese vielfach gestört. Dann aber müssen nach der Rechtssprechung des Bundesverfassungsgerichts Mechanismen eingreifen, um die Freiwilligkeit des Einzelnen zu schützen. Diesen Schutz kann die Formvorschrift des § 1031 ZPO nicht bewirken. Ein Schutzmechanismus muss vielmehr auf materieller Ebene ansetzen. Das alte Schiedsverfahrensrecht sah in § 1025 Abs. 2 ZPO a.F. vor, dass Schiedsvereinbarungen unwirksam sind, wenn eine Partei ihre wirtschaftliche oder soziale Überlegenheit ausnutzt, den anderen zum Abschluss einer Schiedsvereinbarung zu nötigen. Obwohl § 1025 Abs. 2 ZPO durch das Schiedsverfahrensneuregelungsgesetz ersatzlos gestrichen wurde, bedeutet das nicht, dass die Freiwilligkeit beim Abschluss der Schiedsvereinbarung nicht mehr geschützt wird. Ansatzpunkte für den notwendigen Schutz sind nun im Verbraucherschutzrecht, dem AGB-Schutz sowie dem § 138 BGB zu finden. Dort sind jeweils im Rahmen einer Abwägung das Interesse an der Schiedsgerichtsbarkeit auf der einen Seite und der Verzicht auf staatlichen Rechtsschutz auf der anderen Seite gegenüberzustellen. Dabei ist insbesondere zu berücksichtigen, dass der Sportverband ein achtenswertes Interesse an einem flächendeckenden Einsatz der Schiedsgerichtsbarkeit hat, da nur auf diese Weise eine einheitliche Durchsetzung der Sportregelwerke möglich ist. Eine ähnlich differenzierte Sichtweise besteht auch im Schweizer Recht.

- Satzungsmäßige Schiedsklauseln gehören zu den nicht auf Vereinbarung beruhenden Verfügungen i.S.d. § 1066 ZPO. Die Abgrenzung zum Anwendungsbereich des § 1029 ZPO richtet sich nach der Art und Weise, wie die Schiedsgerichtszuständigkeit für die Parteien begründet werden kann. Auf der einen Seite steht die Begründung der Schiedsgerichtsbarkeit mittels einer individuellen Zustimmung der Parteien gem. § 1029 ZPO, auf der anderen Seite steht eine Bindung der Parteien ohne deren individuelle Zustimmung, die unter den Anwendungsbereich des § 1066 ZPO fällt. Da die satzungsmäßige Schiedsklausel gegen jedes Vereinsmitglied, d.h. ohne dessen individuelle Unterwerfung wirkt, steht sie dem gesetzlichen Leitbild des § 1066 ZPO näher als § 1029 ZPO. Sie ist daher zusammen mit der h.M. unter § 1066 ZPO zu subsumieren. Die Wirksamkeit satzungsmäßiger Schiedsklauseln ist am Merkmal in gesetzlich statthafter Weise anzuknüpfen und richtet sich nach vereinsrechtlichen Grundsätzen sowie nach den besonderen Voraussetzungen der §§ 1029 ff. ZPO. Eine Ausnahme gilt in Bezug auf die Formvorschrift des § 1031 ZPO, da sie auf individualvertragliche Schiedsvereinbarungen zugeschnitten ist. Grundsätzlich stellen die vereinsrechtlichen Anforderungen an die Satzung, wie etwa das Erfordernis wesentliche Entscheidungen in ihr aufnehmen zu müssen und zum Register anzumelden, sicher, dass die Vereinsmitglieder die Möglichkeit haben, die Schiedsklausel zur Kenntnis zu nehmen und mithin eine bewusste Entscheidung zu treffen. Gleiches bewirken die grundsätzlich im Vorfeld einer Satzungsänderung dem Verein obliegenden Informationspflichten. Einer systemwidrigen entsprechenden Anwendung der für vertragliche Schiedsvereinbarungen geltenden Formanforderungen bedarf es zur Sicherstellung des Schutzes der Vereinsmitglieder daher nicht. Die Freiwilligkeit der Mitgliedschaft sichert die freiwillige Entscheidung der Mitglieder für eine satzungsmäßige Schiedsklausel ab. Sie ermöglicht es, einem Verein, dessen Satzung eine Schiedsklausel enthält, erst gar nicht beizutreten und sich einer nachträglich eingeführten Schiedsklausel durch Austritt zu entziehen. Ist der grundsätzlich zwischen Verein und Mitglied bestehende Selbstregulierungsmechanismus gestört, ist er auf vereinsrechtlichem Wege zu korrigieren. Die dabei ausschlaggebenden Frage, ob die Sportvereinigung die Teilnahme am Sportgeschehen von der Unterwerfung der Sportler unter die Schiedsgerichtsbarkeit abhängig machen kann, ist nicht generell zu beantworten, sondern, wie auch bei den vertraglichen Schiedsvereinbarungen i.S.d. § 1029 ZPO, mittels einer Abwägung zwischen den Interessen der Sportvereinigung nach schiedsrichterlicher Streitbeilegung und dem teilweisen Verzicht des Sportlers auf den staatlichen Rechtsschutz. Anknüpfungspunkt für diese Interessenabwägung sind die §§ 138, 242 BGB.

Zwischen §§ 1029 ff. ZPO und § 1066 ZPO bewegen sich Regelanerkennungsverträge, die selbst keine Schiedsklausel enthalten, sondern auf das Regelwerk eines Verbandes verweisen, das selbst eine Schiedsklausel enthält. Da sich die Wege der Unterwerfung – vertraglicher Beitritt oder Regelanerkennungsvertrag – und die Wirkungsweise der satzungsmäßigen Schiedsklausel gegenüber allen mitgliedschaftlich- und mitgliedschaftsähnlich gebunden Sportlern unabhängig von deren individuellen Zustimmung nicht wesentlich unterscheiden, fallen derartige Vereinbarungen unter § 1066 ZPO. Zu den Wirksamkeitsvoraussetzungen derartiger Vereinbarungen gehören weder die Anforderungen des § 1031 ZPO noch die Anforderungen an die Einbeziehung von AGBs, da diese Schutzmechanismen auf individualvertragliche Austauschverhältnisse zugeschnitten sind.

Die bewusste Entscheidung wird durch das Gebot der zumutbaren Möglichkeit der Kenntnisnahme der Regelwerke geschützt. Wann dies der Fall ist, richtet sich nach den Umständen des Einzelfalls, wobei insbesondere die Üblichkeit von Schiedsklauseln in Verbandsregelwerken und die Geschäftserfahrenheit des Sportlers zu berücksichtigen ist. Anknüpfungspunkt für den Schutz der Freiwilligkeit der Unterwerfung unter ein Schiedsgericht sind die §§ 138, 242 BGB. Dabei sind die der Einführung der Schiedsgerichtsbarkeit zugrunde liegende Motivation des Verbandes gegenüber dem teilweisen Verzicht der Sportler auf den gesetzlichen Richter abzuwägen. Dies entspricht im Ergebnis der Rechtsprechung in der Schweiz zu Art. 178 IPRG. Auch dort hat sich die Ansicht durchgesetzt, den Schwerpunkt der Bezugnahmeproblematik als Frage der materiellen Einigung unter Berücksichtigung der Umstände des Einzelfalls zu bewerten, wobei im Wesentlichen die Geschäftserfahrenheit der Sportler und die Branchenüblichkeit der Schiedsvereinbarungen zu berücksichtigen sind. Auch im Anwendungsbereich des Art. II Abs. 2 UNÜ ist eine allgemeine Bezugnahme auf das eine Schiedsklausel enthaltende Sportverbandsregelwerk formwirksam möglich. Maßgeblich ist auch hier das Kriterium der zumutbaren Möglichkeit der Kenntnisnahme. Wann sie vorliegt, ist durch eine wertende Betrachtung unter besonderer Berücksichtigung der Umstände des Einzelfalls zu ermitteln. Das Abstellen auf die Umstände des Einzelfalls steht mit der mit einer Formvorschrift bezweckten Rechtssicherheit in einem Spannungsverhältnis. Die Auflösung des Spannungsverhältnisses kann durch die Bildung von Fallgruppen geschehen.

Die Parteiautonomie erlaubt es den Parteien, das Schiedsgericht den Anforderungen der Sportbranche anzupassen. Für die Beilegung von Sportstreitigkeiten im organisierten Sport eignet sich ein institutionelles oder administriertes Schiedsgericht. Dies ermöglicht ein straffes Verfahren und eine bessere Vorhersehbarkeit der Rechtsprechung. Im Hinblick auf parteiautonome Ausgestaltung des Schiedsgerichts sind den Parteien auch Grenzen gesetzt. Unabdingbare Voraussetzung für eine materielle Rechtsprechung ist, dass diese von einem unabhängigen Dritten ausgeübt wird. Um diese Anforderungen zu gewährleisten sieht das Schiedsverfahrensrecht zunächst §§ 1036, 1037 ZPO vor. Zudem müssen die Parteien gem. § 1034 Abs. 2 ZPO den gleichen Einfluss auf die Bildung des Schiedsgerichts haben. Problematisch im Hinblick auf diesen Gleichbehandlungsgrundsatz sind geschlossene Schiedsrichterlisten, bei denen den Sportverbänden ein mittelbarer Vorteil bei der Ernennung der Schiedsrichter zukommt. Hier ist nicht auszuschließen, dass das Schiedsgericht nach einem entsprechenden Antrag einer Partei i.S.d. § 1034 Abs. 2 ZPO abweichend bestellt wird. Die Anforderungen an eine überparteiliche und unabhängige Rechtsprechung gilt nicht nur für die individuellen Schiedsrichter, sondern auch für die Organe der Schiedsorganisation bzw. die Schiedsorganisation selbst, da die Organe der Schiedsinstitution vielfältige Aufgaben im Laufe eines Schiedsverfahrens wahrnehmen, die von der Rechtssprechungstätigkeit des Schiedsgerichts nicht abgegrenzt werden können. Eine Differenzierung zwischen administrierenden und jurisdiktionellen Tätigkeiten ist aufgrund der fließenden Übergänge nicht möglich.

Einem Schiedsgericht kann die Befugnis übertragen werden, Verbandsstrafen zu verhängen. Aus dem Schiedsverfahrensrecht ergeben sich keinerlei Einwände gegen eine solche Befugnis. Das Schiedsverfahrensrecht spricht vielmehr dafür, dass auch in Bezug auf die Befugnisse des Schiedsgerichts der im Grundsatz die Parteiautonomie gilt. Im Hinblick auf die Grundrechtsrelevanz von Disziplinarmaßnahmen ist jedoch erforderlich, dass das Schiedsgericht in der Lage sein muss, den Vorwurf in tatsächlicher Hinsicht vollumfänglich zu überprüfen. Da ein Schiedsgericht sowohl nach altem auch als nach neuem Schiedsverfahrensrecht von sich aus Beweise erheben kann, ergibt sich aus der Grundrechtsrelevanz von Disziplinarmaßnahmen keine Einschränkung der Parteiautonomie. Schließlich ergeben sich auch aus dem Vereinsrecht keine Beschränkungen. Zwar darf sich ein Verein keinem maßgeblichen Dritteinfluss aussetzen, jedoch liegt es in der Autonomie der Sportverbände die eigene Sportgerichtsbarkeit zu organisieren und sogar auf verbandsfremde Institutionen zu übertragen, soweit damit keine Nachteile für die der Ordnungsgewalt Unterworfenen verbunden sind. Dann kann der Ausspruch von Verbandsstrafen auch auf ein Schiedsgericht übertragen werden.

Maßgebliches Kriterien für die Abgrenzung von Vereins- und Verbandsgerichten und echten Schiedsgerichten ist der in der Vereinbarung zum Ausdruck kommende Wille der Parteien, das staatliche Gericht zu ersetzen. Die Befugnisse des Spruchkörpers sind ebenso wenig entscheidend wie die Unabhängigkeit und Unparteilichkeit des Spruchkörpers. Soweit das deutsche Schiedsverfahrensrecht nämlich Rechtsbehelfe bereithält, um Mängel an Unabhängigkeit und Unparteilichkeit des Spruchkörpers zu beheben, können diese Mängel nicht zu den Wesensmerkmalen der Schiedsgerichtsbarkeit zählen.

Viele Rechtsstreitigkeiten werden im Sportbereich bereits durch den vorläufigen Rechtsschutz endgültig entschieden. Grundsätzlich besteht eine Parallelkompetenz zum Erlass einstweiliger Maßnahmen des staatlichen Gerichts und des Schiedsgerichts. Diese Parallelkompetenz kann dem Sinn und Zweck des Einsatzes von Schiedsgerichten im Sport – die einheitliche Durchsetzung der Regelwerke – zuwiderlaufen. Obwohl der einstweilige Rechtsschutz zum Wesensgehalt des verfassungsmäßig garantierten effektiven Rechtsschutzes dient, kann er durch eine entsprechende Vereinbarung beschnitten werden, da das Gebot nach effektivem Rechtsschutz im Bereich des Zivilrechts in erster Linie der persönlichen Entfaltungsfreiheit des Einzelnen dient. Dabei kommt es in erster Linie auf die Schwere des Verzichts an, die von der konkreten Ausgestaltung des schiedsrichterlichen einstweiligen Rechtsschutzes abhängt. Ist der Verzicht im Einzelfall als nicht schwerwiegend zu bewerten, ist eine Ausschlussvereinbarung im Hinblick auf den staatlichen einstweiligen Rechtsschutz zulässig. Für eine solche Ausschlussvereinbarung gelten grundsätzlich die gleichen Wirksamkeitsvoraussetzungen wie für den Abschluss der Schiedsvereinbarung.

- Auch bei der Gestaltung des Schiedsverfahrens haben die Parteien die Möglichkeit das Verfahren den Anforderungen der Sportbranche anzupassen. Dies kann sich insbesondere positiv auf die Schnelligkeit sowie die Vertraulichkeit der Streitbeilegung auswirken. Aber auch hier sind den Parteien durch eine Reihe unverzichtbarer Grundsätze Grenzen gesetzt. Dies sind der Gleichbehandlungsgrundsatz, der Grundsatz des rechtlichen Gehörs sowie das Recht, sich durch einen Anwalt vertreten zu lassen. Darüber hinaus halten sowohl das Schiedsverfahrensrecht als auch das materielle Recht Schutzmechanismen für Parteien in Ungleichgewichtslagen im Hinblick auf nachteilige Verfahrensregeln bereit. Ansatzpunkte hierfür sind die verbraucherrechtliche Inhaltskontrolle, die AGB-Inhaltskontrolle sowie eine Inhaltskontrolle nach den §§ 138, 242 BGB. Eine Ausnahme besteht jedoch im Bereich des § 1034 Abs. 2 Satz 2 ZPO. Danach hat eine benachteiligte Partei grundsätzlich nur die Möglichkeit binnen zwei Wochen nach Bekanntgabe der Besetzung des Schiedsgerichts eine hiervon abweichende Besetzung zu beantragen. Nur im Verhältnis zwischen Unternehmer und Verbraucher greift nach dem Ablauf der Frist zum Schutz des Verbrauchers die Inhaltskontrolle am Maßstab der §§ 310 Abs. 3, 307 ff. BGB, die zur Unwirksamkeit der benachteiligenden Verfahrensregel führen kann. Bei der Ermittlung, ob eine Verfahrensregelung nachteilig für eine Partei ist, ist nicht nur die in Frage stehende Regelung isoliert zu betrachten, sondern im Einzelfall in der Zusammenschau mit dem gesamten Vertragsregelwerk.

- Mehrparteienkonstellationen sind im organisierten Sport häufig anzutreffen. Dabei lassen sich zwei Fallkonstellationen unterscheiden. Zu der horizontalen Mehrparteilichkeit gehören solche Streitigkeiten, in denen aufgrund der im Sport typischen Konkurrenzsituation eine Entscheidung zugunsten bzw. zu Lasten eines Sportlers immer auch einen Mitbewerber tangiert. Zur vertikalen Mehrparteilichkeit zählen Fälle, in denen Verbände auf unterschiedlicher Hirarchiestufe jeweils für sich eine Regelungs- oder Sanktionsbefugnis gegenüber dem Sportler für sich beanspruchen. Um diese komplexen Konstellationen für alle Beteiligten einheitlich beizulegen, bedarf es im Rahmen der Schiedsgerichtsbarkeit einer entsprechenden Legitimationsgrundlage. Diese kann in einer ausdrücklichen oder stillschweigenden Mehrparteienschiedsvereinbarung liegen. Bei der Ermittlung, ob eine stillschweigende Mehrparteienschiedsvereinbarung vorliegt, ist insbesondere die Struktur des Hauptvertrages, auf den sich die Schiedsvereinbarung bezieht, heranzuziehen. Dies ist trotz der grundsätzlichen Trennung von Schiedsvereinbarung und Hauptvertrag möglich, da diese sich nur auf die Wirksamkeit der jeweiligen Regelung bezieht und nicht auf deren Auslegung. Weitere Indizien für das Vorliegen einer stillschweigenden Mehrparteienschiedsvereinbarung sind die Notwendigkeit einer einheitlichen Entscheidung gegenüber allen Beteiligten sowie die

Vereinbarkeit der Verfahrensvereinbarungen. Unter Berücksichtigung dieser Kriterien liegt eine stillschweigende Mehrparteienschiedsvereinbarung in den Fällen der horizontalen Mehrparteilichkeit eher vor als in den Fällen der vertikalen Mehrparteilichkeit.

Bei der Bildung des Schiedsgerichts in der Mehrparteinkonstellation ist der Grundsatz der Waffengleichheit der Parteien zu berücksichtigen. Nur dieser hat im Gesetz einen Niederschlag gefunden. Den Grundsatz der Parteien auf die Bestellung eines eigenen Schiedsrichters hingegen gibt es nicht. Der Grundsatz der Waffengleichheit dient nicht dazu, allen Beteiligten den gleichen Einfluss auf die Bildung des Schiedsgerichts zu geben, sondern vielmehr die sachliche Unabhängigkeit des Spruchkörpers zu gewährleisten. Daher spricht der Grundsatz der Waffengleichheit nicht dagegen, wenn auf der Kläger- oder auf der Beklagtenseite eine Mehrheit von Parteien einen Schiedsrichter zu benennen hat. Dies gilt jedoch nur, soweit die Parteien, die einen Schiedsrichter gemeinsam bestellen müssen, gleichgerichtete Interessen haben. Anderenfalls müssen sämtliche Schiedsrichter von einem Dritten bestimmt werden.

Im Schiedsverfahren ist es grundsätzlich möglich über die Reichweite der materiellen Rechtskraft eines Schiedsspruches zu disponieren. Sollen die Parteien in der Mehrparteienkonstellation an den Ausgang des Verfahrens gebunden werden, muss das Verfahren einige Voraussetzungen erfüllen. Es muss sichergestellt werden, dass in parallelen Verfahren nicht unterschiedliche Entscheidungen ergehen. Darüber hinaus muss gewährleistet sein, dass den an die Entscheidung gebundenen Beteiligten rechtliches Gehör eingeräumt wird. Im Hinblick darauf müssen die in der ZPO vorgesehenen Beteiligungsformen nicht auf das Schiedsverfahren übertragen werden. Vorzugswürdig ist vielmehr das Modell der Beteiligung im Verwaltungsverfahren nach der VwGO, da sie gegenüber den in der ZPO vorgesehenen Beteiligungsformen wesentlich flexibler ist und zugleich den Gehörsgrundsatz vollumfänglich zur Geltung verhilft.

- Zur Sicherstellung einer einheitlichen Durchsetzung der Sportregelwerke können die Parteien dem Schiedsgericht aufgeben, die Streitigkeit nach der „lex sportiva“ zu entscheiden. Damit verbunden ist jedoch nicht jegliche Lösung von staatlichem Recht. Das Schiedsgericht bleibt an die zum materiellen ordre public zählenden Rechtsnormen gebunden.

- Der ordre public Vorbehalt kann sich als Achillesferse für die erfolgreiche Etablierung einer Sportschiedsgerichtsbarkeit darstellen, wenn er im Ergebnis zu einer Rückverlagerung der Streitentscheidung auf die staatlichen Gerichte führt, da auf diese Weise die mit der Schiedsgerichtsbarkeit gewonnenen Vorteile verloren gingen. Das Verbot einer révision au fond verhindert grundsätzlich ein Wiederaufrollen der Streitigkeit im Rahmen der gerichtlichen Kontrolle eines Schiedsspruches, selbst wenn das

Schiedsgericht sachlich falsch entschieden hat. Die vom Gesetzgeber zum Ausdruck gebrachte Gleichwertigkeit zwischen staatlicher Gerichtsbarkeit und Schiedsgerichtsbarkeit erfordert die Beachtung dieses Verbots einer révision au fond.

Literaturverzeichnis

Adolphsen, Jens	Internationale Dopingstrafen, Tübingen 2003.
Ders.	Grundfragen und Perspektiven der Sportschiedsgerichtsbarkeit, SchiedsVZ 2004, 169 ff.
Ders.	Anforderungen an Dopingstrafen nationaler Sportverbände, SpuRt 2000, S. 97 ff.
Ders.	Zuständigkeit und anwendbares Recht bei Verfahren gegen nationale und internationale Sportverbände, IPrax 2000, S. 81 ff.
Ahlers, Dieter	Zur Gestaltung von Vereinbarungen für das schiedsrichterliche Verfahren, AnwBl. 1999, S. 308 ff.
Anbuhl, Günther	Außervertragliche Schiedsgerichtsanordnung (§ 1048 ZPO), Würzburg 1952.
Arens, Wolfgang	„Der deutsche Bosmann"; Anmerkung zum Kienas-Urteil des Bundesarbeitsgerichts, SpuRt 1997, S. 126 ff.
Arens, Wolfgang/Jaques, Chris	Rechtliche Überlegungen der zu § 11 der Spielerverträge im Berufsfußball, SpuRt 1997, S. 41 ff.
Arens, Wolfgang/Scheffler, Andreas	Der Fußballsport, in Arbeitsrecht-Blattei, 74. Ergänzungslieferung, Wiesbaden 2000, SD 1480.2.
Autexier, Christian	Sportrecht in Frankreich, in: Michael R. Will (Hrsg.), Sportrecht in Europa, Recht und Sport Band 11, Heidelberg 1993, S. 11 ff.
Bach, Thomas	Der Dopingfall Harry „Butch" Reynolds. Plädoyer für eine internationale Sportschiedsgerichtsbarkeit, SpuRt 1995, S. 142 ff.
Baecker, Wolfgang	Grenzen der Vereinsautonomie im deutschen Sportverbandswesen, Berlin 1985.
Bäune, Stefan	Kapitalgesellschaften im bundesdeutschen Lizenzfußball, Aachen 2001.
Bandel, Stefan	Einstweiliger Rechtsschutz im Schiedsverfahren, München 2000.
Barz, Hans	Das Klagerücknahmeversprechen, Mannheim/Berlin/Leipzig 1933.

Baumann, Dieter Lebenslauf, Stuttgart/München 2002.

Baumbach, Adolf /Lauterbach, Wolfgang/Albers, Jan/Hartmann, Peter Zivilprozessordnung, 60. Auflage, München 2002.

Baur, Fritz Neuere Probleme der privaten Schiedsgerichtsbarkeit, Schriftenreihe der Juristischen Gesellschaft e.V., Heft 61, Berlin/New York 1980 (zit.: Neuere Probleme).

Ders. Gerichtliches Verfahren in Kartellsachen, ZZP 72 (1959), S. 3 ff.

Becker, Ulrich Basketball-Transferregelungen und gemeinschaftsrechtliche Freizügigkeit - Lehtonen, RIW 2000, S. 552 ff.

Berger, Klaus Peter Internationale Wirtschaftsschiedsgerichtsbarkeit, Berlin/New York 1992

Ders. Das neue Recht der Schiedsgerichtsbarkeit – The New German Arbitration Law, Köln 1998 (zit.: Neues Recht der Schiedsgerichtsbarkeit)

Ders. Neues Schiedsverfahrensrecht in der Praxis, RIW 2001, S. 7 ff.

Ders. Das neue deutsche Schiedsverfahrensrecht, DZWiR 1998, S. 45 ff.

Ders. Aufgaben und Grenzen der Parteiautonomie in der internationalen Wirtschaftsschiedsgerichtsbarkeit, RIW 1994, S. 12 ff.

Ders. Schiedsrichterbestellung in Mehrparteienschiedsverfahren, Der Fall „Ducto Construction" vor französischen Gerichten, RIW 1993, S. 702 ff.

Ders. „Sitz des Schiedsgerichts" oder „Sitz des Schiedsverfahrens"?, RIW 1993, S. 8 ff.

Berger, Christian GmbH-rechtliche Beschlussmängelstreitigkeiten vor Schiedsgerichten, ZHR 164 (2000), S. 295 ff.

Blomeyer, Karl Betrachtungen über die Schiedsgerichtsbarkeit, in: Festgabe zum 70. Geburtstag von Leo Rosenberg, München/Berlin 1949, S. 51 ff.

Blum, Verena/Ebeling, Stephan Dynamische Verweisungen im Arbeits- und Verbandsrecht, in: Sportler, Arbeit und Statuten, Festschrift für Herbert Fenn zum 65. Geburtstag, Berlin 2000, S. 85 ff.

Bodmer, Hans Vereinsstrafe und Verbandsgerichtsbarkeit: dargestellt am Beispiel des Schweizer Fußballverbandes, St. Gallen 1989.

Böckenförde, Ernst-Wolfgang Grundrechtstheorie und Grundrechtsinterpretation, NJW 1974, S. 1529 ff.

Böckstiegel, Karl-Heinz Schlichten statt Richten, DRiZ 1996, S. 267 ff.

Ders. Zur Bedeutung des Iran-United States Claims Tribunal für die Entwicklung des internationalen Rechts, in: Festschrift der Rechtswissenschaftlichen Fakultät zur 600-Jahr-Feier der Universität Köln, Köln/Berlin/Bonn/München 1988, S. 605 ff.

Ders. Das UNCITRAL-Modell-Gesetz für die internationale Wirtschaftschiedsgerichtsbarkeit, RIW 1984, S. 670 ff.

Ders. Die neue Schiedsgerichtsordnung der Internationalen Handelskammer, NJW 1977, S. 463 ff.

Bösch, Axel Einstweiliger Rechtsschutz in der internationalen Handelsschiedsgerichtsbarkeit, Frankfurt a.M./Bern/New York/Paris 1989.

Bork, Reinhard Zur Schiedsfähigkeit von Beschlussmängelstreitigkeiten, ZHR 160 (1996), S. 377 ff.

Bosch, Wolfgang Rechtskraft und Rechtshängigkeit im Schiedsverfahren, Tübingen 1991.

Ders. Anfechtung von Gesellschafterbeschlüssen in der GmbH vor dem Schiedsgericht, WiB 1996, S. 718 ff.

Bredow, Günther M. Die Zukunft der Schiedsklausel für GmbH-Beschlussmängelklagen, DStR 1996, S. 1653 ff.

Brinkmann, Gisbert Schiedsgerichtsbarkeit und Maßnahmen des einstweiligen Rechtsschutzes, Berlin 1977.

Von Brunn, Johann Heinrich Zur Nachprüfbarkeit von Schiedssprüchen, NJW 1969, S. 823 ff.

Buchberger, Markus	Die Überprüfbarkeit sportverbandsrechtlicher Entscheidungen durch die ordentliche Gerichtsbarkeit: ein Vergleich der Rechtslage in der Bundesrepublik Deutschland und den Vereinigten Staaten von Amerika, Berlin 1999.
Bucher, Andreas	Die neue internationale Schiedsgerichtsbarkeit in der Schweiz, Basel/Frankfurt a.M. 1989.
Bucher, Eugen	Zur Unabhängigkeit des Parteiernannten Schiedsrichters, in: Festgabe zum 65. Geburtstag von Max Kummer, Bern 1980, S. 599 ff.
Buchner, Herbert	Die Rechtsverhältnisse im deutschen Lizenzfußball, RdA 1982, S. 1 ff.
Ders.	Die Rechtstellung des Lizenzspielers, NJW 1976, S. 2242 ff.
Bülow, Oskar	Dispositives Civilprozessrecht und die verbindliche Kraft der Rechtsordnung, AcP 64 (1881), S. 1 ff.
Calavros, Constantin	Das UNCITRAL-Modellgesetz über die internationale Handelsschiedsgerichtsbarkeit, Bielefeld 1988.
CAS/TAS (Hrsg.)	CAS Awards – Sydney 2000, Lausanne 2000.
Cristofaro, Marcello De	Sportrecht in Italien, in: Michael R. Will (Hrsg.), Sportrecht in Europa, Recht und Sport Band 11, Heidelberg 1993, S. 55.
Dernburg, Heinrich	Lehrbuch des Preußischen Privatrechts, Bd. I, Halle 1875.
Deutsch, Erwin	Sondergerichtsbarkeit im Sport?, VersR 1990, S. 2 ff.
Diedrich, Frank	Grundlagen der Schiedsgerichtsbarkeit, JuS 1998, S. 158 ff.
Diesselhorst, Malte	Mehrparteienschiedsverfahren, Internationale Schiedsverfahren unter Beteiligung von mehr als zwei Parteien, Frankfurt a.M./Berlin/Bern/New York/Paris/Wien 1994.
Distler, Wolfram	Private Schiedsgerichtsbarkeit und Verfassung: eine rechtsvergleichende Untersuchung zum deutschen und englischem Recht, Frankfurt a.M. 2000.
Dürig, Günter	Der Grundrechtssatz von der Menschenwürde, AöR 81 (1956), S. 117 ff.

Dütz, Wilhelm Rechtsstaatlicher Gerichtsschutz im Privatrecht, Münster 1970.

Ebbing, Frank Anmerkung zu BGH, Urteil vom 3.4.200 – II ZR 373/98, NZG 2000, S. 897 ff.

Ders. Satzungsmäßige Schiedsklauseln, NZG 1999, S. 745 ff.

Ders. Schiedsvereinbarungen in Gesellschaftsverträgen, NZG 1998, S. 281 ff.

Ebenroth, Carsten Thomas Das Verhältnis zwischen joint venture-Vertrag, Gesellschaftssatzung und Investitionsvertrag, JZ 1987, 265 ff.

Ebenroth, Carsten Thomas/Bohne, Michael Die schiedsgerichtliche Überprüfung von Gesellschafterbeschlüssen in der GmbH, BB 1996, S. 1393 ff.

Eilers, Götz Das Bosman-Urteil und seine Auswirkungen – rechtliche und wirtschaftliche Folgen für den Berufsfußball und den nicht-lizenzierten Fußball (Vertragsamateure, Amateure), Ausbildungs- und Förderungsentschädigungen, in: Württembergischer Fußballverband e.V. (Hrsg.), Sportrecht damals und heute, Schriftenreihe Nr. 43, Stuttgart 2001, S. 49 ff. (zit.: Sportrecht damals und heute).

Ders. Amateur und Profi im Fußball – Rechtslage und Rechtswirklichkeit, in: Eike Reschke (Hrsg.), Sport als Arbeit, Heidelberg 1995, S. 17 ff.

Engelbrecht, Georg Sportgerichtsbarkeit versus ordentliche Gerichtsbarkeit, AnwBl. 2001, S. 637 ff.

Epping, Manja Die Schiedsvereinbarung im internationalen privaten Rechtsverkehr nach der Reform des deutschen Schiedsverfahrensrechts, München 1999.

Erecinski, Tadeusz Sportrecht in Polen, in: Michael R. Will (Hrsg.), Sportrecht in Europa, Recht und Sport Band 11, Heidelberg 1993, S. 157 ff.

Erman, Walther Eilmaßnahmen aus §§ 117, 127 HGB und Schiedsvertrag, in: Festschrift für Phillip Möhring zum 65. Geburtstag, München/Berlin 1965, S. 3 ff.

Evans, Andrew Sportrecht in England, in: Michael R. Will (Hrsg.), Sportrecht in Europa, Recht und Sport Band 11, Heidelberg 1993, S. 31 ff.

Felten, Jean-Baptiste Medienpräsenz als zentrales Element im Sportsponsoring, SpuRt 1997, S. 18 ff.

Fenge, Hilmar Bemerkungen zur „Notwendigkeit" der notwendigen Streitgenossenschaft, in: Festschrift für Georgios G. Mitsopolous, Athen-Komotini 1993, S. 473 ff.

Fenn, Herbert Erfassung der Sportler durch die Disziplinargewalt der Sportverbände, SpuRt 1997, S. 77 ff.

Ders. Zur Abgrenzung von Verbandsgerichtsbarkeit und statutarischer Schiedsgerichtsbarkeit, in: Festschrift für Wolfram Henckel zum 70. Geburtstag, Berlin/New York 1995, S. 173 ff.

Fesenmair, Joseph Durchgriff von Sponsoren auf Athletenvereinbarungen, in: 2. Internationaler Sport-Recht Kongress, Bonn 2002, S. 123 ff.

Fikentscher, Adrian Diskussionsbericht in: Klaus Vieweg (Hrsg.), Doping: Realität und Recht, Berlin 1998, S. 410 ff.

Finger, Peter EuGVVO – Eine erste Übersicht über die neue Regelung, MDR 2001, S. 1394 ff.

Fischer, Ulrich Die Spitzensportler des Mannschaftssports – Arbeitnehmer?, SpuRt 1997, S. 181 ff.

Fleischer, Holger Absprachen im Profisport und Art. 85 EGV – Eine kartellrechtliche Nachlese zum Bosman-Urteil des Europäischen Gerichtshofs, WuW 1996, S. 473 ff.

Flöther, Lucas F. Schiedsverfahren und Schiedsabrede unter den Bedingungen der Insolvenz, DZWir 2001, S. 89 ff.

Flume, Werner Allgemeiner Teil des Bürgerlichen Rechts, Zweiter Band, Das Rechtsgeschäft, 4. Auflage, Heidelberg/New York 1992.

Franzen, Franz „Parteischiedsrichter" – ein vermeidbarer Mangel der Praxis, NJW 1986, S. 299 ff.

Fritzweiler, Jochen/Pfister, Bernhard/Summerer, Thomas Praxishandbuch Sportrecht, München 1998 (zit.: PHB).

Füllgraf, Lutz Der Lizenzfußball – Eine vertragliche Dreierbeziehung im Arbeitsrecht, Berlin 1981.

Geimer, Reinhold Internationales Zivilprozessrecht, 4. Auflage, Köln 2001.

Ders. Anerkennung ausländischer Entscheidungen in Deutschland, München 1995 (zit.: Anerkennung).

Ders. Schiedsgerichtsbarkeit und Verfassung (aus deutscher Sicht), in: Peter F. Schlosser (Hrsg.), Integritätsprobleme im Umfeld der Justiz –Die Organisation der Rechtsberatung; Schiedsgerichtsbarkeit und Verfassungsrecht-, Bielefeld 1994, S. 113 ff. (zit.: Integritätsptobleme).

Geimer, Reinhold/Schütze, Rolf A. Europäisches Zivilverfahrensrecht, Kommentar zum EuGVÜ und zum Lugano-Übereinkommen, München 1997.

V. Gierke, Otto Deutsches Privatrecht, Band I, Allgemeiner Teil und Personenrecht, München/Leipzig 1895.

Ders. Die Genossenschaftstheorie und die deutsche Rechtsprechung, Berlin 1887 (zit.: Genossenschaftstheorie).

Gildeggen, Rainer Internationale Schieds- und Schiedsverfahrensvereinbarungen in Allgemeinen Geschäftsbedingungen vor deutschen Gerichten, Frankfurt a.M./Bern/New York/Paris 1991.

Gottwald, Peter Internationale Gerichtsstandsvereinbarungen, Festschrift für Wolfram Henckel zum 70. Geburtstag, Berlin/New York 1995, S. 295 ff.

Ders. Grenzen internationaler Gerichtsstandsvereinbarungen, in: Festschrift für Karl Firsching zum 70. Geburtstag, München 1985, S. 89 ff.

Ders. Grundprobleme der Streitgenossenschaft im Zivilprozess, JA 1982, S. 64 ff.

Gottwald, Peter/Adolphsen, Jens Das neue deutsche Schiedsverfahrensrecht, DStR 1998, S. 1017 ff.

Granzow, Joachim H. Das UNCITRAL-Modellgesetz über die internationale Handelsschiedsgerichtsbarkeit von 1985, München 1988.

Grunewald, Barbara Der Ausschluss aus Gesellschaft und Verein, Köln 1987.

Dies. Die Berufsgerichtsbarkeit der freien Berufe, NJW 2002, S. 1369 ff.

Grunsky, Wolfgang Grundlagen des Verfahrensrechts. Eine vergleichende Darstellung von ZPO, FGG, FGO, SGG, Bielefeld 1970.

Ders. Die Entwicklung des Sportrechts bis zum Bosman-Urteil, in: Württembergischer Fußballverband e.V. (Hrsg.), Sportrecht damals und heute, Schriftenreihe Nr. 43, Stuttgart 2001, S. 7 ff. (zit.: Sportrecht damals und heute).

Ders. Einstweiliger Rechtsschutz und Verbandsautonomie, in: Württembergischer Fußballverband (Hrsg.), Einstweiliger Rechtsschutz im Sport, Schriftenreihe Nr. 22, Stuttgart 1986, S. 61 ff. (zit.: Einstweiliger Rechtsschutz im Sport).

Haas, Ulrich Die Anerkennung und Vollstreckung ausländischer und internationaler Schiedssprüche, Berlin 1991 (zit. Anerkennung und Vollstreckung).

Ders. Vorwort, in: Ulrich Haas (Hrsg.), Schiedsgerichtsbarkeit im Sport, Recht und Sport Band 31, Stuttgart/München/Hannover/Berlin/Weimar/Dresden, 2003, S. 7 (zit. Schiedsgerichtsbarkeit im Sport).

Ders. Rechtshängigkeitssperre und Sachzusammenhang, in: Festschrift für Akira Ishikawa zum 70. Geburtstag, Berlin/New York 2001, S. 165 ff.

Ders. Zur Einführung von Schiedsklauseln durch Satzungsänderung in Vereinen, ZGR 2001, S. 325 ff.

Ders. Die Sportgerichtsbarkeit des Tribunal Arbitral du Sport (TAS), ZEuP 1999, S. 355 ff.

Ders. Die Sport(-schieds-)gerichtsbarkeit der Athleten, in: Führungs- und Verwaltungsakademie Berlin des deutschen Sportbundes (Hrsg.), Rechte der Athleten, Akademieschrift 49, Frankfurt a.M. 1997, S. 57 ff. (zit.: Rechte der Athleten).

Ders. Zur formellen und materiellen Wirksamkeit des Schiedsvertrags (zu OLG Köln, 16.12.1992 – 16 W 43/92), IPrax 1993, S. 383 ff.

Haas, Ulrich/Adolphsen, Jens Sanktionen der Sportverbände vor ordentlichen Gerichten, NJW 1996, S. 2351 ff.

Dies. Verbandsmaßnahmen gegenüber Sportlern, NJW 1995, S. 2146 ff.

Haas, Ulrich/Gedeon, Berthold Die Abgrenzung von Vereinsgerichten zu echten Schiedsgerichten, SpuRt 2000, S. 228 ff.

Haas, Ulrich/Haug, Tanja/Reschke, Eike (Hrsg.) Handbuch des Sportrechts, Dokumentation mit Erläuterungen, Neuwied/Darmstadt/Mainz 1986 (Loseblatt-Sammlung, Stand: September 2004) (zit.: SportR).

Haas, Ulrich/Hauptmann, Markus Schiedsvereinbarungen in „Ungleichgewichtslagen" – am Beispiel des Sports -, SchiedsVZ 2004, S. 175 ff.

Haas, Ulrich/Holla, Matthias Die Nationale Antidoping-Agentur und ein künftiges Schiedsgericht für Dopingstreitigkeiten, in: Ulrich Haas (Hrsg.), Schiedsgerichtsbarkeit im Sport, Recht und Sport Band 31, Stuttgart/München/Hannover/Berlin/Wiemar/Dresden, 2003, S. 9 ff. (zit. Schiedsgerichtsbarkeit im Sport).

Haas, Ulrich/Prokop, Clemens Die Autonomie der Sportverbände und die Rechtsstellung der Athleten, JR 1998, S. 45 ff.

Dies. Die Athletenvereinbarung – Athlet als stilles Mitglied des Verbandes, SpuRt 1996, S. 109 ff. u. S. 187 ff.

Haas, Ulrich/Prokop, Clemens/Niese, Holger Muster einer Athletenvereinbarung – Erarbeitet am Beispiel des DLV, SpuRt 1996, S. 189 ff.

Haas, Ulrich/Reinmann, Christoph Erwerbschance und Erwerbsschaden bei Individualsportlern, SpuRt 2000, S. 49 ff.

Habersack, Mathias Gesellschaftsrechtliche Fragen der Umwandlung von Sportvereinen in Kapitalgesellschaften, in: Urs Scherrer (Hrsg.) Sportkapitalgesellschaften, Recht und Sport Band 25, Stuttgart/München/Hannover/Berlin/Weimar/Dresden 1998.

Habscheid, Walther J. Schweizerisches Zivilprozess- und Gerichtsstandsorganisationsrecht, 2. Auflage, Basel 1990 (zit.: Zivilprozessrecht).

Ders. Die sogenannte Schiedsgerichtsbarkeit der Internationalen Handelskammer, RIW 1998, S. 421 ff.

Ders. Schiedsgerichtsbarkeit und Europäische Menschenrechtskonvention, in: Festschrift für Wolfram Henckel zum 70. Geburtstag, Berlin/New York 1995, S. 341 ff.

Ders. Einstweiliger Rechtsschutz durch Schiedsgerichte nach dem schweizerischen Gesetz über das Internationale Privatrecht (IPRG), IPRax 1989, S. 134 ff.

Ders. Das neue schweizerische Recht der internationalen Schiedsgerichtsbarkeit nach dem Bundesgesetz über das internationale Privatrecht, RIW 1988, S. 766 ff.

Ders. Das schweizerische Schiedskonkordat, der Entwurf zu einem Bundesgesetz über das internationale Privatrecht und die internationale Schiedsgerichtsbarkeit, in: Beiträge zum internationalen Verfahrensrecht und zur Schiedsgerichtsbarkeit, Festschrift für Heinrich Nagel zum 75. Geburtstag, Münster 1987, S. 70 ff.

Ders. Statutarische Schiedsgerichte und Schiedskonkordat – Einige grundsätzliche Fragen, SAG 57 (1985), S. 157 ff.

Ders. Aus der höchstrichterlichen Rechtsprechung zur Schiedsgerichtsbarkeit, KTS 1967, S. 1 ff.

Ders. Das Problem der Unabhängigkeit des Schiedsgerichts, NJW 1962, S. 5 ff.

Ders. Schiedsgerichtsbarkeit und Staatsaufsicht, KTS 1959, S. 113 ff.

Ders. Die Rechtsnatur des Schiedsvertrags und ihre Auswirkungen, KTS 1955, S. 33 ff.

Hadding, Walther Korporationsrechtliche oder rechtsgeschäftliche Grundlagen des Vereinsrechts?, in: Festschrift für Robert Fischer, Berlin/New York 1979, S. 165 ff.

Hadding, Walter/van Look, Frank „Benutzungssperre" gegen Vereinsmitglieder durch den Vermieter von Vereinseinrichtungen, ZGR 1996, S. 326 ff.

Häsemayer, Ludwig Die gesetzliche Form der Rechtsgeschäfte, Frankfurt a.M. 1971.

Hahn, Carl Die gesamten Materialien zu den Reichs-Justizgesetzen, Bd. 2, Materialien zur Zivilprozessordnung, Abteilung 1, 2. Aufl. Berlin 1881, Neudruck Aalen 1983.

Hannamann, Isolde Kartellverbot und Verhaltenskoordination, Berlin 2001.

Hantke, Dietmar Brauchen wir Sport-Schiedsgerichtsbarkeit?, SpuRt 1998, S. 186 ff.

Haug, Tanja Der Doping-Fall Dieter Baumann, SpuRt 2000, S. 238.

Dies. Die Schiedsgerichtsbarkeit des DLV, SchiedsVZ 2004, S. 190 ff.

Hausmann, Rainer Die Aufhebung von Schiedssprüchen nach neuem deutschem Schiedsverfahrensrecht, in: Festschrift für Hans Stoll zum 75. Geburtstag, Tübingen 2001, S. 593 ff.

Heermann, Peter W. Die Geltung von Verbandssatzungen gegenüber mittelbaren Mitgliedern und Nichtmitgliedern, NZG 1999, S. 325 ff.

Ders. Die Ausgliederung von Vereinen auf Kapitalgesellschaften, ZIP 1998, S. 1249 ff.

Heim, Franz Felician Die Hauptintervention, München 1907.

Heinemann, Klaus Einführung in die Soziologie des Sports, 3. Auflage, Schorendorf 1990.

Heinze, Meinhard Die Leistungsverfügung, in: 50 Jahre Bundesgerichtshof, Festgabe aus der Wissenschaft, Band III, München 2000, S. 569 ff.

Heintzmann, Walther Zivilprozessrecht I, 2. Auflage, Heidelberg 1997.

Heller, Kurt Der verfassungsrechtliche Rahmen der privaten internationalen Schiedsgerichtsbarkeit, Wien, 1996.

Hellwig, Hans-Jürgen Nationale und internationale Schiedsgerichtsbarkeit, RIW 1984, S. 421 ff.

Hellwig, Konrad System des Deutschen Zivilprozessrechts, 1. Teil, Leipzig 1912 (zit.: System I)

Herdegen, Matthias Einstweiliger Rechtsschutz durch Schiedsgerichte in rechtsvergleichender Betrachtung, RIW/AWD 1981, S. 304 ff.

Heß, Burkhard Mehr Instanzen, weniger Rechtsschutz? Zur aktuellen Situation in der Internationalen Sportgerichtsbarkeit, in: Württembergischen Fußballverband (Hrsg.), Sportrecht damals und heute, Schriftenreihe Nr. 43, Stuttgart 2001, S. 69 ff. (zit.: Sportrecht damals und heute).

Ders. Vorraussetzungen und Grenzen eines autonomen Sportrechts unter besonderer Berücksichtigung des internationalen Spitzensports, in: Burkhard Heß/Wolf-Dieter Dressler (Hrsg.), Aktuelle Rechtsfragen des Sports, Schriftenreihe der Juristischen Studiengesellschaft Karlsruhe, Heft 237, Heidelberg 1999, S. 1 ff. (zit.: Aktuelle Rechtsfragen des Sports).

Ders. Sportschiedsgerichte im Lichte der New Yorker Konvention, ZZPInt 3 (1998), S. 457 ff.

Ders. Hochleistungssportler zwischen internationaler Verbandsmacht und nationaler Schiedsgerichtsbarkeit, ZZPint 1 (1996), S. 371 ff.

Hilpert, Horst Sport und Arbeitsrecht, RdA 1997, S. 92 ff.

Ders. Organisation und Tätigkeit von Verbandsgerichten,- Eine Erläuterung am Beispiel der Sportgerichtsbarkeit, BayVBl. 1988, S. 161 ff. und S. 189 ff.

Hinderling, Hans Probleme der privaten Schiedsgerichtsbarkeit, SJZ 75 (1979), S. 321 ff.

Hirtz, Bernd Darlegungs- und Glaubhaftmachungslast im einstweiligen Rechtschutz, NJW 1986, S. 110 ff.

Hörster, Heinrich Ewald Sportrecht in Portugal, in: Michael R. Will (Hrsg.), Sportrecht in Europa, Recht und Sport Band 11, Heidelberg 1993, S. 77 ff.

Hoffmann, Mathias Sportgesellschaft – Patentrezept für alle Ligen? Zur Neuorganisation der Deutschen Eishockey-Liga, SpuRt 1994, S. 24 ff.

Hofmann, Karsten Das Internationale Sportschiedsgericht (CAS) in Lausanne, SpuRt 2002, S. 7 ff.

Hohl, Michael Rechtliche Probleme bei der Nominierung von Leistungssportlern, Bayreuth 1992.

Holtzmann, Howard M./Neuhaus, Joseph E.	A Guide to the UNCITRAL Model Law on International Commercial Arbitration, Deventer/Boston 1989.
Holzhäuser, Felix	Der strukturelle Aufbau professioneller deutscher Sportligen nach Ausgliederung aus Bundesfachsportverbänden – Teil 1, SpuRt 2004, S. 144 ff.
v. Hülsen, Hans-Viggo	Die Gültigkeit von Schiedsvereinbarungen nach Konventionsrecht mit Hinweisen auf deutsches, französisches, englisches und US-amerikanisches Recht, Berlin 1973.
Hüffer, Uwe	Aktiengesetz, 6. Auflage, München 2004.
Hußlein-Stich, Gabriele	Das UNCITRAL-Modelgesetz über die internationale Handelsschiedsgerichtsbarkeit, Köln/Berlin/Bonn/München 1990.
Imping, Andreas	Die arbeitsrechtliche Stellung des Fußballspielers zwischen Verein und Verbänden, Köln 1995.
IPRG Kommentar	Kommentar zum Bundesgesetz über das Internationale Privatrecht (IPRG) vom 1. Januar 1989. Heini, Anton/Keller, Max/Siehr, Kurt/Vischer, Frank/Volken, Paul, Zürich 1993.
IPRG Kommentar	Kommentar zum Schweizerischen Privatrecht – Internationales Privatrecht, Heinrich Honsell, Nedim Peter Vogt, Anton K. Schnyder, Basel und Frankfurt a.M. 1996. Schiedsgerichts
Jagenburg, Walter	Schiedsgerichtsbarkeit zwischen Wunsch und Wirklichkeit, in: Festschrift für Walter Oppenhoff zum 80. Geburtstag, München 1985, S. 147 ff.
Jarass, Hans D./Pieroth, Bodo	Grundgesetz für die Bundesrepublik Deutschland, Kommentar, 7. Auflage, München 2004.
Jauernig, Othmar	Zivilprozessrecht, 28. Auflage, München 2003.
Jeong-Ha, Sunju	Einstweilige Maßnahmen in der Schiedsgerichtsbarkeit, Köln/Berlin/Bonn/München 1991.
Kaiser, Rudolf	Das Europäische Übereinkommen über die internationale Handelsschiedsgerichtsbarkeit vom 21. April 1961, Zürich 1967.
Karrer, Pierre A.	Verfahren vor Schiedsgerichten und staatlichen Gerichten, in: Festschrift für Sandrock zum 70. Geburtstag, Heidelberg 2000, S. 465 ff.

Karrer, Pierre A./Imhoff-Scheier, Anne-Catherine Ordre public in Schiedssachen, IPRax 1996, S. 282 ff.

Kaufmann, Hans/Schroeder, Friedrich-Christian Sport und Recht, Berlin 1972.

Kaufmann-Kohler, Gabrielle Arbitration at the Olympics: Issues of Fast-Track Dispute Resolutions and Sports-law, Den Haag, 2001.

Dies. Nagano et l´arbitrage – ou vers une justice de proximité, ASA Bulletin 1998, S. 311 ff. (zit. Bull.ASA)

Dies. Atlanta et l´arbitrage – ou les premières experiences de la division olympique du Tribunal arbitral du sport, ASA Bulletin 1996, S. 433 ff. (zit. Bull.ASA)

Kees, Jörg Grenzen der Zulässigkeit von Schiedsgerichtssatzungen in Vereinssatzungen, insbesondere die Verbindlichkeit von Schiedsklauseln, die für Rechtsstreitigkeiten unter Mitgliedern die Zuständigkeit der Vereinsgerichtsbarkeit bestimmen, Hamburg 1959.

Kirchhof, Paul Sport und Umwelt als Gegenstand des Verfassungsrechts und der Verfassungspolitik, in: Paul Kirchhof (Hrsg.), Sport und Umwelt, Recht und Sport Band 17, Heidelberg 1992 S. 41 ff.

Kisch, Wilhelm Beiträge zum Schiedsverfahren (Klagerücknahme, Klageänderung, Widerklage, Klageverbindungen), Mannheim/Berlin/Leipzig 1933.

Klein, Frédéric-Edouard Das Europäische Übereinkommen über die internationale Handelsschiedsgerichtsbarkeit, ZZP 76 (1963), S. 342 ff.

Kohler, Christian Vom EuGVÜ zur EuGVVO: Grenzen und Kosequenzen der Vergemeinschaftung, in: Einhalt und Vielfalt des Rechts, Festschrift für Reinhold Geimer zum 65. Geburtstag, München 2002, S. 461 ff.

Ders. Gerichtsstandsklauseln in fremdsprachigen AGB: Das Clair-obscur des Art. 17 EuGVÜ, IPRax 1991, S. 299 ff.

Knöfel, Oliver Anforderungen an Schiedsklauseln, SpuRt 2002, S. 49 ff.

Kölbl, Angela Schiedsklauseln in Vereinssatzungen, Berlin 2004.

Kornblum, Udo — Probleme der schiedsrichterlichen Unabhängigkeit, München 1968.

Kornmeier, Udo — Vergleichsbefugnis und Schiedsfähigkeit, Göttingen 1982.

Koussoulis, Stelios — Fragen zur Mehrparteienschiedsgerichtsbarkeit, insbesondere zur Bestellung der Schiedsrichter, ZZP 107 (1994), S. 195 ff.

Ders. — Aktuelle Probleme der Hauptintervention, ZZP 100 (1987), S. 211 ff.

Krähe, Christian — Sportschiedsgerichtsverfahren im Arbeitsrecht, SpuRt 2004, S. 204 ff.

Kreißig, Wolfgang — Der Sportverein in Krise und Insolvenz, Frankfurt a.M. 2004.

Kremer, Michael J. R./Weimann, Thomas — Die Einrede der verarmten Partei – ein Ausweg aus der Schiedsvereinbarung oder bloße Verzögerungstaktik?, MDR 2004 S. 181 ff.

Krimpenfort, Mark Tell — Vorläufige und sichernde Maßnahmen im schiedsrichterlichen Verfahren, Marburg 2001.

Kröll, Stefan — Das Formerfordernis bei Gerichtsstandsvereinbarungen nach Art. 17 LugÜ – Unwirksamkeit trotz materieller Einigung?, IPRax 2002, S. 113 ff.

Ders. — Das neue deutsche Schiedsrecht vor staatlichen Gerichten – Entwicklungslinien und Tendenzen 1998-2000, NJW 2001, S. 1173 ff.

Ders. — Schiedsverfahren bei Finanzgeschäften, ZBB 1999, S. 367 ff.

Krogmann, Mario — Grundrechte im Sport, Berlin 1998.

Kronke, Herbert — Internationale Schiedsverfahren nach der Reform, RIW 1998, S. 257 ff.

Kropholler, Jan — Europäisches Zivilrecht, 6. Auflage, Heidelberg 1998.

Kühn, Wolfgang Probleme des einstweiligen Rechtsschutzes und der Beweissicherung, in: Vertragsgestaltung und Streiterledigung in der Bauindustrie und im Anlagenbau (II) – Neue Entwicklungen in Recht und Praxis. Schriftenreihe der Deutschen Institution für Schiedsgerichtsbarkeit, Karl Heinz Böckstiegel (Hrsg.), Band 4/II, Köln/Berlin/Bonn/München 1995, S. 85 ff.

Küppers, Dieter/Zilles, Stephan „Sport und Sponsoring"-Seminar im München, SpuRt 1997, S. 108.

Kummer, Max Spielregel und Rechtsregel, Bern 1973.

Labes, Hubertus W./ Lörcher, Torsten Das neue deutsche Recht der Schiedsgerichtsbarkeit – Zur bevorstehenden Neufassung des 10- Buches der ZPO (§§ 1025 ff.), MDR 1997, S. 420 ff.

Lachmann, Jens-Peter Handbuch für die Schiedsgerichtspraxis, 1. Auflage, Köln 1998.

Ders. Handbuch für die Schiedsgerichtspraxis, 2. Auflage, Köln 2002.

Ders. Gedanken zur Schiedsrichterablehnung aufgrund Sozietätszugehörigkeit, in: Einhalt und Vielfalt des Rechts, Festschrift für Reinold Geimer zum 65. Geburtstag, München 2002, S. 513 ff.

Ders. Schiedsvereinbarungen im Praxistest, BB 2000, S. 1633 ff.

Ders. Schiedsgerichtsbarkeit aus der Sicht der Wirtschaft, AnwBl. 1999, S. 241 ff.

Laschet, Franz Schiedsgerichtsbarkeit und einstweiliger Rechtsschutz, ZZP 99 (1986), S. 271 ff.

Ders. Probleme des einstweiligen Rechtsschutzes, in: Vertragsgestaltung und Streiterledigung in der Bauindustrie und im Anlagenbau. Schriftenreihe der Deutschen Institution für Schiedsgerichtsbarkeit, Böckstiegel, Karl-Heinz (Hrsg.), Band 4, Köln/Berlin/Bonn/München 1984, S. 119 ff. *Ders.*

Ders. Die Mehrparteienschiedsgerichtsbarkeit, in: Festschrift für Arthur Bülow zum 80. Geburtstag, Köln/Berlin/Bonn/München 1981, S. 85 ff.

Leipold, Dieter Wege zur Konzentration von Zivilprozessen, Berlin/New/York 1999.

Ders. Zuständigkeitsvereinbarungen in Europa, in: Peter Gottwald/Reinhold Greger/Hanns Prütting (Hrsg.), Dogmatische Grundfragen des Zivilprozesses im geeinten Europa, Veröffentlichungen der Wissenschaftlichen Vereinigung für Internationales Verfahrensrecht e.V., Band 12, Bielefeld 2000, S. 51 ff.

Leist, Alexander Untersuchungen zum inneren Vereinsrecht, Jena 1904.

Lent, Friedrich Die notwendige und die besondere Streitgenossenschaft, JherJb 90 (1942), 27 ff.

Lindacher, Walter F. Schiedsklauseln und Allgemeine Geschäftsbedingungen im internationalen Handelsverkehr, in: Festschrift für Walther J. Habscheid zum 65. Geburtstag, Bielefeld 1989, S. 167 ff.

Ders. Die Streitgenossenschaft, JuS 1986, S. 379 ff.

Ders. Schiedsgerichtliche Kompetenz zur vorläufigen Entziehung der Geschäftsführungs- und Vertretungsbefugnis bei Personengesellschaften, ZGR 1979, S. 201 ff.

Lindemann, Hansjörg Schiedsgerichtsbarkeit – Aufbau, Zugang, Verfahren, SpuRt 1994, S. 17 ff.

Lionnet, Klaus Handbuch der internationalen und nationalen Schiedsgerichtsbarkeit, 2. Auflage, Stuttgart/München/Hannover/Berlin/Weimar/Dresden 2001.

Lionnet, Klaus/Lionnet Annette Handbuch der internationalen und nationalen Schiedsgerichtsbarkeit, 3. Auflage, Stuttgart/München/Hannover/Berlin/Weimar/Dresden 2005.

Ders. Parteiherrschaft im Schiedsgerichtsprozess bei der Beweisaufnahme, in: Festschrift für Ottoarndt Glossner zum 70. Geburtstag, Heidelberg 1994, S. 209 ff.

Lörcher, Gino/Lörcher, Heike/Lörcher, Torsten Das Schiedsverfahren – national/international – nach deutschem Recht, 2. Auflage 2001.

Lorenz, Werner Die Rechtsnatur von Schiedsvertrag und Schiedsspruch, AcP 157 (1958/59), S. 265 ff.

Lüke, Gerhard Einstweiliger Rechtsschutz in der Verbands- und Schiedsgerichtsbarkeit, in: Württembergischer Fußballverband e. V. (Hrsg.), Einstweiliger Rechtsschutz im Sport, Schriftenreihe Nr. 22, Stuttgart 1986, S. 38 ff. (Einstweiliger Rechtsschutz im Sport)

Lüke, Wolfgang Zivilprozessrecht, Erkenntnisverfahren, Zwangsvollstreckung, 7. Auflage, München 1999.

Ders. Die Beteiligung Dritter im Zivilprozeß. Eine rechtsvergleichende Untersuchung zu Grundfragen der subjektiven Verfahrenskonzentration, Tübingen 1993.

Lüke, Wolfgang/Blenske, Holger Die Schiedsfähigkeit von Beschlussmängelstreitigkeiten, ZGR 1998, S. 253 ff.

Lukes, Rudolf Erstreckung der Vereinsgewalt auf Nichtmitglieder durch Rechtsgeschäft, in: Festschrift für Harry Westermann zum 65. Geburtstag, Karlsruhe 1974, S. 325 ff.

Malatos, Andreas Berufsfußball im europäischen Rechtsvergleich, Kehl/Straßburg/Arlington, 1988.

Ders. Sportrecht in Griechenland, in: Michael R. Will (Hrsg.), Sportrecht in Europa, Recht und Sport Band 11, Heidelberg 1993, S. 135 ff.

Mann, Frederick Alexander Schiedsrichter und Recht, in: Festschrift für Werner Flume zum 70. Geburtstag, Band 1, Köln 1978, S. 593 ff.

Markfort, Rainer Mehrparteien-Schiedsgerichtsbarkeit im deutschen und ausländischem Recht, Köln/Berlin/Bonn/München 1994.

Martens, Dirk-Reiner Court of Arbitration for Sports (CAS), SchiedsVZ 2004, S. 202 ff.

Martens, Dirk-Reiner/Oschütz, Frank Die Entscheidungen des TAS in Salt Lake City, SpuRt 2002, S. 89 ff.

Dies. Die Entscheidungen des TAS in Sydney, SpuRt 2001, S. 4 ff.

Massuras, Konstadinos Dogmatische Strukturen der Mehrparteienschiedsgerichtsbarkeit, Berlin/Bern/New York/Paris/Wien 1998.

Matscher, Franz Schiedsgerichtsbarkeit und EMRK, in: Beiträge zum internationalen Verfahrensrecht und zur Schiedsgerichtsbarkeit, Festschrift für Heinrich Nagel zum 75. Geburtstag, Münster 1987, S. 227 ff.

Matsuura, Kaoru Schiedsgericht und einstweiliger Rechtsschutz, in: Festschrift für Karl Heinz Schwab zum 70. Geburtstag, München 1990, S. 321 ff.

Maunz, Theodor/Dürig, Günter/Herzog, Roman/Scholz, Rupert Grundgesetz Kommentar, Band I, Art. 1-10; Band II, Art. 11-19, Band V, Art. 92-104, München 1998.

Merkel, Klaus Verfassungsrechtliche Aspekte der privaten Strafgewalt, Saarbrücken 1974.

Meyer-Cording, Ulrich Die Vereinsstrafe, Tübingen 1957.

Ders. Die Arbeitsverträge der Berufsfußballspieler, RdA 1982, S. 13 ff.

Micklitz, Hans-W/Rott, Peter Vergemeinschaftung des EuGVÜ in der Verordnung (EG) Nr. 44/2001, EuZW 2001, S. 325 ff.

Mohrbutter, Jürgen Fragen zur Nebenintervention bei erweiterter Schiedsgerichtsklausel, KTS 1957, S. 33 ff.

Moller, Hans Schiedsverfahrensnovelle und Europäisches Übereinkommen über die Handelsschiedsgerichtsbarkeit, NZG 2000, S. 57 ff.

Münchner Kommentar Münchner Kommentar zum Bürgerlichen Gesetzbuch, Band 1, Allgemeiner Teil (§§ 1-240), AGB-Gesetz, 3. Auflage München 1993

Münchner Kommentar Münchner Kommentar zum Bürgerlichen Gesetzbuch, Band 1, Allgemeiner Teil , 4. Auflage München 2004.

Münchner Kommentar Münchner Kommentar zur Zivilprozessordnung mit Gerichtsverfassungsgesetz und Nebengesetzen, Band 3, §§ 803-1048, EGZPO, GVG, EGGVG, Internationales Zivilprozessrecht, München 1992

Münchner Kommentar Münchner Kommentar zur Zivilprozessordnung mit Gerichtsverfassungsgesetz und Nebengesetzen, Band 3, §§ 803-1066, EGZPO, GVG, EGGVG, Internationales Zivilprozessrecht, 2. Auflage, München 2001.

Musielak, Hans-Joachim Zivilprozessordnung, Kommentar, 4. Auflage, München 2005.

Nagel, Heinrich/Gottwald, Peter Internationales Zivilprozessrecht, 4. Auflage, Münster/Köln 1997.

Nerz, Alexander Vor- und Nachteile eines Schiedsverfahrens nach der Schiedsgerichtsordnung der Internationalen Handelskammer, RIW 1990, S. 350 ff.

Netzle, Stephan Diskussionsbericht in Vieweg, (Hrsg.), Doping : Realität und Recht, Berlin 1998, S. 198 ff. (zit.: Doping)

Ders. Das Internationale Sport-Schiedsgericht in Lausanne, Zusammensetzung, Zuständigkeit und Verfahren, in: Röhricht, Volker (Hrsg.), Sportgerichtsbarkeit, Recht und Sport Band 22, Stuttgart/München/Hannover/Berlin/Weimar/Dresden 1997, S. 9 ff. (zit.: Sportgerichtsbarkeit).

Ders. Arbitration agreements by reference to regulations of sports organisations, in Arbitration of Sports-relates Disputes, ASA Special Series No. 11, S. 45 ff.

Ders. Das Internationale Sportschiedsgericht in Lausanne, Le Tribunal Arbitral du Sport (TAS), SpuRt 1995, S. 89 ff.

Niese, Lars Holger Zusammenfassung der Ergebnisse, in: Führungs- und Verwaltungsakademie Berlin des deutschen Sportbundes (Hrsg.), Schiedsgerichte bei Dopingstreitigkeiten, Akademieschrift 54, Frankfurt a.M. 2003, S. 7 ff. (zit.: Schiedsgerichte bei Dopingstreitigkeiten).

Ders. Stiftung Nationale Anti-Doping-Agentur, in: Ulrich Haas (Hrsg.), Schiedsgerichtsbarkeit im Sport, Recht und Sport Band 31, Stuttgart/München/Hannover/Berlin/Weimar/Dresden, 2003, S. 61 ff. (zit. Schiedsgerichtsbarkeit im Sport).

Ders. Die Muster-Athletenvereinbarung des Deutschen Sportbundes; Was muss alles geregelt sein und wo liegen die Grenzbereiche, in: Führungs- und Verwaltungsakademie Berlin des deutschen Sportbundes (Hrsg.), Rechte der Athleten, Akademieschrift 49, Frankfurt a.M. 1997, S. 7 ff. (zit.: Rechte der Athleten).

Ders. Fortschreitende Kommerzialisierung des Sports – wo bleibt der Athlet, SpuRt 1996, S. 126 ff.

Niese, Werner Prozesshandlungen und Verträge über Prozesshandlungen, Jena 1931 (zit.: Verträge über Prozesshandlungen).

Nicklich, Fritz Mehrparteienschiedsgerichtsbarkeit und Streitbeilegung bei Großprojekten, in: Festschrift für Otto-arndt Glossner zum 70. Geburtstag, Heidelberg 1994, S. 221 ff.

Ders. Privatautonomie und Schiedsgerichtsbarkeit bei internationalen Bauverträgen, RIW 1991, S. 89 ff.

Ders. Instrumente der Internationalen Handelsschiedsgerichtsbarkeit zur Konfliktregelung bei Langzeitverträgen, RIW/AWD 1978, S. 633 ff.

Ders. Schiedsgerichtsklauseln und Gerichtsstandsvereinbarungen in Verbandssatzungen und Allgemeinen Geschäftsbedingungen, BB 1972, S. 1285 ff.

Noack, Ulrich Fehlerhafte Beschlüsse in Gesellschaften und Vereinen, Köln/Berlin/Bonn/München 1989.

Oertmann, Paul Der vorgängige Rechtsmittelverzicht, ZZP 45 (1915), S. 389 ff.

Oschütz, Frank Sportschiedsgerichtsbarkeit, Berlin 2005.

Ders. Probleme der Schiedsgerichtsbarkeit im Sport: arbeitsrechtliche Streitigkeiten und einstweiliger Rechtsschutz, in: Ulrich Haas (Hrsg.), Schiedsgerichtsbarkeit im Sport, Recht und Sport Band 31, Stuttgart/München/Hannover/Berlin/Weimar/Dresden, 2003, S. 43 ff.

Osterthun, Birthe Das neue deutsche Recht der Schiedsgerichtsbarkeit, TranspR 1998, S. 177 ff.

Otte, Karsten Beschränkte Nachprüfbarkeit internationaler Zuständigkeit im Arrestverfahren. Besprechung des Urteils des OLG Koblenz vom 23.02.1990 - 2U 1795/89, ZIP 1991, S. 1048 ff.

Otto, Kai A. Der Anspruch auf ein Verfahren innerhalb angemessener Zeit, Mainz 1994.

Palandt, Otto Bürgerliches Gesetzbuch, 62. Auflage, München 2003

Palme, Christoph — Das Bosman-Urteil des EuGH – Ein Schlag gegen die Sportautonomie, JZ 1996, S. 238 ff.

Pfister, Bernhard — Die Doping-Rechtsprechung des TAS, SpuRt 2000, 133 ff.

Ders. — Das „Krabbe Urteil" – Urteilsanmerkung 2. Teil: Kollisions- und materiellrechtliche Probleme, SpuRt 1995, S. 201 ff.

Ders. — Zu den rechtsgeschäftlichen Grundlagen für eine Bindung von Sportlern an Sportregeln, JZ 1995, S. 464 f.

Ders. — Autonomie des Sports, sport-typisches Verhalten und staatliches Recht, in: Festschrift für Werner Lorenz zum 70. Geburtstag, Tübingen 1991, S. 171 ff.

Pieroth, Bodo/Schlink, Bernhard — Grundrechte, Staatsrecht II, 12. Auflage, Heidelberg 1996.

Piltz, Burghard — Vom EuGVÜ zur Brüssel-I-Verordnung, NJW 2002, S. 789 ff.

Preis, Bernd — Der Lizenzspieler im Bundesligafußball, Frankfurt a.M. 1973.

Ders. — Schiedsverträge innerhalb von sozialen Gewaltverhältnissen, DB 1972, S. 1723.

Preis, Ulrich — Grundfragen der Vertragsgestaltung im Arbeitsrecht, Neuwied/Kriftel/Berlin 1993.

Prokop, Clemens — Nationale und internationale Sportgerichtsbarkeit, 2. Internationaler Sport-Recht Kongress, Vorträge und Diskussionsbeiträge, Bonn, 2002, S. 140 ff.

Ders. — Die Athletenvereinbarung am Beispiel des Deutschen Leichtathletikverbandes (DLV), in Führungs- und Verwaltungsakademie Berlin des deutschen Sportbundes (Hrsg.), Rechte der Athleten, Akademieschrift 49, Frankfurt a.M. 1997, S. 19 ff. (zit.: Rechte der Athleten).

Prokop, Ludwig — Zur Geschichte des Dopings, in: Rekorde aus der Retorte, Leistungssteigerung im modernen Hochleistungssport, Helmut Acker (Hrsg.), Stuttgart 1972, S. 22 ff. (zit.: Geschichte des Dopings).

Prütting, Hanns — Anmerkung zu BGH, Urteil vom 23.11.1983 – VIII ZR 197/82, ZZP 99 (1986), S. 93 ff.

Rabe, Hans-Jürgen	Reform des deutschen Schiedsverfahrensrechts, in: Festschrift für Heinz Rowedder zum 75. Geburtstag, München 1994, S. 399 ff.
Raeschke-Kessler, Hilmar	Sollen/dürfen Bundesrichter Schiedsrichter sein?, in: Festschrift für Rudolf Nirk, München 1992, S. 915 ff.
Raeschke-Kessler, Hilmar/Berger, Peter	Recht und Praxis des Schiedsverfahrens, 3. Auflage, Köln 1999.
Rahmann, Detlef	Ausschluss staatlicher Gerichtszuständigkeit, Köln 1984.
Rauscher, Thomas	Gerichtsstandsbeeinflussende AGB im Geltungsbereich des EuGVÜ, ZZP 104 (1991), S. 271 ff.
Reeb, Matthieu (Hrsg.)	Tribunal Arbitral du Sport (TAS), Court of Arbitration for Sports (CAS), Recueil des sentences du TAS/Digest of CAS Awards 1998- 2000 (zit.: Reeb (Hrsg.), Digests of CAS Awards 1998-2000).
Ders.	Tribunal Arbitral du Sport (TAS), Court of Arbitration for Sports (CAS), Recueil des sentences du TAS/Digest of CAS Awards 1986-1998 (zit.: Reeb (Hrsg.), Digests of CAS Awards 1986-1998)
Reichert, Bernhard	Handbuch des Vereins- und Verbandsrechts, 8. Auflage, Neuwied, Kriftel 2001.
Ders.	Handbuch des Vereins- und Verbandsrechts, 9. Auflage, Neuwied, Kriftel 2003.
Ders.	Erstmalige Verhängung einer Vereinsstrafe durch ein Schiedsgericht als Vereinsorgan, SpuRt 2004, S. 50 ff.
Reiner, Andreas	Handbuch der ICC-Schiedsgerichtsbarkeit, Wien 1989.
Reuter, Dieter	Das selbstgeschaffene Recht des internationalen Sports im Konflikt mit dem Geltungsanspruch des internationalen Rechts, DZWiR 1996, S. 1 ff.
Ders.	Probleme der Transferentschädigungen im Fußballsport, NJW 1983, S. 649 ff.
Ders.	Grenzen der Verbandsstrafgewalt, ZGR 1980, S. 101 ff.

Riemer, Hans Michael Schiedsfähigkeit von Klagen des ZGB, in: Recht und Rechtsdurchsetzung, Festschrift für Hans Ulrich Walder zum 65. Geburtstag, Zürich 1994, S. 377 ff.

Röhricht, Volker Chancen und Grenzen von Sportgerichtsverfahren nach deutschem Recht, in: Volker Röhricht (Hrsg.), Sportgerichtsbarkeit, Recht und Sport Band 22, Stuttgart/München/Hannover/Berlin/Weimar/Dresden 1997, S. 19 ff. (zit.: Sportgerichtsbarkeit).

Ders. Satzungsrechtliche und individualvertragliche Absicherung von Zulassungssperren als wesentlicher Bestandteil des DSB-Sanktionskatalogs, in: Führungs- und Verwaltungsakademie Berlin des deutschen Sportbundes (Hrsg.), Verbandsrecht und Zulassungssperren, Akademieschrift 39, Frankfurt a.M. 1994, S. 12 ff. (zit.: Verbandsrecht und Zulassungssperren).

Rosenberg, Leo Das neue Zivilprozessrecht nach dem Gesetz vom 27.10.1933 (RGBl. I, S. 780), ZZP 58 (1934), S. 283 ff.

Rosenberg, Leo/Schwab, Karl Heinz/Gottwald, PeterRoth, Günter H. Zivilprozessrecht, 15. Auflage, München 1993

Roth, Günter H. Internationalrechtliche Probleme bei Prorogation und Derogation, ZZP 93 (1980), S. 156 ff.

Roth, Hans Der vorsorgliche Rechtsschutz im internationalen Sportrecht, in: Urs Scherrer (Hrsg.), Einstweiliger Rechtsschutz im internationalen Sport, Baden-Baden 1999, S. 11 ff.

Roth, Hans/Hintz, Monika Die neue Doping-Sanktionsinstanz in der Schweiz, SpuRt 2003, S. 11 ff.

Rüede, Thomas/Hadenfeldt, Reimer Schweizerisches Schiedsgerichtsrecht, 2. Auflage, Zürich 1993.

Rüßmann, Helmut Die Streitgegenstandslehre und die Rechtsprechung des EuGH – nationales Recht unter gemeineuropäischem Einfluß?, ZZP 111 (1998), S. 399 ff.

Sachs, Michael „Volenti non fit iniuria“, VerwArch 76 (1985), S. 398 ff.

Sandberger, Georg Berufsfreiheit, Freiheit der Sportausübung und Macht Internationaler Verbände, in: Württembergischer Fußballverband e.V. (Hrsg.), Rechtsprobleme beim Vereinswechsel eines Fußballspielers, Schriftenreihe Nr. 18, Stuttgart 1983, S. 70 ff.

Sandrock, Otto „Gewöhnliche" Fehler in Schiedssprüchen: Wann können sie zur Aufhebung des Schiedsspruches führen?, BB 2001, S. 2173 ff.

Ders. Welche Verfahrensregeln hat ein Internationales Schiedsgericht zu befolgen?, in: Festschrift für Ottoarndt Glossner zum 70. Geburtstag, Heidelberg 1994, S. 281 ff.

Sareika, Wieland Zu den Begriffen in der Schiedsgerichtsbarkeit, ZZP 90 (1977), S. 285 ff.

Sauter, Eugen/Schweyer, Gerhard Der eingetragene Verein, 16. Auflage, München 1997.

Schaub, Günter Arbeitsrechtshandbuch, 10. Auflage, München 2002.

Schauhoff, Karl-Friedrich Was ist eigentlich ein Schiedsgericht, SpuRt 1995, S. 24 f.

Scherrer, Urs Zur Schiedsgerichtsbarkeit im Sport, SpuRt 2003, S. 127 f.

Ders. Rechtsfragen des organisierten Sportlebens in der Schweiz: eine vereins- und persönlichkeitsrechtliche Untersuchung, Zürich 1982.

Ders. Einführung, in: Urs Scherrer (Hrsg.), Einstweiliger Rechtsschutz im internationalen Sport, Baden-Baden 1999, S. 1 f.

Ders. Sportrecht im Spannungsfeld von Spiel und Wirtschaft, SJZ 94 (1998), S. 289 ff.

Ders. Keine Aktiengesellschaften im Schweizer Fußball, SpuRt 1995, S. 88 ff.

Schild, Wolfgang Das strafrechtliche Problem der Sportverletzung, Jura 1982, S. 585 ff.

Schilling, Mark Schiedsgerichtsbarkeit von Sportverbänden in der Schweiz, Zürich 2000.

Schimke, Martin Einstweiliger Rechtsschutz im deutschen Sport, in: Urs Scherrer (Hrsg.), Einstweiliger Rechtsschutz im internationalen Sport, Baden-Baden 1999, S. 59 ff.

Ders. Zu der Frage, ob eine einstweilige Verfügung auf Zulassung zu einem Sportwettkampf eine Vorwegnahme der Hauptsache darstellt, SpuRt 1996, S. 167 f.

Schlindwein, Hermann Durchsetzbarkeit der Athletenrechte, in: Führungs- und Verwaltungsakademie Berlin des deutschen Sportbundes (Hrsg.), Rechte der Athleten, Akademieschrift 49, Frankfurt a.M. 1997, S. 77 ff.

Schlosser, Peter Zivilprozessrecht Bd. I, 2. Auflage, München 1991.

Ders. Das Recht der internationalen privaten Schiedsgerichtsbarkeit, 2. Auflage, Tübingen 1989 (zit.: internationale private Schiedsgerichtsbarkeit).

Ders. Vereins- und Verbandsgerichtsbarkeit, München 1972.

Ders. Einverständliches Parteihandeln im Zivilprozess, Tübingen 1968 (zit.: Einverständliches Parteihandeln).

Ders. Schiedsrichterliches Verfahrensermessen und Beiladung von Nebenparteien, in: Einheit und Vielfalt des Rechts, Festschrift für Reinhold Geimer zum 65. Geburtstag, München 2002, S. 947 ff.

Ders. Das neue deutsche Recht der Schiedsgerichtsbarkeit, in Gottwald Peter (Hrsg.), Revision des EuGVÜ – Neues Schiedsverfahrensrecht, Veröffentlichungen der Wissenschaftlichen Vereinigung für internationales Verfahrensrecht, Band 11, Bielefeld 2000, S. 163 ff. (zit.: Neues Recht der Schiedsgerichtsbarkeit).

Ders. Schiedsklauseln in Allgemeinen Geschäftsbedingungen, Entscheidung des Züricher Handelsgericht vom 25. August 1992 mit Anmerkung, ZEuP 1994, S. 682 ff.

Ders. Buchbesprechung von Festschrift für Ottoarndt Glossner zum 70. Geburtstag, Heidelberg 1994, ZHR 158 (1994), S. 410 ff.

Ders. Die olympische Sportgerichtsbarkeit und das deutsche Recht, in Festschrift für Albrecht Zeuner, Tübingen 1994, S. 467 ff.

Ders. Bald neues Recht der Schiedsgerichtsbarkeit in Deutschland, RIW 1994, S. 723 ff.

Ders. Ausländische Schiedssprüche und ordre public „international“, IPRax 1991, S. 218 ff.

Ders. Notwendige Reformen des deutschen Rechts der Schiedsgerichtsbarkeit – Eine Studie im Lichte der Rechtsvergleichung, ZIP 1987, S. 492 ff.

Ders. Einstweiliger Rechtsschutz durch staatliche Gerichte im Dienste der Schiedsgerichtsbarkeit, ZZP 99 (1986), S. 241 ff.

Ders. Die Unparteilichkeit des Schiedsrichteramtes, ZZP 93 (1980), S. 121 ff.

Schmidt, Hermann Die Einrede des Schiedsvertrages im Verfahren des einstweiligen Rechtsschutzes, Gießen 1987.

Schmidt, Karsten Gesellschaftsrecht, 4. Auflage, Köln/Berlin/Bonn/München 2002.

Ders. Schiedsklauseln und Schiedsverfahren im Gesellschaftsrecht als prozessuale Legitimationsprobleme – Ein Beitrag zur Verzahnung von Gesellschafts- und Prozessrecht, BB 2001, S. 1857 ff.

Ders. Neues Schiedsverfahrensrecht und Gesellschaftsrechtspraxis, ZHR 162 (1998), S. 265 ff.

Ders. Die Bindung von Personengesellschaftern an vertragliche Schiedsklauseln, DB 1989, S. 2315 ff.

Ders. Statutarische Schiedsklauseln zwischen prozessualer und verbandsrechtlicher Legitimation – Ein Beitrag zum Anwendungsbereich des § 1048 ZPO, JZ 1989, S. 1077 ff.

Ders. Schiedsfähigkeit von GmbH-Beschlüssen – Eine Skizze mit Ausblicken auf das Recht der AG und der Personengesellschaften –, ZGR 1988, S. 523 ff.

Ders. Die Beschlussanfechtungsklage bei Vereinen und Personengesellschaften – Ein Beitrag zur Institutionenbildung im Gesellschaftsrecht, in: Festschrift für Walter Stimpel zum 68. Geburtstag, Berlin 1985, S. 217 ff.

Schmidt-Diemitz, Rolf Internationale Schiedsgerichtsbarkeit – eine empirische Untersuchung, BB 1999, S. 369 ff.

Schnyder, Anton K./Dreifuss, Eric L. Überprüfung von Schiedsentscheiden im internationalen Verhältnis – ist das Schweizer Bundesgericht für eine Inhaltskontrolle „schlechthin" unzuständig?, in: Einheit und Vielfalt des Rechts, Festschrift für Reinhold Geimer, München 2002, S. 965 ff.

Schönke, Adolf Das Schiedsverfahren nach dem heutigen deutschen Recht. Ein Handbuch für Schiedsrichter und Schiedsparteien, 2. Auflage, Berlin/Köln 1954.

Schröder, Friedrich-Christian/Kaufmann, Hans Sport und Recht, Berlin 1972.

Schütte, Hans-Edgar Die Einsetzung von Schiedsgerichten durch die Satzungen juristischer Personen des Privatrechts, Regensburg 1969.

Schütze, Rolf A. Schiedsgericht und Schiedsverfahren, 3. Auflage, München 1999.

Ders. Privatisierung richterlicher Tätigkeit: Ersetzung staatlicher Gerichte durch private Schiedsgerichte?, ZvglRWiss 99 (2000), S. 241 ff.

Ders. Einstweiliger Rechtsschutz im Schiedsverfahren, BB 1998, S. 1650 ff.

Schuhmacher, Klaus Fragen zum Anwendungsbereich des künftigen deutschen Schiedsverfahrensrechts, in: Festschrift für Ottoarndt Glosser zum 70. Geburtstag, Heidelberg 1994, S. 341 ff.

Schwab, Karl Heinz Bemerkungen zur Rechtskraft inter omnes und zur Geltung der Grundrechte im Schiedsverfahren, in: Festschrift für Hans Friedhelm Gaul zum 70. Geburtstag, Bielefeld 1997, S. 729 ff.

Ders. Wandlungen der Schiedsfähigkeit, in: Festschrift für Wolfram Henckel zum 70. Geburtstag, Berlin/New York 1995, S. 803 ff.

Ders. Die Gleichheit der Parteien bei der Bildung des Schiedsgerichts, BB 1992, Beilage 15, S. 17 f.

Ders. Mehrparteienschiedsgerichtsbarkeit und Streitgenossenschaft, in: Festschrift für Walther J. Habscheid zum 65. Geburtstag, Bielefeld 1989, S. 285 ff.

Ders. Die Schiedsgerichtsbarkeit der Internationalen Handelskammer aus der Sicht des deutschen Rechts, in: Festschrift für Winfried Kralik zum 65. Geburtstag, Wien 1986, S. 317 ff.

Ders. Einstweiliger Rechtsschutz und Schiedsgerichtsbarkeit, in: Festschrift für Fritz Baur, Tübingen 1981, S. 627 ff.

Ders. Die Voraussetzungen der notwendigen Streitgenossenschaft, in: Festschrift für Friedrich Lent zum 75. Geburtstag, München /Berlin, 1957, S. 271 ff.

Schwab, Karl Heinz/Walter, Gerhard Schiedsgerichtsbarkeit, 7. Auflage, München 2005.

Schwytz, Ingo Kosten und Kostenentscheidung im schiedsgerichtlichen Verfahren, BB 1974, S. 673 ff.

Segna, Ulrich Bundesligavereine und Börse, ZIP 1997, S. 1901 ff.

Seitz, Walter Hexenjagd auf Dopingsünder?, NJW 2002, S. 2838 ff.

Sieg, Oliver Internationale Gerichtsstands- und Schiedsklauseln in Allgemeinen Geschäftsbedingungen, RIW 1998, S. 102 ff.

Simon, Gérald L` arbitrage des conflits sportifs, Revue de `arbitrage 1995, S. 185 ff.

Smid, Stefan Einrede des Schiedsvertrages gegenüber der Anrufung staatlicher Gerichte in summarischen Verfahren. Zur Kritik der Reform des 10. Buches der ZPO, DZWir 1996, S. 234 ff.

Soergel, Hans Theodor Bürgerliches Gesetzbuch mit Einführungsgesetzen und Nebengesetzen, Kommentar, Band 1, Allgemeiner Teil (§§ 1-240), 13. Auflage, Berlin/Köln/Mainz 2001.

Sonnauer, Heinz Die Kontrolle der Schiedsgerichte durch die staatlichen Gerichte, Köln/Berlin/Bonn/München, 1992.

Staehelin, Matthias Gerichtsstandsvereinbarungen im internationalen Handelsverkehr Europas: Form und Willenseinigung nach Art. 17 EuGVÜ/LugÜ, Basel/Frankfurt a.M. 1994.

v. Staudinger, Julius Kommentar zum Bürgerlichen Gesetzbuch mit Einführungsgesetzen und Nebengesetzen, Erstes Buch, Allgemeiner Teil, §§ 21-103, 13. Bearbeitung, Berlin 1995.

Stein, Friedrich/Jonas, Martin Kommentar zur Zivilprozessordnung, Band 9, §§ 916-1048, EGZPO, 21. Auflage, Tübingen 1989.

Stein, Friedrich/Jonas, Martin Kommentar zur Zivilprozessordnung, Band 9, §§ 916-1068, EGZPO, 22. Auflage, Tübingen 2002.

Steinbeck, Anja Verena Vereinsautonomie und Dritteinfluß – Dargestellt an den Verbänden des Sports, Berlin 1998, S. 129.

Steinbeck, Anja Verena/Menke, Thomas Bundesliga und Börse, NJW 1998, S. 2169 ff.

Steiner, Udo Verfassungsfragen des Sports, NJW 1991, S. 2729 ff.

Ders. Staat, Sport und Verfassung, DÖV 1983, S. 173 ff.

Steindorf, Ernst Kartellrecht und Schiedsgerichtsbarkeit, WuW 1984, S. 189 ff.

Stockmann, Kurt Sportübertragungsrechte und Kartellrecht am Beispiel Europacup-Spiele, ZIP 1996, S. 411 ff.

Stöber, Kurt Handbuch zum Vereinsrecht, 9. Auflage, Köln 2004.

Stöve, Elisabeth Gerichtsstandsvereinbarungen nach Handelsbrauch, Art. 17 EuGVÜ und § 38 ZPO – Unter besonderer Berücksichtigung des kaufmännischen Bestätigungsschreibens, des Konnossements und der Faktura, Heidelberg 1993.

Stopper, Martin, Ligasport und Kartellrecht – Die Bündelung von Fernsehübertragungsrechten durch den Deutschen Fußballbund im Konflikt mit deutschen und europäischen Kartellrecht unter besonderer Heranziehung des amerikanischen Antitrust-Rechts, Berlin 1997.

Streinz, Rudolf Die Auswirkungen der europäischen Gesetzgebung auf den Sport, in: Walter Tokarski (Hrsg.), EU-Recht und Sport, Aachen 1998, S. 14 ff.

Stürner, Rolf Der Erwerbsschaden und seine Ersatzfähigkeit, JZ 1984, S. 461 ff.

Ders. Verfahrensgrundsätze des Zivilprozesses und Verfassung, in: Festschrift für Fritz Baur, Tübingen 1981, S. 647 ff.

Stumpf, Herbert Vor- und Nachteile des Verfahrens vor Schiedsgerichten gegenüber dem Verfahren vor ordentlichen Gerichten, in: Festschrift für Arthur Bülow zum 80. Geburtstag, Köln/Berlin/Bonn/München 1981, S. 217 ff.

Sturm, Gerd Probleme eines Verzichts auf Grundrechte, in: Menschenwürde und freiheitliche Rechtsordnung. Festschrift für Willi Geiger zum 65. Geburtstag, Tübingen 1974, S. 173 ff.

Summerer, Thomas Prozessende Katrin Krabbe: Hindernislauf mit Tücken, SpuRt 2002, S. 233 ff.

Szász, Iván Disputes in Joint Ventures and with Subcontractors, in: International Arbitration in Multi-Party Commercial Disputes, Polish Chamber of Foreign Trade (Hrsg.), Warschau 1982, S. 77 ff.

Thomas, Heinz/Putzo, Hans Zivilprozessordnung, 26. Auflage, München 2004.

Thümmel, Roderich C. Einstweiliger Rechtsschutz im Schiedsverfahren nach dem Entwurf zum Schiedsverfahrens-Neuregelungsgesetz, DZWir 1997, S. 133 ff.

Thur, Andreas von Der Allgemeine Teil des Deutschen Bürgerlichen Rechts, Band I, Allgemeine Lehren und Personenrecht, Leipzig 1910.

Timm, Wolfram/Witzorrek, Dagmar Anmerkung zu BGH, Urt. v. 29. März 1996, EwiR 1996, S. 481 ff.

Trappe, Johannes „Révision au fond“ bei der Vollstreckung eines Schiedsspruches – eine Anmerkung, BB 2000, Beilage 8, S. 7 ff.

Trittmann, Rolf Die Auswirkungen des Schiedsverfahrens-Neuregelungs-gesetzes auf gesellschaftsrechtliche Streitigkeiten, ZGR 1999, S. 340 ff.

Vera, José Bermejo Sportrecht in Spanien, in: Michael R. Will (Hrsg.), Sportrecht in Europa, Recht und Sport Band 11, Heidelberg 1993, S. 107 ff.

Vieweg, Klaus Normsetzung und –anwendung deutscher und internationaler Verbände, Berlin 1990 (zit.: Normsetzung und -anwendung).

Ders. Disziplinargewalt und Inhaltskontrolle – Zum „Reiter-Urteil" des Bundesgerichtshofs, SpuRt 1995, S. 97 ff.

Ders. Doping und Verbandsrecht – Zum Beschluss des DLV-Rechtsausschusses im Fall Breuer, Krabbe, Möller, NJW 1992, S. 2539 f.

Ders. Die gerichtliche Nachprüfung von Vereinsstrafen und –entscheidungen, JZ 1984, S. 167 ff.

Ders. Zur Einführung: Sport und Recht, JuS 1983, S. 825 ff.

Vieweg, Klaus/Röthel, Anne Verbandsautonomie und Grundfreiheiten, ZHR 166 (2002), S. 6 ff.

Vogel, Oscar Grundriss des Zivilprozessrechts, 5. Auflage, Bern 1997.

Vogg, Stefan Einstweiliger Rechtsschutz und vorläufige Vollstreckbarkeit. Gemeinsamkeiten und Wertungswidersprüche, Berlin 1991.

Voit, Wolfgang Privatisierung der Gerichtsbarkeit, JZ 1997, S. 120 ff.

Vollkommer, Max Streitgenössische Nebenintervention und Beiladungspflicht nach Art. 103 Abs. 1 GG, in: 50 Jahre Bundesgerichtshof. Festgabe aus der Wissenschaft, Band III, München 2000.

Ders. Sind die „Schiedsgerichte" der politischen Parteien nach dem Parteiengesetz echte Schiedsgerichte im Sinne der Zivilprozessordnung?, in: Festschrift für Heinrich Nagel zum 75. Geburtstag, Münster 1987, S. 474 ff.

Ders. Zum Rechtsschutz von Lizenzspielern und Lizenzvereinen durch staatliche Gerichte gegenüber der sogenannten Sportgerichtsbarkeit des Deutschen Fußball-Bundes, RdA 1982, S. 16 ff.

Vollmer, Lothar Satzungsmäßige Schiedsklauseln, Bad Homburg v.d.H./Berlin/Zürich, 1970.

Ders. Die Wirkungen rechtskräftiger Schiedssprüche bei gesellschaftlichen Gestaltungsklagen, BB 1984, S. 1774 ff.

Wach, Adolf Handbuch des Deutschen Civilprozeßrechts, Band I, Leipzig 1885.

Wackenhuth, Michael Die Schriftform von Schiedsvereinbarungen nach dem UN-Übereinkommen und Allgemeine Geschäftsbedingungen, ZZP 99 (1986), S. 445 ff.

Wagner, Gerhard Prozessverträge, Tübingen 1998.

Ders. Bundesliga Going Public: Traumpaß oder Eigentor?, NZG 1999, S. 469 ff.

Waldner, Wolfram Der Anspruch auf rechtliches Gehör, Köln/Berlin/Bonn/München 1989.

Ders. Aktelle Probleme des rechtlichen Gehörs im Zivilprozess, Erlangen 1983.

Walker, Wolf-Dietrich Der einstweilige Rechtsschutz im Zivilprozess und im arbeitsgerichtlichen Verfahren, Tübingen 1993.

Ders. Die Streitgegenstandslehre und die Rechtsprechung des EuGH – nationales Recht unter gesamteuropäischem Einfluß?, ZZP 111 (1998), S. 429 ff.

Walter, Gerhard Internationales Zivilprozessrecht der Schweiz, 3. Auflage, Bern/Stuttgart/Wien, 2002.

Ders. Schiedsgerichtsbarkeit und Sport, in: Sport und Recht, Oliver Arter (Hrsg.), Bern 2004.

Ders. Neues Recht der Schiedsgerichtsbarkeit in Italien, RIW 1995, S. 445 ff.

Ders. Die Vollstreckbarerklärung als Voraussetzung bestimmter Wirkungen des Schiedsspruchs, in: Festschrift für Karl Heinz Schwab zum 70. Geburtstag, München 1991, S. 539 ff.

Ders. Der nicht niedergelegte Schiedsspruch (zu § 1039 Abs. 3 ZPO n.F.), RIW 1988, S. 945 ff.

Walter, Gerhard/Bosch, Wolfgang Internationale Schiedsgerichtsbarkeit in der Schweiz – Kommentar zu Kapitel 12 des IPR-Gesetzes, Bern 1991.

Wax, Peter Einstweiliger Rechtsschutz im Sport – eine Bestandsaufnahme, in: Württembergischer Fußballverband (Hrsg.), Einstweiliger Rechtsschutz im Sport, Schriftenreihe Nr. 22, S. 7 ff.

Weber, Christian Die Sportschiedsgerichtsbarkeit nach dem World Anti-Doping Code und ihre Umsetzung in Deutschland, SchiedsVZ 2004, S. 193 ff.

Weber, Dolf Für und wider eine Berufungsinstanz in Schiedsverfahren, in: Einheit und Vielfalt des Rechts, Festschrift für Reinhold Geimer, München 2002, S. 1445 ff.

Weber, Ulrich Beschränkung von Beweismitteln in sportgerichtlichen Verfahren, in: Württembergischer Fußballverbandes (Hrsg.), Beweisprobleme in der Sportrechtsprechung, Schriftenreihe Nr. 19, Stuttgart 1984, S. 8 ff. (zit.: Beweisprobleme in der Sportrechtsprechung).

Weidemann, Rolf Schiedsgerichtsbestimmungen bei Handelsgesellschaften, Bonn 1956.

Weigand, Frank-Bernd (Hrsg.) Practitioner's Handbook on International Arbitration, München 2002.

Ders. Discovery in der internationalen Schiedsgerichtsbarkeit, RIW 1992, S. 361 ff.

Weihnacht, Felix Die Vollstreckung ausländischer Schiedssprüche nach ihrer Annulierung im Herkunftsstaat, ZvglRWiss 98 (1999), S. 139.

Weiß, Otmar Einführung in die Sportsoziologie, Wien 1999.

Wertenbruch, Johannes Gibt es lizenzierbare Hörfunk-Übertragungsrechte des Sportveranstalters, SpuRt 2001, S. 185 ff.

Ders. Die „Gewährleistungsansprüche" des übernehmenden Bundesligavereins bei Transfer eines nicht einsetzbaren DFB-Lizenzspielers, NJW 1993, S. 179 ff.

Westermann, Harm Peter Die Verbandsstrafgewalt und das allgemeine Recht. Zugleich ein Beitrag zur juristischen Bewältigung des „Bundesliga-Skandals", Bielefeld 1972.

Ders.	Erste praktische Folgen des „Bosmann"-Urteils für die Organisation des Berufsfußballs – Zugleich Anmerkung zu dem Urteil des EuGH vom 15.12.1995 – C-415/93-, DZWiR 1996, S. 82 ff
Ders.	Zum Vertragsrecht im bezahlten Fußballsport, JA 1984, S. 394 ff.
Westermann, Harry	Gesellschaftsrechtliche Schiedsgerichte. Übersicht und Erfahrungsbericht, in: Festschrift für Robert Fischer, Berlin/New York 1979, S. 853 ff.
Wieczorek, Bernhard/Schütze, Rolf A.	Zivilprozessordnung und Nebengesetze, 3. Auflage, Berlin/New York, 1995.
Will, Michael R.	Sport und Recht in Europa; -Vorwort-, Saarbrücken 1987.
Winkler, Rolf/Weinand, Armin	Deutsches internationales Schiedsverfahrensrecht, BB 1998, S. 597 ff.
Wise, Aaron N./Meyer, Bruce S.	International sports law and business, Vol. 1, Boston 1997.
Wolf, Christian	Zwischen Schiedsverfahrensfreiheit und notwendiger staatlicher Kontrolle, RabelsZ 57 (1993), S. 643 ff.
Wolf, Martin	„Summarische Verfahren" im neuen Schiedsverfahrensrecht, DB 1999, S. 1001 ff.
Wolfrum, Rüdiger	Die innerparteiliche Demokratische Ordnung nach dem Parteiengesetz, Berlin 1974.
Wyler, Rémy	Die Schiedsabrede im Sportrecht, in: Röhricht, Volker (Hrsg.), Sportgerichtsbarkeit, Recht und Sport, Band 22, Stuttgart 1997, S. 43 ff.
Zemanek, Karl	Über das dualistische Denken in der Völkerrechtswissenschaft, in: Völkerrecht und rechtliches Weltbild, Festschrift für Alfred Verdross zum 70. Geburtstag, Wien 1960, S. 321 ff.
Zeuner, Albrecht	Zum Verhältnis zwischen internationaler Rechtshängigkeit nach Art. 21 EuGVÜ und Rechtshängigkeit nach den Regeln der ZPO, in: Festschrift für Gerhard Lüke zum 70. Geburtstag, München 1997, S. 1003 ff.
Ders.	Der Anspruch auf rechtliches Gehör, in: Festschrift für Hans Carl Nipperdey zum 70. Geburtstag, Band 1, München/Berlin 1965, S. 1013 ff.

Zilles, Stephan Schiedsgerichtsbarkeit im Gesellschaftsrecht, Neuwied/Kriftel 2002.

Ders. Vereinbarung des Schiedsverfahrens über Beschlüsse von GmbH-Gesellschaftern, BB 1999, Beilage 4, S. 2 ff.

Zöller, Richard Zivilprozessordnung mit Gerichtsverfassungsgesetz und den Einführungsgesetzen, Internationales Zivilprozessrecht, Kostenanmerkungen, 25. Aufl. Köln 2005.

Zuck, Rüdiger Anwaltliche Berufsausübung, Berufsrecht und Berufsmoral, AnwBl. 2002, S. 3 ff.

Schriften zum Verfahrensrecht

Herausgegeben von Peter Gottwald und Ulrich Haas

Band 1 Matthias Rauscher: Die neue Berufung in Zivilsachen. 2002.

Band 2 Jörn-Christian Schulze: Grenzen der objektiven Schiedsfähigkeit im Rahmen des § 1030 ZPO. Eine Betrachtung des Rechts der Schiedsfähigkeit nach der Schiedsverfahrensrechtsform. 2003.

Band 3 Roman Rodloff: Das vereinfachte Verfahren zur Festsetzung von Kindesunterhalt nach §§ 654 ff. ZPO. Zugleich ein Beitrag zur Unterhaltsannexklage nach § 653 ZPO und zum vereinfachten Abänderungsverfahren nach § 656 ZPO. 2003.

Band 4 Helia-Verena Daubach: Kammer oder Einzelrichter? Ist die Kammer ein Qualitätselement des Zivilprozesses? 2003.

Band 5 Thomas Gemmeke: Beweisverwertungsverbote im arbeitsgerichtlichen Verfahren. 2003.

Band 6 Wolfgang Kreißig: Der Sportverein in Krise und Insolvenz. 2004.

Band 7 Alexander M. Krämer: Leasingverträge in der Insolvenz. 2005.

Band 8 Timo Christian Walther: Das Verfahren bei Masseunzulänglichkeit nach den §§ 208 ff. InsO. 2005.

Band 9 Henning Müller: Die Lebensversicherung in der Zwangsvollstreckung. 2005.

Band 10 Oliver Hilsbos: Die Mitwirkungspflicht von Personenstandsbehörden in Nachlassverfahren. 2006.

Band 11 Matthias Holla: Der Einsatz von Schiedsgerichten im organisierten Sport. 2006.

www.peterlang.de

Gundula Momsen-Pflanz

Die sportethische und strafrechtliche Bedeutung des Dopings

Störung des wirtschaftlichen Wettbewerbs und Vermögensrelevanz

Frankfurt am Main, Berlin, Bern, Bruxelles, New York, Oxford, Wien, 2005. 292 S.
Schriften zum Strafrecht und Strafprozeßrecht.
Herausgegeben von Manfred Maiwald. Bd. 88
ISBN 3-631-53938-X · br. € 51.50*

Der Umgang mit Doping ist heute eine der großen Herausforderungen für den Leistungssport. Im Mittelpunkt der Untersuchung steht zunächst die Frage, ob das von der Sportethik verurteilte Doping zugleich ein strafrechtlich relevantes Verhalten darstellt. Ausgehend von der fortschreitenden Kommerzialisierung des Leistungssports liegt das Forschungsinteresse insbesondere bei den Schutzgütern des wirtschaftlichen Wettbewerbs und des Vermögens; der Aspekt des Gesundheitsschutzes bleibt dabei weitgehend ausgeblendet. Die gegenwärtig weitgehend auf den Schultern der Sportverbände ruhende Verfolgung von Doping kann den Schutz dieser Rechtsgüter nur unzureichend gewährleisten. Da die Vereinsfreiheit (Art. 9 I GG) einem staatlichen Eingriff insoweit nicht entgegensteht, ist ein strafrechtlicher Schutz von Vermögen und Wettbewerb bereits gegenüber abstrakten Gefährdungen durch Doping möglich und sinnvoll. Auf dieser Grundlage werden abschließend Leitlinien eines Dopingtatbestandes entwickelt.

Aus dem Inhalt: Dopingdefinitionen und sportrechtliche Hintergründe · Von der Sportethik zum strafrechtlich geschützten Rechtsgut · Die strafrechtlich relevante Sportausübung · Strafwürdigkeit von Doping · Strafbedürftigkeit von Doping · Leitlinien eines Dopingtatbestandes

Kolibri 360 GmbH
Ferdinand-Jühlke-Straße 7
99095 Erfurt, Deutschland
produktsicherheit@kolibri360.de

Druck:
CPI Druckdienstleistungen GmbH
im Auftrag der
Kolibri 360 GmbH
Ferdinand-Jühlke-Str. 7
99095 Erfurt